물류관리사
기출문제해설

(재)한국산업교육원

- 5년 간 자주 출제되는 부분의 난위도를 알기쉽게 수록
- 시험과목 과목별 특성을 완전 분석
- 최근 개정된 법령 반영

독자와 함께 하는 ekoin
도서출판 범론사

머 리 말

1. 21세기 동북아 물류중심국가, 한국의 물류산업 현황
한국은 21세기 동북아 물류중심국가를 지향하고 있습니다.
물류산업은 최근 비약적으로 발전하고 있지만, 기업 경영의 글로벌화로 인해 더욱 고도화된 물류 서비스가 요구되고 있습니다.

2. 물류산업의 변화와 통합 SCM
물류산업은 전통적인 서비스를 넘어 통합 SCM 서비스 수준까지 지향하고 있습니다.
국내 물류뿐만 아니라 국제 물류에서도 통합 SCM은 필수적인 요소입니다.

3. 물류관리의 중요성과 인력 양성
물류관리의 합리화는 한국 물류산업 경쟁력 강화를 위한 최대 조건입니다.
날로 발전하는 물류산업에 대응하고 글로벌 물류 경영에 적합한 인재 양성이 중요합니다.
기업과 정부 모두 물류관리 효율화를 중요시하고 전문 물류 인력 배출을 위해 노력하고 있습니다.

4. 본서의 특징
2019년부터 2023년까지 최근 기출문제를 연도별로 수록하여 최종 마무리용으로 활용 가능합니다.
문제와 정답 및 해설을 분리하여 효율적인 학습을 지원합니다.
각 문제별로 첨삭식 해설을 제공하여 이해도를 높입니다.

5. 목표 및 기대 효과
본서가 물류관리사 자격증 취득을 목표로 하는 수험생들에게 도움을 줄 수 있기를 바랍니다.
모든 수험생들이 합격의 기쁨을 안을 수 있기를 기원합니다.

차 례

[물류관리사 기출문제]

2019년 제23회 출제문제 ·············· 11

2020년 제24회 출제문제 ·············· 74

2021년 제25회 출제문제 ·············· 139

2022년 제26회 출제문제 ·············· 203

2023년 제27회 출제문제 ·············· 268

[물류관리사 해설 및 정답]

2019년 제23회 해설 및 정답 ·············· 337

2020년 제24회 해설 및 정답 ·············· 387

2021년 제25회 해설 및 정답 ·············· 444

2022년 제26회 해설 및 정답 ·············· 490

2023년 제27회 해설 및 정답 ·············· 536

최신 경향 분석

1. 물류관리론
물류 관련 기본 개념과 용어를 정확하게 이해해야 합니다.
물류 시스템, 물류 비용 관리, 물류 관련 법규 등 중요 내용을 집중적으로 학습합니다.
개념 정리, 암기, 기출문제 연습 등을 통해 학습 효과를 높입니다.

2. 화물운송론
다양한 운송 수단의 특징, 운송 계약 및 보험, 운송 관련 법규 등을 이해해야 합니다.
각 운송 수단별 특징 비교, 주요 운송 계약 및 보험 유형, 관련 법규 내용 등을 정리합니다.
계산 문제 유형을 파악하고, 계산 능력을 향상시킵니다.

3. 국제물류론
국제 물류 시스템, 국제 무역 및 금융, INCOTERMS 등을 이해해야 합니다.
국제 물류 관련 용어, 주요 국제 무역 및 금융 관행, INCOTERMS 규칙 등을 정리합니다.
국제 물류 관련 사례를 학습하고, 실무 적용 능력을 향상시킵니다.

4. 보관하역론
보관 및 하역 작업의 기본 원칙, 시설 및 장비, 안전 관리 등을 이해해야 합니다.
보관 시설 및 장비 종류, 하역 방법 및 안전 수칙, 재고 관리 기법 등을 학습합니다.
그림, 도표, 사진 등을 활용하여 시각적으로 이해합니다.

5. 물류관련법규
상법 및 민법 관련 문제가 가장 많이 출제됩니다.
물류산업기본법, 물류시설업법, 관세법 등 물류 관련 특화 법령 출제 비중이 증가하고 있습니다. 최근 개정된 법령 및 시사 상황과 관련된 내용 출제 가능성이 높습니다.

기출문제

물류관리사

2019년 제23회 출제문제

2020년 제24회 출제문제

2021년 제25회 출제문제

2022년 제26회 출제문제

2023년 제27회 출제문제

2019

제23회 출제문제

제1교시

제1과목 물류관리론

001 물류활동의 기본 기능에 관한 설명으로 옳지 않은 것은?
① 포장은 생산의 종착점으로서 표준화, 모듈화의 대상이다.
② 보관은 생산과 소비, 공급과 수요의 시점 및 수량적 차이를 조정한다.
③ 유통가공은 고객의 요구에 대응하기 위해 제조업체에서 부품을 가공하는 활동이다.
④ 하역은 운송, 보관 및 포장의 물자 취급과 관련된 보조적 활동으로서 기계화, 자동화의 대상이다.
⑤ 운송은 생산과 소비의 장소적 차이에 의한 거리를 조정하는 활동이다.

002 회수물류의 대상 품목에 해당하지 않는 것은?
① 음료용 알루미늄 캔
② 화물용 T-11 파렛트
③ 주류용 빈병
④ 운송용 컨테이너
⑤ 일회용 소모성 자재

003 최근 국내외 물류 산업의 동향에 관한 설명으로 옳지 않은 것은?
① 당일배송 서비스 확대 등 물류의 스피드 경쟁이 가속화되고 있다.
② 스마트팩토리의 고객맞춤형 생산은 물류의 대량화와 소빈도화를 촉진하고 있다.
③ 고객맞춤형 기능 제공 등 고부가가치 물류서비스가 확산되고 있다.
④ 에너지 절감, 친환경 물류, 안전·보안을 강화한 물류의 필요성이 증가하고 있다.
⑤ 종합물류기업 인증제 도입 등 물류산업 육성을 위한 정책적 지원이 강화되고 있다.

004 상적유통(Commercial Distribution)과 물적유통(Physical Distribution)에 관한 설명으로 옳은 것은?
① 화물정보의 전달 및 활용은 물적유통에 해당한다.
② 상품의 거래활동은 물적유통에 해당한다.
③ 금융, 보험 등의 보조활동은 물적유통에 해당한다.
④ 판매를 위한 상품의 포장은 상적유통에 해당한다.
⑤ 효율 향상을 위해 상적유통과 물적유통을 통합한다.

005 물류서비스 품질을 결정하는 요인을 서비스 시행 전·중·후로 나눌 때, 서비스 시행 중의 요인에 해당하는 것을 모두 고른 것은?

ㄱ. 재고수준	ㄴ. 주문의 편리성
ㄷ. 주기적 제품 점검	ㄹ. 고객서비스 명문화
ㅁ. 시스템의 정확성	ㅂ. 조직의 융통성

① ㄱ, ㅂ
② ㄱ, ㄴ, ㄷ
③ ㄱ, ㄴ, ㅁ
④ ㄴ, ㄷ, ㄹ
⑤ ㄷ, ㄹ, ㅁ, ㅂ

006 기업의 경쟁력을 높이기 위해서 신규 물류서비스를 도입하고자 할 때의 추진 순서로 옳은 것은?

| ㄱ. 물류서비스 실행을 위한 운영전략 수립 |
| ㄴ. 고객 니즈(Needs)에 부합하는 물류서비스 개발 |
| ㄷ. 물류서비스 제공 시스템 구축 |
| ㄹ. 고객 목표시장(Target Market) 선정 |

① ㄱ-ㄴ-ㄹ-ㄷ
② ㄱ-ㄹ-ㄴ-ㄷ
③ ㄹ-ㄱ-ㄷ-ㄴ
④ ㄹ-ㄴ-ㄱ-ㄷ
⑤ ㄹ-ㄴ-ㄷ-ㄱ

007 물류 측면의 고객서비스에 관한 설명으로 옳지 않은 것은?
① 물류서비스는 물품을 이동하는 마지막 단계로서 부가상품(Augmented Product)의 역할을 한다.

② 물류서비스 품질은 고객의 기대수준과 인지수준의 차이로 정의된다.
③ 일반적으로 한 기업이 경쟁업체의 물류서비스를 모방하는 것은 불가능하다.
④ 물류서비스와 물류비용 사이에는 상충(Trade-off) 관계가 존재한다.
⑤ 물류서비스 품질은 고객과 서비스 제공자간의 상호작용에 의해서 결정된다.

008 물류서비스의 신뢰성(Reliability)을 높이기 위한 방안에 해당하지 않는 것은?
① 신속 정확한 수주정보 처리
② 생산 및 운송 로트(Lot) 대량화
③ 조달 리드타임(Lead time) 단축
④ 제품 가용성(Availability) 정보 제공
⑤ 재고관리의 정확도 향상

009 물류관리전략에 관한 설명으로 옳지 않은 것은?
① 기업은 효율적인 물류관리활동을 통하여 원가를 절감할 수 있고 이를 바탕으로 시장점유율 제고 및 수익률 증대를 추구할 수 있다.
② 고객서비스를 평가하는 중요한 척도로는 주문 후 인도시까지의 소요시간, 고객 주문에 대한 제품의 가용성, 주문 처리의 정확성 등이 있다.
③ 물류관리전략을 설정할 때 우선적으로 고려해야 할 사항은 고객의 니즈(Needs)를 파악하는 것이다.
④ 부품공급에서 소비자에 이르는 공급사슬에서 공급사슬 전체의 이익극대화보다는 경로구성원 각자의 이익극대화를 추구해야 한다.
⑤ 효과적인 물류관리전략은 유연성을 보유하면서 고객의 다양한 요구를 저렴한 비용으로 충족시킬 수 있도록 해야 한다.

010 물류관리의 의사결정에 관한 설명으로 옳은 것은?
① 물류의사결정은 전략·전술·운영의 3단계 계층으로 구성된다.
② 수요예측, 주문처리 등은 전략적 의사결정에 해당한다.
③ 운영절차, 일정계획 등은 전술적 의사결정에 해당한다.
④ 마케팅 전략, 고객서비스 요구사항 등은 운영적 의사결정에 해당한다.
⑤ 전략, 전술, 운영의 세 가지 의사결정은 상호간에 독립적으로 이루어져야 한다.

011 물류조직의 형태에 관한 설명으로 옳지 않은 것은?

① 물류조직은 발전형태에 따라 직능형 조직, 라인과 스탭형 조직, 사업부형 조직, 그리드(Grid)형 조직 등으로 구분할 수 있다.
② 직능형 조직은 기업규모가 커지고 최고경영자가 기업의 모든 업무를 관리하기 어려울 때 적합하다.
③ 라인과 스탭형 조직은 작업부문과 지원부문을 분리한 조직이다.
④ 사업부형 조직은 제품별 사업부와 지역별 사업부, 그리고 이 두 가지를 절충한 형태 등이 있다.
⑤ 그리드(Grid)형 조직은 다국적 기업에서 많이 볼 수 있으며 모회사의 스탭이 자회사의 물류부문을 관리하는 형태이다.

012 3자물류와 4자물류에 관한 설명으로 옳지 않은 것은?

① 3자물류는 장기간의 전략적 제휴형태 또는 합작기업으로 설립한 별도의 조직을 통해 종합적 서비스를 제공한다.
② 세계적인 3자물류업체 및 컨설팅회사들은 다른 물류기업들과의 인수합병을 통해 글로벌 차원으로 확대하면서 4자물류서비스를 제공하고 있다.
③ 기업들은 3자물류를 통해 핵심부분에 집중하고 물류를 전문업체에게 아웃소싱하여 규모의 경제, 전문화 및 분업화 등의 효과를 거둘 수 있다.
④ 4자물류는 3자물류에서 확장된 개념으로 자체의 기술 및 컨설팅 능력을 갖추고 공급체인 전반을 통합·관리한다.
⑤ 4자물류는 전자상거래의 확대 및 SCM 체제의 보편화로 그 필요성이 강조되고 있다.

013 물류 아웃소싱의 장·단점을 설명한 것으로 옳지 않은 것은?

① 제조업체는 물류거점에 대한 자본투입을 최소화하고 전문 물류업체의 인프라를 전략적으로 활용할 수 있다.
② 제조업체는 고객 불만에 대한 신속한 대처가 어렵다.
③ 제조업체는 물류전문지식의 사내 축적이 비교적 용이하다.
④ 제조업체는 기존 사내 물류인력의 실업과 정보의 유출이 발생할 수 있다.
⑤ 물류업체는 규모의 경제를 통한 효율의 증대를 꾀할 수 있다.

014 다음 ( )에 들어갈 용어를 바르게 나열한 것은?

> TOC(Theory of Constraints)는 기업의 재무적인 성과를 나타내기 위하여 3가지 요소개념을 사용한다. 첫째, (ㄱ)은(는) 판매에 의한 기업의 현금 창출 정도를 나타내며 둘째, (ㄴ)은(는) 판매를 위하여 재화에 투자된 자금으로 정의되고, 셋째, (ㄷ)은 기업이 (ㄴ)을(를) (ㄱ)(으)로 전환하기 위하여 지출한 비용을 말한다.

① ㄱ: 재고 ㄴ: 스루풋 ㄷ: 운영비용
② ㄱ: 스루풋 ㄴ: 재고 ㄷ: 운영비용
③ ㄱ: 영업이익 ㄴ: 재고 ㄷ: 조달비용
④ ㄱ: 영업이익 ㄴ: 제조원가 ㄷ: 운영비용
⑤ ㄱ: 스루풋 ㄴ: 제조원가 ㄷ: 조달비용

015 물류시스템 합리화 방안에 해당하지 않는 것은?

① 포장규격화를 고려한 제품설계
② 재고관리방법의 개선
③ 하역의 기계화 및 자동화
④ 인터넷을 통한 물류정보의 수집 및 활용
⑤ 비용과 무관한 물류서비스 수준 최대화 추구

016 녹색물류 실행과 관련된 내용으로 옳은 것을 모두 고른 것은?

ㄱ. 포장의 개선	ㄴ. 수・배송의 개선
ㄷ. 하역의 개선	ㄹ. 보관의 개선
ㅁ. 물류공동화 운영	ㅂ. 물류표준화 추진

① ㅁ
② ㅁ, ㅂ
③ ㄱ, ㄴ, ㄷ, ㄹ
④ ㄱ, ㄴ, ㄷ, ㄹ, ㅁ
⑤ ㄱ, ㄴ, ㄷ, ㄹ, ㅁ, ㅂ

017 2018년도 매출액이 100억원인 A기업의 영업이익률은 5%이고 물류비는 10억원이었다. 2019년도의 경영혁신 추진방안 중에서 재무적 기대효과가 가장 큰 것은? (단, 2019년 영업이익률은 2018년과 동일하다고 가정)
① 전년대비 매출액 20% 증가와 물류비용 20% 절감
② 전년대비 매출액 30% 증가와 물류비용 3억원 절감
③ 전년대비 매출액 20억원 증가와 물류비용 3억원 절감
④ 전년대비 매출액 40억원 증가와 물류비용 20% 절감
⑤ 전년대비 매출액 50억원 증가와 물류비용 10% 절감

018 물류비에 관한 설명으로 옳지 않은 것은?
① 물류비 산정을 통해 물류의 중요성을 인식한다.
② 물류활동의 계획, 관리 및 실적 평가에 활용된다.
③ 재무회계 방식은 관리회계 방식보다 상세하고 정확하게 물류비를 산정할 수 있다.
④ 경영 관리자에게 필요한 원가자료를 제공한다.
⑤ 물류비 분석을 통하여 물류활동의 문제점을 파악할 수 있다.

019 물류비의 정의와 분류에 관한 설명으로 옳지 않은 것은?
① 원재료 조달, 완제품 생산, 거래처 납품 그리고 반품, 회수, 폐기 등의 제반 물류활동에 소요되는 모든 경비이다.
② 세목별로 재료비, 노무비, 경비, 이자 등으로 구분된다.
③ 판매물류비는 생산된 완제품 또는 매입상품을 판매창고에 보관하는 활동부터 고객에게 인도할 때까지의 비용을 의미한다.
④ 조달물류비는 자재창고에서 원재료 등을 생산에 투입하는 시점부터 완제품을 창고에 보관하기까지의 물류활동에 따른 비용을 의미한다.
⑤ 물류비를 상세하게 파악하기 위해 개별기업의 특성에 적합하도록 제품, 지역, 고객, 운송수단 등과 같은 관리항목을 정의하여 구분한다.

020 다음은 제품 A와 B를 취급하는 물류업체의 연간 물류비의 비목별 자료이다. 이에 관한 설명으로 옳은 것은?

구분	운송비	보관비	포장비	하역비	합계
금액(만원)	6,000	1,000	1,000	2,000	10,000
배부 기준	물동량	보관면적	출고물량	입출고물량	-

제품	물동량 (km·ton)	보관면적 (m²)	입고물량 (개)	출고물량 (개)
A	6,000	3,000	400	600
B	4,000	2,000	900	600
합계	10,000	5,000	1,300	1,200

① 제품 A의 물류비는 5,000만원이다.
② 제품 B의 물류비는 4,500만원이다.
③ 제품 A의 운송비로 6,000만원이 배부된다.
④ 제품 B의 보관비로 600만원이 배부된다.
⑤ 제품 A와 B의 하역비는 동일하게 배부된다.

021 다음 설명에 해당하는 공급사슬관리(SCM) 기법의 명칭을 바르게 연결한 것은?

> ㄱ. 물류센터 도착 즉시 점포별로 구분하여 출하하는 시스템으로 적재시간과 비용을 절감할 수 있다.
> ㄴ. 공급업자와 소매업자 간에 POS 정보를 공유하여 별도의 주문 없이 공급업자가 제품을 보충할 수 있다.
> ㄷ. 수요예측이나 판매계획 정보를 유통업체와 제조업체가 공유하여, 생산-유통 전 과정의 자원 및 시간의 활용을 극대화하는 비즈니스 모델이다.

① ㄱ: QR   ㄴ: CRP   ㄷ: CPFR
② ㄱ: Cross-docking ㄴ: BPR   ㄷ: CPFR
③ ㄱ: Cross-docking ㄴ: CRP   ㄷ: CPFR
④ ㄱ: QR   ㄴ: ECR   ㄷ: VMI
⑤ ㄱ: QR   ㄴ: Cross-docking ㄷ: VMI

022 채찍효과를 감소시키기 위한 대응방안으로 옳지 않은 것은?

① 수요정보를 집중화하고 공유한다.
② 제품공급의 리드타임(Lead time)을 단축시킨다.
③ 상시저가전략 등의 가격안정화 정책을 도입한다.
④ 최종소비자의 수요변동을 감소시키는 영업 전략을 선택한다.
⑤ 일회 주문량을 증가시켜 운송비용을 절감한다.

023 공급사슬관리(SCM)의 필요성에 관한 설명으로 옳은 것을 모두 고른 것은?

ㄱ. 글로벌화에 따른 물류의 복잡성과 리드타임(Lead time) 증가에 대응해야 한다.
ㄴ. 경쟁력 있는 가치를 제공하여 비용을 절감하고 고객 대응력을 확보해야 한다.
ㄷ. 기업 간 정보를 공유하고 협력하여 채찍효과를 감소시켜야 한다.
ㄹ. 제품개발·생산·유통·마케팅 등의 부문별 경쟁력을 외부에 의존하지 않고 내부 역량으로 확보해야 한다.

① ㄱ, ㄴ
② ㄱ, ㄷ
③ ㄴ, ㄹ
④ ㄱ, ㄴ, ㄷ
⑤ ㄴ, ㄷ, ㄹ

024 다음 기업사례에서 설명하는 공급사슬관리(SCM) 기법은?

의류업체 A기업은 원사를 색상별로 염색한 후 직조하는 방식으로 의류를 생산하였으나 색상에 대한 소비자 기호의 변동성이 높아서 색상별 수요예측에 어려움을 겪었다. 이후 염색이 되지 않은 원사로 의류를 직조한 이후에 염색하는 방식으로 제조공정을 변경하여 예측의 정확성을 높이고 재고를 감소시켜 고객서비스를 향상시킬 수 있었다.

① Risk Pooling
② Exponential Smoothing
③ Postponement
④ Vendor Managed Inventory
⑤ Sales and Operation Planning

025 집중구매와 분산구매를 비교한 것으로 옳지 않은 것은?
① 집중구매는 수요량이 큰 품목에 적합하다.
② 집중구매는 자재의 긴급조달이 어렵다.
③ 분산구매는 구입경비가 많이 든다.
④ 분산구매는 구매량에 따라 가격할인이 가능한 품목에 적합하다.
⑤ 분산구매는 구매절차가 간편하다.

026 다음 설명에 해당하는 유통경로는?

> 유통경로상의 한 업체가 다른 업체를 법적으로 소유 및 관리하는 유형으로, 세부적으로는 제조업체가 도·소매업체를 소유하거나 도매업체가 소매업체를 소유하는 '전방통합'과 도·소매업체가 제조업체를 소유하거나 제조업체가 부품공급업체를 소유하는 '후방통합'이 있다.

① 수직적 유통경로
② 매트릭스형 유통경로
③ 네트워크형 유통경로
④ 수평적 유통경로
⑤ 전통적 유통경로

027 도매기관에 관한 설명으로 옳지 않은 것은?
① 제조업자 도매기관은 제조업자가 직접 도매기능을 수행한다.
② 제조업자 도매기관은 제조업자가 입지 선정부터 점포 내의 판매원 관리까지 모든 업무를 직접 관리한다.
③ 상인 도매기관은 상품을 직접 구매하여 판매한다.
④ 대리 도매기관은 제조업자의 상품을 대신 판매·유통시켜준다.
⑤ 대리 도매기관은 상품의 소유권을 가진다.

028 물류정보의 종류에 관한 설명으로 옳지 않은 것은?
① 화물운송정보에는 화물보험정보, 컨테이너보험정보, 자동차운송보험정보 등이 포함된다.
② 수출화물검사정보에는 검량정보, 검수정보, 선적검량정보 등이 포함된다.
③ 화물통관정보에는 수출입신고정보, 관세환급정보, 항공화물통관정보 등이 포함된다.
④ 화주정보에는 화주성명, 전화번호, 화물의 종류 등이 포함된다.
⑤ 항만정보에는 항만관리정보, 컨테이너추적정보, 항만작업정보 등이 포함된다.

029 물류정보시스템에 관한 설명으로 옳지 않은 것은?

① 물류정보시스템은 운송, 보관, 하역, 포장 등의 전체 물류 기능을 효율적으로 관리할 수 있도록 해주는 정보시스템이다.
② 물류정보시스템의 정보는 발생원, 처리장소, 전달대상 등이 넓게 분산되어 있다.
③ 물류정보시스템의 수·배송관리 기능은 고객의 주문에 대하여 적기배송체계의 확립과 최적운송계획을 수립한다.
④ 물류정보시스템의 재고관리 기능은 최소의 비용으로 창고의 면적, 작업자, 하역설비 등의 경영자원을 배치한다.
⑤ 물류정보시스템의 주문처리 기능은 주문의 진행 상황을 통합·관리한다.

030 바코드에 관한 설명으로 옳은 것은?

① POS 시스템의 효과적인 이용을 위한 중요한 구성요소이다.
② 13자리 바코드의 처음 세 자리는 물류식별코드를 의미한다.
③ 정보의 변경과 추가가 가능하다.
④ 응용범위가 다양하고 신속한 데이터 수집이 가능하나, 도입비용이 많이 든다.
⑤ 읽기와 쓰기가 가능하다.

031 RFID의 주파수대역별 특징에 관한 설명으로 옳지 않은 것은?

① 고주파수일수록 중장거리용으로 사용된다.
② 고주파수일수록 RFID 태그를 소형으로 만들 수 있다.
③ 저주파수일수록 시스템 구축비용이 저렴하다.
④ 저주파수일수록 장애물의 영향을 덜 받는다.
⑤ 저주파수일수록 인식 속도가 빠르다.

032 POS 시스템으로부터 얻을 수 있는 정보를 모두 고른 것은?

ㄱ. 품목별 판매실적	ㄴ. 제조사별 판매실적
ㄷ. 판매실적 구성비	ㄹ. 품목별 부적합품률
ㅁ. 단품별 판매동향	ㅂ. 기간별 매출액

① ㄱ, ㄴ, ㅂ
② ㄱ, ㅁ, ㅂ
③ ㄴ, ㄷ, ㄹ, ㅁ
④ ㄱ, ㄴ, ㄷ, ㄹ, ㅁ
⑤ ㄱ, ㄴ, ㄷ, ㅁ, ㅂ

033 다음 설명에 해당하는 유통업종은?

○ 제조업자나 유통업체 등이 자사의 비인기상품, 재고상품, 하자상품, 이월상품 등을 할인된 가격으로 판매하는 상설할인점포를 의미한다.
○ 최근에는 이러한 점포들을 한 곳에 모아놓은 쇼핑센터가 증가하고 있다.
○ 이러한 쇼핑센터는 관광단지 등에 위치하는 경우가 많다.

① 아웃렛스토어   ② 하이퍼마켓
③ 카테고리킬러   ④ 슈퍼센터
⑤ 회원제 창고형 할인점

034 물류표준화의 목적에 해당하지 않는 것은?
① 물류활동의 효율화   ② 화물유통의 원활화
③ 물류의 다품종·소량화   ④ 물류의 호환성과 연계성 확보
⑤ 물류비의 절감

035 물류표준화 내용 중 소프트웨어 표준화에 해당하는 것을 모두 고른 것은?

ㄱ. 물류용어 표준화   ㄴ. 보관시설 표준화
ㄷ. 거래단위 표준화   ㄹ. 포장치수 표준화
ㅁ. 기타 물류기기 표준화

① ㄱ, ㄴ, ㄷ   ② ㄱ, ㄷ, ㄹ
③ ㄴ, ㄷ, ㅁ   ④ ㄴ, ㄹ, ㅁ
⑤ ㄷ, ㄹ, ㅁ

036 유닛 로드 시스템(Unit Load System)에 관한 설명으로 옳지 않은 것은?
① 모든 국가에서 사용하는 표준 파렛트의 종류와 규격은 동일하다.
② 포장단위치수, 파렛트, 하역장비, 보관설비 등의 표준화가 전제되어야 한다.
③ 작업효율의 향상, 운반 활성화, 물류비용 감소 등을 기대할 수 있다.
④ 하역을 기계화하고 운송, 보관 등을 일관화·합리화할 수 있다.
⑤ 파렛트화 또는 컨테이너화에 의해 적재효율이 감소하고 추가비용이 발생할 수 있다.

037 물류공동화의 목적으로 옳지 않은 것은?
① 대량 처리를 통한 물류비 절감
② 인력부족에 대한 대응
③ 수・배송 효율의 향상
④ 중복투자의 감소
⑤ 참여 기업별로 차별화된 물류서비스 제공

038 운송사업자 관점의 수・배송 공동화의 장점에 해당하는 것을 모두 고른 것은?

> ㄱ. 운송차량의 적재・운행 효율 향상
> ㄴ. 소량화물의 수・배송 용이
> ㄷ. 운송화물의 대단위화로 인한 규모의 경제성
> ㄹ. 물류시설의 효율적 이용과 작업의 기계화 및 자동화 가능

① ㄱ, ㄷ   ② ㄴ, ㄷ
③ ㄴ, ㄹ   ④ ㄱ, ㄷ, ㄹ
⑤ ㄱ, ㄴ, ㄷ, ㄹ

039 수동형 RFID의 특징으로 옳은 것은?
① 가격이 고가이며 다양한 센서와 결합이 가능하다.
② 전파의 수신만 가능하고 구조가 간단하다.
③ 원거리 데이터 교환에 사용된다.
④ 배터리를 통해 전력을 공급받는다.
⑤ 태그의 수명이 최장 10년으로 제한된다.

040 다음 설명에 해당하는 기술은?

> ○ 분산원장 또는 공공거래장부라고도 불리며, 다수의 상대방과 거래를 할 때 데이터를 중앙 서버가 아닌 사용자들의 개인 디지털 장비에 분산・저장하여 공동으로 관리하는 분산형 정보기술이다.
> ○ 이 기술을 물류산업에 적용 시, 화주들이 자신의 화물을 추적, 관리 상황을 실시간으로 점검하며 운송 중 관리 부실로 발생할 수 있는 과실에 대한 실시간 파악과 대처를 지원할 수 있다.
> ○ 최근 항만운송, 항공운송, 관세청 수출통관 등의 분야에서 활용이 추진되고 있다.

① 빅데이터 ② 사물인터넷
③ 인공지능 ④ 블록체인
⑤ 클라우드 서비

제2과목 화물운송론

041 운송수단을 선택할 때의 고려사항으로 옳지 않은 것은?
① 화물의 종류 및 중량
② 운임부담력
③ 화물 운송구간의 소요시간
④ 로트 사이즈(Lot Size)
⑤ 화물 납품처의 매출규모

042 국내 화물운송에 관한 합리화 방안으로 옳지 않은 것은?
① 운송체계를 다변화하여 기존에 이용하고 있는 운송수단을 효율성이 높은 다른 운송수단으로 교체한다.
② 경쟁력 제고를 목적으로 자사의 비핵심 업무를 외부에 위탁하는 아웃소싱을 추진한다.
③ 전체 운행거리에서 화물의 적재효율을 높이기 위하여 영차율을 최소화한다.
④ 대량화물을 고속으로 운송하기 위하여 블록 트레인(Block Train)을 도입한다.
⑤ 운송경로-물류거점-운송수단을 연계한 물류네트워크를 구축한다.

043 화물운송에 관한 설명으로 옳지 않은 것은?
① 운송의 3대 요소는 운송연결점(Node), 운송경로(Link), 운송수단(Mode)이다.
② 물류활동의 목표인 비용절감과 고객서비스의 향상을 추구한다.
③ 제품의 생산과 소비를 연결하는 파이프 역할을 수행한다.
④ 배송은 물류거점 간 간선운송을 의미한다.
⑤ 운송수단을 통해 한 장소에서 다른 장소로 화물을 이동시키는 물리적 행위이다.

044 화물운송 서비스의 특징으로 옳지 않은 것은?
① 운송수단으로 화물을 이동하는 순간에 운송서비스가 창출되기 때문에 생산과 동시에 소비된다.
② 운임 비중이 클 경우에 운임상승은 운송수요를 감소시킨다.
③ 운송수단 중에서 기술적으로 대체가능하다면 가장 저렴한 수단을 선택한다.
④ 운송시기와 목적지에 따라 수요가 합해지고 이에 따라 운송서비스 공급이 가능하다.
⑤ 운송수요는 많은 이질적인 개별수요로 구성되어 있기 때문에 계획적이고 체계적인 특성이 있다.

045 운송효용 측면에서 '생산과 소비의 시간적 격차 조정'에 해당되는 것은?
① 지역 간 거리해소로 자원의 효율적 배분이 가능하다.
② 원격지 간의 생산과 판매를 촉진하여 유통의 범위와 기능을 확대시킨다.
③ 지역 간 유통으로 상품가격의 조정 및 안정화를 도모한다.
④ 유통활동의 간소화와 가격안정을 통하여 유통의 효율화를 촉진시킨다.
⑤ 제품을 필요한 시점까지 보관하였다가 수요에 따라 공급하는 과정에서 운송효용이 달성된다.

046 운송수단의 선택에 관한 설명으로 옳지 않은 것은?
① 화물수량이 적은 경우에는 해상운송보다 자동차 또는 항공운송을 선택한다.
② 자동차운송은 운송거리가 길수록 적합하고, 해상운송은 거리가 짧을수록 합리적이다.
③ 운임부담능력이 있는 고가화물은 항공운송을 선택한다.
④ 화물가치가 낮고 운임이 저렴하면 해상운송을 선택한다.
⑤ 석유류, 가스제품의 경우에는 파이프라인 운송을 선택한다.

047 운송 효율화 측면에서 '운송수단과 비용간의 관계'에 관한 설명으로 옳지 않은 것은?
① 운송수단의 선정 시 운송비용과 재고유지비용을 고려한다.
② 운송수단별 운송물량에 따라 운송비용에 차이가 있다.
③ 항공운송은 리드타임(Lead Time)이 짧기 때문에 재고유지비용이 증가한다.

④ 해상운송은 운송기간 중에 재고유지비용이 증가한다.
⑤ 속도가 느린 운송수단일수록 운송 빈도가 낮아져 보관비가 증가한다.

048 운송의 주요기능에 관한 설명으로 옳지 않은 것은?
① 판매와 생산을 조정하여 생산계획의 원활화를 도모한다.
② 약속된 장소와 기간 내에 화물을 고객에게 전달한다.
③ 물류계획과 실행을 일치시킨다.
④ 수주에서 출하까지의 작업효율화를 도모한다.
⑤ 유통재고량을 최대로 유지시킨다.

049 화물자동차의 중량 및 운송능력에 관한 설명으로 옳지 않은 것은?
① 공차중량은 화물을 적재하지 않고 연료, 냉각수, 윤활유 등을 채우지 않은 상태의 중량이다.
② 최대 적재중량은 화물을 최대로 적재할 수 있도록 허용된 중량이다.
③ 자동차연결 총중량은 최대 적재중량에 트레일러와 트랙터의 무게까지 합산한 중량이다.
④ 최대접지압력은 최대 적재상태에서 접지부에 미치는 단위면적당 중량이다.
⑤ 화물자동차의 운송능력은 최대 적재중량에 자동차의 평균 속도를 곱하여 계산한다.

050 특장차에 관한 설명으로 옳지 않은 것은?
① 특장차를 전용으로 이용할 경우에 화물의 포장비가 절감된다.
② 특장차는 신속한 상·하차가 가능하여 차량의 회전율을 향상시킨다.
③ 특장차는 복화화물을 확보하는 것이 어렵기 때문에 편도 공차운행을 해야 하는 비효율성이 있다.
④ 특장차는 운송화물의 특성에 맞춰 제작되기 때문에 차체의 무게가 가벼워진다.
⑤ 특장차는 다른 종류의 화물을 수송하기에 부적합하며 화물 부족 시 운영효율이 떨어진다.

051 운송회사는 공급지 A, B, C에서 수요지 W, X, Y, Z까지 화물을 운송하려고 한다. 최소비용법에 의한 총운송비용과 공급지 B에서 수요지 X까지의 운송량은? (단, 공급지와 수요지간 톤당 단위운송비용은 셀의 우측 상단에 표시됨)

(단위 : 천원, 톤)

수요지 공급지	W	X	Y	Z	공급량
A	20	11	3	6	50
B	5	9	10	2	100
C	18	7	4	1	150
수요량	30	30	120	120	300

① 1,210,000원, 30톤
② 1,210,000원, 40톤
③ 1,210,000원, 50톤
④ 2,050,000원, 30톤
⑤ 2,050,000원, 40톤

052 운송회사는 공장에서 물류창고 E, G, I까지 각각 1대씩의 화물차량을 배정하려고 한다. 최단거리로 운송할 경우에 합산한 총운송거리는? (단, 링크의 숫자는 거리이며 단위는 km임)

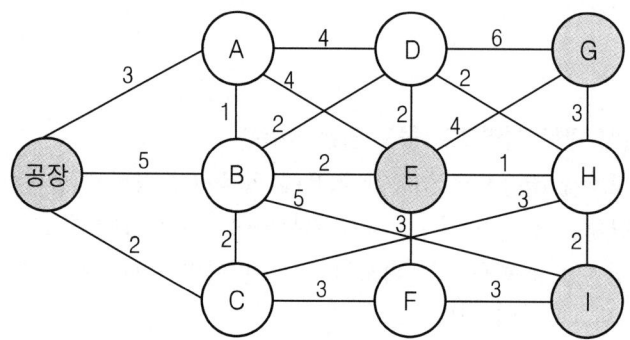

① 19 km ② 20 km ③ 21 km ④ 22 km ⑤ 23 km

053 트레일러 형상과 적재하기에 적합한 화물의 연결이 옳지 않은 것은?
① 평상식 트레일러 - 일반화물
② 저상식 트레일러 - 불도저
③ 중저상식 트레일러 - 대형 핫코일(Hot Coil)
④ 밴 트레일러 - 중량 블록화물
⑤ 오픈탑 트레일러 - 고척화물

054 화물자동차 운임 결정 시 고려사항으로 옳지 않은 것은?
① 운송거리는 연료비, 수리비, 타이어비 등 변동비에 영향을 주는 중요한 요소이다.
② 밀도가 높은 화물은 동일한 용적을 갖는 용기에 많이 적재하여 운송할 수 있다.
③ 한 번에 운송되는 화물 단위가 클수록 대형차량을 이용하며 이 경우에 운송단위당 부담하는 고정비 및 일반관리비는 높아진다.
④ 화물형상의 비정형성은 적재작업을 어렵게 하고 적재공간의 효율성을 떨어지게 한다.
⑤ 운송 중 발생되는 화물의 파손, 부패, 폭발가능성 등에 따라 운임이 달라진다.

055 화물자동차에 관한 설명으로 옳은 것을 모두 고른 것은?

> ㄱ. 전장이 길수록 화물의 적재부피가 증가한다.
> ㄴ. 전고의 크기는 지하도, 교량의 통과 높이에 영향을 준다.
> ㄷ. 전폭이 좁을수록 주행의 안전성이 향상된다.
> ㄹ. 하대높이는 화물적재의 안정성에 영향을 준다.
> ㅁ. 제1축간거리가 길수록 적재함 중량이 뒷바퀴에 많이 전달된다.

① ㄱ, ㄴ, ㄷ ② ㄱ, ㄴ, ㄹ
③ ㄴ, ㄷ, ㄹ ④ ㄴ, ㄹ, ㅁ
⑤ ㄷ, ㄹ, ㅁ

056 적재함의 크기가 폭 2.3미터, 길이 6.2미터인 윙바디 트럭이 있다. T-11형 파렛트를 1단으로 적재할 경우와 T-12형 파렛트를 1단으로 적재할 경우에 각각 적재 가능한 파렛트 수는?
① T-11형 10개, T-12형 10개 ② T-11형 10개, T-12형 11개
③ T-11형 10개, T-12형 12개 ④ T-11형 11개, T-12형 10개
⑤ T-11형 11개, T-12형 11개

057 화물차 안전운임제에 관한 설명으로 옳은 것은?

① 안전운임제는 과로·과적·과속에 내몰리는 화물운송 종사자의 근로 여건을 개선하고자 정부에서 직권으로 마련하였다.
② 안전운임제는 위반 시 과태료 처분이 내려지는 '안전운임'과 운임 산정에 참고할 수 있는 '안전운송원가' 두 가지 유형으로 구분된다.
③ 안전운임은 컨테이너, 유류 품목에 한하여 3년 일몰제(2020년~2022년)로 우선적으로 도입된다.
④ 안전운송원가는 철강재와 시멘트 품목에 우선적으로 도입된다.
⑤ 화물자동차 안전운임위원회는 위원장을 포함하여 20명 이내로 구성하도록 화물자동차운수사업법에 명시되어 있다.

058 공로운송의 운행제한에 관한 설명 중 ( )에 들어갈 숫자를 바르게 나열한 것은?

> 고속도로, 국도, 지방도로를 운행하는 차량 중 총중량 (ㄱ)톤, 축하중 (ㄴ)톤을 초과하거나 적재적량을 초과한 화물을 적재한 차량으로서 중량 측정계의 오차 (ㄷ)%를 감안하여 그 이상 시 고발조치하고 일정 벌금이 부과되고 있다.

① ㄱ: 40, ㄴ: 10, ㄷ: 5
② ㄱ: 40, ㄴ: 10, ㄷ: 10
③ ㄱ: 50, ㄴ: 12.5, ㄷ: 5
④ ㄱ: 50, ㄴ: 12.5, ㄷ: 10
⑤ ㄱ: 60, ㄴ: 15, ㄷ: 5

059 다음과 같은 상황이 발생했을 때 택배표준약관(공정거래위원회 표준약관 제10026호)에 근거한 보상내용으로 옳은 것은?

> ○ 홍길동은 설 명절에 해외 출장 때문에 고향에 가지 못하게 되었다.
> ○ 평소에 등산을 좋아하는 부모님을 위해서 설 명절 선물로 등산화 2켤레(110만원)를 구입하고 등산화 속에 60만원(10만원×6장)의 A 백화점 상품권을 넣었다.
> ○ B 택배 회사에 택배의뢰 시 운송물(등산화, 상품권) 금액에 대해서는 별도로 알리지 않고 등산화만 송장에 표기를 하고 부모님께 택배를 보냈다.
> ○ 그 다음날 택배회사로부터 해당 택배물품을 운송 중에 잃어버렸다는 통보를 받았다.

① 등산화 가격 110만원을 보상 받는다.
② 등산화 가격 110만원과 A 백화점 상품권 60만원을 모두 보상 받는다.
③ 등산화 가격 110만원과 A 백화점 상품권 60만원의 각각 50%까지 보상 받는다.
④ A 백화점 상품권 60만원 중 40만원까지 보상 받는다.
⑤ 등산화 가격 110만원 중 50만원까지 보상 받는다.

060 다음에서 설명하는 전용열차의 종류는?

> ○ 스위칭 야드(Switching Yard)를 이용하지 않고 철도화물역 또는 터미널 간을 직행 운영하는 전용열차의 형태이다.
> ○ 화차의 수와 타입이 고정되어 있지 않은 열차 형태이다.
> ○ 중간역을 거치지 않고 최초 출발역에서 최종 도착역까지 직송서비스를 제공하는 것이 장점이다.
> ○ 철도-공로 복합운송에서 많이 이용되는 서비스이다.

① 셔틀 트레인(Shuttle Train)
② 커플링앤세어링 트레인(Coupling & Sharing Train)
③ 싱글웨곤 트레인(Single-Wagon Train)
④ 블록 트레인(Block Train)
⑤ 유닛 트레인(Unit Train)

061 송유관 네트워크로 A 공급지에서 F 수요지까지 최대의 유량을 보내려고 한다. 최대유량은? (단, 링크의 화살표 방향으로만 송유가능하며 링크의 숫자는 용량을 나타냄)

(단위 : 톤)

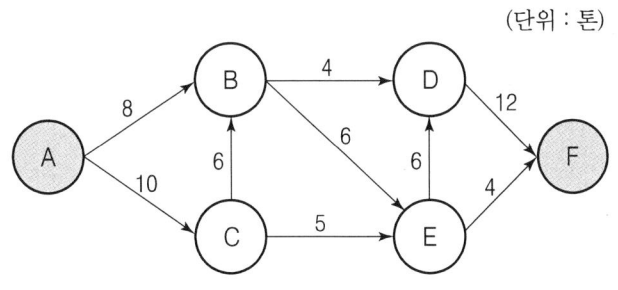

① 12톤   ② 13톤   ③ 14톤   ④ 15톤   ⑤ 16톤

062 다음에서 각각 설명하는 철도화물 운송용 차량은?

> ㄱ : 포대화물(양회, 비료 등), 제지류 등을 수송하기 위한 차량으로 양측에 슬라이딩 도어를 구비하여 화물하역이 용이하다.
> ㄴ : 중앙부 저상구조로 되어 있으며 대형변압기, 군장비 등의 특대형 화물수송에 적합하도록 제작되어 있다.

① ㄱ: 유개차, ㄴ: 곡형평판차
② ㄱ: 컨테이너차, ㄴ: 곡형평판차
③ ㄱ: 곡형평판차, ㄴ: 유개차
④ ㄱ: 곡형평판차, ㄴ: 컨테이너차
⑤ ㄱ: 무개차, ㄴ: 곡형평판차

063 택배사업자가 택배표준약관(공정거래위원회 표준약관 제10026호)에 근거하여 운송물의 수탁을 거절할 수 있는 경우가 아닌 것은?
① A 회사가 B 회사에게 보낸 재생 불가능한 계약서
② C 농업법인이 보낸 쌀 10 kg
③ D 애견회사가 보낸 강아지 2마리
④ E 보석상이 보낸 400만원 상당의 금목걸이
⑤ F 총포상이 보낸 화약

064 철도하역방식인 COFC(Container on Flat Car)에 관한 설명으로 옳지 않은 것은?
① 컨테이너를 적재한 트레일러를 철도화차에 상차하거나 철도화차로부터 하차하는 것이다.
② 컨테이너 자체만 철도화차에 상차하거나 하차하는 방식이다.
③ 철도운송과 해상운송의 연계가 용이하다.
④ 하역작업이 용이하고 화차중량이 가벼워 보편화된 철도하역방식이다.
⑤ 철도화차에 컨테이너를 상·하차하기 위해서는 크레인 및 지게차 등의 하역장비가 필요하다.

065 택배표준약관(공정거래위원회 표준약관 제10026호)에 따른 용어 설명을 바르게 나열한 것은?

> ㄱ. 사업자가 택배를 위하여 고객으로부터 운송물을 수령하는 것
> ㄴ. 고객이 운송장에 운송물의 수령자로 지정하여 기재하는 자
> ㄷ. 사업자가 수하인에게 운송장에 기재된 운송물을 넘겨주는 것
> ㄹ. 사업자에게 택배를 위탁하는 자로서 운송장에 송하인으로 기재되는 자

① ㄱ: 수탁, ㄴ: 수하인, ㄷ: 인도, ㄹ: 고객
② ㄱ: 수탁, ㄴ: 수탁인, ㄷ: 운송, ㄹ: 고객
③ ㄱ: 수하, ㄴ: 수탁인, ㄷ: 인도, ㄹ: 운송 수령인
④ ㄱ: 수하, ㄴ: 수탁인, ㄷ: 배달, ㄹ: 운송 수탁인
⑤ ㄱ: 수하, ㄴ: 수하인, ㄷ: 운송, ㄹ: 운송 수령인

066 택배서비스 형태의 설명을 바르게 나열한 것은?

> ㄱ. 개인으로부터 집화하여 개인에게 보내는 택배
> ㄴ. 기업에서 기업 또는 거래처로 보내는 택배
> ㄷ. 기업이 개인에게 보내는 택배

① ㄱ: B2C, ㄴ: C2C, ㄷ: C2B
② ㄱ: C2C, ㄴ: B2B, ㄷ: C2B
③ ㄱ: B2B, ㄴ: C2C, ㄷ: B2C
④ ㄱ: C2B, ㄴ: B2B, ㄷ: C2C
⑤ ㄱ: C2C, ㄴ: B2B, ㄷ: B2C

067 다음 설명에 해당하는 해상운송계약의 형태는?

> ○ 일종의 선박 임대차 계약으로 용선자가 일시적으로 선주 지위를 취득한다.
> ○ 용선자가 선용품, 연료 등을 선박에 공급하고 선장 및 승무원을 고용한다.
> ○ 용선자가 용선기간 중 운항에 관한 일체의 감독 및 관리권한을 행사한다.

① Daily Charter
② Lump Sum Charter
③ Bareboat Charter
④ Trip Charter
⑤ Partial Charter

068 선박의 종류에 관한 설명으로 옳지 않은 것은?
① LASH선은 부선(Barge)에 화물을 적재한 채로 본선에 적재 및 운송하는 선박이다.
② 전용선(Specialized Vessel)은 특정화물의 적재 및 운송에 적합한 구조와 설비를 갖춘 선박이다.
③ 로로선(RO-RO Vessel)은 경사판(Ramp)을 통하여 하역할 수 있는 선박이다.
④ 유조선(Tanker)은 원유, 액화가스, 화공약품 등 액상 화물의 운송에 적합한 선박이다.
⑤ 겸용선(Combination Carrier)은 부선(Barge)에 적재된 화물을 본선에 설치되어 있는 크레인으로 하역하는 선박이다.

069 선하증권에 관한 국제규칙인 함부르크 규칙(Hamburg Rules, 1978)의 주요 내용으로 옳지 않은 것은?
① 선박의 감항능력(내항성) 담보에 관한 주의의무 규정의 삭제
② 화재면책의 폐지 및 운송인 책임한도액의 인상
③ 항해과실 면책조항의 신설
④ 면책 카탈로그(Catalogue)의 폐지
⑤ 지연손해에 관한 운송인 책임의 명문화

070 다음 설명에 해당하는 항공운임은?

○ 동일구간이나 동일상품이 계속적으로 반복하여 운송되는 상품에 대해 적용하는 운임이다.
○ 일정 구간에 반복되어 운송되는 특정 물량에 대하여 항공 이용을 촉진·확대할 목적으로 적용하는 할인운임이다.

① General Cargo Rate
② Commodity Classification Rate
③ Specific Commodity Rate
④ Bulk Unitization Charge
⑤ Disbursement Amount

071 해상운임에 관한 설명으로 옳지 않은 것은?
① Discrimination Rate는 화물, 장소, 화주에 따라 차별적으로 부과하는 운임이다.
② Freight Collect는 무역조건이 CFR계약이나 CIF계약으로 체결되는 경우에 적용되는 운임이다.
③ Optional Surcharge는 양륙항을 정하지 않은 상태에서 운송 도중에 양륙항이 정해지는 경우에 부과되는 할증운임이다.
④ Terminal Handling Charge는 화물이 CY에 입고된 순간부터 본선의 선측까지와 본선의 선측에서 CY 게이트를 통과하기까지의 화물 이동에 따른 비용으로 국가별로 그 명칭과 징수내용이 다소 상이하다.
⑤ Congestion Surcharge는 도착항의 항만이 혼잡할 경우에 부과되는 할증료이다.

072 다음 설명에 해당하는 선박의 톤수는?

> ○ 선박내부의 총 용적량으로 상갑판 하부의 적량과 상갑판 상부의 밀폐된 장소의 적량을 모두 합한 것이다.
> ○ 선박의 안전과 위생 등에 이용되는 장소는 제외된다.
> ○ 각국의 해운력과 보유 선복량을 비교할 때 주로 이용한다.
> ○ 관세, 등록세, 소득세, 도선료, 각종 검사료, 세금과 수수료의 산출기준이다.

① 총톤수(Gross Tonnage)
② 순톤수(Net Tonnage)
③ 중량톤수(Weight Tonnage)
④ 배수톤수(Displacement Tonnage)
⑤ 재화중량톤수(Dead Weight Tonnage)

073 다음 설명에 해당하는 혼재서비스(Consolidation Service) 형태는?

> ○ 수입자는 한 사람이지만 같은 국가에 상품의 공급자(수출자)가 다수인 경우 수출국에 있는 포워더(Forwarder)를 지정하여 운송 업무를 전담하도록 하는 것이다.
> ○ 한 사람의 포워더(Forwarder)가 수입자로부터 위탁을 받아 다수의 수출자로부터 화물을 집하하여 컨테이너에 혼재한 후 이를 수입자에게 운송하는 형태이다.
> ○ 수입화물이 소량(LCL)이고 여러 수출자로부터 수입이 이루어지는 경우에 활용한다.

① Buyer's Consolidation   ② Shipper's Consolidation

③ Consigner's Consolidation ④ Co-Loading Service
⑤ Seller's Consolidation

074 항공운송 관련 사업에 관한 설명으로 옳지 않은 것은?
① 국제항공운송사업은 타인의 수요에 맞추어 항공기를 사용하여 유상으로 여객이나 화물을 운송하는 사업이다.
② 항공운송총대리점업은 항공운송사업자를 위하여 유상으로 항공기를 이용한 여객이나 화물의 국제운송계약 체결을 대리하는 사업이다.
③ 항공운송사업자는 국내항공운송사업자, 국제항공운송사업자 및 소형항공운송사업자를 말한다.
④ 국제물류주선업자(Freight Forwarder)는 항공기를 가지고 있지 않지만 독자적인 운송약관과 자체 운임요율표를 가지고 있으며 자체 운송장인 MAWB(Master Air Waybill)를 발행하는 자이다.
⑤ 상업서류송달업은 타인의 수요에 맞추어 유상으로 수출입 등에 관한 서류와 그에 딸린 견본품을 항공기를 이용하여 송달하는 사업이다.

075 산업단지 내에 있는 6개의 물류거점을 모두 연결하는 도로를 신설하려고 한다. 총도로연장을 최소화할 경우에 필요한 도로연장은? (단, 다음은 각 링크의 출발지 물류거점, 도착지 물류거점, 해당 링크연장을 나타내고 '0'은 해당 링크가 없음을 나타냄)

(단위 : km)

출발지\도착지	A	B	C	D	E	F
A	0	3	5	4	5	0
B	3	0	6	5	0	0
C	5	6	0	4	3	5
D	4	5	4	0	2	4
E	5	0	3	2	0	3
F	0	0	5	4	3	0

① 14 km ② 15 km ③ 16 km ④ 17 km ⑤ 18 km

076 3개의 공급지와 3개의 수요지를 지닌 수송문제를 보겔추정법을 적용하여 해결하려고 한다. 총운송비용과 공급지 B에서 수요지 Z까지의 운송량은? (단, 공급지와 수요지간 톤당 단위운송비용은 셀의 우측 상단에 표시됨)

(단위 : 천원, 톤)

수요지 공급지	X	Y	Z	공급량
A	12	6	13	250
B	8	4	5	150
C	7	9	9	200
수요량	100	300	200	600

① 3,600,000원, 50톤 ② 3,700,000원, 50톤
③ 3,700,000원, 100톤 ④ 3,800,000원, 50톤
⑤ 3,800,000원, 100톤

---

077 다음 통행배정모형 중 용량비제약모형을 모두 고른 것은?

| ㄱ. 반복배정법 | ㄴ. 분할배정법 | ㄷ. Dial 모형 |
| ㄹ. 교통망 평형배정모형 | ㅁ. 전량배정법 | |

① ㄱ, ㄴ ② ㄱ, ㄹ ③ ㄴ, ㄷ ④ ㄷ, ㅁ ⑤ ㄹ, ㅁ

---

078 20개의 공항을 보유하고 있는 국가가 허브 앤드 스포크(Hub and Spoke) 네트워크를 구축하려고 한다. 20개의 공항 중 4개를 허브로 선택하여 운영할 경우에 총 몇 개의 왕복노선이 필요한가?

① 16개 ② 18개 ③ 20개 ④ 22개 ⑤ 24개

---

079 화물분포모형이 아닌 것은?

① 평균인자법 ② 프라타법
③ 중력모형   ④ 엔트로피 극대화모형
⑤ 로짓모형

080 A 공장에서 B 물류창고까지 도로망을 이용하여 상품을 운송하려고 한다. 최소 비용수송계획법에 의한 A 공장에서 B 물류창고까지의 총운송비용 및 총운송량은? (단, 링크의 첫째 숫자는 도로용량, 둘째 숫자는 톤당 단위운송비용임)

(단위 : 톤, 천원)

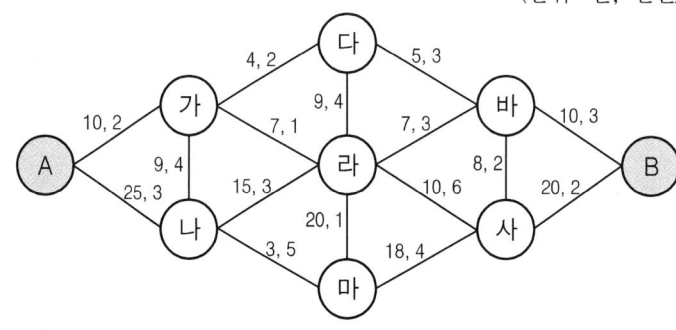

① 330,000원, 26톤   ② 330,000원, 27톤
③ 330,000원, 28톤   ④ 346,000원, 29톤
⑤ 346,000원, 30톤

제3과목   국제물류론

081 물류와 무역 간의 관계에 관한 설명으로 옳지 않은 것은?
① 무역 수요는 물류 수요를 창출한다.
② 무역계약 조건은 국제운송계약에 영향을 미친다.
③ 물류비용 절감은 국제무역 확대발전으로 이어진다.
④ 물류기술 발전은 무역거래 비용의 절감으로 이어진다.
⑤ 무역규제 완화는 물류비용 증가로 이어진다.

082 보호무역주의 확산이 글로벌생산업체에 미치는 영향으로 옳지 않은 것은?
① 현지국 내의 공급사슬관리 체제가 강화된다.
② 부품수입량이 감소하고 생산일정 관리가 어려워진다.
③ 지역별로 전개하는 글로벌 분업체제가 강화된다.

④ 연구개발 및 생산에서 규모의 경제가 약화된다.
⑤ 표준화된 글로벌 제품의 대량생산체제가 어려워진다.

083 국제물류의 기능에 관한 설명으로 옳지 않은 것은?
① 해외시장으로의 상품인도 시간을 단축시킨다.
② 수출업자의 물류비를 절감시킨다.
③ 해외시장 고객에 대한 서비스 활동을 향상시킨다.
④ 국제 경영활동에서 최대비용으로 사업효율성을 향상시킨다.
⑤ 국제간 상품의 가격을 평준화시킨다.

084 최근 국제운송의 발전 방향과 그 사례의 연결로 옳지 않은 것은?
① 초대형화 : 일본의 TSL(Techno Super Line)
② 무인자동화 : AGV Supervisor 시스템
③ 빅데이터화 : Samsung SDS의 Cello
④ 스마트화 : 함부르크항 smartPORT
⑤ 친환경화 : IMO MEPC MARPOL Annex VI

085 정기용선계약에서 특정한 사유로 선박의 이용이 방해되는 기간 동안 용선자의 용선료 지불의무를 중단하도록 하는 조항은?
① Off-hire
② Demurrage
③ Employment and Indemnity
④ Laytime
⑤ Cancelling Date

086 해상운송화물의 선적절차와 관련이 없는 서류는?
① Shipping Request
② Mate's Receipt
③ Letter of Indemnity
④ Shipping Order
⑤ Letter of Guarantee

087 해상운송화물의 운임체계에 관한 설명으로 옳지 않은 것은?
① 원칙적으로 운송인은 운임부과기준에 대한 재량권을 가진다.
② FAK는 화물의 종류에 관계없이 일률적으로 부과되는 운임이다.
③ Dead Freight는 화물의 실제 적재량이 계약수량에 미달할 경우 그 부족분에 대해 지불하는 일종의 위약금이다.
④ FIO조건은 선적과 양륙과정에서 선내 하역인부임을 화주가 부담하는 조건이다.
⑤ Detention Charge는 CY에서 무료장치기간(free time)을 정해두고 그 기간 내에 컨테이너를 반출해가지 않을 경우 징수하는 부대비용이다.

088 해상운송 용어에 관한 설명으로 옳은 것은?
① 흘수(Draft)는 선박의 수중에 잠기지 않는 수면 위의 선체 높이로 예비부력을 표시한다.
② 편의치적(FOC)은 자국선대의 해외이적을 방지하기 위해 자국의 자치령 또는 속령에 치적할 경우 선원고용의 융통성과 세제혜택을 허용하는 제도이다.
③ 항만국 통제(Port State Control)는 자국 항만에 기항하는 외국국적 선박에 대해 국제협약이 정한 기준에 따라 선박의 안전기준 등을 점검하는 행위이다.
④ 재화중량톤수(DWT)는 흘수선을 기준으로 화물이 적재된 상태의 선박과 화물의 중량을 나타내는 것이다.
⑤ 운임톤(Revenue Ton)은 직접 상행위에 사용되는 용적으로 톤세, 항세, 항만시설 사용료 등의 부과기준이 된다.

089 해상운송에 관한 설명으로 옳지 않은 것은?
① 개품운송계약은 선하증권에 의해 증빙되는 부합계약의 성질을 지닌다.
② 용선계약의 내용은 상대적으로 협상력이 약한 용선자를 보호하기 위해 Hague-Visby Rules 같은 강행법규에 의해 규율된다.
③ 정기선운송의 경우 부정기선운송에 비해 해운시황에 따른 배선축소나 운항항로에서의 철수 등이 신축적으로 이루어지기 어렵다.
④ 부정기선운송의 운임은 해운시장에서 물동량과 선복량에 따라 변동하므로 정기선 운임에 비해 불안정하다.
⑤ 정기용선계약에서 용선선박은 선박이 안전하게 항해할 수 있도록 일체의 속구를 갖추고 선원을 승선시킨 상태로 용선자에게 인도된다.

090 로테르담 규칙의 내용에 관한 설명으로 옳지 않은 것은?
① 해공복합운송 및 해륙복합운송에 대해서도 적용된다.
② 해상화물운송장 및 전자선하증권이 발행되는 경우에도 적용된다.
③ 인도 지연으로 인한 손해에 대해서는 규정하고 있지 않다.
④ 운송인은 항해과실로 인해 발생한 손해에 대해서도 책임을 부담한다.
⑤ 운송인의 감항능력주의 의무는 전체 해상운송기간에 대해서까지 확대된다.

091 화인(Shipping Marks)에 관한 설명으로 옳지 않은 것은?
① 화인을 표시하지 않음으로써 발생하는 손해에 대해서는 해상보험에서 담보하지 않는다.
② 화인은 화물과의 대조를 위해 선하증권 및 상업송장에도 기재된다.
③ Counter Mark는 화물의 등급이나 규격표시 등에 사용된다.
④ Port Mark에는 선적항이나 중간 기항지가 표기된다.
⑤ Case Number는 화물의 총 개수를 일련번호로 표기한 것이다.

092 항해용선계약(Gencon C/P)상 정박기간과 체선료에 관한 조건이 아래와 같을 때 용선자가 선주에게 지불해야 하는 체선료는?

○ 정박기간 : 5일
○ 하역준비완료통지(Notice of Readiness) : 6월 1일 오후
○ 체선료 : US$ 2,000/일
○ 하역완료 : 6월 9일 오후 (6월 1일에서 9일까지 기상조건은 양호한 상태였음. 6월 6일은 현충일로 휴무일)
○ 정박기간 산정조건 : WWD SHEX

6월								
월	화	수	목	금	토	일	월	화
1	2	3	4	5	6	7	8	9

① 체선이 발생하지 않아 체선료를 지불하지 않아도 됨
② US$ 2,000
③ US$ 4,000
④ US$ 6,000
⑤ US$ 8,000

093 다음에서 설명하는 국제복합운송경로는?

> 한국, 일본 등의 극동지역 항만에서 선적된 화물을 북미서안까지 해상운송한 후에, 북미대륙의 횡단철도를 이용하여 미국 주요 내륙지점의 철도터미널 또는 선사의 CY/CFS에서 화물 인도가 행해지는 복합운송방식

① IPI   ② ALB   ③ SLB   ④ OCP   ⑤ RIPI

094 항공운송에 관한 국제조약으로 옳은 것은?
① Hague Rules
② Hamburg Rules
③ Rotterdam Rules
④ Hague Protocol
⑤ Hague-Visby Rules

095 계약당사자가 아닌 운송인이 이행한 국제항공운송에 관한 일부규칙의 통일을 위한 와르소 조약(Warsaw Convention)을 보충하는 과다라하라 조약(Guadalajala Convention)을 채택한 국제기구는?
① FIATA   ② IATA   ③ ICAO   ④ FAI   ⑤ ICC

096 엔진이 장착된 차량으로서 적재완료된 단위탑재용기(ULD)를 올려놓은 상태에서 항공화물터미널에서 항공기까지 수평이동을 가능하게 하는 장비는?
① Pallet Scale
② Lift Loader
③ Transporter
④ Contour Gauge
⑤ Cargo Cart

097 국제항공운송에서 와르소조약(Warsaw Convention)의 화물에 대한 책임한도액은?
① 150 francs per kilogram
② 250 francs per kilogram
③ 350 francs per kilogram
④ 450 francs per kilogram
⑤ 550 francs per kilogram

098 항공운송인이 스스로 보험을 수배할 능력이 없는 일반 화주를 대리하여 부보하는 보험 종목은?
① Air Cargo Insurance
② Marine Cargo Insurance
③ Freight Legal Liability Insurance
④ Shipper's Interest Insurance
⑤ Hull Insurance

099 복합운송주선인의 업무 또는 기능으로 옳지 않은 것은?
① 화물의 혼재·분배
② 보험금 지급
③ 보관업무 수행
④ 운송의 자문·수배
⑤ 운송관련 서류작성

100 복합운송증권(MTD)에 관한 설명으로 옳지 않은 것은?
① 화물의 손상에 대하여 전체 운송구간에 대한 단일책임형태로 발행된다.
② 복합운송증권은 운송주선인이 발행할 수 없다.
③ 본선 적재 전에 복합운송인이 화물을 수취한 상태에서 발행된다.
④ 복합운송증권의 인도는 화물의 인도와 동일한 성격을 갖는다.
⑤ 지시식으로 발행된 경우 배서·교부로 양도가 가능하다.

101 FCL 화물의 경우 송화인이 작성하며, CY에서 본선 적재할 때와 양륙지에서 컨테이너 보세운송할 때 사용되는 서류는?
① Dock Receipt
② Equipment Interchange Receipt
③ Container Load Plan
④ Cargo Delivery Order
⑤ Letter of Indemnity

102 신용장통일규칙(UCP 600) 제23조의 항공운송서류 수리요건에 관한 설명으로 옳지 않은 것은?

① 운송인의 명칭을 표시하고 운송인, 기장 또는 그들을 대리하는 지정대리인에 의하여 서명되어 있어야 한다.
② 물품이 운송을 위하여 수취되었음을 표시하고 있어야 한다.
③ 신용장에 명기된 출발공항과 목적공항을 표시하고 있어야 한다.
④ 신용장이 원본의 전통을 명시하고 있는 경우에도, 탁송인 또는 송화인용 원본으로 구성되어야 한다.
⑤ 운송의 제조건을 포함하고 있거나 또는 운송의 제조건을 포함하는 다른 자료를 참조하고 있는 서류이어야 한다.

103 선하증권에 관한 설명으로 옳지 않은 것은?

① Straight B/L은 송화주에게 발행된 유통성 선하증권을 송화주가 배서하여 운송인에게 반환함으로써, 선하증권의 유통성이 소멸된 B/L을 말한다.
② Clean B/L은 선박회사가 인수한 물품의 명세 또는 수량 및 포장에 하자가 없는 경우 발행되는 B/L이다.
③ Long Form B/L은 선하증권의 필요기재사항과 운송약관이 모두 기재되어 발행되는 B/L을 말한다.
④ Custody B/L은 화물이 운송인에게 인도되었으나 당해 화물을 선적할 선박이 입항하지 않은 상태에서 발행되는 B/L을 말한다.
⑤ Stale B/L은 선하증권의 제시 시기가 선적일 후 21일이 경과하는 등 필요 이상으로 지연되었을 때 그렇게 지연된 B/L을 말한다.

104 컨테이너 뒷문에 표기된 "TARE 2,350 KG"에서 2,350 KG이 의미하는 것은?

① 컨테이너 자체 중량
② 컨테이너에 실을 수 있는 최대 화물 중량
③ 컨테이너 자체 중량과 컨테이너 섀시(chassis) 포함 총 중량
④ 컨테이너 자체 중량과 컨테이너에 실을 수 있는 최대화물 중량의 합계
⑤ 컨테이너 자체 중량, 컨테이너에 실을 수 있는 최대 화물 중량, 그리고 컨테이너 섀시(chassis) 중량을 모두 포함한 총 중량

105 항공화물운송장(AWB)과 선하증권(B/L)에 관한 설명으로 옳지 않은 것은?
① AWB는 유가증권이 아니고 화물수령증 역할을 한다.
② B/L은 일반적으로 지시식으로 발행되며 유통성을 갖는다.
③ AWB는 화주이익보험을 가입한 경우 보험금액 등이 기재되어 보험가입증명서 내지 보험계약증서 역할을 한다.
④ B/L은 일반적으로 본선 선적 후 발행하는 선적식으로 발행된다.
⑤ AWB는 항공사가 작성하고 상환증권의 성격을 갖는다.

106 항만의 시설에 관한 설명으로 옳은 것은?
① 항로(Access Channel)는 바람과 파랑의 방향에 대해 0°~20°의 각도를 갖는 것이 좋다.
② 안벽은 해안 및 하안에 평행하게 축조된 석조제로서 선박 접안을 위하여 수직으로 만들어진 옹벽이다.
③ 잔교는 선박의 접안과 화물의 하역을 위해 목재 및 철재 등의 기둥을 육상에 박아 윗부분을 콘크리트로 굳힌 선박의 계류시설이다.
④ 박지(Anchorage)는 잔잔하고 충분한 수역과 닻을 내리기 좋은 지반이어야 하며 사용목적에 따른 차이는 없다.
⑤ 선회장(Turning Basin)은 예선이 필요한 경우 대상선박 길이 3배를 직경으로 하는 원으로 한다.

107 국제물류에서 항만의 기능에 관한 설명으로 옳지 않은 것은?
① 수출입 화물의 일시적 보관, 하역을 통하여 해륙을 연결한다.
② 물류활동의 중심지로서 다양한 부가가치 서비스를 제공한다.
③ 국가 및 지역의 경제성장과 고용창출에 기여한다.
④ 선사간 전략적 제휴 또는 합병을 유도한다.
⑤ 신속한 하역과 내륙연결점에서 원활한 물류서비스를 제공한다.

108 ICD의 이용에 따른 이점으로 옳지 않은 것은?
① 집화·분류·혼재활동에 의한 물류합리화 실현
② 대량수송수단을 통한 수송비 절감
③ 항만구역 및 항만주변의 도로체증 완화

④ 철도수송에 의한 CO_2 · 탄소배출 저감
⑤ 항공운송수단의 효율적 연계를 통한 배송 고속화

109 해상화물 운송선박 및 항만시설에 대한 해상 테러 가능성을 대비하기 위하여 체약국과 선사 및 선박이 준수해야 하는 보안 사항 등을 규정하고 있는 것은?
① C-TPAT
② ISPS Code
③ CSI
④ Trade Act of 2002 Final Rule
⑤ 24-hours rule

110 Institute Cargo Clause(A)(2009) 제4조 일반면책조항에 해당하지 않는 것은?
① 보험목적의 통상적인 누손, 통상적인 중량손 또는 용적손 또는 자연소모
② 보험목적의 고유의 하자 또는 성질로 인하여 발생한 멸실, 손상 또는 비용
③ 피보험자의 고의의 불법행위에 기인하는 멸실, 손상 또는 비용
④ 피보험자가 본선의 소유자, 관리자, 용선자 또는 운항자의 파산 또는 재정상의 궁핍한 사정을 알지 못한 상태에서 부보하고 이 계약기간 중에 발생한 멸실, 손상 또는 비용
⑤ 원자력 또는 핵의 분열 및/또는 융합 또는 기타 이와 유사한 반응 또는 방사능이나 방사성물질을 응용한 무기 또는 장치의 사용으로 인하여 직접 또는 간접적으로 발생한 멸실, 손상 또는 비용

111 신용장통일규칙(UCP 600)의 내용에 관한 설명으로 옳은 것은?
① 발행된 신용장에 취소불능(irrevocable)이라고 표시하지 않으면 취소가능 신용장이다.
② 선적 기간을 정하기 위하여 사용하는 "to", "from", "after"란 용어는 언급된 당해 일자를 포함한다.
③ 신용장은 이용 가능한 해당 은행과 모든 은행을 이용할 수 있는지 여부를 명시하지 않아도 된다.
④ 신용장은 발행의뢰인을 지급인으로 하는 환어음에 의하여 이용할 수 있도록 발행되어야 한다.
⑤ 지정은행, 필요한 경우의 확인은행 및 발행은행은 서류가 문면상 일치하는 제시를 나타내는지를 결정하기 위해서는 서류만으로 심사하여야 한다.

112. 다음에서 설명하는 무역클레임의 성질에 따른 분류로 옳은 것은?

무역계약의 성립 후 수입지 상품의 시황이 좋지 않아 매도인의 사소한 실수나 하자를 이유로 매수인으로부터 받게 되는 클레임이다. 예를 들면, 처음부터 그럴 의도는 아니었으나 시황이 나빠져서 품질불량이나 그럴듯한 이유를 들어 트집을 잡는 경우, 계약이행 중 시가가 하락하여 큰 손해를 보게 되었을 때 결제대금의 감액 요구 등을 하는 경우가 있다.

① 일반적 클레임
② 마켓 클레임
③ 계획적 클레임
④ 운송 클레임
⑤ 보험 클레임

113. 보세구역의 종류에 관한 설명으로 옳지 않은 것은?

① 세관검사장은 통관을 하고자 하는 물품을 검사하기 위한 장소로서 세관장이 지정하는 지역을 말한다.
② 보세건설장은 산업시설의 건설에 소요되는 외국물품인 기계류 설비품 또는 공사용 장비를 장치·사용하여 해당 건설공사를 할 수 있다.
③ 보세공장은 외국물품을 원료 또는 재료로 하거나 외국물품과 내국물품을 원료 또는 재료로 하여 제조·가공 기타 이와 유사한 작업을 할 수 있다.
④ 보세전시장에서는 박람회·전람회·견본품 전시회 등의 운영을 위하여 외국물품을 장치·전시 또는 사용할 수 있다.
⑤ 보세창고는 통관을 하고자 하는 물품을 일시 장치 하기 위한 장소로서 세관장이 지정하는 구역을 말한다.

114. Incoterms® 2020 규칙의 주요 개정 특징과 용어의 설명으로 옳지 않은 것은?

① FCA 조건이 해상으로 쓰일 때 선적선하증권(On board B/L)이 요구되는 경우가 많아 이를 첨부 할 것을 요구할 수 있다는 내용이 추가되었다.
② 해상운송조건의 정형거래조건은 FAS, FOB, CFR, CIF 조건이다.
③ Incoterms® 2020 규칙은 국제매매계약 및 국내매매계약에 모두 사용 가능하다.
④ 전자적 기록 또는 절차(Electronic record or procedure)는 하나 또는 그 이상의 전자메시지로 구성되고 경우에 따라서는 종이서류에 상응하는 기능을 하는 일련의 정보를 말한다.
⑤ 비용에 관한 규정을 A6/B6dp 규정하였다.

115 Incoterms® 2020 규칙에서 매도인의 비용과 위험부담이 가장 적은 거래조건으로부터 많은 거래조건 순으로 나열된 것은?

① FAS - FOB - CIF - CFR
② FAS - CFR - FOB - CIF
③ FOB - FAS - CFR - CIF
④ FAS - FOB - CFR - CIF
⑤ FOB - FAS - CIF - CFR

116 Incoterms® 2010 규칙의 내용에서 (ㄱ), (ㄴ)에 각각 들어갈 용어는?

> "(ㄱ)" means that the seller delivers when the goods, once unloaded from the arriving means of transport, are placed at the disposal of the buyer at a named terminal at the named port or place of destination.
>
> "(ㄴ)" means that the seller delivers the goods when the goods are placed at the disposal of the buyer, cleared for import on the arriving means of transport ready for unloading at the named place of destination. The seller bears all the costs and risks involved in bringing the goods to the place of destination and has an obligation to clear the goods not only for export but also for import, to pay any duty for both export and import and to carry out all customs formalities.

① ㄱ: DAP, ㄴ: DDP
② ㄱ: DAT, ㄴ: DDP
③ ㄱ: DAP, ㄴ: DAT
④ ㄱ: DAT, ㄴ: DAP
⑤ ㄱ: DDP, ㄴ: DAT

117 해상보험의 내용에 관한 설명으로 옳은 것은?

① 보험가액은 실제 보험계약자가 보험에 가입한 금액으로서 손해가 발생할 경우 보험자가 피보험자에게 지급하기로 약정한 최고금액이다.
② 피보험이익은 보험계약 체결 시 반드시 확정되어 있어야 한다.
③ 동일한 해상사업과 이익 또는 그 일부에 관하여 둘 이상의 보험계약이 피보험자에 의해서 또는 피보험자를 대리하여 체결되고 보험금액이 MIA에서 허용된 손해보상액을 초과하는 경우 공동보험에 해당한다.
④ 청과나 육류 등이 부패하여 식용으로 사용할 수 없게 된 경우에 보험목적의 파괴에 해당하여 현실전손으로 볼 수 있다.
⑤ 기평가보험증권은 보험목적의 가액을 기재하지 않고 보험금액의 한도에 따라서 보험가액이 추후 확정되도록 하는 보험증권이다.

118 구상무역에 사용할 수 있는 신용장으로 옳은 것을 모두 고른 것은?

ㄱ. Straight Credit	ㄴ. Back-to-Back Credit
ㄷ. Tomas Credit	ㄹ. Revolving Credit
ㅁ. Escrow Credit	

① ㄱ, ㄴ, ㅁ
② ㄱ, ㄷ, ㄹ
③ ㄴ, ㄷ, ㄹ
④ ㄴ, ㄷ, ㅁ
⑤ ㄷ, ㄹ, ㅁ

119 신용장으로 대금결제가 이루어지는 무역계약에서 선적조건에 관한 설명으로 옳지 않은 것은?

① 'Shipment shall be made on or about May 10, 2019.'는 2019년 5월 4일에서 5월 15일까지의 기간에 선적을 완료해야 한다.
② 'Shipment : Until May 10, 2019.'는 선적을 2019년 5월 10일까지 완료해야 한다.
③ 'Shipment : Before May 10, 2019.'는 선적을 2019년 5월 9일까지 완료해야 한다.
④ 선적시기와 관련하여 immediately, promptly, as soon as possible이라는 표현의 용어는 무시하도록 하고 있다.
⑤ 'Partial shipments are prohibited.'는 분할선적이 허용되지 않음을 의미한다.

120 무역계약의 주요 조건에 관한 설명으로 옳은 것은?

① 표준품매매(Sales by Standard)는 주로 전기, 전자제품 등의 거래에 사용되는 것으로, 상품의 규격이나 품질 수준을 국제기구 등이 부여한 등급으로 결정하는 방식이다.
② M/L(More or Less) clause는 Bulk 화물의 경우 계약 물품의 수량 앞에 about 등을 표기하여 인도수량의 신축성을 부여하기 위한 수량표현 방식이다.
③ COD(Cash on Delivery)는 양륙지에서 계약물품을 매수인에게 전달하면서 현금으로 결제받는 방식이다.
④ D/A(Documents Against Acceptance)는 관련 서류가 첨부된 일람불 환어음을 통해 결제하는 방식이다.
⑤ M/T(Mail Transfer)는 지급은행에 대하여 일정한 금액을 지급하여 줄 것을 위탁하는 우편환을 수입상이 거래은행으로부터 발급받아 직접 수출상에게 제시하여 결제하는 방식이다.

제2교시

제4과목 보관하역론

001 보관의 원칙으로 옳지 않은 것을 모두 고른 것은?

> ㄱ. 중량특성의 원칙은 물품의 중량에 따라 보관 장소의 높이를 결정하는 원칙이다.
> ㄴ. 회전대응의 원칙은 보관할 물품의 장소를 입출고 빈도에 따라 달리하는 원칙이다.
> ㄷ. 통로대면의 원칙은 창고 내의 원활한 화물의 흐름과 활성화를 위해 동일한 종류의 물품을 동일한 장소에 보관하는 원칙이다.
> ㄹ. 네트워크 보관의 원칙은 시각적으로 보관물품을 용이하게 식별할 수 있도록 보관하는 원칙이다.
> ㅁ. 선입선출의 원칙은 수요가 많은 제품을 먼저 출고한다는 원칙이다.

① ㄱ, ㄴ, ㄹ ② ㄱ, ㄷ, ㅁ
③ ㄴ, ㄷ, ㄹ ④ ㄴ, ㄷ, ㅁ
⑤ ㄷ, ㄹ, ㅁ

002 포장에 관한 설명으로 옳지 않은 것은?
① 포장 디자인의 3요소는 선, 형, 색채이다.
② 상업포장의 기본 기능은 판매촉진기능이다.
③ 완충포장은 외부로부터 전달되는 힘과 충격으로부터 상품의 내·외부를 보호하기 위함이다.
④ 포장합리화의 시스템화 및 단위화 원칙은 물류의 모든 활동이 유기적으로 연결되도록 시스템화하며, 포장화물의 단위화를 통해 포장의 합리화를 추구하는 것이다.
⑤ 적정포장의 목적은 상품의 품질보전, 취급의 편의성 등 포장 물류 본연의 기능 최대화이므로 포장 비용은 중요한 고려 사항이 아니다.

003 물류센터의 기능 및 역할에 관한 설명으로 옳지 않은 것은?
① 공급자와 수요자의 중간에 위치하여 수요와 공급을 통합하고 계획하여 효율화를 높이는 시설이다.
② 물류센터의 규모는 목표 재고량을 우선 산정한 후 서비스 수준에 따라서 결정된다.

③ 물류센터의 설계 시 제품의 특성, 주문 특성, 설비 특성 등이 고려되어야 한다.
④ 물류센터의 입지선정 시 경제적, 자연적, 입지적 요인 등을 고려해야 한다.
⑤ 물류센터 입지의 결정에 있어서 관련 비용의 최소화를 고려해야 한다.

004 물류센터 수가 증가함에 따라 발생하는 관리 요소의 변화로 옳지 않은 것은?
① 시설투자비용은 지속적으로 증가한다.
② 납기준수율이 증가한다.
③ 수송 비용은 증가한다.
④ 배송의 횟수가 증가하므로 배송 비용은 증가한다.
⑤ 물류센터 수가 증가하므로 총 안전재고량은 증가한다.

005 다음이 설명하는 물류시설은?

○ 수출 시, LCL(Less than Container Load) 화물을 특정 장소에 집적하였다가 목적지별로 선별하여 하나의 컨테이너에 적입함
○ 수입 시, 혼재화물을 컨테이너로부터 인출하고 목적지별로 선별하여 수화인에게 인도함

① CFS(Container Freight Station)
② 스톡 포인트(Stock Point)
③ 보세구역
④ 데포(Depot)
⑤ ICD(Inland Container Depot)

006 공동집배송단지의 운영효과에 관한 설명으로 옳지 않은 것은?
① 배송물량을 통합하여 계획 배송하므로 차량의 적재 효율을 높일 수 있다.
② 공동집배송단지를 사용하는 업체들의 공동 참여를 통해 대량 구매 및 계획 매입이 가능하다.
③ 보관 수요를 통합 관리함으로써 업체별 보관 공간 및 관리 비용의 절감이 가능하다.
④ 혼합배송이 가능하여 차량의 공차율이 증가한다.
⑤ 물류 작업의 공동화를 통해 물류비 절감 효과가 있다.

007 양면 골판지의 한쪽 면에 편면 골판지를 접합한 형태로서 비교적 무겁고 손상되기 쉬운 제품 혹은 청과물과 같은 수분을 포함하고 있는 제품 포장에 적합한 골판지는?
① 편면 골판지
② 이중양면 골판지
③ 양면 골판지
④ 삼중 골판지
⑤ 삼중양면 골판지

008 다음 설명과 일치하는 화물의 취급표시(화인) 방법으로 옳은 것은?

> ㄱ. 기름기가 많은 종이 등에 문자를 파 두었다가 붓이나 스프레이를 사용하여 칠하면 화인이 새겨지는 방법
> ㄴ. 표시 내용을 기재한 판(종이, 알루미늄 등)을 철사나 끈 등으로 매는 방법
> ㄷ. 고무인이나 프레스기 등으로 찍는 방법
> ㄹ. 종이나 직포 등에 필요한 내용을 미리 인쇄해 두었다가 일정한 위치에 붙이는 방법

① ㄱ: 스텐실(Stencil), ㄴ: 태그(Tag), ㄷ: 스탬핑(Stamping), ㄹ: 레이블링(Labeling)
② ㄱ: 스탬핑(Stamping), ㄴ: 카빙(Carving), ㄷ: 태그(Tag), ㄹ: 스티커(Sticker)
③ ㄱ: 스텐실(Stencil), ㄴ: 스티커(Sticker), ㄷ: 스탬핑(Stamping), ㄹ: 카빙(Carving)
④ ㄱ: 스탬핑(Stamping), ㄴ: 태그(Tag), ㄷ: 카빙(Carving), ㄹ: 스텐실(Stencil)
⑤ ㄱ: 스탬핑(Stamping), ㄴ: 태그(Tag), ㄷ: 스텐실(Stencil), ㄹ: 카빙(Carving)

009 A사는 현재 2곳의 공장에서 다른 제품을 생산하여 3곳의 수요처에 각각 제품을 공급하고 있다. 물류센터 한 곳을 신축하여 각 공장에서는 물류센터로 운송을 하고, 물류센터에서 3곳의 수요처로 운송할 계획이다. 물류센터와 기존시설과의 예상되는 1일 운송빈도는 아래 표와 같으며, 거리는 직각거리(Rectilinear Distance)로 가정한다. 총 이동거리 $\left(\sum_{i=1}^{n} W_i \times \{|x - a_i| + |y - b_i|\} \right)$를 최소화시키는 신규 물류센터의 최적 위치는?

물류센터의 위치	기존시설			
	i	시설명	위치 (a_i, b_i)	물류센터와의 1일 운송빈도(W_i)
(x, y)	1	공장1	(2, 1)	6
	2	공장2	(12, 7)	5
	3	수요처1	(4, 5)	2
	4	수요처2	(7, 8)	4
	5	수요처3	(10, 2)	6

① $(x, y) = (6.0, 4.0)$ ② $(x, y) = (6.2, 3.6)$
③ $(x, y) = (7.0, 2.0)$ ④ $(x, y) = (7.0, 5.0)$
⑤ $(x, y) = (7.8, 3.7)$

010 물류센터의 설립을 위한 입지 결정단계에서 우선적으로 고려해야 할 사항이 아닌 것은?
① 토지 구입가격
② 해당 지역의 세금정책 및 유틸리티(전기, 상하수도, 가스 등) 비용
③ 해당 지역의 가용노동인구 및 평균 임금수준
④ 물류센터 내부 레이아웃
⑤ 각종 법적 규제사항

011 다음은 제조업에서 모기업과 부품공급을 하는 협력업체 사이의 물류효율화 방식에 관한 내용이다. 공동순회납품, 서열(Sequence) 공급, Set(혹은 Kit) 공급 방식의 설명을 순서대로 옳게 나열한 것은?

> ㄱ. 모기업에서 혼류생산되는 제품들의 생산순서에 맞도록 부품업체가 해당 부품을 순서대로 대차에 담아 공급하는 방식
> ㄴ. 부품업체와 모기업 사이에 물류센터(창고)를 설치하여 제품 1대 생산에 필요한 모든 부품들을 사전에 별도 용기에 담아서 모기업 생산현장에 공급하는 방식
> ㄷ. 부품업체들이 교대로 여러 부품업체들을 순회하여 모기업에 부품을 공동납품 함으로써 모기업의 납품주기 단축에 대응하는 방식
> ㄹ. 협력업체에서 모기업에 직접 부품을 납품하지 않고 물류전문회사를 이용하여 납품하는 방식

① ㄴ, ㄷ, ㄹ   ② ㄷ, ㄱ, ㄴ
③ ㄷ, ㄱ, ㄹ   ④ ㄷ, ㄴ, ㄱ
⑤ ㄹ, ㄴ, ㄱ

012 유닛로드의 종류 또는 크기를 결정하기 위해 고려해야 할 요인이 아닌 것은?
① 적재화물의 형태, 무게   ② 적재화물의 적재형태
③ 유닛로드의 운송수단   ④ 창고 조명의 밝기
⑤ 하역장비의 종류와 특성

013 1,100mm × 1,100mm의 표준파렛트에 가로 20cm, 세로 30cm, 높이 15cm의 동일한 종이박스를 적재하려고 한다. 만일 파렛트의 적재 높이를 17cm 이하로 유지해야 한다고 할 때, 최대 몇 개의 종이박스를 적재할 수 있는가?

① 18개　② 19개　③ 20개　④ 21개　⑤ 22개

014 24시간 운영하는 물류센터에 들어오는 트럭은 1일 평균 240대로 도착시간간격은 평균 6분으로 예상하고 있다. 트럭이 물류센터에서 상·하차 작업을 하는 데 소요되는 시간은 평균 3시간이다. 물류센터에 트럭이 도착했을 때 가용한 도크가 없다면 트럭은 빈 도크가 나올 때까지 주차장에서 대기해야 하는데 고객서비스 차원에서 도착 즉시 도크를 사용할 수 있는 확률을 80% 이상으로 유지하려고 한다. 이에 관한 내용으로 옳지 않은 것은?

① 트럭의 도착시간간격이 정확히 6분(상수)이고, 차량 당 상·하차시간이 정확히 3시간(상수) 걸린다면 이론적으로 필요한 도크의 수는 30개로 안전계수를 고려할 필요가 없다.
② 상·하차시간은 3시간(상수)이지만 도착시간간격이 평균 6분, 표준편차가 1분인 확률분포를 따른다면 도크의 수는 30개보다 커야 한다.
③ 상·하차시간은 3시간(상수)이지만 도착시간간격이 평균 6분, 표준편차가 0.1분인 확률분포를 따른다면 도크의 수는 30개보다 작아도 된다.
④ 도착시간간격이 평균 6분인 확률분포를 따르고 상·하차시간도 평균 3시간인 확률분포를 따른다면 도크의 수는 30개보다 커야 한다.
⑤ 도착시간간격은 6분(상수)을 유지한 상황에서 상·하차시간을 2.5시간(상수)로 감소시킬 수 있다면 도크의 수는 30개보다 작아도 된다.

015 파렛트 풀 시스템에 관한 설명으로 옳지 않은 것은?

① 리스·렌탈방식을 이용하면 송화주는 공파렛트의 회수에 대해 신경을 쓸 필요가 없다.
② 파렛트 풀 시스템에서도 지역간에 이동하는 파렛트 수량에 균형이 맞지 않기 때문에 공파렛트를 재배치해야 하는 문제점은 발생한다.
③ 많은 기업에서는 파렛트를 일회용 소모품으로 생각하는 경우가 많은데 풀 시스템을 활용함으로써 친환경물류시스템 구축에도 도움이 된다.
④ 파렛트 즉시교환방식은 화차에 화물이 적재된 파렛트를 선적하면 즉시 동일한 형태, 크기, 품질을 가지는 파렛트를 선적된 수량만큼 송화주에게 돌려주는 방식이다.
⑤ 대차결재방식은 즉시교환방식의 단점을 개선하기 위해 고안된 방식으로 현장

에서 즉시 파렛트를 교환하지 않고 일정 시간 내에 동일한 수량의 파렛트를 해당 철도역에 반환하도록 하는 방식이다.

016 일관파렛트화에 관한 설명으로 옳은 것을 모두 고른 것은?

> ㄱ. 일관파렛트화는 화물이 송화인으로부터 수화인에게 도착할 때까지 전 운송과정을 동일한 파렛트를 이용하여 운송하는 것을 의미한다.
> ㄴ. 일관파렛트화를 한다면 표준파렛트를 사용하지 않아도 된다.
> ㄷ. 일관파렛트화에 적용되는 개념은 유닛로드를 컨테이너로 하였을 경우에도 그대로 적용될 수 있다.

① ㄱ   ② ㄱ, ㄴ   ③ ㄱ, ㄷ   ④ ㄴ, ㄷ   ⑤ ㄱ, ㄴ, ㄷ

017 자동화창고에서 물품의 보관위치를 결정하는 방식에 관한 설명으로 옳지 않은 것은?

① 지정위치보관(Dedicated Storage)방식은 일반적으로 전체 보관소요 공간을 많이 차지한다.
② 지정위치보관(Dedicated Storage)방식은 일반적으로 품목별 보관소요 공간과 단위시간당 평균 입출고 횟수를 고려하여 보관위치를 사전 지정하여 운영한다.
③ 임의위치보관(Randomized Storage)방식은 일반적으로 전체 보관소요 공간을 적게 차지한다.
④ 등급별보관(Class-based Storage)방식은 보관품목의 입출고 빈도 등을 기준으로 등급을 설정하고, 동일 등급 내에서는 임의보관하는 방식으로 보관위치를 결정한다.
⑤ 근거리 우선보관(Closest Open Location Storage)방식은 지정위치보관(Dedicated Storage)방식의 대표적 유형이다.

018 완성품 배송센터의 규모를 결정하기 위한 목적으로 보관 품목의 2020년 수요를 예측하고자 한다. 2018년 수요 예측치와 실적치, 2019년 실적치가 아래의 표와 같다고 가정할 때, 평활상수(α) 0.4인 지수평활법을 활용한 2020년의 수요 예측치는?

구 분	2018년	2019년
실적치(개)	200	300
수요 예측치(개)	250	-

① 256개   ② 258개   ③ 260개   ④ 262개   ⑤ 264개

019 DAS(Digital Assort System)에 관한 설명으로 옳지 않은 것은?

① 물품 보관셀에 표시기(display)를 설치하고 피킹작업자가 방문하여 표시량 만큼을 피킹한다.
② 보관장소와 주문별 분배장소가 별도로 필요하다.
③ 소품종 대량출하에 더 적합하다.
④ 고객별 주문 상품을 합포장하기에 적합한 분배시스템이다.
⑤ 주문처별로 분배하는 파종식으로 볼 수 있다.

020 랙(Rack)에 관한 설명으로 옳지 않은 것은?

① 파렛트 랙(Pallet Rack)은 주로 파렛트에 쌓아올린 물품의 보관에 이용한다.
② 캔틸레버 랙(Cantilever Rack)은 외팔지주걸이 구조로 기본 프레임에 암(Arm)을 결착하여 화물을 보관하는 랙으로 파이프, 목재 등 장척물 보관에 적합하다.
③ 유동 랙(Flow Rack)은 화물을 한쪽 방향에서 넣으면 중력을 이용하여 순서대로 쌓이며, 인출할 때는 반대방향에서 화물을 출고하는 랙으로써 선입선출에 유용하다.
④ 드라이브 인 랙(Drive-in Rack)은 선반을 다층식으로 겹쳐 쌓고, 현재 사용하고 있는 높이에서 천장까지의 사이를 이용하는 보관 설비로서 보관효율과 공간활용도가 높다.
⑤ 모빌 랙(Mobile Rack)은 레일을 이용하여 직선적으로 수평 이동되는 랙으로 통로를 대폭 절약할 수 있어 다품종 소량의 보관에 적합하다.

021 창고관리시스템(WMS : Warehouse Management System)에 관한 설명으로 옳지 않은 것은?

① 다품종 소량생산 품목보다 소품종 대량생산 품목의 창고관리에 더 효과적이다.
② RFID/Barcode 등과 같은 자동인식 장치, 무선통신, 자동 제어 방식 등의 기술을 활용한다.
③ 재고 정확도, 공간·설비 활용도, 제품처리능력, 재고회전률, 고객서비스, 노동·설비 생산성 등이 향상된다.
④ 입하, 피킹, 출하 등의 창고 업무 프로세스를 효율적으로 관리하는데 사용되는 시스템이다.
⑤ 자동발주, 주문 진척관리, 창고 물류장비의 생산성 분석 등에 효과적이다.

022 오더피킹(Order Picking) 방식에 관한 설명으로 옳지 않은 것은?
① 릴레이(Relay) 방식 : 여러 사람의 피커가 각각 자신이 분담하는 물품의 종류나 작업범위를 정해놓고 피킹하여 다음 피커에게 넘겨주는 방식이다.
② 존피킹(Zone Picking) 방식 : 여러 사람의 피커가 각각 자기가 분담하는 작업범위에서 물품을 피킹하는 방식이다.
③ 1인1건 방식 : 1인의 피커가 1건의 주문전표에서 요구하는 물품을 피킹하는 방식이다.
④ 일괄 오더 피킹 방식 : 한 건의 주문마다 물품을 피킹해서 모으는 방식으로 1인1건 방식이나 릴레이 방식으로도 할 수 있다.
⑤ 총량 피킹 방식 : 한나절이나 하루의 주문전표를 모아서 피킹하는 방식이다.

023 자동창고시스템에서 수직과 수평방향으로 동시에 이동 가능하고, 수평으로 초당 2m, 수직으로 초당 1m의 속도로 움직이는 스태커 크레인(Stacker Crane)을 활용한다. 이 스태커 크레인이 지점 A(60, 15)에서 지점 B(20, 25)로 이동할 때 소요되는 시간은? [단, (X, Y)는 원점으로부터의 거리(m)를 나타낸다.]
① 10초　　② 15초　　③ 20초　　④ 25초　　⑤ 30초

024 창고의 형태 및 기능에 관한 설명으로 옳지 않은 것은?
① 생산과 소비의 거리 조정을 통해 거리적 효용을 창출한다.
② 창고의 형태로는 단층창고, 다층창고, 입체자동창고 등이 있다.
③ 소비지에 가깝게 위치하며, 소단위 배송을 위한 물류시설을 배송센터라고 한다.
④ 물건을 보관하여 재고를 확보함으로써 품절을 방지하고 신용을 증대시키는 기능을 수행한다.
⑤ 물품의 수급을 조정하여 가격안정을 도모하는 기능을 수행한다.

025 재고관리에서 재고 품목수와 매출액에 따라 품목을 특정 그룹별로 구분하여 집중적으로 관리한다면 업무 효율화가 보다 더 용이하다는 전제로 기업에서 보편적으로 사용되고 있는 분석기법은?
① ABC분석
② PQ분석
③ DEA분석
④ VE분석
⑤ AHP분석

026 물류 측면에서 재고관리의 기능이 아닌 것은?
① 수급적합기능
② 생산의 계획·평준화기능
③ 경제적 발주기능
④ 운송합리화 기능
⑤ 제조·가공기능

027 재고관리시스템에서 재주문점(Reorder Point)을 관리하는 방식이 아닌 것은?
① MRP시스템
② s-S재고시스템
③ 정량발주시스템
④ 투빈시스템(Two Bin System)
⑤ 미니맥스시스템(Mini-Max System)

028 JIT를 도입하여 운영 중인 공장 내부의 A작업장에서 가공된 M부품은 B작업장으로 보내져 여기서 또 다른 공정을 거친다. B작업장은 시간당 300개의 M부품을 필요로 한다. 용기 하나에는 10개의 M부품을 담을 수 있다. 용기의 1회 순회시간은 0.7시간이다. 물류담당자는 시스템 내의 불확실성으로 인해 20%의 안전재고가 필요하다고 판단하였다. 작업장 A와 B간에 필요한 부품 용기의 수는 최소 몇 개인가?
① 21개 ② 23개 ③ 26개 ④ 30개 ⑤ 34개

029 K사에서 30일이 지난 후 철도차량 정비품 A의 1일 수요의 표준편차와 조달기간을 조사해 보니 이전보다 표준편차는 8에서 4로 감소되었고, 조달기간은 4일에서 9일로 증가되었다. 정비품 A의 안전재고수준은 어떻게 변동되는가? (단, 다른 조건은 동일하다.)
① 기존대비 75 % 감소
② 기존대비 25 % 감소
③ 변동 없음
④ 기존대비 25 % 증가
⑤ 기존대비 75 % 증가

030 경제적 주문량모형(EOQ)의 기본 전제조건(또는 가정)이 아닌 것은?
① 수요율이 일정하고 연간 수요량이 알려져 있다.
② 조달기간은 일정하며, 주문량은 전량 일시에 입고된다.
③ 대량주문에 따른 구입 가격 할인은 없다.
④ 모든 수요는 재고부족 없이 충족된다.
⑤ 재고유지에 소요되는 비용은 평균재고량에 반비례한다.

031 JIT시스템의 도입 목표 및 효과가 아닌 것은?
① 제조준비시간의 단축 ② 재고량의 감축
③ 리드타임의 단축 ④ 불량품의 최소화
⑤ 가격의 안정화

032 K사의 B자재에 대한 소요량을 MRP시스템에 의해 산출한 결과, 필요량이 12개로 계산되었다. 주문 Lot Size가 10개이고 불량률을 20%로 가정할 때, 순소요량(Net Requirement)과 계획오더량(Planned Order)은 각각 얼마인가?
① 12개, 12개 ② 12개, 20개
③ 15개, 15개 ④ 15개, 20개
⑤ 15개, 30개

033 어느 상점에서 판매되는 제품과 관련된 자료는 아래와 같다. 경제적 주문량 모형(EOQ)에 의한 정량발주 재고정책을 취할 때 연간 최적 주문주기는? (단, 1년은 365일로 계산한다.)

○ 연간 수요 : 2,000단위
○ 연간 단위당 재고유지비용 : 200원
○ 1회 주문비용 : 2,000원

① 32.5일 ② 36.5일 ③ 40.5일 ④ 44.5일 ⑤ 48.5일

034 무인 운반기기의 제어방식에 따른 유형으로 옳은 것은?
① 자기 인도방식(Magnetic Guidance Method)은 자동 주행하는 운반기기의 경로를 제어하는 방식으로 바닥에 테이프나 페인트 선을 그려 페인트와 테이프를 광학센서로 식별하여 진로를 결정하는 방식이다.
② 광학식 인도방식(Optical Guidance Method)은 인도용 동선이 바닥에 매설되어 있어서 저주파가 흐르는 동선을 따라 2개의 탐지용 코일로 탐지하여 자동 주행하는 방식이다.
③ 전자기계 코딩방식(Electro Mechanical Coding Method)은 트레이에 자기로 코드화한 철판을 붙이고 이를 자기 판독 헤드로 읽게 함으로써 컴퓨터에 정보를 전달하여 제어하는 방식이다.

④ 레이저 스캐닝방식(Laser Scanning Method)은 상자에 붙어 있는 바코드 라벨을 정 위치에서 스캐너로 판독하고 컴퓨터에 정보를 전달하여 제어하는 방식이다.
⑤ 자기 코딩방식(Magnetic Coding Method)은 카드 삽입구에 행동지시용 카드를 먼저 삽입, 컴퓨터에 정보를 제공하여 제어하는 방식이다.

035 합리적인 하역의 원칙에 관한 설명으로 옳지 않은 것은?
① 활성화의 원칙 : 운반활성 지수의 최대화를 지향함
② 인터페이스의 원칙 : 공정간의 접점을 원활히 함
③ 중력이용의 원칙 : 인력작업을 기계화로 대체함
④ 이동거리(시간) 최소화의 원칙 : 하역작업의 이동거리(시간)를 최소화함
⑤ 시스템화의 원칙 : 시스템 전체의 밸런스를 염두에 두고 시너지 효과를 올리기 위함

036 선박에 화물을 싣고 내리는 작업으로 작업방식에 따라 접안 하역과 해상 하역으로 나눌 수 있는 작업은?
① Assembling
② Discharging
③ Devanning
④ Lashing
⑤ Packing

037 컨테이너터미널에서 사용되는 하역장비에 관한 설명으로 옳지 않은 것은?
① 리치 스태커(Reach Stacker)는 장비의 회전 없이 붐에 달린 스프레더만을 회전하여 컨테이너를 이적 또는 하역하는 장비이다.
② 무인운반차량(Automated Guided Vehicle)은 무인으로 컨테이너를 이송하는 장비이다.
③ 야드 트랙터(Yard Tractor, Y/T)는 야드에서 컨테이너를 이동·운송하는 데 사용되는 이동장비로서 일반 도로 운행이 가능한 장비이다.
④ 스트래들 캐리어(Straddle Carrier)는 컨테이너터미널에서 컨테이너를 마샬링 야드로부터 에이프런 또는 CY지역으로 운반 및 적재할 경우에 사용되는 장비이다.
⑤ 윈치 크레인(Winch Crane)은 차체를 이동 및 회전시키면서 컨테이너트럭이나 플랫 카(Flat Car)로부터 컨테이너를 하역하는 장비이다.

038 전용부두에 접안하여 언로더(Unloader)나 그래브(Grab), 컨베이어벨트를 통해 야적장에 야적되며, 스태커(Stacker) 또는 리클레이머(Reclaimer), 트랙 호퍼(Track Hopper) 등을 이용하여 상차 및 반출되는 화물은?
① 고철
② 석탄 및 광석
③ 양회(시멘트)
④ 원목
⑤ 철재 및 기계류

039 공항에서 항공화물을 운반 또는 하역하는 데 사용되지 않는 장비는?
① 이글루(Igloo)
② 트랜스포터(Transporter)
③ 트랜스퍼 크레인(Transfer Crane)
④ 돌리(Dolly)
⑤ 터그 카(Tug Car)

040 항만컨테이너터미널에서 컨테이너 적재를 위해 사용되는 하역장비가 아닌 것은?
① 탑핸들러(Top Handler)
② OHBC(Over Head Bridge Crane)
③ RTGC(Rubber-Tired Gantry Crane)
④ RMGC(Rail-Mounted Gantry Crane)
⑤ 하이 리프트 로더(High Lift Loader)

제5과목 물류관련법규

041 물류정책기본법상 국제물류주선업의 등록을 할 수 있는 자는?
① 피한정후견인
② 「물류정책기본법」을 위반하여 금고 이상의 실형을 선고받고 그 집행이 종료되거나 집행이 면제된 날부터 2년이 지나지 아니한 자
③ 「유통산업발전법」을 위반하여 금고 이상의 형의 집행유예를 선고받고 그 유예기간 중에 있는 자

④ 「화물자동차 운수사업법」을 위반하여 벌금형을 선고받고 2년이 지나지 아니한 자
⑤ 대표자가 피성년후견인인 법인

042 물류정책기본법상 다른 사람에게 자기의 성명 또는 상호를 사용하여 사업을 하게 하거나 그 인증서·등록증·지정증 또는 자격증을 대여하지 못하도록 금지되어 있는 자를 모두 고른 것은?

> ㄱ. 인증우수물류기업   ㄴ. 국제물류주선업자
> ㄷ. 물류관리사   ㄹ. 우수녹색물류실천기업

① ㄴ, ㄷ
② ㄱ, ㄴ, ㄹ
③ ㄱ, ㄷ, ㄹ
④ ㄴ, ㄷ, ㄹ
⑤ ㄱ, ㄴ, ㄷ, ㄹ

043 물류정책기본법상 지역물류현황조사에 관한 설명이다. (   )에 들어갈 내용을 바르게 나열한 것은?

> ○ 시·도지사는 지역물류현황조사의 효율적인 수행을 위하여 필요한 경우에는 지역물류현황조사의 (ㄱ)를 전문기관으로 하여금 수행하게 할 수 있다.
> ○ 시·도지사가 지역물류현황조사를 시장·군수·구청장에게 요청하는 경우에는 효율적인 지역물류현황조사를 위하여 조사의 시기, 종류 및 방법 등에 관하여 해당 시·도의 (ㄴ)(으)로 정하는 바에 따라 (ㄷ)을 작성하여 통보할 수 있다.

① ㄱ: 전부   ㄴ: 조례   ㄷ: 조사현황
② ㄱ: 전부 또는 일부   ㄴ: 조례   ㄷ: 조사지침
③ ㄱ: 일부   ㄴ: 규칙   ㄷ: 조사지침
④ ㄱ: 전부 또는 일부   ㄴ: 규칙   ㄷ: 조사현황
⑤ ㄱ: 일부   ㄴ: 조례   ㄷ: 조사내용

044 물류정책기본법령상 물류사업의 범위에 관한 대분류와 세분류의 연결이 옳지 않은 것은?
① 화물운송업 - 파이프라인운송업
② 물류시설운영업 - 창고업
③ 물류서비스업 - 화물주선업

④ 물류시설운영업 - 물류터미널운영업
⑤ 화물운송업 - 항만운송사업

045 물류정책기본법령상 국토교통부장관으로부터 물류기업이 행정적·재정적 지원을 받을 수 있는 물류보안 관련 활동에 해당하지 않는 것은?
① 물류보안 관련 시설·장비의 개발·도입
② 물류보안 관련 제도·표준 등 국가 물류보안 시책의 수립
③ 물류보안 관련 교육 및 프로그램의 운영
④ 물류보안 관련 시설·장비의 유지·관리
⑤ 물류보안 사고 발생에 따른 사후복구조치

046 물류정책기본법령상 물류정보화를 통한 물류체계의 효율화 시책에 포함되어야 할 사항에 해당하지 않는 것은?
① 물류환경의 변화와 전망에 관한 사항
② 물류정보의 연계 및 공동활용에 관한 사항
③ 물류정보의 표준에 관한 사항
④ 물류정보의 보안에 관한 사항
⑤ 물류분야 정보통신기술의 도입 및 확산에 관한 사항

047 물류정책기본법령상 물류신고센터가 화주기업 또는 물류기업 등 이해관계인에게 조정을 권고하는 경우 서면으로 통지하여야 하는 사항을 모두 고른 것은?

ㄱ. 신고의 주요내용
ㄴ. 조정권고 내용
ㄷ. 조정권고에 대한 수락 여부 통보기한
ㄹ. 향후 신고 처리에 관한 사항
ㅁ. 그 밖에 물류신고센터의 장이 인정하는 사항

① ㄱ, ㄴ
② ㄴ, ㄷ, ㅁ
③ ㄱ, ㄴ, ㄷ, ㄹ
④ ㄱ, ㄷ, ㄹ, ㅁ
⑤ ㄴ, ㄷ, ㄹ, ㅁ

048 물류정책기본법령상 국가물류정책위원회 위원의 해촉사유에 해당하지 않는 것은?
① 심신장애로 인하여 직무를 수행할 수 없게 된 경우
② 직무와 관련 없는 비위사실이 있는 경우
③ 직무태만으로 인하여 위원으로 적합하지 아니하다고 인정되는 경우
④ 품위손상으로 인하여 위원으로 적합하지 아니하다고 인정되는 경우
⑤ 위원 스스로 직무를 수행하는 것이 곤란하다고 의사를 밝히는 경우

049 물류시설의 개발 및 운영에 관한 법령상 물류단지의 개발에 대한 설명으로 옳지 않은 것은?
① 국가 또는 지방자치단체는 물류단지시설용지와 지원시설용지의 조성비 및 매입비의 전부를 보조하거나 융자할 수 있다.
② 국가 또는 지방자치단체는 물류단지의 원활한 개발을 위하여 물류단지 안의 공동구 등 기반시설의 설치를 우선적으로 지원하여야 한다.
③ 시·도지사 또는 시장·군수는 물류단지개발사업을 촉진하기 위하여 지방자치단체에 물류단지개발특별회계를 설치할 수 있다.
④ 물류단지개발사업의 시행자인 지방자치단체가 실시계획 승인을 받은 경우 그가 조성하는 용지를 분양·임대받거나 시설을 이용하려는 자로부터 대금의 전부 또는 일부를 미리 받을 수 있다.
⑤ 물류단지지정권자는 물류단지개발사업의 시행자에게 용수공급시설·하수도시설·전기통신시설 및 폐기물처리시설을 설치하게 할 수 있다.

050 물류시설의 개발 및 운영에 관한 법령상 화물의 운송·집화·하역·분류·포장·가공·조립·통관·보관·판매·정보처리 등을 위하여 일반물류단지 안에 설치되는 일반물류단지시설에 해당하지 않는 것은?
①「유통산업발전법」에 따른 공동집배송센터
②「농수산물유통 및 가격안정에 관한 법률」에 따른 농수산물산지유통센터
③「화물자동차 운수사업법」에 따른 화물자동차운수사업에 이용되는 차고
④「철도사업법」에 따른 철도사업자가 그 사업에 사용하는 화물운송·하역 및 보관 시설
⑤「궤도운송법」에 따른 궤도사업을 경영하는 자가 그 사업에 사용하는 화물운송·하역 및 보관 시설

051 물류시설의 개발 및 운영에 관한 법령상 물류시설개발종합계획에 포함되어야 할 사항이 아닌 것은?
① 물류시설의 장래수요에 관한 사항
② 물류시설의 공급정책 등에 관한 사항
③ 물류시설의 지정·개발에 관한 사항
④ 물류시설의 개별화·정보화에 관한 사항
⑤ 물류시설의 기능개선 및 효율화에 관한 사항

052 물류시설의 개발 및 운영에 관한 법령상 복합물류터미널사업에 대한 설명으로 옳지 않은 것은?
① 복합물류터미널사업이란 두 종류 이상의 운송수단 간의 연계운송을 할 수 있는 규모 및 시설을 갖춘 물류터미널사업을 말한다.
② 복합물류터미널사업을 경영하려는 자는 국토교통부령으로 정하는 바에 따라 국토교통부장관의 인가를 받아야 한다.
③ 복합물류터미널사업의 등록에 따른 권리·의무를 승계한 자는 국토교통부령으로 정하는 바에 따라 국토교통부장관에게 신고하여야 한다.
④ 복합물류터미널사업자는 복합물류터미널사업의 전부 또는 일부를 휴업하거나 폐업하려는 때에는 미리 국토교통부장관에게 신고하여야 한다.
⑤ 국토교통부장관은 복합물류터미널사업자가 다른 사람에게 등록증을 대여한 때에는 등록을 취소하여야 한다.

053 물류시설의 개발 및 운영에 관한 법령상 물류단지의 지정에 대한 설명으로 옳은 것은?
① 100만 제곱미터 규모 이하의 일반물류단지는 국토교통부장관이 지정한다.
② 시·도지사는 일반물류단지를 지정하려는 때에는 일반물류단지개발계획을 수립하여 관계 행정기관의 장과 협의한 후 물류시설분과위원회의 심의를 거쳐야 한다.
③ 국토교통부장관이 노후화된 유통업무설비 부지 및 인근 지역에 도시첨단물류단지를 지정하려면 시·도지사의 신청을 받아야 한다.
④ 국토교통부장관 또는 시·도지사가 일반물류단지를 지정하려면 일반물류단지 예정지역 토지면적의 2분의 1 이상에 해당하는 토지소유자의 동의와 토지소유자의 총수 및 건축물 소유자 총수 각 2분의 1 이상의 동의를 받아야 한다.
⑤ 시·도지사가 일반물류단지개발계획을 수립할 때까지 일반물류단지개발사업의 시행자가 확정되지 아니한 경우에는 일반물류단지의 지정 후에 이를 일반물류단지개발계획에 포함시킬 수 있다.

054 물류시설의 개발 및 운영에 관한 법령상 물류단지의 개발에 관한 기본지침에 포함되어야 할 사항이 아닌 것은?
① 물류단지의 지정·개발·지원에 관한 사항
② 「환경영향평가법」에 따른 전략환경영향평가, 소규모 환경영향평가 및 환경영향평가 등 환경보전에 관한 사항
③ 문화재의 보존을 위하여 고려할 사항
④ 물류단지의 지역별·규모별·연도별 배치 및 우선순위에 관한 사항
⑤ 분양가격의 결정에 관한 사항

055 물류시설의 개발 및 운영에 관한 법령상 물류단지개발사업의 시행자에 대한 설명으로 옳지 않은 것은?
① 물류단지개발사업의 시행자로 지정받은 「민법」 또는 「상법」에 따라 설립된 법인은 사업대상 토지면적의 2분의 1 이상을 매입하여야 토지등을 수용하거나 사용할 수 있다.
② 물류단지개발사업의 시행자는 물류단지개발실시계획을 수립하여 물류단지지정권자의 승인을 받아야 한다.
③ 물류단지지정권자가 물류단지개발사업의 시행자를 지정할 때에는 사업계획의 타당성 및 재원조달능력과 다른 법률에 따라 수립된 개발계획과의 관계 등을 고려하여야 한다.
④ 물류단지개발사업의 시행자는 물류단지개발사업 중 용수시설의 건설을 대통령령으로 정하는 바에 따라 지방자치단체에 위탁하여 시행할 수 있다.
⑤ 「한국도로공사법」에 따른 한국도로공사는 물류단지개발사업의 시행자로 지정받을 수 있다.

056 물류시설의 개발 및 운영에 관한 법령상 물류터미널 사업자가 물류터미널 공사시행인가를 받은 공사계획에 대해 인가권자의 변경인가를 받아야 하는 경우를 모두 고른 것은?

> ㄱ. 공사기간을 변경하는 경우
> ㄴ. 물류터미널 부지 면적의 3분의 1을 변경하는 경우
> ㄷ. 물류터미널 안의 건축물의 연면적(하나의 건축물의 각 층의 바닥면적의 합계)의 2분의 1을 변경하는 경우
> ㄹ. 물류터미널 안의 공공시설 중 주차장, 상수도, 하수도, 유수지, 운하, 부두, 오·폐수시설 및 공동구를 변경하는 경우

① ㄱ, ㄴ
② ㄷ, ㄹ
③ ㄱ, ㄴ, ㄷ
④ ㄴ, ㄷ, ㄹ
⑤ ㄱ, ㄴ, ㄷ, ㄹ

057 화물자동차 운수사업법상 공영차고지에 관한 설명으로 옳지 않은 것은?

① 「공공기관의 운영에 관한 법률」에 따른 공공기관 중 대통령령으로 정하는 공공기관은 공영차고지를 설치하여 직접 운영할 수 있다.
② 도지사는 공영차고지를 설치하여 운송사업자에게 운영을 위탁할 수 있다.
③ 군수는 공영차고지를 설치하여 운송가맹사업자에게 임대할 수 있다.
④ 「지방공기업법」에 따른 지방공사가 공영차고지의 설치·운영에 관한 계획을 수립하는 경우에는 미리 시·도지사의 인가를 받아야 한다.
⑤ 시·도지사를 제외한 차고지설치자가 인가받은 공영차고지의 설치·운영에 관한 계획을 변경하려면 미리 시·도지사에게 신고하여야 한다.

058 화물자동차 운수사업법령상 화물자동차 운송주선사업에 관한 설명으로 옳지 않은 것은?

① 운송주선사업자는 운송주선사업의 허가를 받은 날부터 5년마다 법령상의 허가기준에 관한 사항을 신고하여야 한다.
② 운송주선사업자는 요금을 정하여 미리 신고하여야 한다.
③ 운송주선사업의 허가취소 처분을 하려면 청문을 하여야 한다.
④ 관할관청은 운송주선사업 허가증을 발급하였을 때에는 그 사실을 협회에 통지하여야 한다.
⑤ 관할관청은 운송주선사업의 허가취소 등의 사유에 해당하는 위반행위를 적발하였을 때에는 특별한 사유가 없으면 적발한 날부터 30일 이내에 처분을 하여야 한다.

059 화물자동차 운수사업법상 화물자동차 운송사업의 허가 등에 관한 설명으로 옳지 않은 것은?

① 화물자동차 운송가맹사업의 허가를 받은 자는 화물자동차 운송사업의 허가를 받지 아니한다.
② 개인 운송사업자가 아닌 운송사업자는 주사무소 외의 장소에서 상주(常住)하여 영업하려면 국토교통부령으로 정하는 바에 따라 국토교통부장관의 허가를 받아 영업소를 설치하여야 한다.

③ 국토교통부장관은 운송사업자의 허가취소 사유와 직접 관련이 있는 화물자동차의 위·수탁차주였던 자에 대하여 임시허가를 할 수 있다.
④ 국토교통부장관은 화물자동차 운수사업의 질서를 확립하기 위하여 화물자동차 운송사업의 허가를 수반하는 변경허가에 조건 또는 기한을 붙일 수 있다.
⑤ 국토교통부장관은 운송사업자가 사업정지처분을 받은 경우에는 주사무소를 이전하는 변경허가를 하여서는 아니 된다.

060 화물자동차 운수사업법령상 화물자동차 운수사업의 운전업무 종사자격에 관한 설명으로 옳은 것은?
① 여객자동차 운수사업용 자동차를 운전한 경력이 있는 자가 화물자동차 운수사업의 운전업무에 종사하려면 그 운전경력이 2년 이상이어야 한다.
② 파산선고를 받고 복권되지 아니한 자는 화물운송 종사자격을 취득할 수 없다.
③ 화물운송 종사자격이 취소된 자에게는 500만원 이하의 과태료를 부과한다.
④ 국토교통부장관은 화물운송 종사자격을 취득한 자가 화물운송 중에 고의나 과실로 교통사고를 일으켜 사람을 사망하게 한 경우 화물운송 종사자격을 취소하여야 한다.
⑤ 화물운송 종사자격의 효력정지 처분은 처분 대상자의 주소지를 관할하는 시·도지사가 관장한다.

061 화물자동차 운수사업법령상 운송가맹사업자의 허가사항 변경신고 대상에 해당하지 않는 것은?
① 상호의 변경
② 화물취급소의 설치 및 폐지
③ 주사무소·영업소의 이전
④ 화물취급소의 이전
⑤ 화물자동차 운송가맹계약의 체결 또는 해제·해지

062 화물자동차 운수사업법상 운수종사자의 준수사항이 아닌 것은?
① 운송사업자에게 화물의 종류·무게 및 부피 등을 거짓으로 통보하는 행위를 하여서는 아니 된다.
② 고장 및 사고차량 등 화물의 운송과 관련하여 자동차관리사업자와 부정한 금품을 주고받는 행위를 하여서는 아니 된다.

③ 일정한 장소에 오랜 시간 정차하여 화주를 호객(呼客)하는 행위를 하여서는 아니 된다.
④ 문을 완전히 닫지 아니한 상태에서 자동차를 출발시키거나 운행하는 행위를 하여서는 아니 된다.
⑤ 택시 요금미터기의 장착 등 국토교통부령으로 정하는 택시 유사표시행위를 하여서는 아니 된다.

063 화물자동차 운수사업법령상 적재물배상보험등에 관한 설명으로 옳지 않은 것은?
① 적재물배상보험등에 가입하려는 이사화물운송주선사업자는 사고 건당 500만원 이상의 금액을 지급할 책임을 지는 적재물배상보험등에 가입하여야 한다.
② 적재물배상보험등에 가입하려는 운송사업자는 사고 건당 2천만원 이상의 금액을 지급할 책임을 지는 적재물배상보험등에 가입하여야 한다.
③ 최대 적재량이 5톤 이상인 특수용도형 화물자동차 중 「자동차관리법」에 따른 피견인자동차를 소유하고 있는 운송사업자는 적재물배상보험등에 가입하여야 한다.
④ 총 중량이 10톤 이상인 화물자동차 중 국토교통부령으로 정하는 화물자동차를 직접 소유하고 있는 운송가맹사업자는 각 화물자동차별 및 각 사업자별로 사고 건당 2천만원 이상의 금액을 지급할 책임을 지는 적재물배상보험등에 가입하여야 한다.
⑤ 보험회사가 「보험업법」에 따라 허가를 받거나 신고한 적재물배상보험요율과 책임준비금 산출기준에 따라 손해배상책임을 담보하는 것이 현저히 곤란하다고 판단한 경우에는 다수의 보험회사등이 공동으로 책임보험계약등을 체결할 수 있다.

064 화물자동차 운수사업법령상 화물자동차 운송사업의 폐업에 관한 설명으로 옳지 않은 것은?
① 운송사업자가 화물자동차 운송사업의 전부를 폐업하려면 국토교통부령으로 정하는 바에 따라 미리 신고하여야 한다.
② 운송사업자가 화물자동차 운송사업의 전부를 폐업하려면 미리 그 취지를 영업소나 그 밖에 일반 공중(公衆)이 보기 쉬운 곳에 게시하여야 한다.
③ 운송사업자가 화물자동차 운송사업의 폐업신고를 한 경우 해당 화물자동차의 자동차등록증과 자동차등록번호판을 반납하여야 한다.
④ 운송사업자가 화물자동차 운송사업의 폐업신고를 하는 경우 관할관청에 화물운송 종사자격증명을 반납하여야 한다.
⑤ 국토교통부장관은 화물자동차 운송사업의 전부폐업 신고에 관한 권한을 시·도지사에게 위임한다.

065 화물자동차 운수사업법령상 화물자동차 운송사업자에 관한 설명으로 옳은 것은?

① 운송사업자는 감차(減車) 조치 명령을 받은 후 2년이 지나지 아니하면 증차를 수반하는 허가사항을 변경할 수 없다.
② 견인형 특수자동차를 사용하여 컨테이너를 운송하는 운송사업자는 운임과 요금을 정하여 미리 국토교통부장관의 인가를 받아야 한다.
③ 운송사업자는 화물자동차의 안전운전을 확보하기 위하여 화물자동차 운전자의 교통사고, 교통법규 위반사항 및 범죄경력을 기록·관리하여야 한다.
④ 일반화물자동차 소유 대수가 1대인 운송사업자는 연간 운송계약 화물의 100분의 50 이상을 직접 운송하여야 한다.
⑤ 국토교통부장관은 운송사업자가 정당한 사유 없이 집단으로 화물운송을 거부하여 화물운송에 커다란 지장을 주어 국가경제에 매우 심각한 위기를 초래하면 국무회의의 심의를 거쳐 그 운송사업자에게 업무개시를 명할 수 있다.

066 화물자동차 운수사업법상 위·수탁계약의 해지에 관한 설명이다. (   )에 들어갈 내용으로 옳지 않은 것은?

> 운송사업자가 (   )에 해당하는 사유로 화물자동차 운송사업허가의 취소를 받은 경우에는 해당 운송사업자와 위·수탁차주의 위·수탁계약은 해지된 것으로 본다.

① 부정한 방법으로 화물자동차 운송사업 허가를 받은 경우
② 부정한 방법으로 화물자동차 운송사업 변경허가를 받은 경우
③ 화물자동차 운송사업의 허가기준을 충족하지 못하게 된 경우
④ 화물자동차 운송사업자의 직접운송 의무를 위반한 경우
⑤ 법인의 임원 중 화물자동차 운송사업 허가를 받을 수 없는 결격사유에 해당하는 자가 있게 되었음에도 3개월 이내에 그 임원을 개임(改任)하지 않은 경우

067 유통산업발전법령상 대규모점포를 구성하는 매장에 관한 설명으로 옳지 않은 것은?

① 매장이란 상품의 판매와 이를 지원하는 용역의 제공에 직접 사용되는 장소를 말한다.
② 하나 또는 대통령령으로 정하는 둘 이상의 연접되어 있는 건물 안에 하나 또는 여러 개로 나누어 설치되는 매장이어야 한다.
③ 상시 운영되는 매장이어야 한다.
④ 매장면적의 합계가 2천제곱미터 이상이어야 한다.
⑤ 개설등록 당시 매장면적의 10분의 1 이상을 변경할 경우 변경등록을 하여야 한다.

068 유통산업발전법령상 대규모점포등의 개설등록에 관한 설명으로 옳지 않은 것은?

① 대규모점포를 개설하려는 자는 영업을 시작하기 전에 산업통상자원부령으로 정하는 바에 따라 상권영향평가서 및 지역협력계획서를 첨부하여 특별자치시장·시장·군수·구청장에게 등록하여야 한다.
② 특별자치시장·시장·군수·구청장은 개설등록을 하려는 대규모점포등의 위치가 전통상업보존구역에 있을 때에는 등록을 제한하거나 조건을 붙일 수 있다.
③ 특별자치시장·시장·군수·구청장은 개설등록하려는 점포의 소재지로부터 산업통상자원부령으로 정하는 거리 이내의 범위 일부가 인접 특별자치시·시·군·구에 속하여 있는 경우 인접지역의 특별자치시장·시장·군수·구청장에게 개설등록을 신청 받은 사실을 통보하여야 한다.
④ 대규모점포등개설등록신청서를 제출받은 특별자치시장·시장·군수 또는 구청장은 별도의 서류확인절차 없이 그 신청에 따라 등록하여야 한다.
⑤ 특별자치시장·시장·군수 또는 구청장은 대규모점포등의 개설등록을 한 때에는 그 신청인에게 대규모점포등개설등록증을 교부하여야 한다.

069 유통산업발전법상 대규모점포등에 대한 영업시간의 제한 등에 관한 설명으로 옳은 것은?

① 특별자치시장·시장·군수·구청장은 건전한 유통질서 확립, 근로자의 건강권 및 대규모점포등과 중소유통업의 상생발전을 위하여 필요하다고 인정하는 경우 대형마트와 준대규모점포에 대하여 영업시간제한 또는 의무휴업을 명하여야 한다.
② 연간 총매출액 중 「농수산물 유통 및 가격안정에 관한 법률」에 따른 농수산물의 매출액 비중이 50퍼센트 이상인 대규모점포등으로서 해당 지방자치단체의 조례로 정하는 대규모점포등에 대하여는 영업시간제한 또는 의무휴업을 명하여서는 아니 된다.
③ 특별자치시장·시장·군수·구청장은 영업시간을 제한할 경우 오전 0시부터 오전 11시까지의 범위에서 제한할 수 있다.
④ 특별자치시장·시장·군수·구청장은 의무휴업일을 지정할 경우 매월 이틀을 지정하여야 한다.
⑤ 특별자치시장·시장·군수·구청장은 의무휴업일을 지정할 경우 공휴일 중에서 지정하여야 하고, 이해당사자와 합의를 거치더라도 공휴일이 아닌 날을 의무휴업일로 지정할 수는 없다.

070 유통산업발전법의 적용이 배제되는 시장·사업장 및 매장이 아닌 것은?
① 「농수산물 유통 및 가격안정에 관한 법률」 제2조에 따른 농수산물도매시장
② 「전통시장 및 상점가 육성을 위한 특별법」 제2조에 따른 전통시장
③ 「축산법」 제34조에 따른 가축시장
④ 「농수산물 유통 및 가격안정에 관한 법률」 제2조에 따른 민영농수산물도매시장
⑤ 「농수산물 유통 및 가격안정에 관한 법률」 제2조에 따른 농수산물종합유통센터

071 유통산업발전법령상 용어의 정의에 관한 설명으로 옳지 않은 것은?
① "프랜차이즈형 체인사업"이란 체인본부의 계속적인 경영지도 및 체인본부와 가맹점 간의 협업에 의하여 가맹점의 취급품목·영업방식 등의 표준화사업과 공동구매·공동판매·공동시설활용 등 공동사업을 수행하는 형태의 체인사업을 말한다.
② "유통산업"이란 농산물·임산물·축산물·수산물(가공물 및 조리물을 포함한다) 및 공산품의 도매·소매 및 이를 경영하기 위한 보관·배송·포장과 이와 관련된 정보·용역의 제공 등을 목적으로 하는 산업을 말한다.
③ "임시시장"이란 다수(多數)의 수요자와 공급자가 일정한 기간 동안 상품을 매매하거나 용역을 제공하는 일정한 장소를 말한다.
④ "전문상가단지"란 같은 업종을 경영하는 여러 도매업자 또는 소매업자가 일정지역에 점포 및 부대시설 등을 집단으로 설치하여 만든 상가단지를 말한다.
⑤ "무점포판매"란 상시 운영되는 매장을 가진 점포를 두지 아니하고 상품을 판매하는 것으로서 다단계판매, 전화권유판매, 카탈로그판매, 텔레비전홈쇼핑 등에 해당하는 것을 말한다.

072 항만운송사업법상 항만운송사업의 등록에 관한 설명으로 옳지 않은 것은?
① 항만운송사업을 하려는 자는 항만하역사업, 감정사업, 검수사업, 검량사업의 종류별로 등록하여야 한다.
② 항만하역사업과 감정사업은 항만별로 등록한다.
③ 항만하역사업의 등록은 이용자별·취급화물별 또는 「항만법」 제2조 제5호의 항만시설별로 등록하는 한정하역사업과 그 외의 일반하역사업으로 구분하여 행한다.
④ 항만운송사업의 등록을 신청하려는 자는 해양수산부령으로 정하는 바에 따라 사업계획을 첨부한 등록신청서를 제출하여야 한다.

⑤ 해양수산부장관은 감정사업의 등록신청을 받으면 사업계획과 감정사업의 등록 기준을 검토한 후 등록요건을 모두 갖추었다고 인정하는 경우에는 해양수산부령으로 정하는 바에 따라 등록증을 발급하여야 한다.

073 항만운송사업법령상 항만운송사업의 운임 및 요금에 관한 설명으로 옳지 않은 것은?
① 검량사업의 등록을 한 자는 해양수산부령으로 정하는 바에 따라 요금을 정하여 해양수산부장관에게 미리 신고하여야 한다.
② 항만하역사업의 등록을 한 자는 해양수산부령으로 정하는 항만시설에서 하역하는 화물에 대하여 해양수산부령으로 정하는 바에 따라 그 운임과 요금을 정하여 신고하여야 한다.
③ 항만하역사업의 등록을 한 자는 해양수산부령으로 정하는 항만시설에서 해양수산부령으로 정하는 품목에 해당하는 화물에 대하여 신고한 운임과 요금을 변경할 때에는 변경신고를 하여야 한다.
④ 해양수산부장관으로부터 적법하게 권한을 위임받은 시·도지사는 해양수산부령으로 정하는 품목에 해당하는 화물에 대하여 항만하역사업을 등록한 자로부터 운임 및 요금의 설정 신고를 받은 경우 신고를 받은 날부터 30일 이내에 신고수리 여부를 신고인에게 통지하여야 한다.
⑤ 해양수산부장관이 운임 및 요금의 신고인에게 신고수리 여부 통지기간 내에 신고수리 여부를 통지하지 아니하면 그 기간이 끝난 날에 신고를 수리한 것으로 본다.

074 항만운송사업법령상 항만시설운영자등이 부두운영계약을 해지할 수 있는 사유로 옳지 않은 것은?
① 「항만법」에 따른 항만재개발사업의 시행 등 공공의 목적을 위하여 항만시설등을 부두운영회사에 계속 임대하기 어려운 경우
② 항만시설등이 멸실되어 부두운영계약을 계속 유지할 수 없는 경우
③ 부두운영회사가 항만시설등의 임대료를 2개월 이상 연체한 경우
④ 부두운영회사가 항만시설등의 분할 운영 금지 등 금지행위를 하여 부두운영계약을 계속 유지할 수 없는 경우
⑤ 부두운영회사가 항만시설등의 효율적인 사용 및 운영 등을 위하여 항만시설운영자등과 해양수산부장관이 협의한 사항을 정당한 사유 없이 이행하지 아니하여 부두운영계약을 계속 유지할 수 없는 경우

075 철도사업법령상 법인의 결격사유에 관한 설명이다. (   )에 들어갈 법률에 해당하지 않는 것은?

> (   )을 위반하여 금고 이상의 형의 집행유예를 선고받고 그 유예 기간 중인 임원이 있는 법인은 철도사업의 면허를 받을 수 없다.

① 「도시철도법」
② 「철도사업법」
③ 「한국철도시설공단법」
④ 「철도산업발전 기본법」
⑤ 「철도물류산업의 육성 및 지원에 관한 법률」

076 철도사업법상 제재수단에 관한 설명이다. (   )에 들어갈 내용을 바르게 나열한 것은?

> 국토교통부장관이 철도사업자에게 (ㄱ)처분을 하여야 하는 경우로서 그 (ㄱ)처분이 그 철도사업자가 제공하는 철도서비스의 이용자에게 심한 불편을 주거나 그 밖에 공익을 해칠 우려가 있을 때에는 그 (ㄱ)처분을 갈음하여 1억원 이하의 (ㄴ)(을)를 부과·징수할 수 있다.

① ㄱ: 사업정지, ㄴ: 과태료
② ㄱ: 사업정지, ㄴ: 과징금
③ ㄱ: 면허취소, ㄴ: 과태료
④ ㄱ: 면허취소, ㄴ: 과징금
⑤ ㄱ: 사업정지 또는 면허취소, ㄴ: 벌금

077 철도사업법령상 국토교통부장관의 인가를 받아야 하는 경우가 아닌 것은?
① 전용철도의 등록을 한 법인이 합병하려는 경우
② 철도사업자가 사업계획 중 여객열차의 운행구간을 변경하려는 경우
③ 철도사업자가 공동운수협정에 따른 운행구간별 열차 운행횟수의 5분의 1을 변경하려는 경우
④ 철도사업자가 그 철도사업을 양도·양수하려는 경우
⑤ 국가가 소유·관리하는 철도시설에 건물을 설치하기 위해 국토교통부장관으로부터 점용허가를 받은 자가 그 점용허가로 인하여 발생한 권리와 의무를 이전하려는 경우

078 철도사업법령상 국토교통부장관이 철도사업자에 대하여 사업의 일부정지를 명할 수 있는 경우는?
① 거짓이나 그 밖의 부정한 방법으로 철도사업의 면허를 받은 경우
② 중대한 과실에 의한 1회의 철도사고로 3명의 사망자가 발생한 경우
③ 사업 경영의 불확실로 인하여 사업을 계속하는 것이 적합하지 아니할 경우
④ 철도사업의 면허기준에 미달하게 되었으나 3개월 이내에 그 기준을 충족시킨 경우
⑤ 「철도안전법」 제21조에 따른 요건을 갖추지 아니한 사람을 1년 이내에 2회 운전업무에 종사하게 한 경우

079 농수산물 유통 및 가격안정에 관한 법령상 농수산물도매시장에 대한 설명으로 옳지 않은 것은?
① 시(市)가 지방도매시장을 개설하려면 도지사의 허가를 받아야 한다.
② 중앙도매시장의 개설자는 청과부류와 수산부류에 대하여는 도매시장법인을 두어야 한다.
③ 도매시장 개설자는 법인이 아닌 자를 시장도매인으로 지정할 수 없다.
④ 중앙도매시장에 두는 도매시장법인은 농림축산식품부장관 또는 해양수산부장관이 도매시장 개설자와 협의하여 지정한다.
⑤ 시장도매인은 해당 도매시장의 도매시장법인·중도매인에게 농수산물을 판매하지 못한다.

080 농수산물 유통 및 가격안정에 관한 법령상 농수산물종합유통센터의 시설기준 중 필수시설에 해당하는 것은?
① 식당
② 휴게실
③ 주차시설
④ 직판장
⑤ 수출지원실

2020

제24회 출제문제

제1교시

제1과목 물류관리론

001 물류에 관한 설명으로 옳지 않은 것은?
① 생산에서 소비에 이르는 물적인 흐름이다.
② 7R 원칙이란 적절한 상품(Commodity), 품질(Quality), 수량(Quantity), 경향(Trend), 장소(Place), 인상(Impression), 가격(Price)이 고려된 원칙이다.
③ 3S 1L 원칙이란 신속성(Speedy), 안전성(Safely), 확실성(Surely), 경제성(Low)이 고려된 원칙이다.
④ 기업이 상품을 생산하여 고객에게 배달하기까지, 전 과정에서 장소와 시간의 효용을 창출하는 제반 활동이다.
⑤ 원료, 반제품, 완제품을 출발지에서 소비지까지 효율적으로 이동시키는 것을 계획·실현·통제하기 위한 두 가지 이상의 활동이다.

002 물류활동에 관한 설명으로 옳은 것은?
① 보관물류는 재화와 용역의 시간적인 간격을 해소하여 생산과 소비를 결합한다.
② 하역물류는 재화와 용역을 효용가치가 낮은 장소로부터 높은 장소로 이동시켜 효용가치를 증대한다.
③ 정보물류는 물자의 수배송, 보관, 거래, 사용 등에 있어 적절한 재료, 용기 등을 이용하여 보호하는 기술이다.
④ 유통가공물류는 물류활동과 관련된 정보 내용을 제공하여 물류관리 기능을 연결시켜 물류관리의 효율화를 추구한다.
⑤ 수배송물류는 물자를 취급하고 이동하며, 상·하차하는 행위 등 주로 물자의 선적·하역 행위이다.

003 다음 설명에 해당하는 물류의 영역은?

> ○ 물자가 생산공정에 투입될 때부터 제품의 생산과정까지의 물류활동이다.
> ○ 생산리드타임의 단축 및 재고량 감축이 핵심과제이다.

① 조달물류　　　　　② 생산물류
③ 판매물류　　　　　④ 회수물류
⑤ 폐기물류

004 물류환경의 변화에 관한 설명으로 옳지 않은 것은?

① 전자상거래와 홈쇼핑의 성장으로 택배시장이 확대되고 있다.
② 유통시장의 개방 및 유통업체의 대형화로 유통채널의 주도권이 제조업체에서 유통업체로 이전되고 있다.
③ 제조업 중심의 생산자 물류에서 고객 중심의 소비자 물류로 전환되고 있어, 소품종 대량생산이 중요시 되고 있다.
④ 환경문제, 교통정체 등으로 인해 기업의 물류비 절감과 매출 증대의 중요성이 강조되고 있다.
⑤ 물류서비스의 수준향상과 물류운영 원가절감을 위해 아웃소싱과 3PL이 활성화 되고 있다.

005 물적유통(Physical Distribution)과 로지스틱스(Logistics)에 관한 설명으로 옳은 것을 모두 고른 것은?

> ㄱ. 물적유통은 물류부문별 효율화를 추구한다.
> ㄴ. 물적유통은 로지스틱스보다 관리범위가 넓다.
> ㄷ. 로지스틱스는 기업 내 물류효율화를 추구한다.
> ㄹ. 로지스틱스는 기업 간 정보시스템 통합을 추구한다.

① ㄱ, ㄴ　　　　　② ㄱ, ㄷ
③ ㄴ, ㄷ　　　　　④ ㄷ, ㄹ
⑤ ㄱ, ㄴ, ㄹ

006 물류서비스업의 세분류와 세세분류의 연결이 옳지 않은 것은?

세분류	세세분류
ㄱ. 화물주선업	화물의 하역, 포장, 가공, 조립, 상표부착, 프로그램 설치, 품질 검사업
ㄴ. 해운부대사업	해운대리점업, 해운중개업, 선박관리업
ㄷ. 항만운송관련업	항만용역업, 물품공급업, 예선업, 컨테이너 수리업, 선박급유업
ㄹ. 항만운송사업	항만하역업, 검수업, 검량업, 감정업
ㅁ. 물류정보처리업	물류정보 데이터베이스 구축, 물류지원 소프트웨어 개발·운영, 물류 관련 전자문서 처리업

① ㄱ   ② ㄴ   ③ ㄷ   ④ ㄹ   ⑤ ㅁ

007 기업의 고객서비스 측정요소 중 거래 시(transaction) 서비스 요소에 해당하지 않는 것은?
① 주문의 편리성
② 주문주기 요소
③ 제품 추적
④ 백 오더(Back-order) 이용 가능성
⑤ 재고품절 수준

008 다음 설명에 해당하는 주문주기시간 구성요소는?

> ○ 주문품을 재고지점에서 고객에게 전달하는 데 걸리는 시간을 말한다.
> ○ 창고에 재고가 있는 경우에는 공장을 거치지 않고 곧바로 고객에게 전달하는 데 걸리는 시간을 말한다.

① 주문전달시간(Order Transmittal Time)
② 주문처리시간(Order Processing Time)
③ 오더어셈블리시간(Order Assembly Time)
④ 재고 가용성(Stock Availability)
⑤ 인도시간(Delivery Time)

009 다음 ( )에 들어갈 물류관리전략 추진단계로 옳은 것은?

> ○ (ㄱ)단계 : 원·부자재의 공급에서 생산과정을 거쳐 완제품의 유통 과정까지의 흐름을 최적화하기 위해 유통 경로 및 물류 네트워크를 설계하는 단계
> ○ (ㄴ)단계 : 고객이 원하는 것이 무엇인지를 파악하는 동시에 회사이익 목표를 달성할 수 있는 최적의 서비스 수준을 정하는 단계
> ○ (ㄷ)단계 : 물류거점 설계 및 운영, 운송관리, 자재 및 재고관리를 하는 단계
> ○ (ㄹ)단계 : 정보화 구축에 관련된 정책 및 절차 수립, 정보화 설비와 장비를 도입·조작·변화관리를 하는 단계

① ㄱ: 전략적, ㄴ: 구조적, ㄷ: 기능적, ㄹ: 실행
② ㄱ: 전략적, ㄴ: 기능적, ㄷ: 실행, ㄹ: 구조적
③ ㄱ: 구조적, ㄴ: 실행, ㄷ: 전략적, ㄹ: 기능적
④ ㄱ: 구조적, ㄴ: 전략적, ㄷ: 기능적, ㄹ: 실행
⑤ ㄱ: 기능적, ㄴ: 구조적, ㄷ: 전략적, ㄹ: 실행

010 제품수명주기 중 도입기의 물류전략에 관한 설명으로 옳은 것은?
① 광범위한 유통지역을 관리하기 위해 다수의 물류센터를 구축한다.
② 경쟁이 심화되는 단계이므로 고객별로 차별화된 물류서비스를 제공한다.
③ 소수의 지점에 집중된 물류 네트워크를 구축한다.
④ 장기적인 시장 점유율 확대를 위해 대규모 물류 네트워크를 구축한다.
⑤ 물류센터를 통폐합하여 소수의 재고 보유 거점을 확보한다.

011 사업부형 물류조직에 관한 설명으로 옳지 않은 것은?
① 기업의 규모가 커지고 최고 경영자가 기업의 모든 업무를 관리하기가 어려워짐에 따라 등장했다.
② 상품 중심의 사업부제와 지역 중심의 사업부제, 그리고 두 형태를 절충한 형태가 있다.
③ 사업부간 횡적 교류가 활발하여 전사적 물류활동이 가능하다.
④ 각 사업부 내에는 라인조직과 스탭조직이 있다.
⑤ 각 사업부는 독립된 형태의 분권조직이다.

012 4PL(Fourth Party Logistics)에 관한 설명으로 옳은 것을 모두 고른 것은?

> ㄱ. 3PL(Third Party Logistics), 물류컨설팅업체, IT업체 등이 결합한 형태이다.
> ㄴ. 이익분배를 통해 공통의 목표를 관리한다.
> ㄷ. 공급사슬 전체의 관리와 운영을 실시한다.
> ㄹ. 대표적인 형태는 매트릭스형 물류조직이다.

① ㄱ, ㄴ
② ㄷ, ㄹ
③ ㄱ, ㄴ, ㄷ
④ ㄱ, ㄷ, ㄹ
⑤ ㄴ, ㄷ, ㄹ

013 물류거점 집약화의 효과에 관한 설명으로 옳지 않은 것은?
① 공장과 물류거점 간의 운송 경로가 통합되어 대형차량의 이용이 가능하다.
② 물류거점과 고객의 배송단계에서 지점과 영업소의 수주를 통합하여 안전재고가 줄어든다.
③ 운송차량의 적재율 향상이 가능하다.
④ 물류거점의 기계화와 창고의 자동화 추진이 가능하다.
⑤ 물류거점에서 재고집약과 재고관리를 함으로써 재고의 편재는 해소되나 과부족 발생가능성이 높아진다.

014 물류시스템의 기능별 분류에 해당하는 것은?
① 도시물류시스템, 지역 및 국가 물류시스템, 국제물류시스템
② 구매물류시스템, 제조물류시스템, 판매물류시스템, 역물류시스템
③ 운송물류시스템, 보관물류시스템, 하역물류시스템, 포장물류시스템, 유통가공물류시스템, 물류정보시스템
④ 농산물물류시스템, 도서물류시스템, 의약품물류시스템,
⑤ 냉장(냉동)물류시스템, 화학제품물류시스템, 벌크화물물류시스템

015 물류시스템 설계 시 운영적 계획의 고려사항에 해당하는 것은?
① 대고객 서비스 수준
② 설비 입지
③ 주문처리
④ 운송수단과 경로
⑤ 재고정책

016 물류비에 관한 설명으로 옳지 않은 것은?
① 물류활동을 실행하기 위해 발생하는 직접 및 간접 비용을 모두 포함한다.
② 영역별로 조달, 생산, 포장, 판매, 회수, 폐기 활동으로 구분된 비용이 포함된다.
③ 현금의 유출입보다 기업회계기준 및 원가계산준칙을 적용해야 한다.
④ 물류활동이 발생된 기간에 물류비를 배정하도록 한다.
⑤ 물류비의 정확한 파악을 위해서는 재무회계방식보다 관리회계방식을 사용하는 것이 좋다.

017 역물류비에 관한 설명으로 옳은 것은?
① 반품물류비는 판매된 상품에 대한 환불과 위약금을 포함한 모든 직접 및 간접 비용이다.
② 반품물류비에는 운송, 검수, 분류, 보관, 폐기 비용이 포함된다.
③ 회수물류비는 판매된 제품과 물류용기의 회수 및 재사용에 들어가는 비용이다.
④ 회수물류비에는 파렛트, 컨테이너, 포장용기의 회수비용이 포함된다.
⑤ 제품이 정상적으로 사용된 후 소멸 처리하는 것은 폐기비용으로 간주하지 않는다.

018 A기업의 작년 매출액은 500억원, 물류비는 매출액의 10%, 영업이익률은 매출액의 15%이었다. 올해는 물류비 절감을 통해 영업이익률을 20%로 올리려고 한다면, 작년에 비해 추가로 절감해야할 물류비는? (단, 매출액과 다른 비용 및 조건은 작년과 동일한 것으로 가정한다.)
① 10억원   ② 15억원   ③ 20억원   ④ 25억원   ⑤ 30억원

019 A기업은 공급업체로부터 부품을 운송해서 하역하는 데 40만원, 창고 입고를 위한 검수에 10만원, 생산공정에 투입하여 제조 및 가공하는 데 60만원, 출고 검사 및 포장에 20만원, 트럭에 상차하여 고객에게 배송하는 데 30만원, 제품 홍보와 광고에 50만원을 지출하였다. A기업의 조달물류비는?
① 50만원   ② 110만원   ③ 130만원   ④ 160만원   ⑤ 210만원

020 수직적 유통경로시스템(VMS : Vertical Marketing System)에 관한 설명으로 옳지 않은 것은?
① 유통경로상의 한 주체에서 계획된 프로그램에 의해 경로구성원들을 전문적으로 관리·통제하는 시스템이다.
② 기업형 VMS는 한 경로구성원이 다른 경로구성원들을 법적으로 소유·관리하는 시스템이다.
③ 계약형 VMS는 경로구성원들이 각자가 수행해야 할 유통기능들을 계약에 의해 합의함으로써 공식적 경로관계를 형성하는 시스템이다.
④ 계약형 VMS에는 도매상 후원의 임의 연쇄점, 소매상 협동조합, 프랜차이즈 조직이 있다.
⑤ 관리형 VMS는 수직적 유통경로시스템 중에서 통합 또는 통제 정도가 가장 강한 시스템이다.

021 도매물류사업의 기대효과 중 제조업자(생산자)를 위한 기능이 아닌 것은?
① 구색편의 기능
② 주문처리 기능
③ 물류의 대형집약화 센터설립 기능
④ 판매의 집약광역화 대응 기능
⑤ 시장동향정보의 파악(생산조절) 기능

022 다음 설명에 해당하는 가맹점 사업의 종류는?

> ○ 임의연쇄점이라고 하며, 독립자본으로 운영되는 다수 소매점이 모여서 특정한 기능을 체인본부에 위탁하는 체인시스템이다.
> ○ 체인본부에 최소한의 기본적인 기능만 요구되기 때문에 재정적 부담이 적다.

① 볼런터리 체인(Voluntary Chain)
② 레귤러 체인(Regular Chain)
③ 프랜차이즈 체인(Franchise Chain)
④ 협동형 체인(Cooperative Chain)
⑤ 스페셜 체인(Special Chain)

023 다음 설명에 해당하는 정보기술은?

> 표준화된 기업과 기업 간의 거래서식이나 기업과 행정부서 간의 공증서식 등을 서로 합의된 의사전달 양식에 의거하여 컴퓨터 간에 교환하는 전자문서 교환방식

① EDI   ② POS   ③ SIS   ④ EOS   ⑤ RFID

024 EAN 13형 바코드에 포함되지 않는 코드는?
① 국가식별 코드
② 제조업체 코드
③ 공급업체 코드
④ 상품품목 코드
⑤ 체크 디지트

025 QR코드에 관한 설명으로 옳지 않은 것은?
① 코드 모양이 정사각형이다.
② 1차원 바코드에 비하여 오류복원 기능이 낮아 데이터 복원이 어렵다.
③ 1차원 바코드에 비하여 많은 양의 정보를 수용할 수 있다.
④ 흑백 격자무늬 패턴으로 정보를 나타내는 2차원 형태의 바코드이다.
⑤ 1994년 일본의 덴소웨이브 사(社)가 개발하였다.

026 물류정보기술에 관한 설명으로 옳은 것은?
① RFID(Radio Frequency Identification)는 태그 데이터의 변경 및 추가는 불가능하나, 능동형 및 수동형 여부에 따라 메모리의 양을 다르게 정의할 수 있다.
② USN(Ubiquitous Sensor Network)는 센서 네트워크를 이용하여 유비쿼터스 환경을 구현하는 기술이며, 사물에 QR코드를 부착하여 정보를 인식하고 관리하는 정보기술을 말한다.
③ CALS의 개념은 Commerce At Light Speed로부터 Computer Aided Logistics Support로 발전되었다.
④ ASP(Application Service Provider)란 응용소프트웨어 공급서비스를 뜻하며 사용자 입장에서는 시스템의 자체 개발에 비하여 초기 투자비용이 더 많이 발생하는 단점이 있다.
⑤ IoT(Internet of Things)란 사람, 사물, 공간, 데이터 등이 인터넷으로 서로 연결되어 정보가 생성·수집·활용되게 하는 사물인터넷 기술이다.

027 물류정보망에 관한 설명으로 옳은 것은?
① CVO는 Carrier Vehicle Operations의 약어로서, 화물차량에 부착된 단말기를 이용하여 실시간으로 차량 및 화물을 추적·관리하는 방식이다.
② KL-NET는 무역정보망으로서, 무역정보화를 통한 국가경쟁력 강화를 목적으로 개발되었다.
③ KT-NET는 물류정보망으로서, 물류업무의 온라인화를 위해 개발된 정보망이다.
④ PORT-MIS는 항만운영관리 시스템으로서, 한국물류협회가 개발 및 운영하는 시스템이다.
⑤ VAN은 Value Added Network의 약어로서, 제3자(데이터 통신업자)를 매개로 하여 기업 간 자료를 교환하는 부가가치통신망이다.

028 A기업은 4개의 지역에 제품 공급을 위해 지역별로 1개의 물류센터를 운영하고 있다. 물류센터에서 필요한 안전재고는 목표 서비스수준과 수요변동성을 반영한 확률 기반의 안전재고 계산공식인 $z \times \sigma$를 적용하여 계산하였으며, 현재 필요한 안전재고는 각 물류센터 당 100개로 파악되고 있다. 물류센터를 중앙집중화하여 1개로 통합한다면 유지해야 할 안전재고는 몇 개인가? (단, 수요는 정규분포를 따르며, 4개 지역의 조건은 동일하다고 가정한다.)
① 100개　② 200개　③ 300개　④ 400개　⑤ 500개

029 공급사슬 통합의 효과가 아닌 것은?
① 생산자와 공급자 간의 정보 교환이 원활해진다.
② 생산계획에 대한 조정과 협력이 용이해진다.
③ 공급사슬 전·후방에 걸쳐 수요변동성이 줄어든다.
④ 물류센터 통합으로 인해 리스크 풀링(Risk Pooling)이 사라진다.
⑤ 공급사슬 전반에 걸쳐 재고품절 가능성이 작아진다.

030 공급자 재고관리(VMI : Vendor Managed Inventory)에 관한 설명으로 옳지 않은 것은?
① 유통업자가 생산자에게 판매정보를 제공한다.
② 구매자가 공급자에게 재고 주문권을 부여한다.
③ 공급자가 자율적으로 공급 스케줄을 관리한다.
④ 생산자와 부품공급자는 신제품을 공동 개발한다.

⑤ 생산자는 부품공급자와 생산 계획을 공유한다.

031 공급사슬관리(SCM : Supply Chain Management)의 효과에 관한 설명으로 옳지 않은 것은?
① 생산자와 공급자 간의 협력을 통하여 경쟁우위를 확보할 수 있다.
② 생산자와 공급자 간의 협력을 통하여 이익 평준화를 실현할 수 있다.
③ 공급사슬 파트너십을 통하여 재고품절 위험을 감소시킬 수 있다.
④ 공급사슬 파트너십을 통하여 물류비용을 절감할 수 있다.
⑤ 공급사슬 파트너십을 통하여 소비자 만족을 극대화할 수 있다.

032 표준 파렛트 T-11형과 T-12형의 치수(가로 및 세로규격)를 옳게 나열한 것은?
① T-11형 :   800mm×1,100mm, T-12형 : 1,000mm×1,100mm
② T-11형 : 1,000mm×1,100mm, T-12형 : 1,100mm×1,100mm
③ T-11형 : 1,000mm×1,100mm, T-12형 : 1,000mm×1,200mm
④ T-11형 : 1,100mm×1,100mm, T-12형 : 1,000mm×1,200mm
⑤ T-11형 : 1,100mm×1,100mm, T-12형 : 1,100mm×1,200mm

033 표준 파렛트 T-11형을 ISO 규격의 20피트(feet) 해상컨테이너에 2단으로 적입할 경우, 컨테이너 내에 적입할 수 있는 최대 파렛트 수량은?
① 10개   ② 14개   ③ 16개   ④ 18개   ⑤ 20개

034 물류표준화의 대상 분야에 해당하는 것을 모두 고른 것은?

ㄱ. 수송 부문	ㄴ. 보관 부문
ㄷ. 하역 부문	ㄹ. 포장 부문
ㅁ. 정보화 부문	

① ㄱ, ㄴ, ㅁ   ② ㄴ, ㄷ, ㄹ
③ ㄷ, ㄹ, ㅁ   ④ ㄱ, ㄴ, ㄷ, ㄹ
⑤ ㄱ, ㄴ, ㄷ, ㄹ, ㅁ

035 공동 수·배송의 효과가 아닌 것은?
① 운송차량의 공차율 증가
② 공간의 활용 증대
③ 주문단위 소량화 대응 가능
④ 교통혼잡 완화
⑤ 대기오염, 소음 등 환경문제 개선

036 다음 설명에 해당하는 공동 수·배송 운영방식은?

> ○ 운송업자가 협동조합을 설립하고 화주로부터 수주를 받아 조합원에게 배차를 지시하는 방식
> ○ 고객의 주문처리에서 화물의 보관, 운송, 배송까지의 모든 업무를 공동화하는 방식

① 배송공동형
② 특정화주 공동형
③ 특정지역 공동형
④ 공동수주 공동배송형
⑤ 납품대행형

037 순물류(Forward Logistics)와 역물류(Reverse Logistics)의 차이점을 비교한 것으로 옳지 않은 것은?

구 분	순물류	역물류
ㄱ. 품질 측면	제품 품질이 일정함	제품 품질이 상이함
ㄴ. 가격 측면	제품 가격이 일정함	제품 가격이 상이함
ㄷ. 제품수명주기	제품수명주기의 관리가 용이함	제품수명주기의 관리가 어려움
ㄹ. 회계 측면	물류비용 파악이 용이함	물류비용 파악이 어려움
ㅁ. 구성원 측면	공급망 구성원 간의 거래조건이 복잡함	공급망 구성원 간의 거래조건이 단순함

① ㄱ   ② ㄴ   ③ ㄷ   ④ ㄹ   ⑤ ㅁ

038 다음 설명에 해당하는 물류보안제도는?

> ○ 세관에서 물류기업이 일정 수준 이상의 기준을 충족하면 통관절차 등을 간소화 시켜주는 제도이다.
> ○ 세계관세기구(WCO)는 무역의 안전 및 원활화를 조화시키는 표준협력제도로서 도입하였다.
> ○ 상호인정협약(Mutual Recognition Arrangement)을 통해 자국뿐만 아니라 상대방 국가에서도 통관상의 혜택을 받을 수 있다.

① AEO(Authorized Economic Operator)
② CSI(Container Security Initiative)
③ C-TPAT(Customs Trade Partnership Against Terrorism)
④ ISF(Importer Security Filing)
⑤ ISPS(International Ship and Port Facility Security) Code

039 녹색물류 추진방향으로 옳지 않은 것은?
① 공동 수・배송 추진
② 소량 다빈도 수송 추진
③ 모달 쉬프트(modal shift) 추진
④ 회수물류 활성화
⑤ 저공해 운송수단 도입

040 블록체인(Block Chain)에 관한 설명으로 옳지 않은 것은?
① 분산원장 또는 공공거래장부라고 불리며, 암호화폐로 거래할 때 발생할 수 있는 해킹을 막는 기술에서 출발했다.
② 다수의 상대방과 거래를 할 때 데이터를 개인 사용자들의 디지털 장비에 저장하여 공동으로 관리하는 분산형 정보기술이다.
③ 비트코인은 블록체인 기술을 이용한 전자화폐이다.
④ 퍼블릭 블록체인(Public Block Chain)과 프라이빗 블록체인(Private Block Chain)은 누구나 접근이 가능하다.
⑤ 컨소시엄 블록체인(Consortium Block Chain)은 허가받은 사용자만 접근이 가능하다.

제2과목 화물운송론

041 다음에서 설명하는 운임결정이론(Theory of Rate Making)은?

> ○ 운임의 최고한도는 화주의 운임부담능력이 되고, 최저한도는 운송인의 운송원가가 된다.
> ○ 실제 운임의 결정은 운임부담능력과 운송원가 사이에서 결정된다.

① 용역가치설 ② 운임부담력설
③ 생산비설 ④ 절충설
⑤ 일반균형이론

042 화물자동차 운영효율성 지표에 관한 설명으로 옳지 않은 것은?
① 영차율은 전체 운행거리 중 실제 화물을 적재하지 않고 운행한 비율을 나타낸다.
② 회전율은 차량이 일정한 시간 내에 화물을 운송한 횟수의 비율을 나타낸다.
③ 가동률은 일정기간 동안 화물을 운송하거나 운송을 위해 운행한 일수의 비율을 나타낸다.
④ 복화율은 편도 운송을 한 후 귀로에 화물운송을 어느 정도 수행했는지를 나타내는 지표이다.
⑤ 적재율은 차량의 적재정량 대비 실제 화물을 얼마나 적재하고 운행했는지를 나타내는 지표이다.

043 화물운송에 관한 설명으로 옳지 않은 것은?
① 운송은 재화에 대한 생산과 소비가 이루어지는 장소적 격차를 해소해 준다.
② 운송방식에 따라 재화의 흐름을 빠르게 또는 느리게 하여 운송비용, 재고수준, 리드타임 및 고객서비스 수준을 합리적으로 조정할 수 있다.
③ 운송은 지역 간, 국가 간 경쟁을 유발하고 재화의 시장가격과 상품의 재고수준을 높인다.
④ 운송은 분업을 촉진하여 국제무역의 발전에 중요한 역할을 한다.
⑤ 운송은 재화의 효용가치를 낮은 곳에서 높은 곳으로 이동시키는 속성을 갖고 있다.

044 대형 목재, 대형 파이프, H형강 등의 장척화물 운송에 적합한 화물자동차는?

① 모터 트럭(Motor Truck)
② 세미 트레일러 트럭(Semi-trailer Truck)
③ 폴 트레일러 트럭(Pole-trailer Truck)
④ 풀 트레일러 트럭(Full-trailer Truck)
⑤ 더블 트레일러 트럭(Double-trailer Truck)

045 TMS(Transportation Management System)에 관한 설명으로 옳지 않은 것은?

① 화물운송 시 수반되는 자료와 정보를 수집하여 효율적으로 관리하고, 수주과정에서 입력한 정보를 기초로 비용이 저렴한 수송경로와 수송수단을 제공하는 시스템이다.
② 화물이 입고되어 출고되기까지의 물류데이터를 자동 처리하는 시스템으로 입고와 피킹, 재고관리, 창고 공간 효율의 최적화 등을 지원하는 시스템이다.
③ 최적의 운송계획 및 차량의 일정을 관리하며 화물 추적, 운임 계산 자동화 등의 기능을 수행한다.
④ 고객의 다양한 요구를 수용하면서 수·배송비용, 재고비용 등 총비용을 절감할 수 있다.
⑤ 공급배송망 전반에 걸쳐 재고 및 운반비 절감, 대응력 개선, 공급업체와 필요 부서 간의 적기 납품을 실현할 수 있다.

046 컨테이너 화물의 총중량 검증(Verified Gross Mass of Container)제도에 관한 설명으로 옳지 않은 것은?

① 수출을 위하여 화물이 적재된 개별 컨테이너, 환적 컨테이너 및 공 컨테이너를 대상으로 한다.
② '해상에서의 인명안전을 위한 국제협약(SOLAS)'에 따라 수출컨테이너의 총중량 검증 및 검증된 정보의 제공을 의무화하면서 도입되었다.
③ 화주는 수출하려는 컨테이너의 검증된 총중량 정보를 선장에게 제공하여야 한다.
④ 검증된 컨테이너 총중량 정보의 오차는 해당 컨테이너 총 중량의 ±5% 이내에서 인정된다.
⑤ 컨테이너 총 중량은 컨테이너에 적재되는 화물, 해당 화물을 고정 및 보호하기 위한 장비, 컨테이너 자체 무게 등을 모두 합산한 중량을 의미한다.

047 운송수단별 특성에 관한 설명으로 옳은 것을 모두 고른 것은?

> ㄱ. 트럭운송은 Door to Door 운송서비스가 가능하고 기동성이 높은 운송방식이다.
> ㄴ. 해상운송은 물품의 파손, 분실, 사고발생의 위험이 적고 타 운송수단에 비해 안전성이 높다.
> ㄷ. 항공운송은 중량에 크게 영향을 받지 않고 운송할 수 있다.
> ㄹ. 철도운송은 트럭운송에 비해 중·장거리 운송에 적합하다.

① ㄱ, ㄴ ② ㄱ, ㄹ ③ ㄴ, ㄷ ④ ㄴ, ㄹ ⑤ ㄷ, ㄹ

048 운임결정의 영향요인에 관한 설명으로 옳지 않은 것은?
① 화물의 파손, 분실 등 사고발생 가능성이 높아지면 운임도 높아진다.
② 적재작업이 어렵고 적재성이 떨어질수록 운임은 높아진다.
③ 운송거리가 길어질수록 총 운송원가는 증가하고 운임이 높아진다.
④ 화물의 밀도가 높을수록 동일한 적재용기에 많이 적재할 수 있으며 운임이 높아진다.
⑤ 운송되는 화물의 취급단위가 클수록 운송단위당 고정비는 낮아진다.

049 운송방식의 선택에 관한 설명으로 옳지 않은 것은?
① 수량이 적은 고가화물의 경우에는 항공운송이 적합하다.
② 장기운송 시 가치가 하락하는 화물의 경우에는 항공운송이 적합하다.
③ 근거리운송이나 중·소량 화물의 경우에는 도로운송이 적합하다.
④ 대량화물 장거리 운송의 경우에는 해상운송이 적합하다.
⑤ 전천후 운송의 경우에는 도로운송이 적합하다.

050 전용특장차에 관한 설명으로 옳지 않은 것은?
① 덤프차량은 모래, 자갈 등의 적재물을 운송하고 적재함 높이를 경사지게 하여 양하하는 차량이다.
② 분립체수송차는 반도체 등을 진동 없이 운송하는 차량이다.
③ 액체수송차는 각종 액체를 수송하기 위해 탱크형식의 적재함을 장착한 차량이다.
④ 냉동차는 야채 등 온도관리가 필요한 화물운송에 사용된다.

⑤ 레미콘 믹서트럭은 적재함 위에 회전하는 드럼을 부착하고 드럼 속에 생 콘크리트를 뒤섞으면서 운송하는 차량이다.

051 화물자동차의 중량에 관한 설명으로 옳지 않은 것은?
① 공차는 화물을 적재하지 않고 연료, 냉각수, 윤활유 등을 채우지 않은 상태의 화물차량 중량을 말한다.
② 최대적재량은 화물자동차 허용 최대 적재상태의 중량을 말한다.
③ 자동차 연결 총중량은 화물이 최대 적재된 상태의 트레일러와 트랙터의 무게를 합한 중량을 말한다.
④ 최대접지압력은 화물의 최대 적재상태에서 도로 지면 접지부에 미치는 단위면적당 중량을 말한다.
⑤ 차량의 총중량은 차량중량, 화물적재량 및 승차중량을 모두 합한 중량을 말한다.

052 화물운송의 3대 구성요소로 옳은 것은?
① 운송경로(Link), 운송연결점(Node), 운송인(Carrier)
② 운송방식(Mode), 운송인(Carrier), 화물(Cargo)
③ 운송방식(Mode), 운송인(Carrier), 운송연결점(Node)
④ 운송방식(Mode), 운송경로(Link), 운송연결점(Node)
⑤ 운송방식(Mode), 운송인(Carrier), 운송경로(Link)

053 화물자동차 운수사업법(2020년 적용 화물자동차 안전운임 고시)에 규정된 컨테이너 품목 안전운임에 관한 설명으로 옳은 것은?
① 덤프 컨테이너의 경우 해당구간 운임의 30%를 가산 적용한다.
② 방사성물질이 적재된 컨테이너는 해당구간 운임에 100%를 가산 적용한다.
③ 위험물, 유독물, 유해화학물질이 적재된 컨테이너는 해당구간 운임에 25%를 가산 적용한다.
④ 화약류가 적재된 컨테이너는 해당구간 운임에 150%를 가산 적용한다.
⑤ TANK 컨테이너는 위험물이 아닌 경우 해당구간 운임의 30%를 가산 적용한다.

054 화물차량을 이용하여 운송할 때 발생되는 원가항목 중 고정비 성격의 항목을 모두 고른 것은?

ㄱ. 운전기사 인건비	ㄴ. 주차비
ㄷ. 통신비	ㄹ. 유류비
ㅁ. 복리후생비	ㅂ. 도로통행료

① ㄱ, ㄴ, ㅂ ② ㄱ, ㄷ, ㅁ
③ ㄴ, ㄷ, ㅂ ④ ㄴ, ㄹ, ㅁ
⑤ ㄷ, ㄹ, ㅂ

055 도로운송의 효율성을 제고하기 위한 방안으로 옳지 않은 것은?
① 육·해·공을 연계한 도로운송시스템을 구축하여야 한다.
② 철도운송, 연안운송, 항공운송 등이 적절한 역할분담을 할 수 있도록 하여야 한다.
③ 운송업체의 소형화, 독점화 등을 통해 경쟁체제의 확립을 위한 기반을 조성해 주어야 한다.
④ 비현실적인 규제를 탈피하여 시장경제원리에 입각한 자율경영 기반을 조성하여야 한다.
⑤ 도로시설의 확충 및 산업도로와 같은 화물자동차전용도로의 확충이 필요하다.

056 화물자동차 운송의 단점이 아닌 것은?
① 대량화물의 운송에 불리하다.
② 철도운송에 비해 운송단가가 높다.
③ 에너지 효율성이 낮다.
④ 화물의 중량에 제한을 받는다.
⑤ 배차의 탄력성이 낮다.

057 화차에 컨테이너만 적재하는 운송방식을 모두 고른 것은?

| ㄱ. 캥거루 방식 | ㄴ. 플랙시밴 방식 |
| ㄷ. TOFC 방식 | ㄹ. COFC 방식 |

① ㄱ, ㄴ ② ㄱ, ㄷ ③ ㄱ, ㄹ ④ ㄴ, ㄷ ⑤ ㄴ, ㄹ

058 ( )에 들어갈 컨테이너 터미널의 운영방식을 바르게 나열한 것은?

운영방식	야드면적	자본투자	컨테이너 양륙시간	하역장비 유지비용	자동화 가능성
(ㄱ)	소	소	장	소	고
(ㄴ)	중	중	중	대	중
(ㄷ)	대	대	단	소	저

① ㄱ: 샤시방식, ㄴ: 스트래들캐리어방식, ㄷ: 트랜스테이너방식
② ㄱ: 스트래들캐리어방식, ㄴ: 샤시방식, ㄷ: 트랜스테이너방식
③ ㄱ: 트랜스테이너방식, ㄴ: 스트래들캐리어방식, ㄷ: 샤시방식
④ ㄱ: 스트래들캐리어방식, ㄴ: 트랜스테이너방식, ㄷ: 샤시방식
⑤ ㄱ: 트랜스테이너방식, ㄴ: 샤시방식, ㄷ: 스트래들캐리어방식

059 정박기간에 관한 설명으로 옳지 않은 것은?
① 정박기간은 Notice of Readiness 통지 후 일정기간이 경과되면 개시한다.
② SHEX는 일요일과 공휴일을 정박일수에 산입하지 않는 조건이다.
③ WWD는 하역 가능한 기상조건의 날짜만 정박기간에 산입하는 조건이다.
④ CQD는 해당 항구의 관습적 하역방법과 하역능력에 따라 할 수 있는 한 빨리 하역하는 조건이다.
⑤ Running Laydays는 불가항력을 제외한 하역 개시일부터 끝날 때까지의 모든 기간을 정박기간으로 계산하는 조건이다.

060 철도운송의 장점이 아닌 것은?
① 환경 친화적인 운송이다.
② 적재 중량당 용적이 작다.
③ 계획적인 운행이 가능하다.
④ 적기 배차가 용이하다.
⑤ 다양한 운임할인 제도를 운영한다.

061 선적 시 양하항을 복수로 선정하고 양하항 도착 전에 최종 양하항을 지정하는 경우 발생하는 비용은?
① 항구변경할증료
② 외항추가할증료
③ 환적할증료
④ 양하항선택할증료
⑤ 혼잡할증료

062 용선계약 시 묵시적 확약이 아닌 것은?
① 휴항의 내용
② 신속한 항해 이행
③ 부당한 이로 불가
④ 위험물의 미적재
⑤ 내항성 있는 선박 제공

063 헤이그 규칙과 함부르크 규칙을 비교 설명한 것으로 옳지 않은 것은?
① 헤이그 규칙에서는 운송인 면책이었던 항해 과실을 함부르크 규칙에서는 운송인 책임으로 규정하고 있다.
② 헤이그 규칙에서는 지연손해에 대한 명문 규정이 없으나 함부르크 규칙에서는 이를 명확히 규정하고 있다.
③ 헤이그 규칙에서는 운송책임 구간이 'from Receipt to Delivery'였으나 함부르크 규칙에서는 'from Tackle to Tackle'로 축소하였다.
④ 헤이그 규칙에서는 운송인의 책임 한도가 1포장당 또는 단위당 100파운드였으나 함부르크 규칙에서는 SDR을 사용하여 책임한도액을 인상하였다.
⑤ 헤이그 규칙에서는 선박화재가 면책이었으나 함부르크 규칙에서는 면책으로 규정하지 않았다.

064 철도화물 운송에 관한 설명으로 옳지 않은 것은?
① 차급운송이란 화물을 화차단위로 탁송하는 것을 말한다.
② 화차의 봉인은 내용물의 이상 유무를 검증하기 위한 것으로 철도운송인의 책임으로 하여야 한다.
③ 화약류 및 컨테이너 화물의 적하시간은 3시간이다.
④ 전세열차란 고객이 특정 열차를 전용으로 사용하는 열차를 말한다.
⑤ 열차·경로지정이란 고객이 특정열차나 수송경로로 운송을 요구하거나 철도공사가 안전수송을 위해 위험물 및 특대화물 등에 특정열차와 경로를 지정하는 경우를 말한다.

065 국제항공 협약과 협정에 관한 설명으로 옳지 않은 것은?

① 항공협정이란 항공협상의 산출물로서 항공운송협정 또는 항공서비스협정이라고 한다.
② 국제항공에 대한 규제 체계는 양자 간 규제와 다자 간 규제로 나누어진다.
③ 항공협정은 '바젤 협정'을 표준으로 하여 정의 규정, 국내법 적용, 운임, 협정의 개정, 폐기에 관한 사항 등을 포함한다.
④ 상무협정은 항공사 간 체결한 협정으로 공동운항 협정, 수입금 공동배분 협정, 좌석 임대 협정, 보상금 지불 협정 등이 있다.
⑤ 하늘의 자유(Freedom of the Air)는 '시카고 조약'에서 처음으로 명시되어 국제항공 문제를 다루는 기틀이 되었다.

066 택배 표준약관(공정거래위원회 표준약관 제10026호)의 운송장에 관한 설명으로 옳지 않은 것은?

① 사업자의 상호, 대표자명, 주소 및 전화번호, 담당자(집화자)이름, 운송장 번호를 사업자는 고객(송화인)에게 교부한다.
② 운임 기타 운송에 관한 비용 및 지급 방법을 사업자는 고객(송화인)에게 교부한다.
③ 고객(송화인)이 운송장에 운송물의 가액을 기재하지 아니하면 제22조 제3항에 따라 사업자가 손해배상을 할 경우 손해배상한도액은 50만원이 적용된다.
④ 고객(송화인)이 운송물의 가액에 따라 할증요금을 지급하는 경우에는 각 운송가액 구간별 최저가액이 적용됨을 명시해 놓는다.
⑤ 고객(송화인)은 운송물의 인도예정장소 및 인도예정일을 기재하여 사업자에게 교부한다.

067 운송주선인의 기능에 관한 설명으로 옳은 것은?

① 운송주선인은 복합운송에서 전 운송 구간에 운송책임을 지지만 구간별 운송인과는 직접 계약을 체결하지 않는다.
② 운송주선인은 혼재운송 보다 단일 화주의 FCL화물을 주로 취급한다.
③ 운송주선인은 화주를 대신하여 운송인과 운송계약을 체결하고, 화물 운송에 따른 보험 업무를 대리하지 않는다.
④ 운송주선인이 작성하는 서류는 선하증권, 항공화물운송장으로 제한된다.
⑤ 운송주선인은 화주를 대신하여 수출입화물의 통관절차를 대행할 수 있지만, 국가에 따라서 관세사 등 통관허가를 받은 자만이 할 수 있다.

068 항공화물의 특성으로 옳지 않은 것은?
① 취급과 보관비용이 낮은 화물
② 긴급한 수요와 납기가 임박한 화물
③ 중량이나 부피에 비해 고가인 화물
④ 시간의 흐름에 따라 가치가 변동되는 화물
⑤ 제품의 시장경쟁력 확보가 필요한 화물

069 다음과 같은 요율 체계를 가지고 있는 A항공사는 중량과 용적중량 중 높은 중량 단계를 요율로 적용하고 있다. B사가 A항공사를 통해 서울에서 LA까지 항공운송할 경우 중량 40 kg, 최대길이(L) = 100cm, 최대폭(W) = 45cm, 최대높이(H) = 60cm인 화물에 적용되는 운임은? (단, 용적중량은 1 kg = 6,000cm³를 적용하여 계산함)

지 역	최저요율	kg 당 일반요율	kg 당 중량요율 (45kg 이상인 경우)
LA	70,000원	10,000원	9,000원

① 70,000원
② 320,000원
③ 400,000원
④ 405,000원
⑤ 450,000원

070 택배 표준약관(공정거래위원회 표준약관 제10026호)의 운송물 수탁거절 사유를 모두 고른 것은?

> ㄱ. 운송이 법령, 사회질서 기타 선량한 풍속에 반하는 경우
> ㄴ. 운송물 1포장의 가액이 200만원을 초과하는 경우
> ㄷ. 운송물의 인도예정일(시)에 따른 운송이 가능한 경우
> ㄹ. 운송물이 현금, 카드, 어음, 수표, 유가증권 등 현금화가 가능한 물건인 경우
> ㅁ. 운송물이 재생 불가능한 계약서, 원고, 서류 등인 경우

① ㄱ, ㄴ, ㄹ
② ㄱ, ㄹ, ㅁ
③ ㄴ, ㄷ, ㅁ
④ ㄴ, ㄹ, ㅁ
⑤ ㄷ, ㄹ, ㅁ

071 공동 수·배송시스템의 구축을 위한 전제조건이 아닌 것은?
① 물류표준화
② 유사한 배송 조건
③ 물류서비스 차별화 유지
④ 적합한 품목의 존재
⑤ 일정구역 내에 배송지역 분포

072 항공화물 조업 장비에 관한 설명으로 바르게 연결된 것은?

> ㄱ. 화물을 운반하는 데 사용되는 작은 바퀴가 달린 무동력 장비
> ㄴ. 화물을 여러 층으로 높게 적재하거나 항공기에 화물을 탑재하는 장비
> ㄷ. 탑재용기에 적재된 화물을 운반할 수 있는 장비
> ㄹ. 화물 운반 또는 보관 작업을 하는데 사용되는 장비

① ㄱ: Dolly,   ㄴ: High Loader,   ㄷ: Tug Car,   ㄹ: Hand Lift Jack
② ㄱ: Dolly,   ㄴ: Hand Lift Jack, ㄷ: Tug Car,   ㄹ: High Loader
③ ㄱ: Dolly,   ㄴ: Tug Car,   ㄷ: High Loader, ㄹ: Hand Lift Jack
④ ㄱ: Tug Car, ㄴ: Hand Lift Jack, ㄷ: Dolly,   ㄹ: High Loader
⑤ ㄱ: Tug Car, ㄴ: High Loader,   ㄷ: Dolly,   ㄹ: Hand Lift Jack

073 다음과 같은 운송조건이 주어졌을 때 공급지 C의 공급량 20톤의 운송비용은? (단, 공급지와 수요지 간 비용은 톤당 단위운송비용이며, 운송비용은 보겔의 추정법을 사용하여 산출함)

수요지 공급지	X	Y	Z	공급량
A	10원	7원	8원	15톤
B	17원	10원	14원	15톤
C	5원	25원	12원	20톤
수요량	15톤	20톤	15톤	50톤

① 100원　② 135원　③ 240원　④ 260원　⑤ 500원

074 항공화물운임에 관한 설명으로 옳지 않은 것은?
① 동물, 화폐, 보석류, 무기, 고가 예술품 등은 일반요율보다 높은 운송요율을 책정할 수 있다.
② 할인요율은 특정한 구간과 화물에 적용되는 요율로 일반요율보다 낮게 적용된다.
③ 표준 컨테이너요율은 대체로 일반요율보다 낮은 수준의 요율이 적용된다.
④ 화물의 특성상 특별한 취급과 주의를 필요로 하거나 우선적으로 운송되어야 하는 화물에는 별도의 요율을 부과할 수 있다.
⑤ 일반요율은 일반화물에 적용하는 요율로 중량만을 기준으로 운송요율을 책정한다.

075 수·배송 계획 수립의 원칙으로 옳은 것은?
① 집화와 배송은 따로 이루어지도록 한다.
② 효율적인 수송경로는 대형 차량보다 소형 차량을 우선 배차한다.
③ 배송지역의 범위가 넓을 경우, 운행 경로 계획은 물류센터에서 가까운 지역부터 수립한다.
④ 배송날짜가 상이한 경우에는 경유지를 구분한다.
⑤ 배송경로는 상호 교차되도록 한다.

076 3개의 수요지와 공급지가 있는 운송문제에서 최소비용법(Least-cost Method)을 적용하여 산출한 최초 가능해의 총운송비용은? (단, 공급지와 수요지 간 비용은 톤당 단위 운송비용임)

공급지＼수요지	X	Y	Z	공급량
A	10원	15원	5원	500톤
B	20원	10원	25원	1,000톤
C	8원	15원	20원	500톤
수요량	700톤	700톤	600톤	2,000톤

① 17,100원
② 20,000원
③ 20,700원
④ 21,700원
⑤ 22,100원

077 다음 그림과 같이 각 구간별 운송거리가 주어졌을 때, 물류센터 S에서 최종 목적지 G 까지의 최단 경로 산출거리는? (단, 구간별 운송거리는 km임)

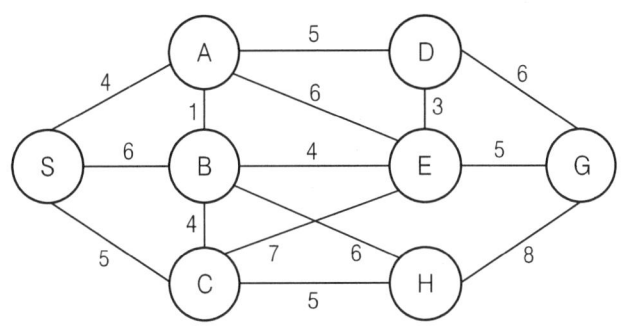

① 12 km　② 13 km　③ 14 km　④ 15 km　⑤ 16 km

078 물류센터에서 배송처 A와 B를 순회 배송하는 방법(물류센터 → 배송처 A → 배송처 B → 물류센터)과 배송처 A와 B를 개별 배송하는 방법(물류센터 → 배송처 A → 물류센터, 물류센터 → 배송처 B → 물류센터) 간의 운송거리 차이는?

(단위 : km)

From \ To	물류센터	배송처 A	배송처 B
물류센터	0	10	12
배송처 A	10	0	8
배송처 B	12	8	0

① 6 km　② 8 km　③ 10 km　④ 12 km　⑤ 14 km

079 공동 수·배송에 관한 설명으로 옳은 것은?
① 배송, 화물의 보관 및 집화 업무까지 공동화하는 방식을 공동납품대행형이라 한다.
② 크로스도킹은 하나의 차량에 여러 화주들의 화물을 혼재하는 것이다.
③ 참여기업은 물류비 절감 효과를 기대할 수 있다.
④ 소량 다빈도 화물에 대한 운송요구가 감소함에 따라 그 필요성이 지속적으로 감소하고 있다.
⑤ 노선집화공동형은 백화점, 할인점 등에서 공동화하는 방식이다.

080 화물을 공급지 A, B, C에서 수요지 X, Y, Z까지 운송하려고 할 때 북서코너법에 의한 총운송비용은? (단, 공급지와 수요지 간 비용은 톤당 단위운송비용임)

공급지 \ 수요지	X	Y	Z	공급량
A	4원	6원	5원	20톤
B	7원	4원	12원	17톤
C	12원	8원	6원	10톤
수요량	15톤	20톤	12톤	47톤

① 234원　② 244원　③ 254원　④ 264원　⑤ 274

제3과목 국제물류론

081 국제물류의 기능에 관한 설명으로 옳은 것을 모두 고른 것은?

구분	기 능	내　　용
ㄱ	수량적 기능	생산수량과 소비수량의 불일치를 집화, 중계, 배송 등을 통해 조정
ㄴ	품질적 기능	생산자가 제공하는 재화와 소비자가 소비하는 재화의 품질을 가공, 조립, 포장 등을 통해 조정
ㄷ	가격적 기능	생산자와 소비자를 매개로 운송에서 정보활동에 이르기까지의 모든 비용을 조정
ㄹ	시간적 기능	생산자와 소비자가 인적으로 다르고 분업으로 발생하는 복잡한 유통경제조직을 운송과 상거래로 조정
ㅁ	장소적 기능	재화의 생산시기와 소비시기의 불일치 조정

① ㄱ, ㄴ, ㄷ　　　　　　② ㄱ, ㄴ, ㄹ
③ ㄱ, ㄷ, ㄹ　　　　　　④ ㄴ, ㄷ, ㅁ
⑤ ㄷ, ㄹ, ㅁ

082 다음에서 설명하는 국제운송의 형태는?

> 천연가스, 원유 등 에너지 자원의 수송에 이용되며, 구축을 위해서는 대규모 자본투자가 필요하나, 일단 구축되면 이를 운영하기 위한 변동비용은 그다지 크지 않고 인적 노동력이 거의 필요하지 않은 운송

① 도로운송　　　　　　　② 철도운송
③ 항공운송　　　　　　　④ 해상운송
⑤ 파이프라인운송

083 다음 설명에 해당하는 국제물류시스템은?

> ㄱ. 수출국 기업에서 해외의 자회사 창고로 상품을 출하한 후, 발주요청이 있을 때 해당 창고에서 최종 고객에게 배송하는 가장 보편적인 시스템
> ㄴ. 수출국의 공장 또는 배송센터로부터 해외 자회사의 고객 또는 최종소비자나 판매점으로 상품을 직송하는 형태로, 해외 자회사는 상거래 유통에는 관여하지만 물류에는 직접적으로 관여하지 않는 시스템

① ㄱ: 통과 시스템　　ㄴ: 다국적(행) 창고 시스템
② ㄱ: 고전적 시스템　ㄴ: 직송 시스템
③ ㄱ: 통과 시스템　　ㄴ: 고전적 시스템
④ ㄱ: 고전적 시스템　ㄴ: 다국적(행) 창고 시스템
⑤ ㄱ: 통과 시스템　　ㄴ: 직송 시스템

084 최근 국제물류의 환경변화에 관한 설명으로 옳지 않은 것은?

① 국내외 물류기업 활동의 글로벌화로 국제물류의 중요성이 증대되고 있다.
② IoT 등 정보통신기술의 발전으로 국내외 물류기업들은 국제물류체계를 플랫폼화 및 고도화하고 있다.
③ 컨테이너 선박이 대형화됨에 따라 항만도 점차 대형화되고 있다.
④ 국제물류시장의 치열한 경쟁상황은 국내외 물류기업들 간 전략적 제휴나 인수·합병을 가속화시키고 있다.
⑤ 국내외 화주기업들은 물류비 절감과 서비스 향상을 위해 물류전문업체를 활용하지 않고 있다.

085 글로벌 공급사슬관리시스템의 효율적 설계 및 운영에 관한 설명으로 옳지 않은 것은?

① 구성원들이 시스템에 관한 목표를 명확히 정의하여 시스템의 목표를 달성하는 방향으로 의사결정을 내리게 유도한다.
② 소비자에 대한 서비스수준 향상에 기여할 수 있는 성과측정 장치를 개발하도록 한다.
③ 정보 공유를 통한 의사결정을 이루기 위해서는 부서 간의 협동은 중요하지 않다.
④ 물류기업의 물류 하부구조 등에 대한 적극적인 투자를 수행하며 이를 통해 미래확장가능성에 대비할 수 있어야 한다.
⑤ 아웃소싱을 적극적으로 활용함으로써 비용과 시간을 절감하며 물류기업의 경쟁력을 최대화하는 방향으로 물류기업의 자원을 서로 결합하여야 한다.

086 컨테이너 운송의 특성에 관한 설명으로 옳지 않은 것은?

① 선박의 속력이 빠르고 신속한 화물조작이 가능하다.
② 운송기간의 단축으로 수출대금의 회수가 빨라져 교역촉진이 가능하다.
③ 특수 컨테이너가 개발되고 있지만, 모든 화물을 컨테이너화 할 수 없는 한계를 가지고 있다.
④ 컨테이너화에는 거액의 자본이 필요하며, 선사 및 항만 직원의 교육·훈련, 관련 제도 개선, 기존 설비의 교체 등에 장기간의 노력과 투자가 필요하다.
⑤ 왕항복항(往航復航)간 물동량의 불균형이 발생해도 컨테이너선의 경우 공(空)컨테이너 회수 문제는 발생하지 않는다.

087 다음에서 설명하는 컨테이너 종류로 옳은 것은?

> 과일, 채소 등의 선도유지에 적절한 단열구조를 갖춘 컨테이너로, 통상 드라이아이스 등을 냉매로 사용하는 보냉 컨테이너

① Liquid Bulk Container
② Hard Top Container
③ Side Open Container
④ Insulated Container
⑤ Skeleton Container

088 다음은 CSC(1972) Annex 1 SERIOUS STRUCTURAL DEFICIENCIES IN CONTAINERS 내용의 일부이다. ( )에 들어갈 용어로 옳은 것은?

STRUCTURALLY SENSITIVE COMPONENT	SERIOUS STRUCTURAL DEFICIENCY
(?)	Local deformation perpendicular to the rail in excess of 100mm or in the rail's material in excess of 75mm

① Top Rail
② Bottom Rail
③ Corner Posts
④ Corner and intermediate Fittings
⑤ Understructure

089 정기선사들의 전략적 제휴에 관한 설명으로 옳지 않은 것은?
① 공동운항을 통해 선복을 공유한다.
② 화주에게 안정된 수송서비스 제공이 가능하다.
③ 광석, 석탄 등 벌크 화물 운송을 중심으로 이루어지고 있다.
④ 제휴선사간 상호 이해관계를 조정하기 위해 협정을 맺고 있다.
⑤ 제휴선사간 불필요한 경쟁을 회피하는 수단으로 활용되고 있다.

090 해상운송화물의 선적절차를 순서대로 올바르게 나열한 것은?

ㄱ. Shipping Request	ㄴ. Booking Note
ㄷ. Shipping Order	ㄹ. Mate's Receipt
ㅁ. Shipped B/L	

① ㄱ → ㄴ → ㄷ → ㄹ → ㅁ
② ㄱ → ㄴ → ㄹ → ㄷ → ㅁ
③ ㄱ → ㄷ → ㅁ → ㄴ → ㄹ
④ ㄴ → ㄱ → ㄷ → ㄹ → ㅁ
⑤ ㄴ → ㄱ → ㅁ → ㄷ → ㄹ

091 정기선에 관한 설명으로 옳지 않은 것은?
① 운임은 공시된 확정운임이 적용된다.
② 개품운송계약을 체결하고 선하증권을 사용한다.
③ 다수 화주로부터 다양한 화물을 집화하여 운송한다.
④ 특정한 항구 간을 운항계획에 따라 규칙적으로 반복 운항한다.
⑤ 항해단위, 기간 등에 따라 계약조건이 다른 용선계약서를 사용한다.

092 해상운송과 관련된 국제기구의 설명으로 옳은 것을 모두 고른 것은?

> ㄱ. IACS는 국제적인 대리업의 확장에 따른 제반 문제점을 다루기 위해 설립된 운송주선인의 민간기구이다.
> ㄴ. BIMCO는 선주들의 공동이익을 위해 창설된 민간기구이다.
> ㄷ. ICS는 선주들의 권익보호와 상호협조를 위해 각국 선주협회들이 설립한 민간기구이다.
> ㄹ. IMO는 국제무역과 경제발전을 촉진할 목적으로 설립된 국제연합의 전문기구이다.

① ㄱ, ㄷ
② ㄱ, ㄹ
③ ㄴ, ㄷ
④ ㄴ, ㄷ, ㄹ
⑤ ㄱ, ㄴ, ㄷ, ㄹ

093 정기용선계약에 관한 설명으로 옳은 것은?
① 선박 자체만을 빌리는 선박임대차계약이다.
② 용선계약기간은 통상 한 개의 항해를 단위로 한다.
③ 용선자가 선장 및 선원을 고용하고 관리·감독한다.
④ 선박의 유지 및 수리비를 용선자가 부담한다.
⑤ 기간용선계약이라고도 하며, 선박의 보험료는 선주가 부담한다.

094 만재흘수선과 관련된 설명으로 옳지 않은 것은?
① 만재흘수선 마크는 TF, F, T, S, W, WNA 등이 있다.
② 만재흘수선 마크는 선박 중앙부의 양현 외측에 표시되어 있다.
③ 선박의 항행대역과 계절구간에 따라 적용범위가 다르다.
④ Reserved buoyancy란 선저에서 만재흘수선까지 이르는 높이를 말한다.
⑤ 선박의 안전을 위하여 화물의 과적을 방지하고 선박의 감항성이 확보되도록 설정된 최대한도의 흘수이다.

095 항해용선계약의 하역비 부담조건으로 옳은 것을 모두 고른 것은?

구분	부담조건	내 용
ㄱ	Liner(Berth) Term	적하 시와 양하 시의 하역비를 선주가 부담
ㄴ	FIO	적하 시와 양하 시의 하역비를 화주가 부담
ㄷ	FI	적하 시는 선주가 부담, 양하 시는 화주가 부담
ㄹ	FO	적하 시는 화주가 부담, 양하 시는 선주가 부담

① ㄱ, ㄴ
② ㄴ, ㄷ
③ ㄷ, ㄹ
④ ㄱ, ㄴ, ㄷ
⑤ ㄱ, ㄴ, ㄷ, ㄹ

096 다음 ( )에 들어갈 용어로 옳은 것은?

(ㄱ)는 선박의 밀폐된 내부 전체 용적을 말하며, 선박의 크기 및 선복량을 비교할 때 이용된다. (ㄴ)는 선박이 적재할 수 있는 화물의 최대중량을 나타내는 것이며, 선박의 매매나 용선료를 산출하는 기준이 된다.

① ㄱ: 총톤수　ㄴ: 재화중량톤수
② ㄱ: 총톤수　ㄴ: 재화용적톤수
③ ㄱ: 순톤수　ㄴ: 재화중량톤수
④ ㄱ: 배수톤수　ㄴ: 재화용적톤수
⑤ ㄱ: 배수톤수　ㄴ: 운하톤수

097 복합운송인의 책임에 관한 설명으로 옳은 것은?

① 과실책임(liability for negligence)원칙은 선량한 관리자로서 복합운송인의 적절한 주의의무를 전제로 한다.
② 엄격책임(strict liability)원칙은 과실의 유무를 묻지 않고 운송인이 결과를 책임지는 것이지만, 불가항력 등의 면책을 인정한다.
③ 무과실책임(liability without negligence)원칙은 운송인의 면책조항을 전혀 인정하지 않는다.
④ 단일책임체계(uniform liability system)에서 복합운송인이 전 운송구간의 책임을 지지만, 책임의 내용은 발생구간에 적용되는 책임체계에 의해 결정된다.
⑤ 이종책임체계(network liability system)는 UN국제복합운송조약이 채택하고 있는 체계로 단일변형책임체계라고도 한다.

098 다음에서 설명하는 국제항공기구를 올바르게 나열한 것은?

> ㄱ. 시카고조약에 의거하여 국제항공의 안전성 확보와 항공질서 감시를 위한 관리를 목적으로 설립된 UN산하 항공전문기구
> ㄴ. 각국의 정기 항공사에 의해 운임, 정비 등 상업적, 기술적인 활동을 목적으로 설립된 국제적 민간항공단체

① ㄱ: IATA ㄴ: ICAO
② ㄱ: ICAO ㄴ: IATA
③ ㄱ: IATA ㄴ: FAI
④ ㄱ: ICAO ㄴ: FAI
⑤ ㄱ: FAI ㄴ: IATA

099 항공운송인의 책임을 규정한 국제조약에 관한 설명으로 옳지 않은 것은?

① 1929년 체결된 Warsaw Convention은 국제항공운송인의 책임과 의무를 규정한 최초의 조약이다.
② 1955년 채택된 Hague Protocol에서는 여객에 대한 운송인의 보상 책임한도액을 인상했다.
③ 1966년 발효된 Montreal Agreement에서는 화물에 대한 운송인의 보상 책임한도액을 인상했다.
④ 1971년 채택된 Guatemala Protocol에서는 운송인의 절대책임이 강조되었다.
⑤ Montreal 추가 의정서에서는 IMF의 SDR이 통화의 환산단위로 도입되었다.

100 항공화물운송에 관한 설명으로 옳지 않은 것은?

① 해상화물운송에 비해 신속하고 화물의 파손율도 낮은 편이다.
② 항공여객운송에 비해 계절적 변동이 적은 편이다.
③ 해상화물운송에 비해 운송비용이 높은 편이다.
④ 항공여객운송에 비해 왕복운송의 비중이 높다.
⑤ 해상화물운송에 비해 고가의 소형화물 운송에 적합하다.

101 국제복합운송에 관한 설명으로 옳지 않은 것은?

① 국제복합운송은 국가 간 운송으로 2가지 이상의 운송수단이 연계되어야 한다.
② 일관운임(through rate)은 국제복합운송의 기본요건이 아니다.
③ NVOCC는 선박을 직접 보유하지는 않지만, 화주와 운송계약을 체결하고 복합

운송서비스를 제공한다.
④ Containerization으로 인한 일관운송의 발전은 해륙복합운송을 비약적으로 발전시켰다.
⑤ 국제복합운송을 통해 국가 간 운송에서도 Door to Door 운송을 실현할 수 있다.

102 다음에서 설명하는 Freight Forwarder의 업무는?

> 화주로부터 선적을 의뢰받은 소량화물(LCL)을 자체적으로 혼재처리하기 어려운 경우, Forwarder 간의 협력을 통해 혼재작업을 하는 것

① Buyer's consolidation
② Shipper's consolidation
③ Project cargo service
④ Co-loading service
⑤ Break bulk service

103 다음에서 설명하는 복합운송경로는?

> 극동지역과 유럽대륙을 연결하는 경로로, All Water 서비스에 비해 운송거리를 크게 단축시킬 수 있고, 주 경로상 TSR 구간을 포함한다.

① Canada Land Bridge
② America Land Bridge
③ Mini Land Bridge
④ Micro Land Bridge
⑤ Siberia Land Bridge

104 다음은 부산항에서 미국 내륙의 시카고로 향하는 화물의 복합운송경로이다. 각각의 설명에 해당하는 것을 올바르게 나열한 것은?

> ㄱ. 극동지역의 항만에서 북미의 서해안 항만까지 해상운송한 후, 북미대륙의 횡단철도를 이용하여 화물을 인도하는 경로
> ㄴ. 극동지역의 항만에서 북미의 동해안 또는 멕시코만의 항만까지 해상 운송한 후, 철도운송을 이용하여 화물을 인도하는 경로

① ㄱ: IPI ㄴ: RIPI
② ㄱ: MLB ㄴ: OCP
③ ㄱ: IPI ㄴ: OCP
④ ㄱ: OCP ㄴ: MLB
⑤ ㄱ: RIPI ㄴ: IPI

105 신용장통일규칙(UCP 600) 제20조의 선하증권 수리요건에 관한 설명으로 옳지 않은 것은?
① 운송인의 명칭이 표시되어 있고, 지정된 운송인 뿐만 아니라 선장 또는 그 지정 대리인이 발행하고 서명 또는 확인된 것
② 물품이 신용장에서 명기된 선적항에서 지정된 선박에 본선적재 되었다는 것을 인쇄된 문언이나 본선적재필 부기로 명시한 것
③ 운송조건을 포함하거나 또는 운송조건을 포함하는 다른 자료를 참조하고 있는 것
④ 용선계약에 따른다는 표시를 포함하고 있는 것
⑤ 단일의 선하증권 원본 또는 2통 이상의 원본으로 발행된 경우에는, 선하증권 상에 표시된 대로 전통인 것

106 선하증권의 종류에 관한 설명으로 옳지 않은 것은?
① Stale B/L은 선적일로부터 21일이 경과한 선하증권이다.
② Order B/L은 수화인란에 특정인을 기재하고 있는 선하증권이다.
③ Third Party B/L은 선하증권 상에 표시되는 송화인은 통상 신용장의 수익자이지만, 수출입거래의 매매당사자가 아닌 제3자가 송화인이 되는 경우에 발행되는 선하증권이다.
④ Red B/L은 선하증권 면에 보험부보 내용이 표시되어, 항해 중 해상사고로 입은 화물의 손해를 선박회사가 보상해 주는데, 이러한 문구들이 적색으로 표기되어 있는 선하증권이다.
⑤ Clean B/L은 물품의 본선 적재 시에 물품의 상태가 양호할 때 발행되는 선하증권이다.

107 항공화물운송장(AWB)과 선하증권(B/L)에 관한 설명으로 옳은 것은?
① AWB는 기명식으로만 발행된다.
② B/L은 일반적으로 본선 선적 후 발행하는 수취식(received)으로 발행된다.
③ AWB는 유통성이 있는 유가증권이다.
④ B/L은 송화인이 작성하여 운송인에게 교부한다.
⑤ AWB는 B/L과 달리 상환증권이다.

108 다음에서 설명하는 물류보안 관련 용어는?

○ 국제운송 전체의 보안성과 안전성을 제고하여 테러 위협에 대항하기 위해 미국 관세청이 만든 임의참가 형식의 보안프로그램

○ 미국으로 화물을 수출하는 모든 제조업자, 화주, 선사 등에게 화물의 공급사슬 전반에 걸쳐 보안성을 확보하도록 하는 것

① CSI
② ISF
③ C-TPAT
④ PIP
⑤ 24-Hour Rule

109 다음은 해상화물운송장을 위한 CMI통일규칙(1990)의 일부이다. ( )에 공통으로 들어갈 내용을 올바르게 나열한 것은?

○ The (ㄱ) on entering into the contract of carriage does so not only on his own behalf but also as agent for and on behalf of the consignee, and warrants to the (ㄴ) that he has authority so to do.
○ The (ㄱ) warrants the accuracy of the particulars furnished by him relating to the goods, and shall indemnify the (ㄴ) against any loss, damage or expense resulting from any inaccuracy.

① ㄱ: shipper　ㄴ: consignee
② ㄱ: carrier　ㄴ: consignee
③ ㄱ: shipper　ㄴ: carrier
④ ㄱ: carrier　ㄴ: shipper
⑤ ㄱ: shipper　ㄴ: master

110 다음은 신용장통일규칙(UCP 600) 제3조 내용의 일부이다. ( )에 들어갈 내용을 올바르게 나열한 것은?

○ The words "to", "until", "till", "from" and "between" when used to determine a period of shipment (ㄱ) the date or dates mentioned, and the words "before" and "after" (ㄴ) the date mentioned.
○ The words "from" and "after" when used to determine a maturity date (ㄷ) the date mentioned.

① ㄱ: include　ㄴ: exclude　ㄷ: exclude
② ㄱ: include　ㄴ: exclude　ㄷ: include
③ ㄱ: include　ㄴ: include　ㄷ: exclude
④ ㄱ: exclude　ㄴ: include　ㄷ: include
⑤ ㄱ: exclude　ㄴ: include　ㄷ: exclude

111 비엔나협약(CISG, 1980)의 적용 제외 대상으로 옳지 않은 것은?
① 경매에 의한 매매
② 강제집행 또는 기타 법률상의 권한에 의한 매매
③ 주식, 지분, 투자증권, 유통증권 또는 통화의 매매
④ 선박, 항공기의 매매
⑤ 원유, 석탄, 가스, 우라늄 등의 매매

112 무역계약의 주요 조건에 관한 설명으로 옳은 것은?
① D/P(Documents against Payment)는 관련 서류가 첨부된 기한부(Usance) 환어음을 통해 결제하는 방식이다.
② 표준품 매매(Sales by Standard)란 공산품과 같이 생산될 물품의 정확한 견본의 제공이 용이한 물품의 거래에 주로 사용된다.
③ 신용장 방식에 의한 거래에서 벌크 화물(bulk cargo)에 관하여 과부족을 금지하는 문언이 없는 한, 5%까지의 과부족이 용인된다.
④ CAD(Cash Against Document)는 추심에 관한 통일규칙에 의거하여 환어음을 추심하여 대금을 영수한다.
⑤ FAQ(Fair Average Quality)는 양륙항에서 물품의 품질에 의하여 품질을 결정하는 방법이다.

113 다음은 MIA(1906) 내용의 일부이다. ( )에 들어갈 용어가 올바르게 나열된 것은?

> ○ Where the subject-matter insured is destroyed, or so damaged as to cease to be a thing of the kind insured, or where the assured is irretrievably deprived thereof, there is (ㄱ).
> ○ There is (ㄴ) where any extraordinary sacrifice or expenditure is voluntarily and reasonably made or incurred in time of peril for the purpose of preserving the property imperilled in the common adventure.

① ㄱ: an actual total loss   ㄴ: a particular average act
② ㄱ: a constructive total loss   ㄴ: a general average act
③ ㄱ: an actual total loss   ㄴ: a general average act
④ ㄱ: a particular average act   ㄴ: a subrogation
⑤ ㄱ: a constructive total loss   ㄴ: a salvage charge

114 ICC(C)(2009)에서 담보되는 손해는?

① 피난항에서의 화물의 양하(discharge)로 인한 손해
② 지진 또는 낙뢰에 인한 손해
③ 갑판유실로 인한 손해
④ 본선, 부선 또는 보관장소에 해수 또는 하천수의 유입으로 인한 손해
⑤ 선박 또는 부선의 불내항(unseaworthiness)으로 인한 손해

115 다음은 Incoterms® 2020 소개문(introduction)의 일부이다. ( )에 들어갈 용어가 올바르게 나열된 것은?

> Likewise, with DDP, the seller owes some obligations to the buyer which can only be performed within the buyer's country, for example obtaining import clearance. It may be physically or legally difficult for the seller to carry out those obligations within the buyer's country and a seller would therefore be better advised to consider selling goods in such circumstances under the (ㄱ) or (ㄴ) rules.

① ㄱ: DAP   ㄴ: DDP
② ㄱ: CPT   ㄴ: DAP
③ ㄱ: DAT   ㄴ: DPU
④ ㄱ: DAP   ㄴ: DPU
⑤ ㄱ: CIP   ㄴ: DAT

116 Incoterms® 2020의 CIF 규칙에 관한 설명으로 옳지 않은 것은?

① 물품의 멸실 및 손상의 위험은 물품이 선박에 적재된 때 이전된다.
② 매수인은 자신의 운송계약 상 목적항 내의 명시된 지점에서 양하에 관하여 비용이 발생한 경우에 당사자 간에 달리 합의되지 않는 한, 그러한 비용을 매도인으로부터 별도로 상환받을 권리가 없다.
③ 해상운송이나 내수로운송에만 사용된다.
④ 해당되는 경우에 매도인이 물품의 수출통관을 해야 한다.
⑤ 매수인은 매도인에 대하여 운송계약을 체결할 의무가 없다.

117 다음은 Incoterms® 2020의 DPU 규칙에 관한 내용이다. 밑줄 친 부분 중 옳지 않은 것은?

> ㉠ The seller bears all risks involved in bringing the goods to ㉡ and loading them at the named port of destination.
> ㉢ In this Incoterms® rule, therefore, the delivery and arrival at destination are the same.
> ㉣ DPU is the only Incoterms® rule that requires the seller to unload goods at destination.
> ㉤ The seller should therefore ensure that it is in a position to organise unloading at the named place.

① ㉠ ② ㉡ ③ ㉢ ④ ㉣ ⑤ ㉤

118 무역분쟁의 해결에 이용되는 ADR(Alternative Dispute Resolution)로 옳은 것은?
① 알선, 중재, 소송
② 소송, 중재, 조정
③ 중재, 소송, 화해
④ 알선, 조정, 중재
⑤ 소송, 화해, 조정

119 수출입통관과 관련하여 관세법상 내국물품이 아닌 것은?
① 우리나라에 있는 물품으로서 외국물품이 아닌 것
② 우리나라의 선박 등이 공해에서 채집하거나 포획한 수산물 등
③ 입항전수입신고가 수리된 물품
④ 수입신고수리전 반출승인을 받아 반출된 물품
⑤ 외국으로부터 우리나라에 도착한 물품으로서 수입신고가 수리되기 전의 물품

120 Incoterms® 2020에 관한 설명으로 옳지 않은 것은?
① Incoterms는 이미 존재하는 매매계약에 편입된(incorporated) 때 그 매매계약의 일부가 된다.
② 대금지급의 시기, 장소, 방법과 관세부과, 불가항력, 매매물품의 소유권 이전 문제를 다루고 있다.
③ 양극단(two extremes)의 E규칙과 D규칙 사이에, 3개의 F규칙과 4개의 C규칙이 있다.

④ CPT와 CIP매매에서 위험은 물품이 최초운송인에게 교부된 때 매도인으로부터 매수인에게 이전된다.
⑤ A1/B1에서 당사자의 기본적인 물품제공/대금지급의무를 규정하고, 이어 인도조항과 위험이전조항을 보다 두드러진 위치인 A2와 A3으로 각각 옮겼다.

제2교시

제4과목 보관하역론

001 보관의 기능에 관한 설명으로 옳지 않은 것은?
① 재화의 물리적 보존과 관리 기능
② 제품의 거리적, 장소적 효용을 높이는 기능
③ 운송과 배송을 원활하게 하는 기능
④ 생산과 판매와의 조정 또는 완충 기능
⑤ 집산, 분류, 구분, 조합, 검사의 장소적 기능

002 보관의 원칙에 관한 설명으로 옳은 것을 모두 고른 것은?

> ㄱ. 회전대응의 원칙 : 보관할 물품의 위치를 입출고 빈도에 따라 달리하며 빈도가 높은 물품은 출입구 가까이에 보관한다.
> ㄴ. 중량특성의 원칙 : 중량에 따라 보관장소를 하층부와 상층부로 나누어 보관한다.
> ㄷ. 형상특성의 원칙 : 동일 품목은 동일 장소에, 유사품은 인접장소에 보관한다.
> ㄹ. 통로대면의 원칙 : 작업의 효율성을 위하여 보관물품의 장소와 선반번호 등 위치를 표시하여 보관한다.
> ㅁ. 네트워크 보관의 원칙 : 연대출고가 예상되는 관련품목을 출하가 용이하도록 모아서 보관한다.

① ㄱ, ㄴ, ㄷ
② ㄱ, ㄴ, ㄹ
③ ㄱ, ㄴ, ㅁ
④ ㄴ, ㄷ, ㅁ
⑤ ㄷ, ㄹ, ㅁ

003 하역에 관한 설명으로 옳지 않은 것은?
① 운송 및 보관에 수반하여 발생하는 부수작업을 총칭한다.
② 화물에 대한 시간적 효용과 장소적 효용 창출을 지원한다.
③ 물류기술의 발달로 인해 노동집약적인 물류활동이 자동화 및 무인화로 진행되고 있다.
④ 하역은 항만, 공항, 철도역 등 다양한 장소에서 수행되고 있으나 운송과 보관을 연결하는 기능은 갖고 있지 않다.
⑤ 생산에서 소비까지 전 유통과정에서 발생하는 하역작업의 합리화는 물류합리화에 중요한 요소이다.

004 하역의 기본원칙이 아닌 것을 모두 고른 것은?

ㄱ. 최대 취급의 원칙	ㄴ. 경제성의 원칙
ㄷ. 중력이용의 원칙	ㄹ. 이동거리 및 시간의 최대화 원칙
ㅁ. 화물 단위화의 원칙	

① ㄱ, ㄴ ② ㄱ, ㄹ
③ ㄴ, ㄷ ④ ㄴ, ㅁ
⑤ ㄷ, ㅁ

005 다음이 설명하는 컨테이너 하역작업 용어는?

화물을 창고나 야드 등 주어진 시설과 장소에 정해진 형태와 순서로 정돈하여 쌓는 작업이며 하역 효율화에 크게 영향을 준다.

① 래싱(Lashing) ② 배닝(Vanning)
③ 디배닝(Devanning) ④ 스태킹(Stacking)
⑤ 더니징(Dunnaging)

006 하역 기계화에 관한 설명으로 옳지 않은 것은?
① 하역 분야는 물류활동 중에서 가장 기계화수준이 높으며, 인력의존도가 낮은 분야이다.
② 파렛트화에 의한 하역 기계화는 주로 물류비의 절감을 위하여 도입한다.

③ 하역 기계화 효과를 높이기 위해서는 물동량과 인건비 수준을 고려하여 도입해야 한다.
④ 액체 및 분립체 등 인력으로 하기 힘든 화물의 경우 기계화 필요성은 더욱 증대된다.
⑤ 하역 기계화를 촉진하기 위해서는 하역기기의 개발과 정보시스템을 통합한 하역 자동화시스템 구축이 필요하다.

007 항공화물 탑재방식에 관한 설명으로 옳지 않은 것은?
① 살화물 탑재방식은 개별화물을 항공전용 컨테이너에 넣은 후 언로더(Unloader)를 이용하여 탑재하는 방식이다.
② 살화물 탑재방식은 단시간에 집중적으로 작업해야 하는 화물탑재에 적합한 방식이다.
③ 살화물 탑재방식에서는 트랙터(Tractor)와 카고 카트(Cargo Cart)가 주로 사용된다.
④ 파렛트 탑재방식은 기본적인 항공화물 취급 방법이며, 파렛트화된 화물을 이글루(Igloo)로 씌워서 탑재하는 방식이다.
⑤ 컨테이너 탑재방식은 항공기 내부구조에 적합한 컨테이너를 이용하여 탑재하는 방식이다.

008 크레인에 관한 설명으로 옳지 않은 것은?
① 크레인은 천정크레인(Ceiling Crane), 갠트리크레인(Gantry Crane), 집크레인(Jib Crane), 기타 크레인 등으로 구분된다.
② 갠트리크레인은 레일 위를 주행하는 방식이 일반적이나, 레일 대신 타이어로 주행하는 크레인도 있다.
③ 스태커크레인(Stacker Crane)은 고층랙 창고 선반에 화물을 넣고 꺼내는 크레인의 총칭이다.
④ 언로더(Unloader)는 천정에 설치된 에이치빔(H-beam)의 밑 플랜지에 전동 체인 블록 등을 매단 구조이며, 소규모 하역작업에 널리 이용되고 있다.
⑤ 집크레인은 고정식과 주행식이 있으며, 아파트 등의 건설공사에도 많이 쓰이고 수평방향으로 더 넓은 범위 안에서 작업할 수 있다.

009 ICD(Inland Container Depot)에서 수행하는 기능이 아닌 것으로만 짝지어진 것은?

① 마샬링(Marshalling), 본선 선적 및 양화
② 마샬링(Marshalling), 통관
③ 본선 선적 및 양화, 장치보관
④ 장치보관, 집화분류
⑤ 집화분류, 통관

010 복합화물터미널에 관한 설명으로 옳은 것을 모두 고른 것은?

ㄱ. 창고단지, 유통가공시설, 물류사업자의 업무용 시설 등을 결합하여 종합물류기지 역할을 수행한다.
ㄴ. 두 종류 이상의 운송수단을 연계하여 운송할 수 있는 규모 및 시설을 갖춘 화물터미널이다.
ㄷ. 최종 소비자에 대한 배송, 개별 기업의 배송센터 기능도 수행하지만, 정보센터 기능은 수행하지 않는다.
ㄹ. 환적기능보다는 보관기능 위주로 운영되는 물류시설이다.
ㅁ. 협의로는 운송수단 간의 연계시설, 화물취급장, 창고시설 및 관련 편의시설 등을 의미한다.

① ㄱ, ㄴ, ㄹ
② ㄱ, ㄴ, ㅁ
③ ㄱ, ㄷ, ㅁ
④ ㄴ, ㄷ, ㄹ
⑤ ㄷ, ㄹ, ㅁ

011 물류시설 및 물류단지에 관한 설명으로 옳지 않은 것은?

① CY(Container Yard)는 수출입용 컨테이너를 보관·취급하는 장소이다.
② CFS(Container Freight Station)는 컨테이너에 LCL(Less than Container Load) 화물을 넣고 꺼내는 작업을 하는 시설과 장소이다.
③ 지정장치장은 통관하고자 하는 물품을 일시 장치하기 위해 세관장이 지정하는 구역이다.
④ 통관을 하지 않은 내국물품을 보세창고에 장치하기 위해서는 항만법에 근거하여 해당 지방자치단체장의 허가를 받아야 한다.
⑤ CFS(Container Freight Station)와 CY(Container Yard)는 부두 외부에도 위치할 수 있다.

012 크로스도킹(Cross Docking)에 관한 설명으로 옳지 않은 것은?

① 물류센터를 화물의 흐름 중심으로 운영할 수 있다.
② 물류센터의 재고관리비용은 낮추면서 재고수준을 증가시킬 수 있다.
③ 배송리드타임을 줄일 수 있어서 공급사슬 효율성을 높일 수 있다.
④ 기본적으로 즉시 출고될 물량을 입고하여 보관하지 않고 출고하는 방식으로 운영한다.
⑤ 공급업체가 미리 분류·포장하는 기포장방식과 물류센터에서 분류·출고하는 중간처리방식으로 운영한다.

013 다음이 설명하는 물류관련 용어는?

> ○ 물류센터 입고 상품의 수량과 내역이 사전에 물류센터로 송달되어 오는 정보를 말한다.
> ○ 물류센터에서는 이 정보를 활용하여 신속하고 정확하게 검품 및 적재 업무를 수행할 수 있다.

① ASN(Advanced Shipping Notification)
② ATP(Available To Promise)
③ EOQ(Economic Order Quantity)
④ BOM(Bill Of Material)
⑤ POS(Point Of Sale)

014 자동화창고의 구성요소에 관한 설명으로 옳지 않은 것은?

① 버킷(Bucket)은 화물의 입출고 및 보관에 사용되는 상자이다.
② 셀(Cell)은 랙 속에 화물이 저장되는 단위공간을 의미한다.
③ 스태커크레인(Stacker Crane)은 승강장치, 주행장치, 포크장치로 구분된다.
④ 이중명령(Dual Command) 시 스태커크레인은 입고작업과 출고작업을 동시에 실행한다.
⑤ 트래버서(Traverser)는 화물을 지정된 입출고 지점까지 수직으로 이동시키는 자동주행장치이다.

015 자동화창고에 관한 설명으로 옳지 않은 것은?
① 단위화 및 규격화된 물품 보관으로 효율적인 재고관리가 가능하다.
② 물류의 흐름보다는 보관에 중점을 두고 설계해야 한다.
③ 고단적재가 가능하여 단위면적당 보관효율이 좋다.
④ 자동화시스템으로 운영되므로 생산성과 효율성을 개선할 수 있다.
⑤ 설비투자에 자금이 소요되므로 신중한 준비와 계획이 필요하다.

016 창고관리시스템(WMS : Warehouse Management System)의 도입효과에 관한 설명으로 옳지 않은 것은?
① 입고관리, 출고관리, 재고관리 등의 업무를 효율적으로 지원한다.
② 설비 활용도와 노동 생산성을 높이며, 재고량과 재고 관련비용을 증가시킨다.
③ 재고 투명성을 높여 공급사슬의 효율을 높여준다.
④ 수작업으로 수행되는 입출고 업무를 시스템화하여 작업시간과 인력이 절감된다.
⑤ 전사적자원관리시스템(ERP : Enterprise Resource Planning)과 연계하여 정보화의 범위를 확대할 수 있다.

017 유닛로드(Unit Load)와 관련이 없는 것은?
① 일관파렛트화(Palletization)
② 프레이트 라이너(Freight Liner)
③ 호퍼(Hopper)
④ 컨테이너화(Containerization)
⑤ 협동일관운송(Intermodal Transportation)

018 다음 표는 A회사의 공장들과 주요 수요지들의 위치좌표를 나타낸 것이다. 수요지1의 월별 수요는 200톤이며 수요지2의 월별 수요는 300톤, 수요지3의 월별 수요는 200톤이다. 공장1의 월별 공급량은 200톤이며 공장2의 월별 공급량은 500톤이다. 새롭게 건설할 A회사 물류센터의 최적 입지좌표를 무게중심법으로 구하라. (단, 소수점 둘째 자리에서 반올림함)

구 분	X좌표	Y좌표
공장1	10	70
공장2	40	40
수요지1	20	50
수요지2	30	20
수요지3	50	30

① X: 24.2, Y: 32.
② X: 28.6, Y: 40.0
③ X: 28.6, Y: 40.7
④ X: 32. , Y: 40.0
⑤ X: 32. , Y: 42.6

019 4가지 제품을 보관하는 창고의 기간별 저장소요공간이 다음 표와 같을 때, (ㄱ) 임의위치저장(Randomized Storage)방식과 (ㄴ) 지정위치저장(Dedicated Storage)방식으로 각각 산정된 창고의 저장소요공간은?

기간	제품별 저장공간			
	A	B	C	D
1월	27	21	16	16
2월	14	15	20	17
3월	19	12	13	23
4월	15	19	11	20
5월	18	22	18	19

① (ㄱ) 74 (ㄴ) 92
② (ㄱ) 80 (ㄴ) 80
③ (ㄱ) 80 (ㄴ) 86
④ (ㄱ) 80 (ㄴ) 92
⑤ (ㄱ) 92 (ㄴ) 80

020 자동창고시스템에서 AS/RS(Automated Storage/Retrieval System)장비의 평균가동률은 95%이며, 단일명령(Single Command) 수행시간은 2분, 이중명령(Dual Command) 수행시간은 3.5분이다. 단일명령 횟수가 이중명령 횟수의 3배라면 AS/RS 장비 1대가 한 시간에 처리하는 화물의 개수는? (단, 소수점 첫째자리에서 반올림함)

① 24개   ② 26개   ③ 28개   ④ 30개   ⑤ 32개

021 유닛로드 시스템(ULS : Unit Load System)의 효과로 옳지 않은 것은?
① 하역의 기계화
② 화물의 파손방지
③ 신속한 적재
④ 운송수단의 회전율 향상
⑤ 경제적 재고량 유지

022 일관파렛트화(Palletization)의 이점이 아닌 것은?
① 물류현장에서 하역작업의 혼잡을 줄일 수 있다.
② 창고에서 물품의 운반관리를 용이하게 수행할 수 있다.
③ 화물의 입고작업은 복잡하지만, 출고작업은 신속하게 할 수 있다.
④ 기계화가 용이하여 하역시간을 단축할 수 있다.
⑤ 파렛트에 적합한 운송수단의 사용으로 파손 및 손실을 줄일 수 있다.

023 창고설계의 기본원칙이 아닌 것은?
① 직진성의 원칙
② 모듈화의 원칙
③ 역행교차 회피의 원칙
④ 물품 취급 횟수 최소화의 원칙
⑤ 물품이동 간 고저간격 최대화의 원칙

024 항공하역에서 사용하는 장비가 아닌 것은?
① 돌리(Dolly)
② 터그 카(Tug Car)
③ 리프트 로더(Lift Loader)
④ 파렛트 스케일(Pallet Scale)
⑤ 스트래들 캐리어(Straddle Carrier)

025 물류센터 KPI(Key Performance Indicator)에 관한 설명으로 옳지 않은 것은?
① 환경 KPI는 CO_2 절감 등 환경측면의 공헌도를 관리하기 위한 지표이다.
② 생산성 KPI는 작업인력과 시간 당 생산성을 파악하여 작업을 개선하기 위한 지표이다.

③ 납기 KPI는 수주부터 납품까지의 기간을 측정하여 리드타임을 증가시키기 위한 지표이다.
④ 품질 KPI는 오납율과 사고율 등 물류품질의 수준을 파악하여 고객서비스 수준을 향상시키기 위한 지표이다.
⑤ 비용 KPI는 작업마다 비용을 파악하여 물류센터의 물류비용을 감소시키기 위한 지표이다.

026 물류센터의 보관 방식에 관한 설명으로 옳지 않은 것은?
① 평치저장(Block Storage) : 창고 바닥에 화물을 보관하는 방법으로 소품종 다량 물품 입출고에 적합하며, 공간 활용도가 우수하다.
② 드라이브인랙(Drive-in Rack) : 소품종 다량 물품 보관에 적합하고 적재공간이 지게차 통로로 활용되어 선입선출(先入先出)이 어렵다.
③ 회전랙(Carrousel Rack) : 랙 자체가 수평 또는 수직으로 회전하며, 중량이 가벼운 다품종 소량의 물품 입출고에 적합하다.
④ 이동랙(Mobile Rack) : 수동식 및 자동식이 있으며 다품종 소량 물품 보관에 적합하고 통로 공간을 활용하므로 보관효율이 높다.
⑤ 적층랙(Mezzanine Rack) : 천정이 높은 창고에 복층구조로 겹쳐 쌓는 방식으로 물품의 보관효율과 공간 활용도가 높다.

027 물류센터의 소팅 컨베이어에 관한 설명으로 옳지 않은 것은?
① 슬라이딩슈방식(Sliding-shoe Type)은 반송면에 튀어나온 기구를 넣어 단위화물을 함께 이동시키면서 압출하는 방식으로 충격이 없어 정밀기기, 깨지기 쉬운 물건 등의 분류에 사용된다.
② 틸팅방식(Tilting Type)은 레일을 주행하는 트레이 및 슬라이드의 일부를 경사지게 하여 단위 화물을 활강시키는 방식으로 우체국, 통신판매 등에 사용된다.
③ 저개식방식은 레일을 주행하는 트레이 등의 바닥면을 개방하여 단위화물을 방출하는 방식이다.
④ 크로스벨트방식(Cross-belt Type)은 레일 위를 주행하는 연속된 캐리어에 장착된 소형 벨트 컨베이어를 레일과 교차하는 방향으로 구동시켜 단위화물을 내보내는 방식이다.
⑤ 팝업방식(Pop-up Type)은 컨베이어 반송면의 아래에서 벨트, 롤러, 휠, 핀 등의 분기장치가 튀어나와 단위화물을 내보내는 방식으로, 하부면의 손상 및 충격에 약한 화물에도 적합하다.

028 연간 영업일이 300일인 K도매상은 A제품의 안전재고를 250개에서 400개로 늘리면서 새로운 재주문점을 고려하고 있다. A제품의 연간수요는 60,000개이며 주문 리드타임은 3일이었다. 이때 새롭게 설정된 재주문점은?

① 400 ② 600 ③ 900 ④ 1,000 ⑤ 1,200

029 ABC(Activity Based Costing)에 관한 설명으로 옳지 않은 것을 모두 고른 것은?

> ㄱ. 재고의 입출고가 활발한 상품을 파악하여 중점적으로 관리하기 위한 기법이다.
> ㄴ. 서비스 다양화에 맞추어 보다 정확한 코스트를 파악하려는 원가계산 기법이다.
> ㄷ. 물류활동의 실태를 물류 원가에 반영하는 것을 목적으로 하고 있다.
> ㄹ. 물류활동 또는 작업내용으로 구분하고, 이 활동마다 단가를 산정하여 물류서비스 코스트를 산출한다.
> ㅁ. 품목수가 적으나 매출액 구성비가 높은 상품을 A그룹, 품목수는 많으나 매출액 구성비가 낮은 상품을 C그룹으로 관리한다.

① ㄱ, ㅁ
② ㄱ, ㄷ, ㄹ
③ ㄱ, ㄷ, ㅁ
④ ㄴ, ㄷ, ㅁ
⑤ ㄴ, ㄹ, ㅁ

030 컨테이너터미널에서 사용되는 컨테이너 크레인에 관한 설명으로 옳지 않은 것은?

① 아웃리치(Out-reach)란 스프레더가 바다 쪽으로 최대로 진행되었을 때, 바다 측 레일의 중심에서 스프레더 중심까지의 거리를 말한다.
② 백리치(Back-reach)란 트롤리가 육지 측으로 최대로 나갔을 때, 육지 측 레일의 중심에서 스프레더 중심까지의 거리를 말한다.
③ 호이스트(Hoist)란 스프레더가 최대로 올라갔을 때 지상에서 스프레더 컨테이너 코너 구멍 접촉면까지의 거리를 말한다.
④ 타이다운(Tie-down)이란 크레인이 넘어졌을 때의 육지 측 레일의 중심에서 붐 상단까지의 거리를 말한다.
⑤ 헤드블록(Head Block)이란 스프레더를 달아매는 리프팅 빔으로서 아래 면에는 스프레더 소켓을 잡는 수동식 연결핀이 있으며 윗면은 스프레더 급전용 케이블이 연결되어 있다.

031 어느 도매상점의 제품 A의 연간 수요량이 2,000개이고 제품당 단가는 1,000원이며, 연간 재고유지비용은 제품단가의 10%이다. 1회 주문비용이 4,000원일 때 경제적주문량을 고려한 연간 총 재고비용은? (단, 총 재고비용은 재고유지비용과 주문비용만을 고려함)

① 40,000원　　　② 50,000원
③ 60,000원　　　④ 70,000원
⑤ 80,000원

032 철도복합운송방식에 관한 설명으로 옳지 않은 것은?
① 피기백(Piggy-back)방식은 화물열차의 대차 위에 컨테이너를 적재한 트레일러나 트럭을 운송하는 방식과 컨테이너를 직접 철도 대차 위에 적재하여 운송하는 방식이 있다.
② COFC(Container On Flat Car)방식은 크레인이나 컨테이너 핸들러 등의 하역장비를 이용하여 적재하고 있다.
③ TOFC(Trailer On Flat Car)방식은 COFC방식에 비하여 총중량이 적으며, 철도터미널에서의 소요공간이 적어 널리 사용되고 있다.
④ 2단적 열차(Double Stack Train)는 한 화차에 컨테이너를 2단으로 적재하는 방식이다.
⑤ 바이모달시스템(Bi-modal System)은 철도차륜과 도로 주행용 타이어를 겸비한 차량을 이용하여 철도에서는 화차로, 도로에서는 트레일러로 사용하는 방식이다.

033 화인에 관한 설명으로 옳지 않은 것은?
① 화물작업의 편리성, 하역작업 시의 물품손상 예방 등을 위해 포장에 확실히 표시하는 것을 말한다.
② 주화인표시(Main Mark)는 수입업자 화인으로 수입업자의 머리문자를 도형 속에 표기하지 않고, 주소, 성명을 전체 문자로서 표시하는 것을 말한다.
③ 부화인표시(Counter Mark)는 대조번호 화인으로서 생산자나 공급자의 약호를 붙여야 하는 경우에 표기한다.
④ 원산지표시(Origin Mark)는 정상적인 절차에 의해 선적되는 모든 수출품을 대상으로 관세법에 따라 원산지명을 표시한다.
⑤ 취급주의표시(Care Mark)는 화물의 취급, 운송, 적재요령을 나타내는 주의표시로서 일반화물 취급표시와 위험화물 경고표시로 구분된다.

034 손소독제를 판매하는 K상사는 5월 판매량을 60,000개로 예측하였으나 실제로는 56,000개를 판매하였다. 6월의 실제 판매량이 66,000개일 경우 지수평활법에 의한 7월의 판매 예측량은? (단, 지수평활계수 α = 0.2를 적용함)

① 58,240개   ② 58,860개
③ 60,240개   ④ 60,560개
⑤ 61,120개

035 파렛트 집합적재방식에 관한 설명으로 옳지 않은 것을 모두 고른 것은?

> ㄱ. 블록쌓기는 아래에서 위까지 동일한 방식으로 쌓는 가장 단순한 방식으로 작업 효율성이 높고 무너질 염려가 없어 안정성이 높다.
> ㄴ. 교호열쌓기는 블록쌓기의 짝수층과 홀수층을 90도 회전시켜 교대로 쌓는 방법으로 정방형의 파렛트에서만 적용할 수 있다.
> ㄷ. 벽돌쌓기는 벽돌을 쌓듯이 가로와 세로를 조합하여 배열하고, 이후부터는 홀수층과 짝수층을 180도 회전시켜 교대로 쌓는 방법을 말한다.
> ㄹ. 스플릿(Split)쌓기는 벽돌쌓기의 변형으로 가로와 세로를 배열할 때 크기의 차이에서 오는 홀수층과 짝수층의 빈 공간이 서로 마주보게 쌓는 방법이다.
> ㅁ. 장방형 파렛트에는 블록쌓기, 벽돌쌓기 및 핀휠(Pinwheel)쌓기 방식이 적용된다.

① ㄱ, ㄴ   ② ㄱ, ㄹ   ③ ㄱ, ㅁ   ④ ㄴ, ㄷ   ⑤ ㄴ, ㅁ

036 채찍효과(Bullwhip Effect)에 관한 설명으로 옳지 않은 것은?

① 채찍효과에 따른 부정적 영향을 최소화하기 위해서는 가격할인 등의 판매촉진 정책을 장려해야 한다.
② 공급사슬 내의 한 지점에서 직면하게 되는 수요의 변동성이 상류로 갈수록 증폭되는 현상을 의미한다.
③ 채찍효과가 발생하는 원인으로는 부정확한 수요예측, 일괄주문처리 등이 있다.
④ 조달기간이 길어지면 공급사슬 내에서 채찍효과가 커지게 된다.
⑤ 공급사슬에서의 정보공유 등 전략적 파트너십을 구축하면 채찍효과에 효율적으로 대응할 수 있다.

037 A제품을 취급하는 K상점은 경제적주문량(EOQ)에 의한 제품발주를 통해 합리적인 재고관리를 추구하고 있다. A제품의 연간 수요량이 40,000개, 개당 가격은 2,000원, 연간 재고유지비용은 제품단가의 20%, 1회 주문비용이 20,000원일 때 경제적주문량(EOQ)과 연간 최적 발주횟수는 각각 얼마인가?

① 1,600개, 20회
② 1,600개, 25회
③ 2,000개, 20회
④ 2,000개, 40회
⑤ 4,000개, 10회

038 안전재고에 관한 설명으로 옳지 않은 것은?

① 안전재고는 품절예방, 납기준수 및 고객서비스 향상을 위해 필요하다.
② 안전재고 수준을 높이면 재고유지비의 부담이 커진다.
③ 공급업자가 제품을 납품하는 조달기간이 길어지면 안전재고량이 증가하게 된다.
④ 고객수요가 임의의 확률분포를 따를 때 수요변동의 표준편차가 작아지면 제품의 안전재고량이 증가한다.
⑤ 수요와 고객서비스를 고려하여 적정수준의 안전재고를 유지하면 재고비용이 과다하게 소요되는 것을 막을 수 있다.

039 구매방식에 관한 설명으로 옳지 않은 것은?

① 집중구매방식(Centralized Purchasing Method)은 일반적으로 대량구매가 이루어지기 때문에 가격 및 거래조건이 유리하다.
② 분산구매방식(Decentralized Purchasing Method)은 사업장별 구매가 가능하여 각 사업장의 다양한 요구를 반영하기 쉽다.
③ 집중구매방식(Centralized Purchasing Method)은 구매절차 표준화가 용이하며, 자재의 긴급조달에 유리하다.
④ 분산구매방식(Decentralized Purchasing Method)은 주로 사무용 소모품과 같이 구매지역에 따라 가격 차이가 없는 품목의 구매에 이용된다.
⑤ 집중구매방식(Centralized Purchasing Method)은 절차가 복잡한 수입물자 구매 등에 이용된다.

040 A소매점에서의 제품판매에 관한 정보가 아래와 같을 때 가장 합리적인 안전 재고 수준은? (단, Z(0.90) = 1.282, Z(0.95) = 1.645이며, 답은 소수점 둘째자리에서 반올림함)

○ 연간 수요 : 6,000개 ○ 연간 최대 허용 품절량 : 300개
○ 제품 판매량의 표준편차 : 20 ○ 제품 조달기간 : 4일
○ 연간 판매일 : 300일

① 51.3 ② 65.8 ③ 84.8 ④ 102.6 ⑤ 131.6

제5과목 물류관련법규

041 물류정책기본법상 물류계획의 수립·시행에 관한 설명으로 옳지 않은 것은?
① 국토교통부장관 및 해양수산부장관은 국가물류정책의 기본방향을 설정하는 10년 단위의 국가물류기본계획을 5년마다 공동으로 수립하여야 한다.
② 국가물류기본계획에는 국가물류정보화사업에 관한 사항이 포함되어야 한다.
③ 국토교통부장관은 국가물류기본계획을 수립하거나 변경한 때에는 관계 중앙행정기관의 장에게 통보하며, 관계 중앙행정기관의 장은 이를 시·도지사에게 통보하여야 한다.
④ 국토교통부장관 및 해양수산부장관은 국가물류기본계획을 시행하기 위하여 연도별 시행계획을 매년 공동으로 수립하여야 한다.
⑤ 특별시장 및 광역시장은 지역물류정책의 기본방향을 설정하는 10년 단위의 지역물류기본계획을 5년마다 수립하여야 한다.

042 물류정책기본법령상 국가물류정책위원회에 관한 설명으로 옳지 않은 것은?
① 국가물류정책에 관한 주요 사항을 심의하기 위하여 산업통상자원부장관 소속으로 국가물류정책위원회를 둔다.
② 국가물류정책위원회는 위원장을 포함한 23명 이내의 위원으로 구성한다.
③ 공무원이 아닌 국가물류정책위원회 위원의 임기는 2년으로 하되, 연임할 수 있다.
④ 국가물류정책위원회의 업무를 효율적으로 추진하기 위하여 분과위원회를 둘 수 있다.
⑤ 국가물류정책위원회 전문위원의 임기는 3년 이내로 하되, 연임할 수 있다.

043 물류정책기본법상 국제물류주선업에 관한 설명으로 옳은 것은?

① 국제물류주선업을 경영하려는 자는 국토교통부령으로 정하는 바에 따라 시·도지사에게 등록하여야 한다.
② 국제물류주선업 등록을 하려는 자는 2억원 이상의 자본금(법인이 아닌 경우에는 4억원 이상의 자산평가액을 말한다)을 보유하여야 한다.
③ 거짓이나 그 밖의 부정한 방법으로 등록을 한 경우에는 국제물류주선업 등록을 취소하거나 6개월 이내의 기간을 정하여 사업의 전부 또는 일부의 정지를 명할 수 있다.
④ 국제물류주선업자가 사망한 때 상속인에게는 국제물류주선업의 등록에 따른 권리·의무가 승계되지 않는다.
⑤ 국제물류주선업의 등록에 따른 권리·의무를 승계하려는 자는 국토교통부장관의 허가를 얻어야 한다.

044 물류정책기본법상 물류관련협회에 관한 설명으로 옳은 것을 모두 고른 것은?

> ㄱ. 물류관련협회를 설립하려는 경우에는 해당 협회의 회원이 될 자격이 있는 기업 100개 이상이 발기인으로 정관을 작성하여 해당 협회의 회원이 될 자격이 있는 기업 200개 이상이 참여한 창립총회의 의결을 거쳐야 한다.
> ㄴ. 물류관련협회는 설립인가를 받아 설립등기를 함으로써 성립한다.
> ㄷ. 물류관련협회에 관하여 이 법에 규정한 것 외에는 「민법」 중 재단법인에 관한 규정을 준용한다.
> ㄹ. 국토교통부장관 및 해양수산부장관은 물류관련협회의 발전을 위하여 필요한 경우에는 물류관련협회를 행정적·재정적으로 지원할 수 있다.

① ㄱ, ㄷ
② ㄴ, ㄹ
③ ㄷ, ㄹ
④ ㄱ, ㄴ, ㄹ
⑤ ㄱ, ㄴ, ㄷ, ㄹ

045 물류정책기본법에 따른 행정업무 및 조치에 관한 설명으로 옳지 않은 것은?

① 국토교통부장관·해양수산부장관 및 산업통상자원부장관의 업무소관이 중복되는 경우에는 서로 협의하여 업무소관을 조정한다.
② 국제물류주선업자에게 사업의 정지를 명하여야 하는 경우로서 그 사업의 정지가 해당 사업의 이용자 등에게 심한 불편을 주는 경우에는 그 사업정지처분을

갈음하여 1천만원 이하의 과징금을 부과할 수 있다.
③ 과징금을 기한 내에 납부하지 아니한 때에는 시·도지사는 「지방재정법」에 따라 징수한다.
④ 국제물류주선업자에 대한 등록을 취소하려면 청문을 하여야 한다.
⑤ 이 법에 따라 업무를 수행하는 위험물질운송단속원은 「형법」 제129조부터 제132조까지의 규정에 따른 벌칙의 적용에서는 공무원으로 본다.

046 물류정책기본법상 위반행위자에 대한 벌칙 혹은 과태료의 상한이 중한 것부터 경한 순서로 바르게 나열한 것은?

> ㄱ. 국가물류통합정보센터 또는 단위물류정보망에 의하여 처리·보관 또는 전송되는 물류정보를 훼손한 자
> ㄴ. 우수물류기업의 인증이 취소되었음에도 인증마크를 계속 사용한 자
> ㄷ. 단말장치의 장착명령에 위반했음을 이유로 하여 내린 위험물질 운송차량의 운행중지 명령에 따르지 아니한 자
> ㄹ. 국제물류주선업의 등록을 하지 아니하고 국제물류주선업을 경영한 자

① ㄱ - ㄷ - ㄴ - ㄹ
② ㄱ - ㄹ - ㄷ - ㄴ
③ ㄷ - ㄱ - ㄹ - ㄴ
④ ㄹ - ㄱ - ㄴ - ㄷ
⑤ ㄹ - ㄷ - ㄴ - ㄱ

047 물류정책기본법상 물류체계의 효율화에 관한 설명으로 옳지 않은 것은?

① 국토교통부장관은 효율적인 물류활동을 위하여 필요한 물류시설 및 장비를 확충할 것을 물류기업에 명할 수 있다.
② 해양수산부장관은 효율적인 물류활동을 위하여 필요한 물류시설 및 장비의 확충에 필요한 행정적·재정적 지원을 할 수 있다.
③ 시·도지사는 물류공동화를 추진하는 물류기업이나 화주기업 또는 물류 관련 단체에 대하여 예산의 범위에서 필요한 자금을 지원할 수 있다.
④ 산업통상자원부장관은 물류공동화를 확산하기 위하여 필요한 경우에는 시범지역을 지정하거나 시범사업을 선정하여 운영할 수 있다.
⑤ 시·도지사는 물류공동화 촉진을 위한 조치를 하려는 경우에는 중복을 방지하기 위하여 미리 해당 조치와 관련하여 국토교통부장관·해양수산부장관 또는 산업통상자원부장관과 협의하여야 한다.

048 물류정책기본법령상 물류정보화에 관한 설명으로 옳지 않은 것은?

① 국토교통부장관·해양수산부장관·산업통상자원부장관 또는 관세청장은 물류정보화를 통한 물류체계의 효율화를 위하여 필요한 시책을 강구하여야 한다.
② 단위물류정보망은 물류정보의 수집·분석·가공 및 유통 등을 촉진하기 위하여 구축·운영된다.
③ 「한국토지주택공사법」에 따른 한국토지주택공사는 단위물류정보망 전담기관으로 지정될 수 있다.
④ 국토교통부장관, 해양수산부장관, 시·도지사 및 행정기관은 단위물류정보망 전담기관에 대한 지정을 취소하려면 청문을 하여야 한다.
⑤ 단위물류정보망 전담기관이 시설장비와 인력 등의 지정기준에 미달하게 된 경우에는 그 지정을 취소하여야 한다.

049 물류시설의 개발 및 운영에 관한 법령상 지원시설에 해당하지 않는 것은?

① 교육·연구 시설
② 선상수산물가공업시설
③ 단독주택·공동주택 및 근린생활시설
④ 물류단지의 종사자의 생활과 편의를 위한 시설
⑤ 「건축법 시행령」 별표 1 제5호에 따른 문화 및 집회시설

050 물류시설의 개발 및 운영에 관한 법령상 물류시설개발종합계획의 수립에 관한 설명으로 옳은 것은?

① 국토교통부장관은 물류시설개발종합계획을 10년 단위로 수립하여야 한다.
② 물류시설개발종합계획에는 용수·에너지·통신시설 등 기반시설에 관한 사항이 포함되어야 하는 것은 아니다.
③ 국토교통부장관은 물류시설개발종합계획 중 물류시설별 물류시설용지면적의 100분의 5 이상으로 물류시설의 수요·공급계획을 변경하려는 때에는 물류시설분과위원회의 심의를 거쳐야 한다.
④ 국토교통부장관은 관계 기관에 물류시설개발종합계획을 수립하는 데에 필요한 자료의 제출을 요구할 수 있으나, 물류시설에 대하여 조사할 수는 없다.
⑤ 관계 중앙행정기관의 장이 물류시설개발종합계획의 변경을 요청할 때에는 물류시설개발종합계획의 주요 변경내용에 관한 대비표를 국토교통부장관에게 제출하여야 한다.

051 물류시설의 개발 및 운영에 관한 법률상 국토교통부장관이 복합물류터미널사업자의 등록을 취소하여야 하는 것을 모두 고른 것은?

> ㄱ. 거짓이나 그 밖의 부정한 방법으로 제7조 제1항에 따른 등록을 한 때
> ㄴ. 제7조 제3항에 따른 변경등록을 하지 아니하고 등록사항을 변경한 때
> ㄷ. 제16조를 위반하여 다른 사람에게 등록증을 대여한 때
> ㄹ. 제17조에 따른 사업정지명령을 위반하여 그 사업정지기간 중에 영업을 한 때

① ㄱ, ㄹ
② ㄴ, ㄷ
③ ㄱ, ㄴ, ㄷ
④ ㄱ, ㄷ, ㄹ
⑤ ㄴ, ㄷ, ㄹ

052 물류시설의 개발 및 운영에 관한 법령상 물류터미널사업에 관한 설명으로 옳지 않은 것은?

① 「한국농어촌공사 및 농지관리기금법」에 따른 한국농어촌공사는 복합물류터미널사업의 등록을 할 수 있는 자에 해당한다.
② 일반물류터미널사업을 경영하려는 자는 물류터미널 건설에 관하여 필요한 경우 국토교통부장관의 공사시행인가를 받아야 한다.
③ 물류터미널 안의 공공시설 중 오·폐수시설 및 공동구를 변경하는 경우에는 인가권자의 변경인가를 받아야 한다.
④ 복합물류터미널사업자는 복합물류터미널사업의 일부를 휴업하려는 때에는 미리 국토교통부장관에게 신고하여야 하며, 그 휴업기간은 6개월을 초과할 수 없다.
⑤ 물류터미널을 건설하기 위한 부지 안에 있는 국가 또는 지방자치단체 소유의 토지로서 물류터미널 건설사업에 필요한 토지는 해당 물류터미널 건설사업 목적이 아닌 다른 목적으로 매각하거나 양도할 수 없다.

053 물류시설의 개발 및 운영에 관한 법령상 일반물류단지의 지정에 관한 설명으로 옳지 않은 것은?

① 일반물류단지는 국토교통부장관이 지정하지만, 100만 제곱미터 이하의 일반물류단지는 관할 시·도지사가 지정한다.
② 시·도지사는 일반물류단지를 지정하려는 때에는 일반물류단지개발계획을 수립하여 관계 행정기관의 장과 협의한 후 지역물류정책위원회의 심의를 거쳐야 한다.
③ 시·도지사는 일반물류단지를 지정할 때에는 일반물류단지개발계획과 물류단지개발지침에 적합한 경우에만 일반물류단지를 지정하여야 한다.

④ 일반물류단지개발계획에는 일반물류단지의 개발을 위한 주요시설의 지원계획이 포함되어야 한다.
⑤ 중앙행정기관의 장은 일반물류단지의 지정이 필요하다고 인정하는 때에는 대상지역을 정하여 국토교통부장관에게 일반물류단지의 지정을 요청할 수 있으며, 이 경우 일반물류단지개발계획안을 작성하여 제출하여야 한다.

054 물류시설의 개발 및 운영에 관한 법령상 물류단지개발지침에 관한 설명으로 옳지 않은 것은?
① 국토교통부장관은 물류단지개발지침을 작성하여 관보에 고시하여야 한다.
② 물류단지개발지침에는 문화재의 보존을 위하여 고려할 사항이 포함되어야 한다.
③ 국토교통부장관은 물류단지개발지침을 작성할 때에는 미리 시·도지사의 의견을 듣고 관계 중앙행정기관의 장과 협의한 후 물류시설분과위원회의 심의를 거쳐야 한다.
④ 국토교통부장관은 물류단지개발지침에 포함되어 있는 토지가격의 안정을 위하여 필요한 사항을 변경할 때에는 물류시설분과위원회의 심의를 거쳐야 한다.
⑤ 물류단지개발지침은 지역 간의 균형 있는 발전을 위하여 물류단지시설용지의 배분이 적정하게 이루어지도록 작성되어야 한다.

055 물류시설의 개발 및 운영에 관한 법령상 특별법에 따라 설립된 법인인 시행자가 물류단지개발사업의 시행으로 새로 공공시설을 설치한 경우에는 종래의 공공시설은 시행자에게 무상으로 귀속되고 새로 설치된 공공시설은 그 시설을 관리할 국가 또는 지방자치단체에 무상으로 귀속되는 바, 이러한 공공시설에 해당하지 않는 것은?
① 방풍설비　② 공원　③ 철도　④ 녹지　⑤ 공동구

056 물류시설의 개발 및 운영에 관한 법령상 물류단지의 원활한 개발을 위하여 국가나 지방자치단체가 설치를 우선적으로 지원하여야 하는 기반시설에 해당하는 것을 모두 고른 것은?

| ㄱ. 물류단지 안의 공동구 | ㄴ. 유수지 및 광장 |
| ㄷ. 보건위생시설 | ㄹ. 집단에너지공급시설 |

① ㄱ, ㄴ
② ㄱ, ㄴ, ㄹ
③ ㄱ, ㄷ, ㄹ
④ ㄴ, ㄷ, ㄹ
⑤ ㄱ, ㄴ, ㄷ, ㄹ

057 화물자동차 운수사업법상 운송주선사업자에 관한 설명으로 옳은 것은?
① 운송주선사업자는 운송 또는 주선 실적을 관리하고 국토교통부령으로 정하는 바에 따라 국토교통부장관의 승인을 받아야 한다.
② 운송주선사업자가 위·수탁차주에게 화물운송을 위탁하는 경우에는 운송가맹사업자의 화물정보망을 이용할 수 있다.
③ 운송사업자로 구성된 협회, 운송주선사업자로 구성된 협회 및 운송가맹사업자로 구성된 협회는 그 공동목적을 달성하기 위하여 국토교통부령으로 정하는 바에 따라 공동으로 연합회를 설립하여야 한다.
④ 부정한 방법으로 허가를 받고 화물자동차 운송주선사업을 경영한 자에 대하여는 500만원 이하의 과태료를 부과한다.
⑤ 운송주선사업자는 주사무소 외의 장소에서 상주하여 영업하려면 국토교통부령으로 정하는 바에 따라 국토교통부장관에게 신고하고 영업소를 설치하여야 한다.

058 화물자동차 운수사업법령상 적재물배상보험등에 관한 설명으로 옳지 않은 것은?
① 이사화물을 취급하는 운송주선사업자는 적재물배상보험등에 가입하여야 한다.
② 건축폐기물·쓰레기 등 경제적 가치가 없는 화물을 운송하는 차량으로서 국토교통부장관이 정하여 고시하는 화물자동차는 적재물배상보험등의 가입 대상에서 제외된다.
③ 운송주선사업자의 경우 각 화물자동차별로 적재물배상보험등에 가입하여야 한다.
④ 보험회사등은 적재물배상보험등에 가입하여야 하는 자가 적재물배상보험등에 가입하려고 하면 대통령령으로 정하는 사유가 있는 경우 외에는 적재물배상보험등의 계약의 체결을 거부할 수 없다.
⑤ 이 법에 따라 화물자동차 운송사업을 휴업한 경우 보험회사등은 책임보험계약등의 전부 또는 일부를 해제하거나 해지할 수 있다.

059 화물자동차 운수사업법령상 자가용 화물자동차의 사용에 관한 설명으로 옳은 것은?
① 특수자동차를 제외한 화물자동차로서 최대 적재량이 2.5톤 이상인 자가용 화물자동차는 사용신고대상이다.
② 자가용 화물자동차를 사용하여 화물자동차 운송사업을 경영한 경우 국토교통부장관은 6개월 이내의 기간을 정하여 그 자동차의 사용을 제한하거나 금지할 수 있다.

③ 이 법을 위반하여 자가용 화물자동차를 유상으로 화물운송용으로 제공하거나 임대한 자에게는 1천만원 이하의 과태료를 부과한다.
④ 시·도지사는 자가용 화물자동차를 무상으로 화물운송용으로 제공한 자를 수사기관에 신고한 자에 대하여 대통령령으로 정하는 바에 따라 포상금을 지급할 수 있다.
⑤ 자가용 화물자동차로서 대통령령으로 정하는 화물자동차로 사용하려는 자는 국토교통부령으로 정하는 기준에 따라 시·도지사의 허가를 받아야 한다.

060 화물자동차 운수사업법령상 화물자동차 휴게소의 건설사업 시행에 관한 설명으로 옳지 않은 것은?

① 「한국철도시설공단법」에 따른 한국철도시설공단은 화물자동차 휴게소 건설사업을 할 수 있는 공공기관에 해당하지 않는다.
② 화물자동차 휴게소 건설사업을 시행하려는 자는 사업의 명칭·목적, 사업을 시행하려는 위치와 면적 등 대통령령으로 정하는 사항이 포함된 건설계획을 수립하여야 한다.
③ 화물자동차 휴게소의 건설 대상지역 및 시설기준은 국토교통부령으로 정한다.
④ 「도로법」 제10조에 따른 고속국도 또는 일반국도에 인접한 지역으로서 총중량 8톤 이상인 화물자동차의 일일 평균 교통량이 3천대 이상인 지역은 화물자동차 휴게소의 건설 대상지역이다.
⑤ 사업시행자는 건설계획을 수립한 때에는 이를 공고하고, 관계 서류의 사본을 20일 이상 일반인이 열람할 수 있도록 하여야 한다.

061 화물자동차 운수사업법상 공제조합에 관한 규정 내용이다. ( )에 들어갈 내용을 바르게 나열한 것은?

> 공제조합을 설립하려면 공제조합의 조합원 자격이 있는 자의 (ㄱ) 이상이 발기하고, 조합원 자격이 있는 자 (ㄴ)인 이상의 동의를 받아 창립총회에서 정관을 작성한 후 국토교통부장관에게 인가를 신청하여야 한다.

① ㄱ: 5분의 1, ㄴ: 50
② ㄱ: 5분의 1, ㄴ: 100
③ ㄱ: 5분의 1, ㄴ: 200
④ ㄱ: 10분의 1, ㄴ: 100
⑤ ㄱ: 10분의 1, ㄴ: 200

062 화물자동차 운수사업법령상 화물자동차 운송사업의 차량충당조건에 관한 설명으로 옳은 것은?

① 신규등록에 충당되는 화물자동차는 차령이 2년의 범위에서 대통령령으로 정하는 연한 이내여야 한다.
② 제작연도에 등록된 화물자동차의 차량충당 연한의 기산일은 제작연도의 말일이다.
③ 부득이한 사유가 없는 한 대폐차 변경신고를 한 날부터 30일 이내에 대폐차하여야 한다.
④ 대폐차의 절차 및 방법 등에 관하여 국토교통부령으로 규정한 사항 외에 필요한 세부사항은 국토교통부장관이 정하여 고시한다.
⑤ 국토교통부장관은 차량충당조건에 대하여 2014년 1월 1일을 기준으로 5년마다 그 타당성을 검토하여 개선 등의 조치를 하여야 한다.

063 화물자동차 운수사업법상 과징금에 관한 설명으로 옳지 않은 것은? (단, 권한위임에 관한 규정은 고려하지 않음)

① 국토교통부장관은 운송사업자에게 이 법에 의한 감차 조치를 명하여야 하는 경우에는 이를 갈음하여 과징금을 부과할 수 없다.
② 과징금을 부과하는 경우 그 액수는 총액이 1천만원 이하여야 한다.
③ 과징금을 부과하려면 사업정지처분이 해당 화물자동차 운송사업의 이용자에게 심한 불편을 주거나 그 밖에 공익을 해칠 우려가 있어야 한다.
④ 국토교통부장관은 과징금 부과처분을 받은 자가 과징금을 정한 기한에 내지 아니하면 국세 체납처분의 예에 따라 징수한다.
⑤ 징수한 과징금은 법에서 정한 외의 용도로는 사용할 수 없다.

064 화물자동차 운수사업법령상 운송사업자의 준수사항에 관한 설명으로 옳지 않은 것은?

① 최대적재량 1.5톤 이하의 화물자동차의 경우에는 주차장, 차고지 또는 지방자치단체의 조례로 정하는 시설 및 장소에서만 밤샘주차할 것
② 화주로부터 부당한 운임 및 요금의 환급을 요구받았을 때에는 환급할 것
③ 「자동차관리법」에 따른 검사를 받지 아니하고 화물자동차를 운행하지 아니할 것
④ 개인화물자동차 운송사업자의 경우 주사무소가 있는 특별시·광역시·특별자치시 또는 도와 맞닿은 특별시·광역시·특별자치시 또는 도에 상주하여 화물자동차 운송사업을 경영하지 아니할 것

⑤ 화물자동차 운전자가 「도로교통법」을 위반해서 난폭운전을 하지 않도록 운행관리를 할 것

065
화물자동차 운수사업법상 위·수탁계약에 관한 설명으로 옳은 것은? (단, 권한위임에 관한 규정은 고려하지 않음)

① 국토교통부장관은 해지된 위·수탁계약의 위·수탁차주였던 자가 감차 조치가 있는 날부터 6개월이 지난 후 임시허가를 신청하는 경우 3개월로 기간을 한정하여 허가할 수 있다.
② 임시허가를 받은 자가 허가 기간 내에 다른 운송사업자와 위·수탁계약을 체결하지 못하고 임시허가 기간이 만료된 경우 6개월 내에 임시허가를 신청할 수 있다.
③ 국토교통부장관이 건전한 거래질서의 확립과 공정한 계약의 정착을 위하여 표준 위·수탁계약서를 고시한 경우에는 계약당사자의 위·수탁계약은 이에 따라야 한다.
④ 운송사업자가 부정한 방법으로 변경허가를 받았다는 사유로 위·수탁차주의 화물자동차가 감차 조치를 받은 경우에는 해당 운송사업자와 위·수탁차주의 위·수탁계약은 해지된 것으로 본다.
⑤ 위·수탁계약의 내용 중 일부에 대하여 당사자 간 이견이 있는 경우 계약내용을 일방의 의사에 따라 정함으로써 상대방의 정당한 이익을 침해한 경우에는 그 위·수탁계약은 전부 무효로 한다.

066
화물자동차 운수사업법상 화물자동차 운송사업의 허가를 받을 수 없는 결격사유가 있는 자에 해당하는 것을 모두 고른 것은?

ㄱ. 이 법을 위반하여 징역 이상의 형(刑)의 집행유예를 선고받고 그 유예기간이 지난 후 1년이 지난 자
ㄴ. 이 법을 위반하여 징역 이상의 실형(實刑)을 선고받고 그 집행이 면제된 날부터 1년이 지난 자
ㄷ. 부정한 방법으로 화물자동차 운송사업의 허가를 받아 허가가 취소된 후 3년이 지난 자
ㄹ. 화물운송 종사자격이 없는 자에게 화물을 운송하게 하여 허가가 취소된 후 3년이 지난 자

① ㄴ
② ㄱ, ㄷ
③ ㄴ, ㄷ
④ ㄱ, ㄴ, ㄹ
⑤ ㄴ, ㄷ, ㄹ

067 유통산업발전법령상 유통업상생발전협의회(이하 "협의회"라 함)에 관한 설명으로 옳은 것은?

① 협의회는 회장 1명을 포함한 9명 이내의 위원으로 구성한다.
② 해당 지역의 대·중소유통 협력업체·납품업체 등 이해관계자는 협의회의 위원이 될 수 없다.
③ 협의회 위원의 임기는 3년으로 한다.
④ 협의회의 회의는 재적위원 3분의 1 이상의 출석으로 개의하고, 출석위원 과반수 이상의 찬성으로 의결한다.
⑤ 협의회는 분기별로 1회 이상 개최하는 것을 원칙으로 한다.

068 유통산업발전법상 중소유통공동도매물류센터에 대한 지원에 관한 설명이다. ( )에 들어갈 수 있는 내용을 바르게 나열한 것은?

○ (ㄱ)은 「중소기업기본법」 제2조에 따른 중소기업자 중 대통령령으로 정하는 소매업자 50인 또는 도매업자 10인이 공동으로 중소유통기업의 경쟁력 향상을 위하여 상품의 보관·배송·포장 등 공동물류사업 등을 하는 물류센터를 건립하거나 운영하는 경우에는 필요한 행정적·재정적 지원을 할 수 있다.
○ 중소유통공동도매물류센터의 건립, 운영 및 관리 등에 필요한 사항은 (ㄴ)이 정하여 고시한다.

① ㄱ: 기획재정부장관, ㄴ: 산업통상자원부장관
② ㄱ: 산업통상자원부장관, ㄴ: 지방자치단체의 장
③ ㄱ: 지방자치단체의 장, ㄴ: 중소벤처기업부장관
④ ㄱ: 중소벤처기업부장관, ㄴ: 기획재정부장관
⑤ ㄱ: 기획재정부장관, ㄴ: 중소벤처기업부장관

069 유통산업발전법상 대규모점포의 등록결격사유가 있는 자로 옳지 않은 것은?

① 미성년자
② 피성년후견인
③ 파산선고를 받고 복권된 후 3개월이 지난 자
④ 이 법을 위반하여 징역의 실형을 선고받고 그 집행이 면제된 날부터 6개월이 지난 자
⑤ 이 법을 위반하여 징역형의 집행유예선고를 받고 유예기간 중에 있는 자

070 유통산업발전법령상 유통분쟁조정위원회(이하 "위원회"라 함)에 관한 설명으로 옳지 않은 것은?

① 위원회는 위원장 1명을 포함하여 11명 이상 15명 이하의 위원으로 구성한다.
② 유통분쟁조정신청을 받은 위원회는 신청일부터 7일 이내에 신청인외의 관련 당사자에게 분쟁의 조정신청에 관한 사실과 그 내용을 통보하여야 한다.
③ 분쟁의 조정신청을 받은 위원회는 원칙적으로 조정신청을 받은 날부터 60일 이내에 이를 심사하여 조정안을 작성하여야 한다.
④ 당사자가 조정안을 수락하고 조정서에 기명날인하거나 서명하였을 때에는 당사자 간에 조정서와 동일한 내용의 합의가 성립된 것으로 본다.
⑤ 위원회는 동일한 시기에 동일한 사안에 대하여 다수의 분쟁조정이 신청된 경우에는 그 다수의 분쟁조정신청을 통합하여 조정할 수 있다.

071 유통산업발전법상 지방자치단체의 장이 행정적·재정적 지원을 할 수 있는 대상으로 옳지 않은 것은?

① 재래시장의 활성화
② 전문상가단지의 건립
③ 비영리법인의 판매사업 활성화
④ 중소유통공동도매물류센터의 건립 및 운영
⑤ 중소유통기업의 창업 지원 등 중소유통기업의 구조개선 및 경쟁력 강화

072 항만운송사업법령상 타인의 수요에 응하여 하는 행위로서 항만운송에 해당하는 것은?

① 선박에서 발생하는 분뇨 및 폐기물의 운송
② 탱커선에 의한 운송
③ 선박에서 사용하는 물품을 공급하기 위한 운송
④ 선적화물을 싣거나 내릴 때 그 화물의 용적 또는 중량을 계산하거나 증명하는 일
⑤ 「해운법」에 따른 해상여객운송사업자가 여객선을 이용하여 하는 여객운송에 수반되는 화물 운송

073 항만운송사업법령상 2020년 6월 화물 고정 항만용역업에 채용된 甲이 받아야 하는 교육훈련에 관한 설명으로 옳은 것은?

① 화물 고정 항만용역작업은 안전사고가 발생할 우려가 높은 작업에 해당되지 않으므로 甲은 교육훈련의 대상이 아니다.

② 甲은 채용된 날부터 6개월 이내에 실시하는 신규자 교육훈련을 받아야 한다.
③ 甲이 2020년 9월에 실시하는 신규자 교육훈련을 받는다면, 2021년에 실시하는 재직자 교육훈련은 면제된다.
④ 甲이 최초의 재직자 교육훈련을 받는다면, 그 후 매 3년마다 실시하는 재직자 교육훈련을 받아야 한다.
⑤ 甲의 귀책사유 없이 교육훈련을 받지 못한 경우에도 甲은 화물 고정 항만용역 작업에 종사하는 것이 제한되어야 한다.

074 항만운송사업법령상 항만운송 분쟁협의회(이하 "분쟁협의회"라 함)에 관한 설명으로 옳지 않은 것은?
① 분쟁협의회는 취급화물별로 구성·운영된다.
② 분쟁협의회는 위원장 1명을 포함하여 7명의 위원으로 구성한다.
③ 분쟁협의회의 위원장은 위원 중에서 호선한다.
④ 분쟁협의회의 위원에는 항만운송사업의 분쟁 관련 업무를 담당하는 공무원 중에서 해당 항만을 관할하는 지방해양수산청장 또는 시·도지사가 지명하는 사람이 포함된다.
⑤ 분쟁협의회는 항만운송과 관련된 노사 간 분쟁의 해소에 관한 사항을 심의·의결한다.

075 철도사업법령상 철도사업자의 사업계획 변경에 관한 설명으로 옳지 않은 것은?
① 철도사업자는 여객열차의 운행구간을 변경하려는 경우에는 국토교통부장관에게 신고하여야 한다.
② 철도사업자는 사업용철도노선별로 여객열차의 정차역을 10분의 2 이상 변경하려는 경우에는 국토교통부장관의 인가를 받아야 한다.
③ 국토교통부장관은 노선 운행중지, 감차 등을 수반하는 사업계획 변경명령을 받은 후 1년이 지나지 아니한 철도사업자의 사업계획 변경을 제한할 수 있다.
④ 국토교통부장관은 사업의 개선명령을 받고 이를 이행하지 아니한 철도사업자의 사업계획 변경을 제한할 수 있다.
⑤ 국토교통부장관이 지정한 날 또는 기간에 운송을 시작하지 아니한 철도사업자의 사업계획 변경에 대하여 국토교통부장관은 이를 제한할 수 있다.

076 철도사업법령상 과징금처분에 관한 설명으로 옳지 않은 것은?

① 국토교통부장관이 사업정지처분을 갈음하여 철도사업자에게 부과하는 과징금은 1억원 이하이다.
② 과징금의 수납기관은 과징금을 수납한 때에는 지체 없이 그 사실을 국토교통부장관에게 통보하여야 한다.
③ 과징금은 이를 분할하여 납부할 수 있다.
④ 국토교통부장관은 과징금을 부과하고자 하는 때에는 그 위반행위의 종별과 해당 과징금의 금액 등을 명시하여 이를 납부할 것을 서면으로 통지하여야 한다.
⑤ 국토교통부장관은 매년 10월 31일까지 다음 연도의 과징금 운용계획을 수립하여 시행하여야 한다.

077 철도사업법령상 전용철도를 운영하는 자가 등록사항의 변경을 등록하지 않아도 되는 사유에 해당하는 것을 모두 고른 것은?

> ㄱ. 운행시간을 연장한 경우
> ㄴ. 운행횟수를 단축한 경우
> ㄷ. 전용철도 건설기간을 4월 조정한 경우
> ㄹ. 주사무소·철도차량기지를 제외한 운송관련 부대시설을 변경한 경우

① ㄱ, ㄴ
② ㄷ, ㄹ
③ ㄱ, ㄴ, ㄷ
④ ㄴ, ㄷ, ㄹ
⑤ ㄱ, ㄴ, ㄷ, ㄹ

078 철도사업법령상 철도서비스 향상 등에 관한 설명으로 옳지 않은 것은?

① 국토교통부장관은 공정거래위원회와 협의하여 철도사업자 간 경쟁을 제한하지 아니하는 범위에서 우수 철도서비스에 대한 인증을 할 수 있다.
② 철도사업자의 신청에 의하여 우수철도서비스인증을 하는 경우에 그에 소요되는 비용은 예산의 범위 안에서 국토교통부가 부담한다.
③ 철도서비스 평가업무 등을 위탁받은 자는 철도서비스의 평가 등을 할 때 철도사업자에게 관련 자료 또는 의견 제출 등을 요구할 수 있다.
④ 철도사업자는 철도사업 외의 사업을 경영하는 경우에는 철도사업에 관한 회계와 철도사업 외의 사업에 관한 회계를 구분하여 경리하여야 한다.
⑤ 철도사업자는 관련 법령에 따라 산출된 영업수익 및 비용의 결과를 회계법인의 확인을 거쳐 회계연도 종료 후 4개월 이내에 국토교통부장관에게 제출하여야 한다.

079 농수산물 유통 및 가격안정에 관한 법령상 중도매인(仲都賣人)에 관한 설명으로 옳지 않은 것은?

① 중도매인의 업무를 하려는 자는 부류별로 해당 도매시장 개설자의 허가를 받아야 한다.
② 도매시장 개설자는 법인이 아닌 중도매인에게 중도매업의 허가를 하는 경우 3년 이상 10년 이하의 범위에서 허가 유효기간을 설정할 수 있다.
③ 중도매업의 허가를 받은 중도매인은 도매시장에 설치된 공판장에서는 그 업무를 할 수 없다.
④ 해당 도매시장의 다른 중도매인과 농수산물을 거래한 중도매인은 농림축산식품부령 또는 해양수산부령으로 정하는 바에 따라 그 거래 내역을 도매시장 개설자에게 통보하여야 한다.
⑤ 부류를 기준으로 연간 반입물량 누적비율이 하위 3퍼센트 미만에 해당하는 소량 품목의 경우 중도매인은 도매시장 개설자의 허가를 받아 도매시장법인이 상장하지 아니한 농수산물을 거래할 수 있다.

080 농수산물 유통 및 가격안정에 관한 법령상 경매사에 관한 설명으로 옳지 않은 것은?

① 도매시장법인은 2명 이상의 경매사를 두어야 한다.
② 경매사는 경매사 자격시험에 합격한 자 중에서 임명한다.
③ 도매시장법인은 경매사가 해당 도매시장의 산지유통인이 된 경우 그 경매사를 면직하여야 한다.
④ 도매시장법인이 경매사를 임면하면 도매시장 개설자에게 신고하여야 한다.
⑤ 도매시장 개설자는 경매사의 임면 내용을 전국을 보급지역으로 하는 일간신문 또는 지정·고시된 인터넷 홈페이지에 게시하여야 한다.

2021 제25회 출제문제

제1교시

제1과목 물류관리론

001 공공적, 사회경제적, 개별기업 관점에서 물류의 역할 또는 기능으로 옳지 않은 것은?
① 물류 생산성 향상 및 비용절감을 통해서 물가상승을 억제한다.
② 물류 합리화를 통해 유통구조 선진화 및 사회간접자본 투자에 기여한다.
③ 고객요구에 따라서 생산된 제품을 고객에게 전달하고 수요를 창출한다.
④ 생산자와 소비자 사이의 인격적 유대를 강화하고 고객서비스를 높인다.
⑤ 공급사슬관리를 통해 개별 기업의 독자적 경영 최적화를 달성한다.

002 유통활동을 상적유통과 물적유통으로 구분할 때 물적유통에 해당하는 것을 모두 고른 것은?

| ㄱ. 거래활동 | ㄴ. 보관활동 | ㄷ. 표준화 활동 | ㄹ. 정보관리 활동 |

① ㄱ, ㄴ ② ㄱ, ㄹ ③ ㄴ, ㄷ ④ ㄴ, ㄹ ⑤ ㄷ, ㄹ

003 다음 설명에 해당하는 물류 영역은?

○ 역물류(Reverse Logistics)의 한 형태이다.
○ 고객요구 다양화 및 클레임 증가, 유통채널 간 경쟁 심화, 전자상거래 확대 등에 따라서 중요성이 커지고 있다.

① 조달물류 ② 생산물류 ③ 판매물류 ④ 폐기물류 ⑤ 반품물류

004 물류환경의 변화와 발전에 관한 설명으로 옳지 않은 것은?
① 글로벌 물류시장을 선도하기 위한 국가적 차원의 종합물류기업 육성정책이 시행되고 있다.
② e-비즈니스 확산 등으로 Door-to-Door 일관배송, 당일배송 등의 서비스가 증가하고 있다.
③ 유통가공 및 맞춤형 물류기능 확대 등 고부가가치 물류서비스가 발전하고 있다.
④ 소비자 요구 충족을 위해서 수요예측 등 종합적 물류계획의 수립 및 관리가 중요해지고 있다.
⑤ 기업의 핵심역량 강화를 위해서 물류기능을 직접 수행하는 화주기업이 증가하는 추세이다.

005 스미키(E. W. Smykey)가 제시한 '물류관리 목적을 달성하기 위한 7R 원칙'에 해당하지 않는 것은?
① 적절한 상품(Right Commodity)   ② 적절한 고객(Right Customer)
③ 적절한 시기(Right Time)   ④ 적절한 장소(Right Place)
⑤ 적절한 가격(Right Price)

006 물류정책기본법의 물류산업 분류에서 화물의 하역과 포장, 가공, 조립, 상표 부착, 프로그램 설치, 품질검사 등의 부가 서비스 사업에 해당하는 것은?
① 화물취급업   ② 화물주선업
③ 화물창고업   ④ 화물운송업
⑤ 화물부대업

007 (주)한국물류의 배송부문 핵심성과지표(KPI)는 정시배송율이고, 배송완료 실적 중에서 지연이 발생하지 않은 비율로 측정한다. 배송자료가 아래와 같을 때 7월 17일의 정시배송율은?

번호	01	02	03	04	05
배송예정 일시	7월 17일 14:00	7월 17일 15:00	7월 17일 17:00	7월 17일 16:00	7월 17일 17:30
배송완료 일시	7월 17일 13:30	7월 17일 14:00	7월 17일 16:45	7월 17일 17:00	7월 17일 17:45

① 25 %   ② 40 %   ③ 50 %   ④ 60 %   ⑤ 75 %

008 고객서비스와 물류서비스에 관한 설명으로 옳지 않은 것은?
① 고객서비스의 목표는 고객만족을 통한 고객감동을 실현하는 것이다.
② 물류서비스의 목표는 서비스 향상과 물류비 절감을 통한 경영혁신이다.
③ 경제적 관점에서의 최적 물류서비스 수준은 물류활동에 의한 이익을 최대화하는 것이다.
④ 고객서비스 수준은 기업의 시장점유율과 수익성에 영향을 미친다.
⑤ 일반적으로 고객서비스 수준이 높아지면 물류비가 절감되고 매출액은 증가한다.

009 물류의 전략적 의사결정 활동으로 옳은 것은?
① 시설 입지계획
② 제품포장
③ 재고통제
④ 창고관리
⑤ 주문품 발송

010 물류전략 수립 시 고려사항으로 옳지 않은 것은?
① 물류 시스템의 설계 및 범위결정의 기준은 총비용 개념을 고려한다.
② 소비자 서비스는 모든 제품에 대해서 동일한 수준으로 제공되어야 한다.
③ 물류활동의 중심은 운송, 보관, 하역, 포장 등이며, 비용과 서비스 면에서 상충관계가 있다.
④ 물류시스템에서 취급하는 제품이 다양할수록 재고는 증가하고 비용상승 요인이 될 수 있다.
⑤ 도로, 철도, 항만, 공항 등 교통시설과의 접근성을 고려해야 한다.

011 4자 물류(4PL : Fourth Party Logistics)의 특징으로 옳지 않은 것은?
① 합작투자 또는 장기간 제휴상태
② 기능별 서비스와 상하계약관계
③ 공통의 목표설정 및 이익분배
④ 공급사슬 상 전체의 관리와 운영
⑤ 다양한 기업이 파트너로 참여하는 혼합조직 형태

012 다음 설명에 해당하는 물류조직은?

> ○ 다국적 기업에서 많이 찾아 볼 수 있는 물류조직의 형태이다.
> ○ 모회사 물류본부의 스탭부문이 여러 자회사의 해당부문을 횡적으로 관리하고 지원하는 조직형태이다.

① 라인과 스탭형 물류조직
② 직능형 물류조직
③ 사업부형 물류조직
④ 기능특성형 물류조직
⑤ 그리드형 물류조직

013 6-시그마 물류혁신 프로젝트에서 다음 설명에 해당하는 추진 단계는?

> ○ 프로세스의 현재 수준과 목표 수준 간에 차이가 발생하는 원인을 규명한다.
> ○ 파레토도, 특성요인도 등의 도구를 활용한다.

① 정의(Define)
② 측정(Measure)
③ 분석(Analyze)
④ 개선(Improve)
⑤ 관리(Control)

014 물류시스템이 수행하는 물류활동의 기본 기능에 관한 설명으로 옳지 않은 것은?

① 포장기능은 생산의 종착점이자 물류의 출발점으로써 표준화와 모듈화가 중요하다.
② 수송기능은 물류 거점과 소비 공간을 연결하는 소량 화물의 단거리 이동을 말한다.
③ 보관기능은 재화를 생산하고 소비하는 시기와 수량의 차이를 조정하는 활동이다.
④ 하역기능은 운송, 보관, 포장 활동 사이에 발생하는 물자의 취급과 관련된 보조 활동이다.
⑤ 정보관리기능은 물류계획 수립과 통제에 필요한 자료를 수집하고 물류관리에 활용하는 것이다.

015 물류비의 분류체계에서 기능별 비목에 해당하지 않는 것은?

① 운송비
② 재료비
③ 유통가공비
④ 물류정보/관리비
⑤ 보관 및 재고관리비

016 물류 분야의 활동기준원가계산(ABC : Activity Based Costing)에 관한 설명으로 옳지 않은 것은?

① 재료비, 노무비 및 경비로 구분하여 계산한다.
② 업무를 활동단위로 세분하여 원가를 산출하는 방식이다.
③ 활동별로 원가를 분석하므로 낭비요인이 있는 물류업무영역을 파악할 수 있다.
④ 산정원가를 바탕으로 원가유발요인분석과 성과측정을 할 수 있다.
⑤ 물류서비스별, 활동별, 고객별, 유통경로별, 프로세스별 수익성 분석이 가능하다.

017 유통가공을 수행하는 A물류기업의 당기 고정비는 1억 원, 개당 판매 가격은 10만원, 변동비는 가격의 60 %이며 목표이익은 1억 원이다. 당기의 손익분기점 판매량(ㄱ)과 목표이익을 달성하기 위한 판매량(ㄴ)은 몇 개인가?

① ㄱ: 1,000개, ㄴ: 3,500개
② ㄱ: 1,500개, ㄴ: 4,000개
③ ㄱ: 2,000개, ㄴ: 5,000개
④ ㄱ: 2,500개, ㄴ: 5,000개
⑤ ㄱ: 2,500개, ㄴ: 6,000개

018 카플런(R. Kaplan)과 노턴(D. Norton)의 균형성과표(BSC : Balanced Score Card)는 전 조직원이 전략을 공유하고 전략방향에 따라 행동하도록 유도함으로써 회사의 가치창출을 보다 효과적이고 지속적으로 이루기 위한 성과 측정 방법이다. BSC의 4가지 성과지표관리 관점에 해당하지 않는 것은?

① 고객관점(Customer Perspective)
② 재무적 관점(inancial Perspective)
③ 전략적 관점(Strategic Perspective)
④ 학습과 성장의 관점(Learning & Growth Perspective)
⑤ 내부 경영프로세스 관점(Internal Business Process Perspective)

019 e-조달의 장점으로 옳지 않은 것은?

① 운영비용이 절감된다.
② 조달효율성이 개선된다.
③ 조달가격이 절감된다.
④ 문서처리 비용이 감소된다.
⑤ 구매자와 판매자 간에 밀접한 관계가 구축된다.

020 다음 설명에 해당하는 공급업체 선정 방법은?

> 다수의 공급업체로부터 제안서를 제출받아 평가한 후 협상절차를 통하여 가장 유리하다고 인정되는 업체와 계약을 체결한다.

① 협의에 의한 방법
② 지명 경쟁에 의한 방법
③ 제한 경쟁에 의한 방법
④ 입찰에 의한 방법
⑤ 수의계약에 의한 방법

021 집중구매의 장점으로 옳지 않은 것은?
① 구입절차를 표준화하여 구매비용이 절감된다.
② 대량구매로 가격 및 거래조건이 유리하다.
③ 공통자재의 표준화, 단순화가 가능하다.
④ 긴급수요 발생 시 대응에 유리하다.
⑤ 수입 등 복잡한 구매 형태에 유리하다.

022 바코드와 비교한 RFID(Radio Frequency Identification)의 특징으로 옳지 않은 것은?
① 원거리 및 고속 이동시에도 인식이 가능하다.
② 반영구적인 사용이 가능하다.
③ 국가별로 사용하는 주파수가 동일하다.
④ 데이터의 신뢰도가 높다.
⑤ 태그의 데이터 변경 및 추가가 가능하다.

023 물류정보의 특징으로 옳지 않은 것은?
① 관리대상 정보의 종류가 많고, 내용이 다양하다.
② 성수기와 비수기의 정보량 차이가 크다.
③ 정보의 발생원, 처리장소, 전달대상 등이 한 곳에 집중되어 있다.
④ 상품과 정보의 흐름에 동시성이 요구된다.
⑤ 구매, 생산, 영업활동과의 관련성이 크다.

024 다음의 ( )에 들어갈 용어는?

> 국제표준 바코드는 개별 품목에 고유한 식별코드를 부착해 정보를 공유하는 국제표준 체계이다. 현재 세계적으로 사용되는 GS1 표준코드는 미국에서 제정한 코드 (ㄱ)와 (과) 유럽에서 제정한 코드 (ㄴ) 등을 표준화한 것이다.

① ㄱ: UPC, ㄴ: EAN
② ㄱ: UPC, ㄴ: GTIN
③ ㄱ: EAN, ㄴ: UPC
④ ㄱ: EAN, ㄴ: GTIN
⑤ ㄱ: GTIN, ㄴ: EAN

025 VAN(Value Added Network)에 관한 설명으로 옳은 것은?
① 한정된 지역의 분산된 장치들을 연결하여 정보를 공유하거나 교환하는 것이다.
② 컴퓨터 성능의 발달로 정보수집 능력이 우수한 대기업에 정보가 집중되므로 중소기업의 활용 가능성은 낮아지고 있다.
③ 1990년대 미국의 AT&T가 전화회선을 임대하여 특정인에게 통신 서비스를 제공한 것이 효시이다.
④ 부가가치를 부여한 음성 또는 데이터를 정보로 제공하는 광범위하고 복합적인 서비스의 집합이다.
⑤ VAN 서비스는 컴퓨터 성능 향상으로 인해 이용이 감소되고 있다.

026 물류정보시스템에 관한 설명으로 옳지 않은 것은?
① EDI(Electronic Data Interchange)는 표준화된 상거래 서식으로 작성된 기업 간 전자문서교환시스템이다.
② POS(Point of Sales)는 소비동향이 반영된 판매정보를 실시간으로 파악하여 판매, 재고, 고객관리의 효율성을 향상시킨다.
③ 물류정보시스템의 목적은 물류비가 증가하더라도 고객서비스를 향상시키는 것이다.
④ 물류정보의 시스템화는 상류정보의 시스템화가 선행되어야만 가능하며, 서로 밀접한 관계가 있다.
⑤ 수주처리시스템은 최소의 주문입력(order entry) 비용을 목표로 고객서비스를 달성하는 것이 목적이다.

027 공급사슬관리(SCM)에 관한 설명으로 옳지 않은 것은?
① 원자재를 조달해서 생산하여 고객에게 제품과 서비스를 제공하기 위한 프로세스 지향적이고 통합적인 접근 방법이다.
② ABM(Activity Based Management)을 근간으로 하여 각 공급사슬과 접점을 이루는 부문에서 계획을 수립하는 시스템이다.
③ 가치사슬의 관점에서 원자재로부터 소비에 이르기까지의 구성원들을 하나의 집단으로 간주하여 물류와 정보 흐름의 체계적 관리를 추구한다.
④ 전체 공급사슬을 관리하여 비용과 시간을 최소화하고 이익을 최대화하도록 지원하는 방법이다.
⑤ 정보통신기술을 활용하여 공급자, 제조업자, 소매업자, 소비자와 관련된 상품, 정보, 자금흐름을 신속하고 효율적으로 관리하여 부가가치를 향상시키는 것이다.

028 채찍효과(Bullwhip Effect)의 원인이 아닌 것은?
① 중복 또는 부정확한 수요예측
② 납품주기 단축과 납품횟수 증대
③ 결품을 우려한 과다 주문
④ 로트(lot)단위 또는 대단위 일괄(batch) 주문
⑤ 가격변동에 의한 선행구입

029 공급사슬 상에서 발생하는 경영환경변화에 관한 설명으로 옳지 않은 것은?
① 공급사슬 상에 위치한 조직 간의 상호 의존성이 증대되고 있다.
② 정보통신기술의 발전은 새로운 시장의 등장과 기업경영방식의 변화를 초래하고 있다.
③ 기업 간의 경쟁 심화에 따라 비용절감과 납기개선의 중요성이 증대되고 있다.
④ 물자의 이동이 주로 국내나 역내에서 이루어지고 있다.
⑤ 고객의 다양한 니즈에 맞추기 위해 생산, 납품 등의 활동을 해야 할 필요성이 증대되고 있다.

030 다음 설명에 해당하는 개념은?

> ○ 거래파트너들이 특정시장을 목표로 사업계획을 공동으로 수립하여 공유한다.
> ○ 제조업체와 유통업체가 판매 및 재고 데이터를 이용, 협업을 통해서 수요를 예측하고 제조업체의 생산계획에 반영하며 유통업체의 상품을 자동 보충하는 프로세스이다.

① Postponement
② Cross-Docking
③ CPFR
④ ECR
⑤ CRP

031 T-11형 표준 파렛트를 사용하여 1단 적재 시, 적재효율이 가장 낮은 것은?
① 1,100mm × 550mm, 적재수 2
② 1,100mm × 366mm, 적재수 3
③ 733mm × 366mm, 적재수 4
④ 660mm × 440mm, 적재수 4
⑤ 576mm × 523mm, 적재수 4

032 물류표준화의 대상이 아닌 것은?
① 물류조직
② 수송
③ 보관
④ 포장
⑤ 물류정보

033 물류표준화 효과 중 자원 및 에너지의 절감 효과에 해당하는 것은?
① 물류기기와의 연계성 증대
② 재료의 경량화
③ 작업성 향상
④ 물류기기의 안전 사용
⑤ 부품 공용화로 유지보수성 향상

034 다음 ( )에 들어갈 수치는?

> 물류 모듈 시스템은 크게 배수치수 모듈과 분할치수 모듈로 나뉜다. 배수치수 모듈은 1,140mm × 1,140mm 정방형 규격을 Unit Load Size 기준으로 하고 최대 허용 공차 ( )mm를 인정하고 있는 Plan View Unit Load Size를 기본 단위로 하고 있다.

① -30 ② -40 ③ -50 ④ -60 ⑤ -70

035 물류공동화에 관한 설명으로 옳지 않은 것은?
① 물류활동에 필요한 인프라를 복수의 파트너와 함께 연계하여 운영하는 것이다.
② 물류자원을 최대한 활용함으로써 물류비용 절감이 가능하다.
③ 자사의 물류시스템과 타사의 물류시스템을 연계시켜 하나의 시스템으로 운영해야 하지만 회사 보안을 위해 시스템 개방은 포함하지 않는다.
④ 물류환경의 문제점으로 대두되는 교통혼잡, 차량적재 효율저하, 공해문제 등의 해결책이 된다.
⑤ 표준물류심벌 및 통일된 전표와 교환 가능한 파렛트의 사용 등이 전제되어야 가능하다.

036 물류공동화 방안 중 하나인 공동 수·배송 시스템의 도입 필요성에 해당하는 사항을 모두 고른 것은?

> ㄱ. 다빈도 대량 수·배송의 확대 ㄴ. 주문단위의 소량화
> ㄷ. 물류비용의 증가 ㄹ. 배송차량의 적재효율 저하

① ㄱ, ㄴ ② ㄷ, ㄹ
③ ㄱ, ㄴ, ㄷ ④ ㄴ, ㄷ, ㄹ
⑤ ㄱ, ㄴ, ㄷ, ㄹ

037 수·배송 공동화의 유형에 관한 설명으로 옳지 않은 것은?
① 배송공동형은 배송만 공동화하는 것을 의미하며, 화물거점시설까지의 공동화는 포함하지 않는다.
② 집배송공동형 중 특정화주공동형은 동일화주가 조합이나 연합회를 만들어 공동화하는 것이다.

③ 집배송공동형 중 운송업자공동형은 다수의 운송업자들이 불특정 다수 화주들의 집배송을 공동화하는 것이다.
④ 노선집화공동형은 노선업자가 화물들을 공동 집화하여 각지로 발송하는 것이다.
⑤ 납품대행형은 화주가 납입선에 대행으로 납품하는 것이다.

038 다음 설명에 해당하는 물류보안 제도는?

> ○ 2002년 미국 세관이 도입한 민관협력 프로그램이다.
> ○ 수입업자와 선사, 운송회사, 관세사 등 공급사슬의 당사자들이 적용 대상이다.
> ○ 미국 세관이 제시하는 보안기준 충족 시 통관절차 간소화 등의 혜택이 주어진다.

① C-TPAT(Customs-Trade Partnership Against Terrorism)
② ISO 28000(International Standard Organization 28000)
③ ISPS code(International Ship and Port Facility Security code)
④ CSI(Container Security Initiative)
⑤ SPA(Safe Port Act)

039 기후변화와 환경오염에 대응하는 녹색물류체계와 관련 있는 제도에 해당하지 않는 것은?
① 저탄소녹색성장기본법
② 온실가스・에너지목표관리제
③ 탄소배출권거래제도
④ 생산자책임재활용제도
⑤ 제조물책임법(PL)

040 국가과학기술표준은 물류기술(EI10)을 8가지의 소분류로 나눈다. 다음 중 국가과학기술표준 소분류에 포함되지 않는 것은?
① EI1001 - 물류운송기술
② EI1003 - 하역기술
③ EI1004 - 물류정보화기술
④ EI1007 - 물류안전기술
⑤ EI1099 - 달리 분류되지 않는 물류기술

제2과목 화물운송론

041 운송에 관한 설명으로 옳지 않은 것은?
① 경제적 운송을 위한 기본적인 원칙으로는 규모의 경제 원칙과 거리의 경제 원칙이 있다.
② 운송은 공간적 거리의 격차를 해소시켜주는 장소적 효용이 있다.
③ 운송은 수송 중 물품을 일시적으로 보관하는 시간적 효용이 있다.
④ 운송은 재화의 생산과 소비에 따른 파생적 수요이다.
⑤ 운송의 3요소(Mode, Node, Link) 중 Mode는 각 운송점을 연결하여 운송되는 구간 또는 경로를 의미한다.

042 화물자동차운송과 철도운송 조건이 다음과 같을 때 채트반공식을 이용한 자동차의 한계 경제효용거리(km)는?

○ 화물자동차의 ton·km당 운송비 : 900원
○ 철도의 ton·km당 운송비 : 500원
○ 톤당 철도 부대비용(철도발착비+하역비+배송비 등) : 50,000원

① 122 ② 123 ③ 124 ④ 125 ⑤ 126

043 철도화물의 운임체계에 관한 설명으로 옳지 않은 것은?
① 일반화물운임은 운송거리(km) × 운임단가(원/km) × 화물중량(톤)으로 산정한다.
② 사유화차로 운송되는 경우 할인운임을 적용한다.
③ 컨테이너화물의 최저기본운임은 규격별 컨테이너의 100km에 해당하는 운임으로 한다.
④ 컨테이너화물의 운임은 컨테이너 규격별 운임단가(원/km) × 운송거리(km)로 산정한다.
⑤ 공컨테이너의 운임은 규격별 영(적재)컨테이너 운임의 50%를 적용하여 계산한다.

044 컨테이너 운송에 일반적으로 이용되는 철도화차가 아닌 것은?
① Open top car
② Flat car
③ Covered hopper car
④ Container car

⑤ Double stack car

045 해상용 컨테이너 취급을 위한 장비가 아닌 것은?
① Gantry crane
② Transtainer
③ Straddle carrier
④ Reach stacker
⑤ Dolly

046 운송수단의 운영 효율화를 위한 원칙으로 옳은 것은?
① 소형차량을 이용하는 소형화 원칙
② 영차율 최소화 원칙
③ 회전율 최소화 원칙
④ 가동률 최대화 원칙
⑤ 적재율 최소화 원칙

047 최근 운송시장의 변화에 관한 내용으로 옳지 않은 것은?
① 운송화물의 소품종 대형화
② 환경규제의 강화
③ 물류보안의 중요성 증대
④ 정보시스템의 활용 증가
⑤ 구매고객에 대한 서비스 수준의 향상

048 다음에서 설명하고 있는 철도운송 서비스 형태는?

○ 복수의 중간역 또는 터미널을 거치면서 운행하는 방식
○ 운송경로상의 모든 종류의 화차 및 화물을 수송
○ 화주가 원하는 시간에 따라 서비스를 제공하는 것이 아니라 열차편성이 가능한 물량이 확보되는 경우에 서비스를 제공
○ 이 서비스의 한 종류로 Liner train이 있음

① Block train
② Shuttle train
③ Single-Wagon train
④ Y-Shuttle train
⑤ U-train

049 운임의 종류에 관한 내용으로 옳은 것은?
① 공적운임 : 운송계약을 운송수단 단위 또는 일정한 용기단위로 했을 때 실제로 적재능력만큼 운송하지 않았더라도 부담해야 하는 미적재 운송량에 대한 운임
② 무차별운임 : 일정 운송량, 운송거리의 하한선 이하로 운송될 경우 일괄 적용되는 운임
③ 혼재운임 : 단일화주의 화물을 운송수단의 적재능력만큼 적재 및 운송하고 적용하는 운임
④ 전액운임 : 운송거리에 비례하여 운임이 증가하는 형태의 운임
⑤ 거리체감운임 : 운송되는 화물의 가격에 따라 운임의 수준이 달라지는 형태의 운임

050 항공화물의 탑재방식에 관한 설명으로 옳지 않은 것은?
① Bulk Loading은 좁은 화물실과 한정된 공간에 탑재할 때 효율을 높일 수 있는 방식이다.
② Pallet Loading은 지상 체류시간의 단축에 기여하는 탑재방식이다.
③ Bulk Loading은 안정성과 하역작업의 기계화 측면에서 가장 효율적인 방식이다.
④ Pallet Loading은 파렛트를 굴림대 위로 굴려 항공기 내의 정 위치에 고정시키는 방식이다.
⑤ Container Loading은 화물실에 적합한 항공화물 전용 용기를 사용하여 탑재하는 방식이다.

051 택배 표준약관(공정거래위원회 표준약관 제10026호)의 운송장에서 고객(송화인)이 사업자에게 교부해야 하는 사항으로 옳은 것을 모두 고른 것은?

> ㄱ. 문의처 전화번호
> ㄴ. 송화인의 주소, 이름(또는 상호) 및 전화번호
> ㄷ. 수화인의 주소, 이름(또는 상호) 및 전화번호
> ㄹ. 운송물의 종류(품명), 수량 및 가액
> ㅁ. 운송상의 특별한 주의사항
> ㅂ. 운송물의 중량 및 용적 구분

① ㄱ, ㄴ, ㄷ, ㅂ　　② ㄱ, ㄷ, ㄹ, ㅁ
③ ㄱ, ㄹ, ㅁ, ㅂ　　④ ㄴ, ㄷ, ㄹ, ㅁ
⑤ ㄴ, ㄷ, ㅁ, ㅂ

052 다음 수송표의 수송문제에서 북서코너법을 적용할 때, 총 운송비용과 공급지 2에서 수요지 2까지의 운송량은? (단, 공급지에서 수요지까지의 톤당 운송비는 각 칸의 우측 상단에 제시되어 있음)

(단위 : 천원)

공급지＼수요지	수요지 1	수요지 2	수요지 3	공급량 (톤)
공급지 1	8	5	7	300
공급지 2	9	12	11	400
공급지 3	4	10	6	300
수요량 (톤)	400	500	100	1,000

① 9,300,000원, 200톤 ② 9,300,000원, 300톤
③ 9,500,000원, 100톤 ④ 9,500,000원, 300톤
⑤ 9,600,000원, 200톤

053 택배 표준약관(공정거래위원회 표준약관 제10026호)에 따른 용어의 정의로 옳지 않은 것은?
① '운송장'이라 함은 사업자와 고객(송화인) 간의 택배계약의 성립과 내용을 증명하기 위하여 사업자의 청구에 의하여 고객(송화인)이 발행한 문서를 말한다.
② '인도'라 함은 사업자가 고객(송화인)에게 운송장에 기재된 운송물을 넘겨주는 것을 말한다.
③ '수탁'이라 함은 사업자가 택배를 수행하기 위하여 고객(송화인)으로부터 운송물을 수령하는 것을 말한다.
④ '택배사업자'라 함은 택배를 영업으로 하며, 상호가 운송장에 기재된 운송사업자를 말한다.
⑤ '손해배상한도액'이라 함은 운송물의 멸실, 훼손 또는 연착 시에 사업자가 손해를 배상할 수 있는 최고 한도액을 말한다.

054 화물자동차운송의 일반적인 특징으로 옳은 것은?
① 타 운송수단과 연동하지 않고는 일관된 서비스를 제공할 수 없다.
② 기동성과 신속한 전달로 문전운송(door-to-door)이 가능하여 운송을 완성시켜 주는 역할을 한다.
③ 철도운송에 비해 연료비 등 에너지 소비가 적어 에너지 효율성이 높다.
④ 해상운송에 비해 화물의 중량이나 부피에 대한 제한이 적어 대량화물의 운송에 적합하다.
⑤ 철도운송에 비해 정시성이 높다.

055 다음은 A기업의 1년간 화물자동차 운행실적이다. 운행실적을 통해 얻을 수 있는 운영지표 값에 관한 내용으로 옳은 것은?

○ 누적 실제 차량 수 : 300대
○ 실제 가동 차량 수 : 270대
○ 트럭의 적재 가능 총 중량 : 5톤
○ 트럭의 평균 적재 중량 : 4톤
○ 누적 주행거리 : 30,000 km
○ 실제 적재 주행거리 : 21,000 km

① 복화율은 90%이다.   ② 영차율은 90%이다.
③ 적재율은 90%이다.   ④ 가동률은 90%이다.
⑤ 공차거리율은 90%이다.

056 운임에 영향을 주는 요인으로 옳은 것을 모두 고른 것은?

ㄱ. 화물의 중량   ㄴ. 화물의 부피
ㄷ. 운송 거리   ㄹ. 화물의 개수

① ㄱ, ㄴ   ② ㄷ, ㄹ
③ ㄱ, ㄴ, ㄷ   ④ ㄴ, ㄷ, ㄹ
⑤ ㄱ, ㄴ, ㄷ, ㄹ

057 다음에서 설명하는 화물운송정보시스템은?

> 디지털 지도에 각종 정보를 연결하여 관리하고 이를 분석, 응용하는 시스템의 통칭이다. 각종 교통정보를 관리, 이용하여 교통정책 수립 시 의사결정을 지원하는 시스템이다.

① Port-MIS(항만운영정보시스템)
② VMS(적재관리시스템)
③ TRS(주파수공용통신)
④ RFID(Radio Frequency Identification)
⑤ GIS-T(교통지리정보시스템)

058 택배 표준약관(공정거래위원회 표준약관 제10026호)에서 사업자가 운송물의 수탁을 거절할 수 있는 경우가 아닌 것은?

① 운송물의 인도예정일(시)에 따른 운송이 불가능한 경우
② 운송이 법령, 사회질서 기타 선량한 풍속에 반하는 경우
③ 운송물 1포장의 가액이 100만원 이하인 경우
④ 운송물이 살아 있는 동물, 동물사체 등인 경우
⑤ 고객(송화인)이 운송장에 필요한 사항을 기재하지 아니한 경우

059 화물자동차운송의 효율화 방안으로 옳지 않은 것은?

① 운송정보시스템의 구축
② 도로 및 기간시설의 확충
③ 컨테이너 및 파렛트를 이용한 운송 확대
④ 적재율 감소 및 차량의 배송 빈도 증가
⑤ 공동배송체제 구축 및 확대

060 적재중량 24톤 화물자동차가 다음과 같은 운송실적을 가질 때 연료소모량(L)은? (단, 영차(실차)운행 시에는 ton·km당 연료소모기준을 적용함)

> ○ 운행실적 : 총 운행거리 36,000 km, 영차(실차)운행거리 28,000 km
> ○ 평균 화물적재량 : 18 ton
> ○ 연료소모기준 : 공차운행 시 0.3 L/km, 영차(실차)운행 시 0.5 L/ton·km

① 234,000 ② 252,000
③ 254,400 ④ 256,800
⑤ 504,000

061 철도운송에 관한 설명으로 옳지 않은 것은?
① 국내화물운송시장에서 철도운송은 도로운송에 비해 수송분담률이 낮다.
② 철도화물운송형태에는 화차취급운송, 컨테이너취급운송 등이 있다.
③ 컨테이너의 철도운송은 크게 TOFC 방식과 COFC 방식이 있다.
④ COFC 방식에는 피기백방식과 캥거루방식이 있다.
⑤ 철도운송은 기후 상황에 크게 영향을 받지 않으며 계획적인 운송이 가능하다.

062 다음에서 설명하고 있는 용선운송계약서의 조항은?

○ 선주는 용선운송계약에 의거한 운임, 공적운임, 체선료 등에 대하여 화물이나 그 화물의 부속물을 유치할 수 있는 권리를 가지며 화주는 이에 대한 책임을 부담해야 한다.
○ 용선료의 지급을 확보하기 위하여 선주측에 화물압류의 권리가 있다는 취지를 규정하고 있다.

① Lien Clause
② Indemnity Clause
③ Not before Clause
④ Deviation Clause
⑤ General Average Clause

063 수·배송시스템의 설계에 관한 설명으로 옳지 않은 것은?
① 화물에 대한 리드타임(lead time)을 고려하여 설계한다.
② 화물차의 적재율을 높일 수 있도록 설계한다.
③ 편도수송이나 중복수송을 피할 수 있도록 설계한다.
④ 차량의 회전율을 높일 수 있도록 설계한다.
⑤ 동일 지역에서의 집화와 배송은 별개로 이루어지도록 설계한다.

064 해상운송에서 화주가 부담하는 할증운임(surcharge)에 관한 내용으로 옳지 않은 것은?

① Bunker Adjustment Factor는 선박의 주연료인 벙커유의 가격변동에 따른 손실을 보전하기 위한 할증료이다.
② Congestion Surcharge는 특정 항구의 하역능력 부족으로 인한 체선으로 장기간 정박을 요할 경우 해당 화물에 대한 할증료이다.
③ Outport Surcharge는 운송 도중에 당초 지정된 양륙항을 변경하는 화물에 대한 할증료이다.
④ Currency Adjustment Factor는 급격한 환율변동으로 선사가 입을 수 있는 환차손에 대한 할증료이다.
⑤ Transshipment Surcharge는 화물이 운송 도중 환적될 때 발생하는 추가비용을 보전하기 위한 할증료이다.

065 수입지에서 원본 선하증권의 제시 없이 선사로부터 화물을 찾는 데 사용되는 것으로 옳은 것을 모두 고른 것은?

ㄱ. Surrendered B/L	ㄴ. Clean Received B/L
ㄷ. T/R(Trust Receipt)	ㄹ. L/G(Letter of Guarantee)
ㅁ. Sea Waybill	

① ㄱ, ㄴ
② ㄱ, ㄷ, ㅁ
③ ㄱ, ㄹ, ㅁ
④ ㄴ, ㄷ, ㄹ
⑤ ㄴ, ㄷ, ㄹ, ㅁ

066 다음에서 설명하고 있는 국제물류주선업자의 서비스 종류는?

여러 화주(송화인)의 소량 컨테이너화물(LCL)을 수출지의 CFS에서 혼재하여 FCL 단위화물로 선적 운송하고, 수입지에 도착한 후 CFS에서 컨테이너 화물을 분류하여 다수의 수입자들에게 인도해주는 서비스

① Buyer's Consolidation
② Forwarder's Consolidation
③ Master's Consolidation
④ Shipper's Consolidation
⑤ Seller's Consolidation

067 ( )에 들어갈 내용으로 바르게 나열한 것은?

> Groupage B/L은 국제물류주선업자가 여러 LCL 화물을 혼재하여 FCL로 만든 화물을 선사에 인도할 때 선사가 국제물류주선업자에게 교부하는 (ㄱ)을 말하고, (ㄴ)은 선사가 발행한 B/L을 근거로 하여 국제물류주선업자가 각 LCL 화주들에게 교부하는 서류를 말한다.

① ㄱ: Through B/L,   ㄴ: House B/L
② ㄱ: Master B/L,   ㄴ: Red B/L
③ ㄱ: Straight B/L,   ㄴ: Baby B/L
④ ㄱ: Master B/L,   ㄴ: House B/L
⑤ ㄱ: Foul B/L,   ㄴ: Consolidated B/L

068 항공기에 관한 설명으로 옳지 않은 것은?

① High Capacity Aircraft는 소형기종의 항공기로서 데크(deck)에 의해 상부실 및 하부실로 구분되며 하부실은 구조상 ULD의 탑재가 불가능하다.
② 항공기는 국제민간항공조약에 의해 등록이 이루어진 국가의 국적을 보유하도록 되어 있다.
③ 여객기는 항공기의 상부 공간은 객실로 이용하고 하부 공간은 화물실로 이용한다.
④ Convertible Aircraft는 화물실과 여객실을 상호 전용할 수 있도록 제작된 항공기이다.
⑤ 항공기 블랙박스는 비행정보 기록장치와 음성 기록장치를 통칭하는 이름이다.

069 다음에서 설명하고 있는 항공화물 운임 요율의 종류는?

> 항공화물운송의 요금을 산정할 때 기본이 되며, 특정품목 할인요율이나 품목분류요율을 적용받지 않는 모든 항공화물운송에 적용되는 요율이다. 최저운임(M), 기본요율(N), 중량단계별 할인요율(Q) 등으로 분류된다.

① GCR(General Cargo Rate)
② SCR(Specific Commodity Rate)
③ CCR(Commodity Classification Rate)
④ BUC(Bulk Unitization Charge)

⑤ CCF(Charge Collect Fee)

070 다음 수송표에서 최소비용법과 보겔추정법을 적용하여 총 운송비용을 구할 때 각각의 방식에 따라 산출된 총 운송비용의 차이는? (단, 공급지에서 수요지까지의 톤당 운송비는 각 칸의 우측 상단에 제시되어 있음)

(단위 : 천원)

공급지＼수요지	D1	D2	D3	공급량 (톤)
S1	12	15	9	400
S2	8	13	16	200
S3	4	6	10	200
수요량 (톤)	300	300	200	800

① 300,000원
② 400,000원
③ 500,000원
④ 600,000원
⑤ 700,000원

071 천장이 개구된 형태이며 주로 석탄 및 철광석 등과 같은 화물에 포장을 덮어 운송하는 트레일러는?
① 스케레탈 트레일러
② 오픈탑 트레일러
③ 중저상식 트레일러
④ 저상식 트레일러
⑤ 평상식 트레일러

072 택배운송장의 역할에 관한 설명으로 옳지 않은 것은?
① 송화인과 택배회사 간의 계약서 역할
② 택배요금에 대한 영수증 역할
③ 송화인과 택배회사 간의 화물인수증 역할
④ 물류활동에 대한 화물취급지시서 역할
⑤ 택배회사의 사업자등록증 역할

073 다음과 같은 파이프라인 네트워크에서 X지점에서 Y지점까지 유류를 보낼 때 최대유량(톤)은? (단, 링크의 화살표 방향으로만 송유가 가능하며 링크의 숫자는 용량을 나타냄)

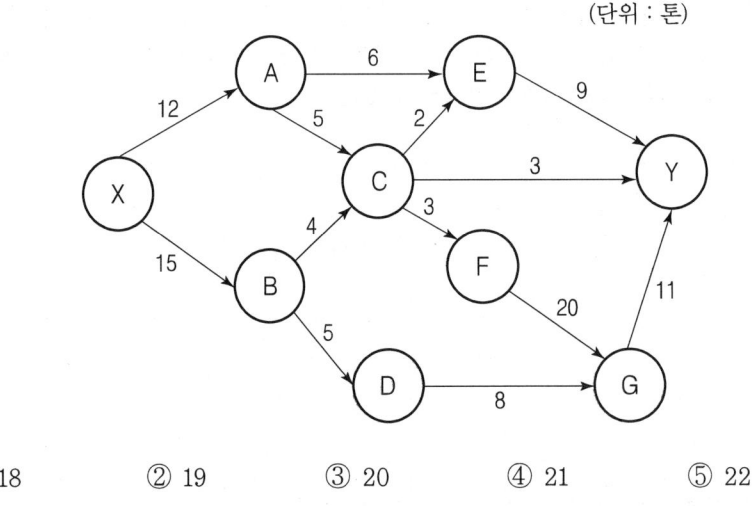

(단위 : 톤)

① 18   ② 19   ③ 20   ④ 21   ⑤ 22

074 선박이 접안하는 부두 안벽에 접한 야드의 일부분으로 바다와 가장 가까이 접해 있으며 갠트리 크레인(Gantry Crane)이 설치되어 컨테이너의 적재와 양륙작업이 이루어지는 장소는?
① Berth
② Marshalling Yard
③ Apron
④ CY(Container Yard)
⑤ CFS(Container Freight Station)

075 택배운송에 관한 내용으로 옳지 않은 것은?
① 사업허가를 득한 운송업자의 책임 하에 이루어지는 일관책임체계를 갖는다.
② 물류거점, 물류정보시스템, 운송네트워크 등이 요구되는 산업이다.
③ 소화물을 송화인의 문전에서 수화인의 문전까지 배송하는 door-to-door 서비스를 의미한다.
④ 전자상거래의 확산에 따른 다빈도 배송 수요의 영향으로 택배 관련 산업이 성장 추세에 있다.
⑤ 택배 서비스 제공업체, 수화인의 지역, 화물의 규격과 중량 등에 상관없이 국가에서 정한 동일한 요금이 적용된다.

076 다음의 도로망을 이용하여 공장에서 물류센터까지 상품을 운송할 때 최단경로 산출거리(km)는? (단, 링크의 숫자는 거리이며 단위는 km임)

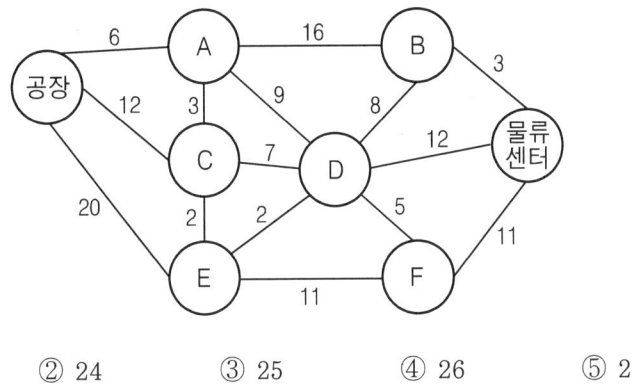

① 23　　　② 24　　　③ 25　　　④ 26　　　⑤ 27

077 수송수요모형에 관한 내용으로 옳은 것은?
① 중력모형 : 지역 간의 운송량은 경제규모에 비례하고 거리에 반비례한다는 가정에 의한 분석모형
② 통행교차모형 : 화물 발생량 및 도착량에 영향을 주는 다양한 변수 간의 상관관계에 대한 복수의 식을 도출하여, 교차하는 화물량을 예측하는 모형
③ 선형로짓모형 : 범주화한 운송수단을 대상으로 운송구간의 운송비용을 이용하여 구간별 통행량을 산출하는 모형
④ 회귀모형 : 일정구역에서 화물의 분산정도가 극대화한다는 가정을 바탕으로 분석한 모형
⑤ 성장인자모형 : 화물의 이동형태 변화를 기반으로 인구에 따른 화물 발생단위를 산출하고, 이를 통하여 장래의 수송수요를 예측하는 모형

078 해상운송에서 부정기선 운임이 아닌 것은?
① 장기계약운임
② 현물운임
③ 특별운임
④ 공적운임
⑤ 연속항해운임

079 배송방법에 관한 설명으로 옳은 것을 모두 고른 것은?

> ㄱ. 단일배송 : 하나의 배송처에 1대의 차량을 배차하는 방법으로 보통 주문자가 신속한 배송을 요구할 때 이용한다.
> ㄴ. 루트(Route) 배송 : 일정한 배송경로를 반복적으로 배송하는 방법으로 비교적 광범위한 지역의 소량화물을 요구하는 다수의 고객을 대상으로 한다.
> ㄷ. 고정 다이어그램(Diagram) 배송 : 배송할 물량을 기준으로 적합한 크기의 차량을 배차하는 방법으로 배송량이 고정되어 있다.
> ㄹ. 변동 다이어그램(Diagram) 배송 : 배송처 및 배송물량의 변화에 따라 배송처, 방문순서, 방문시간 등이 변동되는 방법으로 배송 관련 기준 설정이 중요하다.

① ㄱ, ㄷ
② ㄴ, ㄷ
③ ㄴ, ㄹ
④ ㄱ, ㄴ, ㄹ
⑤ ㄱ, ㄷ, ㄹ

080 수·배송 계획을 위한 물동량 할당 또는 배송경로 해법에 관한 내용으로 옳지 않은 것은?

① 북서코너법(North-West Corner Method) : 수송계획표의 왼쪽상단인 북서쪽부터 물동량을 할당하며 시간, 거리, 위치를 모두 고려하는 방법
② 최소비용법(Least-Cost Method) : 수송계획표에서 단위당 수송비용이 가장 낮은 칸에 우선적으로 할당하는 방법
③ 보겔추정법(Vogel's Approximation Method) : 수송계획표에서 최적의 수송경로를 선택하지 못했을 때 발생하는 기회비용을 고려하여 물동량을 할당하는 방법
④ TSP(Travelling Salesman Problem) : 차량이 지역 배송을 위해 배송센터를 출발하여 되돌아오기까지 소요되는 시간 또는 거리를 최소화하기 위한 방법
⑤ 스위핑법(Sweeping Method) : 차고지에서 복수의 배송처에 선을 연결한 후 시계방향 또는 반시계방향으로 돌려가며 순차적으로 배송하는 방법

제3과목 국제물류론

081 국제물류의 특징으로 옳지 않은 것은?
① 국제물동량은 지속적으로 증가하고 있다.
② 국제물류는 해외고객에 대한 서비스향상에 기여한다.
③ 국제물류는 국가 경제발전과 물가안정에 기여한다.
④ 국제물류는 국내물류에 비해 짧은 리드타임을 가지고 있다.
⑤ 국제물류는 제품 및 기업의 국제경쟁력에 기여한다.

082 국제물류의 동향으로 옳지 않은 것은?
① 선박대형화에 따른 항만효율화를 위해 Post Panamax Crane이 도입되었다.
② 선박대형화에 따라 항만의 수심이 깊어지고 있다.
③ 국제특송업체들은 항공화물운송 효율화를 위해 항공기 소형화를 추진하고 있다.
④ 글로벌 공급사슬 관점에서의 국제물류관리가 중요해지고 있다.
⑤ 정보통신기술의 발전으로 국제물류체계가 플랫폼화 및 고도화되고 있다.

083 다음 설명에 해당하는 국제물류시스템의 내용으로 옳지 않은 것은?

> 다국적기업이 해외 각국에 여러 개의 현지 자회사를 가지고 있는 경우 어느 한 국가의 현지 자회사가 지역물류거점의 역할을 담당하여 인접국에 대한 상품공급에 유용한 허브창고를 갖고 상품을 분배하는 시스템

① 허브창고에서 수송거리가 먼 자회사가 존재하는 경우 수송비용증가 및 서비스 수준 하락을 가져올 수 있다.
② 고전적 시스템보다 재고량이 감축되어 보관비가 절감된다.
③ 국내 생산공장에서 허브창고까지의 상품수송은 대량수송과 저빈도 수송형태이다.
④ 해당 물류시스템은 창고형뿐만 아니라 통과형으로도 사용가능하다.
⑤ 허브창고의 입지는 수송의 편리성이 아닌 지리적 서비스 범위로만 결정한다.

084 최근 국제물류 환경 변화로 옳지 않은 것은?
① 최적화를 위한 물류기능의 개별적 수행 추세
② 국제 물동량의 지속적인 증가 추세
③ 초대형 컨테이너 선박 증가에 따른 허브항만 경쟁심화 추세
④ 제3자 물류업체들의 국제물류시장 진입 활성화 추세
⑤ 생산시설의 글로벌화에 따른 글로벌 물류네트워크 구축 추세

085 글로벌 소싱의 이유에 해당하지 않는 것은?
① 비용절감
② 상품개발과 생산기간 단축
③ 핵심역량에 집중
④ 조직효율성 개선
⑤ 인력증대

086 해상운송과 관련된 국제기구에 관한 설명으로 옳지 않은 것은?
① IMO는 정부간 해사기술의 상호협력, 해사안전 및 해양오염방지대책, 국제간 법률문제 해결 등을 목적으로 설립되었다.
② FIATA는 국제운송인을 대표하는 비정부기구로 전 세계 운송주선인의 통합, 운송주선인의 권익보호, 운송주선인의 서류통일과 표준거래조건의 개발 등을 목적으로 한다.
③ ICS는 선주의 이익증진을 목적으로 설립된 민간 기구이며, 국제해운의 기술 및 법적 분야에 대해 제기된 문제에 대해 선주들의 의견교환, 정책입안 등을 다룬다.
④ BIMCO는 회원사에 대한 정보제공 및 자료발간, 선주의 단합 및 용선제도 개선, 해운업계의 친목 및 이익 도모를 목적으로 설립되었다.
⑤ CMI는 선박의 항로, 항만시설 등을 통일하기 위해 설치된 UN전문기구이다.

087 UCP 600에서 다음과 같이 환적을 정의하고 있는 운송서류와 관련이 있는 것을 모두 고른 것은?

> Transhipment means unloading from one vessel and reloading to another vessel during the carriage from the port of loading to the port of discharge stated in the credit.

ㄱ. 적어도 두 가지 다른 운송방식을 표시하는 운송서류(Transport document covering at least two different modes of transport)
ㄴ. 선화증권(Bill of lading)
ㄷ. 비유통성 해상화물운송장(Non-negotiable sea waybill)
ㄹ. 용선계약 선화증권(Charter party bill of lading)
ㅁ. 항공운송서류(Air transport document)

① ㄱ, ㄴ   ② ㄴ, ㄷ   ③ ㄷ, ㄹ   ④ ㄷ, ㅁ   ⑤ ㄹ, ㅁ

088 선박의 톤수에 관한 설명으로 옳지 않은 것은?

① 총톤수(Gross Tonnage)는 선박의 내부의 총 용적으로 주로 톤세, 항세, 운하통과료, 항만시설 사용료 등을 부과하는 기준이 되고 있다.
② 순톤수(Net Tonnage)는 선박의 총톤수에서 기관실, 선원실 및 해도실 등의 선박운항과 관련된 장소의 용적을 제외한 것으로 여객이나 화물의 수송에 직접 사용되는 용적을 표시하는 톤수이다.
③ 배수톤수(Displacement Tonnage)는 선체의 수면아래 부분의 배수용적에 상당하는 물의 중량을 말한다.
④ 재화용적톤수(Measurement Tonnage)는 화물선창내의 화물을 적재할 수 있는 총 용적으로 선박의 화물적재능력을 용적으로 표시하는 톤수이다.
⑤ 재화중량톤수(Dead Weight Tonnage)는 선박의 만재흘수선에 상당하는 배수량과 경하배수량의 차이이며, 선박의 최대적재능력을 나타낸다.

089 해상운임에 관한 설명으로 옳지 않은 것은?

① Lumpsum freight : 화물의 개수, 중량, 용적 기준과 관계없이 용선계약의 항해단위 또는 선복의 양을 단위로 계산한 운임
② Forward rate : 용선계약 체결 시 화물을 장기간이 지난 후 적재하기로 하는 경우에 미리 합의하는 운임
③ Back freight : 화물이 목적항에 도착하였으나 수화인이 화물의 인수를 거절하거나 목적항의 사정으로 양륙할 수 없어서 화물을 다른 곳으로 운송하거나 반송할 때 적용되는 운임
④ Pro rate freight : 선박이 운송도중 불가항력 또는 기타 원인에 의해 목적항을 변경할 경우에 부과되는 운임

⑤ Optional charge : 선적시에 화물의 양륙항이 확정되지 않고 화주가 여러 항구 중에서 양륙항을 선택할 권리가 있는 화물에 대해서 부과되는 할증요금

090 부정기선 운송에 관한 설명으로 옳지 않은 것은?
① 화주는 용선계약에 따라 항로와 운항일정의 자유로운 선택이 가능하다.
② 선박회사 간의 과다한 운임경쟁을 막기 위해 공표된 운임을 적용하는 것이 일반적이다.
③ 용선계약에 의해서 운송계약이 성립되고, 용선계약서를 작성하게 된다.
④ 운임부담능력이 적거나 부가가치가 낮은 화물을 대량으로 운송할 수 있다.
⑤ 주요 대상화물은 곡물, 광석, 유류 등과 같은 산화물(Bulk cargo)이다.

091 다음에 해당하는 선화증권(Bill of Lading)을 순서대로 나열한 것은?

> ㄱ. 선화증권의 수화인란에 수화인의 상호 및 주소가 기재된 것으로 화물에 대한 권리가 수화인에게 귀속되는 선화증권
> ㄴ. 선화증권의 권리증권 기능을 포기한 것으로서 선화증권 원본 없이 전송받은 사본으로 화물을 인수할 수 있도록 발행된 선화증권
> ㄷ. 선화증권의 송화인란에 수출상이 아닌 제3자를 송화인으로 표시하여 발행하는 선화증권

① ㄱ: Straight B/L,   ㄴ: Surrendered B/L, ㄷ: Third Party B/L
② ㄱ: Straight B/L,   ㄴ: Short form B/L,   ㄷ: Negotiable B/L
③ ㄱ: Order B/L,   ㄴ: Groupage B/L,   ㄷ: Third Party B/L
④ ㄱ: Order B/L,   ㄴ: House B/L,   ㄷ: Switch B/L
⑤ ㄱ: Charter Party B/L, ㄴ: Surrendered B/L, ㄷ: Switch B/L

092 운송관련 서류 중 선적지에서 발행하는 서류가 아닌 것은?
① 수입화물선취보증장(Letter of Guarantee)
② 파손화물보상장(Letter of Indemnity)
③ 선화증권(Bill of Lading)
④ 선적예약확인서(Booking Note)
⑤ 적화목록(Manifest)

093 다음 설명에 해당하는 복합운송 경로는?

> 극동아시아에서 미국의 서부연안까지 해상운송이 이루어지고 미국 서해안에서 철도에 환적된 다음 미국 대서양 연안 및 걸프지역 항만까지 운송하는 복합운송 서비스

① America Land Bridge
② Reverse Interior Point Intermodal
③ Overland Common Point
④ Mini Land Bridge
⑤ Micro Land Bridge

094 용선계약에 관한 설명으로 옳지 않은 것은?

① Voyage Charter는 특정 항구에서 다른 항구까지 화물운송을 의뢰하고자 하는 용선자와 선주 간에 체결되는 계약이다.
② CQD는 해당 항구의 관습적 하역 방법 및 하역 능력에 따라 가능한 빨리 하역하는 정박기간 조건이다.
③ Running Laydays는 하역개시일부터 종료일까지 모든 일수를 정박기간에 산입하지만 우천시, 동맹파업 및 기타 불가항력 등으로 하역을 하지 못한 경우 정박기간에서 제외하는 조건이다.
④ Demurrage는 초과정박일수에 대해 용선자가 선주에게 지급하기로 한 일종의 벌과금이다.
⑤ Dispatch Money는 용선계약상 정해진 정박기간보다 더 빨리 하역이 완료되었을 경우에 절약된 기간에 대해 선주가 용선자에게 지급하기로 약정한 보수이다.

095 다음 내용에 해당하는 선박은?

> ○ 선수, 선미 또는 선측에 램프(ramp)가 설치되어 있어 화물을 이 램프를 통해 트랙터 또는 지게차 등을 사용하여 하역하는 방식의 선박
> ○ 데릭, 크레인 등의 적양기(lifting gear)의 도움 없이 자력으로 램프를 이용하여 Drive On/Drive Off할 수 있는 선박

① LO-LO(Lift On/Lift Off) Ship
② RO-RO(Roll On/Roll Off) Ship
③ FO-FO(Float On/Float Off) Ship
④ Geared Container Ship
⑤ Gearless Container Ship

096 컨테이너운송에 관한 설명으로 옳은 것은?
① 컨테이너운송은 1920년대 미국에서 해상화물운송용으로 처음 등장하여 군수물자의 운송에 사용된 것이 시초이다.
② 컨테이너의 성격과 구조에 관하여는 일반적으로 함부르크 규칙(1978)에서 규정하고 있다.
③ 특수컨테이너의 지속적인 개발로 컨테이너화물의 운송비중은 현재 전 세계 물동량의 약 70%에 달하고 있다.
④ 탱크(Tank) 컨테이너는 유류, 술, 화학약품, 고압가스 등의 액체화물을 운송하기 위해 설계된 컨테이너를 말한다.
⑤ 컨테이너화물의 하역에는 LO-LO(Lift On/Lift Off) 방식만 적용 가능하다.

097 복합운송주선인(Forwarder)에 관한 설명으로 옳지 않은 것은?
① 송화인으로부터 화물을 인수하여 수화인에게 인도할 때까지 화물의 적재, 운송, 보관 등의 업무를 주선한다.
② 우리나라에서 복합운송주선인은 해상화물은 물론 항공화물도 주선할 수 있다.
③ 복합운송주선인 스스로는 운송계약의 주체가 될 수 없으며, 송화인의 주선인으로서 활동한다.
④ 복합운송주선인의 주요 업무는 화물의 집화, 분류, 수배송 및 혼재작업 등이다.
⑤ 복합운송주선인은 화주를 대신하여 보험계약을 체결하기도 한다.

098 항공화물운송의 특성에 관한 설명으로 옳은 것은?
① 국내항공화물운송과 달리 국제항공화물운송은 대부분 왕복운송형태를 보이고 있다.
② 국제항공화물운송은 송화인이 의뢰한 화물을 그대로 벌크형태로 탑재하기 때문에 지상조업이 거의 필요하지 않다.
③ 항공화물운송은 주간운송에 집중되는 경향이 있다.
④ 신문, 잡지, 정기간행물 등과 같이 판매시기가 한정된 품목도 항공화물운송의 주요 대상이다.
⑤ 해상화물운송과 달리 항공화물운송은 운송 중 매각을 위해 유통성 권리증권인 항공화물운송장(Air Waybill)이 널리 활용되고 있다.

099 항공화물운송의 탑재방식에 관한 설명으로 옳지 않은 것은?
① 컨테이너와 파렛트는 항공화물의 단위탑재에 사용된다.
② 항공화물의 단위탑재 시 고급의류는 컨테이너에 적재하는 것이 적합하다.
③ 여객기에 탑재하는 벨리카고(Belly Cargo)는 파렛트를 활용한 단위탑재만 가능하다.
④ 항공화물의 단위탑재 시 기계부품은 파렛트에 적재하는 것이 적합하다.
⑤ 이글루(Igloo)도 항공화물의 단위탑재 용기이다.

100 최근 국제항공화물운송의 환경 변화에 관한 설명으로 옳지 않은 것은?
① 송화인의 항공화물운송 의뢰는 대부분 항공화물운송주선인(Air Freight Forwarder)에 의해 이루어지고 있다.
② 코로나19 등으로 인해 항공화물운송료가 급등하고 있어 전체 물동량은 줄어들고 있다.
③ 아마존과 같은 국제전자상거래업체의 성장으로 GDC(Global Distribution Center) 관련 항공화물이 증가하고 있다.
④ 국제항공화물운송에서 신선화물이 증가하고 있다.
⑤ 우리나라 인천국제공항의 국제항공 환적화물 비중이 크게 증가하고 있다.

101 국제해상 컨테이너화물의 운송형태에 관한 설명으로 옳지 않은 것은?
① 컨테이너화물은 컨테이너 1개의 만재 여부에 따라 FCL(Full Container Load)과 LCL(Less than Container Load)화물로 대별할 수 있다.
② CY → CY (FCL → FCL)운송 : 수출지 CY에서 수입지 CY까지 FCL형태로 운송되며, 컨테이너운송의 장점을 최대한 살릴 수 있는 방식이다.
③ CFS → CFS (LCL → LCL)운송 : 수출지 CFS에서 수입지 CFS까지 운송되며, 운송인이 다수의 송화인으로부터 LCL화물을 모아 혼재하여 운송하는 방식이다.
④ CFS → CY (LCL → FCL)운송 : 운송인이 다수의 송화인으로부터 화물을 모아 수출지 CFS에서 혼재하여 FCL로 만들고, 수입지 CY에서 분류하지 않고 그대로 수화인에게 인도하는 형태이다.
⑤ CY → CFS (FCL → LCL)운송 : 수출지 CY로부터 수입지 CFS까지 운송하는 방식으로, 다수의 송화인과 다수의 수화인 구조를 갖고 있다.

102 국제항공기구와 조약에 관한 설명으로 옳은 것은?
 ① 국제항공운송에 관한 대표적인 조약으로는 Hague규칙(1924), Montreal조약(1999) 등이 있다.
 ② 국제항공기구로는 대표적으로 FAI(1905), IATA(1945), ICAO(1947) 등이 있다.
 ③ ICAO(1947)는 국제정기항공사가 중심이 된 민간단체이지만, IATA(1945)는 정부간 국제협력기구이다.
 ④ Warsaw조약(1929)은 항공기에 의해 유무상으로 행하는 수화물 또는 화물의 모든 국내외운송에 적용된다.
 ⑤ ICAO(1947)의 설립목적은 전 세계의 국내외 민간 및 군용항공기의 안전과 발전을 도모하는 데 있다.

103 다음은 FCL 컨테이너화물의 선적절차이다. 순서대로 올바르게 나열한 것은?

> ㄱ. 공컨테이너 반입요청 및 반입
> ㄴ. D/R(부두수취증)과 CLP(컨테이너 내부 적부도) 제출
> ㄷ. Pick-up 요청과 내륙운송 및 CY 반입
> ㄹ. B/L(선화증권) 수령 및 수출대금 회수
> ㅁ. 공컨테이너에 화물적입 및 CLP(컨테이너 내부 적부도) 작성

 ① ㄱ → ㄴ → ㄷ → ㅁ → ㄹ
 ② ㄱ → ㅁ → ㄴ → ㄷ → ㄹ
 ③ ㄱ → ㅁ → ㄷ → ㄴ → ㄹ
 ④ ㅁ → ㄱ → ㄷ → ㄴ → ㄹ
 ⑤ ㅁ → ㄷ → ㄱ → ㄴ → ㄹ

104 국제복합운송에 관한 설명으로 옳은 것은?
 ① 국제복합운송이라는 용어는 대표적인 국제복합운송 관련 조약인 바르샤바조약(1929)에서 처음 사용되었다.
 ② 국제복합운송의 요건으로 하나의 운송계약, 하나의 책임주체, 단일의 운임, 단일의 운송수단 등을 들 수 있다.
 ③ 국제복합운송이란 국가 간 두 가지 이상의 동일한 운송수단을 이용하여 운송하는 것이다.
 ④ 컨테이너운송의 발달은 국제복합운송 발달의 계기가 되었다.

⑤ 복합운송 시에는 운송 중 물품 매각이 불필요하기 때문에 복합운송증권은 비유통성 기명식으로 발행되는 것이 일반적이다.

105 다음 중 헤이그규칙상의 선화증권 법정기재사항으로 옳은 것을 모두 고른 것은?

ㄱ. 주요한 화인
ㄴ. 여러 통의 선화증권을 발행할 때의 그 원본의 수
ㄷ. 선화증권의 발행지
ㄹ. 송화인의 명칭
ㅁ. 물품의 외관상태
ㅂ. 송화인이 서면으로 제출한 포장물품의 개수, 수량 또는 중량

① ㄱ, ㄴ, ㄷ
② ㄱ, ㄷ, ㄹ
③ ㄱ, ㅁ, ㅂ
④ ㄴ, ㄹ, ㅂ
⑤ ㄴ, ㅁ, ㅂ

106 항공화물운송장의 설명으로 옳지 않은 것은?

① 항공화물운송장의 원본은 적색, 청색, 녹색 3통이 발행된다.
② 항공화물운송장 원본 2는 적색으로 발행되며, 송화인용이다.
③ 항공화물운송장은 수출입신고 및 통관자료로 사용될 수 있다.
④ 항공화물운송장 원본 3은 화물수취증의 기능을 가진다.
⑤ 항공화물운송장 사본 4는 수화인의 화물수령 증거가 된다.

107 다음에서 설명하는 물류보안 제도는?

○ 공급사슬 전반에 걸친 보안을 보장하기 위하여 제조업자뿐만 아니라 창고보관업자, 운송업자, 서비스업자 등 공급사슬에 참여하는 모든 조직의 보안 사항을 심사하여 인증하는 제도
○ 보안 심사 내용은 일반사항, 보안경영방침, 보안위험평가 및 기획·실행·운영, 점검 및 시정조치, 경영검토 그리고 지속적인 개선 등 6가지임

① CSI
② C-TPAT
③ ISPS CODE
④ ISO 28000
⑤ AEO

108 복합운송증권의 특징으로 옳은 것은?

① 복합운송증권은 운송인이 송화인으로부터 화물을 인수한 시점에 발행된다.
② 복합운송증권은 운송주선인이 발행할 수 없다.
③ 복합운송증권상의 복합운송인의 책임구간은 화물 선적부터 최종 목적지에서 양륙할 때까지이다.
④ 복합운송증권상의 복합운송인은 화주에 대해서 구간별 분할책임을 진다.
⑤ 복합운송증권은 양도가능 형식으로만 발행된다.

109 해상화물운송장에 관한 설명으로 옳지 않은 것은?

① 해상화물운송장에는 그 운송장과 상환으로 물품을 인도한다는 취지의 문언이 없다.
② 해상화물운송장은 운송 중에 양도를 통해 화물의 전매가 가능하다.
③ 송화인은 수화인이 인도를 청구할 때까지 수화인을 자유롭게 변경할 수 있다.
④ 해상화물운송장은 운송계약의 추정적 증거서류이다.
⑤ 해상화물운송장을 사용하는 경우 그 운송장의 제출 없이도 운송인은 수화인에게 화물 인도가 가능하다.

110 항만과 공항에 관한 설명으로 옳은 것을 모두 고른 것은?

> ㄱ. Sea&Air 운송 등 상호 보완적인 기능을 위해 항만과 공항은 인접하여 위치하는 것이 좋다.
> ㄴ. 화물수요창출을 위해 항만에 인접하여 물류단지가 조성되는 것이 일반적이다.
> ㄷ. 항공화물 특성상 공항 주변에는 물류단지가 조성되지 않는 것이 일반적이다.
> ㄹ. 전 세계 네트워크 구성을 위해 공항은 Hub&Spokes 형태로 입지하고 운영하는 것이 일반적이다.
> ㅁ. 국제전자상거래업체들은 항만과 공항의 입지와 무관하게 물류센터를 확보하는 경향이 있다.

① ㄱ, ㄴ, ㄹ ② ㄱ, ㄷ, ㄹ
③ ㄴ, ㄷ, ㅁ ④ ㄴ, ㄹ, ㅁ
⑤ ㄷ, ㄹ, ㅁ

111 ICD에 관한 설명으로 옳지 않은 것은?

① 내륙의 공항 내에 설치되어 있는 시설로서 운송기지 또는 운송거점으로서의 역할이 강조되고 있다.
② 컨테이너화물의 통관, 배송, 보관, 집화 등을 수행한다.
③ 철도와 도로가 연결되는 복합운송거점으로서 대량운송을 통한 운송비를 절감할 수 있다.
④ 본래는 내륙통관기지(Inland Clearance Depot)를 의미하였으나 컨테이너화의 확산으로 내륙컨테이너기지로 성장하였다.
⑤ ICD의 이점은 운송면에서 화물의 대단위에 의한 운송효율의 향상과 항만지역의 교통 혼잡을 줄일 수 있다는 것이다.

112 Incoterms 2020에 관한 설명으로 옳지 않은 것은?

① FCA규칙에서는 매수인이 자신의 운송수단으로 물품을 운송할 수 있고, DAP규칙, DPU규칙 및 DDP규칙에서는 매도인이 자신의 운송수단으로 물품을 운송할 수 있다.
② "터미널"뿐만 아니라 어떤 장소든 목적지가 될 수 있는 현실을 강조하여 기존의 DAT규칙이 DPU규칙으로 변경되었다.
③ CFR규칙에서는 인도장소에 대한 합의가 없는 경우, 인천에서 부산까지는 피더선으로, 부산에서 롱비치까지는 항양선박(Ocean Vessel)으로 운송한다면 위험은 인천항의 선박적재 시에 이전한다.
④ 선적전 검사비용은 EXW규칙의 경우 매수인이 부담하고, DDP규칙의 경우 매도인이 부담한다.
⑤ FOB규칙에서 매수인에 의해 지정된 선박이 물품을 수령하지 않은 경우 물품이 계약물품으로서 특정되어 있지 않더라도 합의된 인도기일부터 매수인은 위험을 부담한다.

113 관세법상 보세운송에 관한 설명으로 옳지 않은 것은?

① 보세운송을 하려는 자는 물품의 감시 등을 위하여 필요하다고 인정하여 대통령령으로 정하는 경우 세관장에게 보세운송신고를 하여야 한다.
② 보세운송의 신고는 화주의 명의로 할 수 있다.
③ 세관장은 보세운송물품의 감시·단속을 위하여 필요하다고 인정될 때에는 관세청장이 정하는 바에 따라 운송통로를 제한할 수 있다.

④ 보세운송 신고를 한 자는 해당 물품이 운송목적지에 도착하였을 때 도착지의 세관장에게 보고하여야 한다.
⑤ 수출신고가 수리된 물품은 관세청장이 따로 정하는 것을 제외하고는 보세운송 절차를 생략한다.

114 관세법상 수출입신고를 생략하게 하거나 관세청장이 정하는 간소한 방법으로 신고하게 할 수 있는 물품에 해당되지 않는 것은?
① 휴대품
② 탁송품
③ 우편물
④ 별송품
⑤ 해외로 수출하는 운송수단

115 Incoterms 2020의 CIP와 CIF규칙에서 당사자 간에 합의가 없는 경우 매도인이 매수인을 위하여 부보하여야 하는 보험조건에 대하여 올바르게 연결된 것은?
① CIP의 경우 ICC (A) - CIF의 경우 ICC (B)
② CIP의 경우 ICC (A) - CIF의 경우 ICC (C)
③ CIP의 경우 ICC (B) - CIF의 경우 ICC (A)
④ CIP의 경우 ICC (B) - CIF의 경우 ICC (B)
⑤ CIP의 경우 ICC (C) - CIF의 경우 ICC (A)

116 Incoterms 2020에서 물품의 양륙에 관한 설명으로 옳지 않은 것은?
① FCA규칙에서 매도인의 구내가 아닌 그 밖의 장소에서 물품의 인도가 이루어지는 경우 매도인은 도착하는 운송수단으로부터 물품을 양륙할 의무가 없다.
② FOB규칙에서 목적항에서 물품의 양륙비용은 매수인이 지급한다.
③ CPT규칙에서 목적지에서 물품의 양륙비용을 운송계약에서 매도인이 부담하기로 한 경우에는 매도인이 이를 부담하여야 한다.
④ DAP규칙에서 매도인이 운송계약에 따라 목적지에서 물품의 양륙비용을 부담한 경우 별도의 합의가 없다면 매수인으로부터 그 양륙비용을 회수할 수 있다.
⑤ DPU규칙에서 목적지에서 물품의 양륙비용은 매도인이 부담하여야 한다.

117. 위부(Abandonment)에 관한 설명으로 옳지 않은 것은?

① 위부의 통지는 피보험자가 손해를 추정전손으로 처리하겠다는 의사표시이다.
② 위부는 피보험자가 잔존물에 대한 모든 권리를 보험자에게 이전하고 전손보험금을 청구하는 행위이다.
③ 피보험자의 위부통지를 보험자가 수락하게 되면 잔존물에 대한 일체의 권리는 보험자에게 이전된다.
④ 피보험자가 위부통지를 하지 않으면 손해는 분손으로 처리된다.
⑤ 보험목적물이 전멸하여 보험자가 회수할 잔존물이 없더라도 위부를 통지하여야 한다.

118. 공동해손(General Average)이 발생한 경우 이를 정산하기 위하여 사용되는 국제규칙은?

① Uniform Rules for Collection
② York-Antwerp Rules
③ International Standby Practices
④ Rotterdam Rules
⑤ Uniform Rules for Demand Guarantees

119. 무역계약조건 중 선적조건에 관한 설명으로 옳은 것은?

① 계약에서 선적횟수와 선적수량을 구체적으로 나누어 약정한 경우를 분할선적이라고 한다.
② UCP 600에서는 신용장이 분할선적을 금지하고 있더라도 분할선적은 허용된다.
③ UCP 600에서는 동일한 장소 및 일자, 동일한 목적지를 위하여 동일한 특송운송업자가 서명한 것으로 보이는 둘 이상의 특송화물수령증의 제시는 분할선적으로 보지 않는다.
④ UCP 600에서는 신용장이 환적을 금지하고 있다면 물품이 선화증권에 입증된 대로 컨테이너에 선적된 경우라도 환적은 허용되지 않는다.
⑤ UCP 600에서는 신용장이 환적을 금지하고 있는 경우에는 환적이 행해질 수 있다고 표시하고 있는 항공운송서류는 수리되지 않는다.

120 우리나라 중재법상 중재에 관한 설명으로 옳지 않은 것은?
① 중재합의의 당사자는 중재절차의 진행 중에는 법원에 보전처분을 신청할 수 없다.
② 중재인의 수는 당사자 간의 합의로 정하되, 합의가 없으면 3명으로 한다.
③ 당사자 간에 다른 합의가 없으면 중재인은 국적에 관계없이 선정될 수 있다.
④ 당사자 간에 다른 합의가 없는 경우 중재절차는 피신청인이 중재요청서를 받은 날부터 시작된다.
⑤ 중재절차의 진행 중에 당사자들이 화해한 경우 중재판정부는 그 절차를 종료한다.

제2교시

제4과목 보관하역론

001 보관의 기능에 관한 설명으로 옳지 않은 것은?
① 시간적 효용을 창출한다.
② 운송과 배송을 원활하게 연계한다.
③ 제품에 대한 장소적 효용을 창출한다.
④ 생산의 평준화와 안정화를 지원한다.
⑤ 재고를 보유하여 고객 수요에 대응한다.

002 물류센터 입지 선정 단계에서 우선적으로 고려해야 할 사항이 아닌 것은?
① 지가(地價)
② 운송비
③ 시장 규모
④ 각종 법적 규제 사항
⑤ 제품의 보관 위치 할당

003 보관의 원칙에 관한 내용이다. ( )에 들어갈 알맞은 내용은?

(ㄱ) : 보관 및 적재된 제품의 장소, 선반 번호의 위치를 표시하여 입출고와 재고 작업의 효율화를 높이는 원칙

(ㄴ) : 입출고 빈도가 높은 화물은 출입구 가까운 장소에, 낮은 화물은 출입구로부터 먼 장소에 보관하는 원칙
(ㄷ) : 관련 품목을 한 장소에 모아서 계통적으로 분리하여 보관하는 원칙

① ㄱ: 위치표시의 원칙, ㄴ: 형상 특성의 원칙, ㄷ: 네트워크보관의 원칙
② ㄱ: 선입선출의 원칙, ㄴ: 동일성·유사성의 원칙, ㄷ: 형상 특성의 원칙
③ ㄱ: 위치표시의 원칙, ㄴ: 회전대응보관의 원칙, ㄷ: 네트워크보관의 원칙
④ ㄱ: 선입선출의 원칙, ㄴ: 중량특성의 원칙, ㄷ: 위치표시의 원칙
⑤ ㄱ: 회전대응보관의 원칙, ㄴ: 중량특성의 원칙, ㄷ: 선입선출의 원칙

004 다음이 설명하는 물류센터 입지결정 방법은?

수요지와 공급지 간의 거리와 물동량을 고려하여 물류센터 입지를 결정하는 기법이다.

① 총비용 비교법
② 무게 중심법
③ 비용편익분석법
④ 브라운깁슨법
⑤ 손익분기 도표법

005 다음이 설명하는 물류시설은?

수출입 통관업무, 집하 및 분류 기능을 수행하며 트럭회사, 포워더(Forwarder) 등을 유치하여 운영하므로 내륙 항만이라고도 부른다.

① ICD(Inland Container Depot)
② CY(Container Yard)
③ 지정장치장
④ 보세장치장
⑤ CFS(Container Freight Station)

006 복합화물터미널에 관한 설명으로 옳지 않은 것은?
① 마샬링(Marshalling) 기능과 선박의 양하 작업을 수행한다.
② 운송화물을 발송지 및 화주별로 혼재 처리하여 운송 효율을 높인다.
③ 두 종류 이상의 운송수단을 연계하여 화물을 운송한다.

④ 창고, 유통가공시설 등의 다양한 물류기능을 수행하는 시설이 있다.
⑤ 운송수단 예약, 화물의 운행 및 도착 정보를 제공하는 화물정보센터로서의 역할을 한다.

007 물류센터 건립 단계에 관한 설명으로 옳지 않은 것은?
① 입지분석단계 : 지역분석, 시장분석, 정책 및 환경 분석, SWOT 분석을 수행한다.
② 기능분석단계 : 취급 물품의 특성을 감안하여 물류센터기능을 분석한다.
③ 투자효과분석단계 : 시설 규모 및 운영 방식, 경제적 측면의 투자 타당성을 분석한다.
④ 기본설계단계 : 구체적인 레이아웃과 작업방식, 물류비용 정산방법을 설계한다.
⑤ 시공운영단계 : 토목과 건축 시공이 이루어지고 테스트와 보완 후 운영한다.

008 물류센터를 설계할 때 고려할 요인을 모두 고른 것은?

ㄱ. 입하능력	ㄴ. 출하시간
ㄷ. 물품 취급횟수	ㄹ. 보관 면적

① ㄱ, ㄴ
② ㄱ, ㄷ
③ ㄷ, ㄹ
④ ㄴ, ㄷ, ㄹ
⑤ ㄱ, ㄴ, ㄷ, ㄹ

009 시중에서 유통되는 '콜라'의 물류특성(보관점수는 적고, 보관수량과 회전수는 많음)을 아래 그림의 보관유형으로 나타낼 때 순서대로 옳게 나타낸 것은?

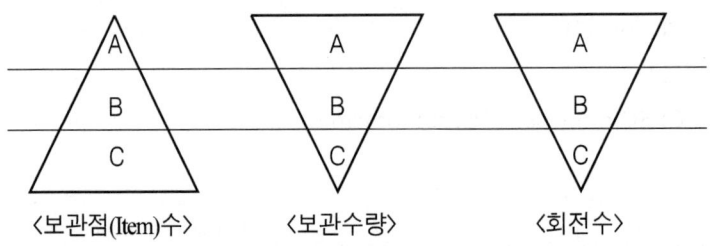

① A - A - A
② A - B - C
③ C - A - A
④ C - B - A
⑤ C - C - C

010 피킹 방식에 관한 설명으로 옳지 않은 것은?

① 디지털 피킹(Digital Picking) : 피킹 물품을 전표없이 피킹하는 방식으로 다품종 소량, 다빈도 피킹작업에 효과적이다.
② 차량탑승피킹 : 파렛트 단위로 피킹하는 유닛로드시스템(Unit Load System)이며, 피킹트럭에 탑승하여 피킹함으로써 보관시설의 공간활용도가 낮다.
③ 존 피킹(Zone Picking) : 여러 피커가 피킹 작업범위를 정해두고, 본인 담당 구역의 물품을 골라서 피킹하는 방식이다.
④ 일괄피킹 : 여러 건의 주문을 모아서 일괄적으로 피킹하는 방식이다.
⑤ 릴레이 피킹(Relay Picking) : 피킹 전표에서 해당 피커가 담당하는 품목만을 피킹하고, 다음 피커에게 넘겨주는 방식이다.

011 자동분류시스템에 관한 설명으로 옳지 않은 것은?

① 다이버터(Diverter) 방식은 팝업 방식에 비하여 구조가 상대적으로 복잡하다.
② 팝업(Pop-up) 방식은 여러 개의 롤러(Roller)나 휠(Wheel) 등을 이용하여 물품이 컨베이어의 특정 위치를 지나갈 때 그 물품을 들어 올려서 방향을 바꾸는 방식이다.
③ 다이버터(Diverter) 방식은 다이버터를 사용하여 물품이 이동할 때 가로막아 방향을 바꾸는 방식이다.
④ 트레이(Tray) 방식은 분류해야 할 물품이 담긴 트레이를 기울여서 물품의 위치를 아래로 떨어트리는 방식이다.
⑤ 슬라이딩슈(Sliding Shoe) 방식은 트레이 방식에 비하여 물품의 전환 흐름이 부드러워 상대적으로 물품의 손상 가능성이 낮다.

012 컨테이너터미널 운영방식에 관한 설명으로 옳은 것을 모두 고른 것은?

> ㄱ. 새시 방식(Chassis System) : 컨테이너를 새시 위에 적재한 상태로, 필요할 때 이송하는 방식이다.
> ㄴ. 트랜스테이너 방식(Transtainer System) : 트랜스퍼 크레인(Transfer Crane)을 활용하여 컨테이너를 이동하는 방식으로 자동화가 어렵다.
> ㄷ. 스트래들 캐리어 방식(Straddle Carrier System) : 컨테이너를 스트래들 캐리어의 양다리 사이에 끼우고 자유로이 운반하는 방식이다.

① ㄱ　　② ㄴ　　③ ㄱ, ㄴ　　④ ㄱ, ㄷ　　⑤ ㄱ, ㄴ, ㄷ

013 자동창고(AS/RS)에 관한 설명으로 옳은 것은?

① 스태커 크레인(Stacker Crane) : 창고의 통로 공간을 수평 방향으로만 움직이는 저장/반출 기기이다.
② 단일명령(Single Command) 방식 : 1회 운행으로 저장과 반출 작업을 동시에 수행하는 방식이다.
③ 이중명령(Dual Command) 방식 : 2회 운행으로 저장과 반출 작업을 순차적으로 모두 수행하는 방식이다.
④ 임의위치저장(Randomized Storage) 방식 : 물품의 입출고 빈도에 상관없이 저장위치를 임의로 결정하는 방식이다.
⑤ 지정위치저장(Dedicated Storage) 방식 : 물품의 입출고 빈도를 기준으로 저장위치를 등급(Class)으로 나누고 등급별로 저장위치를 결정하는 방식이다.

014 물류센터의 기능을 모두 고른 것은?

> ㄱ. 조립 및 유통 가공
> ㄴ. 상품의 보호를 위한 포장
> ㄷ. 입출고를 원활하게 하기 위한 오더피킹

① ㄱ
② ㄴ
③ ㄱ, ㄴ
④ ㄴ, ㄷ
⑤ ㄱ, ㄴ, ㄷ

015 창고관리시스템(WMS)을 자체 개발이 아닌, 기성제품(패키지)을 구매할 경우 고려해야 할 요인이 아닌 것은?

① 커스터마이징(customizing) 용이성
② 기성제품(패키지)의 개발 배경
③ 초기투자비용
④ 기존 자사 물류정보시스템과의 연계성
⑤ 유지보수비용

016 수요지에 제품을 공급하기 위한 물류센터와 각 수요지의 위치 좌표(x, y), 그리고 일별 배송횟수가 다음의 표와 같이 주어져 있다. 물류센터와 수요지 간 일별 총이동거리를 계산한 결과는? (단, 이동거리는 직각거리(rectilinear distance)로 계산한다.)

구 분	위치 좌표 (단위 : km)		배송횟수 (회/일)
	X	Y	
물류센터	6	4	
수요지 1	3	8	2
수요지 2	8	2	3
수요지 3	2	5	2

① 28 km ② 36 km ③ 38 km ④ 42 km ⑤ 46 km

017 랙(Rack)에 관한 설명으로 옳지 않은 것은?
① 드라이브스루랙(Drive-through Rack) : 지게차가 랙의 한 방향으로 진입해서 반대방향으로 퇴출할 수 있는 랙이다.
② 캔틸레버랙(Cantilever Rack) : 긴 철재나 목재의 보관에 효율적인 랙이다.
③ 적층랙(Mazzanine Rack) : 천정이 높은 창고의 공간 활용도를 높이기 위한 복층구조의 랙이다.
④ 실렉티브랙(Selective Rack) : 경량 다품종 물품의 입출고에 적합한 수평 또는 수직의 회전랙이다.
⑤ 플로우랙(Flow Rack) : 적입과 인출이 반대 방향에서 이루어지는 선입선출이 효율적인 랙이다.

018 컨테이너터미널의 시설에 관한 설명으로 옳지 않은 것은?
① CFS(Container Freight Station) : LCL화물의 적입(Stuffing)과 FCL화물의 분리(Stripping) 작업을 할 수 있는 시설이다.
② 선석(Berth) : 컨테이너 선박이 접안할 수 있는 시설이다.
③ 에이프런(Apron) : 야드트럭이 하역작업을 하거나 컨테이너크레인이 주행할 수 있도록 안벽을 따라 일정한 폭으로 포장된 공간이다.
④ 마샬링야드(Marshalling Yard) : 컨테이너의 자체검사, 보수, 사용 전후 청소 등을 수행하는 공간이다.
⑤ 컨트롤센터(Control Center) : 본선 하역작업이나 야드의 컨테이너 배치를 계획하고 통제 감독하는 시설이다.

019 항공운송에서 사용되는 하역장비에 관한 설명으로 옳지 않은 것은?
① 리프트로더(Lift Loader) : 파렛트를 항공기 적재공간 밑바닥 높이까지 들어올려 기내에 탑재하기 위한 기기이다.
② 소터(Sorter) : 비교적 소형화물을 행선지별, 인도지별로 구분하는 장치로서 통상 컨베이어와 제어장치 등으로 구성된다.
③ 돌리(Dolly) : 파렛트를 운반하기 위한 차대로서 자체 기동력은 없고 Tug Car에 연결되어 사용된다.
④ 트랜스포터(Transporter) : 항공기에서 내린 ULD(Unit Load Device)를 터미널까지 수평 이동하는 데 사용하는 장비이다.
⑤ 컨투어게이지(Contour Gauge) : 파렛트에 적재가 끝난 후 적재된 파렛트의 무게를 계량하기 위하여 트레일러에 조립시켜 놓은 장치이다.

020 생수를 판매하는 P사는 지수평활법을 이용하여 8월 판매량을 55,400병으로 예측하였으나, 실제 판매량은 56,900병이었다. 지수평활법에 의한 9월의 생수판매량 예측치는? [단, 평활상수(α)는 0.6을 적용한다.]
① 54,200병 ② 54,900병
③ 55,400병 ④ 55,800병
⑤ 56,300병

021 S업체는 경제적주문량(EOQ : Economic Order Quantity)모형을 이용하여 발주량을 결정하고자 한다. 아래와 같이 연간 수요량이 60% 증가하고, 연간 단위당 재고유지비용이 20% 감소한다고 할 때, 증감하기 전과 비교하여 EOQ는 얼마나 변동되는가? (단, $\sqrt{2}$ =1.414, $\sqrt{3}$ =1.732, $\sqrt{5}$ =2.236이며, 계산한 값은 소수점 첫째자리에서 반올림한다.)

○ 연간 수요량 : 4,000개
○ 1회 주문비용 : 400원
○ 연간 단위당 재고유지비용 : 75원

① 14% 증가 ② 24% 증가
③ 41% 증가 ④ 73% 증가
⑤ 124% 증가

022
다음은 L사의 연도별 휴대전화 판매량을 나타낸 것이다. 2021년 휴대전화 수요를 예측한 값으로 옳은 것은? (단, 단순이동평균법의 경우 이동기간(n)은 3년 적용, 가중이동평균법의 경우 가중치는 최근 연도로부터 0.5, 0.3, 0.2를 적용, 지수평활법의 경우 평활상수(α)는 0.4를 적용, 모든 예측치는 소수점 둘째자리에서 반올림한다.)

연도	판매량(만대)	수요예측치(만대)		
		단순이동평균법	가중이동평균법	지수평활법
2018	36			
2019	34			
2020	37			39
2021		(ㄱ)	(ㄴ)	(ㄷ)

① ㄱ: 32.7, ㄴ: 34.4, ㄷ: 38.2
② ㄱ: 34.9, ㄴ: 34.4, ㄷ: 37.2
③ ㄱ: 35.7, ㄴ: 34.9, ㄷ: 38.2
④ ㄱ: 35.7, ㄴ: 35.9, ㄷ: 36.9
⑤ ㄱ: 35.7, ㄴ: 35.9, ㄷ: 38.2

023
구매방식에 관한 설명으로 옳은 것은?
① 분산구매방식은 본사의 공통품목을 일괄적으로 구매하기에 적합하다.
② 집중구매방식은 분산구매방식보다 사업장별 독립적 구매가 가능하다.
③ 분산구매방식은 구매량에 따라 가격차가 큰 품목의 대량 구매에 적합하다.
④ 집중구매방식은 수요량이 많은 품목에 적합하다.
⑤ 분산구매방식은 집중구매방식보다 대량 구매가 이루어지기 때문에 가격 및 거래조건이 유리하다.

024
채찍효과(Bullwhip Effect)의 해소 방안이 아닌 것은?
① 리드타임을 길게 설정
② 공급사슬 주체 간 실시간 정보공유
③ VMI(Vendor Managed Inventory)의 사용
④ EDLP(Every Day Low Pricing)의 적용
⑤ 협력계획, 예측 및 보충(CPFR : Collaborative Planning, Forecasting, and Replenishment)의 적용

025 재고관리의 장점이 아닌 것은?
① 실제 재고량 파악
② 불확실성에 대한 대비
③ 상품 공급의 지연(delay)
④ 가용 제품 확대를 통한 고객서비스 달성
⑤ 수요와 공급의 변동성 대응

026 포장의 원칙이 아닌 것은?
① 표준화의 원칙 ② 통로대면의 원칙
③ 재질 변경의 원칙 ④ 단위화의 원칙
⑤ 집중화의 원칙

027 JIT(Just In Time) 시스템에 관한 설명으로 옳은 것은?
① 한 작업자에게 업무가 할당되는 단일 기능공 양성이 필수적이다.
② 효과적인 Push 시스템을 구현할 수 있다.
③ 비반복적 생산시스템에 적합하다.
④ 불필요한 부품 및 재공품재고를 없애는 것을 목표로 한다.
⑤ 제조 준비 시간이 길어진다.

028 화인(Mark)에 관한 설명으로 옳은 것을 모두 고른 것은?

> ㄱ. 주화인(Main Mark) : 다른 화물과의 식별을 용이하게 하기 위하여 외장에 특정의 기호(Symbol)를 표시
> ㄴ. 포장번호(Case Number) : 주화인만으로 다른 화물과 식별이 어려울 때 생산자 또는 공급자의 약자를 보조적으로 표시
> ㄷ. 항구표시(Port Mark) : 선적과 양하작업이 용이하도록 도착항을 표시
> ㄹ. 원산지표시(Origin Mark) : 당해 물품의 원자재까지 모두 원산지를 표시

① ㄱ, ㄴ ② ㄱ, ㄷ ③ ㄴ, ㄷ ④ ㄴ, ㄹ ⑤ ㄷ, ㄹ

029 정성적 수요예측 기법이 아닌 것은?
① 델파이법
② 시장조사법
③ 회귀분석법
④ 역사적 유추법
⑤ 패널조사법

030 다음이 설명하는 파렛트 적재방식은?

> (ㄱ) : 각 단의 쌓아 올리는 모양과 방향이 모두 같은 일렬 적재방식
> (ㄴ) : 동일한 단내에서는 동일한 방향으로 물품을 나란히 쌓지만, 단별로는 방향을 직각(90도)으로 바꾸거나 교대로 겹쳐쌓는 적재방식

① ㄱ: 블록적재방식,   ㄴ: 교대배열적재방식
② ㄱ: 블록적재방식,   ㄴ: 벽돌적재방식
③ ㄱ: 교대배열적재방식, ㄴ: 스플릿적재방식
④ ㄱ: 스플릿적재방식, ㄴ: 벽돌적재방식
⑤ ㄱ: 스플릿적재방식, ㄴ: 교대배열적재방식

031 하역의 기계화와 표준화를 위해 고려해야 할 사항이 아닌 것은?
① 환경영향을 고려해야 한다.
② 물류합리화의 관점에서 추진되어야 한다.
③ 안전성을 고려하여 추진되어야 한다.
④ 특정 화주의 화물을 대상으로 추진되어야 한다.
⑤ 생산자, 제조업자, 물류업자와 관련 당사자의 상호협력을 고려하여야 한다.

032 파렛트 풀(Pallet Pool)에 관한 설명으로 옳지 않은 것은?
① 물류합리화와 물류비 절감이 가능하다.
② 비수기에 불필요한 파렛트 비용을 절감할 수 있다.
③ 파렛트 회수관리의 일원화에 어려움이 있다.
④ 파렛트 규격의 표준화가 필요하다.
⑤ 지역적, 계절적 수요 변동에 대응이 가능하다.

033 하역기기 선정 기준으로 옳지 않은 것은?
① 에너지 효율성
② 하역기기의 안전성
③ 작업량과 작업 특성
④ 하역물품의 원산지
⑤ 취급 품목의 종류

034 다음이 설명하는 시스템은?

> 화물을 품종별, 발송처별, 고객별, 목적지별로 제품을 식별·구분하는 시스템으로 고객의 소량·다빈도 배송요구가 다양해짐에 따라 중요도가 높아지고 있다.

① 운반시스템
② 분류시스템
③ 반입시스템
④ 반출시스템
⑤ 적재시스템

035 다음이 설명하는 파렛트 풀 시스템의 운영방식은?

> (ㄱ) : 현장에서 파렛트를 즉시 교환하지 않고 일정 시간 내에 동일한 수량의 파렛트를 반환하는 방식이다.
> (ㄴ) : 파렛트의 이용자가 교환을 위한 동일한 수량의 파렛트를 준비해 놓을 필요가 없는 방식이다.
> (ㄷ) : 파렛트를 동시에 교환하여 사용하는 것으로 언제나 교환에 응할 수 있도록 파렛트를 준비해 놓아야 하는 방식이다.

① ㄱ: 대차결제방식,   ㄴ: 리스·렌탈방식,   ㄷ: 즉시교환방식
② ㄱ: 대차결제방식,   ㄴ: 즉시교환방식,   ㄷ: 교환·리스병용방식
③ ㄱ: 리스·렌탈방식,   ㄴ: 교환·리스병용방식,   ㄷ: 대차결제방식
④ ㄱ: 리스·렌탈방식,   ㄴ: 대차결제방식,   ㄷ: 교환·리스병용방식
⑤ ㄱ: 교환·리스병용방식,   ㄴ: 리스·렌탈방식,   ㄷ: 즉시교환방식

036 하역작업과 관련된 용어의 설명으로 옳지 않은 것은?
① 더니지(Dunnage) : 운송기기에 실려진 화물이 손상, 파손되지 않도록 밑바닥에 까는 물건을 말한다.
② 래싱(Lashing) : 운송기기에 실려진 화물을 줄로 고정시키는 작업을 말한다.

③ 스태킹(Stacking) : 화물을 보관시설 또는 장소에 쌓는 작업을 말한다.
④ 피킹(Picking) : 보관 장소에서 화물을 꺼내는 작업을 말한다.
⑤ 배닝(Vanning) : 파렛트에 화물을 쌓는 작업을 말한다.

037 유닛로드 시스템(Unit Load System)에 관한 설명으로 옳지 않은 것은?
① 운송장비, 하역장비의 표준화가 선행되어야 한다.
② 파렛트, 컨테이너를 이용하는 방법이 있다.
③ 화물을 일정한 중량 또는 용적으로 단위화하는 시스템을 말한다.
④ 하역의 기계화를 통한 하역능력의 향상으로 운송수단의 회전율을 높일 수 있다.
⑤ 파렛트는 시랜드사가 최초로 개발한 단위적재기기이다.

038 하역장비에 관한 설명으로 옳지 않은 것은?
① 언로우더(Unloader) : 철광석, 석탄 및 석회석과 같은 벌크(Bulk) 화물을 하역하는 데 사용된다.
② 톱 핸들러(Top Handler) : 공(empty) 컨테이너를 적치하는 데 사용된다.
③ 스트래들 캐리어(Straddle Carrier) : 부두의 안벽에 설치되어 선박에 컨테이너를 선적하거나 하역하는 데 사용된다.
④ 트랜스퍼 크레인(Transfer Crane) : 컨테이너를 적재하거나 다른 장소로 이송 및 반출하는 데 사용된다.
⑤ 천정 크레인(Overhead Travelling Crane) : 크레인 본체가 천장을 주행하며 화물을 상하로 들어 올려 수평 이동하는 데 사용된다.

039 하역합리화의 수평직선 원칙에 해당하는 것은?
① 하역기기를 탄력적으로 운영하여야 한다.
② 운반의 혼잡을 초래하는 요인을 제거하여 하역작업의 톤·킬로를 최소화하여야 한다.
③ 불필요한 물품의 취급을 최소화하여야 한다.
④ 하역작업을 표준화하여 효율성을 추구하여야 한다.
⑤ 복잡한 시설과 하역체계를 단순화하여야 한다.

040 하역에 관한 설명으로 옳은 것은?
① 제품에 대한 형태효용을 창출한다.
② 운반활성화 지수를 최소화해야 한다.
③ 적하, 운반, 적재, 반출 및 분류로 구성된다.
④ 화물에 대한 제조공정과 검사공정을 포함한다.
⑤ 기계화와 자동화를 통한 하역생산성 향상이 어렵다.

제5과목 물류관련법규

041 물류정책기본법상 화주의 수요에 따라 유상으로 물류활동을 영위하는 것을 업으로 하는 물류사업으로 명시되지 않은 것은?
① 물류장비의 폐기물을 처리하는 물류서비스업
② 물류터미널을 운영하는 물류시설운영업
③ 물류컨설팅의 업무를 하는 물류서비스업
④ 파이프라인을 통하여 화물을 운송하는 화물운송업
⑤ 창고를 운영하는 물류시설운영업

042 물류정책기본법상 물류현황조사에 관한 설명으로 옳지 않은 것은?
① 해양수산부장관은 물류현황조사의 결과에 따라 물류비 등 물류지표를 설정하여 물류정책의 수립 및 평가에 활용할 수 있다.
② 시·도지사는 지역물류현황조사의 효율적인 수행을 위하여 필요한 경우에는 지역물류현황조사의 일부를 전문기관으로 하여금 수행하게 할 수 있다.
③ 시·도지사는 물류기업 등에게 지역물류현황조사를 요청하는 경우 조례로 정하는 바에 따라 조사지침을 작성·통보할 수 없고, 국토교통부장관의 물류현황조사지침을 따르도록 해야 한다.
④ 국토교통부장관은 물류기업에게 물류현황조사에 필요한 자료의 제출을 요청할 수 있다.
⑤ 지역물류현황조사는「국가통합교통체계효율화법」에 따른 국가교통조사와 중복되지 아니하도록 하여야 한다.

043 물류정책기본법상 국가물류기본계획에 포함되어야 할 사항으로 명시되지 않은 것은?
① 물류관련 행정소송전략에 관한 사항
② 물류보안에 관한 사항
③ 국가물류정보화사업에 관한 사항
④ 물류시설·장비의 수급·배치 및 투자 우선순위에 관한 사항
⑤ 환경친화적 물류활동의 촉진·지원에 관한 사항

044 물류정책기본법상 위험물질운송안전관리센터의 관리대상으로 명시된 위험물질을 모두 고른 것은?

> ㄱ. 「위험물안전관리법」에 따른 위험물
> ㄴ. 「화학물질관리법」에 따른 유해화학물질
> ㄷ. 「폐기물관리법」에 따른 생활폐기물
> ㄹ. 「고압가스 안전관리법」에 따른 고압가스
> ㅁ. 「총포·도검·화약류 등 단속법」에 따른 화약류

① ㄱ, ㄴ, ㄷ
② ㄱ, ㄴ, ㄹ
③ ㄱ, ㄷ, ㅁ
④ ㄴ, ㄹ, ㅁ
⑤ ㄷ, ㄹ, ㅁ

045 물류정책기본법상 국제물류주선업에 관한 설명으로 옳은 것은?
① 국제물류주선업을 경영하려는 자는 국토교통부장관에게 등록하여야 한다.
② 피한정후견인은 국제물류주선업의 등록을 할 수 있다.
③ 국제물류주선업자가 사망한 때에는 그 상속인은 국제물류주선업의 등록에 따른 권리·의무를 승계한다.
④ 등록증 대여 등의 금지규정에 위반하여 다른 사람에게 등록증을 대여한 경우에는 시·도지사는 사업의 전부의 정지를 명할 수 있다.
⑤ 시·도지사는 국제물류주선업자가 거짓이나 그 밖의 부정한 방법으로 등록을 한 경우에는 사업의 일부의 정지를 명할 수 있다.

046 물류정책기본법령상 물류신고센터에 관한 설명으로 옳은 것은?
① 물류신고센터는 신고 내용이 명백히 거짓인 경우 접수된 신고를 종결할 수 있으며, 이 경우 종결 사유를 신고자에게 통보할 필요가 없다.
② 물류신고센터의 장은 산업통상자원부장관이 지명하는 사람이 된다.
③ 화물운송의 단가를 인하하기 위한 고의적 재입찰 행위로 발생한 분쟁에 대해서는 물류신고센터에 신고할 수 없다.
④ 물류신고센터는 신고 내용이 이미 수사나 감사 중에 있다는 이유로 접수된 신고를 종결할 수 없다.
⑤ 물류신고센터가 조정을 권고하는 경우에는 신고의 주요내용, 조정권고 내용, 조정 권고에 대한 수락 여부 통보기한, 향후 신고 처리에 관한 사항을 명시하여 서면으로 통지해야 한다.

047 물류정책기본법령상 환경친화적 물류의 촉진에 관한 설명으로 옳지 않은 것은?
① 환경친화적인 연료를 사용하는 운송수단으로 전환하는 경우는 지원의 대상이 된다.
② 물류기업과 화주기업의 환경친화적 협력체계 구축을 위한 정책과 사업의 개발 및 제안은 녹색물류협의기구의 업무에 해당한다.
③ 화물자동차의 배출가스를 저감하기 위한 장비투자를 하는 경우는 지원의 대상이 된다.
④ 선박의 배출가스를 저감하기 위한 시설투자를 하는 경우는 지원의 대상이 된다.
⑤ 녹색물류협의기구의 위원장은 국토교통부장관이 임명한다.

048 물류정책기본법상 물류관련협회에 관한 설명으로 옳지 않은 것은?
① 물류관련협회를 설립하려는 경우에는 해당 협회의 회원이 될 자격이 있는 기업 100개 이상이 발기인으로 정관을 작성하여야 한다.
② 물류관련협회를 설립하려는 경우에는 해당 협회의 회원이 될 자격이 있는 기업 150개 이상이 참여한 창립총회의 의결을 거쳐야 한다.
③ 물류관련협회를 설립하려는 경우에는 소관에 따라 국토교통부장관 또는 해양수산부장관의 설립인가를 받아야 한다.
④ 물류관련협회는 설립인가를 받아 설립등기를 함으로써 성립한다.
⑤ 물류관련협회는 법인으로 한다.

049 물류시설의 개발 및 운영에 관한 법령상 용어의 설명으로 옳지 않은 것은?

① 「철도사업법」에 따른 철도사업자가 그 사업에 사용하는 화물운송·하역 및 보관 시설은 일반물류단지 안에 설치하더라도 일반물류단지시설에 해당하지 않는다.
② 「유통산업발전법」에 따른 공동집배송센터를 경영하는 사업은 물류터미널사업에서 제외된다.
③ 「주차장법」에 따른 주차장에서 자동차를 보관하는 사업은 물류창고업에서 제외된다.
④ 화물의 집화·하역과 관련된 가공·조립 시설의 전체 바닥면적 합계가 물류터미널의 전체 바닥면적 합계의 4분의 1을 넘는 경우에는 물류터미널에 해당하지 않는다.
⑤ 물류단지시설의 운영을 효율적으로 지원하기 위하여 물류단지 안에 설치되는 금융·보험·의료 시설은 지원시설에 해당된다.

050 물류시설의 개발 및 운영에 관한 법률상 복합물류터미널사업의 등록에 관한 설명으로 옳지 않은 것은?

① 「민법」 또는 「상법」에 따라 설립된 법인은 국토교통부장관에게 등록하여 복합물류터미널사업을 경영할 수 있다.
② 복합물류터미널사업의 등록을 하려면 부지 면적이 10,000제곱미터 이상이어야 한다.
③ 복합물류터미널사업의 등록을 하려면 물류시설개발종합계획에 배치되지 않아야 한다.
④ 임원 중에 파산선고를 받고 복권되지 아니한 자가 있는 법인은 복합물류터미널사업을 등록할 수 없다.
⑤ 물류시설의 개발 및 운영에 관한 법률을 위반하여 벌금형 이상을 선고받은 후 2년이 지나지 아니한 자는 등록을 할 수 없다.

051 물류시설의 개발 및 운영에 관한 법령상 물류단지의 개발 및 운영에 관한 설명으로 옳지 않은 것은?

① 국토교통부장관은 노후화된 일반물류터미널 부지 및 인근 지역에 도시첨단물류단지를 지정할 수 있다.
② 시장·군수·구청장은 시·도지사에게 도시첨단물류단지 지정을 신청할 수 있다.

③ 국토교통부장관은 물류단지의 개발에 관한 기본지침을 작성하여 관보에 고시하여야 한다.
④ 물류단지지정권자는 도시첨단물류단지를 지정한 후 1년 이내에 물류단지 실수요 검증을 실시하여야 한다.
⑤ 도시첨단물류단지 안에서 「건축법」에 따른 건축물의 용도변경을 하려는 자는 시장·군수·구청장의 허가를 받아야 한다.

052 물류시설의 개발 및 운영에 관한 법률상 물류창고업의 등록에 관한 설명이다. ( )에 들어갈 숫자를 바르게 나열한 것은?

> 보관시설의 전체 바닥면적의 합계가 (ㄱ)제곱미터 이상이거나 보관장소의 전체면적의 합계가 (ㄴ)제곱미터 이상인 물류창고를 소유 또는 임차하여 물류창고업을 경영하려는 자는 관할 행정청에게 등록하여야 한다.

① ㄱ: 500 ㄴ: 2,500
② ㄱ: 1,000 ㄴ: 2,500
③ ㄱ: 1,000 ㄴ: 4,500
④ ㄱ: 2,000 ㄴ: 2,500
⑤ ㄱ: 2,000 ㄴ: 4,500

053 물류시설의 개발 및 운영에 관한 법령상 스마트물류센터에 관한 설명으로 옳은 것은?
① 국가 또는 지방자치단체는 스마트물류센터의 구축 및 운영에 필요한 자금의 대출 등으로 인한 금전채무의 보증한도, 보증료 등 보증조건을 우대할 수 있다.
② 스마트물류센터 인증의 유효기간은 인증을 받은 날부터 5년으로 한다.
③ 스마트물류센터 인증의 등급은 3등급으로 구분한다.
④ 스마트물류센터 예비인증은 본(本)인증에 앞서 건축물 설계에 반영된 내용을 대상으로 한다.
⑤ 스마트물류센터임을 사칭한 자에게는 과태료를 부과한다.

054 물류시설의 개발 및 운영에 관한 법령상 물류단지개발사업에 관한 설명으로 옳지 않은 것은?
① 「상법」에 따라 설립된 법인이 물류단지개발사업을 시행하는 경우에는 사업대상 토지면적의 3분의 2 이상을 매입하여야 토지등을 수용하거나 사용할 수 있다.
② 물류단지개발사업에 필요한 토지등을 수용하려면 물류단지 지정 고시가 있은

후 「공익사업을 위한 토지 등의 취득 및 보상에 관한 법률」에 따른 사업인정 및 그 고시가 있어야 한다.
③ 물류단지개발사업에 필요한 토지등의 수용 재결의 신청은 물류단지개발계획에서 정하는 사업시행기간 내에 할 수 있다.
④ 국가 또는 지방자치단체는 물류단지개발사업에 필요한 이주대책사업비의 일부를 보조하거나 융자할 수 있다.
⑤ 물류단지개발사업을 시행하는 지방자치단체는 해당 물류단지의 입주기업체 및 지원기관에게 물류단지개발사업의 일부를 대행하게 할 수 있다.

055 물류시설의 개발 및 운영에 관한 법령상 물류 교통·환경 정비지구에서 국가 또는 시·도지사가 시장·군수·구청장에게 행정적·재정적 지원을 할 수 있는 사업이 아닌 것은?
① 「화학물질관리법」에 따른 유독물 보관·저장시설의 보수·개조 또는 개량
② 도로 등 기반시설의 신설·확장·개량 및 보수
③ 「소음·진동관리법」에 따른 방음·방진시설의 설치
④ 「화물자동차 운수사업법」에 따른 공영차고지 및 화물자동차 휴게소의 설치
⑤ 「환경친화적 자동차의 개발 및 보급 촉진에 관한 법률」에 따른 전기자동차의 충전시설의 설치·정비 또는 개량

056 물류시설의 개발 및 운영에 관한 법령상 물류단지재정비사업에 관한 설명으로 옳지 않은 것은?
① 물류단지의 부분 재정비사업은 지정된 물류단지 면적의 3분의 2 미만을 재정비하는 사업을 말한다.
② 물류단지지정권자는 준공된 날부터 20년이 지나서 물류산업구조의 변화 및 물류시설의 노후화 등으로 물류단지를 재정비할 필요가 있는 경우에는 물류단지재정비사업을 할 수 있다.
③ 물류단지의 부분 재정비사업에서는 물류단지재정비계획 고시를 생략할 수 있다.
④ 물류단지지정권자는 물류단지재정비시행계획을 승인하려면 미리 입주업체 및 관계지방자치단체의 장의 의견을 듣고 관계 행정기관의 장과 협의하여야 한다.
⑤ 승인 받은 재정비시행계획에서 사업비의 100분의 10을 넘는 사업비 증감을 하고자 하면 그에 대하여 물류단지지정권자의 승인을 받아야 한다.

057 화물자동차 운수사업법령상 화물자동차 운송사업의 허가에 관한 설명으로 옳지 않은 것은?

① 30대의 화물자동차를 사용하여 화물을 운송하는 사업을 경영하려는 자는 일반 화물자동차 운송사업의 허가를 받아야 한다.
② 화물자동차 운송사업의 허가에는 조건을 붙일 수 있다.
③ 화물자동차 운송사업자가 법인인 경우 대표자를 변경하려면 변경허가를 받아야 한다.
④ 화물자동차 운송사업자가 운송약관의 변경명령을 받고 이를 이행하지 아니한 경우 증차를 수반하는 허가사항을 변경할 수 없다.
⑤ 운송사업자가 사업정지처분을 받은 경우에는 주사무소를 이전하는 변경허가를 받을 수 없다.

058 화물자동차 운수사업법령상 운송약관에 관한 설명으로 옳은 것은?

① 운송약관을 신고할 때에는 신고서에 적재물배상보험계약서를 첨부하여야 한다.
② 운송사업자는 운송약관의 신고를 협회로 하여금 대리하게 할 수 없다.
③ 시·도지사가 화물자동차 운수사업법령에서 정한 기간 내에 신고수리 여부를 신고인에게 통지하지 아니하면 그 기간이 끝난 날에 신고를 수리한 것으로 본다.
④ 공정거래위원회는 표준약관을 작성하여 운송사업자에게 그 사용을 권장할 수 있다.
⑤ 운송사업자가 화물자동차운송사업의 허가를 받는 때에 표준약관의 사용에 동의하면 운송약관을 신고한 것으로 본다.

059 화물자동차 운수사업법령상 운임 및 요금에 관한 설명으로 옳지 않은 것은?

① 운송사업자는 운임과 요금을 정하여 미리 국토교통부장관에게 신고하여야 한다.
② 화물자동차 안전운임의 적용을 받는 화주와 운수사업자는 해당 화물자동차 안전운임을 게시하거나 그 밖에 적당한 방법으로 운수사업자와 화물차주에게 알려야 한다.
③ 화주는 운수사업자에게 화물자동차 안전운송운임 이상의 운임을 지급하여야 한다.
④ 화물운송계약 중 화물자동차 안전운임에 미치지 못하는 금액을 운임으로 정한 경우 그 부분은 취소하고 새로 계약하여야 한다.
⑤ 화물자동차 운송사업의 운임 및 요금의 신고는 운송사업자로 구성된 협회가 설립한 연합회로 하여금 대리하게 할 수 있다.

060 화물자동차 운수사업법상 운송사업자의 책임에 관한 설명으로 옳은 것을 모두 고른 것은?

> ㄱ. 적재물사고로 발생한 운송사업자의 손해배상에 관하여 화주가 요청하면 국토교통부장관은 이에 관한 분쟁을 조정(調停)할 수 있다.
> ㄴ. 국토교통부장관은 운송사업자의 손해배상책임에 관한 분쟁의 조정 업무를 「소비자기본법」에 따른 한국소비자원에 위탁할 수 있다.
> ㄷ. 화물이 인도기한이 지난 후 3개월 이내에 인도되지 아니하면 그 화물은 멸실된 것으로 본다.

① ㄱ ② ㄷ ③ ㄱ, ㄴ ④ ㄴ, ㄷ ⑤ ㄱ, ㄴ, ㄷ

061 화물자동차 운수사업법령상 운송사업자의 준수사항에 관한 설명으로 옳지 않은 것은?

① 운송사업자는 택시 요금미터기의 장착을 하여서는 아니 된다.
② 운송사업자는 화물자동차 운송사업을 양도·양수하는 경우에 양도·양수에 소요되는 비용을 위·수탁차주에게 부담시켜서는 아니 된다.
③ 최대적재량 1.5톤을 초과하는 화물자동차를 밤샘주차하는 경우 차고지에서만 하여야 한다.
④ 화주로부터 부당한 운임 및 요금의 환급을 요구받았을 때에는 환급하여야 한다.
⑤ 밴형 화물자동차를 사용해서 화주와 화물을 함께 운송하는 사업자는 화물자동차 바깥쪽에 "화물"이라는 표기를 한국어 및 외국어(영어, 중국어 및 일어)로 표시하여야 한다.

062 화물자동차 운수사업법상 위·수탁계약의 해지 등에 관한 조문의 일부이다. ( )에 들어갈 숫자를 바르게 나열한 것은?

> 운송사업자는 위·수탁계약을 해지하려는 경우에는 위·수탁차주에게 (ㄱ)개월 이상의 유예기간을 두고 계약의 위반 사실을 구체적으로 밝히고 이를 시정하지 아니하면 그 계약을 해지한다는 사실을 서면으로 (ㄴ)회 이상 통지하여야 한다. 다만, 대통령령으로 정하는 바에 따라 위·수탁계약을 지속하기 어려운 중대한 사유가 있는 경우에는 그러하지 아니하다.

① ㄱ: 1 ㄴ: 1
② ㄱ: 2 ㄴ: 2
③ ㄱ: 2 ㄴ: 3
④ ㄱ: 3 ㄴ: 2
⑤ ㄱ: 3 ㄴ: 3

063 화물자동차 운수사업법상 화물자동차 운송주선사업의 허가를 반드시 취소하여야 하는 경우를 모두 고른 것은?

> ㄱ. 화물자동차 운송주선사업의 허가기준을 충족하지 못하게 된 경우
> ㄴ. 거짓이나 그 밖의 부정한 방법으로 운송주선사업 허가를 받은 경우
> ㄷ. 화물자동차 운수사업법 제27조(화물자동차 운송주선사업의 허가취소 등)에 따른 사업정지명령을 위반하여 그 사업정지기간 중에 사업을 한 경우

① ㄱ ② ㄷ ③ ㄱ, ㄴ ④ ㄴ, ㄷ ⑤ ㄱ, ㄴ, ㄷ

064 화물자동차 운수사업법령상 화물자동차 운송가맹사업에 관한 설명으로 옳지 않은 것은?

① 운송가맹사업자는 주사무소 외의 장소에서 상주하여 영업하려면 허가를 받고 영업소를 설치하여야 한다.
② 화물자동차 운송가맹사업 허가대장은 전자적 처리가 불가능한 특별한 사유가 없으면 전자적 처리가 가능한 방법으로 작성하여 관리하여야 한다.
③ 운송사업자 및 위·수탁차주인 운송가맹점은 화물의 원활한 운송을 위한 차량 위치의 통지를 성실히 이행하여야 한다.
④ 시장·군수·구청장은 안전운행의 확보, 운송질서의 확립 및 화주의 편의를 도모하기 위하여 필요하다고 인정하면 운송가맹사업자에게 화물자동차의 구조변경 및 운송시설의 개선을 명할 수 있다.
⑤ 허가를 받은 운송가맹사업자가 주사무소를 이전한 경우 변경신고를 하여야 한다.

065 화물자동차 운수사업법령상 적재물배상보험등에 관한 설명으로 옳은 것은?

① 특수용도형 화물자동차 중 「자동차관리법」에 따른 피견인자동차를 소유하고 있는 운송사업자는 적재물배상보험등의 의무가입 대상이다.
② 이사화물을 취급하는 운송주선사업자는 적재물배상보험등의 의무가입 대상이다.
③ 적재물배상보험등에 가입하려는 자가 운송사업자인 경우 각 사업자별로 가입하여야 한다.
④ 중대한 교통사고로 감차 조치 명령을 받은 경우에도 책임보험계약등을 해제하거나 해지하여서는 아니 된다.
⑤ 적재물배상보험등에 가입하려는 자가 운송주선사업자인 경우 각 화물자동차별로 가입하여야 한다.

066 화물자동차 운수사업법령상 경영의 위·수탁에 관한 설명으로 옳은 것은?
① 운송사업자는 필요한 경우 다른 사람에게 차량과 그 경영의 전부를 위탁할 수 있다.
② 위·수탁계약의 기간은 2년 이상으로 하여야 한다.
③ 위·수탁계약의 내용이 계약불이행에 따른 당사자의 손해배상책임을 과도하게 가중하여 정함으로써 상대방의 정당한 이익을 침해한 경우에는 위·수탁계약 전부를 무효로 한다.
④ 화물운송사업분쟁조정협의회가 위·수탁계약의 분쟁을 심의한 결과 조정안을 작성하여 분쟁당사자에게 제시하면 분쟁당사자는 이에 따라야 한다.
⑤ 운송사업자가 위·수탁계약의 갱신 요구를 거절하는 경우에는 그 요구를 받은 날부터 30일 이내에 위·수탁차주에게 거절 사유를 적어 서면으로 통지하여야 한다.

067 유통산업발전법상 정의에 관한 설명이다. ( )에 들어갈 내용을 바르게 나열한 것은?

○ (ㄱ) : 다수의 수요자와 공급자가 일정한 기간 동안 상품을 매매하거나 용역을 제공하는 일정한 장소
○ (ㄴ) 체인사업 : 체인본부의 계속적인 경영지도 및 체인본부와 가맹점 간의 협업에 의하여 가맹점의 취급품목·영업방식 등의 표준화사업과 공동구매·공동판매·공동시설활용 등 공동사업을 수행하는 형태의 체인사업

① ㄱ: 상점가 ㄴ: 조합형
② ㄱ: 상점가 ㄴ: 임의가맹점형
③ ㄱ: 임시시장 ㄴ: 조합형
④ ㄱ: 임시시장 ㄴ: 임의가맹점형
⑤ ㄱ: 임시시장 ㄴ: 프랜차이즈형

068 유통산업발전법령상 유통산업발전계획에 관한 설명으로 옳은 것은?
① 산업통상자원부장관은 10년마다 유통산업발전기본계획을 수립하여야 한다.
② 유통산업발전기본계획에는 유통산업의 지역별·종류별 발전방안이 포함되지 않아도 된다.
③ 시·도지사는 유통산업발전기본계획에 따라 2년마다 유통산업발전시행계획을 수립하여야 한다.

④ 시·도지사는 유통산업발전시행계획의 집행실적을 다음 연도 1월 말일까지 산업통상자원부장관에게 제출하여야 한다.
⑤ 지역별 유통산업발전시행계획은 유통전문인력·부지 및 시설 등의 수급방안을 포함하여야 한다.

069 유통산업발전법령상 대규모점포등의 관리규정에 관한 설명으로 옳은 것을 모두 고른 것은?

> ㄱ. 관리규정을 제정하기 위해서는 입점상인의 4분의 3 이상의 동의를 얻어야 한다.
> ㄴ. 대규모점포등관리자는 대규모점포등관리자신고를 한 날부터 1개월 이내에 관리규정을 제정하여야 한다.
> ㄷ. 시·도지사는 대규모점포등의 효율적이고 공정한 관리를 위하여 표준관리규정을 마련하여 보급하여야 한다.
> ㄹ. 대규모점포등관리자는 입점상인의 3분의 2 이상의 동의를 얻어 관리규정을 개정할 수 있다.

① ㄱ, ㄴ
② ㄱ, ㄷ
③ ㄴ, ㄷ
④ ㄴ, ㄹ
⑤ ㄷ, ㄹ

070 유통산업발전법상 유통산업의 경쟁력 강화에 관한 설명으로 옳은 것을 모두 고른 것은?

> ㄱ. 상점가진흥조합은 협동조합 또는 사업조합으로 설립한다.
> ㄴ. 상점가진흥조합의 구역은 다른 상점가진흥조합의 구역과 중복될 수 있다.
> ㄷ. 지방자치단체의 장은 중소유통공동도매물류센터를 건립하여 중소유통기업자단체에 그 운영을 위탁할 수 있다.
> ㄹ. 중소유통공동도매물류센터의 건립, 운영 및 관리 등에 관하여 필요한 사항은 산업통상자원부장관이 정하여 고시한다.

① ㄱ, ㄷ
② ㄴ, ㄷ
③ ㄴ, ㄹ
④ ㄱ, ㄴ, ㄹ
⑤ ㄱ, ㄷ, ㄹ

071 유통산업발전법령상 공동집배송센터에 관한 설명으로 옳은 것은?

① 상업지역 내에서 부지면적이 1만제곱미터이고, 집배송시설면적이 5천제곱미터인 지역 및 시설물은 공동집배송센터로 지정할 수 있다.
② 공동집배송센터의 지정을 받은 날부터 정당한 사유 없이 3년 이내에 시공을 하지 아니하는 경우 산업통상자원부장관은 그 지정을 취소할 수 있다.
③ 공동집배송센터를 신탁개발하는 경우 신탁계약을 체결한 신탁업자는 공동집배송센터사업자의 지위를 승계하지 않는다.
④ 관계 중앙행정기관의 장은 집배송시설의 효율적 배치를 위하여 공동집배송센터 개발촉진지구의 지정을 산업통상자원부장관에게 요청할 수 있다.
⑤ 공동집배송센터 개발촉진지구의 집배송시설에 대하여는 시·도지사가 공동집배송센터로 지정할 수 있다.

072 항만운송사업법령상 항만운송의 유형으로 분류할 수 없는 것은?

① 선적화물을 실을 때 그 화물의 개수를 계산하는 일
② 통선(通船)으로 본선과 육지 간의 연락을 중계하는 행위
③ 항만에서 선박 또는 부선(艀船)을 이용하여 운송될 화물을 하역장[수면(水面) 목재저장소는 제외]에서 내가는 행위
④ 선박을 이용하여 운송될 화물을 화물주의 위탁을 받아 항만에서 화물주로부터 인수하는 행위
⑤ 선적화물 및 선박에 관련된 증명·조사·감정을 하는 일

073 항만운송사업법상 등록 또는 신고에 관한 설명으로 옳지 않은 것은?

① 항만운송관련사업 중 선용품공급업은 신고대상이다.
② 항만하역사업과 검수사업의 등록은 항만별로 한다.
③ 한정하역사업에 대하여 관리청은 이용자·취급화물 또는 항만시설의 특성을 고려하여 그 등록기준을 완화할 수 있다.
④ 선박연료공급업을 등록한 자가 사용 장비를 추가하려는 경우에는 사업계획 변경신고를 하지 않아도 된다.
⑤ 등록한 항만운송사업자가 그 사업을 양도한 경우 양수인은 등록에 따른 권리·의무를 승계한다.

074 항만운송사업법령상 감정사업의 등록을 한 자가 요금의 변경신고를 할 경우 제출 서류에 기재하여야 하는 사항을 모두 고른 것은?

> ㄱ. 사업의 종류　　　　　　ㄴ. 취급화물의 종류
> ㄷ. 항만명　　　　　　　　ㄹ. 변경하려는 요금의 적용방법

① ㄱ, ㄴ
② ㄷ, ㄹ
③ ㄱ, ㄴ, ㄹ
④ ㄴ, ㄷ, ㄹ
⑤ ㄱ, ㄴ, ㄷ, ㄹ

075 철도사업법령상 철도사업약관 및 사업계획에 관한 설명으로 옳은 것은?
① 철도사업자는 철도사업약관을 정하여 국토교통부장관의 허가를 받아야 한다.
② 국토교통부장관은 철도사업약관의 변경신고를 받은 날부터 10일 이내에 신고수리 여부를 신고인에게 통지하여야 한다.
③ 철도사업자는 여객열차의 운행구간을 변경하려는 경우 국토교통부장관의 인가를 받아야 한다.
④ 철도사업자는 사업용철도노선별로 여객열차의 정차역의 10분의 2를 변경하는 경우 국토교통부장관에게 신고하여야 한다.
⑤ 철도사업자가 사업계획 중 인가사항을 변경하려는 경우에는 사업계획을 변경하려는 날 1개월 전까지 사업계획변경인가신청서를 제출하여야 한다.

076 철도사업법령상 과징금에 관한 설명으로 옳지 않은 것은?
① 징수한 과징금은 철도사업 종사자의 양성을 위한 시설 운영의 용도로 사용할 수 있다.
② 과징금 부과처분을 받은 자가 납부기한까지 과징금을 내지 아니하면 국세 체납처분의 예에 따라 징수한다.
③ 과징금은 철도사업자의 신청에 따라 분할하여 납부할 수 있다.
④ 하나의 위반행위에 대하여 사업정지처분과 과징금처분을 함께 부과할 수 없다.
⑤ 국토교통부장관은 과징금으로 징수한 금액의 운용계획을 수립하여 시행하여야 한다.

077 철도사업법상 철도사업자에 관한 설명으로 옳지 않은 것은?

① 철도사업자는 여객에 대한 운임을 변경하려는 경우 국토교통부장관에게 신고하여야 한다.
② 철도사업자는 철도사업을 양도·양수하려는 경우에는 국토교통부장관의 인가를 받아야 한다.
③ 철도사업자가 국토교통부장관의 허가를 받아 그 사업의 전부 또는 일부를 휴업하는 경우 휴업기간은 6개월을 넘을 수 없다.
④ 철도사업자의 화물의 멸실·훼손에 대한 손해배상책임에 관하여는 「상법」 제135조(손해배상책임)를 준용하지 않는다.
⑤ 철도사업자는 타인에게 자기의 성명 또는 상호를 사용하여 철도사업을 경영하게 하여서는 아니 된다.

078 철도사업법령상 전용철도에 관한 설명이다. ( )에 들어갈 내용을 바르게 나열한 것은?

○ 전용철도를 운영하려는 자는 전용철도 건설기간을 1년 연장한 경우 국토교통부장관에게 (ㄱ)을(를) 하여야 한다.
○ 전용철도운영자가 그 운영의 일부를 폐업한 경우에는 (ㄴ) 이내에 국토교통부장관에게 (ㄷ)하여야 한다.

① ㄱ: 신고 ㄴ: 15일 ㄷ: 등록
② ㄱ: 신고 ㄴ: 1개월 ㄷ: 등록
③ ㄱ: 등록 ㄴ: 15일 ㄷ: 신고
④ ㄱ: 등록 ㄴ: 1개월 ㄷ: 신고
⑤ ㄱ: 등록 ㄴ: 3개월 ㄷ: 신고

079 농수산물 유통 및 가격안정에 관한 법령상 농수산물도매시장의 개설·폐쇄에 관한 설명으로 옳지 않은 것은?

① 시가 지방도매시장을 개설하려면 도지사에게 신고하여야 한다.
② 특별시·광역시·특별자치시 및 특별자치도가 도매시장을 폐쇄하는 경우 그 3개월 전에 이를 공고하여야 한다.
③ 특별시·광역시·특별자치시 또는 특별자치도가 도매시장을 개설하려면 미리 업무규정과 운영관리계획서를 작성하여야 한다.
④ 도매시장은 양곡부류·청과부류·축산부류·수산부류·화훼부류 및 약용작물

부류별로 개설하거나 둘 이상의 부류를 종합하여 개설한다.
⑤ 도매시장의 명칭에는 그 도매시장을 개설한 지방자치단체의 명칭이 포함되어야 한다.

080 농수산물 유통 및 가격안정에 관한 법령상 농수산물공판장에 관한 설명으로 옳지 않은 것은?
① 농림수협등, 생산자단체 또는 공익법인이 공판장을 개설하려면 시·도지사의 승인을 받아야 한다.
② 공판장에는 중도매인, 매매참가인, 산지유통인 및 경매사를 둘 수 있다.
③ 공판장의 경매사는 공판장의 개설자가 임면한다.
④ 공판장의 중도매인은 공판장의 개설자가 지정한다.
⑤ 공익법인이 운영하는 공판장의 개설승인 신청서에는 해당 공판장의 소재지를 관할하는 시장 또는 자치구의 구청장의 의견서를 첨부하여야 한다.

2022 제26회 출제문제

제1교시

제1과목 물류관리론

001 물류시스템에 관한 설명으로 옳지 않은 것은?
① 생산과 소비를 연결하며 공간과 시간의 효용을 창출하는 시스템이다.
② 물류하부시스템은 수송, 보관, 포장, 하역, 물류정보, 유통가공 등으로 구성된다.
③ 물류서비스의 증대와 물류비용의 최소화가 목적이다.
④ 물류 합리화를 위해서 물류하부시스템의 개별적 비용절감이 전체시스템의 통합적 비용절감보다 중요하다.
⑤ 물류시스템의 자원은 인적, 물적, 재무적, 정보적 자원 등이 있다.

002 공동수·배송의 효과에 관한 설명으로 옳지 않은 것은?
① 차량 적재율과 공차율이 증가한다.
② 물류업무 인원을 감소시킬 수 있다.
③ 교통체증 및 환경오염을 줄일 수 있다.
④ 물류작업의 생산성이 향상될 수 있다.
⑤ 참여기업의 물류비를 절감할 수 있다.

003 다음 설명에 해당하는 공동수·배송 운영방식은?

> 물류센터에서의 배송뿐만 아니라 화물의 보관 및 집하업무까지 공동화하는 것으로 주문처리를 제외한 물류업무에 관해 협력하는 방식이다.

① 노선집하공동형 ② 납품대행형
③ 공동수주·공동배송형 ④ 배송공동형
⑤ 집배송공동형

004 공동수·배송시스템 관련 설명으로 옳지 않은 것은?
① 화물형태가 규격화된 품목은 공동화에 적합하다.
② 참여 기업 간 공동수·배송에 대한 이해도가 높고 서로 목표하는 바가 유사해야 한다.
③ 자사의 정보시스템, 각종 규격 및 서비스에 대한 공유를 지양해야 한다.
④ 화물의 규격, 포장, 파렛트 규격 등의 물류표준화가 선행되어야 한다.
⑤ 배송처의 분포밀도가 높으면 배송차량의 적재율 증가로 배송비용을 절감할 수 있다.

005 물류조직에 관한 설명으로 옳지 않은 것은?
① 예산관점에서 비공식적, 준공식적, 공식적 조직으로 분류할 수 있다.
② 형태관점에서 사내조직, 독립자회사로 분류할 수 있다.
③ 관리관점에서 분산형, 집중형, 집중분산형으로 분류할 수 있다.
④ 기능관점에서 라인업무형, 스탭업무형, 라인스탭겸무형, 매트릭스형으로 분류할 수 있다.
⑤ 영역관점에서 개별형, 조달형, 마케팅형, 종합형, 로지스틱스형으로 분류할 수 있다.

006 물류표준화 관련 하드웨어 부문의 표준화에 해당하는 것을 모두 고른 것은?

ㄱ. 파렛트 표준화	ㄴ. 포장치수 표준화
ㄷ. 내수용 컨테이너 표준화	ㄹ. 물류시설 및 장비 표준화
ㅁ. 물류용어 표준화	ㅂ. 거래단위 표준화

① ㄱ, ㄴ ② ㄱ, ㄷ, ㄹ
③ ㄴ, ㄷ, ㅁ ④ ㄴ, ㄷ, ㄹ, ㅁ
⑤ ㄷ, ㄹ, ㅁ, ㅂ

007 James & William이 제시한 물류시스템 설계단계는 전략수준, 구조수준, 기능수준, 이행수준으로 구분한다. 기능수준에 해당하는 것을 모두 고른 것은?

ㄱ. 경로설계	ㄴ. 고객 서비스
ㄷ. 물류네트워크 전략	ㄹ. 창고설계 및 운영
ㅁ. 자재관리	ㅂ. 수송관리

① ㄱ, ㄴ
② ㄴ, ㄹ
③ ㄷ, ㄹ, ㅁ
④ ㄷ, ㅁ, ㅂ
⑤ ㄹ, ㅁ, ㅂ

008 물류표준화에 관한 설명으로 옳지 않은 것은?
① 단위화물체계의 보급, 물류기기체계 인터페이스, 자동화를 위한 규격 등을 고려한다.
② 운송, 보관, 하역, 포장 정보의 일관처리로 효율성을 제고하는 것이다.
③ 물류모듈은 물류시설 및 장비들의 규격이나 치수가 일정한 배수나 분할 관계로 조합되어 있는 집합체로 물류표준화를 위한 기준치수를 의미한다.
④ 대표적인 Unit Load 치수에는 NULS(Net Unit Load Size)와 PVS(Plan View Size)가 있다.
⑤ 배수치수 모듈은 1,140mm×1,140mm Unit Load Size를 기준으로 하고, 최대 허용공차 -80mm를 인정하고 있는 Plan View Unit Load Size를 기본단위로 하고 있다.

009 다음 설명에 해당하는 포장화물의 파렛트 적재 형태는?

홀수단에서는 물품을 모두 같은 방향으로 나란히 정돈하여 쌓고, 짝수단에서는 방향을 90도 바꾸어 교대로 겹쳐 쌓은 방식이다.

(홀수단)

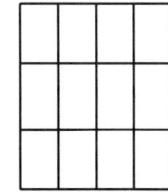 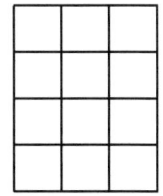
(짝수단)

① 스플릿(Split) 적재　　② 풍차형(Pinwheel) 적재
③ 벽돌(Brick) 적재　　④ 교대배열(Row) 적재
⑤ 블록(Block) 적재

010 TOC(Theory of Constraints)에 관한 설명으로 옳은 것은?
① Drum, Buffer, Rope는 공정간 자재의 흐름 관리를 통해 재고를 최소화하고 제조기간을 단축하는 기법으로서 비제약공정을 중점적으로 관리한다.
② Thinking Process는 제약요인을 개선하여 목표를 달성하는 구체적 해결방안을 도출하는 기법으로서 부분 최적화를 추구한다.
③ Critical Chain Project Management는 프로젝트의 단계별 작업을 효과적으로 관리하여 기간을 단축하고 돌발 상황에서도 납기수준을 높일 수 있는 기법이다.
④ Throughput Account는 통계적 기법을 활용한 품질개선 도구이다.
⑤ Optimized Production Technology는 정의, 측정, 분석, 개선, 관리의 DMAIC 프로세스를 활용한다.

011 RFID의 특징을 설명한 것으로 옳지 않은 것은?
① 태그에 접촉하지 않아도 인식이 가능하다.
② 바코드에 비해 가격이 비싸다.
③ 태그에 상품과 관련한 다양한 기록이 저장될 수 있으므로 개인정보의 노출 또는 사생활 침해 등의 위험성이 발생할 수 있다.
④ 읽기(Read)만 가능한 바코드와 달리 읽고 쓰기(Read and Write)가 가능하다.
⑤ 태그 데이터의 변경 및 추가는 자유롭지만 일시에 복수의 태그 판독은 불가능하다.

012 EAN-13(표준형 A) 바코드에 관한 설명으로 옳지 않은 것은?
① 국가식별 코드는 3자리로 구성되는데, 1982년 이전 EAN International에 가입한 국가의 식별 코드는 2자리 숫자로 부여받았다.
② 제조업체 코드는 상품의 제조업체를 나타내는 코드로서 4자리로 구성된다.
③ 체크 디지트는 판독오류 방지를 위한 코드로서 1자리로 구성된다.
④ 상품품목 코드는 3자리로 구성된다.
⑤ 취급하는 품목 수가 많은 기업들에게 활용된다.

013 다음 ( )에 들어갈 물류정보시스템 용어를 바르게 나열한 것은?

○ 주파수공용통신 : (ㄱ)   ○ 지능형교통정보시스템 : (ㄴ)
○ 첨단화물운송시스템 : (ㄷ)   ○ 철도화물정보망 : (ㄹ)
○ 판매시점관리 : (ㅁ)

① ㄱ: CVO, ㄴ: ITS, ㄷ: POS, ㄹ: KROIS, ㅁ: TRS
② ㄱ: CVO, ㄴ: KROIS, ㄷ: TRS, ㄹ: ITS, ㅁ: POS
③ ㄱ: ITS, ㄴ: POS, ㄷ: CVO, ㄹ: TRS, ㅁ: KROIS
④ ㄱ: ITS, ㄴ: TRS, ㄷ: KROIS, ㄹ: CVO, ㅁ: POS
⑤ ㄱ: TRS, ㄴ: ITS, ㄷ: CVO, ㄹ: KROIS, ㅁ: POS

014 다음 설명에 해당하는 물류관리기법은?

○ Bose사가 개발한 물류관리 기법
○ 공급회사의 영업과 발주회사의 구매를 묶어 하나의 가상기업으로 간주
○ 공급회사의 전문요원이 공급회사와 발주회사 간의 구매 및 납품업무 대행

① JIT
② JIT-II
③ MRP
④ ERP
⑤ ECR

015 물류정보기술에 관한 설명으로 옳은 것은?

① ASP(Application Service Provider)는 정보시스템을 자체 개발하는 것에 비해 구축기간이 오래 걸린다.
② CALS 개념은 Commerce At Light Speed로부터 Computer Aided Acquisition & Logistics Support로 발전되었다.
③ IoT(Internet of Things)는 인간의 학습능력과 지각능력, 추론능력, 자연언어의 이해능력 등을 컴퓨터 프로그램으로 실현한 기술을 의미한다.
④ CIM(Computer Integrated Manufacturing)은 정보시스템을 활용하여 제조, 개발, 판매, 물류 등 일련의 과정을 통합하여 관리하는 생산관리시스템을 말한다.
⑤ QR코드는 컬러 격자무늬 패턴으로 정보를 나타내는 3차원 바코드로서 기존의 바코드보다 용량이 크기 때문에 숫자 외에 문자 등의 데이터를 저장할 수 있다.

016 A기업의 연간 고정비는 10억 원, 단위당 판매가격은 10만 원, 단위당 변동비는 판매가격의 50%이다. 연간 손익분기점 판매량 및 손익분기 매출액은?
① 10,000개, 10억 원
② 15,000개, 20억 원
③ 20,000개, 20억 원
④ 25,000개, 25억 원
⑤ 30,000개, 25억 원

017 국토교통부 기업물류비 산정지침에 관한 설명으로 옳지 않은 것은?
① 영역별 물류비는 조달물류비・사내물류비・판매물류비・역물류비로 구분된다.
② 일반기준에 의한 물류비 산정방법은 관리회계 방식에 의해 물류비를 계산한다.
③ 간이기준에 의한 물류비 산정방법은 기업의 재무제표를 중심으로 한 재무회계 방식에 의해 물류비를 계산한다.
④ 간이기준에 의한 물류비 산정방법은 정확한 물류비의 파악을 어렵게 한다.
⑤ 물류기업의 물류비 산정 정확성을 높이기 위해 개발되었으므로 화주기업은 적용 대상이 될 수 없다.

018 활동기준원가계산(ABC)에 관한 설명으로 옳지 않은 것은?
① 기업이 수행하고 있는 활동을 기준으로 자원, 활동, 원가대상의 원가와 성과를 측정하는 원가계산방법을 말한다.
② 전통적 원가계산방법보다 제품이나 서비스의 실제 비용을 현실적으로 계산할 수 있다.
③ 활동별로 원가를 분석하므로 낭비요인이 있는 업무 영역을 파악할 수 있다.
④ 임의적인 직접원가 배부기준에 의해 발생하는 전통적 원가계산방법의 문제점을 극복하기 위해 활용된다.
⑤ 소품종 대량생산보다 다품종 소량생산 방식에서 유용성이 더욱 높다.

019 BSC(Balanced Score Card)에 관한 설명으로 옳지 않은 것은?
① 기업의 재무성과뿐만 아니라 전략실행에 필요한 비재무적 정보를 제공해준다.
② 기업의 전략과 관련된 측정지표의 집합이라고 볼 수 있다.
③ 무형자산을 기업의 차별화 전략이나 주주가치로 변환시킬 수 있는 효과적인 기법이다.
④ 기업의 성과를 비재무적 관점, 고객 관점, 내부 비즈니스 프로세스 관점, 학습

및 성장 관점에서 측정한다.
⑤ 단기적이고 재무적 성과에 집착하는 경영자의 근시안적 사고를 균형있게 한다.

020 물류의 기능에 관한 설명으로 옳지 않은 것은?
① 운송활동은 생산시기와 소비시기의 불일치를 해결하는 기능을 수행한다.
② 고객의 요구에 부합하기 위한 물류의 기능에는 유통가공활동도 포함된다.
③ 포장활동은 제품을 보호하고 취급을 용이하게 하며, 상품가치를 제고시키는 역할을 수행한다.
④ 운송과 보관을 위해서 화물을 싣거나 내리는 행위는 하역활동에 속한다.
⑤ 물류정보는 전자적 수단을 활용하여 운송, 보관, 하역, 포장, 유통가공 등의 활동을 효율화한다.

021 물류에 대한 설명으로 옳지 않은 것은?
① Physical Distribution은 판매영역 중심의 물자 흐름을 의미한다.
② Logistics는 재화가 공급자로부터 조달되고 생산되어 소비자에게 전달되고 폐기되는 과정을 포함한다.
③ 공급사슬관리가 등장하면서 기업 내·외부에 걸쳐 수요와 공급을 통합하여 물류를 최적화하는 개념으로 확장되었다.
④ 한국 물류정책기본법상 물류는 운송, 보관, 하역 등이 포함되며 가공, 조립, 포장 등은 포함되지 않는다.
⑤ 쇼(A.W. Shaw)는 경영활동 내 유통의 한 영역으로 Physical Distribution 개념을 정의하였다.

022 물류의 영역에 관한 설명으로 옳지 않은 것은?
① 사내물류 – 완제품의 판매로 출하되어 고객에게 인도될 때까지의 물류활동이다.
② 회수물류 – 판매물류를 지원하는 파렛트, 컨테이너 등의 회수에 따른 물류활동이다.
③ 조달물류 – 생산에 필요한 원료나 부품이 제조업자의 자재창고로 운송되어 생산공정에 투입 전까지의 물류활동이다.
④ 역물류 – 반품물류, 폐기물류, 회수물류를 포함하는 물류활동이다.
⑤ 생산물류 – 자재가 생산공정에 투입될 때부터 제품이 완성되기까지의 물류활동이다.

023 다음 설명에 해당하는 수요예측기법은?

○ 단기 수요예측에 유용한 기법으로 최근수요에 많은 가중치를 부여한다.
○ 오랜 기간의 실적을 필요로 하지 않으며 데이터 처리에 소요되는 시간이 적게 드는 장점이 있다.

① 시장조사법 ② 회귀분석법
③ 역사적 유추법 ④ 델파이법
⑤ 지수평활법

024 물류환경 변화에 관한 설명으로 옳지 않은 것은?
① 노동력 부족, 공해 발생, 교통 문제, 지가 상승 등 사회적 환경변화로 인해 물류비 절감의 중요성이 증가하고 있다.
② 소품종 대량생산에서 다품종 소량생산으로 물류환경이 변화하고 있다.
③ 전자상거래의 확산으로 인해 라스트마일(Last Mile) 물류비가 감소하고 있다.
④ 녹색물류에 대한 관심이 높아짐에 따라 물류활동으로 인한 폐기물의 최소화가 요구된다.
⑤ 기업의 글로벌 전략으로 인해 국제물류의 중요성이 증가하고 있다.

025 4자 물류에 관한 설명으로 옳은 것을 모두 고른 것은?

ㄱ. 3자 물류업체, 물류컨설팅 업체, IT업체 등이 결합한 형태
ㄴ. 공급사슬 전체의 효율적인 관리와 운영
ㄷ. 참여 업체 공통의 목표설정 및 이익분배
ㄹ. 사이클 타임과 운전자본의 증대

① ㄱ, ㄴ ② ㄴ, ㄷ
③ ㄷ, ㄹ ④ ㄱ, ㄴ, ㄷ
⑤ ㄴ, ㄷ, ㄹ

026 물류관리전략 수립에 관한 설명으로 옳지 않은 것은?
① 고객서비스 달성 목표를 높이기 위해서는 물류비용이 증가할 수 있다.
② 물류관리전략의 목표는 비용절감, 서비스 개선 등이 있다.
③ 물류관리의 중요성이 높아짐에 따라 물류전략은 기업전략과 독립적으로 수립

되어야 한다.
④ 물류관리계획은 전략계획, 전술계획, 운영계획으로 나누어 단계적으로 수립한다.
⑤ 제품수명주기에 따라 물류관리전략을 차별화 할 수 있다.

027 도매상의 유형 중에서 한정서비스 도매상(Limited Service Wholesaler)에 해당하지 않는 것은?

① 현금거래 도매상(Cash and Carry Wholesaler)
② 전문품 도매상(Specialty Wholesaler)
③ 트럭 도매상(Truck Jobber)
④ 직송 도매상(Drop Shipper)
⑤ 진열 도매상(Rack Jobber)

028 유통경로 상에서는 경로파워가 발생할 수 있다. 다음 설명에 해당하는 경로파워는?

○ 중간상이 제조업자를 존경하거나 동일시하려는 경우에 발생하는 힘이다.
○ 상대방에 대하여 일체감을 갖기를 바라는 정도가 클수록 커진다.
○ 유명상표의 제품일 경우 경로파워가 커진다.

① 보상적 파워
② 준거적 파워
③ 전문적 파워
④ 합법적 파워
⑤ 강압적 파워

029 다음 설명에 해당하는 소매업태는?

○ 할인형 대규모 전문점을 의미한다.
○ 토이저러스(Toys 'R' Us), 오피스디포(Office Depot) 등이 대표적이다.
○ 기존 전문점과 상품구색은 유사하나 대량구매, 대량판매 및 낮은 운영비용을 통해 저렴한 가격의 상품을 제공한다.

① 팩토리 아웃렛(Factory Outlet)
② 백화점(Department Store)
③ 대중양판점(General Merchandising Store)
④ 하이퍼마켓(Hypermarket)
⑤ 카테고리 킬러(Category Killer)

030 다음 ( )에 들어갈 용어는?

> 공통모듈 A를 여러 제품모델에 적용하면 공통모듈 A의 수요는 이 모듈이 적용되는 개별 제품의 수요를 합한 것이 되므로, 개별 제품의 수요변동이 크더라도 공통모듈 A의 수요 변동이 적게 나타나는 ( ) 효과를 얻을 수 있다.

① Risk Pooling
② Quick Response
③ Continuous Replenishment
④ Rationing Game
⑤ Cross Docking

031 A기업은 최근 수송부문의 연비개선을 통해 이산화탄소 배출량(kg)을 감소시켰다. 총 주행 거리는 같다고 가정할 때, 연비개선 전 대비 연비개선 후 이산화탄소 배출감소량(kg)은? [단, 이산화탄소 배출량(kg) = 연료사용량(L) × 이산화탄소 배출계수(kg/L)]

> ○ 총 주행 거리 = 100,000 (km)
> ○ 연비개선 전 평균연비 = 4 (km/L)
> ○ 연비개선 후 평균연비 = 5 (km/L)
> ○ 이산화탄소 배출계수 = 0.002 (kg/L)

① 1 ② 5 ③ 10 ④ 40 ⑤ 50

032 고객이 제품을 주문해서 받을 때까지 걸리는 총 시간을 의미하는 것은?

① 주문주기시간(Order Cycle Time)
② 주문전달시간(Order Transmittal Time)
③ 주문처리시간(Order Processing Time)
④ 인도시간(Delivery Time)
⑤ 주문조립시간(Order Assembly Time)

033 역물류에 관한 설명으로 옳은 것을 모두 고른 것은?

> ㄱ. 수작업인 경우가 많아서 자동화가 어렵다.
> ㄴ. 대상제품의 재고파악 및 가시성 확보가 용이하다.
> ㄷ. 최종 소비단계에서 발생하는 불량품, 반품 및 폐기되는 제품을 회수하여 상태에 따라 분류한 후 재활용하는 과정에서 필요한 물류활동을 포함한다.

① ㄱ　　　　　　　　　　　② ㄱ, ㄴ
③ ㄱ, ㄷ　　　　　　　　　④ ㄴ, ㄷ
⑤ ㄱ, ㄴ, ㄷ

034 블록체인(Block Chain)에 관한 설명으로 옳은 것을 모두 고른 것은?

> ㄱ. 신용거래가 필요한 온라인 시장에서 해킹을 막기 위해 개발되었다.
> ㄴ. 퍼블릭(Public) 블록체인, 프라이빗(Private) 블록체인, 컨소시엄(Consortium) 블록체인으로 나눌 수 있다.
> ㄷ. 화물의 추적·관리 상황을 점검하여 운송 중 발생할 수 있는 문제에 실시간으로 대처할 수 있다.
> ㄹ. 네트워크상의 참여자가 거래기록을 분산 보관하여 거래의 투명성과 신뢰성을 확보하는 기술이다.

① ㄱ, ㄴ　　　　　　　　　② ㄷ, ㄹ
③ ㄱ, ㄴ, ㄷ　　　　　　　④ ㄱ, ㄷ, ㄹ
⑤ ㄱ, ㄴ, ㄷ, ㄹ

035 LaLonde & Zinszer가 제시한 물류서비스 요소 중 거래 시 요소(Transaction Element)에 해당하는 것을 모두 고른 것은?

> ㄱ. 보증수리　　　　　　ㄴ. 재고품절 수준
> ㄷ. 명시화된 회사 정책　　ㄹ. 주문 편리성

① ㄱ, ㄴ　　② ㄱ, ㄷ　　③ ㄴ, ㄷ　　④ ㄴ, ㄹ　　⑤ ㄷ, ㄹ

036 효율적(Efficient) 공급사슬 및 대응적(Responsive) 공급사슬에 관한 설명으로 옳은 것을 모두 고른 것은?

> ㄱ. 효율적 공급사슬은 모듈화를 통한 제품 유연성 확보에 초점을 둔다.
> ㄴ. 대응적 공급사슬은 불확실한 수요에 대해 빠르고 유연하게 대응하는 것을 목표로 한다.
> ㄷ. 효율적 공급사슬의 생산운영 전략은 가동률 최대화에 초점을 둔다.
> ㄹ. 대응적 공급사슬은 리드타임 단축보다 비용최소화에 초점을 둔다.

① ㄱ, ㄴ 　　　　　　② ㄱ, ㄹ
③ ㄴ, ㄷ 　　　　　　④ ㄷ, ㄹ
⑤ ㄱ, ㄴ, ㄷ

037 A사는 프린터를 생산·판매하는 업체이다. A사 제품은 전 세계 고객의 다양한 전압과 전원플러그 형태에 맞게 생산된다. A사는 고객 수요에 유연하게 대응하면서 재고를 최소화하기 위한 전략으로 공통모듈을 우선 생산한 후, 고객의 주문이 접수되면 전력공급장치와 전원케이블을 맨 마지막에 조립하기로 하였다. A사가 적용한 공급사슬관리 전략은?

① Continuous Replenishment
② Postponement
③ Make-To-Stock
④ Outsourcing
⑤ Procurement

038 채찍효과(Bullwhip Effect)에 관한 설명으로 옳지 않은 것은?

① 최종소비자의 수요 정보가 공급자 방향으로 전달되는 과정에서 수요변동이 증폭되는 현상을 말한다.
② 구매자의 사전구매(Forward Buying)를 통해 채찍효과를 감소시킬 수 있다.
③ 공급사슬 참여기업 간 수요정보 공유를 통해 채찍효과를 감소시킬 수 있다.
④ 공급사슬 참여기업 간 정보 왜곡은 채찍효과의 주요 발생원인이다.
⑤ 공급사슬 참여기업 간 파트너십을 통해 채찍효과를 감소시킬 수 있다.

039 창고에 입고되는 상품을 보관하지 않고 곧바로 소매 점포에 배송하는 유통업체 물류시스템은?

① Cross Docking
② Vendor Managed Inventory
③ Enterprise Resource Planning
④ Customer Relationship Management
⑤ Material Requirement Planning

040 다음 설명에 해당하는 물류관련 보안제도를 바르게 연결한 것은?

> ㄱ. 국제표준화기구에 의해 국제적으로 보안상태가 유지되는 기업임을 인증하는 보안경영 인증제도
> ㄴ. 세계관세기구의 기준에 따라 물류기업이 일정 수준 이상의 기준을 충족하면 세관 통관절차 등을 간소화시켜주는 제도
> ㄷ. 미국 세관이 제시하는 보안기준 충족 시 통관절차 간소화 등의 혜택이 주어지는 민관협력 프로그램

① ㄱ: ISO 6780, ㄴ: AEO,   ㄷ: C-TPAT
② ㄱ: ISO 6780, ㄴ: C-TPAT, ㄷ: AEO
③ ㄱ: ISO 6780, ㄴ: AEO,   ㄷ: ISO 28000
④ ㄱ: ISO 28000, ㄴ: AEO,   ㄷ: C-TPAT
⑤ ㄱ: ISO 28000, ㄴ: C-TPAT, ㄷ: AEO

제2과목 화물운송론

041 화물운송의 3요소에 해당하는 것은?

ㄱ. Link   ㄴ. Load   ㄷ. Mode   ㄹ. Node   ㅁ. Rate

① ㄱ, ㄴ, ㄷ
② ㄱ, ㄴ, ㄹ
③ ㄱ, ㄷ, ㄹ
④ ㄴ, ㄷ, ㅁ
⑤ ㄴ, ㄹ, ㅁ

042 운송에 관한 설명으로 옳지 않은 것은?
① 운송은 화물을 한 장소에서 다른 장소로 이동시키는 기능이 있다.
② 운송 중에 있는 화물을 일시적으로 보관하는 기능이 있다.
③ 운송 효율화 측면에서 운송비용을 절감하기 위해 다빈도 소량운송을 실시한다.
④ 운송은 장소적 효용과 시간적 효용을 창출한다.
⑤ 운송 효율화는 생산지와 소비지를 확대시켜 시장을 활성화한다.

043 운송수단의 선택에 관한 설명으로 옳은 것을 모두 고른 것은?

ㄱ. 화물유통에 대한 제반여건을 확인하고 운송수단별 평가항목의 내용을 검토한다.
ㄴ. 운송수단의 특성에 따라 최적경로, 배송빈도를 고려하여 운송계획을 수립한다.
ㄷ. 특화된 운송서비스를 제공하거나 틈새시장을 공략하기 위한 경우라도 일반적인 선택기준을 적용하고 다른 기준을 적용하는 경우는 없다.
ㄹ. 물류흐름을 최적화하여 물류비를 절감하고 고객만족서비스를 향상시키도록 하는 전략을 활용한다.
ㅁ. 운송비 부담력은 고려하지 않는다.

① ㄱ, ㄴ
② ㄱ, ㄴ, ㄹ
③ ㄴ, ㄷ, ㄹ
④ ㄱ, ㄷ, ㄹ, ㅁ
⑤ ㄴ, ㄷ, ㄹ, ㅁ

044 운송수단별 비용 비교에 관한 설명으로 옳지 않은 것은?

① 철도운송은 운송기간 중의 재고유지로 인하여 재고유지비용이 증가할 수 있다.
② 운송수단별 운송물량에 따라 운송비용에 차이가 있어 비교우위가 다르게 나타난다.
③ 항공운송은 타 운송수단에 비해 운송 소요시간이 짧아 재고유지비용이 감소한다.
④ 해상운송은 장거리 운송의 장점을 가지고 있지만, 대량화물을 운송할 때 단위비용이 낮아져 자동차 운송보다 불리하다.
⑤ 수송비와 보관비는 상관관계가 있으므로 총비용 관점에서 운송수단을 선택한다.

045 파이프라인 운송에 관한 설명으로 옳지 않은 것은?

① 초기시설 설치비가 많이 드나 유지비는 저렴한 편이다.
② 환경오염이 적은 친환경적인 운송이다.
③ 운송대상과 운송경로에 관한 제약이 적다.
④ 유류, 가스를 연속적이고 대량으로 운송한다.
⑤ 컴퓨터시스템을 이용하여 운영의 자동화가 가능하다.

046 다음은 운송수단 선택 시 고려해야 할 사항이다. 이에 해당하는 요건은?

○ 물류네트워크 연계점에서의 연결이 용이한가?
○ 운송절차와 송장서류 작성이 간단한가?
○ 필요시 운송서류를 이용할 수 있는가?

① 안전성　　　　　② 신뢰성
③ 편리성　　　　　④ 신속성
⑤ 경제성

047 화물운송의 합리화 방안으로 옳지 않은 것은?
① 수송체계의 다변화
② 일관파렛트화(Palletization)를 위한 지원
③ 차량운행 경로의 최적화 추진
④ 물류정보시스템의 정비
⑤ 운송업체의 일반화 및 소형화 유도

048 철도와 화물자동차 운송의 선택기준에 관한 설명으로 옳지 않은 것은?
① 장거리·대량화물은 철도가 유리하다.
② 근거리·소량화물은 화물자동차가 경제적이다.
③ 채트반(Chatban) 공식은 운송거리에 따른 화물자동차 운송과 철도운송의 선택기준으로 활용된다.
④ 채트반 공식은 비용요소를 이용하여 화물자동차 경쟁가능거리의 한계(분기점)를 산정한다.
⑤ 채트반 공식으로 산출된 경계점 거리이내에서는 화물자동차운송보다 철도운송이 유리하다.

049 다음과 같은 특징을 가진 운임산정 기준은?

> ○ 양모, 면화, 코르크, 목재, 자동차 등과 같이 중량에 비해 부피가 큰 화물에 적용된다.
> ○ Drum, Barrel, Roll 등과 같이 화물 사이에 공간이 생기는 화물에 적용된다.
> ○ 일정비율의 손실공간을 감안하여 운임을 부과한다.
> ○ 이러한 화물은 통상 이들 손실공간을 포함시킨 적화계수를 적용한다.

① 중량기준　　　　② 용적기준
③ 종가기준　　　　④ 개수기준
⑤ 표정기준

050 화물자동차의 구조에 의한 분류상 전용특장차로 옳은 것을 모두 고른 것은?

ㄱ. 덤프트럭	ㄴ. 분립체 운송차
ㄷ. 적화하역 합리화차	ㄹ. 측면 전개차
ㅁ. 액체 운송차	

① ㄱ, ㄴ
② ㄴ, ㄷ
③ ㄱ, ㄴ, ㅁ
④ ㄴ, ㄹ, ㅁ
⑤ ㄷ, ㄹ, ㅁ

051 화물자동차의 운행제한 기준으로 옳은 것은?
① 축간 중량 5톤 초과
② 길이 13.7m 초과
③ 너비 2.0m 초과
④ 높이 3.5m 초과
⑤ 총중량 40톤 초과

052 폴트레일러 트럭(Pole-trailer truck)에 관한 설명으로 옳은 것은?
① 트렉터에 턴테이블을 설치하고 트레일러를 연결한 후, 대형파이프나 H형강, 교각, 대형목재 등 장척물의 수송에 사용한다.
② 트렉터와 트레일러가 완전히 분리되어 있고, 트레일러 자체도 바디를 가지고 있으며 중소형이다.
③ 트레일러의 일부 하중을 트렉터가 부담하는 것으로 측면에 미닫이문이 부착되어 있다.
④ 컨테이너 트렉터는 트레일러 2량을 연결하여 사용한다.
⑤ 대형 중량화물을 운송하기 위하여 여러 대의 자동차를 연결하여 사용한다.

053 화물자동차운송의 고정비 항목으로 옳은 것은?
① 유류비
② 수리비
③ 감가상각비
④ 윤활유비
⑤ 도로통행료

054 컨테이너에 의한 위험물의 운송 시 위험물 수납에 관한 내용으로 옳지 않은 것은?

① 컨테이너는 위험물을 수납하기 전에 충분히 청소 및 건조되어야 한다.
② 위험물을 컨테이너에 수납할 경우에는 해당 위험물의 이동, 전도, 충격, 마찰, 압력손상 등으로 위험이 발생할 우려가 없도록 한다.
③ 위험물의 어느 부분도 외부로 돌출하지 않도록 수납한 후에 컨테이너의 문을 닫아야 한다.
④ 위험물을 컨테이너 일부에만 수납하는 경우에는 위험물을 컨테이너 문에서 먼 곳에 수납해야 한다.
⑤ 위험물이 수납된 컨테이너를 여닫는 문의 잠금장치 및 봉인은 비상시에 지체 없이 열 수 있는 구조이어야 한다.

055 목재, 강재, 승용차, 기계류 등과 같은 중량화물을 운송하기 위하여 지붕과 벽을 제거하고, 4개의 모서리에 기둥과 버팀대만 두어 전후, 좌우 및 위쪽에서 적재·하역할 수 있는 컨테이너는?

① 건화물 컨테이너(Dry container)
② 오픈탑 컨테이너(Open top container)
③ 동물용 컨테이너(Live stock container)
④ 솔리드벌크 컨테이너(Solid bulk container)
⑤ 플랫래크 컨테이너(Flat rack container)

056 다음에서 설명하고 있는 철도운송 서비스 형태는?

○ 철도화물역 또는 터미널 간을 직송 운행하는 전용열차
○ 화차의 수와 타입이 고정되어 있지 않음
○ 중간역을 거치지 않고 최초 출발역부터 최종 도착역까지 직송서비스 제공
○ 철도-도로 복합운송에서 많이 사용되는 서비스

① Block Train
② Coupling & Sharing Train
③ Liner Train
④ Shuttle Train
⑤ Single Wagon Train

057 우리나라 철도화물의 운임체계에 관한 설명으로 옳지 않은 것은?
① 화차(차량)취급운임, 컨테이너 취급운임, 혼재운임으로 구성된다.
② 화차취급운임 중 특대화물, 위험화물, 귀중품의 운송은 할증이 적용된다.
③ 화차취급운임 중 정량화된 대량화물이나 파렛트 화물의 운송은 할인이 적용된다.
④ 냉동컨테이너의 운송은 할증이 적용된다.
⑤ 공컨테이너와 적컨테이너의 운송은 할증이 적용된다.

058 다음에서 설명하고 있는 대륙횡단 철도서비스 형태는?

> 아시아 극동지역의 화물을 파나마 운하를 경유하여 북미 동부 연안의 항만까지 해상운송을 실시하고, 철도 및 트럭을 이용하여 내륙지역까지 운송한다.

① ALB(American Land Bridge)
② MLB(Mini Land Bridge)
③ IPI(Interior Point Intermodal)
④ RIPI(Reversed Interior Point Intermodal)
⑤ CLB(Canadian Land Bridge)

059 철도운송의 특징으로 옳지 않은 것은?
① 장거리 대량화물의 운송에 유리하다.
② 타 운송수단과의 연계 없이 Door to Door 서비스가 가능하다.
③ 안전도가 높고 친환경적인 운송수단이다.
④ 전국적인 네트워크를 가지고 있다.
⑤ 계획적인 운송이 가능하다.

060 다음에서 설명하는 해상운임 산정 기준으로 옳은 것은?

> 운임단위를 무게 기준인 중량톤과 부피 기준인 용적톤으로 산출하고 원칙적으로 운송인에게 유리한 운임단위를 적용하는 운임톤

① Gross Ton(G/T) ② Long Ton(L/T)
③ Metric Ton(M/T) ④ Revenue Ton(R/T)
⑤ Short Ton(S/T)

061 선박의 국적(선적)에 관한 설명으로 옳지 않은 것은?
① 전통적인 선박의 국적 취득 요건은 자국민 소유, 자국 건조, 자국민 승선이다.
② 편의치적제도를 활용하는 선사는 자국의 엄격한 선박운항기준과 안전기준에서 벗어날 수 있다.
③ 제2선적제도는 기존의 전통적 선적제도를 폐지하고, 역외등록제도와 국제선박등록제도를 신규로 도입한다.
④ 편의치적제도는 세제상의 혜택과 금융조달의 용이성으로 인해 세계적으로 확대되었다.
⑤ 우리나라는 제2선적제도를 시행하고 있다.

062 항해용선 계약과 나용선 계약을 구분한 것으로 옳지 않은 것은?

구 분		항해용선 계약	나용선 계약
ㄱ	선장고용책임	선주가 감독, 임명	용선주가 임명
ㄴ	해원고용책임	선주가 감독, 임명	용선주가 임명
ㄷ	책임한계	선주-운송행위	용선주-운송행위
ㄹ	운임결정	용선기간	화물의 수량
ㅁ	용선주 비용부담	없음	전부

① ㄱ ② ㄴ ③ ㄷ ④ ㄹ ⑤ ㅁ

063 선하증권 운송약관상의 운송인 면책 약관에 관한 설명으로 옳지 않은 것은?
① 잠재하자약관 : 화물의 고유한 성질에 의하여 발생하는 손실에 대해 운송인은 면책이다.
② 이로약관 : 항해 중에 인명, 재산의 구조, 구조와 관련한 상당한 이유로 예정 항로 이외의 지역으로 항해한 경우, 발생하는 손실에 대해 운송인은 면책이다.
③ 부지약관 : 컨테이너 내에 반입된 화물은 화주의 책임 하에 있으며 발생하는 손실에 대해 운송인은 면책이다.
④ 과실약관 : 과실은 항해과실과 상업과실로 구분하며 상업과실일 경우, 운송인은 면책을 주장하지 못한다.
⑤ 고가품약관 : 송화인이 화물의 운임을 종가율에 의하지 않고 선적하였을 경우, 운송인은 일정금액의 한도 내에서 배상책임이 있다.

064 다음 설명에 해당하는 해상운송 관련서류는?

> ○ 해상운송에서 운송인은 화물을 인수할 당시에 포장상태가 불완전하거나 수량이 부족한 사실이 발견되면 사고부 선하증권(Foul B/L)을 발행한다.
> ○ 사고부 선하증권은 은행에서 매입을 하지 않으므로, 송화인은 운송인에게 일체의 클레임에 대해서 송화인이 책임진다는 서류를 제출하고 무사고 선하증권을 수령한다.

① Letter of Credit
② Letter of Indemnity
③ Commercial Invoice
④ Certificate of Origin
⑤ Packing List

065 항공화물 운임의 결정 원칙으로 옳지 않은 것은?
① 운임은 출발지의 중량에 kg 또는 lb당 적용요율을 곱하여 결정한다.
② 별도 규정의 경우를 제외하고는 요율과 요금은 가장 낮은 것을 적용한다.
③ 운임 및 종가 요금은 선불이거나 도착지 지불이어야 한다.
④ 화물의 실제 운송 경로는 운임 산출시 근거 경로와 일치하여야만 한다.
⑤ 항공화물의 요율은 출발지국의 현지통화로 설정한다.

066 단위탑재용기(ULD : Unit Load Device)에 관한 설명으로 옳은 것을 모두 고른 것은?

> ㄱ. 지상 조업시간이 단축된다.
> ㄴ. 전기종 간의 ULD 호환성이 높다.
> ㄷ. 냉장, 냉동화물 등 특수화물의 운송이 용이하다.
> ㄹ. 사용된 ULD는 전량 회수하여 사용한다.

① ㄱ
② ㄱ, ㄷ
③ ㄴ, ㄷ
④ ㄴ, ㄹ
⑤ ㄱ, ㄷ, ㄹ

067 운송주선인의 역할로 옳지 않은 것은?
① 수출화물을 본선에 인도하고 수입화물을 본선으로부터 인수한다.
② 화물포장 및 목적지의 각종 규칙에 관해 조언한다.

③ 운송주체로서 화물의 집하, 혼재, 분류 및 인도 등을 수행한다.
④ 운송의 통제인 및 배송인 역할을 수행한다.
⑤ 운송수단을 보유하고, 계약운송인으로서 운송책임이 없다.

068 항공화물운송주선업자에 관한 설명으로 옳지 않은 것은?
① 화주의 운송대리인이다.
② 전문혼재업자이다.
③ 송화인과 House Air Waybill을 이용하여 운송계약을 체결하는 업자이다.
④ 수출입 통관 및 보험에 관한 화주의 대리인이다.
⑤ CFS(Container Freight Station)업자이다.

069 화물차량이 물류센터를 출발하여 배송지 1, 2, 3을 무순위로 모두 경유한 후, 물류센터로 되돌아가는 데 소요되는 최소시간은?

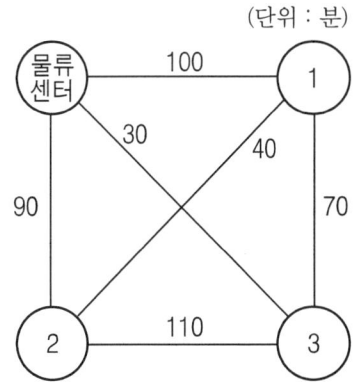

① 210분 ② 230분 ③ 240분 ④ 260분 ⑤ 280분

070 수송문제에서 초기해에 대한 최적해 검사기법으로 옳은 것은?
① 디딤돌법(Stepping Stone Method)
② 도해법(Graphical Method)
③ 트리라벨링법(Tree Labelling Algorithm)
④ 의사결정수모형(Decision Tree Model)
⑤ 후방귀납법(Backward Induction)

071 8곳의 물류센터를 모두 연결하는 도로를 개설하려 한다. 필요한 도로의 최소 길이는?

(단위 : km)

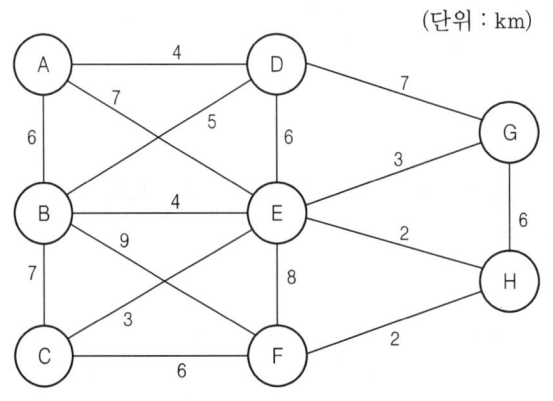

① 19 km ② 21 km ③ 23 km ④ 25 km ⑤ 27 km

072 물류센터에서 8곳 배송지까지 최단 경로 네트워크를 작성하였을 때, 그 네트워크의 총 길이는?

(단위 : km)

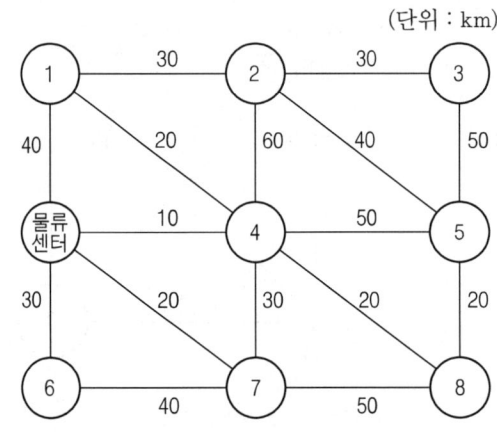

① 150 km ② 160 km ③ 170 km ④ 180 km ⑤ 190 km

073 공급지 1, 2에서 수요지 1, 2, 3까지의 수송문제를 최소비용법으로 해결하려 한다. 수요지 1, 수요지 2, 수요지 3의 미충족 수요량에 대한 톤당 패널티(penalty)는 각각 150,000원, 200,000원, 180,000원이다. 운송비용과 패널티의 합계는? (단, 공급지와 수요지간 톤당 단위운송비용은 셀의 우측 상단에 있음)

(단위 : 원)

수요지 공급지	수요지 1	수요지 2	수요지 3	공급량 (톤)
공급지 1	25,000 ② 100	30,000 ④ ×	27,000 ③ 50	150
공급지 2	35,000 ⑥ ×	23,000 ① 120	32,000 ⑤ ×	120
수요량 (톤)	100	130	70	

① 10,890,000원
② 11,550,000원
③ 11,720,000원
④ 12,210,000원
⑤ 12,630,000원

074 공급지 A, B, C에서 수요지 W, X, Y, Z까지의 총운송비용 최소화 문제에 보겔추정법을 적용한다. 운송량이 전혀 할당되지 않는 셀(Cell)로만 구성된 것은? (단, 공급지와 수요지간 톤당 단위운송비용은 셀의 우측 상단에 있음)

(단위 : 천원)

수요지 공급지	W	X	Y	Z	공급량 (톤)	기회비용
A	30	25	47 ⑤ 20	36 ⑥ 80	100	5→11→11→ 11→11→0
B	17 ① 80	52	28 ④ 40	42	120	11→14→14 →14→0
C	22	19 ② 100	35 ③ 30	55	130	3→16→20 →0
수요량(톤)	80	100	90	80	350	
기회비용	5→0	6→6→0	7→7→7→ 19→47→0	6→6→6→ 6→36→0		

① A-X, B-Z, C-W
② A-X, B-W, C-Z
③ A-Z, B-X, C-Y
④ A-Y, B-W, C-Z
⑤ A-Y, B-X, C-W

075 수송 수요분석에 사용하는 화물분포모형에 해당하는 것은?
① 성장인자법(Growth Factor Method)
② 회귀분석법(Regression Model)
③ 성장률법(Growth Rate Method)
④ 로짓모형(Logit Model)
⑤ 다이얼모형(Dial Model)

076 이용자 측면에서의 택배서비스 특징에 관한 설명으로 옳지 않은 것은?
① 소형·소량화물을 위한 운송체계
② 공식적인 계약에 따른 개인 보증제도
③ 규격화된 포장서비스 제공
④ 단일운임·요금체계로 경제성 있는 서비스 제공
⑤ 운송업자가 책임을 부담하는 일관책임체계

077 택배 취급이 금지되는 품목으로 옳지 않은 것은?
① 유리제품　　　　　　　② 상품권
③ 복권　　　　　　　　　④ 신용카드
⑤ 현금

078 택배표준약관(공정거래위원회 표준약관 제10026호)의 포장에 관한 설명으로 옳은 것을 모두 고른 것은?

> ㄱ. 고객(송화인)은 운송물을 성질, 중량, 용량에 따라 운송에 적합하도록 포장하여야 한다.
> ㄴ. 사업자가 운반하는 도중에 운송물의 포장이 훼손되어 재포장하는 경우, 운송물을 인도한 후 고객(송화인)에게 그 사실을 알려야 한다.
> ㄷ. 사업자는 운송물의 포장이 운송에 적합하지 아니한 때, 고객(송화인)의 승낙을 얻어 운송 중 발생될 수 있는 충격량을 고려하여 포장을 하여야 한다.
> ㄹ. 사업자는 운송물을 수탁한 후 포장의 외부에 운송물의 종류와 수량, 인도예정일(시), 운송 상의 특별한 주의사항을 표시한다.
> ㅁ. 사업자는 운송물의 포장이 운송에 적합하지 아니한 때, 고객(송화인)의 승낙을 얻어 포장을 한 경우에 발생하는 추가 포장비용은 사업자가 부담한다.

① ㄱ, ㄴ
② ㄱ, ㄷ, ㄹ
③ ㄴ, ㄷ, ㄹ
④ ㄴ, ㄹ, ㅁ
⑤ ㄱ, ㄷ, ㄹ, ㅁ

079 택배표준약관(공정거래위원회 표준약관 제10026호)의 운송물 사고와 사업자 책임에 관한 내용으로 옳은 것은?

① 사업자는 운송 중에 발생한 운송물의 멸실, 훼손 또는 연착에 대하여 고객(송화인)의 청구가 있으면 그 발생일로부터 6개월에 한하여 사고증명서를 발행한다.
② 사업자는 운송장에 운송물의 인도예정일의 기재가 없는 경우, 도서·산간지역은 운송물의 수탁일로부터 5일에 해당하는 날까지 인도한다.
③ 운송물의 일부 멸실 또는 훼손에 대한 사업자의 손해배상책임은 고객(수화인)이 운송물을 수령한 날로부터 10일 이내에 그 사실을 사업자에게 통지를 발송하지 아니하면 소멸한다.
④ 운송물의 일부 멸실, 훼손 또는 연착에 대한 사업자의 손해배상책임은 고객(수화인)이 운송물을 수령한 날로부터 6개월이 경과하면 소멸한다.
⑤ 사업자가 운송물의 일부 멸실 또는 훼손의 사실을 알면서 이를 숨기고 운송물을 인도한 경우, 사업자의 손해배상책임은 고객(수화인)이 운송물을 수령한 날로부터 5년간 존속한다.

080 택배표준약관(공정거래위원회 표준약관 제10026호)의 손해배상에 관한 설명이다. ( )에 들어갈 내용으로 옳은 것은?

사업자가 고객(송화인)으로부터 배상요청을 받은 경우, 고객(송화인)이 손해입증서류를 제출한 날로부터 ( ) 이내에 사업자는 우선 배상한다.(단, 손해입증서류가 허위인 경우에는 적용되지 아니한다.)

① 7일
② 10일
③ 21일
④ 30일
⑤ 60일

제3과목 국제물류론

081 국제물류관리체계에 관한 설명으로 옳지 않은 것은?
① 현지물류체계는 본국 중심의 생산활동과 국제적으로 표준화된 판매활동이 이루어진다.
② 글로벌 SCM 네트워크 체계는 조달, 생산, 판매, 유통 등 기업 활동이 전(全) 세계를 대상으로 진행된다.
③ 거점물류체계는 기업 활동의 전부 또는 일부를 특정 경제권의 투자가치가 높은 지역에 배치하고 해당 지역거점을 중심으로 이루어지는 물류관리체계이다.
④ 현지물류체계는 국가별 현지 자회사를 중심으로 물류 및 생산활동을 수행하는 체계로 현지국에 생산거점을 둔다.
⑤ 글로벌 SCM 네트워크 체계는 정보자원, 물류인프라, 비즈니스 프로세스를 국경을 초월해 통합적으로 관리하고 조정한다.

082 국제물류시스템 중 고전적 시스템에 관한 내용으로 옳은 것은?
① 기업은 해외 자회사 창고까지 저속·대량운송수단을 이용하여 운임을 절감할 수 있다.
② 수출국 창고에 재고를 집중시켜 운영할 수 있기 때문에 다른 어떤 시스템보다 보관비가 절감된다.
③ 수출기업으로부터 해외 자회사 창고로의 출하 빈도가 높기 때문에 해외 자회사 창고의 보관비가 상대적으로 절감된다.
④ 해외 자회사 창고는 집하·분류·배송기능에 중점을 둔다.
⑤ 상품이 생산국 창고에서 출하되어 한 지역의 중심국에 있는 중앙창고로 수송된 후 각 자회사 창고 혹은 고객에게 수송된다.

083 선박에 관한 설명으로 옳지 않은 것은?
① 선급제도는 선박의 감항성에 관한 객관적이고 전문적인 판단을 위해 생긴 제도이다.
② 재화중량톤수(DWT)는 관세, 등록세, 소득세, 계선료, 도선료 등의 과세기준이 된다.

③ 건현은 수중에 잠기지 않는 수면 위의 선체 높이를 의미한다.
④ 만재흘수선은 선박의 항행구역 및 시기에 따라 해수와 담수, 동절기와 하절기, 열대 및 북태평양, 북대서양 등으로 구분하여 선박의 우현 측에 표시된다.
⑤ 선박은 해상에서 사람 또는 물품을 싣고 이를 운반하는데 사용되는 구조물로 부양성, 적재성, 이동성을 갖춘 것이다.

084 해상운송계약에 관한 설명으로 옳지 않은 것은?

① 개품운송계약은 불특정 다수의 화주를 대상으로 하며 선박회사에서 일방적으로 결정한 정형화된 약관을 화주가 포괄적으로 승인하는 부합계약 형태를 취한다.
② 정기용선계약은 일정 기간을 정해 용선자에게 선박을 사용하도록 하는 계약으로 표준서식으로 Gencon 서식이 사용된다.
③ 항해용선에는 화물의 양에 따라 운임을 계산하는 물량용선(Freight Charter)과 화물의 양에 관계없이 본선의 선복을 기준으로 운임을 결정하는 총괄운임용선(Lump Sum Charter)이 있다.
④ 나용선계약은 선박 자체만을 용선하여 선장, 선원, 승무원 및 연료나 장비 등 인적·물적 요소나 운항에 필요한 모든 비용을 용선자가 부담하는 계약이다.
⑤ Gross Term Charter는 항해용선계약에서 선주가 적·양하항에서 발생하는 일체의 하역비 및 항비를 부담하는 조건이다.

085 정기선 운송의 특징에 관한 설명으로 옳지 않은 것은?

① 항로가 일정하지 않고 매 항차마다 항로가 달라진다.
② 정기선 운송은 공시된 스케줄에 따라 운송서비스를 제공한다.
③ 정기선 운임은 태리프(Tariff)를 공시하고 공시된 운임률에 따라 운임이 부과되므로 부정기선 운임에 비해 안정적이다.
④ 정기선 운송은 화물의 집화 및 운송을 위해 막대한 시설과 투자가 필요하다.
⑤ 정기선 운송서비스를 제공하는 운송인은 불특정 다수의 화주를 상대로 운송서비스를 제공하는 공중운송인(Public Carrier)이다.

086 양하 시 하역비를 화주가 부담하지 않는 운임조건을 모두 고른 것은?

ㄱ. Berth Term	ㄴ. FI Term
ㄷ. FO Term	ㄹ. FIO Term
ㅁ. FIOST Term	

① ㄱ, ㄴ
② ㄱ, ㄹ
③ ㄴ, ㄷ
④ ㄷ, ㅁ
⑤ ㄷ, ㄹ, ㅁ

087 1998년 미국 외항해운개혁법(OSRA)의 주요 내용으로 옳지 않은 것은?
① FMC에 선사의 태리프(Tariff) 신고의무를 폐지하였다.
② 우대운송계약(Service Contract)을 허용하되 서비스계약 운임률, 서비스 내용, 내륙운송구간, 손해배상 등 주요 내용을 대외비로 인정해주고 있다.
③ 비슷한 조건의 화주가 선사에게 동등한 조건을 요구할 수 있는 'me - too'조항을 삭제하여 선사의 화주에 대한 차별대우를 인정해 주었다.
④ NVOCC의 자격요건을 강화하여 해상화물운송주선인과 동일하게 FMC로부터 면허취득을 의무화하였다.
⑤ 컨소시엄, 전략적 제휴 등 공동행위 및 경쟁제한 행위를 금지시켰다.

088 다음 설명에 해당하는 정기선 운임은?

화폐, 보석, 유가증권, 미술품 등 고가품의 운송에 있어서 화물의 가격을 기초로 일정률을 징수하는 운임

① Special Rate
② Open Rate
③ Dual Rate
④ Ad Valorem Freight
⑤ Pro Rate Freight

089 항해용선계약에 포함되지 않는 내용은?
① Laytime
② Off Hire
③ Demurrage
④ Cancelling Date
⑤ Despatch Money

090 최근 정기선 시장의 변화에 해당하지 않는 것은?
① 항로안정화협정 또는 협의협정체결 증가
② 선사 간 전략적 제휴 증가
③ 선박의 대형화
④ 글로벌 공급망 확대에 따른 서비스 범위의 축소
⑤ 해운관련 기업에서 블록체인 등 디지털 기술의 도입

091 Gencon Charter Party(1994)와 관련된 정박시간표(time sheet)의 기재사항으로 옳지 않은 것은?
① 도착일시 및 접안일시
② 하역준비완료일시 및 하역준비완료통지서 제출일시
③ 하역개시일시 및 하역실시기간
④ 용선계약서에 약정된 하역률 및 허용정박기간
⑤ 7일 하역량 및 누계

092 다음 설명에 해당하는 부정기선 운임은?

> 선적하기로 약정했던 화물량보다 실제 선적량이 적으면 용선인이 그 부족분에 대해 지불해야 하는 운임

① Dead Freight
② Lump Sum Freight
③ Long Term Contract Freight
④ Freight All Kinds Rate
⑤ Congestion Surcharge

093 Hamburg Rules(1978)상 청구 및 소송에 관한 내용이 옳게 나열된 것은?

○ No compensation shall be payable for loss resulting from delay in delivery unless a notice has been given in writing to the carrier within (ㄱ) consecutive days after the day when the goods were handed over to the (ㄴ).
○ Any action relating to carriage of goods under this Convention is time-barred if judicial or arbitral proceedings have not been instituted within a period of (ㄷ) years.

① ㄱ: 30, ㄴ: consignee, ㄷ: two
② ㄱ: 30, ㄴ: consignor, ㄷ: three
③ ㄱ: 60, ㄴ: consignee, ㄷ: two
④ ㄱ: 60, ㄴ: consignor, ㄷ: three
⑤ ㄱ: 90, ㄴ: consignee, ㄷ: three

094 항공화물의 품목분류요율(CCR) 중 할증요금 적용품목으로 옳지 않은 것은?
① 금괴
② 화폐
③ 잡지
④ 생동물
⑤ 유가증권

095 항공화물 손상(damage) 사고로 생동물이 수송 중 폐사되는 경우를 뜻하는 용어는?
① Breakage
② Wet
③ Spoiling
④ Mortality
⑤ Shortlanded

096 항공화물운송장에 관한 설명으로 옳지 않은 것은?
① 송화인은 항공화물운송장 원본 3통을 1조로 작성하여 화물과 함께 운송인에게 교부하여야 한다.
② 제1원본(녹색)에는 운송인용이라고 기재하고 송화인이 서명하여야 한다.
③ 제2원본(적색)에는 수화인용이라고 기재하고 송화인 및 운송인이 서명한 후 화물과 함께 도착지에 송부하여야 한다.
④ 제3원본(청색)에는 송화인용이라고 기재하고 운송인이 서명하여 화물을 인수한 후 송화인에게 교부하여야 한다.
⑤ 송화인은 항공화물운송장에 기재된 화물의 명세·신고가 정확하다는 것에 대해 그 항공화물운송장을 누가 작성했든 책임을 질 필요가 없다.

097 복합운송증권(FIATA FBL) 이면 약관 상 정의와 관련된 용어가 옳게 나열된 것은?

○ (ㄱ) means the Multimodal Transport Operator who issues this FBL and is named on the face of it and assumes liability for the performance of the multimodal transport contract as a carrier.
○ (ㄴ) means and includes the Shipper, the Consignor, the Holder of this FBL, the Receiver and the Owner of the Goods.

① ㄱ: Freight Forwarder, ㄴ: Merchant
② ㄱ: Freight Forwarder, ㄴ: Shipowner
③ ㄱ: NVOCC, ㄴ: Merchant
④ ㄱ: NVOCC, ㄴ: Shipowner
⑤ ㄱ: VOCC, ㄴ: Merchant

098 국제복합운송에 관한 설명으로 옳지 않은 것은?

① 하나의 계약으로 운송의 시작부터 종료까지 전(全)과정에 걸쳐, 운송물을 적어도 2가지 이상의 서로 다른 운송수단으로 운송하는 것을 말한다.
② 각 구간별로 분할된 운임이 아닌 전(全)구간에 대한 일관운임(through rate)을 특징으로 한다.
③ 1인의 계약운송인이 누가 운송을 실행하느냐에 관계없이 운송 전체에 대해 단일운송인책임(single carrier's liability)을 진다.
④ 하나의 운송수단에서 다른 운송수단으로 신속하게 환적할 수 있는 컨테이너 운송의 개시와 함께 비약적으로 발달하였다.
⑤ NVOCC는 자신이 직접 선박을 소유하고 화주와 운송계약을 체결하며 일관선하증권(through B/L)을 발행한다.

099 다음 설명에 해당하는 복합운송인 책임 체계는?

○ 손해발생구간을 판명·불명으로 나누어 각각 다른 책임체계를 적용하는 방식
○ 손해발생구간을 아는 경우 운송인의 책임은 운송물의 멸실 또는 훼손이 생긴 운송구간에 적용될 국제조약 또는 강행적인 국내법에 따라 결정됨
○ 기존의 운송조약과 조화가 잘되어서 복합운송 규칙과 기존의 다른 운송방식에 적용되는 규칙 간의 충돌 방지가 가능함

① strict liability
② uniform liability system
③ network liability system
④ liability for negligence
⑤ modified liability system

100 국제운송조약 중 항공운송과 관련되는 조약을 모두 고른 것은?

> ㄱ. Hague Protocol(1955)
> ㄴ. CMR Convention(1956)
> ㄷ. CIM Convention(1970)
> ㄹ. CMI Uniform Rules for Electronic Bills of Lading(1990)
> ㅁ. Montreal Convention(1999)
> ㅂ. Rotterdam Rules(2008)

① ㄱ, ㄹ
② ㄱ, ㅁ
③ ㄱ, ㄴ, ㅁ
④ ㄴ, ㄷ, ㅂ
⑤ ㄴ, ㄷ, ㄹ, ㅂ

101 공항터미널에서 사용되는 조업장비가 아닌 것은?
① High Loader
② Transporter
③ Tug Car
④ Dolly
⑤ Transfer Crane

102 다음 설명에 해당하는 컨테이너는?

> 위험물, 석유화학제품, 화공약품, 유류, 술 등의 액체화물을 운송하기 위하여 내부에 원통형의 탱크(Tank)를 위치시키고 외부에 철재 프레임으로 고정시킨 컨테이너

① Dry Container
② Flat Rack Container
③ Solid Bulk Container
④ Liquid Bulk Container
⑤ Open Top Container

103 컨테이너 분류에 관한 설명으로 옳지 않은 것은?
① 크기에 따라 ISO 규격 20 feet, 40 feet, 40 feet High Cubic 등이 사용되고 있다.
② 재질에 따라 철재컨테이너, 알루미늄컨테이너, 강화플라스틱컨테이너 등으로 분류된다.
③ 용도에 따라 표준컨테이너, 온도조절컨테이너, 특수컨테이너 등으로 분류된다.
④ 알루미늄컨테이너는 무겁고 녹이 스는 단점이 있으나 제조원가가 저렴하여 많이 이용된다.
⑤ 냉동컨테이너는 과일, 야채, 생선, 육류 등의 보냉이 필요한 화물을 운송하기 위한 컨테이너이다.

104 다음에 해당하는 선화증권의 법적성질이 옳게 나열된 것은?

> ㄱ. 상법이나 선화증권의 준거법에서 규정하고 있는 법정기재사항을 충족하여야 함
> ㄴ. 선화증권상에 권리자로 지정된 자가 배서의 방법으로 증권상의 권리를 양도할 수 있음
> ㄷ. 선화증권의 정당한 소지인이 이를 발급한 운송인에 대하여 물품의 인도를 청구할 수 있는 효력을 지님

① ㄱ: 요식증권, ㄴ: 지시증권, ㄷ: 채권증권
② ㄱ: 요식증권, ㄴ: 유가증권, ㄷ: 채권증권
③ ㄱ: 요인증권, ㄴ: 지시증권, ㄷ: 처분증권
④ ㄱ: 요인증권, ㄴ: 제시증권, ㄷ: 인도증권
⑤ ㄱ: 문언증권, ㄴ: 제시증권, ㄷ: 인도증권

105 해륙복합운송 경로에 관한 설명으로 옳지 않은 것은?
① SLB(Siberia Land Bridge)는 한국, 일본 등 극동지역의 화물을 해상운송한 후 시베리아 대륙횡단철도를 이용하여 유럽이나 중동까지 운송하는 방식이다.
② CLB(China Land Bridge)는 한국, 일본 등 극동지역의 화물을 해상운송한 후 중국대륙철도와 실크로드를 이용하여 유럽까지 운송하는 방식이다.
③ IPI(Interior Point Intermodal)는 한국, 일본 등 극동지역의 화물을 해상운송한 후 캐나다 대륙횡단철도를 이용하여 캐나다의 동해안 항만까지 운송하는 방식이다.

④ ALB(America Land Bridge)는 한국, 일본 등 극동지역의 화물을 해상운송한 후 미국대륙을 철도로 횡단하고 유럽지역까지 다시 해상운송하는 방식이다.
⑤ MLB(Mini Land Bridge)는 한국, 일본 등 극동지역의 화물을 해상운송한 후 철도와 트럭을 이용하여 미국 동해안이나 미국 멕시코만 지역의 항만까지 운송하는 방식이다.

106 다음에서 설명하는 물류보안 제도는?

> 미국 세관직원이 수출국 항구에 파견되어 수출국 세관직원과 합동으로 미국으로 향하는 컨테이너 화물 중 위험요소가 큰 컨테이너 화물을 선별하여 선적 전에 미리 화물 검사를 시행하게 하는 컨테이너 보안 협정

① 10 + 2 rule
② CSI
③ ISPS Code
④ AEO
⑤ ISO 28000

107 다음은 항공화물운송장과 선화증권을 비교한 표이다. (　)에 들어갈 내용을 순서대로 나열한 것은?

구 분	항공화물운송장	선화증권
주요 기능	화물수취증	유가증권
유통 여부	(ㄱ)	유통성
발행 형식	(ㄴ)	지시식(무기명식)
작성 주체	송화인	(ㄷ)

① ㄱ: 유통성,　ㄴ: 기명식,　ㄷ: 송화인
② ㄱ: 유통성,　ㄴ: 기명식,　ㄷ: 운송인
③ ㄱ: 비유통성,　ㄴ: 지시식,　ㄷ: 송화인
④ ㄱ: 비유통성,　ㄴ: 지시식,　ㄷ: 운송인
⑤ ㄱ: 비유통성,　ㄴ: 기명식,　ㄷ: 운송인

108 컨테이너 운송에 관한 설명으로 옳지 않은 것은?

① 화물취급의 편리성과 운송의 신속성으로 인해 운송비를 절감할 수 있다.
② 하역작업의 기계화와 업무절차 간소화로 인하여 하역비와 인건비를 절감할 수

있다.
③ 해상운송과 육상운송을 원만하게 연결하고 환적시간을 단축시킴으로써 신속한 해륙일관운송을 가능하게 한다.
④ 송화인 문전에서 수화인 문전까지 효과적인 Door-to-Door 서비스를 구현할 수 있다.
⑤ CY/CFS(FCL/LCL)운송은 수출지 CY로부터 수입지 CFS까지 운송하는 방식으로 다수의 송화인과 다수의 수화인으로 구성되어져 있다.

109 복합운송증권 기능에 관한 설명으로 옳지 않은 것은?
① 복합운송증권은 물품수령증으로서의 기능을 가진다.
② 복합운송증권은 운송계약 증거로서의 기능을 가진다.
③ 지시식으로 발행된 복합운송증권은 배서·교부로 양도가 가능하다.
④ 복합운송증권은 수령지로부터 최종인도지까지 전(全)운송구간을 운송인이 인수하였음을 증명한다.
⑤ UNCTAD/ICC규칙(1991)상 복합운송증권은 유통성으로만 발행하여야 한다.

110 컨테이너운송에 관한 국제협약이 아닌 것은?
① CCC(Customs Convention on Container, 1956)
② TIR(Transport International Routiere, 1959)
③ ITI(Customs Convention on the International Transit of Goods, 1971)
④ CSC(International Convention for Safe Container, 1972)
⑤ YAR(York – Antwerp Rules, 2004)

111 ICC(A)(2009)의 면책위험에 해당하지 않는 것은?
① 보험목적물의 고유의 하자 또는 성질로 인하여 발생한 손상
② 포획, 나포, 강류, 억지 또는 억류(해적행위 제외) 및 이러한 행위의 결과로 발생한 손상
③ 피보험자가 피보험목적물을 적재할 때 알고 있는 선박 또는 부선의 불감항으로 생긴 손상
④ 동맹파업자, 직장폐쇄노동자 또는 노동쟁의, 소요 또는 폭동에 가담한 자에 의하여 발생한 손상

⑤ 피보험목적물 또는 그 일부에 대한 어떠한 자의 불법행위에 의한 고의적인 손상 또는 고의적인 파괴

112 Incoterms® 2020에서 물품의 인도에 관한 설명으로 옳은 것은?
① CPT 규칙에서 매도인은 지정선적항에서 매수인이 지정한 선박에 적재하여 인도한다.
② EXW 규칙에서 지정인도장소 내에 이용 가능한 복수의 지점이 있는 경우에 매도인은 그의 목적에 가장 적합한 지점을 선택할 수 있다.
③ DPU 규칙에서 매도인은 물품을 지정목적지에서 도착운송수단에 실어둔 채 양하 준비된 상태로 매수인의 처분 하에 둔다.
④ FOB 규칙에서 매수인이 운송계약을 체결할 의무를 가지고, 매도인은 매수인이 지정한 선박의 선측에 물품을 인도한다.
⑤ FCA 규칙에서 지정된 물품 인도 장소가 매도인의 영업구내인 경우에는 물품을 수취용 차량에 적재하지 않은 채로 매수인의 처분 하에 둠으로써 인도한다.

113 Marine Insurance Act(1906)에서 비용손해에 관한 설명으로 옳은 것은?
① 특별비용은 공동해손과 손해방지비용을 모두 포함한 비용을 말한다.
② 제3자나 보험자가 손해방지행위를 했다면 그 비용은 손해방지비용으로 보상될 수 있다.
③ 특별비용은 보험조건에 상관없이 정당하게 지출된 경우 보험자로부터 보상받을 수 있다.
④ 보험자의 담보위험 여부에 상관없이 발생한 손해를 방지하기 위해 지출한 구조비는 보상받을 수 있다.
⑤ 보험목적물의 안전과 보존을 위하여 구조계약을 체결했을 경우 발생하는 비용은 특별비용으로 보상될 수 있다.

114 상사중재에 관한 설명으로 옳지 않은 것은?
① 중재인은 해당분야 전문가인 민간인으로서 법원이 임명한다.
② 비공개로 진행되어 사업상의 비밀을 그대로 유지할 수 있다.
③ 중재합의는 분쟁발생 전후를 기준으로 사전합의방식과 사후합의방식이 있다.
④ 뉴욕협약(1958)에 가입된 국가 간에는 중재판정의 승인 및 집행이 보장된다.

⑤ 중재판정은 법원의 확정판결과 동일한 효력을 가지며 중재인은 자기가 내린 판결을 철회하거나 변경할 수 없다.

115 다음 매도인의 의무를 모두 충족하는 Incoterms® 2020 규칙으로 옳은 것은?

○ 목적지의 양하비용 중에서 오직 운송계약상 매도인이 부담하기로 된 비용을 부담
○ 해당되는 경우에 수출국과 통과국(수입국 제외)에 의하여 부과되는 모든 통관절차를 수행하고 그에 관한 비용을 부담

① CFR   ② CIF   ③ FAS   ④ DAP   ⑤ DDP

116 관세법상 특허보세구역에 관한 설명으로 옳은 것은?
① 보세전시장에서는 박람회 등의 운영을 위하여 외국물품을 장치·전시하거나 사용할 수 있다.
② 보세창고의 경우 장치기간이 지난 내국물품은 그 기간이 지난 후 30일 내에 반출하면 된다.
③ 보세공장에서는 내국물품은 사용할 수 없고, 외국물품만을 원료 또는 재료로 하여 제품을 제조·가공할 수 있다.
④ 보세건설장 운영인은 보세건설장에서 건설된 시설을 수입신고가 수리되기 전에 가동해도 된다.
⑤ 보세판매장에서 판매하는 물품의 반입, 반출, 인도, 관리에 관한 사항은 산업통상자원부령으로 정한다.

117 Incoterms® 2020 규칙이 다루고 있지 않은 것을 모두 고른 것은?

ㄱ. 매도인과 매수인 각각의 의무
ㄴ. 매매물품의 소유권과 물권의 이전
ㄷ. 매매 당사자 간 물품 인도 장소와 시점
ㄹ. 매매계약 위반에 대하여 구할 수 있는 구제수단

① ㄱ, ㄴ   ② ㄱ, ㄷ   ③ ㄴ, ㄷ   ④ ㄴ, ㄹ   ⑤ ㄷ, ㄹ

118 관세법상 수입통관에 관한 설명으로 옳지 않은 것은?
① 여행자가 외국물품인 휴대품을 관세통로에서 소비하거나 사용하는 경우는 수입으로 본다.
② 우편물은 수입신고를 생략하거나 관세청장이 정하는 간소한 방법으로 신고할 수 있다.
③ 세관장은 수입에 관한 신고서의 기재사항에 보완이 필요한 경우 해당물품의 통관을 보류할 수 있다.
④ 관세청장은 수입하려는 물품에 대하여 검사대상, 검사범위, 검사방법 등에 관하여 필요한 기준을 정할 수 있다.
⑤ 수입하려는 물품의 신속한 통관이 필요한 때에는 해당물품을 적재한 선박이나 항공기가 입항하기 전에 수입신고할 수 있다.

119 ICD의 기능에 관한 설명으로 옳지 않은 것은?
① CY, CFS 시설 등을 통해 컨테이너의 장치·보관 기능을 수행한다.
② 항만에서 이루어지는 본선적재작업과 마셜링 기능을 수행한다.
③ 통관절차를 내륙으로 이동함으로써 내륙통관기지로서의 기능을 수행한다.
④ 화물의 일시적 저장과 취급에 대한 서비스를 제공한다.
⑤ 소량화물을 컨테이너 단위로 혼재작업을 행하는 기능을 수행한다.

120 비엔나협약(CISG, 1980)에서 승낙의 효력에 관한 설명으로 옳은 것은?
① 분쟁해결에 관한 부가적 조건을 포함하고 있는 청약에 대한 회답은 승낙을 의도하고 있는 경우 승낙이 될 수 있다.
② 청약에 대한 동의를 표시하는 상대방의 진술뿐만 아니라 침묵 또는 부작위는 그 자체만으로 승낙이 된다.
③ 승낙을 위한 기간이 경과한 승낙은 당사자 간의 별도의 합의가 없더라도 원칙적으로 계약을 성립시킬 수 있다.
④ 서신에서 지정한 승낙기간은 서신에 표시되어 있는 일자 또는 서신에 일자가 표시되지 아니한 경우에는 봉투에 표시된 일자로부터 계산한다.
⑤ 승낙기간 중 기간의 말일이 승낙자 영업소 소재지의 공휴일 또는 비영업일에 해당하여 승낙의 통지가 기간의 말일에 청약자에게 도달할 수 없는 경우에도 공휴일 또는 비영업일은 승낙기간의 계산에 산입한다.

제2교시

제4과목 보관하역론

001 보관의 원칙에 관한 설명으로 옳지 않은 것은?
① 선입선출의 원칙 : 먼저 입고하여 보관한 물품을 먼저 출고하는 원칙이다.
② 회전대응의 원칙 : 입출고 빈도에 따라 보관 위치를 달리하는 원칙으로 입출고 빈도가 높은 화물은 출입구 가까운 장소에 보관한다.
③ 유사성의 원칙 : 연대출고가 예상되는 관련 품목을 출하가 용이하도록 모아서 보관하는 원칙이다.
④ 위치표시의 원칙 : 보관된 물품의 장소와 선반번호의 위치를 표시하여 입출고 작업의 효율성을 높이는 원칙이다.
⑤ 중량특성의 원칙 : 중량에 따라 보관 장소의 높이를 결정하는 원칙으로 중량이 무거운 물품은 하층부에 보관한다.

002 보관의 기능에 해당하는 것을 모두 고른 것은?

> ㄱ. 제품의 시간적 효용 창출
> ㄴ. 제품의 공간적 효용 창출
> ㄷ. 생산과 판매와의 물량 조정 및 완충
> ㄹ. 재고를 보유하여 고객 수요 니즈에 대응
> ㅁ. 수송과 배송의 연계

① ㄱ, ㄴ, ㄹ
② ㄴ, ㄷ, ㅁ
③ ㄱ, ㄴ, ㄷ, ㄹ
④ ㄱ, ㄷ, ㄹ, ㅁ
⑤ ㄴ, ㄷ, ㄹ, ㅁ

003 물류센터의 종류에 관한 설명으로 옳지 않은 것은?
① 항만 입지형은 부두 창고, 임항 창고, 보세 창고 등이 있다.
② 단지 입지형은 유통업무 단지 등의 유통 거점에 집중적으로 입지를 정하고 있는 물류센터 및 창고로 공동창고, 집배송 단지 및 복합 물류터미널 등이 있다.
③ 임대 시설은 화차로 출하하기 위하여 일시 대기하는 화물의 보관을 위한 물류

센터이다.
④ 자가 시설은 제조 및 유통 업체가 자기 책임 하에 운영하는 물류센터이다.
⑤ 도시 근교 입지형은 백화점, 슈퍼마켓, 대형 할인 매장 및 인터넷 쇼핑몰 등을 지원하는 창고이다.

004 ICD(Inland Container Depot)에 관한 설명으로 옳은 것을 모두 고른 것은?

> ㄱ. 항만지역과 비교하여 창고 보관 시설용 토지 매입이 어렵다.
> ㄴ. 화물의 소단위화로 운송의 비효율이 발생한다.
> ㄷ. 다양한 교통수단의 높은 연계성이 입지조건의 하나이다.
> ㄹ. 통관의 신속화로 통관비가 절감된다.
> ㅁ. 통관검사 후 재포장이 필요한 경우 ICD 자체 보유 포장시설을 이용할 수 있다.

① ㄱ, ㄴ, ㄷ
② ㄱ, ㄷ, ㄹ
③ ㄴ, ㄷ, ㄹ
④ ㄴ, ㄹ, ㅁ
⑤ ㄷ, ㄹ, ㅁ

005 복합 물류터미널에 관한 설명으로 옳지 않은 것은?
① 화물의 혼재기능을 수행한다.
② 환적기능을 구비하여 터미널 기능을 실현한다.
③ 장기보관 위주의 보관 기능을 강화한 시설이다.
④ 수요단위에 적합하게 재포장하는 기능을 수행한다.
⑤ 화물 정보센터의 기능을 강화하여 화물 운송 및 재고 정보 등을 제공한다.

006 시장 및 생산공장의 위치와 수요량이 아래 표와 같다. 무게중심법에 따라 산출된 유통센터의 입지 좌표(X, Y)는?

구 분	위치 좌표(X, Y) (km)	수요량 (톤/월)
시장 1	(50, 10)	100
시장 2	(20, 50)	200
시장 3	(10, 10)	200
생산공장	(100, 150)	

① X: 35, Y: 55 ② X: 35, Y: 61
③ X: 61, Y: 88 ④ X: 75, Y: 85
⑤ X: 75, Y: 88

007 물류센터의 설계 시 고려사항에 관한 설명으로 옳지 않은 것은?
① 물류센터의 규모 산정 시 목표 재고량은 고려하나 서비스 수준은 고려 대상이 아니다.
② 제품의 크기, 무게, 가격 등을 고려한다.
③ 입고방법, 보관방법, 피킹방법, 배송방법 등 운영특성을 고려한다.
④ 설비종류, 운영방안, 자동화 수준 등을 고려한다.
⑤ 물류센터 입지의 결정 시 관련 비용의 최소화를 고려한다.

008 물류센터의 일반적인 입지선정에 관한 설명으로 옳지 않은 것은?
① 수요와 공급을 효율적으로 연계할 수 있는 지역을 선정한다.
② 노동력 확보가 가능한 지역을 선정한다.
③ 경제적, 자연적, 지리적 요인 등을 고려해야 한다.
④ 운송수단의 연계가 용이한 지역에 입지한다.
⑤ 토지가격이 저렴한 지역을 최우선 선정조건으로 고려한다.

009 물류센터 투자 타당성을 분석할 때 편익의 현재가치 합계와 비용의 현재가치 합계가 동일하게 되는 수준의 할인율을 활용하는 기법은?
① 순현재가치법 ② 내부수익율법
③ 브라운깁슨법 ④ 손익분기점법
⑤ 자본회수기간법

010 보관 설비에 관한 설명으로 옳지 않은 것은?
① 캔틸레버 랙(Cantilever Rack) : 긴 철재나 목재의 보관에 효율적인 랙이다.
② 드라이브 인 랙(Drive in Rack) : 지게차가 한쪽 방향에서 2개 이상의 깊이로 된 랙으로 들어가 화물을 보관 및 반출할 수 있다.

③ 파렛트 랙(Pallet Rack) : 파렛트 화물을 한쪽 방향에서 넣으면 중력에 의해 미끄러져 인출할 때는 반대방향에서 화물을 반출할 수 있다.
④ 적층 랙(Mezzanine Rack) : 천장이 높은 창고에서 저장 공간을 복층구조로 설치하여 공간 활용도가 높다.
⑤ 캐러셀(Carousel) : 랙 자체를 회전시켜 저장 및 반출하는 장치이다.

011 물류센터의 작업 계획 수립 시 세부 고려사항으로 옳지 않은 것은?
① 출하 차량 동선 – 평치, 선반 및 특수 시설의 사용 여부
② 화물 형태 – 화물의 포장 여부, 포장 방법 및 소요 설비
③ 하역 방식 – 하역 자동화 수준, 하역 설비의 종류 및 규격
④ 검수 방식 – 검수 기준, 검수 작업 방법 및 소요 설비
⑤ 피킹 및 분류 – 피킹 기준, 피킹 방법 및 소팅 설비

012 물류센터 건설의 업무 절차를 물류거점 분석, 물류센터 설계 그리고 시공 및 운영 등 단계별로 시행하려고 한다. 물류거점 분석 단계에서 수행하는 활동이 아닌 것은?
① 지역 분석
② 하역장비 설치
③ 수익성 분석
④ 투자 효과 분석
⑤ 거시환경 분석

013 3개의 제품(A~C)을 취급하는 1개의 창고에서 기간별 사용공간이 다음 표와 같다. (ㄱ) 임의위치저장(Randomized Storage)방식과 (ㄴ) 지정위치저장(Dedicated Storage)방식으로 각각 산정된 창고의 저장소요공간(m^2)은?

기 간	제품별 사용공간(m^2)		
	A	B	C
1주	14	17	20
2주	15	23	35
3주	34	25	17
4주	18	19	20
5주	15	17	21
6주	34	21	34

① ㄱ: 51, ㄴ: 51
② ㄱ: 51, ㄴ: 67
③ ㄱ: 67, ㄴ: 89
④ ㄱ: 89, ㄴ: 94
⑤ ㄱ: 94, ㄴ: 89

014 오더피킹의 출고형태 중 파렛트 단위로 보관하다가 파렛트 단위로 출고되는 제1형태(P→P)의 적재방식에 활용되는 장비가 아닌 것은?
① 트랜스 로보 시스템(Trans Robo System)
② 암 랙(Arm Rack)
③ 파렛트 랙(Pallet Rack)
④ 드라이브 인 랙(Drive in Rack)
⑤ 고층 랙(High Rack)

015 창고에 관한 설명으로 옳은 것은?
① 보세창고는 지방자치단체장의 허가를 받은 경우에는 통관되지 않은 내국물품도 장치할 수 있다.
② 영업창고는 임대료를 획득하기 위해 건립되므로 자가창고에 비해 화주 입장의 창고설계 최적화가 가능하다.
③ 자가창고는 영업창고에 비해 창고 확보와 운영에 소요되는 비용 및 인력문제와 화물량 변동에 탄력적으로 대응할 수 있다.
④ 임대창고는 특정 보관시설을 임대하거나 리스(Lease)하여 물품을 보관하는 창고 형태이다.
⑤ 공공창고는 특정 보관시설을 임대하여 물품을 보관하는 창고형태로 민간이 설치 및 운영한다.

016 다음이 설명하는 창고의 기능은?

> ㄱ. 물품 생산과 소비의 시간적 간격을 조정하여 일정량의 화물이 체류하도록 한다.
> ㄴ. 물품의 수급을 조정하여 가격안정을 도모한다.
> ㄷ. 물류활동을 연결시키는 터미널로서의 기능을 수행한다.
> ㄹ. 창고에 물품을 보관하여 재고를 확보함으로써 품절을 방지하여 신용을 증대시키는 역할을 수행한다.

① ㄱ: 가격조정기능, ㄴ: 수급조정기능, ㄷ: 연결기능, ㄹ: 매매기관적 기능
② ㄱ: 수급조정기능, ㄴ: 가격조정기능, ㄷ: 매매기관적 기능, ㄹ: 신용기관적 기능
③ ㄱ: 연결기능, ㄴ: 가격조정기능, ㄷ: 수급조정기능, ㄹ: 판매전진기지적 기능
④ ㄱ: 수급조정기능, ㄴ: 가격조정기능, ㄷ: 연결기능, ㄹ: 신용기관적 기능
⑤ ㄱ: 연결기능, ㄴ: 판매전진기지적 기능, ㄷ: 가격조정기능, ㄹ: 수급조정기능

017 경제적 주문량(EOQ) 모형에 관한 설명으로 옳은 것은?
① 주문량이 커질수록 할인율이 높아지기 때문에 가능한 많은 주문량을 설정하는 것이 유리하다.
② 조달기간이 일정하며, 주문량은 전량 일시에 입고된다.
③ 재고유지비용은 평균재고량에 반비례한다.
④ 재고부족에 대응하기 위한 안전재고가 필요하다.
⑤ 수요가 불확실하기 때문에 주문량과 주문간격이 달라진다.

018 분산구매방식과 비교한 집중구매방식(Centralized Purchasing Method)에 관한 설명으로 옳은 것은?
① 일반적으로 대량 구매가 이루어지기 때문에 수요량이 많은 품목에 적합하다.
② 사업장별 다양한 요구를 반영하여 구매하기에 용이하다.
③ 사업장별 독립적 구매에 유리하나 수량할인이 있는 품목에는 불리하다.
④ 전사적으로 집중구매하기 때문에 가격 및 거래조건이 불리하다.
⑤ 구매절차의 표준화가 가능하여 긴급조달이 필요한 자재의 구매에 유리하다.

019 A상품의 2022년도 6월의 실제 판매량과 예측 판매량, 7월의 실제 판매량 자료가 아래 표와 같을 때 지수평활법을 활용한 8월의 예측 판매량(개)은? [단, 평활상수(α)는 0.4를 적용한다.]

구 분	2022년 6월	2022년 7월
실제 판매량	48,000 (개)	52,000 (개)
예측 판매량	50,000 (개)	-

① 48,320 ② 49,200 ③ 50,320 ④ 50,720 ⑤ 50,880

020 제품 B를 취급하는 K물류센터는 경제적 주문량(EOQ)에 따라 재고를 관리하고 있다. 재고관리에 관한 자료가 아래와 같을 때 (ㄱ) 연간 총 재고비용과 (ㄴ) 연간 발주횟수는 각각 얼마인가? (단, 총 재고비용은 재고유지비용과 주문비용만을 고려한다.)

> ○ 연간 수요량 : 90,000개
> ○ 제품 단가 : 80,000원
> ○ 제품당 연간 재고유지비용 : 제품 단가의 25%
> ○ 1회 주문비용 : 160,000원

① ㄱ: 12,000,000원, ㄴ: 75회
② ㄱ: 12,000,000원, ㄴ: 90회
③ ㄱ: 18,000,000원, ㄴ: 75회
④ ㄱ: 18,000,000원, ㄴ: 90회
⑤ ㄱ: 24,000,000원, ㄴ: 75회

021 수요예측방법에 관한 설명으로 옳지 않은 것은?
① 정성적 수요예측방법에는 경영자판단법, 판매원이용법 등이 있다.
② 정량적 수요예측방법에는 이동평균법, 지수평활법 등이 있다.
③ 델파이법(Delphi Method)은 원인과 결과관계를 가지는 두 요소의 과거 변화량에 대한 인과관계를 분석한 방법으로 정량적 수요예측방법에 해당한다.
④ 가중이동평균법은 예측 기간별 가중치를 부여한 예측방법으로 일반적으로 예측대상 기간에 가까울수록 더 큰 가중치를 주어 예측하는 방법이다.
⑤ 라이프사이클(Life-cycle) 유추법은 상품의 수명주기 기간별 과거 매출 증감폭을 기준으로 수요량을 유추하여 예측하는 방법이다.

022 C도매상의 제품판매정보가 아래와 같을 때 최적의 재주문점은? (단, 소수점 첫째자리에서 반올림한다.)

> ○ 연간수요 : 14,000 Box
> ○ 서비스 수준 : 90%, Z(0.90) = 1.282
> ○ 제품 판매량의 표준편차 : 20
> ○ 제품 조달기간 : 9일
> ○ 연간 판매일 : 350일

① 77 ② 360 ③ 386 ④ 437 ⑤ 590

023 재고에 관한 설명으로 옳지 않은 것은?
① 고객으로부터 발생하는 제품이나 서비스의 요구에 적절히 대응할 수 있게 한다.
② 안전재고는 재고를 품목별로 일정한 로트(Lot) 단위로 조달하기 때문에 발생한다.
③ 공급사슬에서 발생하는 수요나 공급의 다양한 변동과 불확실성에 대한 완충역할을 수행한다.
④ 재고를 필요이상으로 보유하게 되면 과도한 재고비용이 발생하게 된다.
⑤ 재고관리는 제품, 반제품, 원재료, 상품 등의 재화를 합리적·경제적으로 유지하기 위한 활동이다.

024 JIT(Just In Time) 시스템에 관한 설명으로 옳지 않은 것은?
① 반복적인 생산에 적합하다.
② 효과적인 Pull 시스템을 구현할 수 있다.
③ 공급업체의 안정적인 자재공급과 엄격한 품질관리가 이루어져야 효과성을 높일 수 있다.
④ 제조준비시간 및 리드타임을 단축할 수 있다.
⑤ 충분한 안전재고를 확보하여 품절에 대비하기 때문에 공급업체와 생산업체의 상호협력 없이도 시스템 운영이 가능하다.

025 다음이 설명하는 하역합리화의 원칙은?

> ㄱ. 화물의 이동 용이성을 지수로 하여 이 지수의 최대화를 지향하는 원칙으로 관련 작업을 조합하여 화물 하역작업의 효율성을 높이는 것을 목적으로 한다.
> ㄴ. 불필요한 하역작업의 생략을 통해 작업능률을 높이고, 화물의 파손 및 분실 등을 최소화하는 것을 목적으로 한다.
> ㄷ. 하역작업 시 화물의 이동거리를 최소화하는 것을 목적으로 한다.

① ㄱ: 시스템화의 원칙,   ㄴ: 하역 경제성의 원칙, ㄷ: 거리 최소화의 원칙
② ㄱ: 운반 활성화의 원칙, ㄴ: 화물 단위화의 원칙, ㄷ: 인터페이스의 원칙
③ ㄱ: 화물 단위화의 원칙, ㄴ: 거리 최소화의 원칙, ㄷ: 하역 경제성의 원칙
④ ㄱ: 운반 활성화의 원칙, ㄴ: 하역 경제성의 원칙, ㄷ: 거리 최소화의 원칙
⑤ ㄱ: 하역 경제성의 원칙, ㄴ: 운반 활성화의 원칙, ㄷ: 거리 최소화의 원칙

026 하역의 요소에 관한 내용이다. (   )에 들어갈 용어로 옳은 것은?

○ (ㄱ) : 보관장소에서 물건을 꺼내는 작업이다.
○ (ㄴ) : 생산, 유통, 소비 등에 필요하므로 하역의 일부로 볼 수 있으며, 창고 내부와 같이 한정된 장소에서 화물을 이동하는 작업이다.
○ (ㄷ) : 컨테이너에 물건을 싣는 작업이다.
○ (ㄹ) : 물건을 창고 등의 보관시설 장소로 이동하여 정해진 형태로 정해진 위치에 쌓는 작업이다.

① ㄱ: 피킹,   ㄴ: 운송, ㄷ: 디배닝, ㄹ: 적재
② ㄱ: 피킹,   ㄴ: 운반, ㄷ: 배닝,   ㄹ: 적재
③ ㄱ: 적재,   ㄴ: 운반, ㄷ: 디배닝, ㄹ: 분류
④ ㄱ: 배닝,   ㄴ: 운반, ㄷ: 피킹,   ㄹ: 정돈
⑤ ㄱ: 디배닝, ㄴ: 운송, ㄷ: 배닝,   ㄹ: 분류

027 하역합리화를 위한 활성화의 원칙에서 활성지수가 '3'인 화물의 상태는? (단, 활성지수는 0~4이다.)

① 대차에 실어 놓은 상태 활성지수3
② 파렛트 위에 놓인 상태 활성지수2
③ 화물이 바닥에 놓인 상태 활성지수0
④ 컨베이어 위에 놓인 상태 활성지수4
⑤ 상자 안에 넣은 상태 활성지수1

028 하역시스템에 관한 설명으로 옳지 않은 것은?

① 하역작업 장소에 따라 사내하역, 항만하역, 항공하역 등으로 구분할 수 있다.
② 제조업체의 사내하역은 조달, 생산 등의 과정에서 필요한 운반과 하역기능을 포함한 것이다.
③ 하역시스템의 효율화를 통해 에너지 및 자원을 절약할 수 있다.
④ 하역시스템의 도입 목적은 범용성과 융통성을 지양하는 데 있다.
⑤ 하역시스템의 기계화를 통해 열악한 노동환경을 개선할 수 있다.

029 자동분류시스템의 소팅방식에 관한 설명으로 옳은 것은?

① 크로스벨트(Cross belt) 방식 : 컨베이어 반송면의 아래 방향에서 벨트 등의 분기장치가 나오는 방식으로 하부면의 손상 및 충격에 취약한 화물에는 적합하지 않다.
② 팝업(Pop-up) 방식 : 레일을 주행하는 연속된 캐리어 상의 소형벨트 컨베이어를 레일과 교차하는 방향으로 구동시켜 단위화물을 내보내는 방식이다.
③ 틸팅(Tilting) 방식 : 반송면에 튀어나온 기구를 넣어 단위화물을 함께 이동시키면서 압출하는 방식이다.
④ 슬라이딩슈(Sliding-shoe) 방식 : 여러 형상의 화물을 수직으로 나누어 강제적으로 분류하므로 충격에 취약한 정밀기기나 깨지기 쉬운 물건은 피해야 한다.
⑤ 다이버터(Diverter) 방식 : 외부에 설치된 안내판을 회전시켜 반송경로 상에 가이드벽을 만들어 단위화물을 가이드벽에 따라 이동시키므로 다양한 형상의 화물 분류가 가능하다.

030 포크 리프트(지게차)에 관한 설명으로 옳은 것은?

① 스트래들(Straddle)형은 전방이 아닌 차체의 측면에 포크와 마스트가 장착된 지게차이다.
② 디젤엔진식은 유해 배기가스와 소음이 적어 실내작업에 적합한 환경친화형 장비이다.
③ 워키(Walkie)형은 스프레더를 장착하고 항만 컨테이너 야드 등 주로 넓은 공간에서 사용된다.
④ 3방향 작동형은 포크와 캐리지의 회전이 가능하므로 진행방향의 변경 없이 작업할 수 있다.
⑤ 사이드 포크형은 차체전방에 아웃리거를 설치하고 그 사이에 포크를 위치시켜 안정성을 향상시킨 지게차이다.

031 하역의 기계화가 필요한 화물에 해당하는 것은 몇 개인가?

○ 액체 및 분립체로 인하여 인력으로 취급하기 곤란한 화물
○ 많은 인적 노력이 요구되는 화물
○ 작업장의 위치가 높고 낮음으로 인해 상하차작업이 곤란한 화물
○ 인력으로는 시간(Timing)을 맞추기 어려운 화물

① 0개 ② 1개 ③ 2개 ④ 3개 ⑤ 4개

032 국가별 파렛트 표준규격의 연결이 옳은 것은?

국 가	파렛트 규격
ㄱ. 한국	A. 800 × 1,200 mm
ㄴ. 일본	B. 1,100 × 1,100 mm
ㄷ. 영국	C. 1,100 × 1,200 mm
ㄹ. 미국	D. 1,219 × 1,016 mm

① ㄱ-B, ㄴ-A, ㄷ-C, ㄹ-D
② ㄱ-B, ㄴ-B, ㄷ-A, ㄹ-D
③ ㄱ-B, ㄴ-C, ㄷ-C, ㄹ-A
④ ㄱ-C, ㄴ-A, ㄷ-B, ㄹ-B
⑤ ㄱ-C, ㄴ-B, ㄷ-D, ㄹ-A

033 일관파렛트화(Palletization)의 경제적 효과가 아닌 것은?
① 포장의 간소화로 포장비 절감
② 작업 능률의 향상
③ 화물 파손의 감소
④ 운임 및 부대비용 절감
⑤ 제품의 과잉생산 방지

034 유닛로드 시스템(Unit Load System)의 선결과제에 해당하는 것을 모두 고른 것은?

ㄱ. 운송 표준화
ㄴ. 장비 표준화
ㄷ. 생산 자동화
ㄹ. 하역 기계화
ㅁ. 무인 자동화

① ㄱ, ㄴ, ㄹ
② ㄱ, ㄴ, ㅁ
③ ㄱ, ㄷ, ㅁ
④ ㄴ, ㄷ, ㄹ
⑤ ㄴ, ㄹ, ㅁ

035 다음은 파렛트 풀 시스템 운영방식에 관한 내용이다. 다음 ( )에 들어갈 용어로 옳은 것은?

○ (ㄱ) : 유럽 각국의 국영철도역에서 파렛트 적재 형태로 운송하며, 파렛트를 동시에 교환하여 사용하는 것으로 언제나 교환에 응할 수 있도록 파렛트를 준비해 놓는 방식이다.
○ (ㄴ) : 개별 기업에서 파렛트를 보유하지 않고, 파렛트 풀 회사에서 일정 기간 동안 임차하는 방식이다.

① ㄱ: 즉시교환방식,   ㄴ: 리스・렌탈방식
② ㄱ: 대차결제교환방식, ㄴ: 즉시교환방식
③ ㄱ: 리스・렌탈방식,   ㄴ: 교환리스병용방식
④ ㄱ: 교환리스병용방식, ㄴ: 대차결제교환방식
⑤ ㄱ: 리스・렌탈방식,   ㄴ: 즉시교환방식

036 유닛로드 시스템(Unit Load System)에 관한 설명으로 옳지 않은 것은?
① 운송, 보관, 하역 등의 물류활동을 합리적으로 처리하기 위하여 포장화물의 기계 취급에 적합하도록 단위화한 방식을 말한다.
② 화물을 파렛트나 컨테이너를 이용하여 벌크선박으로 운송한다.
③ 화물취급단위에 대한 단순화와 표준화를 통하여 하역능력을 향상시키고, 물류비용을 절감할 수 있다.
④ 하역을 기계화하고 운송・보관 등을 일관하여 합리화할 수 있다.
⑤ 화물처리 과정에서 발생할 수 있는 파손이나 실수를 줄일 수 있다.

037 항만하역기기 중 컨테이너 터미널에서 사용하는 하역기기가 아닌 것은?
① 리치 스태커(Reach Stacker)
② 야드 트랙터(Yard Tractor)
③ 트랜스퍼 크레인(Transfer Crane)
④ 탑 핸들러(Top Handler)
⑤ 호퍼(Hopper)

038 항만운송 사업 중 타인의 수요에 응하여 하는 행위로서 항만하역사업에 해당하는 것은?
① 선적화물(船積貨物)을 싣거나 내릴 때 그 화물의 개수를 계산하는 행위
② 선적화물 및 선박(부선을 포함한다)에 관련된 증명・조사・감정을 하는 행위
③ 선적화물을 싣거나 내릴 때 그 화물의 인도・인수를 증명하는 행위
④ 선박을 이용하여 운송된 화물을 화물주(貨物主) 또는 선박운항사업자의 위탁을 받아 항만에서 선박으로부터 인수하거나 화물주에게 인도하는 행위
⑤ 선적화물을 싣거나 내릴 때 그 화물의 용적 또는 중량을 계산하거나 증명하는 행위

039 주요 포장기법 중 금속의 부식을 방지하기 위한 포장 기술은?
① 방청 포장
② 방수 포장
③ 방습 포장
④ 진공 포장
⑤ 완충 포장

040 포장 결속 방법으로 옳지 않은 것은?
① 밴드결속 - 플라스틱, 나일론, 금속 등의 재질로 된 밴드를 사용한다.
② 꺽쇠 물림쇠 - 주로 칸막이 상자 등에서 상자가 고정되도록 사용하는 방법이다.
③ 테이핑 - 용기의 견고성을 유지하기 위해 접착테이프를 사용한다.
④ 대형 골판지 상자 - 작은 부품 등을 꾸러미로 묶지 않고 담을 때 사용한다.
⑤ 슬리브 - 열수축성 플라스틱 필름을 화물에 씌우고 터널을 통과시킬 때 가열하여 필름을 수축시키는 방법이다.

제5과목 물류관련법규

041 물류정책기본법상 물류계획에 관한 설명으로 옳지 않은 것은?
① 특별시장 및 광역시장은 지역물류정책의 기본방향을 설정하는 10년 단위의 지역물류기본계획을 5년마다 수립하여야 한다.
② 국가물류기본계획에는 국가물류정보화사업에 관한 사항이 포함되어야 한다.
③ 국가물류기본계획은「국토기본법」에 따라 수립된 국토종합계획 및「국가통합교통체계효율화법」에 따라 수립된 국가기간교통망계획과 조화를 이루어야 한다.
④ 지역물류기본계획은 국가물류기본계획에 배치되지 아니하여야 한다.
⑤ 해양수산부장관은 국가물류기본계획을 수립한 때에는 이를 관보에 고시하여야 한다.

042 물류정책기본법령상 국토교통부장관이 행정적·재정적 지원을 할 수 있는 환경친화적 물류활동을 위하여 하는 활동에 해당하는 것을 모두 고른 것은?

ㄱ. 환경친화적인 운송수단 또는 포장재료의 사용
ㄴ. 기존 물류장비를 환경친화적인 물류장비로 변경

ㄷ. 환경친화적인 물류시스템의 도입 및 개발
ㄹ. 물류활동에 따른 폐기물 감량

① ㄱ, ㄷ
② ㄱ, ㄹ
③ ㄴ, ㄷ
④ ㄴ, ㄷ, ㄹ
⑤ ㄱ, ㄴ, ㄷ, ㄹ

043 물류정책기본법령상 물류인력의 양성 및 물류관리사에 관한 설명으로 옳지 않은 것은?

① 「대한무역투자진흥공사법」에 따른 대한무역투자진흥공사는 물류연수기관이 될 수 없다.
② 물류관리사는 물류활동과 관련하여 전문지식이 필요한 사항에 대하여 계획·조사·연구·진단 및 평가 또는 이에 관한 상담·자문, 그 밖에 물류관리에 필요한 직무를 수행한다.
③ 국토교통부장관은 물류관리사를 고용한 물류관련 사업자에 대하여 다른 사업자보다 우선하여 행정적·재정적 지원을 할 수 있다.
④ 물류관리사는 다른 사람에게 자격증을 대여하여서는 아니된다.
⑤ 물류관리사 자격의 취소를 하려면 청문을 하여야 한다.

044 물류정책기본법령상 녹색물류협의기구에 관한 설명으로 옳지 않은 것은?

① 녹색물류협의기구는 환경친화적 물류활동 지원을 위한 사업의 심사 및 선정 업무를 수행한다.
② 국토교통부장관은 녹색물류협의기구가 환경친화적 물류활동 촉진을 위한 연구·개발 업무를 수행하는 데 필요한 행정적·재정적 지원을 할 수 있다.
③ 녹색물류협의기구의 위원장은 위원 중에서 국토교통부장관이 지명하는 사람으로 한다.
④ 녹색물류협의기구는 위원장을 포함한 15명 이상 30명 이하의 위원으로 구성한다.
⑤ 국토교통부장관은 위원이 직무와 관련된 비위사실이 있는 경우에는 해당 위원을 해임 또는 해촉할 수 있다.

045 물류정책기본법령상 국가물류정책위원회에 관한 설명으로 옳지 않은 것은?

① 국가물류정책위원회는 국가물류체계의 효율화에 관한 중요 정책 사항을 심의·조정한다.
② 국가물류정책위원회의 위원 중 공무원이 아닌 위원의 임기는 2년으로 하되, 연임할 수 있다.
③ 국가물류정책위원회에는 5명 이내의 비상근 전문위원을 둘 수 있다.
④ 국가물류정책위원회의 업무를 효율적으로 추진하기 위하여 물류정책분과위원회, 물류시설분과위원회, 국제물류분과위원회를 둘 수 있다.
⑤ 물류시설분과위원회의 위원장은 해당 분과위원회의 위원 중에서 해양수산부장관이 지명하는 사람으로 한다.

046 물류정책기본법령상 국제물류주선업에 관한 설명으로 옳은 것은?

① 컨테이너장치장을 소유하고 있는 자가 국제물류주선업을 등록하려는 경우 1억원 이상의 보증보험에 가입하여야 한다.
② 국제물류주선업을 경영하려는 자는 해양수산부장관에게 등록하여야 한다.
③ 국제물류주선업자는 등록기준에 관한 사항을 5년이 경과할 때마다 신고하여야 한다.
④ 국제물류주선업자가 그 사업을 양도한 때에는 그 양수인은 국제물류주선업의 등록에 따른 권리·의무를 승계한다.
⑤ 해양수산부장관은 국제물류주선업자의 폐업 사실을 확인하기 위하여 필요한 경우에는 국세청장에게 폐업에 관한 과세정보의 제공을 요청할 수 있다.

047 물류정책기본법령상 우수물류기업의 인증에 관한 설명으로 옳지 않은 것은?

① 국토교통부장관 및 해양수산부장관은 물류기업의 육성과 물류산업 발전을 위하여 소관 물류기업을 각각 우수물류기업으로 인증할 수 있다.
② 국제물류주선기업에 대한 우수물류기업 인증의 주체는 해양수산부장관이다.
③ 인증우수물류기업은 우수물류기업의 인증이 취소된 경우에는 인증서를 반납하고, 인증마크의 사용을 중지하여야 한다.
④ 국가 또는 지방자치단체는 인증우수물류기업이 해외시장을 개척하는 경우에는 해외시장 개척에 소요되는 비용을 우선적으로 지원할 수 있다.
⑤ 국토교통부장관 및 해양수산부장관은 우수물류기업의 인증과 관련하여 우수물류기업 인증심사 대행기관을 공동으로 지정하여 인증신청의 접수 업무를 하게 할 수 있다.

048 물류정책기본법령상 물류 공동화·자동화 촉진에 관한 설명으로 옳은 것을 모두 고른 것은?

> ㄱ. 시·도지사는 화주기업이 물류공동화를 추진하는 경우에는 물류기업과 공동으로 추진하도록 권고할 수 있다.
> ㄴ. 시·도지사는 물류기업이 정보통신기술을 활용하여 물류공동화를 추진하는 경우 우선적으로 예산의 범위에서 필요한 자금을 지원할 수 있다.
> ㄷ. 국토교통부장관·해양수산부장관 또는 산업통상자원부장관은 물류기업이 물류자동화를 위하여 물류시설 및 장비를 확충하거나 교체하려는 경우에는 필요한 자금을 지원할 수 있다.

① ㄱ ② ㄷ ③ ㄱ, ㄴ ④ ㄴ, ㄷ ⑤ ㄱ, ㄴ, ㄷ

049 물류시설의 개발 및 운영에 관한 법률상 국가 또는 지방자치단체는 물류터미널사업자가 설치한 물류터미널의 원활한 운영에 필요한 기반시설의 설치 또는 개량에 필요한 예산을 지원할 수 있다. 이러한 기반시설에 해당하지 않는 것은?

① 「도로법」 제2조 제1호에 따른 도로
② 「철도산업발전기본법」 제3조 제1호에 따른 철도
③ 「수도법」 제3조 제17호에 따른 수도시설
④ 「국토의 계획 및 이용에 관한 법률 시행령」 제2조 제1항 제6호에 따른 보건위생시설 중 종합의료시설
⑤ 「물환경보전법」 제2조 제12호에 따른 수질오염방지시설

050 물류시설의 개발 및 운영에 관한 법률상 물류터미널사업협회에 관한 설명이다. ( )에 들어갈 내용을 바르게 나열한 것은?

> 물류터미널사업협회를 설립하려는 경우에는 해당 협회의 회원의 자격이 있는 자 중 (ㄱ) 이상의 발기인이 정관을 작성하여 해당 협회의 회원 자격이 있는 자의 (ㄴ) 이상이 출석한 창립총회의 의결을 거친 후 국토교통부장관의 설립인가를 받아야 한다.

① ㄱ: 2분의 1, ㄴ: 3분의 1
② ㄱ: 3분의 1, ㄴ: 3분의 1
③ ㄱ: 3분의 1, ㄴ: 2분의 1
④ ㄱ: 5분의 1, ㄴ: 3분의 1
⑤ ㄱ: 5분의 1, ㄴ: 4분의 1

051 물류시설의 개발 및 운영에 관한 법령상 복합물류터미널사업에 관한 설명으로 옳은 것은?

① 복합물류터미널사업이란 두 종류 이상의 운송수단 간의 연계운송을 할 수 있는 규모 및 시설을 갖춘 물류터미널사업을 말한다.
② 「항만공사법」에 따른 항만공사는 복합물류터미널사업의 등록을 할 수 있는 자에 해당하지 않는다.
③ 「물류시설의 개발 및 운영에 관한 법률」을 위반하여 벌금형을 선고받은 후 1년이 지난 자는 복합물류터미널사업의 등록을 할 수 있다.
④ 부지 면적이 3만제곱미터인 경우는 복합물류터미널사업의 등록기준 중 부지 면적 기준을 충족한다.
⑤ 복합물류터미널사업자가 그 등록한 사항 중 영업소의 명칭을 변경하려는 경우에는 변경등록을 하여야 한다.

052 물류시설의 개발 및 운영에 관한 법률상 물류시설개발종합계획에 포함되어야 하는 사항으로 옳은 것을 모두 고른 것은?

> ㄱ. 물류시설의 지역별·규모별·연도별 배치 및 우선순위에 관한 사항
> ㄴ. 물류시설의 환경보전·관리에 관한 사항
> ㄷ. 도심지에 위치한 물류시설의 정비와 교외이전에 관한 사항
> ㄹ. 물류보안에 관한 사항

① ㄱ, ㄴ
② ㄷ, ㄹ
③ ㄱ, ㄴ, ㄷ
④ ㄴ, ㄷ, ㄹ
⑤ ㄱ, ㄴ, ㄷ, ㄹ

053 물류시설의 개발 및 운영에 관한 법률상 물류터미널사업에 관한 설명으로 옳지 않은 것은? (단, 물류터미널은 「국토의 계획 및 이용에 관한 법률」에 따른 도시·군계획시설에 해당하는 물류터미널에 한정한다)

① 물류터미널사업자는 물류터미널의 건설을 위하여 필요한 때에는 다른 사람의 토지에 출입하거나 이를 일시 사용할 수 있다.
② 물류터미널을 건설하기 위한 부지 안에 있는 국가 소유의 토지로서 물류터미널 건설사업에 필요한 토지는 해당 물류터미널 건설사업 목적이 아닌 다른 목적으로 매각하거나 양도할 수 없다.

③ 복합물류터미널사업자는 복합물류터미널사업의 전부 또는 일부를 휴업하거나 폐업하려는 때에는 미리 국토교통부장관에게 신고하여야 한다.
④ 일반물류터미널사업자는 건설하려는 물류터미널의 구조 및 설비 등에 관한 공사계획을 수립하여 국토교통부장관의 공사시행인가를 받아야 한다.
⑤ 물류터미널을 건설하기 위한 부지 안에 있는 국가 또는 지방자치단체 소유의 재산은 「국유재산법」, 「공유재산 및 물품 관리법」, 그 밖의 다른 법령에도 불구하고 물류터미널사업자에게 수의계약으로 매각할 수 있다.

054 물류시설의 개발 및 운영에 관한 법률상 물류시설개발종합계획에 관한 설명으로 옳지 않은 것은?

① 국토교통부장관은 물류시설개발종합계획을 5년 단위로 수립하여야 한다.
② 국토교통부장관은 물류시설개발종합계획을 효율적으로 수립하기 위하여 필요하다고 인정하는 때에는 물류시설에 대하여 조사할 수 있다.
③ 집적[클러스터(cluster)]물류시설은 창고 및 집배송센터 등 물류활동을 개별적으로 수행하는 최소 단위의 물류시설을 말한다.
④ 물류시설개발종합계획은 「물류정책기본법」에 따른 국가물류기본계획과 조화를 이루어야 한다.
⑤ 관계 중앙행정기관의 장은 필요한 경우 국토교통부장관에게 물류시설개발종합계획을 변경하도록 요청할 수 있다.

055 물류시설의 개발 및 운영에 관한 법령상 물류단지의 개발 및 운영에 관한 설명으로 옳은 것은?

① 도시첨단물류단지개발사업의 경우에는 물류단지 실수요 검증을 실수요검증위원회의 자문으로 갈음할 수 없다.
② 물류단지개발지침의 내용 중 토지가격의 안정을 위하여 필요한 사항을 변경할 때에는 시·도지사의 의견을 듣고 관계 중앙행정기관의 장과 협의한 후 물류시설분과위원회의 심의를 거쳐야 한다.
③ 국가정책사업으로 물류단지를 개발하는 경우 일반물류단지의 지정권자는 시·도지사가 된다.
④ 도시첨단물류단지개발사업의 시행자는 「공공주택 특별법」 제2조 제2호에 따른 공공주택지구 내 사업에 따른 시설과 도시첨단물류단지개발사업에 따른 시설을 일단의 건물로 조성할 수 있다.

⑤ 공고된 물류단지개발계획안의 내용에 대하여 의견이 있는 자는 그 열람기간 내에 물류단지지정권자에게 의견서를 제출할 수 있다.

056 물류시설의 개발 및 운영에 관한 법령상 물류단지개발사업에 관한 설명으로 옳지 않은 것은?
① 물류단지지정권자는 준공검사를 한 결과 실시계획대로 완료되지 아니한 경우에는 지체 없이 보완시공 등 필요한 조치를 명하여야 한다.
② 물류단지개발사업의 시행자는 특별한 사유가 없으면 이주자 또는 인근지역의 주민을 우선적으로 고용하여야 한다.
③ 물류단지지정권자는 물류단지개발사업의 시행자에게 물류단지의 진입도로 및 간선도로를 설치하게 할 수 있다.
④ 시·도지사 또는 시장·군수는 물류단지개발사업을 촉진하기 위하여 지방자치단체에 물류단지개발특별회계를 설치할 수 있다.
⑤ 물류단지개발사업의 시행자는 물류단지 안에 있는 기존의 시설을 철거하지 아니하여도 물류단지개발사업에 지장이 없다고 인정하는 때에는 이를 남겨두게 할 수 있다.

057 화물자동차 운수사업법령상 위·수탁계약에 관한 설명으로 옳은 것을 모두 고른 것은?

> ㄱ. 위·수탁차주가 화물운송 종사자격을 갖추지 아니한 경우는 위·수탁계약을 지속하기 어려운 중대한 사유가 있는 경우에 해당한다.
> ㄴ. 국토교통부장관이 공정거래위원회와 협의하여 표준 위·수탁계약서를 고시한 경우, 위·수탁계약의 당사자는 이를 사용하여야 한다.
> ㄷ. 위·수탁계약의 내용이 당사자 일방에게 현저하게 불공정한 경우로서 계약불이행에 따른 당사자의 손해배상책임을 과도하게 경감하여 정함으로써 상대방의 정당한 이익을 침해한 경우 그 부분에 한정하여 무효로 한다.

① ㄱ　　② ㄴ　　③ ㄱ, ㄷ　　④ ㄴ, ㄷ　　⑤ ㄱ, ㄴ, ㄷ

058 화물자동차 운수사업법상 화물자동차 운송사업의 상속 및 그 신고에 관한 설명으로 옳은 것은?
① 운송사업자가 사망한 경우 상속인이 그 운송사업을 계속하려면 피상속인이 사망한 후 6개월 이내에 국토교통부장관에게 신고하여야 한다.

② 국토교통부장관은 신고를 받은 날부터 14일 이내에 신고수리 여부를 신고인에게 통지하여야 한다.
③ 국토교통부장관이 「화물자동차 운수사업법」에서 정한 기간 내에 신고수리 여부를 신고인에게 통지하지 아니하면 그 기간이 끝난 날에 신고를 수리한 것으로 본다.
④ 상속인이 상속신고를 하면 피상속인이 사망한 날부터 신고한 날까지 피상속인에 대한 화물자동차 운송사업의 허가는 상속인에 대한 허가로 본다.
⑤ 상속인이 피상속인의 화물자동차 운송사업을 다른 사람에게 양도하려면 국토교통부장관의 승인을 받아야 한다.

059 화물자동차 운수사업법상 화물자동차 운송주선사업자에 관한 설명으로 옳은 것은?
① 운송주선사업자가 허가사항을 변경하려면 국토교통부장관에게 신고하여야 한다.
② 운송주선사업자는 주사무소 외의 장소에서 상주하여 영업하려면 국토교통부장관에게 신고하여야 한다.
③ 운송주선사업자는 화주로부터 중개를 의뢰받은 화물에 대하여 다른 운송주선사업자에게 수수료를 받고 중개를 의뢰할 수 있다.
④ 운송주선사업자가 운송사업자에게 화물운송을 위탁하는 경우에는 운송가맹사업자의 화물정보망을 이용할 수 없다.
⑤ 부정한 방법으로 화물자동차 운송주선사업의 허가를 받고 화물자동차 운송주선사업을 경영한 자는 과태료 부과 대상이다.

060 화물자동차 운수사업법령상 화물자동차 운송사업의 허가에 관한 설명으로 옳은 것은?
① 화물자동차 운송사업자가 감차 조치 명령을 받은 후 6개월이 지났다면 증차를 수반하는 허가사항을 변경할 수 있다.
② 화물자동차 운송사업자는 허가받은 날부터 3년마다 허가기준에 관한 사항을 신고하여야 한다.
③ 국토교통부장관은 운송사업자가 사업정지처분을 받은 경우 주사무소를 이전하는 변경허가를 할 수 있다.
④ 화물자동차 운송사업의 허가에는 기한을 붙일 수 없다.
⑤ 화물자동차 운송사업자가 상호를 변경하려면 국토교통부장관에게 신고하여야 한다.

061 화물자동차 운수사업법령상 적재물배상보험등에 관한 설명으로 옳은 것은?
① 보험등 의무가입자인 화물자동차 운송주선사업자는 각 화물자동차별로 적재물배상보험등에 가입하여야 한다.
② 이사화물운송만을 주선하는 화물자동차 운송주선사업자는 사고 건당 2천만원 이상의 금액을 지급할 책임을 지는 적재물배상보험등에 가입하여야 한다.
③ 특수용도형 화물자동차 중 「자동차관리법」에 따른 피견인자동차를 소유하고 있는 운송사업자는 적재물배상보험등에 가입하여야 하는 자에 해당하지 않는다.
④ 보험등 의무가입자 및 보험회사등은 화물자동차 운송사업의 허가가 취소된 경우 책임보험계약등을 해제하거나 해지할 수 없다.
⑤ 적재물배상보험등에 가입하지 아니한 보험등 의무가입자는 형벌 부과 대상이다.

062 화물자동차 운수사업법령상 운임 및 요금 등에 관한 설명으로 옳은 것은?
① 운송사업자는 운임과 요금을 정하여 미리 신고하여야 하며, 신고를 받은 국토교통부장관은 30일 이내에 신고수리 여부를 신고인에게 통지하여야 한다.
② 화물자동차 안전운임위원회 위원의 임기는 2년으로 하되, 연임할 수 있다.
③ 화물자동차 안전운임위원회에는 기획재정부, 고용노동부의 3급 또는 4급 공무원으로 구성된 특별위원을 둘 수 있다.
④ 화물운송계약 중 화물자동차 안전운임에 미치지 못하는 금액을 운임으로 정한 부분은 무효로 하며, 당사자는 운임을 다시 정하여야 한다.
⑤ 화물자동차 안전운임위원회는 안전운송원가를 심의·의결함에 있어 운송사업자의 운송서비스 수준을 고려하여야 한다.

063 화물자동차 운수사업법령상 화물자동차 휴게소에 관한 설명으로 옳은 것은?
① 국토교통부장관은 휴게소 종합계획을 10년 단위로 수립하여야 한다.
② 국토교통부장관은 휴게소 종합계획을 수립하는 경우 미리 시·도지사의 의견을 듣고 관계 중앙행정기관의 장과 협의하여야 한다.
③ 「한국공항공사법」에 따른 한국공항공사는 화물자동차 휴게소 건설사업을 할 수 있는 공공기관에 해당하지 않는다.
④ 휴게소 건설사업 시행자는 그 건설계획을 수립하면 이를 공고하고, 관계 서류의 사본을 10일 이상 일반인이 열람할 수 있도록 하여야 한다.
⑤ 「항만법」에 따른 항만이 위치한 지역으로서 화물자동차의 일일 평균 왕복 교통량이 1만5천대인 지역은 화물자동차 휴게소의 건설 대상지역에 해당하지 않는다.

064 화물자동차 운수사업법령상 자가용 화물자동차에 관한 설명으로 옳지 않은 것은?

① 자가용 화물자동차로서 대통령령으로 정하는 화물자동차로 사용하려는 자는 국토교통부령으로 정하는 기준에 따라 시·도지사의 허가를 받아야 한다.
② 천재지변으로 인하여 수송력 공급을 긴급히 증가시킬 필요가 있는 경우, 자가용 화물자동차의 소유자는 시·도지사의 허가를 받으면 자가용 화물자동차를 유상으로 화물운송용으로 임대할 수 있다.
③ 자가용 화물자동차를 사용하여 화물자동차 운송사업을 경영한 경우 시·도지사는 6개월 이내의 기간을 정하여 그 자동차의 사용을 제한하거나 금지할 수 있다.
④ 자가용 화물자동차의 소유자가 자가용 화물자동차를 사용하여 화물자동차 운송사업을 경영하였음을 이유로 시·도지사가 사용을 금지한 자가용 화물자동차의 소유자는 해당 화물자동차의 자동차등록증과 자동차등록번호판을 반납하여야 한다.
⑤ 「화물자동차 운수사업법」을 위반하여 자가용 화물자동차를 유상으로 화물운송용으로 제공한 자는 형벌 부과 대상이다.

065 화물자동차 운수사업법령상 화물자동차 운송사업의 폐업에 관한 설명으로 옳지 않은 것은?

① 운송사업자가 화물자동차 운송사업의 전부를 폐업하려면 미리 신고하여야 한다.
② 폐업 신고의 의무는 신고에 대한 수리 여부가 신고인에게 통지된 때에 이행된 것으로 본다.
③ 운송사업자가 화물자동차 운송사업의 전부를 폐업하려면 미리 그 취지를 영업소나 그 밖에 일반 공중이 보기 쉬운 곳에 게시하여야 한다.
④ 화물자동차 운송사업의 폐업 신고를 한 운송사업자는 해당 화물자동차의 자동차등록증과 자동차등록번호판을 반납하여야 한다.
⑤ 화물자동차 운송사업의 폐업 신고를 받은 관할관청은 그 사실을 관할 협회에 통지하여야 한다.

066 화물자동차 운수사업법상 화물자동차 운송사업의 허가를 받을 수 없는 자는?

① 「화물자동차 운수사업법」을 위반하여 징역 이상의 실형을 선고받고 그 집행이 면제된 날부터 3년이 지난 자
② 「화물자동차 운수사업법」을 위반하여 징역 이상의 형의 집행유예를 선고받고

그 유예기간이 종료된 후 1년이 지난 자
③ 부정한 방법으로 화물자동차 운송사업의 허가를 받아 그 허가가 취소된 후 3년이 지난 자
④ 「화물자동차 운수사업법」 제11조에 따른 운송사업자의 준수사항을 위반하여 화물자동차 운송사업의 허가가 취소된 후 3년이 지난 자
⑤ 파산선고를 받고 복권된 자

067 유통산업발전법상 공동집배송센터에 관한 설명으로 옳은 것은?
① 시·도지사는 물류공동화를 촉진하기 위하여 필요한 경우에는 시장·군수·구청장의 추천을 받아 산업통상자원부령으로 정하는 요건에 해당하는 지역 및 시설물을 공동집배송센터로 지정할 수 있다.
② 공동집배송센터사업자는 지정받은 사항 중 산업통상자원부령으로 정하는 중요사항을 변경하려면 시·도지사의 변경지정을 받아야 한다.
③ 공동집배송센터의 지정을 받은 날부터 정당한 사유 없이 2년 이내에 시공을 하지 아니하는 경우에는 공동집배송센터의 지정이 취소될 수 있다.
④ 거짓으로 공동집배송센터의 지정을 받은 경우는 공동집배송센터의 지정을 취소할 수 있는 사유에 해당한다.
⑤ 시·도지사는 집배송시설의 집단적 설치를 촉진하고 집배송시설의 효율적 배치를 위하여 공동집배송센터 개발촉진지구의 지정을 산업통상자원부장관에게 요청할 수 있다.

068 유통산업발전법상 형벌 부과 대상에 해당하지 않는 것은?
① 유통표준전자문서를 위작하는 죄의 미수범
② 대규모점포를 개설하려는 자로서 부정한 방법으로 대규모점포의 개설등록을 한 자
③ 대규모점포등관리자로서 부정한 방법으로 회계감사를 받은 자
④ 유통정보화서비스를 제공하는 자로서 「유통산업발전법 시행령」으로 정하는 유통표준전자문서 보관기간을 준수하지 아니한 자
⑤ 대규모점포등관리자로서 신고를 하지 아니하고 대규모점포등개설자의 업무를 수행한 자

069 유통산업발전법령상 대규모점포의 등록에 관한 설명으로 옳은 것을 모두 고른 것은?

> ㄱ. 전통상업보존구역에 대규모점포를 개설하려는 자는 상권영향평가서 및 지역협력계획서를 첨부하여 시·도지사에게 등록하여야 한다.
> ㄴ. 대규모점포의 매장면적이 개설등록 당시의 매장면적보다 20분의 1이 증가한 경우 변경등록을 하여야 한다.
> ㄷ. 매장이 분양된 대규모점포에서는 매장면적의 2분의 1 이상을 직영하는 자가 있는 경우에는 그 직영하는 자가 대규모점포등개설자의 업무를 수행한다.

① ㄱ   ② ㄷ   ③ ㄱ, ㄴ   ④ ㄴ, ㄷ   ⑤ ㄱ, ㄴ, ㄷ

070 유통산업발전법상 유통산업의 경쟁력 강화에 관한 설명으로 옳은 것은?

① 산업통상자원부장관은 「중소기업기본법」 제2조에 따른 중소기업자 중 대통령령으로 정하는 소매업자 30인이 공동으로 중소유통공동도매물류센터를 건립하는 경우 필요한 행정적·재정적 지원을 할 수 있다.
② 산업통상자원부장관은 중소유통공동도매물류센터를 건립하여 중소유통기업자단체에 그 운영을 위탁할 수 있다.
③ 지방자치단체의 장은 상점가진흥조합이 주차장·휴게소 등 공공시설의 설치 사업을 하는 경우에는 예산의 범위에서 필요한 자금을 지원할 수 있다.
④ 상점가진흥조합은 조합원의 자격이 있는 자의 과반수의 동의를 받아 결성한다.
⑤ 상점가진흥조합의 조합원은 상점가에서 도매업·소매업·용역업이나 그 밖의 영업을 하는 모든 자로 한다.

071 유통산업발전법상 대규모점포등관리자의 회계감사에 관한 설명이다. ( )에 들어갈 내용을 바르게 나열한 것은?

> 대규모점포등관리자는 대통령령으로 정하는 바에 따라 「주식회사의 외부감사에 관한 법률」 제3조 제1항에 따른 감사인의 회계감사를 매년 (ㄱ)회 이상 받아야 한다. 다만 입점상인의 (ㄴ)이(가) 서면으로 회계감사를 받지 아니하는 데 동의한 연도에는 회계감사를 받지 아니할 수 있다.

① ㄱ: 1, ㄴ: 과반수   ② ㄱ: 1, ㄴ: 3분의 2 이상
③ ㄱ: 2, ㄴ: 과반수   ④ ㄱ: 2, ㄴ: 3분의 2 이상
⑤ ㄱ: 2, ㄴ: 5분의 3 이상

072 항만운송사업법령상 항만운송 분쟁협의회에 관한 설명으로 옳은 것은?
① 항만운송 분쟁협의회는 사업의 종류별로 구성한다.
② 항만운송근로자 단체는 항만운송 분쟁협의회 구성에 참여할 수 있다.
③ 항만운송 분쟁협의회의 회의는 분쟁협의회의 위원장이 필요하다고 인정하거나 재적위원 3분의 1 이상의 요청이 있는 경우에 소집한다.
④ 항만운송 분쟁협의회의 회의는 재적위원 과반수의 출석으로 개의하고, 출석위원 과반수의 찬성으로 의결한다.
⑤ 항만운송과 관련된 노사 간 분쟁의 해소에 관한 사항은 항만운송 분쟁협의회의 심의·의결사항에 포함되지 않는다.

073 항만운송사업법상 항만운송에 해당하지 않는 것은?
① 타인의 수요에 응하여 하는 행위로서 「해운법」에 따른 해상화물운송사업자가 하는 운송
② 타인의 수요에 응하여 하는 행위로서 항만에서 뗏목으로 편성하여 운송된 목재를 수면 목재저장소에 들여놓는 행위
③ 타인의 수요에 응하여 하는 행위로서 항만에서 화물을 선박에 싣거나 선박으로부터 내리는 일
④ 타인의 수요에 응하여 하는 행위로서 항만에서 선박 또는 부선을 이용하여 운송될 화물을 하역장에서 내가는 행위
⑤ 타인의 수요에 응하여 하는 행위로서 항만이나 지정구간에서 목재를 뗏목으로 편성하여 운송하는 행위

074 항만운송사업법령상 항만운송사업에 관한 설명으로 옳은 것은?
① 항만운송사업의 종류는 항만하역사업, 검수사업, 감정사업, 검량사업으로 구분된다.
② 항만운송사업의 등록신청인이 법인인 경우 그 법인의 정관은 등록신청시 제출하여야 하는 서류에 포함되지 않는다.
③ 검수사등의 자격이 취소된 날부터 3년이 지난 사람은 검수사등의 자격을 취득할 수 없다.
④ 항만운송사업을 하려는 자는 항만별로 관리청에 등록하여야 한다.
⑤ 항만운송사업자가 사업정지명령을 위반하여 그 정지기간에 사업을 계속한 경우는 항만운송사업의 정지사유에 해당한다.

075 철도사업법령상 철도사업자에 관한 설명으로 옳지 않은 것은?
① 철도사업을 경영하려는 자는 지정·고시된 사업용철도노선을 정하여 국토교통부장관의 면허를 받아야 한다.
② 천재지변으로 철도사업자가 국토교통부장관이 지정하는 날에 운송을 시작할 수 없는 경우에는 국토교통부장관의 승인을 받아 날짜를 연기할 수 있다.
③ 철도사업의 면허를 받을 수 있는 자는 법인으로 한다.
④ 철도사업자는 여객에 대한 운임을 변경하려는 경우 국토교통부장관의 허가를 받아야 한다.
⑤ 철도사업자는 사업계획 중 여객열차의 운행구간을 변경하려는 경우 국토교통부장관의 인가를 받아야 한다.

076 철도사업법상 철도사업의 관리에 관한 설명으로 옳지 않은 것은?
① 철도사업자는 그 철도사업을 양도·양수하려는 경우에는 국토교통부장관의 인가를 받아야 한다.
② 철도시설의 개량을 사유로 하는 경우 휴업기간은 6개월을 넘을 수 없다.
③ 철도사업자가 선로 또는 교량의 파괴로 휴업하는 경우에는 국토교통부장관에게 신고하여야 한다.
④ 국토교통부장관은 철도사업자가 거짓이나 그 밖의 부정한 방법으로 철도사업의 면허를 받은 경우에는 면허를 취소하여야 한다.
⑤ 국토교통부장관은 과징금으로 징수한 금액의 운용계획을 수립하여 시행하여야 한다.

077 철도사업법령상 전용철도에 관한 설명이다. ( )에 들어갈 내용을 바르게 나열한 것은?

> ○ 전용철도운영자가 사망한 경우 상속인이 그 전용철도의 운영을 계속하려는 경우에는 피상속인이 사망한 날부터 (ㄱ) 이내에 국토교통부장관에게 신고하여야 한다.
> ○ 전용철도운영자가 그 운영의 전부 또는 일부를 휴업한 경우에는 (ㄴ) 이내에 국토교통부장관에게 신고하여야 한다.

① ㄱ: 1개월, ㄴ: 1개월　　② ㄱ: 1개월, ㄴ: 2개월
③ ㄱ: 2개월, ㄴ: 3개월　　④ ㄱ: 3개월, ㄴ: 1개월
⑤ ㄱ: 3개월, ㄴ: 3개월

078 철도사업법령상 국유철도시설의 점용허가에 관한 설명으로 옳은 것은?
① 점용허가는 철도사업자와 철도사업자가 출자·보조 또는 출연한 사업을 경영하는 자에게만 한다.
② 철골조 건물의 축조를 목적으로 하는 경우에는 점용허가기간은 20년을 초과하여서는 아니된다.
③ 점용허가를 받은 자가 「공공주택 특별법」에 따른 공공주택을 건설하기 위하여 점용허가를 받은 경우에 해당할 때에는 점용료 감면대상이 될 수 없다.
④ 국토교통부장관은 점용허가를 받지 아니하고 철도시설을 점용한 자에 대하여 점용료의 100분의 150에 해당하는 금액을 변상금으로 징수할 수 있다.
⑤ 점용허가로 인하여 발생한 권리와 의무를 이전하려는 경우에는 국토교통부장관에게 신고하여야 한다.

079 농수산물 유통 및 가격 안정에 관한 법령상 농산물가격안정기금에 관한 설명으로 옳은 것은?
① 다른 기금으로부터의 출연금은 농산물가격안정기금의 재원으로 할 수 없다.
② 농산물의 수출 촉진사업을 위하여 농산물가격안정기금을 대출할 수 없다.
③ 농산물가격안정기금의 여유자금은 「자본시장과 금융투자업에 관한 법률」 제4조에 따른 증권의 매입의 방법으로 운용할 수 있다.
④ 농림축산식품부장관은 농산물가격안정기금의 여유자금의 운용에 관한 업무를 농업정책보험금융원의 장에게 위탁한다.
⑤ 농림축산식품부장관은 농산물가격안정기금의 수입과 지출을 명확히 하기 위하여 농협은행에 기금계정을 설치하여야 한다.

080 농수산물 유통 및 가격 안정에 관한 법률상 농수산물도매시장에 관한 설명으로 옳은 것은?
① 도매시장은 중앙도매시장의 경우에는 시·도가 개설하고, 지방도매시장의 경우에는 시·군·구가 개설한다.
② 중앙도매시장의 개설자가 업무규정을 변경하는 때에는 농림축산식품부장관 또는 산업통상자원부장관의 승인을 받아야 한다.
③ 도매시장법인은 도매시장 개설자가 부류별로 지정하되, 3년 이상 10년 이하의 범위에서 지정 유효기간을 설정할 수 있다.
④ 상품성 향상을 위한 규격화는 도매시장 개설자의 의무사항에 포함된다.
⑤ 도매시장법인이 다른 도매시장법인을 인수하거나 합병하는 경우에는 해당 도매시장 개설자에게 신고하여야 한다.

2023

제27회 출제문제

제1교시

제1과목 물류관리론

001 물류관리의 대상이 아닌 것은?
① 고객서비스관리
② 재고관리
③ 인사관리
④ 주문정보관리
⑤ 운송관리

002 스마이키(E. W. Smikey) 교수가 제시한 물류의 7R 원칙에 해당되지 않는 것은?
① Right Impression
② Right Place
③ Right Quality
④ Right Safety
⑤ Right Time

003 제품수명주기에 따른 단계별 물류관리전략에 해당되지 않는 것은?
① 성숙기 전략
② 쇠퇴기 전략
③ 수요기 전략
④ 성장기 전략
⑤ 도입기 전략

004 물류서비스 품질을 결정하는 요인을 고객 서비스 시행 전, 시행 중, 시행 후로 나눌 때, 시행 중의 요인에 해당하는 것을 모두 고른 것은?

ㄱ. 재고수준	ㄴ. 주문의 편리성
ㄷ. 시스템의 유연성	ㄹ. 시스템의 정확성
ㅁ. 고객서비스 명문화	ㅂ. 고객클레임·불만

① ㄱ, ㄴ
② ㄱ, ㄴ, ㄹ
③ ㄱ, ㄷ, ㅁ
④ ㄴ, ㄹ, ㅂ
⑤ ㄷ, ㅁ, ㅂ

005 물류의 영역별 분류에 해당하지 않는 것은?
① 조달물류
② 정보물류
③ 사내물류
④ 판매물류
⑤ 회수물류

006 물류관리에 관한 설명으로 옳지 않은 것은?
① 최근 전자상거래 활성화에 따라 물동량은 증가하는 반면 물류관리의 역할은 줄어들고 있다.
② 물류관리의 목표는 비용절감을 통한 제품의 판매촉진과 수익증대라고 할 수 있다.
③ 기업의 물류관리는 구매, 생산, 마케팅 등의 활동과 상호 밀접한 관련이 있다.
④ 물류비용 절감을 통한 이익창출은 제3의 이익원으로 인식되고 있다.
⑤ 원자재 및 부품의 조달, 구매상품의 보관, 완제품 유통도 물류관리의 대상이다.

007 물류 환경변화에 관한 설명으로 옳지 않은 것은?
① 경제규모 확대에 따른 화물량 증가로 사회간접자본 수요는 급증하는 반면 물류기반시설은 부족하여 기업의 원가부담이 가중되고 있다.
② 정보기술 및 자동화기술의 확산으로 물류작업의 고속화 및 효율화, 적정 재고관리 등이 추진되고 있다.
③ 소비자 니즈(Needs)의 다양화에 따라 상품의 수요패턴이 소품종, 대량화되고 있다.

④ 기후변화 및 친환경 물류정책에 따라 운송활동 등 물류부문에서 탄소배출을 줄이는 방향으로 변화되고 있다.
⑤ 소비자 니즈(Needs)의 다양화와 제품 수명주기의 단축에 따라 과잉재고를 지양하려는 경향이 심화되고 있다.

008 인과형 예측기법의 하나로 종속변수인 수요에 영향을 미치는 독립변수를 파악하고, 독립변수와 종속변수간의 함수관계를 통계적으로 추정하여 미래의 수요를 예측하는 방법은?
① 회귀분석법
② 델파이법
③ 지수평활법
④ 수명주기예측법
⑤ 가중이동평균법

009 물류와 마케팅의 관계에 관한 설명으로 옳지 않은 것은?
① 물류역량이 강한 기업일수록 본래 마케팅의 기능이었던 수요의 창출 및 조절에 유리하다.
② 물류와 마케팅 기능이 상호작용하는 분야는 하역관리와 설비관리 등이 있다.
③ 물류는 마케팅뿐만 아니라 생산관리 측면 등까지 광범위하게 확대되고 있다.
④ 물류는 마케팅의 4P 중 Place, 즉 유통채널과 관련이 깊다.
⑤ 물류는 포괄적인 마케팅에 포함되며 물류 자체의 마케팅 활동을 할 수도 있다.

010 상물분리의 효과에 관한 내용으로 옳지 않은 것은?
① 물류와 영업업무를 각각 전담부서가 수행하므로 전문화에 의한 핵심역량 강화가 가능하다.
② 공동화, 통합화, 대량화에 의한 규모의 경제 효과로 물류비 절감이 가능하다.
③ 영업소와 고객 간 직배송이 확대되므로 고객서비스가 향상된다.
④ 운송 차량의 적재효율이 향상되어 수송비용 절감이 가능하다.
⑤ 대규모 물류시설의 기계화 및 자동화에 의해 효율 향상이 가능하다.

011 물류 개념에 관한 설명으로 옳지 않은 것은?

① 물류의 전통적 개념은 사물의 흐름과 관련된 시간적, 공간적 효용을 창출하는 경영활동을 말한다.
② 물류활동은 운송, 보관, 하역, 포장, 유통가공 및 이들의 활동들을 지원하는 정보를 포함한다.
③ 물류와 Logistics는 동일한 개념으로 혼용하여 사용되고 있으나 범위 면에서는 Logistics가 더 넓다.
④ 2000년대부터 물류의 개념이 시대적인 요구·변화에 따라 점차 그 영역을 확대하여 SCM(공급사슬관리)으로 변천되어 왔다.
⑤ 생산단계에서 소비단계로의 전체적인 물적 흐름으로 조달부문을 제외한 모든 활동이다.

012 제약이론(TOC : Theory of Constraints)의 지속적 개선 프로세스를 순서대로 옳게 나열한 것은?

ㄱ. 제약자원 개선	ㄴ. 제약자원 식별
ㄷ. 제약자원 최대 활용	ㄹ. 개선 프로세스 반복
ㅁ. 비제약자원을 제약자원에 종속화	

① ㄱ - ㄴ - ㄷ - ㄹ - ㅁ
② ㄱ - ㄷ - ㄴ - ㅁ - ㄹ
③ ㄴ - ㄱ - ㄷ - ㄹ - ㅁ
④ ㄴ - ㄷ - ㅁ - ㄱ - ㄹ
⑤ ㄷ - ㄴ - ㄱ - ㅁ - ㄹ

013 물류혁신을 위한 6시그마 기법의 DMAIC 추진 단계들 중 다음 설명에 해당하는 것은?

> 통계적 기법을 활용해서 현재 프로세스의 능력을 계량적으로 파악하고, 품질에 결정적인 영향을 미치는 핵심품질특성(CTQ : Critical to Quality)의 충족 정도를 평가한다.

① Define ② Measure ③ Analyze ④ Improve ⑤ Control

014 다음 설명에 해당하는 물류 시설은?

> 국내용 2차 창고 또는 수출 화물의 집화, 분류, 운송을 위한 내륙 CFS(Container Freight Station)와 같이 공급처에서 수요처로 대량으로 통합운송된 화물을 일시적으로 보관하는 창고

① 물류터미널 ② 집배송센터
③ 공동집배송단지 ④ 물류센터
⑤ 데포(Depot)

015 일반기준에 의한 물류비 분류에서 기능별 물류비에 해당하지 않는 것은?
① 위탁비 ② 운송비 ③ 보관비 ④ 포장비 ⑤ 하역비

016 현대의 구매 혹은 조달 전략에 관한 설명으로 옳지 않은 것은?
① 최근에는 총소유비용 절감보다 구매단가 인하를 위한 협상 전략이 더 중요해졌다.
② 구매자의 경영목표를 달성하기 위한 공급자와의 정보공유 필요성이 커졌다.
③ 적기에 필요한 품목을 필요한 양만큼 확보하는 JIT(Just-in-Time) 구매를 목표로 한다.
④ 구매의 품질을 높이기 위해서 구매자는 공급자의 활동이 안정적으로 수행되도록 협력한다.
⑤ 구매전략에는 공급자 수를 줄이는 물량통합과 공급자와의 운영통합 등이 있다.

017 유통경로의 구조에 관한 설명으로 옳지 않은 것은?
① 전통적 유통경로 시스템은 자체적으로 마케팅 기능을 수행하는 독립적인 단위들로 구성된다.
② 전통적 유통경로 시스템은 수직적 시스템에 비해 구성원 간 결속력은 약하지만 유연성이 높다.
③ 수직적 유통경로 시스템은 신규 구성원의 진입이 상대적으로 용이한 개방형 네트워크이다.
④ 도소매기관 지원형 연쇄점, 소매기관 협동조합, 프랜차이즈 등은 계약형 유통경로 구조에 해당한다.

⑤ 기업형 유통경로 구조는 특정 유통경로가 다른 유통경로를 소유하고 통제하는 형태이다.

018 물류기업 K는 제품의 포장 및 검사를 대행하는 유통가공 서비스의 경제적 타당성을 검토하고 있으며, 관련 자료는 다음과 같다. K사 유통가공 서비스의 연간 손익분기 매출액(단위 : 만원)은?

○ 서비스 가격 : 10만원/개
○ 고정비 : 10,000만원/년
○ 변동비 : 7.5만원/개

① 1,000   ② 4,000   ③ 10,000   ④ 20,000   ⑤ 40,000

019 공동수배송의 기대 효과를 모두 고른 것은?

ㄱ. 물류비용 감소
ㄴ. 교통혼잡 완화
ㄷ. 환경오염 방지
ㄹ. 물류인력 고용증대

① ㄱ, ㄴ, ㄷ
② ㄱ, ㄴ, ㄹ
③ ㄱ, ㄷ, ㄹ
④ ㄴ, ㄷ, ㄹ
⑤ ㄱ, ㄴ, ㄷ, ㄹ

020 K 물류센터의 6월 비목별 간접물류비와 품목별 배부를 위한 자료가 다음과 같다. 간접물류비 배부기준이 운송비는 (운송물량 × 운송거리), 보관비는 (보관공간 × 보관일수), 하역비는 (상차수량 + 하차수량)일 때, 품목별 간접물류비 배부액(단위 : 천원)은?

비 목	운송비	보관비	하역비
금액(천원)	10,000	2,000	1,000

품목	운송물량 (ton)	운송거리 (km)	보관공간 (m³)	보관일수 (일)	상차수량 (개)	하차수량 (개)
P1	15	250	500	3	4,000	5,000
P2	10	125	300	15	600	400
합계	25	375	800	－	4,600	5,400

① P1: 8,000, P2: 5,000
② P1: 8,300, P2: 4,700
③ P1: 8,600, P2: 4,400
④ P1: 8,900, P2: 4,100
⑤ P1: 9,200, P2: 3,800

021 공동수배송의 전제조건으로 옳지 않은 것은?
① 대상기업 간 배송조건의 유사성
② 공동수배송을 주도할 중심업체 존재
③ 대상기업 간 공동수배송에 대한 이해 일치
④ 화물형태가 일정하지 않은 비규격품 공급업체 참여
⑤ 일정 지역 내 공동수배송에 참여하는 복수기업 존재

022 포장표준화에 관한 설명으로 옳지 않은 것은?
① 포장이 표준화되어야 기계화, 자동화, 파렛트화, 컨테이너화 등이 용이해진다.
② 포장치수는 파렛트 및 컨테이너 치수에 정합하고, 수송, 보관, 하역의 기계화 및 자동화에 최적의 조건을 제공해야 한다.
③ 포장표준화는 치수, 강도, 재료, 기법의 표준화 등 4요소로 나누지만, 관리의 표준화를 추가하기도 한다.
④ 포장표준화를 통해 포장비, 포장재료비, 포장작업비 등을 절감할 수 있다.
⑤ 치수표준화는 비용절감효과가 빠르게 나타나지만 강도표준화는 그 효과가 나타나기까지 오랜 시간이 걸린다.

023 물류 네트워크의 창고 수와 물류비용 혹은 성과지표 간의 관계로 옳지 않은 것은?

①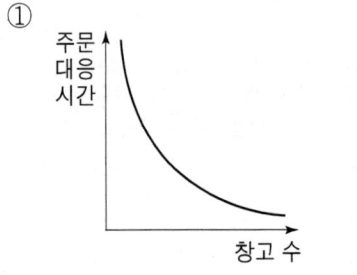
②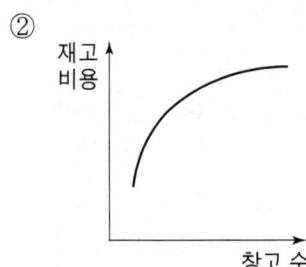

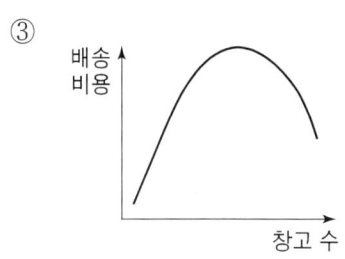
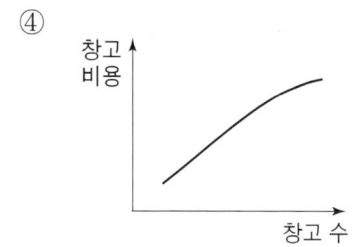
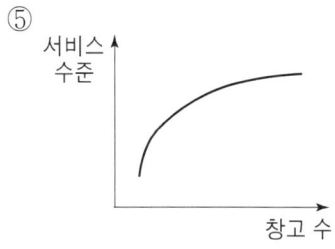

024 공급사슬 성과지표 중 원자재 구매비용을 지불한 날부터 제품 판매대금을 수금한 날까지 소요되는 시간을 측정하는 것은?

① 주문주기시간(Order Cycle Time)
② 현금화 사이클타임(Cash-to-Cash Cycle Time)
③ 공급사슬 배송성과(Delivery Performance to Request)
④ 주문충족 리드타임(Order Fulfillment Lead Time)
⑤ 공급사슬 생산유연성(Upside Production Flexibility)

025 다음 ( )에 들어갈 내용으로 옳게 짝지어진 것은?

> SCM은 산업별로 다양한 특성과 니즈에 적합한 형태로 발전되어 왔다. 의류부문에서 시작된 (ㄱ), 식품부문에서 시작된 (ㄴ), 의약품부문에서 시작된 (ㄷ) 등은 특정 산업에 적용된 후 관련산업으로 확산되어 활용되고 있다.

① ㄱ: ECR,   ㄴ: QR,   ㄷ: EHCR
② ㄱ: QR,   ㄴ: ECR,   ㄷ: EHCR
③ ㄱ: ECR,   ㄴ: EHCR, ㄷ: QR
④ ㄱ: EHCR, ㄴ: QR,   ㄷ: ECR
⑤ ㄱ: QR,   ㄴ: EHCR, ㄷ: ECR

026 공동수배송의 필요성에 관한 설명으로 옳지 않은 것은?
① 소비자 욕구의 다양화로 다빈도 소량주문 증가
② 화물량 증가에 따른 도로혼잡 및 환경오염 문제 발생
③ 능률적이고 효율적으로 물류활동 개선 필요
④ 새로운 시설과 설비 투자에 따른 위험부담 감소 필요
⑤ 소비자의 물류서비스 차별화 요구 증가

027 화물을 일정한 중량이나 체적으로 단위화시켜 하역과 수송의 합리화를 도모하는 것은?
① 유닛로드시스템(Unit Load System)
② 파렛트풀시스템(Pallet Pool System)
③ 파렛트 표준화(Pallet Standardization)
④ 포장의 모듈화(Packaging Modularization)
⑤ 일관파렛트화(Palletization)

028 SCM 등장배경에 관한 설명으로 옳지 않은 것은?
① 부가가치의 60~70%가 제조공정 외부 공급망에서 발생한다.
② 부품 및 기자재의 납기 및 품질, 주문의 납기 및 수요 등 외부의 불확실성이 점점 더 심화되고 있다.
③ 공급망 하류로 갈수록 정보가 왜곡되는 현상이 심화되고 있다.
④ 기업활동이 글로벌화되면서 공급망상의 리드타임이 길어지고 불확실해졌다.
⑤ 글로벌화 및 고객요구 다양성 증대에 따라 대량고객화가 보편화되고 있다.

029 기업 간 협력의 유형에 관한 설명으로 옳지 않은 것은?
① VMI(Vendor-Managed Inventory) : 유통업체와 제조업체가 실시간 정보공유를 통해 공동으로 유통업체의 재고를 관리하는 방식
② CRP(Continuous Replenishment Programs) : 유통업체의 실제 판매 데이터를 토대로 제조업체에서 상품을 지속적으로 공급하는 방식
③ QR(Quick Response) : 제조업체와 유통업체가 협력하여 소비자에게 적절한 시기에 적절한 양을 적절한 가격으로 제공하는 것을 목표로 함
④ ECR(Efficient Consumer Response) : 제품에 대한 고객들의 반응을 측정하

여 재고관리 및 생산효율을 달성하는 방식
⑤ CPFR(Collaborative Planning, Forecasting & Replenishment) : 제조업체와 유통업체가 협업전략을 통해 공동으로 계획, 생산량 예측, 상품 보충을 구현하는 방식

030 외주물류(아웃소싱)와 3자물류에 관한 설명 중 옳지 않은 것을 모두 고른 것은?

ㄱ. 외주물류는 주로 운영 측면에서 원가절감을 목표로 하는 반면, 3자물류는 원가절감과 경쟁우위 확보 등을 목표로 한다.
ㄴ. 외주물류는 중장기적 협력 관계를 기반으로 이루어지는 반면, 3자물류는 단기적 관계를 기반으로 운영된다.
ㄷ. 외주물류는 주로 최고경영층의 의사결정에 따라 경쟁계약의 형태로 진행되는 반면, 3자물류는 중간관리층의 의사결정에 따라 수의계약 형태로 주로 진행된다.
ㄹ. 서비스 범위 측면에서 외주물류는 기능별 서비스(수송, 보관) 수행을 지향하는 반면, 3자물류는 종합물류를 지향한다.

① ㄱ, ㄴ
② ㄴ, ㄷ
③ ㄷ, ㄹ
④ ㄱ, ㄴ, ㄹ
⑤ ㄱ, ㄷ, ㄹ

031 다음에서 설명하는 물류 활동에 해당하는 것은?

○ 녹색물류의 일환으로 출하된 상품 또는 원부자재를 반품, 폐기, 회수하는 물류를 의미한다.
○ 강화되는 환경규제로 인해 이에 관한 관심이 높아지고 있다.
○ 폐기비용 감소, 부품의 재활용, 고객들의 환경 친화적 제품 요구 등으로 인해 제조기업들의 기술 도입 및 관련 네트워크 구축이 활발해지고 있다.

① Forward Logistics
② Cross Docking
③ Reverse Logistics
④ Gatekeeping
⑤ Life Cycle Assessment

032 채찍효과(Bullwhip Effect)의 발생 원인이 아닌 것은?
① 공급사슬 구성원들의 독립적 수요예측
② 경제성을 고려한 일괄주문
③ 판촉활동, 수량할인 등에 따른 가격변동
④ 제품 생산 및 공급 리드타임 단축
⑤ 공급부족에 따른 과다 주문

033 다음 설명에 해당하는 물류보안제도는?

> ○ 기존 24시간 규칙을 강화하기 위한 조치로 항만보안법에 의해 법제화되었다.
> ○ 보안 및 수입자의 책임을 강화하기 위해 적재 24시간 전, 미국 세관에 온라인으로 신고하도록 의무화한 제도이다.
> ○ 수입자가 신고해야 할 사항이 10가지, 운송사가 신고할 사항이 2가지로 되어 있어 10+2 rule이라고도 불린다.

① C-TPAT(Customs-Trade Partnership Against Terrorism)
② ISF(Importer Security Filing)
③ Safe Port Act 2006
④ CSI(Container Security Initiative)
⑤ ISPS(International Ship and Port Facility Security) code

034 A기업은 수송부문 연비 개선을 통해 이산화탄소 배출량을 10 kg 줄이고자 한다. 연비법에 의한 이산화탄소 배출량 산출식 및 관련 자료는 다음과 같을 때, 이산화탄소 배출량 10 kg 감축을 위한 A기업의 목표 평균 연비는?

> ○ 이산화탄소 배출량(kg) = 주행거리(km) ÷ 연비(km/L) × 이산화탄소 배출계수(kg/L)
> ○ 주행 거리 : 150,000 km
> ○ 연비개선 전 평균연비 : 5 km/L
> ○ 이산화탄소 배출계수 : 0.002 kg/L

① 6.0 km/L
② 7.5 km/L
③ 9.0 km/L
④ 10.5 km/L
⑤ 12.0 km/L

035 4자물류에 관한 설명으로 옳지 않은 것은?
① 기존의 3자물류 서비스에 IT, 기술, 전략적 컨설팅 등을 추가한 서비스이다.
② 포괄적인 공급사슬관리(SCM) 서비스를 제공하기 위한 통합서비스로, 공급사슬 전반의 최적화를 도모한다.
③ 합작투자 또는 장기간 제휴형태로 운영되며, 이익의 분배를 통하여 공통의 목표를 설정한다.
④ 기업과 고객 간의 거래(B2C) 보다는 기업과 기업 간의 거래(B2B)에 집중한다.
⑤ 다양한 기업이 파트너로서 참여하는 혼합조직이다.

036 물류정보의 개념과 특징에 관한 설명으로 옳지 않은 것은?
① 생산에서 소비에 이르기까지의 물류기능을 유기적으로 결합하여 물류관리 효율성을 향상시키는 데 활용된다.
② 운송, 보관, 하역, 포장 등의 물류활동에 관한 정보를 포함한다.
③ 원료의 조달에서 완성품의 최종 인도까지 각 물류기능을 연결하여 신속하고 정확한 흐름을 창출한다.
④ 기술 및 시스템의 발전으로 인해 물류정보의 과학적 관리가 가능하다.
⑤ 정보의 종류가 다양하고 규모가 크지만, 성수기와 평상시의 정보량 차이는 작다.

037 다음 설명에 해당하는 물류정보관리 시스템은?

> ○ 대표적인 소매점 관리시스템 중 하나로서, 상품의 판매 시점에 발생하는 정보를 저장 가능하다.
> ○ 실시간으로 매출을 등록하고, 매출 자료의 자동정산 및 집계가 가능하다.
> ○ 상품의 발주, 구매, 배송, 재고관리와 연계가 가능한 종합정보관리 시스템이다.

① POS(Point of Sale)
② KAN(Korean Article Number)
③ ERP(Enterprise Resource Planning)
④ GPS(Global Positioning System)
⑤ DPS(Digital Picking System

038 능동형 RFID(Radio Frequency IDentification) 시스템에 관한 설명으로 옳지 않은 것은?
① 내장 배터리를 전원으로 사용한다.
② 지속적인 식별정보 송신이 가능하다.
③ 수동형에 비해 가격이 비교적 비싸다.
④ 수동형에 비해 비교적 원거리 통신이 가능하다.
⑤ 반영구적으로 사용 가능하다.

039 표준 바코드의 한 종류인 EAN(European Article Number)-13 코드에 관한 설명으로 옳지 않은 것은?
① EAN-13(A)와 EAN-13(B)의 국가식별코드는 2 3자리 숫자로 구성된다.
② 제조업체코드는 EAN-13(A)의 경우 4자리, EAN-13(B)의 경우 6자리로 구성된다.
③ 상품품목코드는 EAN-13(A)의 경우 5자리, EAN-13(B)의 경우 3자리로 구성된다.
④ EAN-13(A)와 EAN-13(B) 모두 물류용기에 부착하기 위한 물류식별코드를 가지고 있다.
⑤ EAN-13(A)와 EAN-13(B) 모두 체크 디지트를 통해 스캐너에 의한 판독 오류를 방지한다.

040 물류 EDI(Electronic Data Interchange) 시스템에 관한 설명으로 옳지 않은 것은?
① 거래업체 간에 상호 합의된 전자문서표준을 이용한 컴퓨터 간의 구조화된 데이터 전송을 의미한다.
② 상호간의 정확한, 실시간 업무 처리를 가능하게 하여 물류업무의 효율성을 향상시킬 수 있다.
③ 종이문서 수작업 및 문서처리 오류를 감소시킬 수 있다.
④ 국제적으로는 다양한 EDI 시스템이 존재하지만, 국내 EDI 시스템 개발 사례는 존재하지 않는다.
⑤ 전자적 자료 교환을 통해 기업의 국제 경쟁력을 강화시킬 수 있다.

제2과목 화물운송론

041 운송수단별 특징에 관한 설명으로 옳은 것은?
① 철도운송은 장거리, 대량운송에 유리하지만 운송시간이 오래 걸리고 초기인프라 설치관련 진입비용이 낮다.
② 해상운송은 대량화물의 장거리운송에 적합하지만 정기항로에 치우쳐 유연성과 전문성이 떨어진다.
③ 항공운송은 장거리를 신속하게 운송하며 항공기의 대형화로 운송비 절감을 가져왔다.
④ 공로운송은 접근성이 가장 뛰어나지만 1회 수송량이 적어 운임부담력이 상대적으로 낮다.
⑤ 연안운송은 초기 항만하역시설투자비가 적은 편이고 해상경로가 비교적 짧은 단거리 수송에 유리하다.

042 다음은 최근 운송산업의 변화에 관한 설명이다. ( )의 내용으로 옳은 것은?

○ 철도운송은 철도르네상스를 통하여 시간적 제약을 극복하면서 도심으로의 접근성에 대한 우수한 경쟁력으로 (ㄱ)운송의 대체수단으로 떠오르고 있다.
○ 운송수단의 대형화, 신속화 추세에 따라 (ㄴ)간의 경쟁이 심화되면서 (ㄴ)의 수는 줄어들고 그 기능이 복합화되어가는 새로운 지역경제 협력시대를 열고 있다.
○ 기후변화와 관련된 운송수단의 (ㄷ) 기술혁신은 조선업의 새로운 부흥시대를 열고 있다.
○ 미국과 중국 간의 정치적 갈등은 글로벌공급망의 재편과 관련하여 최저생산비보다 (ㄹ) 공급망을 중시하는 방향으로 협업적 관계를 강조하고 있다.

① ㄱ: 해상, ㄴ: 경로, ㄷ: 친환경, ㄹ: 효율적인
② ㄱ: 해상, ㄴ: 운송방식, ㄷ: 인공지능, ㄹ: 안정적인
③ ㄱ: 항공, ㄴ: 경로, ㄷ: 인공지능, ㄹ: 효율적인
④ ㄱ: 항공, ㄴ: 거점, ㄷ: 친환경, ㄹ: 안정적인
⑤ ㄱ: 공로, ㄴ: 거점, ㄷ: 인공지능, ㄹ: 효율적인

043 운송서비스의 특징에 관한 설명으로 옳지 않은 것은?
① 운송이란 생산과 동시에 소비되는 즉시재이다.
② 운송공급은 비교적 계획적이고 체계적인 반면, 운송수요는 상대적으로 무계획적이고 비체계적이다.
③ 개별적 운송수요는 다양하므로 운송수요는 집합성을 가질 수 없다.
④ 운임의 비중이 클수록 운임상승은 상품수요를 감소시킴으로써 운송수요를 줄이게 되어 운송수요의 탄력성이 더욱 커지게 된다.
⑤ 운송수단 간 대체성이 높아 운송수요에 대한 탄력적 대응이 가능하다.

044 국내화물운송의 합리화 방안에 관한 설명으로 옳지 않은 것은?
① 과학적 관리에 입각한 계획수송체계의 강화
② 운송수단의 대형화, 신속화, 표준화
③ 적재율 감소를 통한 물류합리화
④ 공동수배송 체계의 활성화
⑤ 운송업체의 대형화, 전문화

045 운송의 기능에 관한 설명으로 옳지 않은 것은?
① 보관과 배송을 연결하는 인적 조절기능이 있다.
② 한계생산비의 차이를 극복하는 장소적 조절기능이 있다.
③ 원재료 이동을 통한 생산비 절감기능이 있다.
④ 운송의 효율적 운용을 통한 물류비 절감기능이 있다.
⑤ 지역 간 경쟁력 있는 상품의 생산과 교환, 소비를 촉진시키는 기능이 있다.

046 물류와 운송의 개념에 관한 설명으로 옳지 않은 것은?
① 미국 마케팅협회는 물류를 생산지에서 소비지에 이르는 상품의 이동과 취급에 관한 관리라고 정의하였다.
② 1976년 미국물류관리협회는 물류를 생산에서 소비에 이르는 여러 활동을 포함하되 수요예측이나 주문처리는 물류가 아닌 마케팅의 영역으로 구분하였다.
③ 오늘날 운송은 생산지와 소비지 간의 공간적 거리 극복뿐만 아니라 토탈 마케팅 비용의 절감과 고객서비스 향상이라는 관점도 강조하고 있다.

④ 물류의 본원적 활동인 운송은 다양한 부가가치 활동이 추가되면서 오늘날의 물류로 발전되었다.
⑤ 운송은 재화를 효용가치가 낮은 장소로부터 높은 장소로 이전하는 활동을 포함한다.

047 국내 화물운송의 특징으로 옳지 않은 것은?
① 공로운송은 운송거리가 단거리이기 때문에 전체 운송에서 차지하는 비중이 낮다.
② 화물운송의 출발/도착 관련 경로의 편중도가 높다.
③ 한국의 수출입 물동량 중 항만을 이용한 물동량이 가장 큰 비중을 차지하며 특정 수출입항만의 편중도가 높다.
④ 화물자동차운송사업은 영세업체가 많고 전문화, 대형화가 미흡하여 운송서비스의 질이 위협받고 있다.
⑤ 화주기업과 운송인과의 협업적 관계가 미흡하여 제3자물류나 제4자물류로 발전하기 위한 정부의 정책적 지원 확대가 필요하다.

048 물류활동 및 운송합리화를 위한 3S1L의 기본원칙으로 옳지 않은 것은?
① 저비용 ② 대체성 ③ 안전성 ④ 정확성 ⑤ 신속성

049 화물자동차의 운행상 안전기준에 해당하는 것을 모두 고른 것은?

ㄱ. 적재중량 : 구조 및 성능에 따르는 적재중량의 110% 이내일 것
ㄴ. 길이 : 자동차 길이에 그 길이의 10분의 1을 더한 길이를 넘지 아니할 것
ㄷ. 승차인원 : 승차정원의 110% 이내일 것
ㄹ. 너비 : 자동차의 후사경(後寫鏡)으로 뒤쪽을 확인할 수 있는 범위(후사경의 높이보다 화물을 낮게 적재한 경우에는 그 화물을, 후사경의 높이보다 화물을 높게 적재한 경우에는 뒤쪽을 확인할 수 있는 범위를 말한다)의 너비를 넘지 아니할 것
ㅁ. 높이 : 지상으로부터 4.5미터를 넘지 아니할 것

① ㄱ, ㄴ, ㄷ
② ㄱ, ㄴ, ㄹ
③ ㄴ, ㄷ, ㄹ
④ ㄱ, ㄴ, ㄷ, ㄹ
⑤ ㄱ, ㄷ, ㄹ, ㅁ

050 화물자동차 운송가맹사업의 허가기준에 관한 설명으로 옳지 않은 것은?
① 허가기준대수 : 400대 이상(운송가맹점이 소유하는 화물자동차 대수를 포함하되, 8개 이상의 시·도에 50대 이상 분포되어야 한다)
② 화물자동차의 종류 : 일반형·덤프형·밴형 및 특수용도형 화물자동차 등 화물자동차운수사업법시행규칙 제3조에 따른 화물자동차(화물자동차를 직접 소유하는 경우만 해당한다)
③ 사무실 및 영업소 : 영업에 필요한 면적
④ 최저보유차고 면적 : 화물자동차 1대당 그 화물자동차의 길이와 너비를 곱한 면적(화물자동차를 직접 소유하는 경우만 해당한다)
⑤ 그 밖의 운송시설 : 화물정보망을 갖출 것

051 화물자동차의 구조에 의한 분류 중 합리화 특장차는?
① 믹서트럭
② 분립체 운송차
③ 액체 운송차
④ 냉동차
⑤ 리프트게이트 부착차량

052 다음에서 설명하는 화물자동차 운송정보시스템은?

> 출하되는 화물의 양(중량 및 부피)에 따라 적정한 크기의 차량선택과 1대의 차량에 몇 개의 배송처의 화물을 적재할 것인지를 계산해 내고, 화물의 형상 및 중량에 따라 적재함의 어떤 부분에 화물을 적재해야 가장 효율적인 적재가 될 것인지를 시뮬레이션을 통하여 알려주는 시스템

① WMS(Warehouse Management System)
② Routing System
③ Tracking System
④ VMS(Vanning Management System)
⑤ CVO(Commercial Vehicle Operating system)

053 자가용 화물자동차와 비교한 사업용 화물자동차의 장점으로 옳지 않은 것은?
① 자가용 화물차 이용 시보다 기동성이 높고, 보험료가 적다.
② 귀로 시 복화화물운송이 가능하여 운송비가 저렴하다.
③ 돌발적인 운송수요의 증가에 탄력적 대응이 가능하다.
④ 필요한 시점에 필요한 수량과 필요한 규격 및 종류의 차량 이용이 가능하다.
⑤ 운임이 저렴하고 서비스 수준이 높은 업체와 계약운송이 가능하다.

054 화물운임의 부과방법에 관한 설명으로 옳지 않은 것은?
① 종가운임 : 운송되는 화물의 가격에 따라 운임의 수준이 달라지는 형태의 운임
② 최저운임 : 일정한 수준 이하의 운송량을 적재하거나 일정 거리 이하의 단거리 운송 등으로 실운임이 일정수준 이하로 계산될 때 적용하는 최저 수준의 운임
③ 특별운임 : 운송거리, 서비스 수준, 운송량, 운송시간 등에 따라 운임 차이가 발생할 수 있음에도 불구하고 동일한 요율을 적용하는 형태의 운임
④ 품목별운임 : 운송하는 품목에 따라 요율을 달리하는 운임
⑤ 반송운임 : 목적지에 도착한 후 인수거부, 인계불능 등에 의하여 반송조치하고 받는 운임

055 일반 화물자동차의 화물 적재공간에 박스형 덮개를 고정적으로 설치한 차량은?
① 밴형 화물자동차   ② 덤프트럭
③ 포크리프트   ④ 평바디트럭
⑤ 리치스테커(Reach Stacker)

056 다음에서 설명하고 있는 운송방식은?

○ 배송에 관한 사항을 시간대별로 계획하고 표로 작성하여 운행
○ 배송처 및 배송물량의 변화가 심할 때 방문하는 배송처, 방문순서, 방문시간 등을 매일 새롭게 설정하여 배송하는 운송방식

① 루트(Route) 배송   ② 밀크런(Milk Run) 배송
③ 적합 배송   ④ 단일 배송
⑤ 변동다이어그램 배송

057 다음과 같은 화물자동차 운송과 철도운송 조건에서 두 운송수단 간 경제적 효용거리 분기점은?

> ○ 철도 운송비 : 40 원/ton·km
> ○ 화물자동차 운송비 : 80 원/ton·km
> ○ 철도 부대비용(철도발착비, 하역비 등) : 10,000 원/ton

① 200 km ② 230 km
③ 250 km ④ 270 km
⑤ 320 km

058 컨테이너 전용 철도 무개화차의 종류에 해당하지 않는 것은?
① 오픈 톱 카(Open Top Car)
② 플랫카(Flat Car)
③ 컨테이너카(Container Car)
④ 더블스텍카(Double Stack Car)
⑤ 탱크화차(Tank Car)

059 철도화물 운임 및 요금에 관한 설명으로 옳지 않은 것은?
① 화물운임의 할인종류에는 왕복수송 할인, 탄력할인, 사유화차 할인 등이 있다.
② 컨테이너의 크기, 적컨테이너, 공컨테이너 등에 따라 1km당 운임률은 달라진다.
③ 화차 1량에 대한 최저기본운임은 사용화차의 화차표기하중톤수의 200km에 해당하는 운임이다.
④ 일반화물의 기본운임은 1건마다 중량, 거리, 임률을 곱하여 계산한다. 이 경우 1건 기본운임이 최저기본운임에 미달할 경우에는 최저기본운임을 기본운임으로 한다.
⑤ 화물운임의 할증대상에는 귀중품, 위험물, 특대화물 등이 있다.

060 철도운송 서비스 형태에 관한 설명으로 옳지 않은 것은?
① Shuttle Train : 철도역 또는 터미널에서 화차조성비용을 줄이기 위해 화차의 수와 타입이 고정되며 출발지→목적지→출발지를 연결하는 루프형 서비스를 제공하는 열차형태

② Block Train : 스위칭야드(Switching Yard)를 이용하지 않고 철도화물역 또는 터미널 간을 직행 운행하는 전용열차의 한 형태로 화차의 수와 타입이 고정되어 있음
③ Y-Shuttle Train : 한 개의 중간터미널을 거치는 것을 제외하고는 Shuttle Train과 같은 형태의 서비스를 제공하는 방식임
④ Single-Wagon Train : 복수의 중간역 또는 터미널을 거치면서 운행하는 방식으로 목적지까지 열차운행을 위한 충분한 물량이 확보된 경우에만 운행
⑤ Liner Train : 장거리구간에서 여러 개의 소규모터미널이 존재하는 경우 마치 여객열차와 같이 각 기차터미널에서 화차를 Pick up & Deliver하는 서비스 형태

061 해상운송의 기능 및 특성에 관한 설명으로 옳지 않은 것은?
① 해상운송은 떠다니는 영토로 불릴 만큼 높은 국제성을 지니므로 제2편의치적과 같은 전략적 지원이 강조된다.
② 장거리, 대량운송에 따른 낮은 운임부담력으로 인해 국제물류의 중심 역할을 담당한다.
③ 직간접적인 관련 산업 발전 및 지역경제 활성화와 국제수지 개선에도 기여한다.
④ 해상운송은 물품의 파손, 분실, 사고발생의 위험이 적고, 타 운송수단에 비해 안전성이 높다.
⑤ 선박대형화에 따라 기존 운하경로의 제약이 있지만 북극항로와 같은 새로운 대체경로의 개발도 활발하다.

062 해상운임 중 Berth Term(Liner Term)에 관한 설명으로 옳은 것은?
① 선사(선주)가 선적항 선측에서 양하항 선측까지 발생하는 제반 비용과 위험을 모두 부담한다.
② 화물을 선측에서 선내까지 싣는 과정의 비용 및 위험부담은 화주의 책임이며, 양하항에 도착 후 본선에서 부두로 양하할 때의 비용과 위험은 선사가 부담한다.
③ 화물을 본선으로부터 양하하는 위험부담은 화주의 책임이며, 반대로 선사는 적하비용을 부담한다.
④ 화물의 본선 적하 및 양하와 관련된 모든 비용과 위험부담은 화주가 지며, 선사는 아무런 책임을 지지 않는다.
⑤ 품목에 관계없이 동일하게 적용되는 운임을 말한다.

063 해운동맹에 관한 설명으로 옳은 것은?
① 두 개 이상의 정기선 운항업자가 경쟁을 활성화하기 위해 운임, 적취량, 배선 등의 조건에 합의한 국제카르텔을 말한다.
② 미국을 포함한 대부분의 국가는 해상운송의 안전성을 위해 해운동맹을 적극적으로 받아들이고 있으며, 가입과 탈퇴에 따른 개방동맹과 폐쇄동맹에 대한 차이는 없다.
③ 해운동맹은 정기선의 운임을 높게 유지함으로써 동맹탈퇴의 잠재이익이 크게 작용하고 있어 동맹유지가 어렵고 이탈이 심한 편이다.
④ 맹외선과의 대응전략으로 동맹사들은 경쟁억압선의 투입이나 이중운임제, 연체료와 같은 할인할증제 등을 운영한다.
⑤ 동맹회원간에는 일반적으로 운임표가 의무적으로 부과되지만 특정화물에 대해서는 자유로운 open rate가 가능하다.

064 부정기선 용선계약의 특징에 관한 설명으로 옳지 않은 것은?
① 항해용선(Voyage Charter)계약은 선주가 선장을 임명하고 지휘·감독한다.
② 항해용선계약의 특성상 용선자는 본선운항에 따른 모든 책임과 비용을 부담하여야 한다.
③ 정기용선(Time Charter)계약은 선주가 선장을 임명하고 지휘·감독한다.
④ 정기용선계약에서 용선자는 영업상 사정으로 본선이 운항하지 못한 경우에도 용선료를 지급하여야 한다.
⑤ 정기용선계약에서 용선료는 원칙적으로 기간에 따라 결정된다.

065 수입화물의 항공운송 취급 절차를 순서대로 옳게 나열한 것은?

ㄱ. 전문접수 및 항공기 도착 ㄴ. 창고분류 및 배정
ㄷ. 서류 분류 및 검토   ㄹ. 도착 통지
ㅁ. 보세운송   ㅂ. 화물분류 작업
ㅅ. 운송장 인도

① ㄱ - ㄷ - ㄴ - ㅂ - ㄹ - ㅅ - ㅁ
② ㄱ - ㄷ - ㅅ - ㄹ - ㅁ - ㅂ - ㄴ
③ ㄱ - ㄹ - ㄴ - ㄷ - ㅁ - ㅂ - ㅅ
④ ㄹ - ㄱ - ㄷ - ㄴ - ㅂ - ㅁ - ㅅ
⑤ ㄹ - ㄴ - ㄷ - ㄱ - ㅂ - ㅅ - ㅁ

066 항공운송의 운임에 관한 설명으로 옳지 않은 것은?
① 일반화물요율(GCR : General Cargo Rate)은 모든 항공화물 요금산정 시 기본이 된다.
② 일반화물요율의 최저운임은 "M"으로 표시한다.
③ 특정품목할인요율(SCR : Specific Commodity Rate)은 특정 대형화물에 대하여 운송구간 및 최저중량을 지정하여 적용되는 할인운임이다.
④ 품목별분류요율(CCR : Commodity Classification Rate)은 특정 품목에 대하여 적용하는 할인 또는 할증운임률이다.
⑤ 일반화물요율은 특정품목할인요율이나 품목별분류요율보다 우선하여 적용된다.

067 운송주선인(Freight Forwarder)의 역할에 관한 설명으로 옳지 않은 것은?
① 운송계약의 주체가 되어 자신의 명의로 운송서류를 발행한다.
② 화물포장 및 보관 업무를 수행한다.
③ 수출화물을 본선에 인도하고 수입화물은 본선으로 부터 인수한다.
④ 화물인도지시서(D/O)를 작성하여 선사에게 제출한다.
⑤ 화물의 집화, 분배, 통관업무 등을 수행한다.

068 수요지와 공급지 사이의 수송표가 아래와 같을 때 보겔추정법(Vogel's Approximation Method)을 적용하여 산출된 총 운송비용과 공급지 B에서 수요지 X까지의 운송량은? (단, 공급지에서 수요지까지의 톤당 운송비는 각 셀의 우측 하단에 표시되어 있음)

(단위 : 천원)

공급지 \ 수요지	X	Y	Z	공급량(톤)
A	10	12	16	200
B	5	8	20	400
C	14	11	7	200
수요량(톤)	500	200	100	800

① 6,000,000원, 300톤
② 6,000,000원, 400톤
③ 6,100,000원, 200톤
④ 6,100,000원, 300톤
⑤ 6,200,000원, 400톤

069 다수의 수요지와 공급지를 지닌 수송문제에서 수송표를 작성하여 수송계획을 세우고자 한다. 수송계획법에 관한 설명으로 옳은 것을 모두 고른 것은?

> ㄱ. 북서코너법(North-West Corner Method)은 수송표 좌측상단부터 우측하단방향으로 차례대로 수요량과 공급량을 고려하여 수송량을 할당해 나가는 방법이다.
> ㄴ. 보겔추정법(Vogel's Approximation Method)은 최선의 수송경로를 선택하지 못했을 때 추가 발생되는 기회비용을 고려한 방법이다.
> ㄷ. 최소비용법(Least-Cost Method)은 단위당 수송비용이 가장 낮은 칸에 우선적으로 할당하는 방법이다.
> ㄹ. 북서코너법은 신속하게 최초실행가능 기저해를 구할 수 있다는 장점이 있으나 수송비용을 고려하지 못한다는 단점을 가지고 있다.

① ㄱ, ㄹ
② ㄱ, ㄴ, ㄷ
③ ㄱ, ㄷ, ㄹ
④ ㄴ, ㄷ, ㄹ
⑤ ㄱ, ㄴ, ㄷ, ㄹ

070 운송주선인(Freight Forwarder)의 혼재운송에 관한 설명으로 옳지 않은 것은?
① 혼재운송은 소량 컨테이너화물을 컨테이너단위 화물로 만들어 운송하는 것을 말한다.
② 혼재운송은 소량화물의 선적용이, 비용절감, 물량의 단위화로 취급상 용이하다.
③ Forwarder's consolidation은 단일 송화인의 화물을 다수의 수화인에게 운송하는 형태이다.
④ Buyer's consolidation은 다수의 송화인의 화물을 혼재하여 단일 수화인에게 운송하는 형태이다.
⑤ 혼재운송에서 운송주선인은 선박회사가 제공하지 않는 문전운송 서비스를 제공한다.

071 수송모형에 관한 설명으로 옳지 않은 것은?
① 회귀모형 : 화물의 수송량에 영향을 주는 다양한 변수 간의 상관관계에 대한 회귀식을 도출하여 장래 화물량을 예측하는 모형이다.
② 중력모형 : 지역 간의 운송량이 경제규모에 비례하고 거리에 반비례한다는 가정에 의한 화물분포모형으로 단일제약모형, 이중제약모형 등이 있다.
③ 통행교차모형 : 교통량을 교통수단과 교통망에 따라 시간, 비용 등을 고려하여 효율적으로 배분하는 화물분포모형으로 로짓모형, 카테고리 분석모형 등이 있다.

④ 성장인자모형 : 물동량 배분패턴이 장래에도 일정하게 유지된다는 가정 하에 지역 간의 물동량을 예측하는 화물분포모형이다.
⑤ 엔트로피 극대화모형 : 제약조건 하에서 지역 간 물동량의 공간적 분산 정도가 극대화된다는 가정에 기초한 화물분포모형이다.

072 허브 앤 스포크(Hub & Spoke) 시스템에 관한 설명으로 옳지 않은 것은?
① 셔틀노선의 증편이 용이하여 영업소 확대에 유리하다.
② 집배센터에 배달물량이 집중될 경우 충분한 상하차 여건을 갖추지 않으면 배송지연이 발생할 수 있다.
③ 모든 노선이 허브를 중심으로 구축된다.
④ 대규모 분류능력을 갖춘 허브터미널이 필요하다.
⑤ 운송노선이 단순한 편이어서 효율성이 높아진다.

073 다음 수송문제의 모형에서 공급지 1, 2, 3의 공급량은 각각 250, 300, 150이고, 수요지 1, 2, 3, 4의 수요량은 각각 120, 200, 300, 80이다. 공급지에서 수요지 간의 1단위 수송비용이 그림과 같을 때 제약 조건식으로 옳지 않은 것은? (단, X_{ij}에서 X는 물량, i는 공급지, j는 수요지를 나타냄)

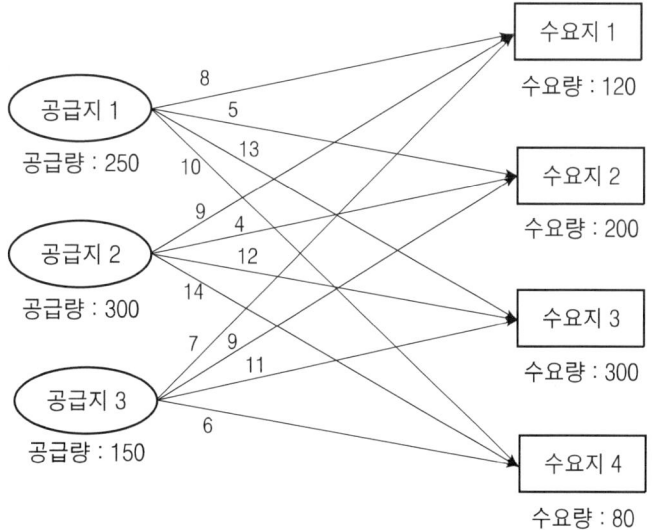

① $X_{11} + X_{21} + X_{31} = 120$
② $X_{13} + X_{23} + X_{33} = 300$
③ $X_{14} + X_{24} + X_{34} = 200$
④ $X_{11} + X_{12} + X_{13} + X_{14} = 250$
⑤ $X_{31} + X_{32} + X_{33} + X_{34} = 150$

074 출발지에서 도착지까지 파이프라인을 통해 가스를 보낼 경우 보낼 수 있는 최대 가스량(톤)은? (단, 구간별 숫자는 파이프라인의 용량(톤)이며, 링크의 화살표 방향으로만 가스를 보낼 수 있음)

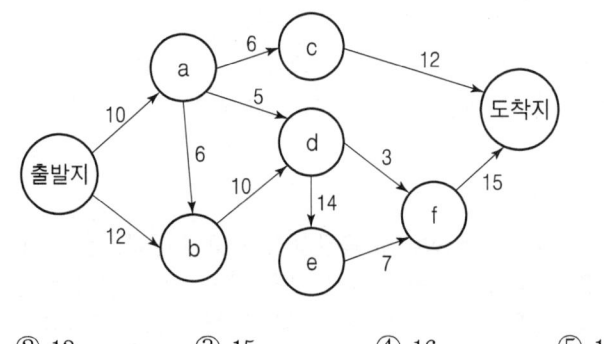

① 12   ② 13   ③ 15   ④ 16   ⑤ 18

075 수배송 계획에서 활용되는 세이빙(Saving)기법에 관한 설명으로 옳지 않은 것은?
① 모든 방문처를 경유해야 하는 차량수를 최소로 하면서 동시에 차량의 총 수송거리를 최소화하는 데 유용하다.
② 단축된 거리가 큰 순위부터 차량 운행경로를 편성한다.
③ 경로 편성 시 차량의 적재용량 등의 제약사항을 고려한다.
④ 배차되는 각 트럭의 용량의 합은 총수요 이상이고 특정 고객의 수요보다는 작아야 한다.
⑤ 배송센터에서 두 수요지까지의 거리를 각각 a, b라 하고 두 수요지 간의 거리를 c라고 할 때 단축 가능한 거리는 (a+b-c)가 된다.

076 택배 영업장에 관한 설명으로 옳은 것은?
① 터미널은 회사가 점포를 개설하여 직접 운영하는 영업장을 말한다.
② 특약점은 일정한 지역의 영업거점으로 집배차량 통제 및 집배구역을 관리하고 주로 집배·배송업무를 수행하는 영업장을 말한다.
③ 대리점은 수탁자가 점포, 차량을 준비하여 화물집화만을 수행하는 영업장을 말한다.
④ 취급점은 화물의 분류, 차량의 간선운행 기능을 갖는 영업장을 말한다.
⑤ 위탁 영업소는 회사가 점포와 집배·배송 차량을 제공하고 수탁자가 이를 운영하는 영업장을 말한다.

077 수배송 합리화를 위한 계획 수립 시 고려사항으로 옳지 않은 것은?
① 최단 운송루트를 개발하고 최적 운송수단을 선택한다.
② 운송수단의 적재율 향상을 위한 방안을 마련한다.
③ 운송의 효율성을 높이기 위해 관련 정보시스템을 활용한다.
④ 배송경로는 상호 교차되도록 하여 운송루트에 다양성을 확보한다.
⑤ 운송수단의 회전율을 높일 수 있도록 계획한다.

078 택배 표준약관(공정거래위원회 표준약관 제10026호)에 따른 용어의 정의로 옳지 않은 것은?
① '택배'라 함은 고객의 요청에 따라 운송물을 고객(송화인)의 주택, 사무실 또는 기타의 장소에서 수탁하여 고객(수화인)의 주택, 사무실 또는 기타의 장소까지 운송하여 인도하는 것을 말한다.
② '택배사업자'라 함은 택배를 영업으로 하며, 상호가 운송장에 기재된 운송사업자를 말한다.
③ '인도'라 함은 사업자가 고객(수화인)에게 운송장에 기재된 운송물을 넘겨주는 것을 말한다.
④ '운송장'이라 함은 사업자와 고객(송화인) 간의 택배계약의 성립과 내용을 증명하기 위하여 사업자의 청구에 의하여 고객(송화인)이 발행한 문서를 말한다.
⑤ '수탁'이라 함은 사업자가 택배를 수행하기 위하여 고객(수화인)으로부터 운송물을 수령하는 것을 말한다.

079 택배 표준약관(공정거래위원회 표준약관 제10026호)에서 사업자가 고객(송화인)과 계약을 체결하는 때에 운송장에 기재하는 내용으로 옳은 것을 모두 고른 것은?

```
ㄱ. 손해배상한도액
ㄴ. 운송물의 종류(품명), 수량 및 가액
ㄷ. 운임 기타 운송에 관한 비용 및 지급방법
ㄹ. 운송물의 중량 및 용적 구분
ㅁ. 운송상의 특별한 주의사항(훼손, 변질, 부패 등 운송물의 특성구분과 기타 필요한 사항을 기재함)
ㅂ. 운송장의 작성연월일
```

① ㄱ, ㄴ, ㄷ
② ㄱ, ㄷ, ㄹ
③ ㄱ, ㄹ, ㅂ
④ ㄴ, ㄷ, ㄹ
⑤ ㄴ, ㅁ, ㅂ

080 다음 설명에 해당하는 택배물류의 형태는?

```
○ 구매한 제품의 A/S를 위한 화물, 구매취소 등의 반품이 주를 이룸
○ 판매자의 폐기물 회수
○ 전자상거래 증가에 따라 지속적으로 증가할 것으로 예상함
```

① C2G 택배
② B2C 택배
③ B2G 택배
④ C2B 택배
⑤ C2C 택배

제3과목 국제물류론

081 국제물류의 기능에 관한 설명으로 옳지 않은 것은?
① 정보의 비대칭성을 강화하여 생산자의 경쟁력을 제고하는 기능을 한다.
② 생산자와 소비자의 수급 불일치를 해소하는 기능을 한다.
③ 생산물품과 소비물품의 품질을 동일하게 유지하는 기능을 한다.
④ 재화의 생산시점과 소비시점의 불일치를 조정하는 기능을 한다.
⑤ 생산지와 소비지의 장소적, 거리적 격차를 단축시키는 기능을 한다.

082 국제물류의 동향에 관한 설명으로 옳지 않은 것은?
① 운송거점으로서의 허브항만이 지역경제 협력의 거점으로 다각화되고 있다.
② 전자상거래의 발전으로 온라인 정보망과 오프라인 물류망간 동조화가 강화되고 있다.
③ 재화의 소비 이후 재사용 및 폐기까지 환경유해요소를 최소화하는 환경물류의 중요성이 증대되고 있다.
④ 국제물류의 기능변화에 따라 공급사슬 전체를 관리하는 제3자 물류(3PL)업체들의 역할이 강화되고 있다.
⑤ 국제물류기업은 항만이나 공항의 공용터미널을 지속적으로 활용하여 체선·체화를 감소시키고 있다.

083 국제민간항공기구(ICAO)에 관한 설명으로 옳지 않은 것은?
① 1944년에 결의된 Chicago Conference를 기초로 하고 있다.
② 회원국의 항공사 대표들이 참석하는 국제연합(UN) 산하의 전문기관이다.
③ 국제항공법회의에서 초안한 국제항공법을 의결한다.
④ 국제민간항공의 안전 확보와 항공 시설 및 기술발전 등을 목적으로 하고 있다.
⑤ 항공기 사고 조사 및 방지, 국제항공운송의 간편화 등의 업무를 하고 있다.

084 항공화물운송의 특성에 관한 설명으로 옳지 않은 것은?
① 대부분 야간에 운송이 집중된다.
② 신속성을 바탕으로 정시 서비스가 가능하다.
③ 여객에 비해 계절에 따른 운송수요의 탄력성이 크다.
④ 화물추적, 특수화물의 안정성, 보험이나 클레임에 대한 서비스가 우수하다.
⑤ 적하를 위하여 숙련된 지상작업이 필요하다.

085 항공운송관련 국제협정을 통합하기 위해 1999년 ICAO 국제항공법회의에서 채택되어 2003년에 발효된 국제조약은?
① Hague Protocol
② Guadalajara Convention
③ Guatemala Protocol
④ Montreal Convention
⑤ Montreal Agreement

086 국제복합운송인에 관한 설명이다. (   )에 들어갈 용어를 올바르게 나열한 것은?

> ○ (ㄱ)는 자신이 직접 운송수단을 보유하고 복합운송인으로서 역할을 수행하는 운송인
> ○ (ㄴ)는 해상운송에서 선박을 직접 소유하지 않으면서 해상운송인에 대하여 화주의 입장, 화주에게는 운송인의 입장에서 운송을 수행하는 자

① ㄱ: Actual carrier,   ㄴ: NVOCC
② ㄱ: Contracting carrier,   ㄴ: NVOCC
③ ㄱ: NVOCC,   ㄴ: Ocean freight forwarder
④ ㄱ: Actual carrier,   ㄴ: VOCC
⑤ ㄱ: Contracting carrier,   ㄴ: VOCC

087 항공화물운송에서 단위탑재용기 요금(BUC)의 사용제한품목이 아닌 것은?
① 유해
② 귀중화물
③ 위험물품
④ 중량화물
⑤ 살아있는 동물

088 복합운송인의 책임 및 책임체계에 관한 설명으로 옳지 않은 것은?
① 단일책임체계(uniform liability system)는 복합운송인이 운송물의 손해에 대하여 사고발생 구간에 관계없이 동일한 기준으로 책임을 지는 체계이다.
② 무과실책임(liability without negligence)은 복합운송인의 과실여부와 면책사유를 불문하고 운송기간에 발생한 모든 손해의 결과를 책임지는 원칙이다.
③ 이종책임체계(network liability system)는 손해발생구간이 확인된 경우 해당 구간의 국내법 및 국제조약이 적용되는 체계이다.
④ 과실책임(liability for negligence)은 복합운송인이 선량한 관리자로서 적절한 주의의무를 다하지 못한 손해에 대하여 책임을 지는 원칙이다.
⑤ 절충식책임체계(modified uniform liability system)는 단일책임체계와 이종책임체계를 절충하는 방식으로 UN국제복합운송조약이 채택한 책임체계이다.

089 다음에서 설명하는 복합운송경로는?

> 극동에서 선적된 화물을 파나마 운하를 경유하여 북미 동안 또는 US걸프만 항구까지 해상운송을 한 후 내륙지역까지 철도나 트럭으로 운송하는 복합운송방식

① Micro Land Bridge
② Overland Common Point
③ Mini Land Bridge
④ Canada Land Bridge
⑤ Reverse Interior Point Intermodal

090 국제복합운송에 관한 설명으로 옳지 않은 것은?
① 컨테이너의 등장으로 인해 비약적으로 발전하였다.
② 단일 운송계약과 단일 책임주체라는 특징을 가지고 있다.
③ 두 가지 이상의 상이한 운송수단이 결합하여 운송되는 것을 말한다.
④ UN국제복합운송조약은 복합운송증권의 발행 여부를 송화인의 선택에 따르도록 하고 있다.
⑤ 복합운송증권의 발행방식은 유통식과 비유통식 중에서 선택할 수 있다.

091 다음 중 해상운송과 관련된 국제조약을 모두 고른 것은?

> ㄱ. Hague Rules (1924)　　ㄴ. Warsaw Convention (1929)
> ㄷ. CMR Convention (1956)　ㄹ. CIM Convention (1970)
> ㅁ. Hamburg Rules (1978)　　ㅂ. Rotterdam Rules (2008)

① ㄱ, ㄴ, ㄷ
② ㄱ, ㅁ, ㅂ
③ ㄴ, ㄷ, ㄹ
④ ㄷ, ㄹ, ㅁ
⑤ ㄷ, ㄹ, ㅂ

092 정기선 해상운송의 특징에 관한 내용으로 올바르게 연결되지 않은 것은?
① 운항형태 - Regular sailing
② 운송화물 - Heterogeneous cargo
③ 운송계약 - Charter party
④ 운송인 성격 - Common carrier
⑤ 운임결정 - Tariff

093 해상운송과 관련된 용어의 설명으로 옳지 않은 것은?
① 선박은 선박의 외형과 이를 지탱하기 위한 선체와 선박에 추진력을 부여하는 용골로 구분된다.
② 총톤수는 관세, 등록세, 도선료의 부과기준이 된다.
③ 재화중량톤수는 선박이 적재할 수 있는 화물의 최대중량을 표시하는 단위이다.
④ 선교란 선박의 갑판 위에 설치된 구조물로 선장이 지휘하는 장소를 말한다.
⑤ 발라스트는 공선 항해 시 선박의 감항성을 유지하기 위해 싣는 짐으로 주로 바닷물을 사용한다.

094 개품운송계약에 관한 설명으로 옳지 않은 것은?
① 불특정 다수의 화주로부터 개별적으로 운송요청을 받아 이들 화물을 혼재하여 운송하는 방식이다.
② 주로 단위화된 화물을 운송할 때 사용되는 방식이다.
③ 법적으로 요식계약(formal contract)의 성격을 가지고 있기 때문에 개별 화주와 운송계약서를 별도로 작성하여야 한다.
④ 해상운임은 운임율표에 의거하여 부과된다.
⑤ 일반적으로 정기선해운에서 사용되는 운송계약 형태이다.

095 컨테이너화물의 하역절차에 필요한 서류를 모두 고른 것은?

ㄱ. Shipping Request	ㄴ. Booking Note
ㄷ. Shipping Order	ㄹ. Arrival Notice
ㅁ. Delivery Order	ㅂ. Mate's Receipt

① ㄱ, ㄴ ② ㄱ, ㄷ ③ ㄷ, ㄹ ④ ㄹ, ㅁ ⑤ ㅁ, ㅂ

096 다음 설명에 해당하는 정기선 할증운임은?

해상운송 계약 시 화물의 최종 양륙항을 확정하지 않고 기항 순서에 따라 몇 개의 항구를 기재한 후, 화주가 화물 도착 전에 양륙항을 선택할 수 있도록 할 때 부과하는 할증료

① Port congestion surcharge
② Transhipment additional surcharge

③ Optional surcharge
④ Bunker adjustment surcharge
⑤ Currency adjustment surcharge

097 다음 설명에 해당하는 용선은?

> 용선자가 일정기간 선박 자체만을 임차하여 자신이 고용한 선장과 선원을 승선시켜 선박을 직접 점유하는 한편, 선박 운항에 필요한 선비 및 운항비 일체를 용선자가 부담하는 방식

① Bareboat charter
② Partial charter
③ Voyage charter
④ Time charter
⑤ Lumpsum charter

098 다음 설명에 해당하는 국제물류시스템 유형은?

> ○ 세계 여러 나라에 자회사를 가지고 있는 글로벌기업이 지역물류거점을 설치하여 동일 경제권 내 각국 자회사 창고 혹은 고객에게 상품을 분배하는 형태
> ○ 유럽의 로테르담이나 동남아시아의 싱가포르 등 국제교통의 중심지에서 인접국가로 수배송서비스를 제공하는 형태

① Classical system
② Transit system
③ Direct system
④ Just In Time system
⑤ Multi-country warehouse system

099 최근 국제물류 환경변화에 관한 설명으로 옳지 않은 것은?

① 국제물류시장의 치열한 경쟁으로 물류기업간 수평적 통합과 수직적 통합이 가속화되고 있다.
② 온실가스 감축을 위해 메탄올 연료를 사용하는 선박 건조가 증가하고 있다.
③ 4차 산업혁명 시대를 맞아 디지털 기술들을 활용하여 운영효율성과 고객만족을 제고하려는 물류기업들이 늘어나고 있다.

④ 기업경영의 글로벌화가 보편화되면서 글로벌 공급사슬에 대한 중요성이 증대되고 있다.
⑤ 코로나 팬데믹의 영향으로 전자상거래 비중이 감소하는 추세이다.

100 다음 설명에 해당하는 부정기선 운임은?

> ㄱ. 원유, 철광석 등 대량화물의 운송수요를 가진 대기업과 선사간에 장기간 반복되는 항해에 대하여 적용되는 운임
> ㄴ. 화물의 개수, 중량, 용적과 관계없이 항해 또는 선복을 기준으로 일괄 부과되는 운임

① ㄱ: Long Term Contract Freight,   ㄴ: Lumpsum Freight
② ㄱ: Long Term Contract Freight,   ㄴ: Dead Freight
③ ㄱ: Pro Rate Freight,   ㄴ: Lumpsum Freight
④ ㄱ: Pro Rate Freight,   ㄴ: Dead Freight
⑤ ㄱ: Consecutive Voyage Freight,   ㄴ: Freight All Kinds Rate

101 국제물류와 국내물류의 비교로 옳지 않은 것을 모두 고른 것은?

	구 분	국제물류	국내물류
ㄱ	운송 방법	주로 복합운송이 이용된다.	주로 공로운송이 이용된다.
ㄴ	재고 수준	짧은 리드타임으로 재고 수준이 상대적으로 낮다.	주문시간이 길고, 운송 등의 불확실성으로 재고 수준이 높다.
ㄷ	화물 위험	단기운송으로 위험이 낮다.	장기운송과 환적 등으로 위험이 높다.
ㄹ	서류 작업	구매주문서와 송장 정도로 서류 작업이 간단하다.	각종 무역운송서류가 필요하여 서류 작업이 복잡하다.
ㅁ	재무적 위험	환리스크로 인하여 재무적 위험이 높다.	환리스크가 없어 재무적 위험이 낮다.

① ㄱ, ㄴ, ㄷ
② ㄱ, ㄷ, ㅁ
③ ㄱ, ㄹ, ㅁ
④ ㄴ, ㄷ, ㄹ
⑤ ㄴ, ㄹ, ㅁ

102 다음 설명에 해당하는 컨테이너는?

> 기계류, 철강제품, 판유리 등의 중량화물이나 장척화물을 크레인을 사용하여 컨테이너의 위쪽으로부터 적재 및 하역할 수 있는 컨테이너로, 천장은 캔버스 재질의 덮개를 사용하여 방수 기능이 있음

① Dry container
② Open top container
③ Flat rack container
④ Solid bulk container
⑤ Hanger container

103 다음 설명에 해당하는 컨테이너 화물운송과 관련된 국제협약은?

> 컨테이너의 구조상 안전요건을 국제적으로 통일하기 위하여 1972년에 UN(국제연합)과 IMO(국제해사기구)가 공동으로 채택한 국제협약

① ITI(Customs Convention on the International Transit of Goods, 1971)
② CCC(Customs Convention on Container, 1956)
③ CSC(International Convention for Safe Container, 1972)
④ TIR(Transport International Routiere, 1959)
⑤ MIA(Marine Insurance Act, 1906)

104 컨테이너 화물운송에 관한 설명으로 옳지 않은 것은?

① 편리한 화물취급, 신속한 운송 등의 이점이 있다.
② 하역의 기계화로 하역비를 절감할 수 있다.
③ CY(Container Yard)는 컨테이너를 인수, 인도 및 보관하는 장소로 Apron, CFS 등을 포함한다.
④ CY/CY는 컨테이너의 장점을 최대로 살릴 수 있는 운송 형태로 door to door 서비스가 가능하다.
⑤ CY/CFS는 선적지에서 수출업자가 LCL화물로 선적하여 목적지 항만의 CFS에서 화물을 분류하여 수입업자에게 인도한다.

105 국제물류 정보기술에 관한 설명으로 옳지 않은 것은?

① ITS(Intelligent Transport System) : 기본 교통체계의 구성요소에 전자, 제어, 통신 등의 첨단기술을 접목시켜 상호 유기적으로 작동하도록 하는 차세대 교통시스템
② CVO(Commercial Vehicle Operation) : 조직간 표준화된 전자문서로 데이터를 교환하고, 업무를 처리하는 시스템
③ WMS(Warehouse Management System) : 제품의 입고, 집하, 적재, 출하의 작업과정과 관련 데이터의 자동처리 시스템
④ DPS(Digital Picking System) : 랙이나 보관구역에 신호장치가 설치되어 있어, 출고화물의 위치와 수량을 알려주는 시스템
⑤ GPS(Global Positioning System) : 화물 또는 차량의 자동식별과 위치추적의 신속·정확한 파악이 가능한 시스템

106 신용장통일규칙(UCP 600) 제23조에 규정된 항공운송서류의 수리요건이 아닌 것은?

① 운송인의 명칭이 표시되고, 운송인 또는 그 대리인에 의하여 서명되어야 한다.
② 물품이 운송을 위하여 인수되었음이 표시되어야 한다.
③ 신용장에 명기된 출발 공항과 목적 공항이 표시되어야 한다.
④ 항공운송서류는 항공화물운송장(AWB)의 명칭과 발행일이 표시되어야 한다.
⑤ 신용장에서 원본 전통이 요구되더라도, 송화인용 원본이 제시되어야 한다.

107 다음은 신용장통일규칙(UCP 600) 제22조 용선계약 선하증권 내용의 일부이다. ( ) 에 들어갈 내용을 올바르게 나열한 것은?

○ A bill of lading, however named, containing an indication that it is subject to a charter party(charter party bill of lading), must appear to: be signed by:
 • the (ㄱ) or a named (ㄴ) for or on behalf of the (ㄱ), or
 • the (ㄷ) or a named (ㄴ) for or on behalf of the (ㄷ), or

① ㄱ: master, ㄴ: charterer, ㄷ: agent
② ㄱ: master, ㄴ: agent,   ㄷ: consignee
③ ㄱ: master, ㄴ: agent,   ㄷ: owner
④ ㄱ: owner,   ㄴ: agent,   ㄷ: consignee
⑤ ㄱ: owner,   ㄴ: charterer, ㄷ: agent

108 항만의 시설과 장비에 관한 설명으로 옳지 않은 것은?

① Quay는 해안에 평행하게 축조된, 선박 접안을 위하여 수직으로 만들어진 옹벽을 말한다.
② Marshalling Yard는 선적할 컨테이너나 양륙완료된 컨테이너를 적재 및 보관하는 장소이다.
③ Yard Tractor는 Apron과 CY간 컨테이너의 이동을 위한 장비로 야드 샤시(chassis)와 결합하여 사용한다.
④ Straddle Carrier는 컨테이너 터미널에서 양다리 사이에 컨테이너를 끼우고 운반하는 차량이다.
⑤ Gantry Crane은 CY에서 컨테이너를 트레일러에 싣고 내리는 작업을 수행하는 장비이다.

109 해상화물운송장을 위한 CMI통일규칙(1990) 내용의 일부이다. ( )에 들어갈 내용을 올바르게 나열한 것은? (단, 대/소문자는 고려하지 않는다.)

○ These Rules may be known as the CMI Uniform Rules for Sea Waybills. In these Rules :
• (ㄱ) and (ㄴ) shall mean the parties so named or identified in the contract of carriage.
• (ㄷ) shall mean the party so named or identified in the contract of carriage, or any persons substituted as (ㄷ) in accordance with Rule 6.

① ㄱ: carrier,   ㄴ: shipper,   ㄷ: consignee
② ㄱ: carrier,   ㄴ: consignee, ㄷ: master
③ ㄱ: shipper, ㄴ: carrier,   ㄷ: master
④ ㄱ: shipper, ㄴ: consignee, ㄷ: carrier
⑤ ㄱ: shipper, ㄴ: master,   ㄷ: carrier

110 다음 설명에 해당하는 국제물류 보안 제도는?

○ 해상운송인과 NVOCC(Non-Vessel Operating Common Carrier)로 하여금 미국으로 향하는 컨테이너가 선박에 적재되기 전에 화물에 대한 세부정보를 미국 관세청에 제출하게 함으로써 화물 정보를 분석하여 잠재적 테러 위험을 확인할 수 있음
○ CSI(Container Security Initiative) 후속조치의 일환으로 시행됨

① C-TPAT(Customs-Trade Partnership Against Terrorism)
② ISO 28000
③ 10+2 Rule
④ 24-Hour Rule
⑤ Trade Act of 2002 Final Rule

111 내륙컨테이너기지(ICD)에 관한 설명으로 옳지 않은 것은?
① 항만 또는 공항이 아닌 내륙에 설치된 컨테이너 운송관련 시설로서 고정설비를 갖추고 있다.
② 세관통제하에 통관된 수출입화물만을 대상으로 일시저장과 취급에 대한 서비스를 제공한다.
③ 수출입 화주의 유통센터 또는 창고 기능을 한다.
④ 소량화물의 혼재와 분류작업을 수행하는 공간이다.
⑤ 철도와 도로가 연결되는 복합운송거점의 기능을 한다.

112 Incoterms®2020의 개정 내용에 관한 설명으로 옳지 않은 것은?
① FCA에서 본선적재 선하증권에 관한 옵션 규정을 신설하였다.
② FCA, DAP, DPU 및 DDP에서 매도인 또는 매수인 자신의 운송수단에 의한 운송을 허용하고 있다.
③ CIF규칙은 최대담보조건, CIP규칙은 최소담보조건으로 보험에 부보하도록 개정하였다.
④ 인코텀즈 규칙에 대한 사용지침(Guidance Note)을 설명문(Explanatory Note)으로 변경하여 구체화하였다.
⑤ 운송의무 및 보험비용 조항에 보안관련 요건을 삽입하였다.

113 다음에서 Incoterms®2020 규칙이 다루고 있는 것을 모두 고른 것은?

```
ㄱ. 관세의 부과
ㄴ. 매도인과 매수인의 비용
ㄷ. 매도인과 매수인의 위험
ㄹ. 대금지급의 시기, 장소 및 방법
ㅁ. 분쟁해결의 방법, 장소 또는 준거법
```

① ㄱ, ㄴ
② ㄴ, ㄷ
③ ㄱ, ㄴ, ㄷ
④ ㄱ, ㄹ, ㅁ
⑤ ㄴ, ㄷ, ㄹ, ㅁ

114 Incoterms®2020 소개문의 일부이다. ( )에 들어갈 용어로 올바르게 나열된 것은?

> ICC decided to make two changes to (ㄱ) and (ㄴ). First, the order in which the two Incoterms®2020 rules are presented has been inverted, and (ㄴ), where delivery happens before unloading, now appears before (ㄱ). Secondly, the name of the rule (ㄱ) has been changed to (ㄷ), emphasising the reality that the place of destination could be any place and not only a "terminal".

① ㄱ: DAP, ㄴ: DAT, ㄷ: DDP
② ㄱ: DAP, ㄴ: DAT, ㄷ: DPU
③ ㄱ: DAT, ㄴ: DDP, ㄷ: DPU
④ ㄱ: DAT, ㄴ: DAP, ㄷ: DPU
⑤ ㄱ: DAT, ㄴ: DAP, ㄷ: DDP

115 해상보험계약의 용어 설명으로 옳지 않은 것은?

① Warranty란 보험계약자(피보험자)가 반드시 지켜야 할 약속을 말한다.
② Duty of disclosure란 피보험자 등이 보험자에게 보험계약 체결에 영향을 줄 수 있는 모든 중요한 사실을 알려 주어야 할 의무를 말한다.
③ Insurable interest란 피보험자가 보험의 목적물에 대하여 가지는 권리 또는 이익으로 피보험자와 보험의 목적과의 경제적 이해관계를 말한다.
④ Duration of insurance란 보험자의 위험부담책임이 시작되는 때로부터 종료될 때까지의 기간을 말한다.
⑤ Insured amount란 피보험위험으로 인하여 발생한 손해를 보험자로부터 보상받는 대가로 보험계약자가 보험자에게 지급하는 수수료를 말한다.

116 수출입통관과 관련하여 관세법상 내국물품이 아닌 것은?

① 보세공장에서 내국물품과 외국물품을 원재료로 하여 만든 물품
② 우리나라의 선박 등에 의하여 공해에서 채집 또는 포획된 수산물
③ 입항전수입신고가 수리된 물품

④ 수입신고수리 전 반출승인을 얻어 반출된 물품
⑤ 수입신고 전 즉시반출신고를 하고 반출된 물품

117 해상손해의 종류 중 물적손해에 해당하지 않는 것은?
① 보험목적물의 완전한 파손 또는 멸실
② 보험목적물의 일부에 발생하는 손해로서 피보험자 단독으로 입은 손해
③ 보험목적물에 해상위험이 발생한 경우 손해방지의무를 이행하기 위해 지출되는 비용
④ 보험목적물이 공동의 안전을 위하여 희생되었을 때 이해관계자들이 공동으로 분담하는 손해
⑤ 선박의 수리비가 수리후의 선박가액을 초과하는 경우

118 무역계약 조건 중 물품과 수량단위의 연결이 옳지 않은 것은?
① 양곡, 철강 - 중량 - ton, pound, kilogram
② 유리, 합판, 타일 - 용적 - CBM, barrel, bushel
③ 섬유류, 전선 - 길이 - meter, yard, inch
④ 잡화, 기계류 - 개수 - piece, set, dozen
⑤ 비료, 밀가루 - 포장 - bale, drum, case

119 관세법상 수출입통관에 관한 설명으로 옳지 않은 것은?
① 물품을 수출입 또는 반송하고자 할 때에는 당해 물품의 품명·규격·수량 및 가격 등 기타 대통령령이 정하는 사항을 세관장에게 신고하여야 한다.
② 당해 물품을 적재한 선박 또는 항공기가 입항하기 전에 수입신고를 할 수 있다.
③ 세관장은 수출입 또는 반송에 관한 신고서의 기재사항이 갖추어지지 아니한 경우에는 이를 보완하게 할 수 있다.
④ 관세청장은 수입하려는 물품에 대하여 검사대상, 검사범위, 검사방법 등에 관하여 필요한 기준을 정할 수 있다.
⑤ 수입신고와 반송신고는 물품의 화주 또는 완제품공급자나 이들을 대리한 관세사 등의 명의로 해야 한다.

120 무역분쟁해결 방법에 관한 설명으로 옳지 않은 것은?
① ADR(Alternative Dispute Resolution)에는 타협, 조정, 중재가 있다.
② 중재판정은 당사자간에 있어서 법원의 확정판결과 동일한 효력을 가진다.
③ 소송은 국가기관인 법원의 판결에 의하여 분쟁을 강제적으로 해결하는 방법이다.
④ 뉴욕협약(1958)에 가입한 국가간에는 중재판정의 승인 및 집행이 보장된다.
⑤ 상사중재의 심리절차는 비공개로 진행되므로, 기업의 영업상 비밀이 누설되지 않는다.

제2교시

제4과목 보관하역론

001 보관의 기능으로 옳지 않은 것은?
① 물품의 거리적·장소적 효용 창출 기능
② 물품의 분류와 혼재 기능
③ 물품의 보존과 관리 기능
④ 수송과 배송의 연계 기능
⑤ 고객서비스 신속 대응 기능

002 공동집배송단지의 도입 효과에 관한 설명으로 옳은 것을 모두 고른 것은?

> ㄱ. 배송물량을 통합하여 계획 배송함으로써 차량의 적재 효율을 높일 수 있다.
> ㄴ. 혼합배송이 가능하여 차량의 공차율이 증가한다.
> ㄷ. 공동집배송단지를 사용하는 업체들의 공동 참여를 통해 대량 구매 및 계획 매입이 가능하다.
> ㄹ. 보관 수요를 통합 관리함으로써 업체별 보관 공간 및 관리 비용이 증가한다.
> ㅁ. 물류 작업의 공동화를 통해 물류비 절감 효과가 있다.

① ㄱ, ㄴ, ㄹ
② ㄱ, ㄴ, ㅁ
③ ㄱ, ㄷ, ㅁ
④ ㄴ, ㄷ, ㄹ
⑤ ㄷ, ㄹ, ㅁ

003 다음에서 설명하는 물류시설은?

> ㄱ. LCL(Less than Container Load) 화물을 특정 장소에 집적하였다가 목적지별로 선별하여 하나의 FCL컨테이너에 적입하는 장소
> ㄴ. 복수의 운송수단 간 연계를 할 수 있는 규모 및 시설을 갖춘 장소
> ㄷ. 재고품의 임시보관거점으로 상품의 배송거점인 동시에 예상 수요에 대한 보관 장소

① ㄱ: CY(Container Yard), ㄴ: 복합물류터미널, ㄷ: 스톡 포인트(Stock Point)
② ㄱ: CY(Container Yard), ㄴ: 복합물류터미널, ㄷ: 데포(Depot)
③ ㄱ: CFS(Container Freight Station)소화물, ㄴ: 복합물류터미널, ㄷ: 스톡 포인트(Stock Point)
④ ㄱ: CFS(Container Freight Station)소화물, ㄴ: 공동집배송단지, ㄷ: 스톡 포인트(Stock Point)
⑤ ㄱ: CFS(Container Freight Station)소화물, ㄴ: 공동집배송단지, ㄷ: 데포(Depot)

004 다음에서 설명하는 보관의 원칙은?

> ○ 물품의 입·출고 빈도에 따라 보관장소를 결정한다.
> ○ 출입구가 동일한 창고의 경우 입·출고 빈도가 높은 물품을 출입구 근처에 보관하며, 낮은 물품은 출입구로부터 먼 장소에 보관한다.

① 회전대응의 원칙　　② 선입선출의 원칙
③ 통로 대면의 원칙　　④ 보관 위치 명확화의 원칙
⑤ 유사자재 관리의 원칙

005 물류센터 구조와 설비 결정 요소에 관한 설명으로 옳지 않은 것은?
① 운영특성은 입고, 보관, 피킹, 배송방법을 반영한다.
② 물품특성은 제품의 크기, 무게, 가격을 반영한다.
③ 주문특성은 재고정책, 고객서비스 목표, 투자 및 운영 비용을 반영한다.
④ 환경특성은 지리적 위치, 입지 제약, 환경 제약을 반영한다.
⑤ 설비특성은 설비종류, 자동화 수준을 반영한다.

006 다음에서 설명하는 공공 물류시설의 민간투자사업 방식은?

> ㄱ. 민간 사업자가 건설 후, 소유권을 국가 또는 지방자치단체에 양도하고 일정기간 그 시설물을 운영한 수익으로 투자비를 회수하는 방식
> ㄴ. 민간 사업자가 건설 후, 투자비용을 회수할 때까지 관리·운영한 후 계약기간 종료 시 국가에 양도하는 방식
> ㄷ. 민간 사업자가 건설 후, 일정기간 동안 국가 또는 지방자치단체에 임대하여 투자비를 회수하고 임대기간 종료 후에 소유권을 국가 또는 지방자치단체에 양도하는 방식

① ㄱ: BTO(Build Transfer Operate), ㄴ: BOO(Build Own Operate), ㄷ: BLT(Build Lease Transfer)
② ㄱ: BTO(Build Transfer Operate), ㄴ: BOT(Build Operate Transfer), ㄷ: BLT(Build Lease Transfer)
③ ㄱ: BOT(Build Operate Transfer), ㄴ: BTO(Build Transfer Operate), ㄷ: BLT(Build Lease Transfer)
④ ㄱ: BOT(Build Operate Transfer), ㄴ: BOO(Build Own Operate), ㄷ: BTO(Build Transfer Operate)
⑤ ㄱ: BOO(Build Own Operate), ㄴ: BOT(Build Operate Transfer), ㄷ: BTO(Build Transfer Operate)

007 물류단지시설에 관한 설명으로 옳지 않은 것은?

① 물류터미널은 화물의 집하, 하역, 분류, 포장, 보관, 가공, 조립 등의 기능을 갖춘 시설이다.
② 공동집배송센터는 참여업체들이 공동으로 사용할 수 있도록 집배송 시설 및 부대업무 시설이 설치되어 있다.
③ 지정보세구역은 지정장치장 및 세관검사장이 있다.
④ 특허보세구역은 보세창고, 보세공장, 보세건설장, 보세판매장, 보세전시장이 있다.
⑤ 배송센터는 장치보관, 수출입 통관, 선박의 적하 및 양하기능을 수행하는 육상 운송수단과의 연계 지원시설이다.

008 물류단지의 단일설비입지 결정 방법에 관한 설명으로 옳지 않은 것은?
① 입지요인으로 수송비를 고려한다.
② 시장경쟁력, 재고통합효과, 설비를 고려하는 동적 입지모형이다.
③ 총 운송비용을 최소화하기 위한 입지 결정 방법이다.
④ 총 운송비용은 거리에 비례해서 증가하는 것으로 가정한다.
⑤ 공급지와 수요지의 위치와 반입, 반출 물량이 주어진다.

009 다음에서 설명한 물류단지의 입지결정 방법은?

> ○ 일정한 물동량(입고량 또는 출고량)의 고정비와 변동비를 산출한다.
> ○ 물동량에 따른 총비용을 비교하여 대안을 선택하는 방법이다.

① 체크리스트법　　② 톤 - 킬로법
③ 무게 중심법　　④ 손익분기 도표법
⑤ 브라운 & 깁슨법

010 모빌 랙(Mobile Rack)에 관한 설명으로 옳지 않은 것은?
① 파렛트가 랙 내에서 경사면을 이용하여 이동하는 방식으로 선입선출이 요구되는 제품에 적합하다.
② 필요한 통로만을 열어 사용하고 불필요한 통로를 최대한 제거하기 때문에 면적효율이 높다.
③ 바닥면의 효과적인 사용과 용적 효율이 높다.
④ 공간 효율이 높기 때문에 작업공간이 넓어지고 물품보관이 용이하다.
⑤ 동시작업을 위한 복수통로의 설정이 가능하여 작업효율이 증대된다.

011 물류센터의 규모 결정에 영향을 미치는 요인을 모두 고른 것은?

> ㄱ. 자재취급시스템의 형태　　ㄴ. 통로요구조건
> ㄷ. 재고배치　　　　　　　　ㄹ. 현재 및 미래의 제품 출하량
> ㅁ. 사무실 공간

① ㄱ, ㄹ　　　　　　② ㄷ, ㄹ, ㅁ
③ ㄱ, ㄴ, ㄷ, ㄹ　　④ ㄱ, ㄴ, ㄷ, ㅁ
⑤ ㄱ, ㄴ, ㄷ, ㄹ, ㅁ

012 창고의 기능에 관한 설명으로 옳지 않은 것은?
① 물품을 안전하게 보관하거나 현상을 유지하는 역할을 수행한다.
② 물품의 생산과 소비의 시간적 간격을 조절하여 시간가치를 창출한다.
③ 물품의 수요와 공급을 조정하여 가격안정을 도모하는 역할을 수행한다.
④ 물품을 한 장소에서 다른 장소로 이동시키는 물리적 행위를 통해 장소적 효용을 창출한다.
⑤ 창고에 물품을 보관하여 안전재고를 확보함으로써 품절을 방지하여 기업 신용을 증대시킨다.

013 창고 유형과 특징에 관한 설명으로 옳지 않은 것은?
① 자가창고는 창고의 입지, 시설, 장비를 자사의 물류시스템에 적합하도록 설계, 운영할 수 있다.
② 영업창고 이용자는 초기에 창고건설 및 설비투자와 관련하여 고정비용이 발생한다.
③ 임대창고는 시장환경의 변화에 따라 보관장소를 탄력적으로 운영하기 어렵다.
④ 유통창고는 생산된 제품의 집하 및 배송 기능을 갖춘 창고로 화물의 보관, 가공, 재포장 등의 활동을 수행한다.
⑤ 보세창고는 관세법에 근거하여 세관장의 허가를 얻어 수출입화물을 취급하는 창고를 의미한다.

014 창고관리시스템(WMS : Warehouse Management System)의 특성에 관한 설명으로 옳지 않은 것은?
① 창고 내의 랙(Rack)과 셀(Cell)별 재고를 실시간으로 관리할 수 있다.
② 정확한 위치정보를 기반으로 창고 내 피킹, 포장작업 등을 지원하여 효율적인 물류작업이 가능하다.
③ 입고 후 창고에 재고를 보관할 때, 보관의 원칙에 따라 최적의 장소를 선정하여 저장할 수 있다.
④ 창고 내 물동량의 증감에 따라 작업자의 인력계획을 수립하며 모니터링 기능도 지원한다.
⑤ 고객주문내역 상의 운송수단을 고려한 최적의 경로를 설정하여 비용과 시간을 절감하도록 지원한다.

015 DPS(Digital Picking System)와 DAS(Digital Assorting System)의 특성에 관한 설명으로 옳지 않은 것은?

① DPS는 피킹 대상품목 수를 디지털 기기로 표시하여 피킹하도록 지원하는 시스템이다.
② DAS는 분배된 물품의 순서에 따라 작업자에게 분류정보를 제공하여 신속한 분배를 지원하는 시스템이다.
③ DPS는 작동방식에 따라 대차식, 구동 컨베이어식, 무구동 컨베이어식으로 구분할 수 있다.
④ 멀티 릴레이 DAS는 주문 단위로 출하박스를 투입하여 피킹하는 방식으로 작업자의 이동이 최소화된다.
⑤ 멀티 다품종 DAS는 많은 고객에게 배송하기 위한 분배 과정을 지원하는 방식으로 합포장을 할 때 적합하다.

016 자동화 창고의 구성요소에 관한 설명으로 옳지 않은 것은?

① 랙은 자동화 창고에서 화물 보관을 위한 구조물로 빌딩 랙(Building Rack)과 유닛 랙(Unit Rack) 등이 있다.
② 스태커 크레인(Stacker Crane)은 랙과 랙 사이를 왕복하며 보관품을 입출고시키는 기기이다.
③ 트래버서(Traverser)는 보관품의 입출고 시 작업장부터 랙까지 연결시켜주는 반송장치이다.
④ 무인반송차(AGV : Automative Guided Vehicle)는 무인으로 물품을 운반 및 이동하는 장비이다.
⑤ 보관단위(Unit)는 파렛트형, 버킷형, 레인형, 셀형 등이 있다.

017 K기업이 수요지에 제품 공급을 원활하게 하기 위한 신규 물류창고를 운영하고자 한다. 수요량은 수요지 A가 50 ton/월, 수요지 B가 40 ton/월, 수요지 C가 100 ton/월이라고 할 때, 무게중심법을 이용한 최적입지 좌표(X, Y)는? (단, 소수점 둘째 자리에서 반올림한다.)

구 분	X좌표	Y좌표
수요지 A	10	20
수요지 B	20	30
수요지 C	30	40
공 장	50	50

① X = 21.5, Y = 32.1
② X = 25.3, Y = 39.1
③ X = 36.3, Y = 41.3
④ X = 39.7, Y = 53.3
⑤ X = 43.2, Y = 61.5

018 재고관리 지표에 관한 설명으로 옳지 않은 것은?
① 서비스율은 전체 수주량에 대한 납기 내 납품량의 비율을 나타낸다.
② 백오더율은 전체 수주량에 대한 납기 내 결품량의 비율을 나타낸다.
③ 재고회전율은 연간 매출액을 평균재고액으로 나눈 비율을 나타낸다.
④ 재고회전기간은 수요대상 기간을 재고 회전율로 나눈값이다.
⑤ 평균재고액은 기말재고액에서 기초재고액을 뺀 값이다.

019 K 기업의 A제품 생산을 위해 소모되는 B부품의 연간 수요량이 20,000개이고 주문비용이 80,000원, 단위당 단가가 4,000원, 재고유지비율이 20%이라고 할 때, 경제적 주문량(EOQ)은?
① 2,000개
② 4,000개
③ 6,000개
④ 8,000개
⑤ 10,000개

020 다음 자재소요량 계획(MRP : Material Requirement Planning)에서 부품 X, Y의 순소요량은?

○ 제품 K의 총 소요량 : 50개
○ 제품 K는 2개의 X부품과 3개의 Y부품으로 구성
○ X 부품 예정 입고량 : 10개, 가용재고 : 5개
○ Y 부품 예정 입고량 : 20개, 가용재고 : 없음

① X = 50개, Y = 50개
② X = 60개, Y = 80개
③ X = 85개, Y = 130개
④ X = 100개, Y = 150개
⑤ X = 115개, Y = 170개

021 재고 보유의 역할이 아닌 것은?
① 원재료 부족으로 인한 생산중단을 피하기 위해 일정량의 재고를 보유한다.
② 작업준비 시간이나 비용이 많이 드는 경우 생산 일정 계획을 유연성 있게 수립하기 위하여 재고를 보유한다.
③ 미래에 발생할 수 있는 위험회피를 위해 재고를 보유한다.
④ 계절적으로 집중 출하되는 제품은 미리 확보하여 판매기회를 놓치지 않기 위해 재고를 보유한다.
⑤ 기술력 향상 및 생산공정의 자동화 도입 촉진을 위해 재고를 보유한다.

022 A상품의 연간 평균 재고는 10,000개, 구매단가는 5,000원, 단위당 재고 유지비는 구매단가의 5%를 차지한다고 할 때, A상품의 연간 재고유지비는? (단, 수요는 일정하고, 재고 보충은 없음)
① 12,500원
② 25,000원
③ 1,000,000원
④ 2,500,000원
⑤ 10,000,000원

023 재주문점의 주문관리 기법이 아닌 것은?
① 정량발주법
② 델파이법
③ Two-Bin법
④ 기준재고법
⑤ 정기발주법

024 수요예측 방법에 관한 설명으로 옳지 않은 것은?
① 정성적 수요예측방법은 시장조사법, 역사적 유추법 등이 있다.
② 정량적 수요예측방법은 단순이동평균법, 가중이동평균법, 지수평활법 등이 있다.
③ 가중이동평균법은 예측기간이 먼 과거일수록 낮은 가중치를 부여하고, 가까울수록 더 큰 가중치를 주어 예측하는 방법이다.
④ 시장조사법은 신제품 및 현재 시판중인 제품이 새로운 시장에 소개 될 때 많이 활용된다.
⑤ 지수평활법은 예측하고자 하는 기간의 직전 일정 기간의 시계열 평균값을 활용하여 산출하는 방법이다.

025 하역에 관한 설명으로 옳지 않은 것은?
① 운송 및 보관에 수반하여 발생한다.
② 적하, 운반, 적재, 반출, 분류 및 정돈으로 구성된다.
③ 시간, 장소 및 형태 효용을 창출한다.
④ 생산에서 소비에 이르는 전 유통과정에서 행해진다.
⑤ 무인화와 자동화가 빠르게 진행되고 있다.

026 하역합리화의 기본 원칙에 관한 설명으로 옳지 않은 것은?
① 하역작업의 이동거리를 최소화한다.
② 불필요한 하역작업을 줄인다.
③ 운반활성지수를 최소화한다.
④ 화물을 중량 또는 용적으로 단위화한다.
⑤ 파손과 오손, 분실을 최소화한다.

027 하역작업과 관련된 용어에 관한 설명으로 옳지 않은 것은?
① 디배닝(Devanning) : 컨테이너에서 화물을 내리는 작업
② 래싱(Lashing) : 운송수단에 실린 화물이 움직이지 않도록 화물을 고정시키는 작업
③ 피킹(Picking) : 보관 장소에서 화물을 꺼내는 작업
④ 소팅(Sorting) : 화물을 품종별, 발송지별, 고객별로 분류하는 작업
⑤ 스태킹(Stacking) : 화물이 손상, 파손되지 않도록 화물의 밑바닥이나 틈 사이에 물건을 깔거나 끼우는 작업

028 하역시스템에 관한 설명으로 옳지 않은 것은?
① 물품을 자동차에 상하차하고 창고에서 상하좌우로 운반하거나 입고 또는 반출하는 시스템이다.
② 필요한 원재료·반제품·제품 등의 최적 보유량을 계획하고 조직하고 통제하는 기능을 한다.
③ 하역작업 장소에 따라 사내하역, 항만하역, 항공하역시스템 등으로 구분할 수 있다.
④ 하역시스템의 기계화 및 자동화는 하역작업환경을 개선하는데 기여할 수 있다.
⑤ 효율적인 하역시스템 설계 및 구축을 통해 에너지 및 자원을 절약할 수 있다.

029 하역기기에 관한 설명으로 옳은 것은?
① 탑 핸들러(Top Handler) : 본선과 터미널 간 액체화물 이송 작업 시 연결되는 육상터미널 측 이송장비
② 로딩 암(Loading Arm) : 부두에서 본선으로 석탄, 광석의 벌크화물을 선적하는 데 사용하는 장비
③ 돌리(Dolly) : 해상 컨테이너를 적재하거나 다른 장소로 이송, 반출하는 데 사용하는 장비
④ 호퍼(Hopper) : 원료나 연료, 화물을 컨베이어나 기계로 이송하는 깔때기 모양의 장비
⑤ 스트래들 캐리어(Straddle Carrier) : 부두의 안벽에 설치되어 선박에 컨테이너를 선적하거나 하역하는 데 사용하는 장비

030 하역의 표준화에 관한 설명으로 옳지 않은 것은?
① 생산의 마지막 단계로 치수, 강도, 재질, 기법 등의 표준화로 구성된다.
② 운송, 보관, 포장, 정보 등 물류활동 간의 상호 호환성과 연계성을 고려하여 추진되어야 한다.
③ 환경과 안전을 고려하여야 한다.
④ 유닛로드 시스템에 적합한 하역·운반 장비의 표준화가 필요하다.
⑤ 표준규격을 만들고 일관성 있게 추진되어야 한다.

031 다음에서 설명하는 항만하역 작업방식은?

> 선측이나 선미의 경사판을 거쳐 견인차를 이용하여 수평으로 적재, 양륙하는 방식으로 페리(Ferry) 선박에서 전통적으로 사용해 온 방식이다.

① LO - LO(Lift on - Lift off) 방식
② RO - RO(Roll on - Roll off) 방식
③ FO - FO(Float on - Float off) 방식
④ FI - FO(Free in - Free out) 방식
⑤ LASH(Lighter Aboard Ship) 방식

032 철도하역 방식에 관한 설명으로 옳지 않은 것은?
① TOFC(Trailer on Flat Car) 방식 : 컨테이너가 적재된 트레일러를 철도화차 위에 적재하여 운송하는 방식
② COFC(Container on Flat Car) 방식 : 철도화차 위에 컨테이너만을 적재하여 운송하는 방식
③ Piggy Back 방식 : 화물열차의 대차 위에 트레일러나 트럭을 컨테이너 등의 화물과 함께 실어 운송하는 방식
④ Kangaroo 방식 : 철도화차에 트레일러 차량의 바퀴가 들어갈 수 있는 홈이 있어 적재높이를 낮게 하여 운송할 수 있는 방식
⑤ Freight Liner 방식 : 트럭이 화물열차에 대해 직각으로 후진하여 무개화차에 컨테이너를 바로 실어 운송하는 방식

033 포장에 관한 설명으로 옳지 않은 것은?
① 소비자들의 관심을 유발시키는 판매물류의 시작이다.
② 물품의 가치를 높이거나 보호한다.
③ 공업포장은 물품 개개의 단위포장으로 판매촉진이 주목적이다.
④ 겉포장은 화물 외부의 포장을 말한다.
⑤ 기능에 따라 공업포장과 상업포장으로 분류한다.

034 화인(Shipping Mark)의 표시방법에 관한 설명으로 옳은 것을 모두 고른 것은?

> ㄱ. 스티커(Sticker)는 주물을 주입할 때 미리 화인을 해두는 방법으로 금속제품, 기계류 등에 사용된다.
> ㄴ. 스텐실(Stencil)은 화인할 부분을 고무인이나 프레스기 등을 사용하여 찍는 방법이다.
> ㄷ. 태그(Tag)는 종이나 플라스틱판 등에 일정한 표시 내용을 기재한 다음 철사나 끈으로 매는 방법으로 의류, 잡화류 등에 사용된다.
> ㄹ. 라벨링(Labeling)은 종이나 직포에 미리 인쇄해 두었다가 일정한 위치에 붙이는 방법이다.

① ㄱ, ㄴ ② ㄱ, ㄷ ③ ㄴ, ㄷ ④ ㄴ, ㄹ ⑤ ㄷ, ㄹ

035 화인(Shipping Mark)에 관한 설명으로 옳지 않은 것은?
① 기본화인, 정보화인, 취급주의 화인으로 구성되며, 포장화물의 외장에 표시한다.
② 주화인 표시(Main Mark)는 타상품과 식별을 용이하게 하는 기호이다.
③ 부화인 표시(Counter Mark)는 유통업자나 수입 대행사의 약호를 표시하는 기호이다.
④ 품질 표시(Quality Mark)는 내용물품의 품질이나 등급을 표시하는 기호이다.
⑤ 취급주의 표시(Care Mark)는 내용물품의 취급, 운송, 적재요령을 나타내는 기호이다.

036 파렛트의 화물적재방법에 관한 설명으로 옳은 것은?
① 블록쌓기는 맨 아래에서 상단까지 일렬로 쌓는 방법으로 작업효율성이 높고 무너질 염려가 없어 안정성이 높다.
② 교호열쌓기는 짝수층과 홀수층을 180도 회전시켜 쌓는 방식으로 화물의 규격이 일정하지 않아도 적용이 가능한 방식이다.
③ 벽돌쌓기는 벽돌을 쌓듯이 가로와 세로를 조합하여 1단을 쌓고 홀수층과 짝수층을 180도 회전시켜 쌓는 방식이다.
④ 핀휠(Pinwheel)쌓기는 비규격화물이나 정방형 파렛트가 아닌 경우에 이용하는 방식으로 다양한 화물의 적재에 이용된다.
⑤ 스플릿(Split)쌓기는 중앙에 공간을 두고 풍차형으로 쌓는 방식으로 적재효율이 높고 안정적인 적재방식이다.

037 파렛트 풀 시스템(Pallet Pool System)의 운영형태에 관한 설명으로 옳은 것을 모두 고른 것은?

> ㄱ. 교환방식은 동일한 규격의 예비 파렛트 확보를 위하여 추가비용이 발생한다.
> ㄴ. 리스·렌탈방식은 개별 기업이 파렛트를 임대하여 사용하는 방식으로 파렛트의 품질유지나 보수가 용이하다.
> ㄷ. 대차결제방식은 운송업체가 파렛트로 화물을 인도하는 시점에 동일한 수의 파렛트를 즉시 인수하는 방식이다.
> ㄹ. 교환·리스병용방식은 대차결제방식의 단점을 보완하기 위하여 개발된 방식이다.

① ㄱ, ㄴ ② ㄱ, ㄷ ③ ㄴ, ㄷ ④ ㄴ, ㄹ ⑤ ㄷ, ㄹ

038 자동분류장치의 종류에 관한 설명으로 옳지 않은 것은?
① 팝업 방식(Pop-Up Type)은 컨베이어의 아래에서 분기장치가 튀어나와 물품을 분류한다.
② 푸시 오프 방식(Push-Off Type)은 화물의 분류지점에 직각방향으로 암(Arm)을 설치하여 밀어내는 방식이다.
③ 슬라이딩 슈 방식(Sliding-Shoe Type)은 반송면의 아래 부분에 슈(Shoe)가 장착되어 단위화물과 함께 이동하면서 압출하는 분류방식이다.
④ 크로스 벨트 방식(Cross Belt Type)은 레일을 주행하는 연속된 캐리어에 장착된 소형 컨베이어를 구동시켜 물품을 분류한다.
⑤ 틸팅 방식(Tilting Type)은 벨트, 트레이, 슬라이드 등의 바닥면을 개방하여 물품을 분류한다.

039 유닛로드 시스템(Unit Load System)의 장점에 관한 설명으로 옳지 않은 것은?
① 상·하역 또는 보관 시에 기계화된 물류작업으로 인건비를 절감할 수 있다.
② 운송차량의 적재함과 창고 랙을 표준화된 단위규격을 사용하여 적재공간의 효율성을 향상시킨다.
③ 운송과정 중 수작업을 최소화하여 파손 및 분실을 방지할 수 있다.
④ 하역기기 등에 관한 고정투자비용이 발생하지 않기 때문에 대규모 자본투자가 필요 없다.
⑤ 단위 포장용기의 사용으로 포장업무가 단순해지고 포장비가 절감된다.

040 파렛트(Pallet)의 종류에 관한 설명으로 옳은 것은?
① 롤 파렛트(Roll Pallet)는 파렛트 바닥면에 바퀴가 달려 있어 자체적으로 밀어서 움직일 수 있다.
② 시트 파렛트(Sheet Pallet)는 핸드리프트 등으로 움직일 수 있도록 만들어진 상자형 파렛트이다.
③ 스키드 파렛트(Skid Pallet)는 상부구조물이 적어도 3면의 수직측판을 가진 상자형 파렛트이다.
④ 사일로 파렛트(Silo Pallet)는 파렛트 상단에 기둥이 설치된 형태로 기둥을 접거나 연결하는 방식으로 사용한다.
⑤ 탱크 파렛트는(Tank Pallet)는 주로 분말체의 보관과 운송에 이용하는 1회용 파렛트이다.

제5과목　물류관련법규

041 물류정책기본법상 물류현황조사에 관한 설명으로 옳지 않은 것은?
① 국토교통부장관은 물류에 관한 정책의 수립을 위하여 필요하다고 판단될 때에는 관계 행정기관의 장과 미리 협의한 후 물동량의 발생현황과 이동경로 등에 관하여 조사할 수 있다.
② 국토교통부장관은 물류현황조사를 위한 조사지침을 작성하려는 경우에는 미리 시·도지사와 협의하여야 한다.
③ 도지사는 지역물류에 관한 정책의 수립을 위하여 필요한 경우에는 해당 행정구역의 물동량 현황과 이동경로, 물류시설·장비의 현황과 이용실태 등에 관하여 조사할 수 있다.
④ 해양수산부장관은 물류현황조사를 효율적으로 수행하기 위하여 필요한 경우에는 물류현황조사의 전부 또는 일부를 전문기관으로 하여금 수행하게 할 수 있다.
⑤ 도지사는 관할 군의 군수에게 지역물류현황조사를 요청하는 경우에는 효율적인 지역물류현황조사를 위하여 조사의 시기, 종류 및 방법 등에 관하여 해당 도의 조례로 정하는 바에 따라 조사지침을 작성하여 통보할 수 있다.

042 물류정책기본법상 물류계획의 수립에 관한 설명으로 옳지 않은 것은?
① 국토교통부장관 및 해양수산부장관은 국가물류정책의 기본방향을 설정하는 10년 단위의 국가물류기본계획을 5년마다 공동으로 수립하여야 한다.
② 국가물류기본계획에는 국가물류정보화사업에 관한 사항이 포함되어야 한다.
③ 국토교통부장관은 국가물류기본계획을 수립하거나 변경한 때에는 이를 관보에 고시하고, 관계 중앙행정기관의 장 및 시·도지사에게 통보하여야 한다.
④ 특별시장 및 광역시장은 지역물류정책의 기본방향을 설정하는 5년 단위의 지역물류기본계획을 3년마다 수립하여야 한다.
⑤ 지역물류기본계획은 국가물류기본계획에 배치되지 아니하여야 한다.

043 물류정책기본법령상 물류회계의 표준화를 위한 기업물류비 산정지침에 포함되어야 하는 사항으로 명시되지 않은 것은?
① 물류비 관련 용어 및 개념에 대한 정의
② 우수물류기업 선정을 위한 프로그램 개발비의 상한

③ 영역별·기능별 및 자가·위탁별 물류비의 분류
④ 물류비의 계산 기준 및 계산 방법
⑤ 물류비 계산서의 표준 서식

044 물류정책기본법령상 도로운송 시 위험물질운송안전관리센터의 감시가 필요한 위험물질을 운송하는 차량의 최대 적재량 기준에 관한 설명이다. ( )에 들어갈 내용은?

> ○ 「위험물안전관리법」 제2조 제1항 제1호에 따른 위험물을 운송하는 차량 : (ㄱ)리터 이상
> ○ 「화학물질관리법」 제2조 제7호에 따른 유해화학물질을 운송하는 차량 : (ㄴ)킬로그램 이상

① ㄱ: 5,000,   ㄴ: 5,000
② ㄱ: 5,000,   ㄴ: 10,000
③ ㄱ: 10,000, ㄴ: 5,000
④ ㄱ: 10,000, ㄴ: 10,000
⑤ ㄱ: 10,000, ㄴ: 20,000

045 물류정책기본법상 물류공동화 및 자동화 촉진에 관한 설명으로 옳은 것을 모두 고른 것은?

> ㄱ. 해양수산부장관은 물류공동화를 추진하는 물류기업에 대하여 예산의 범위에서 필요한 자금을 지원할 수 있다.
> ㄴ. 국토교통부장관은 화주기업이 물류공동화를 추진하는 경우에는 물류 기업이나 물류 관련 단체와 공동으로 추진하도록 권고할 수 있다.
> ㄷ. 자치구 구청장은 물류공동화를 확산하기 위하여 필요한 경우에는 시범지역을 지정하거나 시범사업을 선정하여 운영할 수 있다.
> ㄹ. 산업통상자원부장관은 물류기업이 물류자동화를 위하여 물류시설 및 장비를 확충하거나 교체하려는 경우에는 필요한 자금을 지원할 수 있다.

① ㄱ, ㄷ
② ㄱ, ㄹ
③ ㄴ, ㄷ
④ ㄱ, ㄴ, ㄹ
⑤ ㄴ, ㄷ, ㄹ

046 물류정책기본법령상 단위물류정보망 전담기관으로 지정될 수 없는 것은? (단, 고시는 고려하지 않음)
① 「한국자산관리공사 설립 등에 관한 법률」에 따른 한국자산관리공사
② 「인천국제공항공사법」에 따른 인천국제공항공사
③ 「한국공항공사법」에 따른 한국공항공사
④ 「한국도로공사법」에 따른 한국도로공사
⑤ 「항만공사법」에 따른 항만공사

047 물류정책기본법령상 국가물류통합정보센터의 운영자로 지정될 수 없는 자는?
① 중앙행정기관
② 「한국토지주택공사법」에 따른 한국토지주택공사
③ 「과학기술분야 정부출연연구기관 등의 설립·운영 및 육성에 관한 법률」에 따른 정부출연연구기관
④ 자본금 1억원인 「상법」상 주식회사
⑤ 「물류정책기본법」에 따라 설립된 물류관련협회

048 물류정책기본법상 국토교통부장관 또는 해양수산부장관이 소관 인증우수물류기업의 인증을 취소하여야 하는 경우는?
① 거짓이나 그 밖의 부정한 방법으로 인증을 받은 경우
② 물류사업으로 인하여 공정거래위원회로부터 과징금 부과 처분을 받은 경우
③ 인증요건의 유지여부 점검을 정당한 사유 없이 3회 이상 거부한 경우
④ 우수물류기업의 인증기준에 맞지 아니하게 된 경우
⑤ 다른 사람에게 자기의 성명 또는 상호를 사용하여 영업을 하게 하거나 인증서를 대여한 때

049 물류시설의 개발 및 운영에 관한 법령상 복합물류터미널사업에 관한 설명으로 옳지 않은 것은?
① 복합물류터미널사업자가 그 사업을 양도한 때에는 그 양수인은 복합물류터미널사업의 등록에 따른 권리·의무를 승계한다.
② 국토교통부장관은 복합물류터미널사업의 등록에 따른 권리·의무의 승계신고

를 받은 날부터 10일 이내에 신고수리 여부를 신고인에게 통지하여야 한다.
③ 복합물류터미널사업자의 휴업기간은 3개월을 초과할 수 없다.
④ 복합물류터미널사업자인 법인의 합병 외의 사유에 따른 해산신고를 하려는 자는 해산신고서를 해산한 날부터 7일 이내에 국토교통부장관에게 제출하여야 한다.
⑤ 복합물류터미널사업자는 복합물류터미널사업의 전부 또는 일부를 휴업하거나 폐업하려는 때에는 미리 국토교통부장관에게 신고하여야 한다.

050 물류시설의 개발 및 운영에 관한 법령상 물류단지 실수요 검증에 관한 설명으로 옳지 않은 것은?
① 물류단지 실수요 검증을 실시하기 위하여 국토교통부 또는 시·도에 각각 실수요검증위원회를 둔다.
② 도시첨단물류단지개발사업의 경우에는 실수요 검증을 실수요검증위원회의 자문으로 갈음할 수 있다.
③ 실수요검증위원회의 위원장 및 부위원장은 공무원이 아닌 위원 중에서 각각 호선(互選)한다.
④ 실수요검증위원회의 심의결과는 심의·의결을 마친 날부터 14일 이내에 물류단지 지정요청자등에게 서면으로 알려야 한다.
⑤ 실수요검증위원회의 회의는 분기별로 2회 이상 개최 하여야 한다.

051 물류시설의 개발 및 운영에 관한 법령상 물류단지개발특별회계 조성의 재원을 모두 고른 것은? (단, 조례는 고려하지 않음)

> ㄱ. 차입금
> ㄴ. 정부의 보조금
> ㄷ. 해당 지방자치단체의 일반회계로부터의 전입금
> ㄹ. 「지방세법」에 따라 부과·징수되는 재산세의 징수액 중 15퍼센트의 금액

① ㄱ, ㄴ
② ㄴ, ㄹ
③ ㄷ, ㄹ
④ ㄱ, ㄴ, ㄷ
⑤ ㄱ, ㄴ, ㄷ, ㄹ

052 물류시설의 개발 및 운영에 관한 법령상 일반물류단지시설에 해당할 수 없는 것은?
① 물류터미널 및 창고
② 「수산식품산업의 육성 및 지원에 관한 법률」에 따른 수산물가공업시설(냉동・냉장업 시설은 제외한다)
③ 「유통산업발전법」에 따른 전문상가단지
④ 「농수산물유통 및 가격안정에 관한 법률」에 따른 농수산물도매시장
⑤ 「자동차관리법」에 따른 자동차경매장

053 물류시설의 개발 및 운영에 관한 법령상 물류창고업의 등록에 관한 설명이다. ( )에 들어갈 내용은?

> 물류창고업의 등록을 한 자가 물류창고 면적의 (ㄱ) 이상을 증감하려는 경우에는 국토교통부와 해양수산부의 공동부령으로 정하는 바에 따라 변경등록의 사유가 발생한 날부터 (ㄴ)일 이내에 변경등록을 하여야 한다.

① ㄱ: 100분의 5, ㄴ: 10
② ㄱ: 100분의 5, ㄴ: 30
③ ㄱ: 100분의 10, ㄴ: 10
④ ㄱ: 100분의 10, ㄴ: 30
⑤ ㄱ: 100분의 10, ㄴ: 60

054 물류시설의 개발 및 운영에 관한 법령상 복합물류터미널사업의 등록에 관한 설명으로 옳지 않은 것은?
① 「지방공기업법」에 따른 지방공사는 복합물류터미널사업의 등록을 할 수 있다.
② 복합물류터미널사업의 등록을 위해 갖추어야 할 부지 면적의 기준은 3만3천제곱미터 이상이다.
③ 복합물류터미널사업 등록이 취소된 후 1년이 지나면 등록결격사유가 소멸한다.
④ 국토교통부장관은 복합물류터미널사업의 변경등록신청을 받고 결격사유의 심사 후 신청내용이 적합하다고 인정할 때에는 지체없이 변경등록을 하여야 한다.
⑤ 복합물류터미널의 부지 및 설비의 배치를 표시한 축척 500분의 1 이상의 평면도는 복합물류터미널사업의 등록신청서에 첨부하여 국토교통부장관에게 제출하여야 할 서류이다.

055 물류시설의 개발 및 운영에 관한 법령상 입주기업체협의회에 관한 설명으로 옳지 않은 것은?

① 입주기업체협의회는 그 구성 당시에 해당 물류단지 입주기업체의 75퍼센트 이상이 회원으로 가입되어 있어야 한다.
② 입주기업체협의회의 회의는 정관에 다른 규정이 있는 경우를 제외하고는 회원 과반수의 출석과 출석회원 과반수의 찬성으로 의결한다.
③ 입주기업체협의회의 일반회원은 입주기업체의 대표자로 한다.
④ 입주기업체협의회의 특별회원은 일반회원 외의 자 중에서 정하되 회원자격은 입주기업체협의회의 정관으로 정하는 바에 따른다.
⑤ 입주기업체협의회는 매 사업연도 개시일부터 3개월 이내에 정기총회를 개최하여야 한다.

056 물류시설의 개발 및 운영에 관한 법령상 국가 또는 지방자치단체가 우선적으로 지원하여야 하는 기반시설로 명시된 것을 모두 고른 것은?

| ㄱ. 하수도시설 및 폐기물처리시설 | ㄴ. 보건위생시설 |
| ㄷ. 집단에너지공급시설 | ㄹ. 물류단지 안의 공동구 |

① ㄱ
② ㄴ, ㄹ
③ ㄱ, ㄴ, ㄷ
④ ㄱ, ㄷ, ㄹ
⑤ ㄴ, ㄷ, ㄹ

057 화물자동차 운수사업법령상 운송사업자의 직접운송의무에 관한 설명이다. ( )에 들어갈 내용은? (단, 사업기간은 1년 이상임)

○ 일반화물자동차 운송사업자는 연간 운송계약 화물의 (ㄱ) 이상을 직접 운송하여야 한다.
○ 운송사업자가 운송주선사업을 동시에 영위하는 경우에는 연간 운송계약 및 운송주선계약 화물의 (ㄴ) 이상을 직접 운송하여야 한다.

① ㄱ: 3분의 2,   ㄴ: 3분의 1
② ㄱ: 100분의 30, ㄴ: 100분의 20
③ ㄱ: 100분의 30, ㄴ: 100분의 30
④ ㄱ: 100분의 50, ㄴ: 100분의 20
⑤ ㄱ: 100분의 50, ㄴ: 100분의 30

058 화물자동차 운수사업법령상 경영의 위탁 및 위·수탁계약에 관한 설명으로 옳지 않은 것은?
① 운송사업자는 화물자동차 운송사업의 효율적인 수행을 위하여 필요하면 다른 운송사업자에게 차량과 그 경영의 일부를 위탁할 수 있다.
② 국토교통부장관이 경영의 위탁을 제한하려는 경우 화물자동차 운송사업의 허가에 조건을 붙이는 방식으로 할 수 있다.
③ 위·수탁계약의 기간은 2년 이상으로 하여야 한다.
④ 위·수탁계약을 체결하는 경우 계약의 당사자는 양도·양수에 관한 사항을 계약서에 명시하여야 한다.
⑤ 위·수탁차주가 계약기간 동안 화물운송 종사자격의 효력 정지 처분을 받았다면 운송사업자는 위·수탁차주의 위·수탁계약 갱신 요구를 거절할 수 있다.

059 화물자동차 운수사업법상 화물자동차 운송가맹사업에 관한 설명으로 옳지 않은 것은?
① 다른 사람의 요구에 응하여 자기 화물자동차를 사용하여 유상으로 화물을 운송하는 사업은 화물자동차 운송가맹사업에 해당하지 않는다.
② 화물자동차 운송가맹사업의 허가를 받은 자는 화물자동차 운송주선사업의 허가를 받지 아니한다.
③ 화물자동차 운송가맹사업의 허가를 받은 자는 화물자동차 운송사업의 허가를 받지 아니한다.
④ 운송가맹사업자는 적재물배상 책임보험 또는 공제에 가입하여야 한다.
⑤ 운송가맹사업자의 화물정보망은 운송사업자가 다른 운송사업자나 다른 운송사업자에게 소속된 위·수탁차주에게 화물운송을 위탁하는 경우에도 이용될 수 있다.

060 화물자동차 운수사업법령상 운수사업자(개인 운송사업자는 제외)가 관리하고 신고하여야 하는 사항을 모두 고른 것은?

> ㄱ. 운수사업자가 직접 운송한 실적
> ㄴ. 운수사업자가 화주와 계약한 실적
> ㄷ. 운수사업자가 다른 운수사업자와 계약한 실적
> ㄹ. 운송가맹사업자가 소속 운송가맹점과 계약한 실적

① ㄱ, ㄴ
② ㄷ, ㄹ
③ ㄱ, ㄴ, ㄷ
④ ㄱ, ㄴ, ㄹ
⑤ ㄱ, ㄴ, ㄷ, ㄹ

061 화물자동차 운수사업법령상 공영차고지를 설치하여 직접 운영할 수 있는 자가 아닌 것은?
① 도지사
② 자치구의 구청장
③ 「지방공기업법」에 따른 지방공사
④ 「한국토지주택공사법」에 따른 한국토지주택공사
⑤ 「한국농수산식품유통공사법」에 따른 한국농수산식품유통공사

062 화물자동차 운수사업법령상 사업자단체에 관한 설명으로 옳지 않은 것은? (단, 협회는 화물자동차 운수사업법 제48조의 협회로 함)
① 운수사업자의 협회 설립은 화물자동차 운송사업, 화물자동차 운송주선사업 및 화물자동차 운송가맹사업의 종류별 또는 시·도별로 할 수 있다.
② 협회는 개인화물자동차 운송사업자의 화물자동차를 운전하는 사람에 대한 경력증명서 발급에 필요한 사항을 기록·관리하고, 운송사업자로부터 경력증명서 발급을 요청받은 경우 경력증명서를 발급해야 한다.
③ 협회의 사업에는 국가나 지방자치단체로부터 위탁받은 업무가 포함된다.
④ 협회는 국토교통부장관의 허가를 받아 적재물배상 공제사업 등을 할 수 있다.
⑤ 화물자동차 휴게소 사업시행자는 화물자동차 휴게소의 운영을 협회에게 위탁할 수 있다.

063 화물자동차 운수사업법상 국가가 그 소요자금의 일부를 보조하거나 융자할 수 있는 사업이 아닌 것은?
① 낡은 차량의 대체
② 화물자동차 휴게소의 건설
③ 공동차고지 및 공영차고지 건설
④ 운수사업자의 자동차 사고로 인한 손해배상 책임의 보장
⑤ 화물자동차 운수사업의 서비스 향상을 위한 시설·장비의 확충과 개선

064 화물자동차 운수사업법상 화물자동차 운송주선사업에 관한 설명으로 옳은 것은?
① 운송주선사업자는 자기 명의로 다른 사람에게 화물자동차 운송주선사업을 경영하게 할 수 있다.
② 운송주선사업자는 화주로부터 중개 또는 대리를 의뢰받은 화물에 대하여 다른 운송주선사업자에게 수수료나 그 밖의 대가를 받고 중개 또는 대리를 의뢰할 수 있다.

③ 운송가맹사업자의 화물운송계약을 중개·대리하는 운송주선사업자는 화물자동차 운송가맹점이 될 수 있다.
④ 국토교통부장관은 운수종사자의 집단적 화물운송 거부로 국가경제에 매우 심각한 위기를 초래할 우려가 있다고 인정할 만한 상당한 이유가 있으면 운송주선사업자에게 업무개시를 명할 수 있다.
⑤ 운송주선사업자는 공영차고지를 임대받아 운영할 수 있다.

065 화물자동차 운수사업법상 화물의 멸실·훼손 또는 인도의 지연으로 발생한 운송사업자의 손해배상 책임에 관한 설명으로 옳지 않은 것은?
① 손해배상 책임에 관하여 「상법」을 준용할 때 화물이 인도기한이 지난 후 1개월 이내에 인도되지 아니하면 그 화물은 멸실된 것으로 본다.
② 국토교통부장관은 화주가 요청하면 운송사업자의 손해배상 책임에 관한 분쟁을 조정할 수 있다.
③ 국토교통부장관은 화주가 분쟁조정을 요청하면 지체 없이 그 사실을 확인하고 손해내용을 조사한 후 조정안을 작성하여야 한다.
④ 화주와 운송사업자 쌍방이 조정안을 수락하면 당사자 간에 조정안과 동일한 합의가 성립된 것으로 본다.
⑤ 국토교통부장관은 분쟁조정 업무를 「소비자기본법」에 따라 등록한 소비자단체에 위탁할 수 있다.

066 화물자동차 운수사업법령상 사업 허가 또는 신고에 관한 설명으로 옳은 것은?
① 운송사업자는 관할 관청의 행정구역 내에서 주사무소를 이전하려면 국토교통부장관의 변경허가를 받아야 한다.
② 운송사업자는 허가받은 날부터 5년마다 허가기준에 관한 사항을 신고하여야 한다.
③ 국토교통부장관은 운송사업자가 사업정지처분을 받은 경우에도 주사무소를 이전하는 변경허가를 할 수 있다.
④ 운송주선사업자가 허가사항을 변경하려면 국토교통부장관의 변경허가를 받아야 한다.
⑤ 운송가맹사업자가 화물취급소를 설치하거나 폐지하려면 국토교통부장관의 변경허가를 받아야 한다.

067 항만운송사업법령상 항만용역업의 내용에 해당하지 않는 것은?
① 통선(通船)으로 본선(本船)과 육지 사이에서 사람이나 문서 등을 운송하는 행위를 하는 사업
② 본선을 경비(警備)하는 행위나 본선의 이안(離岸) 및 접안(接岸)을 보조하기 위하여 줄잡이 역무(役務)를 제공하는 행위를 하는 사업
③ 선박의 청소[유창(油艙) 청소는 제외한다], 오물 제거, 소독, 폐기물의 수집·운반, 화물 고정, 칠 등을 하는 행위를 하는 사업
④ 선박에 음료, 식품, 소모품, 밧줄, 수리용 예비부분품 및 부속품, 집기, 그 밖에 이와 유사한 선용품을 공급하는 행위를 하는 사업
⑤ 선박에서 사용하는 맑은 물을 공급하는 행위를 하는 사업

068 항만운송사업법령상 항만운송사업에 관한 설명으로 옳지 않은 것은?
① 항만하역사업의 등록신청서에 첨부하여야 하는 사업계획에는 사업에 제공될 수면 목재저장소의 수, 위치 및 면적이 포함되어야 한다.
② 항만운송사업의 등록을 신청하려는 자가 법인인 경우 등록신청서에 정관을 첨부하여야 한다.
③ 검수사의 자격이 취소된 날부터 2년이 지나지 아니한 사람은 검수사의 자격을 취득할 수 없다.
④ 「민사집행법」에 따른 경매에 따라 항만운송사업의 시설·장비 전부를 인수한 자는 종전의 항만운송사업자의 권리·의무를 승계한다.
⑤ 항만하역사업의 등록을 한 자는 컨테이너 전용 부두에서 취급하는 컨테이너 화물에 대하여 그 운임과 요금을 정하여 관리청의 인가를 받아야 한다.

069 항만운송사업법령상 부두운영회사의 운영 등에 관한 설명으로 옳은 것은?
① 항만시설운영자등은 항만시설등의 효율적인 사용 및 운영 등을 위하여 필요하다고 인정하는 경우에는 부두운영회사 선정계획의 공고 없이 부두운영계약을 체결할 수 있다.
② 부두운영회사의 금지행위 위반시 책임에 관한 사항은 부두운영계약에 포함되지 않아도 된다.
③ 부두운영회사가 부두운영 계약기간을 연장하려는 경우에는 그 계약기간이 만료되기 3개월 전까지 부두운영계약의 갱신을 신청하여야 한다.

④ 화물유치 또는 투자 계획을 이행하지 못한 부두운영회사에 대하여 부과하는 위약금은 분기별로 산정하여 합산한다.
⑤ 항만운송사업법에서 정한 것 외에 부두운영회사의 항만시설 사용에 대해서는 「국유재산법」 또는 「지방재정법」에 따른다.

070 유통산업발전법상 용어의 정의에 관한 설명으로 옳지 않은 것은?
① "임시시장"이란 다수의 수요자와 공급자가 일정한 기간 동안 상품을 매매하거나 용역을 제공하는 일정한 장소를 말한다.
② "상점가"란 같은 업종을 경영하는 여러 도매업자 또는 소매업자가 일정 지역에 점포 및 부대시설 등을 집단으로 설치하여 만든 상가단지를 말한다.
③ "무점포판매"란 상시 운영되는 매장을 가진 점포를 두지 아니하고 상품을 판매하는 것으로서 산업통상자원부령으로 정하는 것을 말한다.
④ "물류설비"란 화물의 수송·포장·하역·운반과 이를 관리하는 물류정보처리활동에 사용되는 물품·기계·장치 등의 설비를 말한다.
⑤ "공동집배송센터"란 여러 유통사업자 또는 제조업자가 공동으로 사용할 수 있도록 집배송시설 및 부대업무시설이 설치되어 있는 지역 및 시설물을 말한다.

071 유통산업발전법의 적용이 배제되는 시장·사업장 및 매장을 모두 고른 것은?

> ㄱ. 「농수산물 유통 및 가격안정에 관한 법률」에 따른 농수산물공판장
> ㄴ. 「농수산물 유통 및 가격안정에 관한 법률」에 따른 민영농수산물도매시장
> ㄷ. 「농수산물 유통 및 가격안정에 관한 법률」에 따른 농수산물종합유통센터
> ㄹ. 「축산법」에 따른 가축시장

① ㄹ
② ㄱ, ㄷ
③ ㄴ, ㄹ
④ ㄱ, ㄴ, ㄷ
⑤ ㄱ, ㄴ, ㄷ, ㄹ

072 유통산업발전법상 대규모점포등에 관한 설명으로 옳은 것은?
① 대규모점포를 개설하려는 자는 영업을 개시하기 30일 전까지 개설 지역 및 시기 등을 포함한 개설계획을 예고하여야 한다.
② 유통산업발전법을 위반하여 징역의 실형을 선고받고 그 집행이 면제된 날부터

6월이 지난 사람은 대규모점포등의 등록을 할 수 있다.
③ 대형마트의 영업시간을 제한하는 경우 조례로 달리 정하지 않는 한 오전 0시부터 오전 11시까지의 범위에서 영업시간을 제한할 수 있다.
④ 대규모점포등관리자는 대규모점포등의 관리 또는 사용에 관하여 입점상인의 3분의 2 이상의 동의를 얻어 관리규정을 제정하여야 한다.
⑤ 대규모점포등개설자가 대규모점포등을 폐업하려는 경우에는 특별자치시장·시장·군수·구청장의 허가를 받아야 한다.

073 유통산업발전법상 유통산업의 경쟁력 강화에 관한 설명으로 옳은 것은?
① 체인사업자는 체인점포의 경영을 개선하기 위하여 유통관리사의 고용 촉진을 추진하여야 한다.
② 지방자치단체의 장은 자신이 건립한 중소유통공동도매물류센터의 운영을 중소유통기업자단체에 위탁할 수 없다.
③ 상점가진흥조합은 협동조합으로 설립하여야 하고 사업조합의 형식으로는 설립할 수 없다.
④ 지방자치단체의 장은 상점가진흥조합이 조합원의 판매촉진을 위한 공동사업을 하는 경우에는 필요한 자금을 지원할 수 없다.
⑤ 상점가진흥조합의 구역은 다른 상점가진흥조합 구역의 5분의 1 이하의 범위에서 그 다른 상점가진흥조합의 구역과 중복되어 지정할 수 있다.

074 유통산업발전법령상 공동집배송센터에 관한 설명으로 옳지 않은 것은?
① 산업통상자원부장관은 공동집배송센터를 지정하거나 변경지정하려면 미리 관계중앙행정기관의 장과 협의하여야 한다.
② 공동집배송센터사업자가 신탁계약을 체결하여 공동집배송센터를 신탁개발하는 경우 신탁계약을 체결한 신탁업자는 공동집배송센터사업자의 지위를 승계한다.
③ 공업지역 내에서 부지면적이 2만제곱미터이고, 집배송시설면적이 1만제곱미터인 지역 및 시설물은 공동집배송센터로 지정할 수 없다.
④ 산업통상자원부장관은 공동집배송센터의 시공후 공사가 6월 이상 중단된 경우에는 공동집배송센터의 지정을 취소할 수 있다.
⑤ 공동집배송센터의 지정을 추천받고자 하는 자는 공동집배송센터지정신청서에 부지매입관련 서류를 첨부하여 시·도지사에게 제출하여야 한다.

075 철도사업법령상 철도사업의 면허에 관한 설명으로 옳지 않은 것은?
① 철도사업을 경영하려는 자는 지정·고시된 사업용철도노선을 정하여 국토교통부장관의 면허를 받아야 한다.
② 국토교통부장관은 면허를 하는 경우 철도의 공공성과 안전을 강화하고 이용자 편의를 증진시키기 위하여 필요한 부담을 붙일 수 있다.
③ 법인이 아닌 자도 철도사업의 면허를 받을 수 있다.
④ 철도사업의 면허를 받기 위한 사업계획서에는 사용할 철도차량의 대수·형식 및 확보계획이 포함되어야 한다.
⑤ 신청자가 해당 사업을 수행할 수 있는 재정적 능력이 있어야 한다는 것은 면허기준에 포함된다.

076 철도사업법령상 전용철도 등록사항의 경미한 변경에 해당하지 않는 것은?
① 운행시간을 단축한 경우
② 배차간격을 연장한 경우
③ 철도차량 대수를 10분의 2의 범위안에서 변경한 경우
④ 전용철도를 운영하는 법인의 임원을 변경한 경우
⑤ 전용철도 건설기간을 6월의 범위안에서 조정한 경우

077 철도사업법상 여객 운임에 관한 설명으로 옳지 않은 것은?
① 철도사업자는 재해복구를 위한 긴급지원이 필요하다고 인정되는 경우에는 일정한 기간과 대상을 정하여 여객 운임·요금을 감면할 수 있다.
② 철도사업자는 여객 운임·요금을 감면하는 경우에는 그 시행 3일 이전에 감면사항을 인터넷 홈페이지 등 일반인이 잘 볼 수 있는 곳에 게시하여야 하며, 긴급한 경우에는 미리 게시하지 아니할 수 있다.
③ 철도사업자는 열차를 이용하는 여객이 정당한 운임·요금을 지급하지 아니하고 열차를 이용한 경우에는 승차 구간에 해당하는 운임 외에 그의 50배의 범위에서 부가 운임을 징수할 수 있다.
④ 철도사업자는 송하인(送荷人)이 운송장에 적은 화물의 품명·중량·용적 또는 개수에 따라 계산한 운임이 정당한 사유 없이 정상 운임보다 적은 경우에는 송하인에게 그 부족 운임 외에 그 부족 운임의 5배의 범위에서 부가 운임을 징수할 수 있다.

⑤ 철도사업자는 부가 운임을 징수하려는 경우에는 사전에 부가 운임의 징수 대상 행위, 열차의 종류 및 운행 구간 등에 따른 부가 운임 산정기준을 정하고 철도사업약관에 포함하여 국토교통부장관에게 신고하여야 한다.

078 철도사업법령상 국유철도시설의 점용허가에 관한 설명으로 옳지 않은 것은?

① 국유철도시설의 점용허가는 철도사업자와 철도사업자가 출자·보조 또는 출연한 사업을 경영하는 자에게만 하여야 한다.
② 국유철도시설의 점용허가를 받은 자는 부득이한 사유가 없는 한 매년 1월 15일까지 당해연도의 점용료 해당분을 선납하여야 한다.
③ 국유철도시설의 점용허가로 인하여 발생한 권리와 의무를 이전하려는 경우에는 국토교통부장관의 인가를 받아야 한다.
④ 국토교통부장관은 점용허가를 받은 자가 「공공주택 특별법」에 따른 공공주택을 건설하기 위하여 점용허가를 받은 경우 점용료를 감면할 수 있다.
⑤ 국토교통부장관은 점용허가기간이 만료된 철도 재산의 원상회복의무를 면제하는 경우에 해당 철도 재산에 설치된 시설물 등의 무상 국가귀속을 조건으로 할 수 있다.

079 농수산물 유통 및 가격안정에 관한 법률상 민영도매시장에 관한 설명으로 옳은 것은?

① 민간인등이 광역시 지역에 민영도매시장을 개설하려면 농림축산식품부장관의 허가를 받아야 한다.
② 민영도매시장 개설허가 신청에 대하여 시·도지사가 허가처리 지연 사유를 통보하는 경우에는 허가 처리기간을 10일 범위에서 한 번만 연장할 수 있다.
③ 시·도지사가 민영도매시장 개설 허가 처리기간에 허가 여부를 통보하지 아니하면 허가 처리기간의 마지막 날에 허가를 한 것으로 본다.
④ 민영도매시장의 개설자는 시장도매인을 두어 민영도매시장을 운영하게 할 수 없다.
⑤ 민영도매시장의 중도매인은 해당 민영도매시장을 관할하는 시·도지사가 지정한다.

080 농수산물 유통 및 가격안정에 관한 법령상 도매시장법인에 관한 설명이다. ( )에 들어갈 내용은?

> ○ 도매시장 개설자는 도매시장에 그 시설규모・거래액 등을 고려하여 적정수의 도매시장법인・시장도매인 또는 중도매인을 두어 이를 운영하게 하여야 한다. 다만, 중앙도매시장의 개설자는 (ㄱ)와 수산부류에 대하여는 도매시장법인을 두어야 한다.
> ○ 도매시장법인은 도매시장 개설자가 부류별로 지정하되, 중앙도매시장에 두는 도매시장법인의 경우에는 농림축산식품부장관 또는 해양수산부장관과 협의하여 지정한다. 이 경우 (ㄴ) 이상 10년 이하의 범위에서 지정 유효기간을 설정할 수 있다.

① ㄱ: 청과부류, ㄴ: 3년
② ㄱ: 양곡부류, ㄴ: 3년
③ ㄱ: 청과부류, ㄴ: 5년
④ ㄱ: 양곡부류, ㄴ: 5년
⑤ ㄱ: 축산부류, ㄴ: 5

물류관리사

해설 및 정답

2019년 제23회 해설 및 정답

2020년 제24회 해설 및 정답

2021년 제25회 해설 및 정답

2022년 제26회 해설 및 정답

2023년 제27회 해설 및 정답

2019

제23회 해설 및 정답

제1교시

[제1과목 물류관리론]

001 ① 포장은 생산의 종착점으로서 표준화, 모듈화의 대상이다.
⇨ 포장치수의 표준화를 통해 포장치수와 물류시설 및 물류기기의 공간을 계열화하는 모듈화를 이루어 물류활동의 공간효율을 높인다.
③ 유통가공은 고객의 요구에 대응하기 위해 제조업체에서 부품을 가공하는 활동이다.
⇨ 유통가공은 물자의 유통과정에서 이루어지는 제품의 단순한 가공, 재포장, 조립, 절단 등의 물류활동이다.

정답 ③

002 ⑤ 일회용 소모성 자재
⇨ 재사용 또는 재활용이 되지 않으므로 회수물류의 대상 품목에 해당하지 않는다.

― ◐ 더 알아보기 ―

회수물류
회수물류는 제품이나 상품의 판매물류 이후에 발생하는 물류용기의 재사용, 재활용 등이 해당하므로, 대상 품목으로는 음료용 알루미늄 캔, 화물용 T-11 파렛트, 주류용 빈병, 운송용 컨테이너 등이다.

정답 ⑤

003 ② 스마트팩토리의 고객맞춤형 생산은 물류의 대량화와 소빈도화를 촉진하고 있다.
⇨ 스마트팩토리는 제품의 기획, 설계, 생산, 유통, 판매 등 전 과정을 자동화·지능화하여 최소 비용과 최소 시간으로 다품종 대량생산이 가능한 미래형 공장이다.
⑤ 종합물류기업 인증제 도입 등 물류산업 육성을 위한 정책적 지원이 강화되고 있다.
⇨ 종합물류기업 인증제도는 정부가 기업을 지원·육성하기 위해 도입된 제도로, 물류기업이 종합물류기업으로 인정받는 경우 물류시설 우선입주, 관세법상 통관취급법인 등록 등의 지원을 받을 수 있다.

정답 ②

004 ② 상품의 거래활동은 물적유통에 해당한다.
⇨ 상품의 거래활동은 상적유통에 해당한다.
③ 금융, 보험 등의 보조활동은 물적유통에 해당한다.
⇨ 금융, 보험 등의 보조활동은 상적유통에 해당한다.
④ 판매를 위한 상품의 포장은 상적유통에 해당한다.
⇨ 판매를 위한 상품의 포장은 물적유통에 해당한다.
⑤ 효율 향상을 위해 상적유통과 물적유통을 통합한다.
⇨ 효율 향상을 위해 상적유통과 물적유통은 구분해야 한다.

정답 ①

005 ㄱ. 재고수준 ⇨ 거래 중 요소
ㄴ. 주문의 편리성 ⇨ 거래 중 요소
ㄷ. 주기적 제품 점검 ⇨ 거래 후 요소
ㄹ. 고객서비스 명문화 ⇨ 거래 전 요소
ㅁ. 시스템의 정확성 ⇨ 거래 중 요소
ㅂ. 조직의 융통성 ⇨ 거래 전 요소

정답 ③

006 ㄱ. 물류서비스 실행을 위한 운영전략 수립
⇨ 3. 개발한 물류서비스의 효율적 실행을 위한 운영전략을 수립한다.
ㄴ. 고객 니즈(Needs)에 부합하는 물류서비스 개발
⇨ 2. 선정된 목표시장의 고객 니즈를 정확히 파악하고 이에 부합하는 물류서비스를 개발한다.
ㄷ. 물류서비스 제공 시스템 구축
⇨ 4. 운영전략을 토대로 시스템을 구축한다.
ㄹ. 고객 목표시장(Target Market) 선정
⇨ 1. 전체 시장을 비교적 유사한 욕구를 가진 소비자 집단들로 세분하여 그 중 하나 또는 다수의 세분시장을 선택하고 그 시장을 표적으로 선정한다.

정답 ④

007 ② 물류서비스 품질은 고객의 기대수준과 인지수준의 차이로 정의된다.
⇨ 고객의 기대수준과 인지수준의 차이가 작을수록 물류서비스 품질에 대한 만족도가 높아진다.
③ 일반적으로 한 기업이 경쟁업체의 물류서비스를 모방하는 것은 불가능하다.
⇨ 한 기업이 경쟁업체의 물류서비스를 모방하는 것은 가능하다. 전통적인 물류기업

들은 미국 아마존의 유통·물류 결합 트렌드의 모방을 통해 자체적으로 배송 서비스와 배송 속도를 향상·관리하려는 전략을 꾀하고 있다.
④ 물류서비스와 물류비용 사이에는 상충(Trade-off) 관계가 존재한다.
⇨ 물류서비스 수준을 향상시키기 위해 배송센터에서 수·배송 차량을 늘릴 경우 고객에게 도착하는 배송시간은 짧아지지만 차량증가로 인해 차량구입자금과 관리금 등을 포함한 물류비는 증가하게 되는 상충 관계가 존재한다.

정답 ③

008 ① 신속 정확한 수주정보 처리 ⇨ 신뢰성을 높이기 위한 방안
② 생산 및 운송 로트(Lot) 대량화 ⇨ 물류서비스의 효율성과 물류비용 절감을 위한 방안
③ 조달 리드타임(Lead time) 단축 ⇨ 신뢰성을 높이기 위한 방안
④ 제품 가용성(Availability) 정보 제공 ⇨ 신뢰성을 높이기 위한 방안
⑤ 재고관리의 정확도 향상 ⇨ 신뢰성을 높이기 위한 방안

정답 ②

009 ④ 부품공급에서 소비자에 이르는 공급사슬에서 공급사슬 전체의 이익극대화보다는 경로구성원 각자의 이익극대화를 추구해야 한다.
⇨ 공급사슬에서는 경로구성원 내부뿐만 아니라 연결업체(공급업체, 제조업체, 유통업체, 창고업체 등)를 하나의 연결된 체인으로 간주하여 협력과 정보교환을 통해 전체의 상호이익극대화를 추구해야 한다.

정답 ④

010 ② 수요예측, 주문처리 등은 전략적 의사결정에 해당한다.
⇨ 수요예측, 주문처리, 주문품 발송 등은 운영적 의사결정(주·일단위의 단기계획)에 해당한다. 전략적 의사결정은 1년 이상의 장기계획으로 창고입지결정, 수송수단 선택 등이 포함된다.
③ 운영절차, 일정계획 등은 전술적 의사결정에 해당한다.
⇨ 운영절차, 일정계획 등은 운영적 의사결정에 해당한다.
④ 마케팅 전략, 고객서비스 요구사항 등은 운영적 의사결정에 해당한다.
⇨ 마케팅 전략, 고객서비스 요구사항, 안전재고 수준 결정 등은 전술적 의사결정(1년 이내의 중기계획)에 해당한다.
⑤ 전략, 전술, 운영의 세 가지 의사결정은 상호간에 독립적으로 이루어져야 한다.
⇨ 전략, 전술, 운영의 세 가지 의사결정은 상호간에 보완적으로 이루어져야 한다.

정답 ①

011 ① 물류조직은 발전형태에 따라 직능형 조직, 라인과 스탭형 조직, 사업주형 조직, 그리드(Grid)형 조직 등으로 구분할 수 있다.
⇨ 물류조직의 발달과정 : 직능형 조직 → 라인&스탭형 조직 → 사업부형 조직 → 그리드형 조직
② 직능형 조직은 기업규모가 커지고 최고경영자가 기업의 모든 업무를 관리하기 어려울 때 적합하다.
⇨ 직능형 조직은 스탭부분과 라인부분이 분리되지 않은 조직형태를 말하며, 기업규모가 커지고 최고경영자가 기업의 모든 업무를 관리하기 어려울 때 적합한 것은 사업부형 조직형태이다.
③ 라인과 스탭형 조직은 작업부문과 지원부문을 분리한 조직이다.
⇨ 스탭부문이 라인부문을 지원한다.

정답 ②

012 ① 3자물류는 장기간의 전략적 제휴형태 또는 합작기업으로 설립한 별도의 조직을 통해 종합적 서비스를 제공한다.
⇨ 4자물류는 장기간의 전략적 제휴형태 또는 합작기업으로 설립한 별도의 조직을 통해 종합적 서비스를 제공한다.
② 세계적인 3자물류업체 및 컨설팅회사들은 다른 물류기업들과의 인수합병을 통해 글로벌 차원으로 확대하면서 4자물류서비스를 제공하고 있다.
⇨ 주로 유력한 3자물류업체나 컨설팅회사가 중심이 되어 각 부문의 전문업체를 조직하고, 종합 물류 네트워크를 전반적으로 총괄·관리하면서 4자물류서비스를 제공하고 있다.
③ 기업들은 3자물류를 통해 핵심부분에 집중하고 물류를 전문업체에게 아웃소싱하여 규모의 경제, 전문화 및 분업화 등의 효과를 거둘 수 있다.
⇨ 3자물류의 등장배경은 기업들이 자사의 핵심역량에 집중하고 비주력 영역은 아웃소싱을 통해 기업구조를 개선하려는 과정에서 나타났다.
④ 4자물류는 3자물류에서 확장된 개념으로 자체의 기술 및 컨설팅 능력을 갖추고 공급체인 전반을 통합·관리한다.
⇨ 4자물류는 3자물류보다 조직상 더욱 유연하고 고도화된 물류 서비스이다.
⑤ 4자물류는 전자상거래의 확대 및 SCM 체제의 보편화로 그 필요성이 강조되고 있다.
⇨ 공급체인 및 전자상거래 환경 하에서 기업의 물류부담가중 및 핵심역량집중으로 물류아웃소싱에 대한 요구가 다양화됨에 따라 E-biz 기반의 물류서비스를 제공하는 4자물류가 등장하게 되었다.

정답 ①

013
② 제조업체는 고객 불만에 대한 신속한 대처가 어렵다.
⇨ 고객서비스 수준 저하 우려
③ 제조업체는 물류전문지식의 사내 축적이 비교적 용이하다.
⇨ 기업의 정보가 유출될 가능성이 있고, 사내에 물류전문지식을 축적하기가 어렵다.
④ 제조업체는 기존 사내 물류인력의 실업과 정보의 유출이 발생할 수 있다.
⇨ 무륜 아웃소싱 실행 시 내부인원 감축과 조직개편에 따른 내부인력의 구조조정 문제와 사내기밀 및 운영 노하우 등의 정보유출이 발생할 수 있다. 따라서 아웃소싱 파트너 간에 사업영역 중복이 없는지의 여부를 고려하고, 사내정보개방의 범위를 결정해야 한다.

정답 ③

014
② ㄱ : 스루풋   ㄴ : 재고   ㄷ : 운영비용
⇨ ㄱ. 스루풋(Throughput) : 현금창출공헌이익이라고도 하며, 기업의 성과창출 시스템에 얼마를 투입해서 얼마를 벌었는지를 측정하는 지표이다.
ㄴ. 재고 : 시스템이 판매 목적의 구입품에 투자한 모든 금액을 의미한다.
ㄷ. 운영비용 : 재고를 스루풋으로 바꾸는 데 지출한 모든 비용을 말한다.

정답 ②

015
① 포장규격화를 고려한 제품설계
⇨ 단계적 모듈화 추진으로 규격을 표준화하고, 포장공정의 자동화・기계화를 추진하여 포장규격화를 고려한 제품을 설계한다.
② 재고관리방법의 개선
⇨ 창고와 보관시설을 자동화・기계화하여 재고관리방법을 개선하고, 단순보관형에서 유통창고형으로 보관시설의 활용을 전환한다.
③ 하역의 기계화 및 자동화
⇨ 하역의 기계화와 자동화를 도모하고, 하역전문기능의 육성과 하역작업의 개선을 통해 하역작업원의 사기를 진작시킨다.
④ 인터넷을 통한 물류정보의 수집 및 활용
⇨ 물류 EDI망을 구축하여 활용하고, 물류 기능별 전문화・통합화를 추구하여 정보관리의 연계 시스템화를 추구한다.
⑤ 비용과 무관한 물류서비스 수준 최대화 추구
⇨ 동일한 효능 시 저비용 품목을 선택하는 최저원가 선택을 추구한다.

정답 ⑤

016 ⑤ ㄱ,ㄴ,ㄷ,ㄹ,ㅁ,ㅂ
⇨ 녹색물류는 조달·생산, 판매, 반품·회수·폐기 등 물류 전 과정에서 발생하는 환경오염을 감소시키기 위한 모든 물류활동을 말한다.

정답 ⑤

017 ① 전년대비 매출액 20% 증가와 물류비용 20% 절감
⇨ 2019년 매출액 120억×0.05 = 영업이익 6억 → 1억 증가, 물류비용 2억 절감 = 2억 이익증가 따라서 2019년 영업이익 = 1억+2억 = 총 3억 증가
② 전년대비 매출액 30% 증가와 물류비용 3억원 절감
⇨ 2018년 영업이익 = 100억원×0.05 = 5억, 2018년 물류비 10억
2019년 매출액 130억×0.05 = 영업이익 6.5억 → 1.5억원 증가, 물류비용 3억 절감 = 3억 이익 증가 따라서 2019년 영업이익 = 1.5억원+3억원 = 총 4.5억원 증가
③ 전년대비 매출액 20억원 증가와 물류비용 3억원 절감
⇨ 2019년 매출액 120×0.05 = 영업이익 6억 → 1억 증가, 물류비용 3억 절감 = 3억 이익 증가 따라서 2019년 영업이익 = 1억+3억 = 총 4억 증가
④ 전년대비 매출액 40억원 증가와 물류비용 20% 절감
⇨ 2019년 매출액 140억×0.05 = 영업이익 7억 → 2억 증가, 물류비용 2억 절감 = 2억 이익 증가 따라서 2019년 영업이익 = 2억+2억 = 총 4억 증가
⑤ 전년대비 매출액 50억원 증가와 물류비용 10% 절감
⇨ 2019년 매출액 150억×0.05 = 영업이익 7.5억 → 2.5억 증가, 물류비용 1억 절감 = 1억 이익 증가 따라서 2019년 영업이익 = 2.5억+1억 = 총 3.5억 증가

정답 ②

018 ① 물류비 산정을 통해 물류의 중요성을 인식한다.
⇨ 물류활동을 화폐적 가치로 파악하여 물류의 중요성을 인식한다(물류비 산정의 목적).
② 물류활동의 계획, 관리 및 실적 평가에 활용된다.
⇨ 물류비 관리의 목적
③ 재무회계 방식은 관리회계 방식보다 상세하고 정확하게 물류비를 산정할 수 있다.
⇨ 관리회계 방식이 재무회계 방식보다 상세하고 정확하게 물류비를 산정할 수 있다. 관리회계 방식은 상세한 물류비의 분류 및 계산을 위한 사무절차와 작업량이 많기 때문에 정보시스템 구축이 전제되어야 한다.
④ 경영 관리자에게 필요한 원가자료를 제공한다.
⇨ 제품가격의 결정관리자 또는 의사결정자에게 유용한 물류비 정보를 제공한다.
⑤ 물류비 분석을 통하여 물류활동의 문제점을 파악할 수 있다.
⇨ 물류활동 관련 인건비 및 문제점을 파악하여 효율적으로 물류활동을 개선할 수 있다.

정답 ③

019 ④ 조달물류비는 자재창고에서 원재료 등을 생산에 투입하는 시점부터 완제품을 창고에 보관하기까지의 물류활동에 따른 비용을 의미한다.
⇨ 생산물류비에 관한 설명이다. 조달물류비는 원재료(공용기, 포장재료 포함)의 조달 시점부터 구매자에게 납입할 때까지의 물류에 소요된 비용을 의미한다.

정답 ④

020 ① 제품 A의 물류비는 5,000만원이다.
⇨ 6,000×6,000/10,000 + 1,000×3,000/5,000 + 1,000×600/1,200 + 2,000×1,000/2,500 = 3,600+600+500+800 = 5,500만원
② 제품 B의 물류비는 4,500만원이다.
⇨ 6,000×4,000/10,000 + 1,000×2,000/5,000 + 1,000×600/1,200 + 2,000 ×1,500/2,500 = 2,400+400+500+1,200 = 4,500만원
③ 제품 A의 운송비로 6,000만원이 배부된다.
⇨ 6,000×6,000/10,000 = 3,600이므로 제품 A의 운송비로 3,600만원이 배부된다.
④ 제품 B의 보관비로 600만원이 배부된다.
⇨ 1,000×2,000/5,000 = 400이므로 제품 B의 보관비로 400만원이 배부된다.
⑤ 제품 A와 B의 하역비는 동일하게 배부된다.
⇨ 제품 A의 하역비는 2,000×1,000/2,500 = 800만원, 제품 B의 하역비는 2,000×1,500/2,500 = 1,200만원이다.

정답 ②

021 ① ㄱ : QR ㄴ : CRP ㄷ : CPFR
⇨ QR(Quick Response) : 제조업체와 유통업체 간에 표준상품코드로 데이터베이스를 구축하고, 고객의 구매성향을 파악·공유하여 적절히 대응하는 전략이다.
② ㄱ : Cross-docking ㄴ : BPR ㄷ : CPFR
⇨ BPR(Business Process Reengineering) : 비용, 품질, 서비스, 속도와 같은 핵심적 부분에서 극적인 성과를 이루기 위해 기업 업무 프로세스를 기본적으로 다시 생각하고 근본적으로 재설계하는 것이다.
③ ㄱ : Cross-docking ㄴ : CRP ㄷ : CPFR
⇨ ㄱ. Cross-docking : 창고나 물류센터로 입고되는 상품을 보관하지 않고 곧바로 소매점포에 배송하는 물류시스템이다.
ㄴ. CRP(Continuous Replenshment Program) : 주문량에 근거하여 공급업체로 주문하던 방식(Push 방식)과 달리 실제 판매데이터와 예측 수요데이터를 근거로 상품을 보충시키는 시스템(Pull 방식)으로 POS 데이터와 판매예측데이터를 기초로 창고의 재고보충주문과 선적을 향상시킨다.
ㄷ. CPFR(Collaborative Planning, Forecasting and Replenshment) : 제조업

체와 유통업체가 정보교환 협업을 통하여 'One-Number' 수요예측과 효율적 공급계획을 달성하기 위한 혁신적인 공급망관리(SCM) 기법이다.

④ ㄱ : QR   ㄴ : ECR   ㄷ : VMI
⇨ • ECR(Efficient Consumer Response) : 소비자에게 보다 나은 가치를 제공하기 위해 유통업체와 공급업체들이 밀접하게 협력하는 식료품업계의 전략으로 효율적 매장구색, 효율적 재고보충, 효율적 판매촉진 및 효율적 신제품 개발 등이 핵심적 실행전략이다.
• VMI(Vendor Managed Inventory) : 공급자 주도형 재고관리로서 유통업체에서 발생하는 재고를 제조업체가 전담해서 관리하는 방식이다.

정답 ③

022 ① 수요정보를 집중화하고 공유한다.
⇨ 불확실성 최소화
② 제품공급의 리드타임(Lead time)을 단축시킨다.
⇨ EDI(Electronic Data Interchange) 이용
③ 상시저가전략 등의 가격안정화 정책을 도입한다.
⇨ 수요변동 최소화
⑤ 일회주문량을 증가시켜 운송비용을 절감한다.
⇨ 실제수요에 의거하지 않고 거래선의 주문량에 근거한 수요의 예측은 채찍효과의 주요 발생 원인이 된다.

정답 ⑤

023 ㄹ(×). 제품개발·생산·유통·마케팅 등의 부문별 경쟁력을 외부에 의존하지 않고 내부 역량으로 확보해야 한다.
⇨ 내부 역량뿐만 아니라 외부와의 상호협력을 통해 경쟁력을 확보해야 한다.

정답 ④

024 ① Risk Pooling
⇨ 리스크풀링 : 여러 지역의 수요를 하나로 통합했을 때 수요 변동성이 감소한다는 것이다. 이는 지역별로 다른 수요를 합쳤을 때, 특정 고객으로부터의 높은 수요 발생을 낮은 수요의 다른 지역에서 상쇄할 수 있기 때문에 가능하다.
② Exponential Smoothing
⇨ 지수평활법 : 공급망 수요를 예측하는 방법 중 정량적 예측방법의 하나로 수많은 복잡한 예측 모형에 비해 수식이 단순하여 계산량이 적으며, 예측 능력이 크게 떨어지지 않기 때문에 많은 종류의 수요를 일별, 주별 등 매우 빈번하게 예측해

야만 하는 모델을 관리하기에 적합한 예측 방법이다.
③ Postponement
⇨ 지연전략 : 제품 생산공정을 전·후 공정으로 나누고, 마지막까지 최대한 전 공정을 지연시키는 전략으로 최종 제품의 조립 시점을 최대한 고객 가까이 가져감으로써 주문에 맞는 제품을 만드는 생산리드타임을 단축하여, 시장변화에 반응하는 능력을 키운다.
④ Vendor Managed Inventory
⇨ 공급자주도형재고관리 : 유통업체에서 발생하는 재고를 제조업체가 전담해서 관리하는 방식으로 유통업체가 판매·재고정보를 전자문서교환(EDI)으로 제조업체에 제공하면 제조업체는 이 데이터를 분석하여 수요를 예측하고, 상품의 납품량을 결정하는 시스템 환경이다.
⑤ Sales and Operation Planning
⇨ 판매생산계획 : 기업의 수요와 공급이 균형을 이루어 고객 만족과 수익성이 향상되도록 도와주는 업무 프로세스를 의미한다.

정답 ③

025 ④ 분산구매는 구매량에 따라 가격할인이 가능한 품목에 적합하다.
⇨ 집중구매는 대량구매로 가격과 거래조건이 유리하므로 구매량에 따라 가격할인이 가능한 품목에 적합하다. 분산구매는 자주적 구매가 가능하고 긴급수요의 경우 유리하다.

정답 ④

026 ① 수직적 유통경로
④ 수평적 유통경로
⇨ 동일한 경로단계에 있는 2개 이상의 기업이 대등한 입장에서 자원과 프로그램을 결합하여 연맹체를 구성하고 공생·공영하는 유통경로이다.
⑤ 전통적 유통경로
⇨ 제조업자가 유통업자인 도매기관과 소매기관을 통해 상품을 유통시키는 방법이다.

정답 ①

027 ③ 상인 도매기관은 상품을 직접 구매하여 판매한다.
⇨ 상인 도매기관은 상품 소유권을 가지는 독립된 사업체로, 완전서비스 도매상과 한정서비스 도매상으로 구분된다.
⑤ 대리 도매기관은 상품의 소유권을 가진다.
⇨ 대리 도매기관은 일반 도매기관과 달리 상품에 대한 소유권이 없는 가운데 제조

028 ① 화물운송정보에는 화물보험정보, 컨테이너보험정보, 자동차운송보험정보 등이 포함된다.
⇨ 화물운송정보에는 실시간 차량·화물추적정보, 차량운행정보, 수배송정보, 교통상황정보, 지리정보 등이 포함된다.

정답 ①

029 ③ 물류정보시스템의 수·배송관리 기능은 고객의 주문에 대하여 적기배송체계의 확립과 최적운송계획을 수립한다.
⇨ 수·배송관리 기능은 주문 상황에 대해 수·배송 체제의 확립과 최적 수·배송계획을 수립함으로써 수송비용을 절감하려는 체계이다.
④ 물류정보시스템의 재고관리 기능은 최소의 비용으로 창고의 면적, 작업자, 하역설비 등의 경영자원을 배치한다.
⇨ 물류정보시스템의 재고관리 기능은 단제품별 재고관리를 위치관리와 연계하여 피킹리스트상에 피킹대상 물품명의 위치를 번호로 지시하고 정보를 표시하는 기능이다.
⑤ 물류정보시스템의 주문처리 기능은 주문의 진행 상황을 통합·관리이다.
⇨ 본사와 각 지점, 영업소, 고객 및 물류거점을 온라인 시스템으로 연결하여 주문의 진행 상황을 통합·관리한다.

정답 ④

030 ② 13자리 바코드의 처음 세 자리는 물류식별코드를 의미한다.
⇨ 13자리 바코드의 처음 세 자리는 국가코드를 의미한다.
③ 정보의 변경과 추가가 가능하다.
⇨ 인쇄된 바코드는 정보의 추가 및 변경이 안 된다.
④ 응용범위가 다양하고 신속한 데이터 수집이 가능하나, 도입비용이 많이 든다.
⇨ 응용범위가 다양하고 제작비용이 저렴하다.
⑤ 읽기와 쓰기가 가능하다.
⇨ 읽기(판독)는 가능하나 쓰기는 불가능하다.

정답 ①

031 ⑤ 저주파일수록 인식 속도가 빠르다.

⇨ 인식속도는 저주파일수록 저속이며, 고주파일수록 고속이다.

정답 ⑤

032 ⑤ ㄱ, ㄴ, ㄷ, ㅁ, ㅂ
⇨ POS 시스템은 단품별 정보, 고객정보, 매출정보, 그 밖의 판매와 관련된 정보를 수집하여 집중적으로 관리하고 필요에 따라 수집된 정보를 가공하여 경영상의 의사결정을 하는 데 활용된다.

> **ⓞ 더 알아보기**
> POS 시스템으로부터 얻을 수 있는 정보
> - 기본데이터 : 연·월·일 시간대별 데이터, 점별·부문별 데이터, 상품코드별 데이터, 판매실적 데이터, 고객별 데이터, 거래·지불방법 데이터
> - 원인데이터 : 상권속성, 점포속성, 매장연출, 매체연출, 판촉연출, 상품속성, 매대별 데이터, 담당자별 데이터

정답 ⑤

033 ② 하이퍼마켓
⇨ 초대형 가격할인 슈퍼마켓, 주로 교외에 위치
③ 카테고리킬러
⇨ 특정 상품계열에 대하여 전문저모가 같이 다양하고 풍부한 구색을 갖추고 낮은 가격에 판매하는 소매형태
④ 슈퍼센터
⇨ 슈퍼마켓과 디스카운트 스토어를 결합한 신종 유통업태
⑤ 회원제 창고형 할인점
⇨ 매장을 단순화해 창고형으로 꾸미고 일정회원을 대상으로 회전율이 높은 상품만을 집중 판매하는 신종 유통업태

정답 ①

034 ③ 물류의 다품종·소량화
⇨ 물류의 다품종·소량화를 추진하기 위한 목적이 아니고 이에 대응하기 위한 목적으로 물류표준화를 시행한다. 물류표준화는 물류의 일관성과 경제성 확보를 위해 포장, 하역, 보관, 수송, 정보 등 각각의 물류기능 및 단계의 물동량 취급단위를 표준 규격화하여 제품의 다양성 및 사양 등에 대해 적절하게 대응하기 위해 추진하는 것이다.

정답 ③

035

ㄴ. 보관시설 표준화 ⇨ 하드웨어 표준화
ㅁ. 기타 물류기기 표준화 ⇨ 하드웨어 표준화

> **◉ 더 알아보기**
>
> 소프트웨어 부문과 하드웨어 부문의 표준화
>
> | 소프트웨어 부문 | 하드웨어 부문 |
> | --- | --- |
> | • 물류용어 표준화
• 거래단위 표준화
• 전표 표준화
• 표준코드 활용
• 포장치수 표준화 | • 파렛트 표준화
• 내수용 컨테이너 보급
• 지게차 표준화
• 트럭적재함 표준화
• 보관시설 표준화
• 기타 물류기기 표준화 |

정답 ②

036

① 모든 국가에서 사용하는 표준 파렛트의 종류와 규격은 동일하다.
⇨ 국가별로 사용하는 표준 파렛트의 종류와 규격은 다르다. 우리나라는 1,100× 1,100mm의 정사각형 파렛트를 일관수송용(Unit Load System) 국가표준 파렛트로 선정하고 있고, 미국은 1,200×1,000mm, 유럽은 1,200×800mm를 사용하고 있다.
② 포장단위치수, 파렛트, 하역장비, 보관설비 등의 표준화가 전제되어야 한다.
⇨ 유닛로드시스템의 전제조건 : 수송장비 적재함의 규격 표준화, 포장단위치수 표준화, 파렛트 표준화, 운반하역장비의 표준화, 창고 보관설비의 표준화, 거래단위의 표준화
④ 하역을 기계화하고 운송, 보관 등을 일관화·합리화할 수 있다.
⇨ 유닛로드시스템은 협동일관수송의 전형적인 수송시스템으로서 하역작업의 기계화 및 작업화, 화물파손방지, 적재의 신속화, 차량회전율의 향상 등을 통해 물류비를 절감하는 최적의 방법이다.

정답 ①

037

⑤ 참여 기업별로 차별화된 물류서비스 제공
⇨ 물류공동화는 자사의 물류시스템을 타사의 물류시스템과 연계시켜 하나의 시스템으로 운영하는 것으로, 물류공동화를 위해서는 자사의 물류시스템을 완전히 개발해야 하며 서비스 내용을 명확하게 표준화해야 한다.

정답 ⑤

038

ㄴ(×). 소량화물의 수·배송 용이
⇨ 수·배송 공동화의 도입 배경으로, 소량·다빈도 배송의 증가는 수·배송 공동화

의 필요성을 증대시켰다.

> **ⓞ 더 알아보기**
>
> 운송업자 관점에서 수·배송 공동화의 장점
> - 운송수단 활용도의 증가로 배송비용 감소
> - 경영의 안정적 기반 제공
> - 계획집하 및 배송에 따른 시간 단축
> - 직송효율의 향상
> - 규모의 경제에 따른 시스템의 정형화와 자동화
> - 표준화에 따른 작업능률 향상
> - 업무처리의 합리화 효과

정답 ④

039
① 가격이 고가이며 다양한 센터와 결합이 가능하다.
⇨ 수동형 태그는 칩의 크기를 작게 제작할 수 있고, 저전력으로 동작이 가능하기 때문에 가격이 저가이다.
③ 원거리 데이터 교환에 사용된다.
⇨ 리더로부터 전원을 공급받을 수 있는 거리는 제한되어 있기 때문에 인식거리가 짧다.
④ 배터리를 통해 전력을 공급받는다.
⇨ 별도의 전원을 갖지 않고 리더로부터 수신한 전력에 의해 태그의 구동 전원을 공급받는다.
⑤ 태그의 수명이 최장 10년으로 제한된다.
⇨ 판독기의 전파신호로부터 반영구적으로 사용 가능(10년 이상)하다.

정답 ②

040
① 빅데이터
⇨ 기존 데이터베이스 관리도구의 능력을 넘어서는 대량의 정형 또는 비정형 데이터 집합을 포함한 데이터로부터 가치를 추출하고 결과를 분석하는 기술
② 사물인터넷
⇨ 각종 사물에 센서와 통신 기능을 내장하여 인터넷에 연결하는 기술
③ 인공지능
⇨ 컴퓨터에서 지능적인 행동을 시뮬레이션 하는 컴퓨터 과학 분야로 사람의 지능을 필요로 하는 작업을 수행할 수 있는 컴퓨터 시스템
⑤ 클라우드 서비스
⇨ 각종 자료를 내부 저장공간이 아닌 외부 클라우드 서버에 저장한 뒤 다운로드받는 서비스

정답 ④

[제2과목 화물운송론]

041 화물 납품처의 매출규모 고려사항 아님
- 운송수단 시 고려사항 : 화물의 종류, 화물의 중량 및 용적, 화물의 고유의 성질, 화물의 가치, 운송거리, 화물 크기, 납기 고객의 중요도 등이다.

정답 ⑤

042 전체 운행거리에서 화물의 적재효율을 높이기 위하여 영차율을 최소화가 아니라 최대화해야 한다.

정답 ③

043 배송은 물류거점 간 간선운송을 의미한다.(×)
⇨ 배송은 중소형 중소형트럭 이용 철도역, 항만, 공항등 거점에서 화주 문전까지는 운송 의미이고 물류거점 간 간선운송은 수송이다.

정답 ④

044 운송수요는 많은 이질적인 개별수요로 구성되어 있기 때문에 계획적이고 체계적인 특성이 있다.(×)
⇨ 운송수요는 이질적인 개별수요로 구성되어 있기 때문에 계획적보다는 유동적 특성이 있다.

정답 ⑤

045 생산과 소비의 시간적 격차를 조정하는 것은 운송효용 측면에서 시간적 효용인 보관에 해당된다.

정답 ⑤

046 자동차운송은 운송거리가 짧을수록 적합하고, 해상운송은 거리가 길수록 합리적이다.

정답 ②

047 항공운송은 리드타임(Lead Time)이 짧기 때문에 재고유지비용이 절감된다.

정답 ③

048 운송은 효율적인 수배송 계획을 수립함으로써 유통재고량을 적절하게 유지시키는 기능을 수행한다.

정답 ⑤

049 공차중량은 사람 및 짐을 적재하지 않고 연료, 냉각수, 윤활유 등기본적인 것만 갖추고 측정한 차의 무게를 말한다.

정답 ①

050 특장차는 특수한 용도로 특수장비를 갖추고 특수한 작업을 수행하기 위해 특수설비와 구조를 갖춘 자동차이기에 차체 무게가 무거워진다.

정답 ④

051 총운송비 = (1×120)+(3×50)+(4×30)+(5×30)+(9×30)+(10×40) = 1,210,000
공급지 B에서 수요지 X까지의 운송량은 단위운송비용 9에 할당된 30톤

정답 ①

052
- C-B-E = 2+2+2 = 6
- C-H-G = 2+3+3 = 8
- C-H-I = 2+3+2 = 7

합산한 총운송거리 = 6+8+7 = 21km

정답 ③

053 벤 트레일러는 화대부분에 밴형의 차체가 장치된 트레일러로, 일반잡화 및 냉동화물 등의 운반에 사용된다.

정답 ④

054 한 번에 운용되는 화물의 단위가 클수록 대량차량을 이용하여, 이때 단위당 부담하는 고정비 및 일반관리비는 감소한다.

정답 ③

055 잘못된 설명은 ㄷ과 ㅁ이다.
(ㄷ) 전폭이 좁을수록 주행의 안전성이 향상된다. ⇨ 전폭이 넓을수록 주행의 안전성이 향상된다.

(ㅁ) 제1축간거리가 길수록 적재함 중량이 뒷바퀴에 많이 전달된다. ⇨ 제1축간거리가 길수록 적재함 중량이 앞바퀴에 많이 전달된다.

정답 ②

056
- T-11형(1.1미터×1.1미터) 가로 2개, 세로 5개 적재 가능하므로 총 10개 적재
- T-12형(1.2미터×1.0미터) T-12형 파렛트는 세로가 1.0미터이므로 한 줄에 가로 1.2 세로 1.0미터이므로 한 줄에는 가로 1.2, 세로 1.0 파렛트 5개, 다른 한 줄에는 1.0, 세로 1.2로 파렛트 방향을 바꾸어 적제하면 6개 적재 가능함. 총 5개+6개 = 11개를 적재할 수 있다.

정답 ②

057 화물차 안전운임제는 위반 시 과태료 처분이 내려지는 '안전운임'과 운임 산정에 참고할 수 있는 '안전운송원가' 두 가지 유형으로 구분된다. 위반시 과태료 처분이 내려지는 안전운임제와 화물운송시장에서 운임 산정에 참고할 안전운송원가 있다.

정답 ②

058 고속도로, 국도, 지방도로를 운행하는 차량 중 총중량 40톤, 총중량 10톤을 초과하거나 적재적량을 초과한 화물을 적재한 차량으로서 중량 측정계오차 10% 감안하여 그 이상시 고발조치하고 일정벌금이 부가된다.(도로법 시행령 79조)

정답 ②

059 고객이 운송장에 운송물 가액을 기재하지 않는 경우 손해배상한도액은 50만원으로 하되, 운송물의 가약에 따라 할증요금 지급시 손해배상한도액은 각 운송가액 구간별 운송물의 최고가액이이다.(택배표준약관 제22조 제3항)

정답 ⑤

060 자체 화차와 자체터미널을 가지고 항구 터미널에서 내륙목적지 터미널 혹은 착화주의 지점장소까지 남의 선로를 빌려 철도/트럭복합운송을 제공하는 국제철도 운송 시스템인 블록 트레인 설명이다.

정답 ④

061
- A-B-D-F : 4
- A-C-E-F : 4
- A-C-B-E-D-F : 6

최대유량은? 4+4+6 = !4톤

정답 ③

062
- 유개차 – 포대화물(양회, 비료 등), 제지류 등을 수송하기 위한 차량으로 양측에 슬라이딩 도어를 구비하여 화물하역이 용이하다.
- 곡형평판차 – 중앙부 저상구조로 되어 있으며 대형변압기, 군장비 등의 특대형 화물수송에 적합하도록 제작되어 있다.

정답 ①

063 ② C 농업법인이 보낸 쌀 10 kg
택배표준약관상 수탁가능한 운송물 1포장의 크기와 무게는 별도의 규정없이 택배사업자가 자체적으로 정하도록 하고 있는데 해당 문제에서는 이에 대한 정보가 없으므로 상대적으로 정답을 선택해야 한다. 따라서 택배사업자가 택배표준약관에 근거하여 운송물의 수탁을 거절할 수 있는 경우가 아닌 것은 ②뿐이다.

정답 ②

064 ① 컨테이너를 적재한 트레일러를 철도화차에 상차하거나 철도화차로부터 하차하는 것이다.
⇨ 화차에 컨테이너만을 적재하고, 컨테이너를 트레일러로부터 분리하여 직접 플랫카에 적재하는 것이다.

정답 ①

065
ㄱ. 사업자가 택배를 위하여 고객으로부터 운송물을 수령하는 것 = 수탁
ㄴ. 고객이 운송장에 운송물의 수령자로 지정하여 기재하는 자 = 수하인
ㄷ. 사업자가 수하인에게 운송장에 기재된 운송물을 넘겨주는 것 = 인도
ㄹ. 사업자에게 택배를 위탁하는 자로서 운송장에 송하인으로 기재되는 자 = 고객

정답 ①

066
ㄱ. 개인으로부터 집화하여 개인에게 보내는 택배 = C2C
ㄴ. 기업에서 기업 또는 거래처로 보내는 택배 = B2B
ㄷ. 기업이 개인에게 보내는 택배 = B2C

정답 ⑤

067 (Bareboat Charter)
○ 일종의 선박 임대차 계약으로 용선자가 일시적으로 선주 지위를 취득한다.
○ 용선자가 선용품, 연료 등을 선박에 공급하고 선장 및 승무원을 고용한다.
○ 용선자가 용선기간 중 운항에 관한 일체의 감독 및 관리권한을 행사한다.
정답 ③

068 겸용선은 화물 수송 수요의 다양화, 수송지역의 다변화에 대응하여 수송 생산성을 최대한으로 높이기 위해 건화물과 액체화물 모두를 운송할 수 있도록 개발된 선박을 말한다.
정답 ⑤

069 운송선의 항해과실면책, 선박취급상의 과실면책, 선박에 있어서 화재의 면책조항 등을 폐지한다.
정답 ③

070 Specific Commodity Rate(특정품목할인요율)
이 요율은 주로 핵심운송화물을 항공운송으로 유치하기 위해 설정된 것으로 항공운송을 이용할 가능성이 높은 품목에 대하여 낮은 요율을 적용하는 할인운임을 말한다. 단, 최저 중량은 제한하고 있다.
정답 ③

071 Freight Collect(후불임금)는 FOB조건의 매매계약서에서 사용된다. FOB계약은 후불운임이 지급되고 양륙지에서 화물인도지시서 발급일, 즉 운임지급일 환율을 적용한다.
정답 ②

072 총톤수(Gross Tonnage)
① 총톤수(Gross Tonnage : G/T)는 선박의 수익능력을 나타내며, 관세·등록세·소득세·계선료·도선료·각종 검사료·모든 세금의 기준이 되고 있다.
정답 ①

073 Buyer's Consolidation : 다수의 seller → 하나의 buyer
Forwarder's Consolidation : (가장 많은 케이스) 다수의 seller → 다수의 buyer
Single Consol : 하나의 항구에서 혼재작업

Multi Consol : 여러 항구를 거치며 혼재작업

정답 ①

074 국제물류주선업자(Freight Forwarder)는 자기명의로 B/L을 발행하지 않고, 선상 또는 항공사의 B/L을 곧바로 화주에게 전달해주는 단순 기능을 수행한다.

정답 ④

075 • A에서 B까지 : AB 3 * AD 4 * DE 2 * EC 3 * EF 3
AB, AD, DE, EF, EC로 연결시 = 15가 된다.

정답 ②

076 보겔추정법에 의한 최소 총 운수비용
(100*7)+(250*6)+(50*4)+(100*5)+(100*9) = 3,800,000
보겔추정법에 의한 공급지 B에서 수요지 Z까지 운송량 : 100톤

정답 ⑤

077 ㄷ,ㅁ은 통행예정모형 중 용량비제약모형이고, ㄱ,ㄴ,ㄹ은 용량제약모형이다.

정답 ④

078 4개 허브를 중간에 두고 나머지 16개 공항을 잇는 노선 16개, 4개의 허브를 모두 잇는 노선 6개를 합하여 22개의 왕복노선이 필요하다.(16개+6개 = 22개)

정답 ④

079 화물분포모형에는 성장인지법(평균인지법, 평형인지법, 프레타법 등), 중력모형, 엔트로피 극대화모형 등이 있다.

정답 ⑤

080 총비용 : (7*9)+(3*10)+(15*13)+(3*!4)+(1*16) = 63+30+195+42+16 = 348000
최대운송량 : 7+3+15+3+1 = 29톤

정답 ④

[제3과목 국제물류론]

081 무역규제 완화는 무역국 간에 물류비용의 절감이 가능하게 협정, 관세등 인하로 물류비용 절감이 가능하다.
정답 ⑤

082 보호무역주의가 확산되면 분업체제를 낮추게 되어서 글로벌 분업체제가 악화된다.
정답 ③

083 국제물류의 합리화를 통해 각국은 비용절감으로 최대비용이 아닌 사업의 효율성을 향상시킨다.
정답 ④

084 TSL은 일본의 고속화물선으로 고속화의 사례의 케이스다.
정답 ①

085 특정한 사유로 선박의 이용이 방해되는 기간 동안 용선자의 용선료 지불의무를 중단은 of-hire이다.
정답 ①

086 수입화물은 도착 선적서류 미 도착시 수입상과 신용장 개설은행이 연대보증 서류를 선박회사에 제출 선적 수입화물을 인도받는 서류로 Letter of Guarantee 하며 선적절차와는 무관하다.
정답 ⑤

087 Detention Charge(지체료)는 화주가 허용된 시간이내에 반출해 간 컨테이너를 선사의 CY로 반환하지 않을 경우 지불하는 비용이다.
정답 ⑤

088 편의치적(FOC)은 선주가 선박에 관련된 운항의 엄격한 규제, 세금을 회피할 목적으로 파나마, 리베리아, 온두라스, 오만 등과 같은 국가, 즉 조세도피지 국가에 선적을 두는 것을 의미한다.
정답 ③

089 해상운송에는 개품운송, 정기선용선, 부정기선용선, 정기용선계약이 있다. 용선계약은 선박의 전세 계약으로 협상력이 약한 용선자를 보호하기 위해 Hague-Visby Rules 같은 강행법규에 의해 규율된다.

정답 ②

090 로테르담 규칙은 인도 지연으로 인한 손해는 당사자 간의 합의된 기간 내에 인도 되지 않을 경우 운임의 2.5배를 최고 한도로 보상이 가능하다.

정답 ③

091 Port Mark는 목적항 목적지를 표시한다.

정답 ④

092 체선료는 초과정박일에 대한 용선자, 화주가 선주에게 지급하는 ㅂ수료 1일 24시간을 기준계산, WWDW(weather working day)의 경우 1일 12시간 계산함, 6월 1일 오후 하역준비완료 통지 정박기간 2일 주간부터 가산, 즉 6일 현충일, 7일 일요일 제외 정박기간은 5일(2,3,4,5,8일)이므로 용선자는 초과정박일 6월 9일 화요일 주간 시간 하루에 대한 체선료 2000불 지불하면 된다.

정답 ②

093 ALB : 유럽 북미행, SLB : 시베리아 육상 가교, OCP : 극동에서 미주대륙, RIPI : 극동 아시아 출발 파나마운하 복합운송 IPI가 한국, 일본등 극동항만 선적화물 북미서 해상운송 후 북미대륙의 횡단철도 이용 미 내륙지점의 철도터미널 복합운송방식이다.

정답 ①

094 ① Hague Rules 해상운송 국제조약, ② Hamburg Rules 해상운송 국제조약 ③ Rotterdam Rules 해상운송 국제조약 ⑤ Hague-Visby Rules ; 해상운송 국제조약 이며, ④ Hague Protocol 항공 운송 국제조약이다.

정답 ④

095 ① FIATA 국제운송선인협회연맹 ② IATA 국제항공운송협회 ④ FAI 국제항공연맹 ⑤ ICC국제상업회의소
• ICAO : 계약당사자가 아닌 운송인이 이행한 국제항공운송에 관한 일부규칙의 통일

을 위한 와르소조약(Warsaw Convention)을 보충하는 과다라하라조약(Guadalajala Convention)을 채택한 국제기구

정답 ③

096 Transporter : 항공화물터미널에서 항공기까지 수평이동을 가능하게 하는 장비

정답 ③

097 250 francs per kilogram은 와르소조약(Warsaw Convention)의 화물에 대한 책임한도액이다.

정답 ②

098 Shipper's Interest Insurance란 화주의 화물을 항공기로 운항 중 발생할 수 있는 위험에 대한 담보보험이다.

정답 ④

099 보험금 지급은 복합운송주선인의 주요업무에 해당 사항이 아니다.

정답 ②

100 복합운송증권은 선하증권과 달리 운송주선인과 운송인이 발행한다.

정답 ②

101 CY에서 본선 적재할 때와 양륙지에서 컨테이너 보세운송할 때 사용되는 서류는 ③ Container Load Plan 이다. 그리고 ① Dock Receipt : 부두수취증 ② Equipment Interchange Receipt : 기기인수도증 ④ Cargo Delivery Order : 화물인도지시서 ⑤ Letter of Indemnity : 파손화물보상장이다.

정답 ③

102 운송인의 명칭을 표시하고 운송인이나 운송인을 위한 또는 그들을 대리하는 기명대리인에 의하여 서명된다.

정답 ①

103 선하증권의 유통성이 소멸된 B/L은 Surrender B/L이라 한다.
정답 ①

104 "TARE 2,350 KG"에서 2,350 KG이 의미는 컨테이너 자체 중량이다.
정답 ①

105 항공화물운송장(AWB)는 송화인이 작성하고 상환증권의 성격을 갖지 않는다.
정답 ⑤

106 항로(Access Channel)는 바람과 파랑의 방향에 대해 30°~60°의 각도를 갖는 것이 좋다.
정답 ②

107 항만은 국제물류의 거점 기능으로 터미널, 경제, 도시기능으로 구분역할 한다.
정답 ④

108 ICD는 운송비, 시설비, 통신비, 표장비 절감 및 노동생산성을 향상시킨다.
정답 ⑤

109 ② ISPS code는 군사 국제선박 및 항만시설 보안규칙이 정답이고
① C-TPAT는 테러방지, ③ CSI - 컨테이너보안협정 ④ Trade Act of 2002 Final Rule - 2002년 통상법 최종규칙 ⑤ 24-hours rule - 교전국 군함의 정박 또는 출범 규제
정답 ②

110 피보험자가 본선의 소유자, 관리자, 용선자 또는 운항자의 파산 또는 재정상의 궁핍한 사정을 알지 못한 상태에서 부보하고 이 계약기간 중에 발생한 멸실, 손상 또는 비용으로 일반 면책조항에 규정된 내용이 아니다.
정답 ④

111 ① 취소여부에 대한 아무런 명시가 없으면 모두 취소불능 신용장이다.
② "before", "after"는 언급된 당해일자를 제외한다.
③ 신용장에 이용가능 은행과 모든 은행이 이용가능 여부를 명시해야 한다.

정답 ⑤

112 마켓 클레임은 주로 매수인이 상품시가의 하락 등으로 입는 경제적인 손실을 만회하기 위해 제기하는 부당한 클레임이다. 화물의 손실이 매수인에게 거의 손해를 입히지 않는 정도이거나, 그 손상이 경미하여 평소 같으면 클레임이 되지 않을 정도의 작은 과실을 트집잡아 가격인하 또는 계약의 해지나 배상요구 등을 강요한다.

정답 ②

113 세관장 허가로 수출입세, 소비세 미납화물을 보관하는 창고이다.
세관장이 지정하는 구역은 보세구역이다

정답 ⑤

114 Incoterms® 2020 규칙은 비용에 관한 규정을 A6/B6 항목에 규정하였다.

정답 ⑤

115 매도인의 비용 위험부담이 적은 것부터 나열하면 FAS(선측) - FOB(본선) - CFR(운임포함) - CIF(운임보험료포함인도조건)이다.

정답 ④

116 ㄱ : DPU   ㄴ : DDP
ㄱ에는 DPU가, ㄴ에는 DDP가 각각 들어가야 한다.

정답 ②

117 ① 보험가액은 보험사고 발생시 보험가입자(피보험자)의 손해액의 최고 한도액이며 보상받을 수 있는 최고액이다.
② 피보험이익은 보험사고 발생에서 보험 보상액이 손해보다 큰 경우이다.

정답 ④

118 구상무역에 사용되는 신용장은 ㄴ. 동시개설신용장, ㄷ. 토마스신용장, ㅁ. 기탁신용장이다.

정답 ④

119 on or about라는 용어가 지정일자와 함께 표시된 경우에는 지정일자 이전 5일과 이후 5일을 더하여 총 11일 건을 선적기한으로 본다. 따서 선적은 2019년 5월 5일 - 5월 15일까지 이행해야 한다.

정답 ①

120 ① 표준품매매(Sales by Standard)는 주로 농수산물이나 광물등 1차 산품
② M/L(More or Less) clause 운송중 수량변화가 예상 물품에 허용범위 과부족 인정
④ D/A 수입상 거래은행 앞으로 어음대금의 추심을 의뢰하는 대금 회수 방식
⑤ M/T(Mail Transfer) 지급은행에게 일정한 금액을 지급하여 줄 것을 위탁한 우편환

정답 ③

제2교시

[제4과목 보관하역론]

001 ㄷ. 통로대면의 원칙은 창고 내의 원활한 화물의 흐름과 활성화를 위해 동일한 종류의 물품을 동일한 장소에 보관하는 원칙이다.(×)
ㄹ. 네트워크 보관의 원칙은 시각적으로 보관물품을 용이하게 식별할 수 있도록 보관하는 원칙이다.(×)
ㅁ. 선입선출의 원칙은 수요가 많은 제품을 먼저 출고한다는 원칙이다.(×)

정답 ⑤

002 적정포장의 합리적이며 공정하고 경제적 포장을 말하는 것으로 포장비용도 중요한 고려 사항이다.

정답 ⑤

003 목표 재고량을 우선 산정하는 것이 아니라 신속, 정확한 재고 파악으로 과잉재고 및 재고편재를 방지하고, 판매정보의 조기 파악 후 조달 및 생산계획을 반영하여 물류센터의 규모를 결정해야 한다.

정답 ②

004 배송의 횟수가 감소하므로 배송 비용은 감소한다. 물류센터는 교차수송방지, 납품 트럭의 혼합방지 등 배송기지로서 운송비 절감을 위한 교량적인 역할을 수행한다.

정답 ④

005 CFS(Container Freight Station) : 수출을 하기 위해 컨테이너에 들어갈 화물들이 컨테이너에 들어가기 전 모여있는 곳이다.

정답 ①

006 공동집배송은 다수업체가 배송센터를 한 곳에 대단위 단지에 집결시킴으로 배송물량이 지역별 업체별 계획배송 및 혼재배송에 의해 차량 적재율의 증가, 횟수의 감소 및 운송거리의 단축을 통하여 공차율 감소하고, 물류비를 절감의 효과를 가져온다.

정답 ④

007 이중양면 골판지 : 양면 골판지의 한쪽 면에 편면 골판지를 접합한 형태로서 비교적 무겁고 손상되기 쉬운 제품 혹은 청과물과 같은 수분을 포함하고 있는 제품 포장에 적합한 골판지이다.

정답 ②

008 ㄱ. 기름기가 많은 종이 등에 문자를 파 두었다가 붓이나 스프레이를 사용하여 칠하면 화인이 새겨지는 방법 : 스텐실(Stencil)
ㄴ. 표시 내용을 기재한 판(종이, 알루미늄 등)을 철사나 끈 등으로 매는 방법 : 태그(Tag)
ㄷ. 고무인이나 프레스기 등으로 찍는 방법 : 스탬핑(Stamping)
ㄹ. 종이나 직포 등에 필요한 내용을 미리 인쇄해 두었다가 일정한 위치에 붙이는 방법 : 레이블링(Labeling)

정답 ①

009 (x,y)=(7,0 2,0)에서 x=7,0 y=2,0을 제시된 총 이동거리 식에 대입하면

$\sum_{i=1}^{n} W_i \times \{|x-a_i| + |y-b_i|\}$

$= 6\times\{|7-2|+|2-1|\} + 5\times\{|7-12|+|2-7|\} + 2\times\{|7-4|+|2-5|\}$
$\quad + 4\times\{|7-7|+|2-8|\} + 6\times\{|7-10|+|2-2|\}$
$= 36+50+12+24+18 = 140$

정답 ③

010 물류센터 내부 레이아웃 : 물류센터 설립을 위한 입지 결정 이후에 고려해야 할 사항이다.

정답 ④

011 ㄷ. 공동순회납품 : 오프라인 공동물류센터를 구축하지 않고 지역별 순회수배송시스템을 구축하여 납품주기를 단축하고 효율화 유형이다.
ㄱ. 서열 공급 : 최종 완성품을 만드는 업체가 서열번호를 매겨서 실시간으로 부품업체에 발주를 하면 부품업체는 해당부품들을 순서에 맞게 조립하여 좀 더 큰 단위의 형태로 완성품 업체에 납품하는 모듈화된 체계이다.
ㄴ. Set 공급 : 하나의 제품생산에 필요한 부품을 상자에 넣어 이를 작업자 바로 옆에 공급하는 방식으로 부품선별오류방지, 작업습득기간 단축 등의 장점이 있지만 피킹에 다수의 작업자가 필요하다는 단점도 있다.

정답 ②

012 창고 조명의 밝기 : 용도 및 작업성격을 고려한 창고설계가 중요하다.

정답 ④

013 $1100/200 \times 1,100/300 = 1,210,000/60,000 = 20.16$
적재 높이는 17cm, 종이박스 높이가 15cm로 1단으로 적재해야 한다.
따라서 20개 종이박스를 적재할 수 있다.

정답 ③

014 도크의 수가 30개일 때 표준정규분포의 확률변수 공식에 각 값을 대입해보면,
$Z = 30-6/0.1 = 240$이 된다. 도크의 수가 30개보다 작으면 1일 평균 240대보다 더 작은 대수가 들어와야 하므로 도크의 수는 30개보다 작으면 안 된다.

정답 ③

015 파렛트 즉시교환방식은 유럽 각국의 국영철도에서 송화주기 국철에 pallet Load 형태로 운송하면, 국철에서는 이와 동수의 pallet로 교환하는 방식이다.

정답 ④

016 ㄱ. 일관파렛트화는 화물이 송화인으로부터 수화인에게 도착할 때까지 전 운송과정을 동일한 파렛트를 이용하여 운송하는 것을 의미한다.(○)

ㄴ. 일관파렛트화를 한다면 표준파렛트를 사용하지 않아도 된다.(×)
ㄷ. 일관파렛트화에 적용되는 개념은 유닛로드를 컨테이너로 하였을 경우에도 그대로 적용될 수 있다.(○)

정답 ③

017 근거리 우선보관(Closest Open Location Storage)방식은 임의위치보관방식의 대표적 유형이다.

정답 ⑤

018 차기예측치 = 당기 판매예측치 + α(당기판매실적치 − 당기판매예측치)
2019년 예측치 = 250+0.4(200−250) = 250−20 = 230
2020년 예측치 = 230+0.4(300−230) = 230=28 = 258

정답 ②

019 DAS(Digital Assort System)란 각 셀별로 설치된 표시기에서 램프 점열 피킹 수량이 표시되면 작업자는 표시기가 점멸되고 있는 위치에서 표시된 수량만큼 파킹한 후 완료 버튼 작동한다.

정답 ①

020 적층랙은 드라이브 인 랙은 파렛트에 적재된 물품의 보관에 이용되고 한쪽 출입구를 두며 지게차를 이용하여 실어 나르는 데 사용하는 랙으로 소품종 다량 또는 로트 단위로 입출고될 수 있는 화물과 계절적인 수요가 있는 화물의 보관에 경제적인 랙이다.

정답 ④

021 소품종 대량생산 품목보다 다품종 소량생산 품목의 창고관리에 더 효과적이다.

정답 ①

022 일괄 오더 피킹 방식은 여러 건의 주문전표를 한데 모아 한꺼번에 피킹하므로 주문별로 분류할 필요가 있는 방법이다.

정답 ④

023 지점 A(60, 15)에서 지점 B(20, 25)까지 수평으로 60−20 = 40(m), 수직으로 25−15 = 10m 이동하였으므로 수평으로 40/2 = 20초, 수직으로 10/1 = 10초가 걸린다.

수직과 수평방향으로 동시에 이동 가능하므로 20초가 소요된다.

정답 ③

024 생산과 소비의 공간적 거리의 격차를 해소하여 거리적 효용을 창출하는 것이 운송의 역할이다.

정답 ①

025 소수대형매출상품의 집단을 A그룹(집중관리 대상), 다수소형매출상품의 집단을 C그룹, 그 중간적 성격을 갖는 그룹을 B그룹으로 분류함

정답 ①

026 유통 측면에서의 재고관리 기능이다.

정답 ⑤

027 MRP시스템은 재주문점은 재고관리기법에서 관리하는 방식으로, MRP시스템은 자재관리기법에 해당한다.

정답 ①

028 용기 1개에 10개 부품을 담을 수 있으므로 300개/10 = 30개의 용기가 필요하다.
용기 1회의 순회시간은 0.7이므로 30 * 0.7 = 21개 용기가 사용되어 20% 안전재고가 필요하므로 21 * 1.2 = 25.2개이다. 부품용기는 최소 26개가 필요하다.

정답 ③

029 안전재고 = 안전계수 × 수요의 표준편차 × $\sqrt{조달기간}$

안전계수는 같고 표준편차는 8에서 4로 $\frac{1}{2}$배, $\sqrt{조달기간}$은 $\sqrt{4}=2$에서 $\sqrt{9}=3$으로 $\frac{3}{2}$배로 변동. 따라서 안전재고는 $\frac{1}{2} \times \frac{3}{2} = \frac{3}{4}$, 즉 이전의 $\frac{3}{4}$ 수준으로 변동되었으므로 기존대비 25% 감소

정답 ②

030 재고유지에 소요되는 비용은 평균재고량에 비례한다.

정답 ⑤

031 가격의 안정화가 아니라 생산계획의 안정화이다.
정답 ⑤

032 순소요량 * (1 - 불량율0.2) = 필요량 : 2개 그러므로 순소량 = 12 * 0.3 = 15
순소요량이 15개이지만 Lot Size가 10개 단위이므로 계획오더량은 20개이다.
정답 ④

033 $EOQ = \sqrt{\dfrac{2 \times 연간수요 \times 1회\ 주문비용}{연간\ 단위당\ 재고유지비용}} = \sqrt{\dfrac{2 \times 2,000 \times 2,000}{200}} = 200$
연간 수요 2,000단위를 200단위씩 10회에 걸쳐 주문한다.
따라서 연간 최적 주문주기는 365/10 = 36.5(일)이다.
정답 ②

034 레이저 스캐닝방식(Laser Scanning Method)은 상자에 붙어 있는 바코드 라벨을 정위치에서 스캐너로 판독하고 컴퓨터에 정보를 전달하여 제어하는 방식이다.
정답 ④

035 ③ 중력이용의 원칙 : 인력작업을 기계화로 대체함이 아니라 하역기계화의 원칙이다.
정답 ③

036 Discharging : 선박으로 수송되는 화물을 선박에 적재하거나 내리는 작업의 총칭이다.
정답 ②

037 야드 트랙터(Yard Tractor, Y/T)는 야드에서 컨테이너 이동·운송하는 데 사용되는 이동장비로서 일반 도로 운행이 가능한 장비이다.
정답 ③

038 석탄 및 광석은 포장하지 않고 그대로 적양하는 산화물은 주로 특수설비를 갖춘 전용부두에서 하역이 이루어진다.
정답 ②

039 트랜스퍼 크레인(Transfer Crane)은 컨테이너 전용부두에서 사용되는 하역 장비이다.
정답 ③

040 하이 리프트 로더(High Lift Loader)는 항공기 화물 하역에 사용되는 로더이다.

정답 ⑤

[제5과목 물류관련법규]

041 ① 피한정후견인 ⇨ 법 제44조 제1호
② 「물류정책기본법」을 위반하여 금고 이상의 실형을 선고받고 그 집행이 종료되거나 집행이 면제된 날부터 2년이 지나지 아니한 자 ⇨ 법 제44조 제2호
③ 「유통산업발전법」을 위반하여 금고 이상의 형의 집행유예를 선고받고 그 유예기간 중에 있는 자
⇨ 법 제44조로 정한 국제물류주선업의 등록의 결격사유로서 「유통산업발전법」의 위반여부는 그 대상에 해당하지 않으므로 ③의 경우에는 국제물류주선업의 등록을 할 수 있다.
④ 「화물자동차 운수사업법」을 위반하여 벌금형을 선고받고 2년이 지나지 아니한 자
⇨ 법 제44조 제2호
⑤ 대표자가 피성년후견인인 법인 ⇨ 법 제44조 제6호

> **⊕ 더 알아보기**
>
> 국제물류주선업의 등록의 결격사유 (법 제44조)
> 다음 각 호의 어느 하나에 해당하는 자는 국제물류주선업의 등록을 할 수 없으며, 외국인 또는 외국의 법령에 따라 설립된 법인의 경우에는 해당 국가의 법령에 따라 다음 각 호의 어느 하나에 해당하는 경우에도 또한 같다.
> 1. 피성년후견인 또는 피한정후견인
> 2. 이 법, 「화물자동차 운수사업법」, 「항공사업법」, 「항공안전법」, 「공항시설법」 또는 「해운법」을 위반하여 금고 이상의 실형을 선고받고 그 집행이 종료(집행이 종료된 것으로 보는 경우를 포함)되거나 집행이 면제된 날부터 2년이 지나지 아니한 자
> 3. 이 법, 「화물자동차 운수사업법」, 「항공사업법」, 「항공안전법」, 「공항시설법」 또는 「해운법」을 위반하여 금고 이상의 형의 집행유예를 선고받고 그 유예기간 중에 있는 자
> 4. 이 법, 「화물자동차 운수사업법」, 「항공사업법」, 「항공안전법」, 「공항시설법」 또는 「해운법」을 위반하여 벌금형을 선고받고 2년이 지나지 아니한 자
> 5. 제47조 제1항에 따라 등록이 취소(이 조 제1호에 해당하여 등록이 취소된 경우는 제외)된 후 2년이 지나지 아니한 자
> 6. 법인으로서 대표자가 제1호부터 제5호까지의 어느 하나에 해당하는 경우
> 7. 법인으로서 대표자가 아닌 임원 중에 제2호부터 제5호까지의 어느 하나에 해당하는 사람이 있는 경우

정답 ③

042 ⑤ ㄱ, ㄴ, ㄷ, ㄹ
⇨ (ㄱ) 인증우수물류기업・(ㄴ) 국제물류주선업자・(ㄷ) 물류관리사・(ㄹ) 우수녹색 물류실천기업은 다른 사람에게 자기의 성명 또는 상호를 사용하여 사업을 하게 하거나 그 인증서・등록증・지정증・자격증을 대여하여서는 안 된다(법 제66조).

정답 ⑤

043 ② ㄱ : 전부 또는 일부   ㄴ : 조례   ㄷ : 조사지침
⇨ • 시・도지사는 지역물류현황조사의 효율적인 수행을 위하여 필요한 경우에는 지역물류현황조사의 (ㄱ) 전부 또는 일부를 전문기관으로 하여금 수행하게 할 수 있다(법 제9조 제3항).
• 시・도지사는 지역물류현황조사를 시장・군수・구청장에게 요청하는 경우에는 효율적인 지역물류현황조사를 위하여 조사의 시기, 종류 및 방법 등에 관하여 해당 특별시・광역시・특별자치시・도 및 특별자치도의 (ㄴ) 조례로 정하는 바에 따라 (ㄷ) 조사지침을 작성하여 통보할 수 있다(법 제9조 제4항).

정답 ②

044 ⑤ 화물운송업 - 항만운송사업
⇨ 화물운송업은 육상화물운송업, 해상화물운송업, 항공화물운송업, 파이프라인운송업으로 세분된다. 항만운송사업으로 세분될 수 있는 것은 '물류서비스업'이다(영 별표1).

> **○ 더 알아보기**
>
> **물류사업의 대분류와 세분류** (영 제3조 관련 [별표 1])
>
> | 대분류 | 세분류 |
> | --- | --- |
> | 화물운송업 | 육상화물운송업, 해상화물운송업, 항공화물운송업, 파이프라인운송업 |
> | 물류시설운영업 | 창고업(공동집배송센터운영업 포함), 물류터미널운영업 |
> | 물류서비스업 | 화물취급업(하역업 포함), 화물주선업, 물류장비임대업, 물류정보처리업, 물류컨설팅업, 해운부대사업, 항만운송관련업, 항만운송사업 |
> | 종합물류서비스업 | 종합물류서비스업 |

정답 ⑤

045 물류보안 관련 제도・표준 등 국가 물류보안 시책의 수립
⇨ 국토교통부장관은 관계 중앙행정기관의 장과 협의하여 물류기업 또는 화주기업이 물류보안 관련 제도・표준 등 국가 물류보안 시책의 준수에 해당하는 활동을 하는 경우에는 행정적・재정적 지원을 할 수 있다(법 제35조의2 제2항 제2호).

정답 ②

045 ② 물류보안 관련 제도·표준 등 국가 물류보안 시책의 수립
⇨ 국토교통부장관은 관계 중앙행정기관의 장과 협의하여 물류기업 또는 화주기업이 물류보안 관련 제도·표준 등 국가 물류보안 시책의 준수에 해당하는 활동을 하는 경우에 행정적·재정적 지원을 할 수 있다(법 제35조의2 제2항 제2호).

> **● 더 알아보기**
>
> **국가 물류보안 시책의 수립 및 지원** (법 제35조의2)
> ① 국토교통부장관은 관계 중앙행정기관의 장과 협의하여 국가 물류보안 수준을 향상시키기 위하여 물류보안 관련 제도 및 물류보안 기술의 표준을 마련하는 등 국가 물류보안 시책을 수립·시행하여야 한다.
> ② 국토교통부장관은 관계 중앙행정기관의 장과 협의하여 물류기업 또는 화주기업이 다음 각 호의 어느 하나에 해당하는 활동을 하는 경우에는 행정적·재정적 지원을 할 수 있다.
>   1. 물류보안 관련 시설·장비의 개발·도입
>   2. 물류보안 관련 제도·표준 등 국가 물류보안 시책의 준수
>   3. 물류보안 관련 교육 및 프로그램의 운영
>   4. 그 밖에 대통령령(영 제26조의2)으로 정하는 물류보안 활동
> ⇨ 법 제35조의2 제2항 제4호에서 "대통령령으로 정하는 물류보안 활동"이란 다음 각 호의 어느 하나에 해당하는 활동을 말한다.
>   1. 물류보안 관련 시설·장비의 유지·관리
>   2. 물류보안 사고 발생에 따른 사후복구조치
>   3. 그 밖에 국토교통부장관이 정하여 고시하는 활동

정답 ②

046 ① 물류환경의 변화와 전망에 관한 사항
⇨ 국가 및 지역 물류기본계획에 포함되어야 하는 사항으로 물류정보화를 통한 물류체계의 효율화 시책에 포함되어야 할 사항에는 해당하지 않는다.

> **● 더 알아보기**
>
> **물류정보화 시책** (영 제19조)
> ① 국토교통부장관·해양수산장관·산업통상자원부장관 또는 관세청장은 물류정보화를 통한 물류체계의 효율화 시책을 강구할 때에는 다음 각 호의 사항이 포함되도록 하여야 한다.
>   1. 물류정보의 표준에 관한 사항
>   2. 물류분야 정보통신기술의 도입 및 확산에 관한 사항
>   3. 물류정보의 연계 및 공동활용에 관한 사항
>   4. 물류정보의 보안에 관한 사항
>   5. 그 밖에 물류효율의 향상을 위하여 필요한 사항
> ② 국토교통부장관·해양수산장관·산업통상자원부장관 또는 관세청장은 제1항 각

047 ③ ㄱ, ㄴ, ㄷ, ㄹ
⇨ 물류신고센터가 화주기업 또는 물류기업 등 이해관계인에게 조정을 권고하는 경우에는 (ㄱ) 신고의 주요내용, (ㄴ) 조정권고 내용, (ㄷ) 조정권고에 대한 수락 여부 통보기간, (ㄹ) 향후 신고처리에 관한 사항을 명시하여 서면으로 통지해야 한다(규칙 제4조의5).

정답 ③

048 ② 직무와 관련 없는 비위사실이 있는 경우
⇨ 국가물류정책위원회 위원이 직무와 관련된 비위사실이 있는 경우에는 지명의 철회 또는 해촉될 수 있다. 즉, 위원의 비위사실과 관련하여 해촉의 요건으로서 직무관련성이 고려되어야 한다. 직무관련성이 없는 경우 비위사실이 있더라도 해촉될 수 없다.

> **⊕ 더 알아보기**
>
> **국가물류정책위원회 위원의 지명철회 또는 해촉사유**(영 제10조의2)
> ① 지명의 철회 : 법 제18조 제2항 제1호에 따라 위원을 지명한 자는 위원이 다음 각 호의 어느 하나에 해당하는 경우에는 그 지명을 철회할 수 있다.
>   1. 심신장애로 인하여 직무를 수행할 수 없게 된 경우
>   2. 직무와 관련된 비위사실이 있는 경우
>   3. 직무태만, 품위손상이나 그 밖의 사유로 인하여 위원으로 적합하지 아니하다고 인정되는 경우
>   4. 위원 스스로 직무를 수행하는 것이 곤란하다고 의사를 밝히는 경우
> ② 해촉 : 위원회의 위원장(국토교통부장관)은 법 제18조 제2항 제2호에 따른 위원이 제1항 각 호의 어느 하나에 해당하는 경우에는 해당 위원을 해촉할 수 있다.

정답 ②

049 ① 국가 또는 지방자치단체는 물류단지시설용지와 지원시설용지의 조성비 및 매입비의 전부를 보조하거나 융자할 수 있다.
⇨ 국가 또는 지방자치단체는 물류단지시설용지와 지원시설용지의 조성비 및 매입비의 일부를 보조하거나 융자할 수 있다(법 제39조 제1항, 영 제28조).
② 국가 또는 지방자치단체는 물류단지의 원활한 개발을 위하여 물류단지 안의 공동구 등 기반시설의 설치를 우선적으로 지원하여야 한다. ⇨ 법 제39조 제2항, 영 제29조

③ 시·도지사 또는 시장·군수는 물류단지개발사업을 촉진하기 위하여 지방자치단체에 물류단지개발특별회계를 설치할 수 있다. ⇨ 법 제40조 제1조
④ 물류단지개발사업의 시행자인 지방자치단체가 실시계획 승인을 받은 경우 그가 조성하는 용지를 분양·임대받거나 시설을 이용하려는 자로부터 대금의 전부 또는 일부를 미리 받을 수 있다. ⇨ 법 제43조, 영 제33조
⑤ 물류단지지정권자는 물류단지개발사업의 시행자에게 용수공급시설·하수도시설·전기통신시설 및 폐기물처리시설을 설치하게 할 수 있다. ⇨ 법 제44조 제1항, 영 제34조 제1항

> **○ 더 알아보기**
>
> **물류단지개발사업의 지원** (법 제39조)
> ① 국가 또는 지방자치단체는 대통령령(영 제28조)으로 정하는 바에 따라 물류단지개발사업에 필요한 비용의 일부를 보조하거나 융자할 수 있다.
> ⇨ 법 제39조 제1항에 따라 국가나 지방자치단체가 보조 또는 융자할 수 있는 비용의 종목은 다음 각 호와 같다.
>   1. 물류단지의 간선도로의 건설비
>   2. 물류단지의 녹지의 건설비
>   3. 이주대책사업비
>   4. 물류단지시설용지와 지원시설용지의 조성비 및 매입비
>   5. 용수공급시설·하수도 및 공공폐수처리시설의 건설비
>   6. 문화재 조사비
> ② 국가 또는 지방자치단체는 물류단지의 원활한 개발을 위하여 필요한 도로·철도·항만·용수시설 등 기반시설의 설치를 우선적으로 지원하여야 한다.

정답 ①

050 ②「농수산물유통 및 가격안정에 관한 법률」에 따른 농수산물산지유통센터
⇨「농수산물유통 및 가격안정에 관한 법률」에 따른 농수산물도매시장·농수산물공판장·농수산물종합유통센터(법 제2조 제7호) 이외에 농수산물산지유통센터는 해당하지 않는다.

> **○ 더 알아보기**
>
> **일반물류단지시설** (법 제2조 제7호, 영 제2조, 규칙 제2조)
> 일반물류단지시설이란 화물의 운송·집화·하역·분류·포장·가공·조립·통관·보관·판매·정보처리 등을 위하여 일반물류단지 안에 설치되는 다음의 시설을 말한다.
> ① 물류터미널 및 창고
> ②「유통산업발전법」의 대규모점포·전문상가단지·공동집배송센터 및 중소유통공동도매물류센터
> ③「농수산물유통 및 가격안정에 관한 법률」의 농수산물도매시장·농수산물공판장 및 농수산물종합유통센터

④ 「궤도운송법」에 따른 궤도사업을 경영하는 자가 그 사업에 사용하는 화물의 운송·하역 및 보관 시설
⑤ 「축산물위생관리법」의 작업장(도축장, 집유장, 축산물가공장, 식용란선별포장장, 식육포장처리장 또는 축산물보관장)
⑥ 「농업협동조합법」·「수산업협동조합법」·「산림조합법」·「중소기업협동조합법」 또는 「협동조합 기본법」에 따른 조합 또는 그 중앙회(연합회를 포함)가 설치하는 구매사업 또는 판매사업 관련 시설
⑦ 「화물자동차 운수사업법」의 화물자동차운수사업에 이용되는 차고, 화물취급소, 그 밖에 화물의 처리를 위한 시설
⑧ 「약사법」의 의약품 도매상의 창고 및 영업소시설
⑨ ①~⑧의 시설에 딸린 시설
⑩ 「관세법」에 따른 보세창고
⑪ 「식품산업진흥법」에 따른 수산물가공업시설(냉동·냉장업 시설만 해당)
⑫ 「항만법」의 항만시설 중 항만구역에 있는 화물하역시설 및 화물보관·처리 시설
⑬ 「공항시설법」의 공항시설 중 공항구역에 있는 화물운송을 위한 시설과 그 부대시설 및 지원시설
⑭ 「철도사업법」에 따른 철도사업자가 그 사업에 사용하는 화물운송·하역 및 보관시설
⑮ 「자동차관리법」에 따른 자동차매매업을 영위하려는 자 또는 자동차매매업자가 공동으로 사용하려는 사업장
⑯ 「자동차관리법」에 따른 자동차경매장

정답 ②

051 ④ 물류시설의 개별화·정보화에 관한 사항
⇨ 물류시설의 공동화·집단화(개별화 X)에 관한 사항(법 제4조 제3항 제6호)

─ ○ 더 알아보기 ─

물류시설종합계획의 포함사항 (법 제4조 제3항, 영 제3조 제1항)
물류시설개발종합계획에는 다음의 사항이 포함되어야 한다.
① 물류시설의 장래수요에 관한 사항
② 물류시설의 공급정책 등에 관한 사항
③ 물류시설의 지정·개발에 관한 사항
④ 물류시설의 지역별·규모별·연도별 배치 및 우선순위에 관한 사항
⑤ 물류시설의 기능개선 및 효율화에 관한 사항
⑥ 물류시설의 공동화·집단화에 관한 사항
⑦ 물류시설의 국내 및 국제 연계수송망 구축에 관한 사항
⑧ 물류시설의 환경보전·관리에 관한 사항
⑨ 도심지에 위치한 물류시설의 정비와 교외이전에 관한 사항
⑩ 용수·에너지·통신시설 등 기반시설에 관한 사항

정답 ④

052 ① 복합물류터미널사업이란 두 종류 이상의 운송수단 간의 연계운송을 할 수 있는 규모 및 시설을 갖춘 물류터미널사업을 말한다. ⇨ 법 제2조 제4호
② 복합물류터미널사업을 경영하려는 자는 국토교통부령으로 정하는 바에 따라 국토교통부장관의 인가를 받아야 한다.
⇨ 복합물류터미널사업을 경영하려는 자는 국토교통부령으로 정하는 바에 따라 국토교통부장관의 등록(인가×)하여야 한다(법 제7조 제1항).
③ 복합물류터미널사업의 등록에 따른 권리·의무를 승계한 자는 국토교통부령으로 정하는 바에 따라 국토교통부장관에게 신고하여야 한다. ⇨ 법 제14조 제2항
④ 복합물류터미널사업자는 복합물류터미널사업의 전부 또는 일부를 휴업하거나 폐업하려는 때에는 미리 국토교통부장관에게 신고하여야 한다. ⇨ 법 제15조 제1항
⑤ 국토교통부장관은 복합물류터미널사업자가 다른 사람에게 등록증을 대여한 때에는 등록을 취소하여야 한다. ⇨ 법 제17조 제1항 제7호

정답 ②

053 ① 일반물류단지는 물류단지 개발사업의 대상지역이 2개 이상의 특별시·광역시·특별자치시·도 또는 특별자치도에 걸쳐 있는 경우에는 시·도지사가 지정한다.
⇨ 일반물류단지는 국가정책사업으로 물류단지를 개발하거나 물류단지 개발사업의 대상지역이 2개 이상의 특별시·광역시·특별자치시·도 또는 특별자치도에 걸쳐 있는 경우 국토교통부장관이 지정하고, 그 외의 경우 시·도지사가 지정한다(법 제22조 제1항).
② 시·도지사는 일반물류단지를 지정하려는 때에는 일반물류단지개발계획을 수립하여 관계 행정기관의 장과 협의한 후 물류시설분과위원회의 심의를 거쳐야 한다.
⇨ 시·도지사는 일반물류단지를 지정하려는 때에는 일반물류단지개발계획을 수립하여 관계 행정기관의 장과 협의한 후 지역물류정책위원회의 심의를 거쳐야 한다(법 제22조 제3항).
③ 국토교통부장관이 노후화된 유통업무설비 부지 및 인근 지역에 도시첨단물류단지를 지정하려면 시·도지사의 신청을 받아야 한다.
⇨ 시·도지사(특별자치도지사는 제외)가 노후화된 유통업무설비 부지 및 인근 지역에 도시첨단물류단지를 지정하는 경우에는 시장·군수·구청장의 신청을 받아 지정할 수 있다(법 제22조의2 제1항 후단 및 동항 제2호).
④ 국토교통부장관 또는 시·도지사가 도시첨단물류단지를 지정하려면 도시첨단물류단지 예정지역 토지면적의 2분의 1 이상에 해당하는 토지소유자의 동의와 토지소유자의 총수 및 건축물 소유자 총수 각 2분의 1 이상의 동의를 받아야 한다(법 제22조의3 제1항).
⑤ 시·도지사가 일반물류단지개발계획을 수립할 때까지 일반물류단지개발사업의 시행자가 확정되지 아니한 경우에는 일반물류단지의 지정 후에 이를 일반물류단지

개발계획에 포함시킬 수 있다.
⇨ 법 제22조 제5항 단서

정답 ⑤

054 ④ 물류단지의 지역별·규모별·연도별 배치 및 우선순위에 관한 사항
⇨ 물류단지의 개발에 관한 기본지침에 포함되어야 할 사항이 아닌 물류시설개발종합계획에 포함되어야 하는 사항이다.

> **⊕ 더 알아보기**
>
> **물류단지개발지침의 포함사항** (법 제22조의6 제1항, 영 제15조 제1항)
> ① 국토교통부장관은 물류단지의 개발에 관한 기본지침(물류단지개발지침)을 작성하여 관보에 고시하여야 한다.
> ② ①에 따른 물류단지개발지침에는 다음 각 호의 사항이 포함되어야 한다(영 제15조 제1항).
>   1. 물류단지의 계획적·체계적 개발에 관한 사항
>   2. 물류단지의 지정·개발·지원에 관한 사항
>   3. 「환경영향평가법」에 따른 전략환경영향평가, 소규모 환경영향평가 및 환경영향평가 등 환경보전에 관한 사항
>   4. 지역 간의 균형발전을 위하여 고려할 사항
>   5. 문화재의 보존을 위하여 고려할 사항
>   6. 토지가격의 안정을 위하여 필요한 사항
>   7. 분양가격의 결정에 관한 사항
>   8. 토지·시설 등의 공급에 관한 사항

정답 ④

055 ① 물류단지개발사업의 시행자로 지정받은 「민법」 또는 「상법」에 따라 설립된 법인은 사업대상 토지면적의 2분의 1 이상을 매입하여야 토지 등을 수용하거나 사용할 수 있다.
⇨ 「민법」 또는 「상법」에 따라 설립된 법인의 시행자인 경우에는 사업대상 토지면적의 3분의 2 이상을 매입하여야 토지 등을 수용하거나 사용할 수 있다(법 제32조 제1항 단서).
② 물류단지개발사업의 시행자는 물류단지개발실시계획을 수립하여 물류단지지정권자의 승인을 받아야 한다. ⇨ 법 제28조 제1항
③ 물류단지지정권자가 물류단지개발사업의 시행자를 지정할 때에는 사업계획의 타당성 및 재원조달능력과 다른 법률에 따라 수립된 개발계획과의 관계 등을 고려하여야 한다. ⇨ 영 제20조 제1항
④ 물류단지개발사업의 시행자는 물류단지개발사업 중 용수시설의 건설을 대통령령

으로 정하는 바에 따라 지방자치단체에 위탁하여 시행할 수 있다. ⇨ 법 제31조 제1항
⑤ 「한국도로공사법」에 따른 한국도로공사는 물류단지개발사업의 시행자로 지정받을 수 있다. ⇨ 법 제27조 제2항 제2호, 영 제20조 제2항 제2호

정답 ①

056 ⑤ ㄱ, ㄴ, ㄷ, ㄹ
⇨ ㄱ, ㄴ, ㄷ, ㄹ 보기 내용 모두 물류시설의 개발 및 운영에 관한 법령상 물류터미널 사업자가 물류터미널 공사시행인가를 받은 공사계획에 대해 인가권자의 변경인가를 받아야 하는 경우에 해당한다(영 제5조 제2항, 규칙 제8조 제3항).

> **⊕ 더 알아보기**
>
> **공사계획 변경의 인가** (법 제9조 제1항 후단, 영 제5조 제2항, 규칙 제8조 제3항)
> 공사계획의 변경에 관한 인가를 받아야 하는 경우는 다음 각 호와 같다.
> 1. 공사의 기간을 변경하는 경우
> 2. 물류터미널의 부지 면적을 변경하는 경우(부지 면적의 10분의 1 이상을 변경하는 경우만 해당)
> 3. 물류터미널 안의 건축물의 연면적(하나의 건축물의 각 층의 바닥면적의 합계)을 변경하는 경우(연면적의 10분의 1 이상을 변경하는 경우만 해당)
> 4. 물류터미널 안의 공공시설 도로・철도・광장・녹지나 주차장, 상수도, 하수도, 유수지, 운하, 부두, 오・폐수 시설 및 공동구를 변경하는 경우

정답 ⑤

057 ① 「공공기관의 운영에 관한 법률」에 따른 공공기관 중 대통령령으로 정하는 공공기관은 공영차고지를 설치하여 직접 운영할 수 있다. ⇨ 법 제2조 제9호, 법 제45조 제1항
② 도지사는 공영차고지를 설치하여 운송사업자에게 운영을 위탁할 수 있다. ⇨ 법 제2조 제9호, 법 제45조 제1항
③ 군수는 공영차고지를 설치하여 운송가맹사업자에게 임대할 수 있다. ⇨ 법 제2조 제9호, 법 제45조 제1항
④ 「지방공기업법」에 따른 지방공사가 공영차고지의 설치・운영에 관한 계획을 수립하는 경우에는 미리 시・도지사의 인가를 받아야 한다. ⇨ 법 제45조 제3항
⑤ 시・도지사를 제외한 차고지설치지가 인가받은 공영차고지의 설치・운영에 관한 계획을 변경하려면 미리 시・도지사에게 신고하여야 한다.
⇨ 시・도지사를 제외한 차고지설치자가 설치・운영계획을 수립하는 경우에는 미리 시・도지사의 인가를 받아야 한다. 인가받은 계획을 변경하려는 경우에도 또한 같다(법 제45조 제3항). 즉, 차고지의 설치・운영에 관한 계획 수립뿐 아니라 변

경 또한 신고사항이 아닌 시·도지사의 인가를 받아야 하는 사항에 해당한다.

정답 ⑤

058 ① 운송주선사업자는 운송주선사업의 허가를 받은 날부터 5년마다 법령상의 허가기준에 관한 사항을 신고하여야 한다. ⇨ 법 제3조 제9항
② 운송주선사업자는 요금을 정하여 미리 신고하여야 한다.
⇨ 운송주선사업자가 아닌 운송사업자에 해당되는 설명이다. 운송사업자는 운임과 요금을 정하여 미리 국토교통부장관에게 신고하여야 한다. 이를 변경하려는 때에도 또한 같다(법 제5조 제1항).
③ 운송주선사업의 허가취소 처분을 하려면 청문을 하여야 한다. ⇨ 법 제22조 제3호
④ 관할관청은 운송주선사업 허가증을 발급하였을 때에는 그 사실을 협회에 통지하여야 한다. ⇨ 규칙 제35조 제3항
⑤ 관할관청은 운송주선사업의 허가취소 등의 사유에 해당하는 위반행위를 적발하였을 때에는 특별한 사유가 없으면 적발한 날부터 30일 이내에 처분을 하여야 한다.
⇨ 규칙 제39조의2 제1항

정답 ②

059 ① 화물자동차 운송가맹사업의 허가를 받은 자는 화물자동차 운송사업의 허가를 받지 아니한다. ⇨ 법 제3조 제2항
② 개인 운송사업자가 아닌 운송사업자는 주사무소 외의 장소에서 상주하여 영업하려면 국토교통부령으로 정하는 바에 따라 국토교통부장관의 허가를 받아 영업소를 설치하여야 한다. ⇨ 법 제3조 제11항
③ 국토교통부장관은 운송사업자의 허가취소 사유와 직접 관련이 있는 화물자동차의 위·수탁차주였던 자에 대하여 임시허가를 할 수 있다.
⇨ 국토교통부장관은 해지된 위·수탁계약의 위·수탁차주였던 자가 허가취소 또는 감차 조치가 있는 날로부터 3개월 내에 제1항에 따른 허가를 신청하는 경우 6개월 이내로 기간을 한정하여 임시허가를 할 수 있다. 다만, 운송사업자의 허가취소 또는 감차 조치의 사유와 직접 관련이 있는 화물자동차의 위·수탁차주였던 자는 제외한다(법 제3조 제12항).
④ 국토교통부장관은 화물자동차 운수사업의 질서를 확립하기 위하여 화물자동차운송사업의 허가를 수반하는 변경허가에 조건 또는 기한을 붙일 수 있다. ⇨ 법 제3조 제14항
⑤ 국토교통부장관은 운송사업자가 사업정지처분을 받은 경우에는 주사무소를 이전하는 변경허가를 하여서는 아니 된다. ⇨ 법 제3조 제15항

정답 ③

060 ① 여객자동차 운수사업용 자동차를 운전한 경력이 있는 자가 화물자동차 운수사업의 운전사업의 운전업무에 종사하려면 그 운전경력이 2년 이상이어야 한다.
⇨ 여객자동차 운수사업용 자동차를 운전한 경력이 있는 자가 화물자동차 운수사업의 운전업무에 종사하려면 그 운전경력이 1년 이상이어야 한다(규칙 제18조 제3호).
② 파산선고를 받고 복권되지 아니한 자는 화물운송 종사자격을 취득할 수 없다.
⇨ 파산선고를 받고 복권되지 아니한 자는 화물자동차 운송사업의 허가를 취득할 수 없다(법 제4조 제2호).
③ 화물운송 종사자격이 취소된 자에게는 500만원 이하의 과태료를 부과한다.
⇨ 화물운송 종사자격이 취소된 자는 6개월 이내의 기간을 정하여 그 자격의 효력을 정지시킬 수 있으며, 과태료 부과대상이 아니다(법 제23조 제1항).
④ 국토교통부장관은 화물운송 종사자격을 취득한 자가 화물운송 중에 고의나 과실로 교통사고를 일으켜 사람을 사망하게 한 경우 화물운송 종사자격을 취소하여야 한다.
⇨ 국토교통부장관은 화물운송 종사자격을 취득한 자가 화물운송 중에 고의나 과실로 교통사고를 일으켜 사람을 사망하게 한 경우 그 자격을 취소하거나 6개월 이내의 기간을 정하여 그 자격의 효력을 정지시킬 수 있다(법 제23조 제1항).
⑤ 화물운송 종사자격의 효력정지 처분은 처분 대상자의 주소지를 관할하는 시·도지사가 관장한다. ⇨ 규칙 제4조 제4항

정답 ⑤

061 ① 상호의 변경
⇨ 상호의 변경은 법 제3조 제3항 단서에 따른 화물자동차 운송사업자의 허가사항 변경신고 대상에 해당한다(영 제3조 제2항 제1호).

── ✪ 더 알아보기 ──
허가사항 변경신고 대상 비교

운송사업자 (영 제3조 제2항)	운송가맹사업자 (영 제9조의3)
1. 상호의 변경 2. 대표자의 변경(법인인 경우만 해당한다) 3. 화물취급소의 설치 또는 폐지 4. 화물자동차의 대폐차 5. 주사무소·영업소 및 화물취급소의 이전. 다만, 주사무소의 경우 관할 관청의 행정구역 내에서의 이전만 해당한다.	1. 대표자의 변경(법인인 경우만 해당한다) 2. 화물취급소의 설치 및 폐지 3. 화물자동차의 대폐차(화물자동차를 직접 소유한 운송가맹사업자만 해당한다) 4. 주사무소·영업소 및 화물취급소의 이전 5. 화물자동차 운송가맹계약의 체결 또는 해제·해지

정답 ①

062 ① 운송사업자에게 화물의 종류·무게 및 부피 등을 거짓으로 통보하는 행위를 하여서는 아니 된다.

⇨ 운송주선사업자의 준수의무 위반사항에 해당한다(법 제26조 제4항).
② 고장 및 사고차량 등 화물의 운송과 관련하여 자동차관리사업자와 부정한 금품을 주고받는 행위를 하여서는 아니 된다. ⇨ 법 제12조 제1항 제4호
③ 일정한 장소에 오랜 시간 정차하여 화주를 호객하는 행위를 하여서는 아니 된다. ⇨ 법 제12조 제1항 제5호
④ 문을 완전히 닫지 아니한 상태에서 자동차를 출발시키거나 운행하는 행위를 하여서는 아니 된다. ⇨ 법 제12조 제1항 제6호
⑤ 택시 요금미터기의 장착 등 국토교통부령으로 정하는 택시 유사표시행위를 하여서는 아니 된다. ⇨ 법 제12조 제1항 제7호

― ♦ 더 알아보기 ―
운수종사자의 준수사항 (법 제12조 제1항)
화물자동차 운송사업에 종사하는 운수종사자는 다음 각 호의 어느 하나에 해당하는 행위를 하여서는 아니 된다.
1. 정당한 사유 없이 화물을 중도에서 내리게 하는 행위
2. 정당한 사유 없이 화물의 운송을 거부하는 행위
3. 부당한 운임 또는 요금을 요구하거나 받는 행위
4. 고장 및 사고차량 등 화물의 운송과 관련하여 자동차관리사업자와 부정한 금품을 주고받는 행위
5. 일정한 장소에 오랜 시간 정차하여 화주를 호객하는 행위
6. 문을 완전히 닫지 아니한 상태에서 자동차를 출발시키거나 운행하는 행위
7. 택시 요금미터기의 장착 등 국토교통부령으로 정하는 택시 유사표시행위
8. 적재된 화물이 떨어지지 아니하도록 국토교통부령으로 정하는 기준 및 방법에 따라 덮개·포장·고정장치 등 필요한 조치를 하지 아니하고 화물자동차를 운행하는 행위
9. 「자동차관리법」 제35조를 위반하여 전기·전자장치(최고속도제한장치에 한정)를 무단으로 해체하거나 조작하는 행위

정답 ①

063 ① 적재물배상보험 등에 가입하려는 이사화물운송주선사업자는 사고 건당 500만원 이상의 금액을 지급할 책임을 지는 적재물배상보험 등에 가입하여야 한다. ⇨ 영 제9조의7
② 적재물배상보험 등에 가입하려는 운송사업자는 사고 건당 2천만원 이상의 금액을 지급할 책임을 지는 적재물배상보험 등에 가입하여야 한다. ⇨ 영 제9조의7
③ 최대 적재량이 5톤 이상인 특수용도형 화물자동차 중 「자동차관리법」에 따른 피견인자동차를 소유하고 있는 운송사업자는 적재물배상보험 등에 가입하여야 한다.
⇨ 최대 적재량이 5톤 이상인 특수용도형 화물자동차 중 「자동차관리법」에 따른 피견인자동차를 소유하고 있는 운송사업자는 적재물배상보험 등의 가입의 대상차량

에서 제외한다(법 제35조, 규칙 제41조의13)..
④ 총 중량이 10톤 이상인 화물자동차 중 국토교통부령으로 정하는 화물자동차를 직접 소유하고 있는 운송가맹사업자는 각 화물자동차별 및 각 사업자별로 사고 건당 2천만원 이상의 금액을 지급할 책임을 지는 적재물배상보험 등에 가입하여야 한다. ⇨ 영 제9조의7
⑤ 보험회사가 「보험업법」에 따라 허가를 받거나 신고한 적재물배상보험요율과 책임준비금 산출기준에 따라 손해배상책임을 담보하는 것이 현저히 곤란하다고 판단한 경우에는 다수의 보험회사 등이 공동으로 책임보험계약 등을 체결할 수 있다.
⇨ 법 제36조 제2항, 규칙 제41조의14 제2호

정답 ③

064 ① 운송사업자가 화물자동차 운송사업의 전부를 폐업하려면 국토교통부령으로 정하는 바에 따라 미리 신고하여야 한다. ⇨ 법 제18조 제1항
② 운송사업자가 화물자동차 운송사업의 전부를 폐업하려면 미리 그 취지를 영업소나 그 밖에 일반 공중이 보기 쉬운 곳에 게시하여야 한다. ⇨ 법 제18조 제3항
③ 운송사업자가 화물자동차 운송사업의 폐업신고를 한 경우 해당 화물자동차의 자동차등록증과 자동차등록번호판을 반납하여야 한다. ⇨ 법 제20조 제1항 제1호
④ 운송사업자가 화물자동차 운송사업의 폐업신고를 한 경우 관할관청에 화물운송 종사자격증명을 반납하여야 한다.
⇨ 운송사업자가 화물자동차 운송사업의 휴업 또는 폐업신고를 한 경우 협회에 화물운송 종사자격증명을 반납하여야 한다(규칙 제18조의10 제2항 제2호)..
⑤ 국토교통부장관은 화물자동차 운송사업의 전부폐업 신고에 관한 권한을 시·도지사에게 위임한다. ⇨ 영 제14조 제9호

정답 ④

065 ① 운송사업자는 감차 조치 명령을 받은 후 2년이 지나지 아니하면 증차를 수반하는 허가사항을 변경할 수 없다.
⇨ 운송사업자는 감차 조치 명령을 받은 후 1년이 지나지 아니하면 증차를 수반하는 허가사항을 변경할 수 없다(법 제3조 제8항 제2호).
② 구난형 특수자동차를 사용하여 컨테이너를 운송하는 운송사업자는 운임과 요금을 정하여 미리 국토교통부장관의 인가를 받아야 한다.
⇨ 구난형 특수자동차를 사용하여 컨테이너를 운송하는 운송사업자는 운임과 요금을 정하여 미리 국토교통부장관의 신고를 하여야 한다(법 제5조 제1항·2항, 영 제4조).
③ 운송사업자는 화물자동차의 안전운전을 확보하기 위하여 화물자동차 운전자의 교통사고, 교통법규 위반사항 및 범죄경력을 기록·관리하여야 한다.
⇨ 국토교통부장관은 화물자동차의 안전운전을 확보하기 위하여 화물자동차 운전자

의 교통사고, 교통법규 위반사항 및 범죄경력을 기록·관리하여야 한다(법 제10조의2 제1항).
④ 일반화물자동차 소유 대수가 1대인 운송사업자는 연간 운송계약 화물의 100분의 50 이상을 직접 운송하여야 한다.
⇨ 자동차 소유 대수와 관계없이 일반화물자동차 운송사업자는 연간 운송계약 화물의 100분의 50 이상을 직접 운송하여야 한다(규칙 제21조의5 제1항).
⑤ 국토교통부장관은 운송사업자가 정당한 사유 없이 집단으로 화물운송을 거부하여 화물운송에 커다란 지장을 주어 국가경제에 매우 심각한 위기를 초래하면 국무회의의 심의를 거쳐 그 운송사업자에게 업무개시를 명할 수 있다. ⇨ 법 제14조 제1항 및 제2항

정답 ⑤

066 ④ 화물자동차 운송사업자의 직접운송 의무를 위반한 경우
⇨ 운송사업자가 ①·②·③·⑤에 해당하는 사유로 제19조 제1항에 따른 허가취소 또는 감차 조치(위·수탁차주의 화물자동차가 감차 조치의 대상이 된 경우에만 해당한다)를 받은 경우 해당 운송사업자와 위·수탁차주의 위·수탁계약은 해지된 것으로 본다(법 제40조의3 제3항).

정답 ④

067 ① 매장이란 상품의 판매와 이를 지원하는 용역의 제공에 직접 사용되는 장소를 말한다. ⇨ 법 제2조 제2호
② 하나 또는 대통령령으로 정하는 둘 이상의 연접되어 있는 건물 안에 하나 또는 여러 개로 나누어 설치되는 매장이어야 한다. ⇨ 법 제2조 제3호 가목
③ 상시 운영되는 매장이어야 한다. ⇨ 법 제2조 제3호 나목
④ 매장면적의 합계가 2천 제곱미터 이상이어야 한다.
⇨ 매장면적의 합계가 3천 제곱미터 이상일 것(법 제2조 제3호).
⑤ 개설등록 당시 매장면적의 10분의 1 이상을 변경할 경우 변경등록을 하여야 한다.
⇨ 규칙 제5조 제4항 제2호

정답 ④

068 ① 대규모점포를 개설하려는 자는 영업을 시작하기 전에 산업통상자원부령으로 정하는 바에 따라 상권영향평가서 및 지역협력계획서를 첨부하여 특별자치시장·시장·군수·구청장에게 등록하여야 한다. ⇨ 법 제8조 제1항
② 특별자치시장·시장·군수·구청장은 개설등록을 하려는 대규모점포 등의 위치가 전통상업보존구역에 있을 때에는 등록을 제한하거나 조건을 붙일 수 있다. ⇨ 법

제8조 제3항

③ 특별자치시장·시장·군수·구청장은 개설등록하려는 점포의 소재지로부터 산업통상자원부령으로 정하는 거리 이내의 범위 일부가 인접 특별자치시·시·군·구에 속하여 있는 경우 인접지역의 특별자치시장·시장·군수·구청장에게 개설등록을 신청받은 사실을 통보하여야 한다. ⇨ 법 제8조 제5항

④ 대규모점포 등 개설등록신청서를 제출받은 특별자치시장·시장·군수 또는 구청장은 별도의 서류확인절차 없이 그 신청에 따라 등록하여야 한다.

⇨ 대규모점포 등 개설등록신청서를 제출받은 특별자치시장·시장·군수 또는 구청장은 행정정보의 공동이용을 통하여 법인 등기사항증명서, 주민등록표 초본, 토지 등기사항증명서, 건물 등기사항증명서, 건축물의 건축 또는 용도변경 등에 관한 허가서 또는 신고필증을 확인하여야 한다(규칙 제5조 제7항).

⑤ 특별자치시장·시장·군수 또는 구청장은 대규모점포 등의 개설등록을 한 때에는 그 신청인에게 대규모점포 등 개설등록증을 교부하여야 한다. ⇨ 규칙 제5조 제6항

정답 ④

069 ① 특별자치시장·시장·군수·구청장은 건전한 유통질서 확립, 근로자의 건강권 및 대규모점포 등과 중소유통업의 상생발전을 위하여 필요하다고 인정하는 경우 대형마트와 준대규모점포에 대하여 영업시간제한 또는 의무휴업을 명하여야 한다.

⇨ 특별자치시장·시장·군수·구청장은 건전한 유통질서 확립, 근로자의 건강권 및 대규모점포 등과 중소유통업의 상생발전을 위하여 필요하다고 인정하는 경우 대형마트와 준대규모점포에 대하여 영업시간제한을 명하거나 의무휴업일을 지정하여 의무휴업을 명할 수 있다(법 제12조의2 제1항).

② 연간 총매출액 중 「농수산물 유통 및 가격안정에 관한 법률」에 따른 농수산물의 매출액 비중이 50퍼센트 이상인 대규모점포 등으로서 해당 지방자치단체의 조례로 정하는 대규모점포 등에 대하여는 영업시간제한 또는 의무휴업을 명하여서는 아니 된다.

⇨ 연간 총매출액 중 「농수산물 유통 및 가격안정에 관한 법률」에 따른 농수산물의 매출액 비중이 55퍼센트 이상인 대규모점포 등으로서 해당 지방자치단체의 조례로 정하는 대규모점포 등에 대하여는 영업시간제한 또는 의무휴업을 명하여서는 아니 된다(법 제12조의2 제1항 단서).

③ 특별자치시장·시장·군수·구청장은 영업시간을 제한할 경우 오전 0시부터 오전 11시까지의 범위에서 제한할 수 있다.

⇨ 특별자치시장·시장·군수·구청장은 제1항 제1호에 따라 오전 0시부터 오전 10시까지의 범위에서 영업시간을 제한할 수 있다(법 제12조의2 제2항).

④ 특별자치시장·시장·군수·구청장은 의무휴업일을 지정할 경우 매월 이틀을 지정하여야 한다. ⇨ 법 제12조의2 제1항, 세종특별자치시 조례 제17조

⑤ 특별자치시장·시장·군수·구청장은 의무휴업일을 지정할 경우 공휴일 중에서

지정하여야 하고, 이해당사자와 합의를 거치더라도 공휴일이 아닌 날을 의무휴업일로 지정할 수는 없다.
⇨ 특별자치시장·시장·군수·구청장은 매월 이틀을 의무휴업일로 지정하여야 한다. 이 경우 의무휴업일은 공휴일 중에서 지정하되, 이해당사자와 합의를 거치더라도 공휴일이 아닌 날을 의무휴업일로 지정할 수는 있다(법 제12조의2 제3항).

정답 ④

070 ② 「전통시장 및 상점가 육성을 위한 특별법」 제2조에 따른 전통시장
⇨ 법 제4조에 따른 법의 적용이 배제되는 시장·사업장 및 매장에 해당하지 않는다.

> ○ **더 알아보기**
>
> 법 적용이 배제되는 시장·사업장 및 매장(법 제4조)
> 1. 「농수산물 유통 및 가격안정에 관한 법률」에 따른 농수산물도매시장·농수산물공판장·민영농수산물도매시장 및 농수산물종합유통센터
> 2. 「축산법」에 따른 가축시장

정답 ②

071 ① "프랜차이즈형 체인사업"이란 체인본부의 계속적인 경영지도 및 체인본부와 가맹점 간의 협업에 의하여 가맹점의 취급품목·영업방식 등의 표준화사업과 공동구매·공동판매·공동시설활용 등 공동사업을 수행하는 형태의 체인사업을 말한다.
⇨ 임의가맹점형 체인사업에 대한 정의이다. 프랜차이즈형 체인사업이란 독자적인 상품 또는 상품 또는 판매·경영 기법을 개발한 체인본부가 상호·판매방법·매장운영 및 관고방법 등을 결정하고, 가맹점으로 하여금 그 결정과 지도에 따라 운영하도록 하는 형태의 체인사업을 말한다(법 제2조 제6호 나목 및 다목).
② "유통산업"이란 농산물·임산물·축산물·수산물(가공물 및 조리물을 포함한다) 및 공산품의 도매·소매 및 이를 경영하기 위한 보관·배송·포장과 이와 관련된 정보·용역의 제공 등을 목적으로 하는 산업을 말한다. ⇨ 법 제2조 제1호
③ "임시시장"이란 다수의 수요자와 공급자가 일정한 기간 동안 상품을 매매하거나 용역을 제공하는 일정한 장소를 말한다. ⇨ 법 제2조 제5호
④ "전문상가단지"란 같은 업종을 경영하는 여러 도매업자 또는 소매업자가 일정지역에 점포 및 부대시설 등을 집단으로 설치하여 만든 상가단지를 말한다. ⇨ 법 제2조 제8호
⑤ "무점포판매"란 상시 운영되는 매장을 가진 점포를 두지 아니하고 상품을 판매하는 것으로서 다단계판매, 전화권유판매, 카탈로그판매, 텔레비전홈쇼핑 등에 해당하는 것을 말한다. ⇨ 법 제2조 제9호

정답 ①

072 ① 항만운송사업을 하려는 자는 항만하역사업, 감정사업, 검수사업, 검량사업의 종류별로 등록하여야 한다. ⇨ 법 제4조 제1항
② 항만하역사업과 감정사업은 항만별로 등록한다.
⇨ 항만하역사업과 검수사업은 한만별로 등록한다(법 제4조 제2항)
③ 항만하역사업의 등록은 이용자별·취급화물별 또는 「항만법」 제2조 제5호의 항만시설별로 등록하는 한정하역사업과 그 외의 일반하역사업으로 구분하여 행한다. ⇨ 법 제4조 제3항
④ 항만운송사업의 등록을 신청하려는 자는 해양수산부령으로 정하는 바에 따라 사업계획을 첨부한 등록신청서를 제출하여야 한다. ⇨ 법 제5조 제1항
⑤ 관리청은 감정사업의 등록신청을 받으면 사업계획과 감정사업의 등록기준을 검토한 후 등록요건을 모두 갖추었다고 인정하는 경우에는 해양수산부령으로 정하는 바에 따라 등록증을 발급하여야 한다. ⇨ 법 제5조 제2항

정답 ②

073 ① 검량사업의 등록을 한 자는 해양수산부령으로 정하는 바에 따라 요금을 정하여 관리청에 미리 신고하여야 한다. ⇨ 법 제10조 제3항
② 항만하역사업의 등록을 한 자는 해양수산부령으로 정하는 항만시설에서 하역하는 화물에 대하여 해양수산부령으로 정하는 바에 따라 그 운임과 요금을 정하여 신고하여야 한다. ⇨ 법 제10조 제2항
③ 항만하역사업의 등록을 한 자는 해양수산부령으로 정하는 항만시설에서 해양수산부령으로 정하는 품목에 해당하는 화물에 대하여 신고한 운임과 요금을 변경할 때에는 변경신고를 하여야 한다. ⇨ 법 제10조 제2항
④ 관리청으로부터 적법하게 권한을 위임받은 시 도지사는 해양수산부령으로 정하는 품목에 해당하는 화물에 대하여 항만하역사업을 등록한 자로부터 운임 및 요금의 설정 신고를 받은 경우 신고를 받은 날부터 30일 이내에 신고수리 여부를 신고인에게 통지하여야 한다. ⇨ 법 제10조 제4항
⑤ 관리청이 운임 및 요금의 신고인에게 신고수리 여부 통지기간 내에 신고수리 여부를 통지하지 아니하면 그 기간이 끝난 날에 신고를 수리한 것으로 본다.
⇨ 관리청(구 해양수산부장관)이 운임 및 요금의 신고인에게 신고수리 여부 통지 기간 내에 신고수리 여부에 따른 처리기간의 연장을 신고인에게 통지하지 아니하면 그 기간이 끝난 날의 다음 날에 신고를 수리한 것으로 본다(법 제10조 제5항).

정답 ⑤

074 ③ 부두운영회사가 항만시설 등의 임대료를 2개월 이상 연체한 경우
⇨ 항만시설운영자 등은 부두운영회사가 항만시설 등의 임대료를 3개월 이상 연체한 경우 부두운영계약을 해지할 수 있다(법 제26조의9 제1항 제2호).

> **○ 더 알아보기**
>
> 부두운영계약 해지사유 (법 제26조의9, 규칙 제29조의5)
> 1. 「항만 재개발 및 주변지역 발전에 관한 법률(구 항만법)」에 따른 항만재개발사업의 시행 등 공공의 목적을 위하여 항만시설 등을 부두운영회사에 계속 임대하기 어려운 경우
> 2. 부두운영회사가 항만시설 등의 임대료를 3개월 이상 연체한 경우
> 3. 항만시설 등이 멸실되거나 그 밖에 해양수산부령으로 정하는 사유로 부두운영계약을 계속 유지할 수 없는 경우
> - 부두운영회사가 부두운영계약 기간 동안 자기의 귀책사유로 법 제26조의6 제2항 제2호에 따른 투자계획을 이행하지 못한 경우
> - 부두운영회사가 항만시설 등의 분할 운영 금지 등 금지행위를 한 경우
> - 정당한 사유 없이 부두운영회사가 제29조 제3호에 따른 사항을 이행하지 아니한 경우

정답 ③

075 ⑤ 「철도물류산업의 육성 및 지원에 관한 법률」
⇨ 「철도사업법」 또는 「철도산업발전 기본법」, 「철도안전법」, 「도시철도법」, 「국가철도공단법」, 「한국철도공사법」으로 정하는 철도 관계 법령을 위반한 법인의 임원이 금고 이상의 형의 집행유예를 선고받고 그 유예 기간 중에 있는 사람은 철도사업의 면허를 받을 수 없다(법 제7조, 영 제2조).

정답 ⑤

076 ㄱ : 사업정지, ㄴ : 과징금
법 제17조 제1항에 따라 각각 ㄱ에는 사업정지가, ㄴ에는 과징금이 들어가야 한다.

정답 ②

077 ① 전용철도의 등록을 한 법인이 합병하려는 경우
⇨ 전용철도의 등록을 한 법인이 합병하려는 경우에는 국토교통부령으로 정하는 바에 따라 국토교통부장관에게 신고하여야 한다(법 제36조 제2항)
② 철도사업자가 사업계획 중 여객열차의 운행구간을 변경하려는 경우 ⇨ 영 제5조 제2호
③ 철도사업자가 공동운수협정에 따른 운행구간별 열차 운행횟수의 5분의 1을 변경하려는 경우 ⇨ 규칙 제9조 제3항
④ 철도사업자가 그 철도사업을 양도·양수하려는 경우 ⇨ 법 제14조 제1항
⑤ 국가가 소유·관리하는 철도시설에 건물을 설치하기 위해 국토교통부장관으로부터 점용허가를 받은 자가 그 점용허가로 인하여 발생한 권리와 의무를 이전하려

는 경우 ⇨ 법 제45조

정답 ①

078 ③ 사업경영의 불확실로 인하여 사업을 계속하는 것이 적합하지 아니할 경우 ⇨ 법 제16조 제1항 제2호

○ 더 알아보기

철도사업자 면허취소 등 사유의 구분 (법 제16조)

구 분	내 용
필요적 면허 취소사유	국토교통부장관은 철도사업자가자가 다음의 어느 하나에 해당하는 경우에는 면허를 취소하여야 한다. • 거짓이나 그 밖의 부정한 방법으로 철도사업의 면허를 받은 경우 • 철도사업자의 임원 중 제7조 제1호 각 목의 어느 하나의 결격사유에 해당하게 된 사람이 있는 경우. 다만, 3개월 이내에 그 임원을 바꾸어 임명한 경우에는 예외로 한다.
임의적 면허 취소사유	국토교통부장관은 철도사업자가 다음 각 호의 어느 하나에 해당하는 경우에는 면허를 취소하거나, 6개월 이내의 기간을 정하여 사업의 전부 또는 일부의 정지를 명하거나, 노선 운행중지·운행제한·감차 등을 수반하는 사업계획의 변경을 멸할 수 있다. • 면허받은 사항을 정당한 사유 없이 시행하지 아니한 경우 • 사업 경영의 불확실 또는 자산상태의 현저한 불량이나 그 밖의 사유로 사업을 계속하는 것이 적합하지 아니할 경우 • 고의 또는 중대한 과실에 의한 철도사고로 대통령으로 정하는 다수의 사상자가 발생한 경우 ⇨ "대통령령으로 정하는 다수의 사상자가 발생한 경우"란 1회 철도사고로 사망자 5명 이상이 발생하게 된 경우를 말한다. • 면허에 붙인 부담을 위반한 경우 • 철도사업의 면허기준에 미달하게 된 경우, 다만, 3개월 이내에 그 기준을 충족시킨 경우에는 예외로 한다. • 국토교통부장관이 지정한 날 또는 기간에 운송을 시작하지 아니한 경우 • 휴업 또는 폐업의 허가를 받지 아니하거나 신고를 하지 아니하고 영업을 하지 아니한 경우 • 철도사업자의 준수사항을 1년 이내에 3회 이상 위반한 경우 • 사업의 개선명령을 위반한 경우 • 명의 대여 금지를 위반한 경우

정답 ③

079 ① 시가 지방도매시장을 개설하려면 도지사의 허가를 받아야 한다. ⇨ 법 제17조 제1항
② 중앙도매시장의 개설자는 청과부류와 수산부류에 대하여는 도매시장법인을 두어야 한다. ⇨ 법 제22조 단서, 규칙 제18조의2 제1항

③ 도매시장 개설자는 법인이 아닌 자를 시장도매인으로 지정할 수 없다. ⇨ 법 제36조 제2항
④ 중앙도매시장에 두는 도매시장법인은 농림축산식품부장관 또는 해양수산부장관이 도매시장 개설자와 협의하여 지정한다.
⇨ 도매시장법인은 도매시장 개설자가 부류별로 지정하되, 중앙도매시장에 두는 도매시장법인의 경우에는 농림축산식품부장관 또는 해양수산부장관과 협의하여 지정한다(법 제23조 제1항).
⑤ 시장도매인은 해당 도매시장의 도매시장법인·중도매인에게 농수산물을 판매하지 못한다.
⇨ 법 제37조 제2항 단서나, 법 제34조 거래의 특례에 따라 시장도매인의 경우에는 도매시장법인·중도매인에게 판매할 수 있도록 하여 출제상의 오류로 복수답안 처리되었다.

정답 ④, ⑤

080
① 식당 ⇨ 편의시설
② 휴게실 ⇨ 편의시설
③ 주차시설 ⇨ 필수시설
④ 직판장 ⇨ 편의시설
⑤ 수출지원실 ⇨ 편의시설

○ 더 알아보기

농수산물종합유통센터의 시설기준 (규칙 제46조 제3항 관련 [별표3])

구분	내 용	
부지	20,000m² 이상	
건물	10,000m² 이상	
시설	1. 필수시설 가. 농수산물 처리를 위한 집하·배송시설 나. 포장·가공시설 다. 저온저장고 라. 사무실·전산실 마. 농산물품질관리실 바. 거래처주재원실 및 출하주대기실 사. 오수·폐수시설 아. 주차시설	2. 편의시설 가. 직판장 나. 수출지원실 다. 휴게실 라. 식당 마. 금융회사 등의 점포 바. 그 밖에 이용자의 편의를 위하여 필요한 시설

※ 비고
1. 편의시설은 지역 여건에 따라 보유하지 않을 수 있다.
2. 부지 및 건물 면적은 취급 물량과 소비 여건을 고려하여 기준면적에서 50퍼센트까지 낮추어 적용할 수 있다.

정답 ③

2020 제24회 해설 및 정답

제1교시

[제1과목 물류관리론]

001 ② 7R 원칙이란 적절한 상품(Commodity), 품질(Quality), 수량(Quantity), 경향(Trend), 장소(Place), 인상(Impression), 가격(Price)이 고려된 원칙이다.
⇨ 7R 원칙이란 적절한 상품(Commodity), 품질(Quality), 수량(Quantity), 시기(Time), 장소(Place), 인상(Impression), 가격(Price)이 고려된 원칙이다.

정답 ②

002 ② 하역물류는 재화와 용역을 효용가치가 낮은 장소로부터 높은 장소로 이동시켜 효용가치를 증대한다.
⇨ 수배송물류에 관한 설명이다.
③ 정보물류는 물자의 수배송, 보관, 거래, 사용 등에 있어 적절한 재료, 용기 등을 이용하여 보호하는 기술이다.
⇨ 포장물류에 관한 설명이다.
④ 유통가공물류는 물류활동과 관련된 정보 내용을 제공하여 물류관리 기능을 연결시켜 물류관리의 효율화를 추구한다.
⇨ 정보물류에 관한 설명이다.
⑤ 수배송물류는 물자를 취급하고 이동하며, 상·하차하는 행위 등 주로 물자의 선적·하역 행위이다.
⇨ 하역물류에 관한 설명이다.

정답 ①

003 ① 조달물류
⇨ 물자가 조달처로부터 운송되어 매입자의 보관창고에 입고·보관되었다가 생산공정에 투입될 때까지의 물류활동이다.
③ 판매물류
⇨ 제품이 소비자에게 전달되는 과정과 관련된 활동으로, 완제품의 판매를 위하여 출고할 때부터 고객에게 인도될 때까지의 물류활동이다.

④ 회수물류
⇨ 상품의 판매물류 이후에 부수적으로 발생하는 물류용기의 재사용, 재활과 더불어 차량과 전자제품 등의 리콜과 관련된 물류활동이다.
⑤ 폐기물류
⇨ 원자재와 제품의 포장재 및 수·배송 용기 등의 폐기물을 처분하기 위한 물류활동이다.

정답 ②

004 ③ 제조업 중심의 생산자 물류에서 고객 중심의 소비자 물류로 전환되고 있어, 소품종 대량생산이 중요시되고 있다.
⇨ 제조업 중심의 생산자 물류에서 고객 중심의 소비자 물류로 전환되고 있어, 다품종 소량생산이 중요시되고 있다.

정답 ③

005 ㄴ(×). 물적유통은 로지스틱스보다 관리범위가 넓다.
⇨ 로지스틱스는 물적유통의 광의의 개념으로 원료준비, 생산, 보관, 판매에 이르기까지의 과정에서 물적유통을 가장 효율적으로 수행하는 종합적 시스템이므로 로지스틱스는 물적유통보다 관리범위가 넓다.
ㄹ(×). 로지스틱스는 기업 간 정보시스템 통합을 추구한다.
⇨ 물류관리를 시스템화하여 효율성을 높이기 위해서는 기업 내 물류활동분야를 정보시스템에 의해 연결함으로서 정보공유와 표준화를 추진해야 하므로 로지스틱스는 기업 내 정보시스템 통합을 추구한다.

정답 ②

006 ① ㄱ
⇨ 화물의 하역, 포장, 가공, 조립, 상표부착, 프로그램 설치, 품질검사업 등 부가적인 물류업은 화물취급업의 세세분류에 해당되며, 화물주선업의 세세분류에는 국제물류주선업, 화물자동차운송주선사업이 해당된다.

○ 더 알아보기

물류사업의 범위 (물류정책기본법 시행령 별표 1)

대분류	세분류	세세분류
화물 운송업	육상화물운송업	화물자동차운송사업, 화물자동차운송가맹사업, 철도사업
	해상화물운송업	외항정기화물운송사업, 외항부정기화물운송사업, 내항화물 운송사업
	항공화물운송업	정기항공운송사업, 부정기항공운송사업, 상업서류송달업
	파이프라인운송업	파이프라인운송업

물류시설 운영업	창고업(공동집배송 센터운영업 포함)	일반창고업, 냉장 및 냉동 창고업, 농·수산물 창고업, 위험 물품보관업, 그 밖의 창고업
	물류터미널운영업	복합물류터미널, 일반물류터미널, 해상터미널, 공항화물터미널, 화물차전용터미널, 컨테이너화물조작장(CFS), 컨테이너장치장(CY), 물류단지, 집배송단지 등 물류시설의 운영업
물류 서비스업	하물취급업(하역업 포함)	화물의 하역, 포장, 가공, 조립, 상표부착, 프로그램 설치, 품질검사 등 부가적인 물류업
	화물주선업	국제물류주선업, 화물자동차운송주선사업
	물류장비임대업	운송장비임대업, 산업용 기계·장비 임대업, 운반용기 임대업, 화물자동차임대업, 화물선박임대업, 화물항공기임대업, 운반·적치·하역장치 임대업, 컨테이너·파렛트 등 포장용기 임대업, 선박대여업
	물류정보처리업	물류정보 데이터베이스 구축, 물류지원 소프트웨어 개발·운영, 물류 관련 전자문서 처리업
	물류컨설팅업	물류 관련 업무프로세스 개선 관련 컨설팅, 자동창고, 물류자동화 설비 등 도입 관련 컨설팅, 물류 관련 정보시스템 도입관련 컨설팅
	해운부대사업	해운대리점업, 해운중개업, 선박관리업
	항만운송관련업	항만용역업, 선용품공급업, 선박연료공급업, 선박수리업, 컨테이너 수리업, 예선업
	항만운송사업	항만하역사업, 검수사업, 감정사업, 검량사업
종합물류 서비스업	종합물류서비스업	종합물류서비스업

정답 ①

007 ③ 제품 추적
⇨ 거래 후 요소에 해당한다.

⊕ 더 알아보기

고객서비스 측정요소의 분류
- 거래 전 요소 : 명시된 회사정책, 회사에 대한 고객의 평가, 회사조직, 시스템의 유연성, 기술적인 서비스, 목표배송일
- 거래 시 요소 : 재고품절 수준, 백 오더 이용가능성, 주문정보, 주문주기와 일관성, 주문의 편리성, 배달의 신뢰성, 시스템의 정확성, 시간, 환적, 제품 대체성
- 거래 후 요소 : 설치·보증·변경·수리·부품, 제품 추적, 고객 클레임·불만, 제품 포장, 수리 도중 일시적인 제품 대체

정답 ③

008 ① 주문전달시간(Order Transmittal time)
⇨ 주문을 주고받는 판매 사원, 우편, 전화 전자송달(컴퓨터 등)에 쓰이는 시간이다.
② 주문처리시간(Order Processing Time)
⇨ 적재서류의 준비, 재고기록의 갱신, 신용장의 처리작업, 주문확인, 주문정보를 생산·판매·회계부서 등에 전달하는 활동에 필요한 시간이다.
③ 오더어셈블리시간(Order Assembly Time)
⇨ 주문을 받아서 발송부서나 창고에 전달 후 발송받은 제품을 준비하는 데 걸리는 시간이다.
④ 재고 가용성(Stock Availability)
⇨ 창고에 보유하고 있는 재고가 없을 때 생산지의 재고로부터 보충하는 데 소요되는 시간이다.

정답 ⑤

009 ④ ㄱ : 구조적, ㄴ : 전략적, ㄷ : 기능적, ㄹ : 실행
⇨ 구조적 단계(ㄱ) : 유통경로단계 및 네트워크 설계,
전략적 단계(ㄴ) : 고객서비스 수준 결정,
기능적 단계(ㄷ) : 물류창고 설계 및 운영, 운송 및 자재관리,
실행단계(ㄹ) : 정보시스템 구축, 설비 및 장비의 도입·조작·변화관리

정답 ④

010 ① 광범위한 유통지역을 관리하기 위해 다수의 물류센터를 구축한다. ⇨ 성숙기
② 경쟁이 심화되는 단계이므로 고객별로 차별화된 물류서비스를 제공한다. ⇨ 성숙기
③ 소수의 지점에 집중된 물류 네트워크를 구축한다.
⇨ 도입기에는 판매망이 소수의 지점에 집중되고 제품의 가용성은 제한되므로 물류서비스는 높은 수준의 재고 가용성과 유연성을 확보하는 전략이 필요하다.
④ 장기적인 시장 점유율 확대를 위해 대규모 물류 네트워크를 구축한다. ⇨ 성장기
⑤ 물류센터를 통폐합하여 소수의 재고 보유 거점을 확보한다. ⇨ 쇠퇴기

정답 ③

011 ㄹ(×). 대표적인 형태는 매트릭스형 물류조직이다.
⇨ 대표적인 형태는 네트워크형 물류조직이다. 네트워크형 물류조직은 기업의 내부영역과 외부영역이 네트워크로 연결되어 외부자원의 효과적 활용을 통해 환경변화에 신속하게 대응하려는 대규모 아웃소싱에 의한 조직으로, 다양한 기업이 파트너에 참여하는 혼합조직 형태인 4자 물류의 대표적인 형태이다.

> **➕ 더 알아보기**
>
> **매트릭스형 물류조직**
> 물류담당자들이 평상시에는 자기부서에서 근무하다가 필요시 해당부서의 인원들과 함께 문제를 해결하기 위해 구성되는 조직이다.

정답 ③

013 ⑤ 물류거점에서 재고집약과 재고관리를 함으로써 재고의 편재는 해소되나 과부족 발생가능성이 높아진다.
⇨ 물류거점에서 재고집약과 재고관리를 함으로써 재고의 편재가 해소되고 필요한 최소 재고만 보유함으로써 과부족발생가능성도 낮아진다.

정답 ⑤

014 ③ 운송물류시스템, 보관물류시스템, 하역물류시스템, 포장물류시스템, 유통가공물류 시스템, 물류정보시스템
⇨ 물류의 5대 기능은 일반적으로 운송, 보관, 하역, 포장(유통가공), 정보처리의 5가지로 분류된다. 과거에는 정보처리를 뺀 운송, 보관, 하역, 포장, 유통가공의 5가지를 물류의 5대 기능으로 분류했으나 최근에는 정보처리의 역할이 커짐으로써 정보처리를 5대 기능 안에 포함시키고, 대신 유통가공을 포장에 포함시켜 분류하는 경향이 높아졌다.

정답 ③

015 ① 대고객 서비스 수준 ⇨ 전술적 계획
② 설비 입지 ⇨ 전략적 계획
④ 운송수단과 경로 ⇨ 전략적 계획
⑤ 재고 정책 ⇨ 전술적 계획

> **➕ 더 알아보기**
>
> **운영·전술·전략적 계획**
> • 운영적 계획(주 단위, 일 단위의 단기계획) : 일상 운영에서 실행하는 구체적인 계획으로 주문처리, 주문품 발송 등이 포함된다.
> • 전술적 계획(1년 이내의 중기계획) : 전략을 조직의 각 부문에서 실행할 수 있도록 구체화하는 단계로 마케팅 전략, 고객서비스 요구사항, 안전재고 수준 결정 등이 포함된다.
> • 전략적 계획(1년 이상의 장기계획) : CEO와 같은 가장 높은 차원에서 실시하는 계획으로 창고입지 결정, 수송수단 선택 등이 포함된다.

정답 ③

016 ① 물류활동을 실행하기 위해 발생하는 직접 및 간접 비용을 모두 포함한다.
⇨ 관리항목별로 직접귀속이 가능한 직접비는 직접 부과하고, 직접귀속이 불가능한 간접비는 적절한 물류비 배부기준을 이용하여 배부한다.
② 영역별로 조달, 생산, 포장, 판매, 회수, 폐기 활동으로 구분된 비용이 포함된다.
⇨ 영역별로 조달, 생산, 사내, 판매, 리버스(반품・회수・폐기) 활동으로 구분된 비용이 포함된다.
③ 현금의 유출입보다 기업회계기준 및 원가계산준칙을 적용해야 한다.
⇨ 물류비는 원칙적으로 기업회계기준 또는 원가계산준칙에서 일반적으로 채택하고 있는 발생기준을 준거하나, 시설부담이자와 재고부담이자에 대해서는 기회원가의 개념을 적용한다(기업물류비 산정지침 제8조).
④ 물류활동이 발생된 기간에 물류비를 배정하도록 한다.
⇨ 물류비 계산은 물류활동과 관련하여 발생된 것이며, 물류비 계상에 있어서 발생기준에 따라 측정한다.
⑤ 물류비의 정확한 파악을 위해서는 재무회계방식보다 관리회계방식을 사용하는 것이 좋다.
⇨ 관리회계방식은 물류활동의 개선안과 개선항목을 보다 명확하게 파악할 수 있다.

정답 ②

017 ① 반품물류비는 판매된 상품에 대한 환불과 위약금을 포함한 모든 직접 및 간접비용이다.
⇨ 반품과정에서 발생하는 운송, 검수, 분류, 보관, 하역 등의 제반 비용은 포함하지만 반품 자체에 따른 환불과 위약금은 물류비에 해당되지 않는다.
② 반품물류비에는 운송, 검수, 분류, 보관, 폐기 비용이 포함된다.
⇨ 폐기 비용은 포함되지 않는다.
③ 회수물류비는 판매된 제품과 물류용기의 회수 및 재사용에 들어가는 비용이다.
⇨ 판매된 제품의 회수에 들어가는 비용은 반품물류비에 해당한다. 회수물류비는 제품의 판매물류에 부수적으로 발생하는 빈 물류용기와 판매와 관련해서 발생되는 빈 판매용기의 회수 및 재사용 비용을 말한다.
⑤ 제품이 정상적으로 사용된 후 소멸 처리하는 것은 폐기비용으로 간주하지 않는다.
⇨ 제품이 정상적으로 사용된 후 소멸 처리하는 것은 폐기비용으로 간주하나, 폐기 자체의 비용이나 공해방지 처리비용 등은 폐기비용에 포함되지 않는다.

정답 ④

018 ④ 25억원
⇨ A기업의 작년 물류비 = 500억×0.1 = 50억, 작년 영업이익 = 500억×0.15 = 75억
올해 영업이익 목표액 = 500억×0.2 = 100억

물류비 절감을 통해 작년 영업이익 75억원에서 올해 목표 영업이익 100억원으로 총 25억원을 올려야 하므로 작년에 비해 추가로 절감해야 할 물류비는 25억원이다.

정답 ④

019 ① 50만원
⇨ 조달물류비는 원재료나 부품 등이 조달거래처에서 매입자에게 납입된 후 생산공정에 투입되기 전까지의 물류비이므로 40만원 + 10만원 = 50만원이 된다.

정답 ①

020 ⑤ 관리형 VMS는 수직적 유통경로시스템 중에서 통합 또는 통제 정도가 가장 강한 시스템이다.
⇨ 관리형 VMS는 수직적 유통경로시스템 중에서 통합 또는 통제 정도가 가장 약한 시스템이다. 수직적 유통경로시스템 중에서 통합 또는 통제 정도가 가장 강한 시스템은 기업형 VMS이다.

정답 ⑤

021 ① 구색편의 기능 ⇨ 소매상을 위한 기능이다.

정답 ①

022 ② 레귤러 체인(Regular Chain)
⇨ 동일 자본에 속하는 여러 개의 점포가 각지에 분산되어 있으면서 중앙의 본부로부터 통일적으로 관리되는 대규모 소매조직이다.
③ 프랜차이즈 체인(Franchise Chain)
⇨ 상품의 소매업 등에서 본부가 가맹점에서 대하여 경영·판매·관리 등의 방법을 제공·통제하고, 간판료나 수수료를 받아들이는 계약을 하여 개업하는 연쇄점이다.
④ 협동형 체인(Cooperative Chain)
⇨ 규모가 비슷한 소매점의 동업자끼리 공동으로 체인본부를 설치하는 것을 말한다.
⑤ 스페셜 체인(Special Chain)
⇨ 특수 물류망 : 일반적인 물류망보다 더 복잡하고 특수한 요구 사항을 충족하도록 설계된 물류망이다. 예를 들어, 위험 물품 운송, 온도 조절 물품 운송, 고가 물품 운송 등에 사용된다. 공급망의 특정 부분 : 특정 제품, 고객 또는 지역에 초점을 맞춘 공급망의 일부를 의미한다.

정답 ①

023 ① EDI ⇨ 전자문서 교환방식(Electronic Data Interchange)
② Pos
⇨ 판매시점정보관리시스템(Point of Sales) : 판매장의 판매시점에서 발생하는 판매정보를 컴퓨터로 자동 처리하는 시스템
③ SIS
⇨ 전략적 정보시스템(Strategic Information System) : 라이벌 기업에 경쟁적 우위를 가지기 위해 전략적으로 구축하는 정보시스템
④ EOS
⇨ 자동발주시스템(Electronic Ordering System) : 매장의 재고관리를 지원하는 것으로 재고량이 재주문점에 도달하게 되면 자동발주가 이루어지는 시스템
⑤ RFID
⇨ 무선주파수식별법(Radio Frequency Identification) : 전자태그(Tag)를 사물에 부착하여 사물의 주위상황을 인지하여, 이 정보를 기존 정보시스템과 실시간으로 교환하고 처리할 수 있는 기술

정답 ①

024 ① 국가식별 코드 ⇨ 3자리
② 제조업체 코드 ⇨ 6자리
④ 상품품목 코드 ⇨ 3자리
⑤ 체크 디지트 ⇨ 1자리

정답 ③

025 ① 코드 모양이 정사각형이다.
⇨ QR코드는 2차원 바코드로 점자식, 모자이크식 정사각형 모양의 코드이다.
② 1차원 바코드에 비하여 오류복원 기능이 낮아 데이터 복원이 어렵다.
⇨ 정보가 훼손되어도 상당부분 복구가 가능하다.
③ 1차원 바코드에 비하여 많은 양의 정보를 수용할 수 있다.
⇨ 2차원 바코드는 가로와 세로 방향 모두 정보를 표현하기 때문에 기존 1차원 바코드의 정보용량보다 100배가량 많은 고밀도 정보를 저장 가능하다.

정답 ②

026 ① RFID(Radio Frequency Identification)는 태그 데이터의 변경 및 추가는 불가능하나, 능동형 및 수동형 여부에 따라 메모리의 양을 다르게 정의할 수 있다.
⇨ 태그 정보의 변경 및 추가가 용이하고, 태그의 전원공급 여부에 따라 능동형 및 수동형으로 분류할 수 있다.

② USN(Ubiquitous Sensor Network)는 센서 네트워크를 이용하여 유비쿼터스 환경을 구현하는 기술이며, 사물에 QR코드를 부착하여 정보를 인식하고 관리하는 정보기술을 말한다.
⇨ 사물에 전자태그를 부착해 사물과 환경을 인식하고 네트워크를 통해 실시간 정보를 구축하는 정보기술이다.
③ CALS의 개념은 Commerce At Light Speed로부터 Computer Aided Logistic Support로 발전되었다.
⇨ 제품의 설계, 제작 과정과 보급, 조달 등 운용과정의 컴퓨터 정보통합 자동화(Computer Aided Acquisition and Logistic Support)로부터 개념이 확대되어 최근에는 광속교역(Commerce At Light Speed)으로까지 발전되고 있다.
④ ASP(Application Service Provider)란 응용소프트웨어 공급서비스를 뜻하며 사용자 입장에서는 시스템의 자체 개발에 비하여 초기 투자비용이 더 많이 발생하는 단점이 있다.
⇨ 개인이나 기업이 응용프로그램을 직접 설치하는 방식이 아니라 인터넷을 이용해 응용프로그램을 임대·관리해 주는 사업자를 뜻하며, 서비스 사용자는 높은 구입비용 대신 일정 서비스 요금만 지급하고 사용할 수 있어 별도의 유지보수비용, 관리인력 등이 필요없다.
⑤ IoT(Internet of Things)란 사람, 사물, 공간, 데이터 등이 인터넷으로 서로 연결되어 정보가 생성·수집·활용되게 하는 사물인터넷 기술이다.
⇨ 사물에 센서를 부착해 실시간으로 데이터를 인터넷으로 주고받는 기술이나 환경을 말한다.

정답 ⑤

027 ① CVO는 Carrier Vehicle Operations의 약어로서, 화물차량에 부착된 단말기를 이용하여 실시간으로 차량 및 화물을 추적·관리하는 방식이다.
⇨ 첨단화물운송시스템(CVO : Carrier Vehicle Operation)
② KL-NET는 무역정보망으로서, 무역정보화를 통한 국가경쟁력 강화를 목적으로 개발되었다.
⇨ KL-NET는 한국 물류정보통신으로 해운·항만 물류 정보화 전문기업이다.
③ KT-NET는 물류정보망으로서, 물류업무의 온라인화를 위해 개발된 정보망이다.
⇨ KT-NET는 한국 무역정보통신으로 인터넷의 모든 기능을 비즈니스 측면에서 구현하여 국내 거래는 물론 국제 거래의 정보 제공 매체의 역할을 담당한다.
④ PORT-MIS는 항만운영관리시스템으로서, 한국물류협회가 개발 및 운영하는 시스템이다.
⇨ PORT-MIS는 항만운영정보시스템으로, 해양수산부에서 개발 및 가동 중인 선박 입출항 등 항만운영정보에 관한 종합적인 전산화 체계이다.

정답 ⑤

028 ② 200개

$100 \times 4 / \sqrt{4} = 200$

> **○ 더 알아보기**
>
> 재고통합(Inventory Pooling)
> - 분산된 물류센터를 하나의 물류센터로 통합하여 운영하면 Pooling 효과로 물류센터의 재고는 기존 분산재고의 합보다 작아진다.
> - n개의 동일한 분산된 물류센터를 하나의 물류센터로 통합하면, 통합재고는 다음과 같이 구할 수 있다.
>   통합재고 = 기존 분산재고 총합 / $\sqrt{n}$

정답 ②

029

① 생산자와 공급자 간의 정보교환이 원활해진다.
⇨ 공급사슬을 통합하면 공급망 전반에 걸쳐 수요정보를 중앙집중화 하여 상호공유가 가능해져 정보교환이 원활해진다.
② 생산계획에 대한 조정과 협력이 용이해진다.
⇨ 공급사슬 통합의 핵심은 상호작용과 협업으로, 정보의 실시간 교환을 통해 상호작용이 촉진되어 생산계획에 대한 조정과 협력이 용이해진다.
③ 공급사슬 전·후방에 걸쳐 수요변동성이 줄어든다.
⇨ 공급사슬을 통합하면 채찍효과가 감소하여 수요변동성이 줄어든다.
④ 물류센터 통합으로 인해 리스크 풀링(Risk Pooling)이 사라진다.
⇨ 물류센터 통합으로 인해 리스크 풀링(Risk Pooling)이 발생한다.
⑤ 공급사슬 전반에 걸쳐 재고품절 가능성이 작아진다.
⇨ 공급사슬 통합의 결여는 제품의 유효성 정도를 심각하게 떨어뜨리고, 결로가적으로 공급사슬 내에 더 많은 품절을 발생시킨다. 따라서 공급사슬을 통합하면 공급사슬 내 정보 공유를 위해 많은 전략적 파트너십에 참여함으로써 공급망 관점의 재고관리를 강화시킬 수 있다.

> **○ 더 알아보기**
>
> 리스크 풀링(Risk Pooling)
> 공급망에서 변동성을 다루는 가장 강력한 도구 중의 하나로, 여러 지역의 수요를 하나로 통합했을 때 수요 변동성이 감소한다는 것을 의미한다. 지역별로 다른 수요를 통합했을 경우, 특정 고객으로부터의 높은 수요발생을 낮은 수요의 다른 지역에서 상쇄할 수 있기 때문에 수요 변동성의 감소는 안전재고의 감소를 가져오게 되며 평균재고도 감소하게 된다.

정답 ④

030 ④ 생산자와 부품공급자는 신제품을 공동 개발한다.
⇨ VMI는 공급업체가 주도적으로 재고를 관리하는 것으로, 유통업체에서 발생하는 재고를 제조업체가 전담해서 관리하는 방식이다. 신제품 개발과정에 부품업체를 적극 참여시키는 것은 디자인 인으로, 세계적인 자동차 기업들의 경우 신제품 개발과정에 부품업체를 참여시키는 비율이 점차 높아지고 있다.

정답 ④

031 ① 생산자와 공급자 간의 협력을 통하여 경쟁우위를 확보할 수 있다.
⇨ 상호신뢰관계를 형성하고 우호적인 제휴관계를 구축하여 안정적인 거래와 경쟁우위를 확보할 수 있다.
② 생산자와 공급자 간의 협력을 통하여 이익 평준화를 실현할 수 있다.
⇨ 생산원가를 절감하면서 공급상품의 수급조절을 개선하고, 더 좋은 가격으로 공급하면서도 사업 수익성을 개선하는 등의 효익이 발생하여 생산자와 공급자 사이에 Win-Win 전략이 구축될 수 있다.
③ 공급사슬 파트너십을 통하여 재고품절 위험을 감소시킬 수 있다.
⇨ 구매·조달의 불확실성과 변동성을 최소화하여 생산계획을 합리화함으로써 재고품절 위험을 감소시킬 수 있다.
④ 공급사슬 파트너십을 통하여 물류비용을 절감할 수 있다.
⇨ 재고의 과부족 위험을 없애고 매장의 재고를 효율적으로 유지하도록 해줌으로써 재고비용 및 그와 관련된 창고인원 등의 여러 가지 물류비용을 절감할 수 있다.
⑤ 공급사슬 파트너십을 통하여 소비자 만족을 극대화할 수 있다.
⇨ 철저한 납기관리 및 영업관리로 소비자 만족도를 향상시킬 수 있다.

정답 ②

032 ④ T-11형 : 1,100mm × 1,100mm, T-12형 : 1,000mm × 1,200mm
⇨ 현재 한국산업표준에는 우리나라 유닛로드용 평파렛트를 T-11형(1,100mm × 1,100mm), T-12형(1,200mm × 1,000mm) 두 가지로 규정하고 있다.

정답 ④

033 ⑤ 20개
⇨ 20피트 컨테이너 T-11형(1,100mm × 1,100mm) 표준 파렛트를 1단을 적입할 경우에는 2열씩 10개를 적입할 수 있으므로 2단으로 적입할 경우에는 20개를 적입할 수 있다.

> **❂ 더 알아보기**
>
> ISO 표준컨테이너의 종류별 크기
> - 20피트 컨테이너 : 높이 2.4m × 폭 2.6m × 길이 6m
> - 40피트 컨테이너 : 높이 2.4m × 폭 2.6m × 길이 12m
> - 45피트 컨테이너 : 높이 2.4m × 폭 2.6m × 길이 13m

정답 ⑤

034 ⑤ ㄱ, ㄴ, ㄷ, ㄹ, ㅁ
⇨ 물류표준화의 대상 : 물류정보(ㅁ), 포장치수(ㄹ), 거래단위, 물류용어, 파렛트, 지게차(ㄷ), 트럭적재함(ㄱ), 보관시설(ㄴ), 기타 물류기기

정답 ⑤

035 ① 운송차량의 공차율 증가 ⇨ 공차율 감소
② 공간의 활용 증대
⇨ 운송수단 공간의 활용도를 높여 차량의 운행효율 향상
③ 주문단위 소량화 대응 가능
⇨ 소량화물 흔적으로 규모의 경제효과 추구
④ 교통혼잡 완화
⇨ 중복・교차수송의 배제로 교통체증 완화
⑤ 대기오염, 소음 등 환경문제 개선
⇨ 환경오염장지 등의 외부불경제를 줄여 사회비용 감소

정답 ①

036 ① 배송공동형
⇨ 화물거점 시설까지 각 화주 또는 개개의 운송사업자가 화물을 운반하고 배송만을 공동화하는 것
② 특정화주 공동형
⇨ 동일업종의 화주가 협동조합이나 연합회 등을 결성하여 화주의 주도로 집하 및 배송의 공동화를 추진하는 것
⑤ 납품대행형
⇨ 운송업자가 납입선을 대신하여 납품하는 형태

정답 ④

037 ⑤ ㅁ
⇨ 순물류 : 공급망 구성원 간의 거래조건이 단순,
역물류 : 공급망 구성원 간의 거래조건이 복잡

> **● 더 알아보기**
>
> **순물류와 역물류**
> - 순물류 : 원산지부터 소비지까지 원자재, 재공품, 완성품 및 관련 정보의 흐름이 효율적이고, 비용면에서 효과적으로 계획·실행·관리하는 과정이다.
> - 역물류 : 물류활동을 통해 소비자에게 전달된 제품이 고객이 더 이상 필요로 하지 않는 상황이 발생했을 때 그 제품을 회수하여 상태에 따라 최적의 처리를 수행하는 과정이다.

정답 ⑤

038 ① AEO(Authorized Economic Operator)
⇨ 수출입 안전관리 우수공인업체
② CSI(Container Security Initiative)
⇨ 컨테이너 안전 협정 : 미국 세관 직원이 주요 항만에 주재하여 미국행 컨테이너에 대한 보안검색을 수행하도록 협의한 협정
③ C-TRAT(Customs Trade Partnership Against Terrorism)
⇨ 대테러 세관 무역업자간 파트너십 : 미 9.11 테러 이후 테러수단의 국내유입을 차단하기 위한 민관협력 제도
④ ISF(Importer Security Filing)
⇨ 수입자 화물 내역서 : 10+2 Rule이라고도 하며, 미 9.11 테러 사건 이후 화물의 밀수 방지 및 보안 유지를 위해서 자국으로 반입되는 컨테이너 화물에 대해 사전에 미국 세관에 신고하도록 의무화한 것
⑤ ISPS(International Ship and Port Facility Security) Code
⇨ 국제선박 및 항만시설 보안규칙 : 국제해사기구(IMO)가 채택한 규칙으로 해상에서의 테러를 예방하기 위해 선박의 안전 확보, 항만시설의 보안 유지, 선사 및 정부에서 해야 할 사항 등의 내용으로 구분되어 발효된 것

정답 ①

039 ② 소량 다빈도 수송 추진
⇨ 과도한 단납기 및 소량납품의 물류조건을 개선해야 한다.

> **⊕ 더 알아보기**
>
> **모달 쉬프트**(modal shift)
> 기존에 이용하던 운송수단을 보다 효율성이 높은 운송수단으로 변경하는 것으로서, 운송효율성을 향상시키기 위하여 이종의 운송수단과 복합운송하는 것이라는 의미로 사용된다. 예를 들어, 화물수송수단을 화물자동차에서 대량수송이 가능하며 환경부담도 적은 철도수송 혹은 해상수송(내륙수운 포함)으로 전환하고자 하는 것이다. 모달 쉬프트 정책의 주요 관심은 모드(Mode)간의 경쟁유발 혹은 사용자 편익 향상에 있지 않으며, 에너지 절감 및 환경부담감소를 실현하기 위해 고효율 화물수송 수단의 활용방안을 적극적으로 도출하는 것이다.

정답 ②

040 ① 분산원장 또는 공공거래장부라고 불리며, 암호화폐로 거래할 때 발생할 수 있는 해킹을 막는 기술에서 출발했다.
⇨ 거래장부를 공개하고 분산해 관리한다는 의미에서 공공거래장부 또는 분산거래장부로도 불린다.
② 다수의 상대방과 거래를 할 때 데이터를 개인 사용자들의 디지털 장비에 저장하여 공동으로 관리하는 분산형 정보기술이다.
⇨ 비트코인은 여러 사용자 컴퓨터에 분산 저장되며, 비트코인에서 10분에 한 번씩 만드는 거래내역 묶음이 '블록'이다.
③ 비트코인은 블록체인 기술을 이용한 전자화폐이다.
⇨ 블록체인은 비트코인의 거래기록을 저장한 거래장부로, P2P 네트워크를 통해 이중 지불을 막는 데 쓰이는 기술이다.
④ 퍼블릭 블록체인(Public Block Chain)과 프라이빗 블록체인(Private Block Chain)은 누구나 접근이 가능하다.
⇨ 퍼블릭 블록체인은 불특정 다수가 네트워크에 참여하여 모두 그 기록을 가지게 되는 것이고, 프라이빗 블록체인은 참여자가 제한된 블록체인이다.
⑤ 컨소시엄 블록체인(Consortium Bock Chain)은 허가받은 사용자만 접근이 가능하다.
⇨ 컨소시엄 블록체인은 미리 선정된 참여자들만이 권한을 가지며, 이 참여자들이 협의체를 이루어 중요한 결정에 참여한다.

정답 ④

[제2과목 화물운송론]

041 ③ 생산비설 + ② 운임부담력설 = 운임결정이론(Theory of Rate Making)이다.

정답 ④

042 영차율은 전체 운행거리 중 실제 화물을 얼마나 적재하고 운행했는지를 나타내는 지표이다.

정답 ①

043 운송은 지역 간, 거래해소로 자원과 자본을 효율적으로 배분하고 회전율을 제고하며, 또한 지역 및 국가간 경쟁을 유발하여 재화의 시장가격과 상품의 재고수준을 낮춘다.

정답 ③

044 폴 트레일러 트럭(Pole-trailer Truck)은 차량 한 대로 안전하게 운송이 어려운 대형장척화물 운송에 적합한 화물자동차이다.

정답 ③

045 TMS는 소비자의 주문 정보를 바탕으로 최적의 운송 경로 계획을 수립하며, 운송이 이루어지는 과정을 통합적으로 관리하는 '수배송관리시스템'으로 주문한 물량에 따라 입출하 지시를 확인하여 운송수단을 지정하고, 화물의 특징에 따라 적절한 운송수단을 배정하는 등 운송과정이 수월하게 진행될 수 있도록 돕는다.

정답 ②

046 배에 너무 많은 짐을 실으면 배가 감당할 수 없기 때문에 가라앉는 등 사고가 발생하고 무게에 따라 운송요금에 차이가 있기 때문에 일부러 중량을 낮게 신고하거나 계근을 하지 않고 단순히 산술적으로 계산해 신고하는 경우도 빈번하게 발생해 과적으로 인한 사고가발생해 왔는데 이러한 사고를 막기 위해 생겨나게 된 것이 바로 '컨테이너 총중량검증제도(VGM)'이다.

정답 ①

047 설명 중 틀린 것은
ㄴ. 해상운송은 물품의 파손, 분실, 사고발생의 위험이 높고 타 운송수단에 비해 안전성이 낮다.

ㄷ. 항공운송은 중량에 크게 영향을 받고 운송할 수 있다.

정답 ②

048 화물의 밀도가 높을수록 동일한 적재용기에 많이 적재할 수 있으며 운임이 낮아진다.

정답 ④

049 전천후 운송의 경우에는 도로운송보다는 철도운송이 날씨에 상관없어서 더 적합하다.

정답 ⑤

050 분립체수송차는 시멘트, 곡물 등 가루나 작은 알갱이 형태의 화물을 자루에 담지 않고 산 물 상태로 운반하는 차량이다.

정답 ②

051 공차중량은 연료, 냉각수, 윤활유 등 포함하여 운행에 필요한 장비를 갖춘 상태의 중량을 말한다.

정답 ①

052 화물운송의 3대 구성요소는 운송방식(Mode), 운송경로(Link), 운송연결점(Node) 3요소 구성이다.

정답 ④

053 ① 덤프 컨테이너의 경우 해당구간 운임의 25%를 가산 적용한다.
② 방사성물질이 적재된 컨테이너는 해당구간 운임에 150%를 가산 적용한다.
③ 위험물, 유독물, 유해화학물질이 적재된 컨테이너는 해당구간 운임에 30%를 가산 적용한다.
④ 화약류가 적재된 컨테이너는 해당구간 운임에 100%를 가산 적용한다.

정답 ⑤

054 화물차량 운송원가
• 고정비 : 감가상각비, 복리후생비, 운전기사 인건비, 통신비, 세금과 공과금등
• 변동비 : 주차비, 차량수리비, 연료비, 도로통행비등

정답 ②

055 운송업체의 대형화, 전문화 등을 통해 경쟁체제의 확립을 위한 기반을 조성해 주어야 한다.

정답 ③

056 화물자동차 운송은 배차의 탄력성이 높다.

정답 ⑤

057 캥거루 방식(kangaroo 方式) : 트레일러를 운송하는 방식의 하나. 플랫폼형 철도 화물차로 트레일러를 운반할 때, 높이제한 범위에 합당하도록 트레일러 뒷바퀴를 마루면보다 낮게 대차의 사이에 떨어뜨려 집어넣는 구조이다.
ㄷ. TOFC 방식 : TOFC는 Trailer on Flat Car의 약어이며, 철도 화차위에 컨테이너를 적재한 트레일러를 직접 적재하고 운행하는 방식을 의미한다.

정답 ⑤

058 ㄱ : 트랜스테이너 방식
트랜스테이너 방식은 컨테이너 터미널에서 컨테이너를 하역하는 방식 중 하나이다. 트랜스테이너라는 거대한 크레인을 사용하여 컨테이너를 야드(컨테이너를 보관하는 공간)에서 입출고하고, 트럭이나 철도 차량에 탑재하거나 하역한다.
트랜스테이너 방식의 장점은 •높은 효율성 : 트랜스테이너는 한 번에 여러 개의 컨테이너를 처리할 수 있어 높은 효율성을 자랑한다. •높은 적재 밀도 : 트랜스테이너 방식은 컨테이너를 높게 적재할 수 있어 토지 이용 효율이 높다. •안전성 : 트랜스테이너는 자동화 시스템으로 작동하여 작업자의 안전성을 높일 수 있다. •다양한 컨테이너 처리 가능 : 트랜스테이너는 다양한 크기와 종류의 컨테이너를 처리할 수 있다.
트랜스테이너 방식의 단점은 •높은 초기 투자 비용 : 트랜스테이너 크레인은 고가의 장비이기 때문에 초기 투자 비용이 높다. •넓은 야드 공간 필요 : 트랜스테이너 방식은 컨테이너를 높게 적재하기 때문에 넓은 야드 공간이 필요하다. •교통 체증 가능성 : 트랜스테이너가 야드 내부를 이동하기 때문에 교통 체증이 발생할 가능성이 있다.
ㄴ : 스트래들캐리어 방식
트랜스테이너 방식과 함께 컨테이너 터미널에서 사용되는 주요 하역 방식입니다. 트럭과 유사한 형태의 장비인 스트래들 캐리어를 사용하여 컨테이너를 야드에서 입출고하고, 트럭이나 철도 차량에 탑재하거나 하역한다.
장점은 트랜스테이너 방식보다 초기 투자 비용이 저렴하고 넓은 야드 공간이 필요하지 않다. 교통 체증 가능성이 낮다.

단점은 트랜스테이너 방식보다 효율성이 낮고 적재 밀도가 낮다. 대형 컨테이너 처리에 어려움이 있다.

적합한 경우로는 컨테이너 처리량이 적은 터미널, 토지 확보가 용이한 터미널, 특정 크기의 컨테이너를 주로 처리하는 터미널방식이다.

ㄷ : 샤시 방식

샤시 방식은 트럭의 맨 위에 컨테이너를 탑재하여 운송하는 방식이다. 컨테이너를 트럭에 직접 탑재하기 때문에 별도의 하역 장비가 필요하지 않는다.

장점은 • 간편함 : 별도의 하역 장비 없이 간편하게 컨테이너를 운송할 수 있다. • 낮은 초기 투자 비용 : 트레일러나 리프트 트럭과 같은 장비가 필요하지 않아 초기 투자 비용이 낮다. • 높은 유연성 : 다양한 크기와 종류의 트럭에 탑재할 수 있어 유연성이 높다.

단점은 • 낮은 효율성 : 컨테이너를 탑재하고 하역하는 데 시간이 오래 걸린다. • 낮은 적재 밀도 : 트럭의 높이 제약으로 적재 밀도가 낮다. • 교통 체증 가능성 : 트럭의 이동 속도가 느려 교통 체증 가능성이 높다.

정답 ③

059 Running Laydays는 연속 정박기간은 일요일, 공휴일은 물론 불가항력을 포함해 하역 게시일부터 끝날 때까지의 모든 기간을 정박으로 계산하는 조건이다.

정답 ⑤

060 ② 적재 중량당 용적이 작다. ➪ 철도운송의 단점
④ 적기 배차가 용이하다. ➪ 적합차량 적절한 시기에 즉시 배치가 어렵고 긴급성, 물동량 확보에 문제가 있다.

정답 ②,④

061 양하항선택할증료는 선택 시 양해항을 복수로 선정하고, 양륙항 도착 전에 최종 양륙항을 지정하는 경우 부과되는 할증료이다.

정답 ④

062 묵시적 확약이란 용선계약에 있어 계약서상에 명시되어 있지는 않지만 당사자가 상대방에게 묵시적 확약으로 인정하는 것으로서 선주 측에서는 내항성 선박의 제공, 신속한 항해 이행, 부당한 이로의 불가 등이 있으며, 화주 측에서 화물을 적재하지 않도록 하는 것 등이 있다.

정답 ①

063 헤이그 규칙에서는 화물에 대한 운송인의 책임범위를 선적 시로부터 양화 시까지 'from Tackle to Tackle'로 규정하였으나 함부르크 규칙에서는 수취에서 운송까지 'from Receipt to Delivery'로 운송인의 책임범위를 태클 전후로까지 확대하였다.

정답 ③

064 화차의 봉인은 내용물의 이상 유무를 검증하기 위한 것으로 송화주의 책임으로 하여야 한다.

정답 ②

065 항공협정은 '바젤 협정'-버뮤다협정을 표준으로 하여 정의 규정, 국내법 적용, 운임, 협정의 개정, 폐기에 관한 사항 등을 포함한다. 바젤협약은 1989년 유엔 환경계획을 후원하에 스위스 바젤에서 채택된 협약으로 유해폐기물의 국 간 이동 및 교역을 규제하는 국제환경협약이다.

정답 ③

066 고객(송화인)이 운송물의 가액에 따라 할증요금을 지급하는 경우에는 각 운송가액 구간별 최고가액이 적용됨을 명시해 놓는다.

정답 ④

067 운송주선인은 화주를 대신하여 수출입화물의 통관절차를 대행할 수 있지만, 국가에 따라서 관세사 등 통관허가를 받은 자만이 할 수 있다. 옳은 설명이다.

정답 ⑤

068 항공화물은 신속성이 보장되는 운송수단으로 취급과 보관비용이 낮은 화물보다 높은 화물을 대상으로 하는 것이 물류비용의 감소측면에서 더 유리하다.

정답 ①

069 최적용적 : 100 * 45 * 60 = 270,000
화물의 용적중량 : 270,000/6,000 = 45
실제 총중량 비교하여 큰 숫자 적용 40 < 45
요율 결정 : 45이므로 9000이다.
45 * 9000 = 405,000원

정답 ④

070 ㄴ. 운송물 1포장의 가액이 200만원을 초과하는 경우 아니라 300만원을 초과로
ㄷ. 운송물의 인도예정일(시)에 따른 운송이 가능한 경우 아니라 불가능한 경우로
정답 ②

071 물류서비스 차별화 유지 아니라 공동 수배송시스템의 구축을 어렵게 하는 장애요인에 해당한다.
정답 ③

072 ㄱ : Dolly : 자체 동원력 없는 무동력 장비 견인차
ㄴ : High Loader : 항공화물 여러 층 높게 적재 화물실에 화물 탑재
ㄷ : Tug Car : 항공기를 이동시키는 지상조업장비 장비 견인도 가능
ㄹ : Hand Lift Jack : 화물 운반 보관작업 장비
정답 ①

073 공급지C의 공급량 20톤의 운송비용 = (5 * 15)+(12 * 5) = 135원
정답 ②

074 최저운임 기본요율, 중량단계별 할인요율로 구성되며 품목분류요율과 특정품목할인요율이 적용되는 화물을 제외한 화물운송에 적용됨
정답 ⑤

075 배상날짜가 다른 경우는 경유지를 엄격하게 구분한다.
정답 ④

076 총운송비용 = (5 * 500)+(8 * 500)+(10 * 700)+(20 * 200)+(25 * !00) = 20,000원
정답 ②

077 S에서 G까지 최단경로는 S-A-B-E-G로
최단경로 산출거리는 = 4+1+4+5 = 14Km이다.
정답 ③

078 S에서 최종 목적지 G까지 최단거리는 S-A-B-E-G에 소요거리를 반영하면
4+!+4+5 = 14Km임

정답 ⑤

079 공동 수·배송에 물류비 절감 효과를 기대할 수 있다.

정답 ③

080 총운송비용 : $(4*14)+(6*5)+(4*15)+(12*2)+(6*10) = 234$

정답 ①

[제3과목 국제물류론]

081
- 수량적 차이 – 생산수량 소비수량 차이 조정
- 품질적 차이 – 가공 조립 포장으로 품질적 차이 조정
- 생산 소비 모든 비용의 차이 조정
- 인적분리 = 매매

ㄹ은 인적 차이 조정, ㅁ은 시간적 차이 조정에 대한 설명

정답 ①

082
- 도로운송 : 근거리 운송 다양한 품목취급
- 철도운송 : 중장거리 운송에 적합 비용이 저렴
- 항공운송 : 신속성, 안정성 높고 비용이 크다.
- 해상운송 : 대량수송이 가능하고 국제적이다.
- 파이프라인 : 석유류 가스제품 수송으로 제한적 운송경로 등에 제한적이다.

정답 ⑤

083
- 고전적시스템 : 자회사 창고를 통해 제품을 송부 주문하는 시스템
- 직송시스템 : 제품이 생산국 공장에서 해외 최종소비자, 회사 자회사 고객에게 배달되는 시스템

정답 ②

084 국내외 화주기업들은 물류비 절감과 서비스 향상을 위해 물류전문업체와 활발히 계약하는 형태이다.
정답 ⑤

085 제품의 생산과정에서 유통까지 공급망이 하나의 통합시스템으로 연계되어 부서간 합동체제이다.
정답 ③

086 컨테이너선의 경우 벌크선과 달리 공 컨테이너 회수 문제가 발생한다.
정답 ⑤

087 Insulated Container(단열 컨테이너) : 내벽에 보온재 장치로 소정의 보냉 성능을 가진 컨테이너로 과일, 채소 등 단기 수송화물에 사용된다.
정답 ④

088 컨테이너의 심각한 구조적 결함을 설명하고 심각한 구조적 결함이라 보는 것이 Bottom Rail이다.
정답 ②

089 광석, 석탄 등의 벌크 화물 운송은 부정기선이다.
정답 ③

090 해상운송화물의 선적절차 순서는 ㄱ. Shipping Request(선적신청) - ㄴ. Booking Note (선복예약) - ㄷ. Shipping Order(선적지시) - ㄹ. Mate's Receipt(본선수취) - ㅁ. Shipped B/L(선적선화증권발급) 순서이다.
정답 ①

091 정기선은 표준화된 계약서인 선화증권이 사용된다.
정답 ⑤

092 해상운송과 관련된 국제기구의 설명으로 옳은 것은 ㄴ, ㄷ이다.
ㄱ. IACS는 국제선급연합회로 선급간 협력, 규칙 통일을 도모하기 위한 조직이다.
ㄹ. IMO는 국제무역과 경제발전을 촉진할 목적으로 설립된 유엔 산하 구제기구다.

정답 ③

093 ① 모든 정비가 갖추어져 있고 선원이 승선해 있는 선박을 일정기간 사용하는 계약이다.
② 한 개의 항해를 단위로 계약하는 것은 항해용선계약이다.
③ 용선자가 아닌 선주가 선장 및 선원을 고용하고 관리·감독한다.
④ 용선자는 운항에 필요한 연료비등 부담 선주가 선박의 유지 및 수리비를 용선자가 부담한다.

정답 ⑤

094 선저에서 만재흘수선까지 높이를 최대만재흘수라 한다. 최대만재흘수는 안전항해 저해하지 않는 선에서 허용된 최대 흘수이다.

정답 ④

095 ㄱ, ㄴ은 옳은 것이고 ㄷ의 FI는 적하 시는 화주가 부담, 양하시는 선주가 부담하고, ㄹ의 FO는 적하 시는 선주가 부담, 양하 시는 화주가 부담하므로 ㄷ, ㄹ이 잘못된 해설이다.

정답 ①

096 • 순톤수 : 여객, 화물의 수송 능력이고
• 재화용적톤수 : 선박의 전체 적재 용적(부피)
• 배수톤수 : 선박이 물 속에 잠긴 부분이며
• 운하톤수 : 배가 운하를 통과 시 통과료 산출 기준이다.

정답 ①

097 ② 엄격책임(strict liability)원칙은 불가항력 등의 면책을 인정하지 않는다.
③ 무과실책임(liability without negligence)원칙은 운송인의 과실 여부 불문 배상책임을 지는 원칙으로 불가항력, 화물고유의 성질 소모, 누손으로 인한 손해는 면책 인정
④ 단일책임체계(uniform liability system)에서 복합운송인이 전 운송구간의 책임을 진다.

⑤ 이종책임체계(network liability system)는 UN국제복합운송조약이 채택하고 있는 체계로 절충식 책임체계이다.

정답 ①

098 ㄱ. 시카고조약에 의거하여 국제항공의 안전성 확보와 항공질서 감시를 위한 관리를 목적으로 설립된 UN산하 항공전문기구 ⇨ ICAO 해설
ㄴ. 각국의 정기 항공사에 의해 운임, 정비 등 상업적, 기술적인 활동을 목적으로 설립된 국제적 민간항공단체 ⇨ IATA 해설

정답 ②

099 Montreal Agreement에서는 화물뿐만 아니라 승객, 수화물과 같이 비행기로 운송되는 것의 보상에 대하여 운송인 책임한도를 인상 합의한 협정이다.

정답 ③

100 항공화물운송은 항공여객운송에 비해 편도운송의 비중이 높다.

정답 ④

101 국제복합운송의 기본요건인 일관운임설정, 일관선화증권발행, 단일운송인 책임 등이다.

정답 ②

102 Co-loading service는 공동혼재를 의미. 소량화물을 혼재처리하기 어려운 경우 포워더 간의 협력으로 혼재작업을 하는 것이다.

정답 ④

103 Siberia Land Bridge : 극동지역 부산일본 등에서 유럽과 중동행의 화물을 러시아 극동항구인 보스트치니항으로 운송 후 시베리아철도로 시베리아 횡단하여 시베리아 서부 국경에서 유럽지역으로 또는 그 반대로 운송하는 시스템이다.

정답 ⑤

104 • IPI : 극동지역의 항만에서 북미의 서해안 항만까지 해상운송한 후, 북미대륙의 횡단철도를 이용하여 화물을 인도하는 경로
• RIPI : 극동지역의 항만에서 북미의 동해안 또는 멕시코만의 항만까지 해상운송한

후, 철도운송을 이용하여 화물을 인도하는 경로

정답 ①

105 선화증권상 용선계약에 따른다는 어떤 표시도 포함하지 않아야 한다.

정답 ④

106 Order B/L은 수화인란에 특정수화인명이 기재되지 않고 단순히 to order, to order of **bank' 등으로 기재된 선화증권이다.

정답 ②

107 ② B/L은 일반적으로 본선 선적 후 발행하는 수취식(received)으로 발행된다. ⇨ (선적식)
③ AWB는 유통성이 있는 유가증권이다. ⇨ (화물수령증)
④ B/L은 송화인이 작성하여 운송인에게 교부한다. ⇨ (선사 작성)
⑤ AWB는 B/L과 달리 상환증권이다. ⇨ (화물수취증)

정답 ①

108 ① CSI 컨테이너 보안 협정
② ISF 선원문제 관한 선주의 권익 보호
③ C-TPAT 테러방지
④ PIP 캐나다 자발적 물류보안 강화프로그램
⑤ 24-Hour Rule 24시간전 컨테이너 화물 세부정보 미국관세청 세관 신고제도

정답 ③

109 ㄱ에 shipper, ㄴ에 carrier가 차례로 들어가야 한다.

정답 ③

110 ㄱ: include, ㄴ: exclude, ㄷ: exclude이 차례로 들어가야 한다.

정답 ①

111 원유, 석탄, 가스, 우라늄 등의 매매는 비엔나협약(CISG, 1980)의 적용 제외 대상이 아니다.

정답 ⑤

112 벌크 화물(bulk cargo)에 관하여 과부족을 금지하는 문언이 없는 한, 5%까지의 과부족이 용인되는 것이 신용장 방식 거래이다.

정답 ③

113 ○ 보험의 목적이 파괴되거나 또는 보험에 가입된 종류의 물건으로서 존재할 수 없을 정도로 손상을 입은 경우, 또는 피보험자가 회복할 수 없도록 보험의 목적의 점유를 박탈당하는 경우에는, 현실전손이 있는 것이다.
○ 공동의 핵심사업에 있어서 위험에 직면한 재산을 보존할 목적으로 위험의 적용시에 어떠한 이례적인 희생 또는 비용이 임의로 또는 합리적으로 초래되거나 지출되는 경우에, 공동해손행위가 있는 것으로 한다.

정답 ③

114 ICC(C)(2009)에서 담보되는 손해는 피난항에서의 화물의 양하(discharge)로 인한 손해다.

정답 ①

115 DDP와 같이 매도인이 수입 통관시 필요한 관세 등 제세공과금을 부담할 때 직접적으로 못할 경우가 발생할 것으로 예상될 때는 DAP, DPU를 이용하라는 내용이다.

정답 ④

116 CIF 규칙은 운임 보험료 포함 인도조건으로 매도인(매수인 ×)은 자신의 운송계약상 목적항 내의 명시된 지점에서 양하에 관하여 비용이 발생한 경우에 당사자 간에 달리 합의되지 않는 한, 그러한 비용을 매도인(매수인 ×)으로부터 별도로 상환받을 권리가 없다.

정답 ②

117 Incoterms® 2020의 DPU 규칙 목적국의 지정목적지장소제한 없음에서 물품을 도착 운송수단에서 양하된 상태로 매수인 처분하에 놓거나 그렇게 인도된 물품을 조달한 때를 인도시점으로 보는 조건이므로, ⓒ에서 loading unloading으로, port가 place로 수정되어야 한다.

정답 ②

118 ADR은 무역분쟁 해결을 위한 방식 중에서 법정 소송외 형식적으로 이뤄지는 분쟁해결 방법으로 알선, 조정, 중재이다.

정답 ④

119 외국으로부터 우리나라에 도착한 물품으로서 수입신고가 수리되기 전의 물품은 관세법상 외국물품이다.

정답 ⑤

120 Incoterms® 2020은 매도인과 매수인의 의무 규정하는 비강행 규정이고 대금지급 시기, 장소, 방법, 관세부과, 불가항력, 매매 물품의 소유권 이전 문제는 다루고 있지 않다.

정답 ②

제2교시

[제4과목 보관하역론]

001 제품의 거리적, 장소적 효용을 높이는 기능은 운송이고 보관은 시간적 효용을 창출하는 기능이다.

정답 ②

002 ㄱ. 회전대응의 원칙,　ㄴ. 중량특성의 원칙,　ㅁ. 네트워크 보관의 원칙

정답 ③

003 하역은 항만, 공항, 철도역 등 다양한 장소에서 수행되고 있으나 운송과 보관을 연결하는 기능은 가지고 거리적 시간적 차이를 해소해 준다.

정답 ④

004 ㄱ. 최대취급원칙 아니라 최소취급원칙으로
ㄹ. 이동거리 및 시간의 최대화 원칙 아니라 이동거리 및 시간의 최소화 원칙으로

정답 ②

005 스태킹(Stacking)은 화물을 창고나 야드 등 주어진 시설과 장소에 정해진 형태와 순서로 정돈하여 쌓는 작업이다. 하역 효율화에 크게 영향을 준다.
정답 ④

006 하역 분야는 물류활동 중에서 기계화수준이 56% 정도, 나머지는 인력의존하고 있어서 인력의존도가 높은 분야이다.
정답 ①

007 곡물, 석탄, 원유 등 살화물 탑재방식은 인력에 의하여 개별화물을 직접 항공전용 컨테이너에 넣은 후 언로더(Unloader)를 이용하여 탑재하는 방식이다.
정답 ①

008 ④는 호이스트(hoist)에 대한 설명이다. 언로더는 석탄이나 광석과 같이 벌크로 들어오는 화물을 배에서 육지로 옮기는 데 사용하는 크레인으로 제철소, 화력발전소, 가스회사 등의 대규모적인 원료를 수입하는 부두에 설치되고 있다.
정답 ④

009 내륙통관기지로서의 ICD는 항만 내에서 이루어져야 할 본선작업과 마실링 기능을 제외한 장치보관기능, 집화분류기능, 수출 컨테이너화물에 대한 통관기능 등 전통적인 항만의 기능과 서비스 일부를 수행함으로써 신속한 화물유통을 가능하게 하고 있다.
정답 ①

010 ㄷ. 최종 소비자에 대한 배송, 개별 기업의 배송센터 기능도 수행하지만, 정보센터 기능은 수행하지 않는다.(×)
⇨ 복합화물터미널은 화물취급장, 창고, 배송센터 뿐만 아니라 정보센터 기능도 수행한다.
ㄹ. 환적기능보다는 보관기능 위주로 운영되는 물류시설이다.(×)
⇨ 복합화물터미널은 운송수단에서 다른 운송수단으로 옮겨 싣는 기능 위주로 운영되며, 화물의 보관 업무까지도 수행한다.
정답 ②

011 지방자치단체장의 허가를 받아야 하는 것이 아니라 보세창고는 관세법에 근거로 세관장 허가를 받아야 한다.

정답 ④

012 크로스도킹(Cross Docking)은 상품보관이 아니라 분류 또는 재포장 후 바로 소매점포 배송하므로 보관비 절약, 즉 재고관리비 절감과 무재고로 연결된다.

정답 ②

013 ASN(Advanced Shipping Notification)는 사전 물류센터로 오는 정보를 말한다.

정답 ①

014 트래버서(Traverser)는 하물을 지정된 입출고 지점까지 수평으로 이동시키는 장치이다.

정답 ⑤

015 자동화창고는 단순 저장기능에서 유통가공기능으로 추가한 창고이다.

정답 ②

016 최소비용으로 창고의 면적, 작업자 및 하역설비 등의 경영지원을 유효하게 활용하고, 재고를 실시간으로 확인 관리하여 상품의 재고량을 적정상태에서 유지시킬 수 있다.

정답 ②

017 호퍼(Hopper) : 원료 또는 제품을 일정량 저장하였다가 아래로 내려보내는 역할을 하는 V자형 용기로 유닛로드와 관련이 없다.

정답 ③

018 X = 200*20+300*30+200*50+200*10+500*40 / 200+300+200+200+500
    = 45000/1400 = 32.14
Y = 200*50+300*20+200*30+200*70+500*40 / 200+300+200+200+500
    = 56,000/1400 = 40

정답 ④

019 (ㄱ) 임의위치저장법은 기간별 저장공간의 합산이 최대인 값으로 산출된다. 기간별 저장공간을 합산하면 1월 80, 2월 68, 3월 67, 4월 65, 5월 77이므로 가장 저장공간이 큰 1월의 80이 산출된다.
(ㄴ) 지정위치저장방식은 각제품별 최대 저장공간의 합산으로 산출한다. 따라서 A(27), B(22), C(20), D(23)이므로 각 값을 합산하면 27+22+20+23 = 92가 산출된다.

정답 ④

020 평균가동율이 95%이므로 총작업시간 = 60분*0.95 = 57분
단일명령 횟수가 이중명령 횟수에 3배라고 했는데, 이중명령은 사실상 단일명령 2개가 들어있는 것이므로 단일명령 수행시간의1 배수만 더해서 단일명령의 처리개수를 계산하면 57분/2분+2분 = 14.25분, 이중명령의 처리계수는 57분/3.5분 = 16.28이다. 따라서 한 시간에 처리하는 화물의 개수를 계산하면 14+16 = 30

정답 ④

021 ① 하역의 기계화 : 작업의 표준화로 작업관리 용이하여 기계화 작업 가능
② 화물의 파손방지 : 포장표준화에 다른 포장비 절감 및 화물파손 감소
③ 신속한 적재 : 작업의 표준화로 작업관리가 용이하여 기계화작업가능
④ 운송수단의 회전율 향상 : 운송수단의 운영효율과 운반활성 향상

정답 ⑤

022 화차 및 트럭의 화물 적재가 신속하기 때문에 차량의 회전율이 높아진다.

정답 ③

023 물품이동 간 고저간격 축소의 원칙 : 물품흐름과정에서 높낮이 차이와 횟수를 감소시킨다.

정답 ⑤

024 스트래들 캐리어(Straddle Carrier) : 항만에서만 사용하는 장비이다.

정답 ⑤

025 주수출하리드타임을 감소시키기 위한 지표이다.

정답 ③

026 평치보관은 랙보다 공간 활용도가 낮고 이동통로의 확보가 어렵기 때문에 공간 활용도와 효율성을 높이기 위해 랙을 이용하여 보관한다.

정답 ①

027 ⑤ 팝업방식(Pop-up Type)은 물품 하부에 충격을 가해질 수 있기에 하부면 손상 및 충격에 약한 화물이 적합하지 않다.

정답 ⑤

028 RCP = 조달기간 동안의 평균수단 + 안전재고
= (일일평균수요량 * 조달시간 + 안전재고)
= (60,000/300 * 3)+400 = 600+400 = 1,000

정답 ④

029 ① ㄱ, ㅁ : 재고관리법에 해당하는 ABC(Activity Based Costing) 분석기법에 관한 설명이다.

정답 ①

030 타이다운(Tie-down)이란 수송 중에 적하물이 움직이는 것을 방지하기 위하여 밧줄, 케이블 또는 기타 수단으로 적하물을 우반기에 고정시키거나 잡아매는 것을 말한다.

정답 ④

031 경제적주문량(EOQ) = $\sqrt{\dfrac{2 \times 4,000 \times 2,000}{100}} = \sqrt{160,000} = 400$

경제적주문량을 고려한 연간 총 재고비용 = 400 × 100 = 40,000원

정답 ①

032 COFC는 여러 단으로 적재기 가능하여 적재효율이 TOFC보다 높고 보편화되어 있는 방식이다. TOFC는 다단 적재는 불가능하지만 컨테이너를 적재한 트레일러 자체를 화차에 싣게 되므로 하역장비와 시간이 절약된다.

정답 ③

033 주화인표시(Main Mark)는 가장 중요한 표시로서 타상품과 식별을 용이하게 하는 기호이다. 이것은 송화인이나 수화인을 표시하는 특정인 기호(회사의 상호등) 대표문자를 넣어 만든다.

정답 ②

034
- 6월에 판매 예측량 : 60,000+0.2(56,000−60,000) = 60,000−800 = 59,200
- 7월에 판매 예측량 : 59200+0.2(66,000−59200) = 59200+1300 = 60,560

정답 ④

035
ㄱ. 블록쌓기는 아래에서 위까지 동일한 방식으로 쌓는 가장 단순한 방식으로 작업 효율성이 높고 무너질 염려가 없어 안정성이 높다.
⇨ 상단의 붕괴가 쉽게 나타나기 때문에 이를 방지하기 위해 밴드를 걸고 스트레치 포장을 실시하는 경우가 많다.
ㅁ. 장방형 파렛트에는 블록쌓기, 벽돌쌓기 및 핀휠(Pinwheel)쌓기 방식이 적용된다.
⇨ 장방형 파렛트에는 블록쌓기, 벽돌쌓기 및 스클릿쌓기 방식이 적용되며, 정방형 파렛트는 블록쌓기, 교호열쌓기, 핀휠 쌓기 및 스클릿쌓기 방식이 적용된다.

정답 ③

036 판매촉진 등의 가격정책은 채찍효과를 발생시키는 주요 원인이다.

정답 ①

037
$$EOQ = \sqrt{\frac{2 \times 20{,}000 \times 40{,}000}{2{,}000 \times 0.2}} = \sqrt{4{,}000{,}000} = 2{,}000$$

연간 최적 발주횟수 $= \frac{40{,}000}{2{,}000} = 20$

정답 ③

038 고객수요가 확률적으로 변동한다고 할 때 수요변동 표준편차가 작아지면 제품의 안전재고량이 감소한다.

정답 ④

039 자사 긴급조달에 유리한 방식은 분산구매방식이다. 집중구매방식(Centralized Purchasing Method)은 공통자재 일괄구매하므로 구매절차 단순화 표준화가 용이하지만 긴급한 경우에

040 안전계수 = 고객 서비스레벨 = 납기준수율 = $1 - \frac{300}{6000} = 1 - 0.05 = 0.95$, $Z(0.95) =$ 1.645이므로 안전재고 = 안전개수 × 수요와 표준편차 × $\sqrt{조달기간}$ = $1645 × 20 × \sqrt{4}$ = 65.8

정답 ②

[제5과목 물류관련법규]

041 ① 국토교통부장관 및 해양수산부장관은 국가물류정책의 기본방향을 설정하는 10년 단위의 국가물류기본계획을 5년마다 공동으로 수립하여야 한다. ⇨ 법 제11조 제1항
② 국가물류기본계획에는 국가물류정보화사업에 관한 사항이 포함되어야 한다. ⇨ 법 제11조 제2항 제2의2호
③ 국토교통부장관은 국가물류기본계획을 수립하거나 변경한 때에는 관계 중앙행정기관의 장에게 통보하며, 관계 중앙행정기관의 장은 이를 시·도지사에게 통보하여야 한다.
⇨ 국토교통부장관은 국가물류기본계획을 수립하거나 변경한 때에는 이를 관보에 고시하고, 관계 중앙행정기관의 장 및 시·도지사에게 통보하여야 한다(법 제11조 제5항)
④ 국토교통부장관 및 해양수산부장관은 국가물류기본계획을 시행하기 위하여 연도별 시행계획을 매년 공동으로 수립하여야 한다. ⇨ 법 제13조 제1항
⑤ 특별시장 및 광역시장은 지역물류정책의 기본방향을 설정하는 10년 단위의 지역물류기본계획을 5년마다 수립하여야 한다. ⇨ 법 제14조 제1항

> **⊙ 더 알아보기**
>
> **국가물류기본계획의 포함사항** (법 제11조 제2항)
> 국가물류기본계획에는 다음 각 호의 사항이 포함되어야 한다.
> 1. 국내외 물류환경의 변화와 전망
> 2. 국가물류정책의 목표와 전략 및 단계별 추진계획
> 2의2. 국가물류정보화사업에 관한 사항
> 3. 운송·보관·하역·포장 등 물류기능별 물류정책 및 도로·철도·해운·항공 등 운송수단별 물류정책의 종합·조정에 관한 사항
> 4. 물류시설·장비의 수급·배치 및 투자 우선순위에 관한 사항
> 5. 물류표준화·공동화 등 물류체계의 효율화에 관한 사항
> 6의2. 물류보안에 관한 사항
> 7. 물류산업의 경쟁력 강화에 관한 사항

> 8. 물류인력의 양성 및 물류기술의 개발에 관한 사항
> 9. 국제물류의 촉진·지원에 관한 사항
> 9의2. 환경친화적 물류활동의 촉진·지원에 관한 사항
> 10. 그 밖에 물류체계의 개선을 위하여 필요한 사항

정답 ③

042 ① 국가물류정책에 관한 중요 사항을 심의하기 위하여 산업통상자원부장관 소속으로 국가물류정책위원회를 둔다.
⇨ 국가물류정책에 관한 주요 사항을 심의하기 위하여 국토교통부장관 소속으로 국가물류정책위원회를 둔다(법 제17조 제1항).
② 국가물류정책위원회는 위원장을 포함한 23명 이내의 위원으로 구성한다. ⇨ 법 제18조 제1항
③ 공무원이 아닌 국가물류정책위원회 위원의 임기는 2년으로 하되, 연임할 수 있다.
⇨ 법 제18조 제1항
④ 국가물류정책위원회의 업무를 효율적으로 추진하기 위하여 분과위원회를 둘 수 있다. ⇨ 법 제19조 제1항
⑤ 국가물류정책위원회 전문위원의 임기는 3년 이내로 하되, 연임할 수 있다. ⇨ 영 제9조 제3항

정답 ①

043 ① 국제물류주선업을 경영하려는 자는 국토교통부령으로 정하는 바에 따라 시·도지사에게 등록하여야 한다. ⇨ 법 제43조 제1항
② 국제물류주선업 등록을 하려는 자는 2억원 이상의 자본금(법인이 아닌 경우에는 4억원 이상의 자산평가액을 말한다)을 보유하여야 한다.
⇨ 국제물류주선업 등록을 하려는 자는 3억원 이상의 자본금(법인이 아닌 경우에는 6억원 이상의 자산평가액을 말한다)을 보유하고 그 밖에 대통령령으로 정하는 기준을 충족하여야 한다(법 제43조 제3항).
③ 거짓이나 그 밖의 부정한 방법으로 등록을 한 경우에는 국제물류주선업 등록을 취소하거나 6개월 이내의 기간을 정하여 사업의 전부 또는 일부의 정지를 명할 수 있다.
⇨ 거짓이나 그 밖의 부정한 방법으로 등록을 한 경우에는 국제물류주선업 등록을 취소하여야 한다(법 제47조 제1항 단서).
④ 국제물류주선업자가 사망한 때 상속인에게는 국제물류주선업의 등록에 따른 권리·의무가 승계되지 않는다.
⇨ 국제물류주선업자가 그 사업을 양도하거나 사망한 때 또는 법인이 합병한 때에는 그 양수인·상속인 또는 합병 후 존속하는 법인이나 합병으로 설립하는 법인은

국제물류주선업의 등록에 따른 권리·의무를 승계한다(법 제45조 제1항).
⑤ 국제물류주선업의 등록에 따른 권리·의무를 승계하려는 자는 국토교통부장관의 허가를 얻어야 한다.
⇨ 국제물류주선업의 등록에 따른 권리·의무를 승계한 자는 국토교통부령으로 정하는 바에 따라 시·도지사에게 신고하여야 한다(법 제45조 제2항).

> **⊕ 더 알아보기**
>
> 국제물류주선업자 등록 취소 사유의 구분(법 제47조)
>
> | 구 분 | 내 용 |
> |---|---|
> | 필요적 등록 취소사유 | 시·도지사는 국제물류주선업자가 다음의 어느 하나에 해당하는 경우에는 등록을 취소하여야 한다.
• 거짓이나 그 밖의 부정한 방법으로 등록을 한 경우
• 제44조(제45조 제3항에서 준용하는 경우를 포함) 등록의 결격사유에 해당하게 된 경우
⇨ 다만, 그 지위를 승계받은 상속인이 제44조 제1호부터 제5호까지의 어느 하나에 해당하는 경우에 상속일부터 3개월 이내에 그 사업을 다른 사람에게 양도한 경우와 법인(합병 후 존속하는 법인 또는 합병으로 설립되는 법인을 포함한다)이 제44조 제6호 또는 제7호에 해당하는 경우에 그 사유가 발생한 날(법인이 합병하는 경우에는 합병일을 말한다)부터 3개월 이내에 해당 임원을 개임한 경우에는 그러하지 아니한다.
• 제66조(등록증 대여 등의 금지) 규정을 위반하여 다른 사람에게 자의 성명 또는 상호를 사용하여 영업을 하게 하거나 등록증을 대여한 경우 |
> | 임의적 등록 취소사유 | 시·도지사는 국제물류주선업자가 다음의 어느 하나에 해당하는 경우에는 등록을 취소하거나 6개월 이내의 기간을 정하여 사업의 전부 또는 일부의 정지를 명할 수 있다.
• 제43조 제3항에 따른 등록기준에 못 미치게 된 경우
⇨ 등록을 하려는 자는 3억원 이상의 자본금(법인이 아닌 경우에는 6억원 이상의 자산평가액을 말한다)을 보유하고 그 밖에 대통령령으로 정하는 기준을 충족하여야 한다.
• 제43조 제4항을 위반하여 신고를 하지 아니하거나 거짓으로 신고한 경우
⇨ 국제물류주선업자는 제3항을 따른 등록기준에 관한 사항을 3년이 경과할 때마다 국토교통부령으로 정하는 바에 따라 신고하여야 한다. |

정답 ①

044 ㄱ(○). 물류관련협회를 설립하려는 경우에는 해당 협회의 회원이 될 자격이 있는 기업 100개 이상이 발기인으로 정관을 작성하여 해당 협회의 회원이 될 자격이 있는 기업 200개 이상이 참여한 창립총회의 의결을 거쳐야 한다.
⇨ 물류관련협회를 설립하려는 경우에는 해당 협회의 회원이 될 자격이 있는 기업 100개 이상이 발기인으로 정관을 작성하여 해당 협회의 회원이 될 자격이 있는 기업 200개 이상이 참여한 창립총회의 의견을 거친 후 소관에 따라 국토교통부장관 또는 해양수산부장관의 설립인가를 받아야 한다(법 제55조 제2항).

ㄴ(○). 물류관련협회는 설립인가를 받아 설립등기를 함으로써 성립한다.
⇨ 법 제55조 제3항
ㄷ(×). 물류관련협회에 관하여 이 법에 규정한 것 외에는 「민법」 중 재단법인에 관한 규정에 준용한다.
⇨ 물류관련협회에 관하여 이 법에 규정한 것 외에는 「민법」 중 사단법인에 관한 규정을 준용한다(법 제55조 제5항).
ㄹ(○). 국토교통부장관 및 해양수산부장관은 물류관련협회의 발전을 위하여 필요한 경우에는 물류관련협회를 행정적·재정적으로 지원할 수 있다.
⇨ 법 제55조 제6항

정답 ④

045 ① 국토교통부장관·해양수산부장관 및 산업통상자원부장관의 업무소관이 중복되는 경우에는 서로 협의하여 업무소관을 조정한다. ⇨ 법 제64조(업무소관의 조정)
② 국제물류주선업자에게 사업의 정비를 명하여야 하는 경우로서 그 사업의 정지가 해당 사업의 이용자 등에게 심한 불편을 주는 경우에는 그 사업정지처분을 갈음하여 1천만원 이하의 과징금을 부과할 수 있다. ⇨ 법 제67조 제1항
③ 과징금을 기한 내에 납부하지 아니한 때에는 시·도지사는 「지방재정법」에 따라 징수한다.
⇨ 과징금을 기한 내에 납부하지 아니한 때에는 시·도지사는 「지방행정제재·부과금의 징수 등에 관한 법률」에 따라 징수한다(법 제67조 제3항).
④ 국제물류주선업자에 대한 등록을 취소하려면 청문을 하여야 한다. ⇨ 법 제68조 제5호
⑤ 이 법에 따라 업무를 수행하는 위험물질운송단속원은 「형법」 제129조부터 제132조까지의 규정에 따른 벌칙의 적용에서는 공무원으로 본다.
⇨ 벌칙 적용에서의 공무원 의제 : 이 법에 따라 업무를 수행하는 한국교통안전공단의 임직원, 위험물질운송단속원, 심사대행기관의 임직원, 지정심사대행기관의 임직원은 「형법」 제129조부터 제132조까지의 규정에 따른 벌칙의 적용에서는 공무원으로 본다(법 제70조).

> **⊕ 더 알아보기**
>
> 청문의 사유 (물류정책기본법 제68조)
> 국토교통부장관, 해양수산부장관, 시·도지사 및 행정기관은 다음 각 호의 어느 하나에 해당하는 취소를 하려면 청문을 하여야 한다.
> 1. 단위물류정보망 전담기관에 대한 지정의 취소
> 2. 국가물류통합정보센터운영자에 대한 지정의 취소
> 3. 인증우수물류기업에 대한 인증의 취소
> 4. 심사대행기관 지정의 취소

5. 국제물류주선업자에 대한 등록의 취소
6. 삭제 〈2015. 6. 22.〉
7. 물류관리사 자격의 취소
8. 우수녹색물류실천기업의 지정취소
9. 지정심사대행기관의 지정취소

정답 ③

046 ㄱ. 국가물류통합정보센터 또는 단위물류정보망에 의하여 처리·보관 또는 전송되는 물류정보를 훼손한 자
⇨ 5년 이하의 징역 또는 5천만원 이하의 벌금(법 제71조 제2항)
ㄴ. 우수물류기업의 인정이 취소되었음에도 인증마크를 계속 사용한 자
⇨ 200만원 이하의 과태료(법 제73조 제1항 제3호)
ㄷ. 단말장치의 장착명령에 위반했음을 이유로 하여 내린 위험물질 운송차량의 운행중지 명령에 따르지 아니한 자
⇨ 1천만원 이하의 벌금(법 제71조 제7항 제1호)
ㄹ. 국제물류주선업의 등록을 하지 아니하고 국제물류주선업을 경영한 자
⇨ 1년 이하의 징역 또는 1천만원 이하의 벌금(법 제71조 제4항 제2호)

정답 ②

047 ① 국토교통부장관은 효율적인 물류활동을 위하여 필요한 물류시설 및 장비를 확충할 것을 물류기업에 명할 수 있다.
⇨ 국토교통부장관·해양수산부장관 또는 산업통상자원부장관은 효율적인 물류활동을 위하여 필요한 물류시설 및 장비를 확충할 것을 물류기업에 권고할 수 있으며, 이에 필요한 행정적·재정적 지원을 할 수 있다(법 제21조 제1항).
② 해양수산부장관은 효율적인 물류활동을 위하여 필요한 물류시설 및 장비의 확충에 필요한 행정적·재정적 지원을 할 수 있다. ⇨ 법 제21조 제1항
③ 시·도지사는 물류공동화를 추진하는 물류기업이나 화주기업 또는 물류 관련 단체에 대하여 예산의 범위에서 필요한 자금을 지원할 수 있다. ⇨ 법 제23조 제1항
④ 산업통상자원부장관은 물류공동화를 확산하기 위하여 필요한 경우에는 시범지역을 지정하거나 시범사업을 선정하여 운영할 수 있다. ⇨ 법 제23조 제4항
⑤ 시·도지사는 물류공동화 촉진을 위한 조치를 하려는 경우에는 중복을 방지하지 위하여 미리 해당 조치와 관련하여 국토교통부장관·해양수산부장관 또는 산업통상자원부장관과 협의하여야 한다. ⇨ 법 제23조 제7항

정답 ①

048 ① 국토교통부장관·해양수산부장관·산업통상자원부장관 또는 관세청장은 물류정보화를 통한 물류체계의 효율화를 위하여 필요한 시책을 강구하여야 한다. ⇨ 법 제27조 제1항
② 단위물류정보망은 물류정보의 수집·분석·가동 및 유통 등을 촉진하기 위하여 구축·운영된다. ⇨ 법 제28조 제1항
③ 「한국토지주택공사법」에 따른 한국토지주택공사는 단위물류정보망 전담기관으로 지정될 수 있다. ⇨ 영 제20조 제5항 제5호
④ 국토교통부장관, 해양수산부장관, 시·도지사 및 행정기관은 단위물류정보망 전담기관에 대한 지정을 취소하려면 청문을 하여야 한다. ⇨ 법 제68조 제1호
⑤ 단위물류정보망 전담기관이 시설장비와 인력 등의 지정기준에 미달하게 된 경우에는 그 지정을 취소하여야 한다.
⇨ 전담기관을 지정하여 단위물류정보망을 구축·운영하는 관계 행정기관은 단위물류정보망 전담기관이 시설장비와 인력 등의 지정기준에 미달하게 된 경우에는 그 지정을 취소할 수 있다. 다만, 거짓이나 그 밖의 부정한 방법으로 지정을 받은 경우에는 지정을 취소하여야 한다(법 제28조 제8항 제1호·제2호).

정답 ⑤

049 ② 선상수산물가공업시설
⇨ 수산가공품 생산공장 및 냉동·냉장업 시설 및 선상수산물가공업시설은 제외한 수산물가공업시설(법 제2조 제8호 및 영 제2조 제3항 제4호)

> **➕ 더 알아보기**
>
> **지원시설** (법 제2조 제8호)
> 물류단지시설의 운영을 효율적으로 지원하기 위하여 물류단지 안에 설치되는 다음의 시설을 말한다.
> ① 대통령령(영 제2조 제3항)으로 정하는 가공·제조 시설
>
> > "대통령령으로 정하는 시설"이란 다음의 시설을 말한다.
> > 1. 삭제
> > 2. 「농수산물유통 및 가격안정에 관한 법률」 제51조에 따른 농수산물산지유통센터(축산물의 도축·가동·보관 등을 하는 축산물 종합처리시설을 포함한다)
> > 3. 「산업집적활성화 및 공장설립에 관한 법률」 제2조 제1호에 따른 공장
> > 4. 「식품산업진흥법」 제19조의4에 따른 수산가공품 생산공장 및 같은 법 제19조의5에 따른 수산물가공업시설(냉동·냉장업 시설 및 선상수산물가공업시설은 제외한다)
> > 5. 그 밖에 국토교통부령으로 정하는 제조·가공시설
>
> ② 정보처리시설
> ③ 금융·보험·의료·교육·연구·업무시설
> ④ 물류단지의 종사자 및 이용자의 생활과 편의를 위한 시설

⑤ 그 밖에 물류단지의 기능 증진을 위한 시설로서 대통령령(영 제2조 제4항)으로 정하는 시설
⇨ "대통령령으로 정하는 시설"이란 다음의 시설을 말한다.
1. 「건축법 시행령」 별표 1 제5호에 따른 문화 및 집회시설
2. 입주기업체 및 지원기관에서 발생하는 폐기물의 처리를 위한 시설(재활용시설을 포함한다)
2의2. 물류단지의 종사자 및 이용자의 주거를 위한 단독주택, 공동주택 등의 시설
3. 그 밖에 물류단지의 기능 증진을 위한 시설로서 국토교통부령으로 정하는 시설

정답 ②

050 ① 국토교통부장관은 물류시설개발종합계획을 10년 단위로 수립하여야 한다.
⇨ 국토교통부장관은 물류시설개방종합계획을 5년 단위로 수립하여야 한다(법 제4조 제1항).
② 물류시설개발종합계획에는 용수·에너지·통신시설 등 기반시설에 관한 사항이 포함되어야 하는 것은 아니다.
⇨ 물류시설개발종합계획에는 용수·에너지·통신시설 등 기반시설에 관한 사항이 포함되어야 한다(영 제3조 제1항).
③ 국토교통부장관은 물류시설개발종합계획 중 물류시설별 물류시설용지면적의 100분의 5 이상으로 물류시설의 수요·공급계획을 변경하려는 때에는 물류시설분과위원회의 심의를 거쳐야 한다.
⇨ 국토교통부장관은 물류시설개발종합계획 중 물류시설별 물류시설용지면적의 100분의 10 이상으로 물류시설의 수요·공급계획을 변경하려는 때에는 물류시설분과위원회의 심의를 거쳐야 한다(법 제5조 제1항 후단 및 영 제3조 제2항).
④ 국토교통부장관은 관계 기관에 물류시설개발종합계획을 수립하는 데에 필요한 자료의 제출을 요구할 수 있으나, 물류시설에 대하여 조사할 수는 없다.
⇨ 국토교통부장관은 관계 기관에 물류시설개발종합계획을 수립하는 데에 필요한 자료의 제출을 요구할 수 있으나 협조를 요청할 수 있으며, 물류시설에 대하여 조사할 수는 있다(법 제5조 제4항·제5항).
⑤ 관계 중앙행정기관의 장이 물류시설개발종합계획의 변경을 요청할 때에는 무률시설개발종합계획의 주요 변경내용에 관한 대비표를 국토교통부장관에게 제출하여야 한다. ⇨ 법 제5조 제3항, 영 제3조 제3항 제3호 및 규칙 제3조

정답 ⑤

051 ㄱ(○). 거짓이나 그 밖의 부정한 방법으로 제7조 제1항에 따른 등록을 한 때
ㄴ(×). 제7조 제3항에 따른 변경등록을 하지 아니하고 등록사항을 변경한 때
⇨ 국토교통부장관은 그 등록을 취소하거나 6개월 이내의 기간을 정하여 사업의 정지를 명할 수 있다.

ㄷ(○). 제16조를 위반하여 다른 사람에게 등록증을 대여한 때
ㄹ(○). 제17조에 따른 사업정지명령을 위반하여 그 사업정지기간 중에 영업을 한 때
④ ㄱ, ㄷ, ㄹ
⇨ 복합물류터미널사업자가 ㄱ, ㄷ, ㄹ의 사유에 해당하게 된 때, 국토교통부장관은 복합물류터미널사업자의 등록을 필요적으로 취소하여야 한다.

> **⊕ 더 알아보기**
>
> **복합물류터미널사업자 등록 취소 사유의 구분**(법 제17조)
>
> | 구 분 | 내 용 |
> |---|---|
> | 필요적 등록 취소사유 | 국토교통부장관은 복합물류터미널사업자가 다음 각 호의 어느 하나에 해당하는 때에는 그 등록을 취소하여야 한다.
1. 거짓이나 그 밖의 부정한 방법으로 제7조 제1항에 따른 등록을 한 때
4. 제8조(등록의 결격사유) 각 호의 어느 하나에 해당하게 된 때. 다만, 같은 조 제3호에 해당하는 경우로서 그 사유가 발생한 날부터 3개월 이내에 해당 임원을 개임한 경우에는 그러하지 아니하다.
7. 제16조(등록증대여 등의 금지)를 위반하여 다른 사람에게 자기의 성명 또는 상호를 사용하여 사업을 하게 하거나 등록증을 대여한 때
8. 제17조에 따른 사업정지명령을 위반하여 그 사업정지기간 중에 영업을 한 때 |
> | 임의적 등록 취소사유 | 국토교통부장관은 복합물류터미널사업자가 다음 각 호의 어느 하나에 해당하는 때에는 그 등록을 취소하거나 6개월 이내의 기간을 정하여 사업의 정지를 명할 수 있다.
2. 제7조 제3항에 따른 변경등록을 하지 아니하고 등록사항을 변경한 때
3. 제7조 제4항의 등록기준에 맞지 아니하게 된 때. 다만, 3개월 이내에 그 기준을 충족시킨 때에는 그러하지 아니하다.
5. 제9조 제1항에 다른 인가 또는 변경인가를 받지 아니하고 공사를 시행하거나 변경한 때
6. 사업의 전부 또는 일부를 휴업한 후 정당한 사유 없이 제15조 제1항에 따라 신고한 휴업기간이 지난 후에도 사업을 재개하지 아니한 때 |

정답 ④

052 ① 「한국농어촌공사 및 농지관리기금법」에 따른 한국농어촌공사는 복합물류터미널사업의 등록을 할 수 있는 자에 해당한다. ⇨ 법 제7조 제2항 제2호 및 영 제4조 제1항 제6호
② 일반물류터미널사업을 경영하려는 자는 물류터미널 건설에 관하여 필요한 경우 국토교통부장관의 공사시행인가를 받아야 한다.
⇨ 복합물류터미널사업자의 경우 공사시행인가는 의무규정에 해당하지만, 일반물류터미널사업을 경영하려는 자의 경우에는 그러하지 아니하다(법 제9조 제1항 참조).
③ 물류터미널 안의 공공시설 중 오·폐수시설 및 공동구를 변경하는 경우에는 인가권자의 변경인가를 받아야 한다. ⇨ 법 제9조 제1항 후단, 영 제5조 제2항 제4호 및 규칙 제8조 제3항

④ 복합물류터미널사업자는 복합물류터미널사업의 일부를 휴업하려는 때에는 미리 국토교통부장관에게 신고하여야 하며, 그 휴업기간은 6개월을 초과할 수 없다.
   ⇨ 법 제15조 제1항 및 제3항
⑤ 물류터미널을 건설하기 위한 부지 안에 있는 국가 또는 지방자치단체 소유의 토지로서 무류터미널 건설사업에 필요한 토지는 해당 물류터미널 건설사업 목적이 아닌 다른 목적으로 매각하거나 양도할 수 없다. ⇨ 법 제13조 제1항

> **더 알아보기**
>
> **공사시행의 인가** (법 제9조 제1항)
> ① 전단 : 복합물류터미널사업자는 건설하려는 물류터미널의 구조 및 설비 등에 관한 공사계획을 수립하여 국토교통부장관의 공사시행인가를 받아야 하며, 일반물류터미널사업을 경영하려는 자는 물류터미널 건설에 관하여 필요한 경우 시·도지사의 공사시행인가를 받을 수 있다.
> ② 후단 : 인가받은 공사계획 중 대통령령(영 제5조 제2항)으로 정하는 사항을 변경하는 경우와 복합물류터미널사업자가 「산업집적활성화 및 공장설립에 관한 법률」 제2조에 따른 제조시설 및 그 부대시설과 「유통산업발전법」 제2조에 따른 대규모점포 및 준대규모점포의 매장과 그 매장에 포함되는 용역의 제공장소("점포등")를 설치하는 경우에는 해당 인가권자의 변경인가를 받아야 한다.
> ⇨ 공사계획의 변경에 관한 인가를 받아야 하는 경우는 다음 각 호와 같다(영 제5조 제2항).
>   1. 공사의 기간을 변경하는 경우
>   2. 물류터미널의 부지 면적을 변경하는 경우(부지 면적의 10분의 1 이상을 변경하는 경우만 해당한다)
>   3. 물류터미널 안의 건축물의 연면적(하나의 건축물의 각 층의 바닥면적의 합계를 말한다. 이하 같다)을 변경하는 경우(연면적의 10분의 1 이상을 변경하는 경우만 해당한다)
>   4. 물류터미널 안의 공공시설 중 도로·철도·광장·녹지나 그 밖에 국토교통부령(규칙 제8조 제3항)으로 정하는 시설(주차장, 상수도, 하수도, 유수지, 운하, 부두, 오·폐수시설 및 공동구)을 변경하는 경우

정답 ②

053 ① 일반물류단지는 국가정책사업으로 물류단지를 개발하거나 물류단지 개발사업의 대상지역이 2개 이상의 시·도에 걸쳐 있는 경우에는 국토교통부장관이 지정하지만, 그 외의 경우에는 시·도지사가 지정한다. ⇨ 법 제22조 제1항
② 시·도지사는 일반물류단지를 지정하려는 때에는 일반물류단지개발계획을 수립하여 관계 행정기관의 장과 협의한 후 지역물류정책위원회의 심의를 거쳐야 한다.
   ⇨ 법 제22조 제3항
③ 시·도지사는 일반물류단지를 지정할 때에는 일반물류단지개발계획과 물류단지 개발지침에 적합한 경우에만 일반물류단지를 지정하여야 한다. ⇨ 영 제14조 제1항

④ 일반물류단지개발계획에는 일반물류단지의 개발을 위한 주요시설의 지원계획이 포함되어야 한다. ⇨ 법 제22조 제5항 제9호 및 영 제14조 제4항 제1호
⑤ 중앙행정기관의 장은 일반물류단지의 지정이 필요하다고 인정하는 때에는 대상지역을 정하여 국토교통부장관에게 일반물류단지의 지정을 요청할 수 있으며, 이 경우 일반물류단지개발계획안을 작성하여 제출하여야 한다.
⇨ 관계 행정기관의 장과 제27조 제2항 제2호부터 제5호까지의 어느 하나에 해당하는 자는 일반물류단지의 지정이 필요하다고 인정하는 때에는 대상지역을 정하여 국토교통부장관 또는 시·도지사에게 일반물류단지의 지정을 요청할 수 있다. 이 경우 중앙행정기관의 장 이외의 자는 일반물류단지개발계획안을 작성하여 제출하여야 한다(법 제22조 제4항).

정답 ⑤

054 ④ 국토교통부장관은 물류단지개발지침에 포함되어 있는 토지가격의 안정을 위하여 필요한 사항을 변경할 때에는 물류시설분과위원회의 심의를 거쳐야 한다.
⇨ 국토교통부장관은 물류단지개발지침에 포함되어 있는 토지가격의 안정을 위하여 필요한 사항을 변경할 때에는 물류시설분과위원회의 심의를 거치지 않아도 된다(법 제22조의6 및 규칙 제16조).

○ 더 알아보기

물류단지개발지침 (법 제22조의6)
① 국토교통부장관은 물류단지의 개발에 관한 기본지침(이하 "물류단지개발지침"이라 한다)을 작성하여 관보에 고시하여야 한다.
② 국토교통부장관은 물류단지개발지침을 작성할 때에는 미리 시·도지사의 의견을 듣고 관계 중앙행정기관의 장과 협의한 후 「물류정책기본법」 제19조 제1항 제2호에 따른 물류시설분과위원회의 심의를 거쳐야 한다. 물류단지개발지침을 변경할 때(국토교통부령으로 정하는 경미한 사항을 변경할 때는 제외한다)에도 또한 같다.
⇨ "국토교통부령으로 정하는 경미한 사항"이란 영 제15조 제1항 제6호의 사항(토지가격의 안정을 위하여 필요한 사항)을 말한다.
③ 물류단지개발지침의 내용 및 작성 등에 관하여 필요한 사항은 대통령령(영 제15조)으로 정한다.
⇨ ① 물류단지개발지침에는 다음 각 호의 사항이 포함되어야 한다(영 제15조)
  1. 물류단지의 계획적·체계적 개발에 관한 사항
  2. 물류단지의 지정·개발·지원에 관한 사항
  3. 「환경영향평가법」에 따른 전략환경영향평가, 소규모 환경영향평가 및 환경영향평가 등 환경보전에 관한 사항
  4. 지역 간의 균형발전을 위하여 고려할 사항
  5. 문화재의 보존을 위하여 고려할 사항
  6. 토지가격의 안정을 위하여 필요한 사항
  7. 분양가격의 결정에 관한 사항

    8. 토지·시설 등의 공급에 관한 사항
  ② 물류단지개발지침은 지역 간의 균형 있는 발전을 위하여 물류단지시설용지의 배분이 적정하게 이루어지도록 작성되어야 한다.

정답 ④

055 ① 방풍설비
⇨ 법 제36조에 따른 공공시설 범위(시행령 제26조) : 도로, 공원(②), 광장, 주차장(국가 또는 지방자치단체가 설치한 것만 해당한다), 철도(③), 하천, 녹지(④), 운동장(국가 또는 지방자치단체가 설치한 것만 해당한다), 공공공지, 수도(한국수자원공사가 설치하는 수도의 경우에는 관로만 해당한다), 하수도, 공동구(⑤), 유수지시설, 구거

정답 ①

056 ② ㄱ, ㄴ, ㄹ
⇨ 국가나 지방자치단체가 설치를 우선적으로 지원하여야 하는 기반시설은 ㉠,㉡,㉣ 등 시설을 말하며, ㉢의 보건위생시설은 이에 해당하지 않는다.

> **❖ 더 알아보기**
>
> **물류단지개발사업 기반시설의 설치지원**
> 국가 또는 지방자치단체는 물류단지의 원활한 개발을 위하여 필요한 도로·철도·항만·용수시설 등 기반시설의 설치를 우선적으로 지원하여야 한다. 이에 따라 국가나 지방자치단체가 지원하는 기반시설은 다음과 같다(법 제39조 제2항 및 영 제29조).
> 1. 도로·철도 및 항만시설
> 2. 용수공급시설 및 통신시설
> 3. 하수도시설 및 폐기물처리시설
> 4. 물류단지 안의 공동구
> 5. 집단에너지공급시설
> 6. 그 밖에 물류단지개발을 위하여 특히 필요한 공공시설로서 국토교통부령으로 정하는 시설(→ 유수지 및 광장)

정답 ②

057 ① 운송주선사업자는 운송 또는 주선 실적을 관리하고 국토교통부령으로 정하는 바에 따라 국토교통부장관의 승인을 받아야 한다.
⇨ 운송사업자(개인 운송사업자는 제외한다), 운송주선사업자 및 운송가맹사업자는 국토교통부령으로 정하는 바에 따라 운송 또는 주선 실적을 관리하고 이를 국토교통부장관에게 신고하여야 한다(법 제47조의2 제1항, 실적은 신고사항).

② 운송주선사업자가 위·수탁차주에게 화물운송을 위탁하는 경우에는 운송가맹사업자의 화물정보망을 이용할 수 있다.
⇨ 운송주선사업자가 운송사업자나 위·수탁차주에게 화물운송을 위탁하는 경우에는 운송가맹사업자의 화물정보망이나 「물류정책기본법」 제38조에 따라 인증 받은 화물정보망을 이용할 수 있다(법 제34조의4 제2항).
③ 운송사업자로 구성된 협회, 운송주선사업자로 구성된 협회 및 운송가맹사업자로 구성된 협회는 그 공동목적을 달성하기 위하여 국토교통부령으로 정하는 바에 따라 공동으로 연합회를 설립하여야 한다.
⇨ 운송사업자로 구성된 협회, 운송주선사업자로 구성된 협회 및 운송가맹사업자로 구성된 협회는 그 공동목적을 달성하기 위하여 국토교통부령으로 정하는 바에 따라 각각 연합회를 설립할 수 있다(법 제50조 제1항 전단, 연합회의 설립은 의무규정 ×).
④ 부정한 방법으로 허가를 받고 화물자동차 운송주선사업을 경영한 자에 대하여는 500만원 이하의 과태료를 부과한다.
⇨ 부정한 방법으로 허가를 받고 화물자동차 운송주선사업을 경영한 자에 대하여는 2년 이하의 징역 또는 2천만원 이하의 벌금에 처한다(법 제67조 제4호).
⑤ 운송주선사업자는 주사무소 외의 장소에서 상주하여 영업하려면 국토교통부령으로 정하는 바에 따라 국토교통부장관에게 신고하고 영업소를 설치하여야 한다.
⇨ 운송주선사업자는 주사무소 외의 장소에서 상주하여 영업하려면 국토교통부령으로 정하는 바에 따라 국토교통부장관의 허가를 받아 영업소를 설치하여야 한다(법 제24조 제8항, 영업소의 설치는 허가사항).

정답 ②

058 ③ 운송주선사업자의 경우 각 화물자동차별로 적재물배상보험 등에 가입하여야 한다.
⇨ 운송주선사업의 경우 각 사업자별로 적재물배상보험 등에 가입하여야 한다(법 제36조 제1항 및 영 제9조의7 제2호).

> **⊕ 더 알아보기**
>
> **적재물배상보험등의 의무 가입**(법 제35조)
> 다음 각 호의 어느 하나에 해당하는 자는 제7조 제1항에 따른 손해배상 책임을 이행하기 위하여 대통령령(영 제9조의 7)으로 정하는 바에 따라 적재물배상 책임보험 또는 공제("적재물재상보험등")에 가입하여야 한다.
> ⇨ 적재물배상 책임보험 등의 가입범위(영 제9조의7)
> 법 제35조에 따라 적재물배상 책임보험 또는 공제(적재물배상보험등)에 가입하려는 자는 다음 각 호의 구분에 따라 사고 건당 2천만원[법 제24조 제1항 본문에 따라 화물자동차 운송주선사업의 허가를 받은 자(운송주선사업자)가 이사화물운송만을 주선하는 경우에는 500만원] 이상의 금액을 지급할 책임을 지는 적재물배상보험등에 가입하여야 한다.

> 1. 운송사업자 : 각 화물자동차별로 가입
> 2. 운송주선사업자 : 각 사업자별로 가입
> 3. 운송가맹사업자 : 법 제35조 제1호에 따른 화물자동차를 직접 소유한 자는 각 화물자동차별 및 각 사업자별로, 그 외의 자는 각 사업자별로 가입
>
> 1. 최대 적재량이 5톤 이상이거나 총 중량이 10톤 이상인 화물자동차 중 국토교통부령으로 정하는 화물자동차를 소유하고 있는 운송사업자
> ⇨ "국토교통부령으로 정하는 화물자동차"란 제3조에 따른 화물자동차 중 일반형·밴형 및 특수용도형 화물자동차와 견인형 특수자동차를 말한다. 다만, 다음 각 호의 어느 하나에 해당하는 화물자동차는 제외한다.
>   1. 건축폐기물·쓰레기 등 경제적 가치가 없는 화물을 운송하는 차량으로서 국토교통부장관이 정하여 고시하는 화물자동차
>   2. 「대기환경보전법」 제2조 제17호에 따른 배출가스저감장치를 차체에 부착함에 따라 총중량이 10톤 이상이된 화물자동차 중 최대 적재량이 5톤 미만인 화물자동차
>   3. 특수용도형 화물자동차 중 「자동차관리법」 제2조 제1호에 따른 피견인자동차
> 2. 국토교통부령으로 정하는 화물(→이사화물)을 취급하는 운송주선사업자
> 3. 운송가맹사업자

정답 ③

059 ① 특수자동차를 제외한 화물자동차로서 최대 적재량이 2.5톤 이상인 자가용 화물자동차는 사용신고대상이다. ⇨ 법 제55조 제1항 및 영 제12조 제2호
② 자가용 화물자동차를 사용하여 화물자동차 운송사업을 경영한 경우 국토교통부장관은 6개월 이내의 기간을 정하여 그 자동차의 사용을 제한하거나 금지할 수 있다.
⇨ 자가용 화물자동차를 사용하여 화물자동차 운송사업을 경영한 경우 시·도지사는 6개월 이내의 기간을 정하여 그 자동차의 사용을 제한하거나 금지할 수 있다(법 제56조의2 제1항).
③ 이 법을 위반하여 자가용 화물자동차를 유상으로 화물운송용으로 제공하거나 임대한 자는 1천만원 이하의 과태료를 부과한다.
⇨ 이 법을 위반하여 자가용 화물자동차를 유상으로 화물운송용으로 제공하거나 임대한 자는 500만원 이하의 과태료를 부과한다(법 제70조 제2항 제23조의2호).
④ 시·도지사는 자가용 화물자동차를 무상으로 화물운송용으로 제공한 자를 수사기관에 신고한 자에 대하여 대통령령으로 정하는 바에 따라 포상금을 지급할 수 있다.
⇨ 시·도지사는 자가용 화물자동차를 유상으로 화물운송용으로 제공한 자를 시·도지사나 수사기관에 신고 또는 고발한 자에 대하여 대통령령으로 정하는 바에 따라 포상금을 지급할 수 있다(법 제60조의2 제1항 제1호).
⑤ 자가용 화물자동차로서 대통령령으로 정하는 화물자동차로 사용하려는 자는 국토교통부령으로 정하는 기준에 따라 시·도지사의 허가를 받아야 한다.
⇨ 자가용 화물자동차로서 대통령령으로 정하는 화물자동차로 사용하려는 자는 국토교

통부령으로 정하는 사항을 시·도지사에게 신고하여야 한다(법 제55조 제1항 전단).

정답 ①

060 ① 「국가철도공단법」에 따른 국가철도공단은 화물자동차 휴게소 건설사업을 할 수 있는 공공기관에 해당하지 않는다.
⇨ 「국가철도공단법」에 따른 국가철도공단은 화물자동차 휴게소 건설사업을 할 수 있는 공공기관에 해당한다(법 제46조의3 제1항 제2호 및 영 제9조의18 제1항 제10호).

> **◉ 더 알아보기**
>
> **화물자동차 휴게소의 건설사업 시행 가능 대상자** (법 제46조의3 제1항)
> 화물자동차 휴게소 건설사업을 할 수 있는 자는 다음 각 호의 어느 하나에 해당하는 자로 한다.
> 1. 국가 또는 지방자치단체
> 2. 「공공기관의 운영에 관한 법률」에 따른 공공기관 중 대통령령으로 정하는 공공기관
>   ⇨ "대통령령으로 정하는 공공기관"이란 다음 각 호의 기관을 말한다(영 제9조의18 제1항).
>   1. 「한국철도공사법」에 따른 한국철도공사
>   2. 「한국토지주택공사법」에 따른 한국토지주택공사
>   3. 「한국도로공사법」에 따른 한국도로공사
>   4. 「한국수자원공사법」에 따른 한국수자원공사
>   5. 「한국농어촌공사 및 농지관리기금법」에 따른 한국농어촌공사
>   6. 「항만공사법」에 따른 항만공사
>   7. 「인천국제공항공사법」에 따른 인천국제공항공사
>   8. 「한국공항공사법」에 따른 한국공항공사
>   9. 「한국교통안전공단법」에 따른 한국교통안전공단
>   10. 「국가철도공단법」에 따른 국가철도공단
> 3. 「지방공기업법」에 따른 지방공사
> 4. 대통령령으로 정하는 바에 따라 제1호부터 제3호까지의 자로부터 지정을 받은 법인

정답 ①

061 ⑤ ㄱ : 10분의 1, ㄴ : 200
⇨ 공제조합을 설립하려면 공제조합의 조합원 자격이 있는 자의 (ㄱ) 10분의 1 이상이 발기하고, 조합원 자격이 있는 자 (ㄴ) 200인 이상의 동의를 받아 창립총회에서 정관을 작성한 후 국토교통부장관에게 인가를 신청하여야 한다(법 제51조의3).

정답 ⑤

062 ① 신규등록에 충당되는 화물자동차는 차령이 2년의 범위에서 대통령령으로 정하는 연한 이내여야 한다.
⇨ 신규등록에 충당되는 화물자동차는 차령이 3년의 범위에서 대통령령으로 정하는 연한 이내여야 한다(법 제57조 제1항 전단).
② 제작연도에 등록된 화물자동차의 차량충당 연한의 기산일은 제작연도의 말일이다.
⇨ 제작연도에 등록된 화물자동차의 차량충당 연한의 기산일은 최초의 신규등록일이고, 제작연도의 등록되지 아니한 화물자동차의 차량충당 연한의 기산일은 제작연도의 말일이다(영 제13조 제2항).
③ 부득이한 사유가 없는 한 대폐차 변경신고를 한 날부터 30일 이내에 대폐차하여야 한다.
⇨ 부득이한 사유가 없는 한 대폐차 변경신고를 한 날부터 15일 이내에 대폐차하여야 한다. 다만, 국토교통부장관이 정하여 고시하는 부득이한 사유가 있는 경우에는 3개월 이내에 대폐차할 수 있다(규칙 제52조의3 제1항 제2호).
④ 대폐차의 절차 및 방법 등에 관하여 국토교통부령으로 규정한 사항 외에 필요한 세부사항은 국토교통부장관이 정하여 고시한다. ⇨ 규칙 제52조의3 제3항
⑤ 국토교통부장관은 차량충당조건에 대하여 2014년 1월 1일을 기준으로 5년마다 그 타당성을 검토하여 개선 등의 조치를 하여야 한다.
⇨ 국토교통부장관은 차량충당조건에 대하여 2014년 1월 1일을 기준으로 3년마다 그 타당성을 검토하여 개선 등의 조치를 하여야 한다(법 제65조의2 제8호).

정답 ④

063 ② 과징금을 부과하는 경우 그 액수는 총액이 1천만원 이하여야 한다.
⇨ 과징금을 부과하는 경우 그 액수는 총액이 2천만원을 넘을 수 없다(법 제21조 제1항 및 영 [별표2] 제1호 다목).

┌─ **⊕ 더 알아보기** ─────────────────────
│
│ **과징금의 부과**(법 제21조)
│ ① 국토교통부장관은 운송사업자가 제19조 제1항 각 호의 어느 하나에 해당하여 (요건 ❶) 사업정지처분을 하여야 하는 경우로서 (요건 ❷) 그 사업정지처분이 해당 화물자동차 운송사업의 이용자에게 심한 불편을 주거나 그 밖에 공익을 해칠 우려가 있으면 대통령령으로 정하는 바에 따라 사업정지처분을 갈음하여 2천만원 이하의 과징금을 부과·징수할 수 있다.
│ ② 제1항에 따라 과징금을 부과하는 위반행위의 종류·정도 등에 따른 과징금의 금액과 그 밖에 필요한 사항은 대통령령으로 정한다.
│ ③ 국토교통부장관은 제1항에 따라 과징금 부과처분을 받은 자가 과징금을 정한 기한에 내지 아니하면 국세 체납처분의 예에 따라 징수한다.
│ ④ 제1항에 따라 징수한 과징금은 다음 각 호 외의 용도로는 사용(보조 또는 융자를 포함)할 수 없다.

1. 화물 터미널의 건설과 확충
   2. 공동차고지(사업자단체, 운송사업자 또는 운송가맹사업자가 운송사업자 또는 운송가맹사업자에게 공동으로 제공하기 위하여 설치하거나 임차한 차고지를 말한다. 이하 같다)의 건설과 확충
   3. 경영개선이나 그 밖에 화물에 대한 정보 제공사업 등 화물자동차 운수사업의 발전을 위하여 필요한 사업
   4. 제60조의2 제1항에 따른 신고포상금의 지급
   ⑤ 국토교통부장관은 국토교통부령으로 정하는 바에 따라 과징금으로 징수한 금액의 운용계획을 수립·시행하여야 한다.

정답 ②

064 ① 최대적재량 1.5톤 이하의 화물자동차의 경우에는 주차장, 차고지 또는 지방자치단체의 조례로 정하는 시설 및 장소에서만 밤샘주차할 것 ⇨ 규칙 제21조 제4호
② 화주로부터 부당한 운임 및 요금의 환급을 요구받았을 때에는 환급할 것 ⇨ 규칙 제21조 제6호
③ 「자동차관리법」에 따른 검사를 받지 아니하고 화물자동차를 운행하지 아니할 것 ⇨ 규칙 제21조 제12호
④ 개인화물자동차 운송사업자의 경우 주사무소가 있는 특별시·광역시·특별자치시 또는 도와 맞닿은 특별시·광역시·특별자치시 또는 도에 상주하여 화물자동차 운송사업을 경영하지 아니할 것
⇨ 개인화물자동차 운송사업자의 경우 주사무소가 있는 특별시·광역시·특별자치시 또는 도와 이와 맞닿은 특별시·광역시·특별자치시 또는 도 외의 지역에 상주하여 화물자동차 운송사업을 경영하지 아니할 것(법 제11조 제24항 및 규칙 제21조 제2호)
⑤ 화물자동차 운전자가 「도로교통법」을 위반해서 난폭운전을 하지 않도록 운행관리를 할 것 ⇨ 규칙 제21조 제24호

정답 ④

065 ① 국토교통부장관은 해지된 위·수탁계약의 위·수탁차주였던 자가 감차 조치가 있는 날부터 6개월이 지난 후 임시허가를 신청하는 경우 3개월로 기간을 한정하여 허가할 수 있다.
⇨ 국토교통부장관은 해지된 위·수탁계약의 위·수탁차주였던 자가 감차 조치가 있는 날부터 3개월 내에 임시허가를 신청하는 경우 6개월 이내로 기간을 한정하여 허가할 수 있다(법 제3조 제12항 전단). 다만, 운송사업자의 허가취소 또는 감차 조치의 사유와 직접 관련이 있는 화물자동차의 위·수탁차주였던 자는 제외한다(동항 단서).

② 임시허가를 받은 자가 허가 기간 내에 다른 운송사업자와 위·수탁계약을 체결하지 못하고 임시허가 기간이 만료된 경우 6개월 내에 임시허가를 신청할 수 있다.
⇨ 임시허가를 받은 자가 허가 기간 내에 다른 운송사업자와 위·수탁계약을 체결하지 못하고 임시허가 기간이 만료된 경우 3개월 내에 임시허가를 신청할 수 있다(법 제3조 제13항).
③ 국토교통부장관이 건전한 거래질서의 확립과 공정한 계약의 정착을 위하여 표준 위·수탁계약서를 고시한 경우에는 계약당사자의 위·수탁계약은 이에 따라야 한다.
⇨ 국토교통부장관이 건전한 거래질서의 확립과 공정한 계약의 정착을 위하여 표준 위·수탁계약서를 고시하여야 하고, 이를 우선적으로 사용하도록 권고할 수 있다(법 제40조 제4항).
④ 운송사업자가 부정한 방법으로 변경허가를 받았다는 사유로 위·수탁차주의 화물자동차가 감차 조치를 받은 경우에는 해당 운송사업자와 위·수탁차주의 위·수탁계약은 해지된 것으로 본다. ⇨ 법 제40조의3 제3항
⑤ 위·수탁계약의 내용 중 일부에 대하여 당사자 간 이견이 있는 경우 계약내용을 일방의 의사에 따라 정함으로써 상대방의 정당한 이익을 침해한 경우에는 그 위·수탁계약은 전부 무효로 한다.
⇨ 위·수탁계약의 내용 중 일부에 대하여 당사자 간 이견이 있는 경우 계약내용을 일방의 의사에 따라 정함으로써 상대방의 정당한 이익을 침해한 경우에는 그 위·수탁계약은 그 부분에 한정하여 무효로 한다(법 제40조 제7항).

정답 ④

066 ㄱ(×). 이 법을 위반하여 징역 이상의 형의 집행유예를 산고받고 그 유예기간이 지난 후 1년이 지난 자
⇨ 화물자동차 운수사업법을 위반하여 징역 이상의 형의 집행유예를 선고받고 그 유예기간이 이미 경과하였으므로 결격사유가 해소된 자에 해당한다(법 제4조 제4호).
ㄹ(×). 화물운송 종사자격이 없는 자에게 화물을 운송하게 하여 허가가 취소 된 후 3년이 지난 자
⇨ 화물운송 종사자격이 없는 자에게 화물을 운송하게 하여 허가가 취소된 경우 결격사유의 해소기간은 2년이 지난 때부터이다. 따라서 3년이 지난 자의 경우에는 결격사유가 없는 자에 해당한다(법 제4조 제5호 및 동법 제19조 제1항 제6호).

> ◉ 더 알아보기
> 화물자동차 운수사업법상 화물자동차 운송사업 허가의 결격사유(법 제4조)
> 다음 각 호의 어느 하나에 해당하는 자는 화물자동차 운송사업의 허가를 받을 수 없다. 법인의 경우 그 임원 중 다음 각 호의 어느 하나에 해당하는 자가 있는 경우에도 또한 같다.
> 1. 피성년후견인 또는 피한정후견인
> 2. 파산선고를 받고 복권되지 아니한 자

3. 이 법을 위반하여 징역 이상의 실형을 선고받고 그 집행이 끝나거나(집행이 끝난 것으로 보는 경우를 포함한다) 집행이 면제된 날부터 2년이 지나지 아니한 자
4. 이 법을 위반하여 징역 이상의 형의 집행유예를 선고받고 그 유예기간 중에 있는 자
5. 제19조 제1항(제1호 및 제2호는 제외)에 따라 허가가 취소(제4조 제1호 또는 제2호에 해당하여 제19조 제1항 제5호에 따라 허가가 취소된 경우는 제외)된 후 2년이 지나지 아니한 자
6. 제19조 제1항 제1호 또는 제2호에 해당하여 허가가 취소된 후 5년이 지나지 아니한 자
⇨ 법 제19조 제1항 제1호 및 제2호
　1. 부정한 방법으로 제3조 제1항에 따른 허가를 받은 경우
　2. 부정한 방법으로 제3조 제3항에 따른 변경허가를 받거나, 변경허가를 받지 아니하고 허가사항을 변경한 경우

정답 ③

067 ① 협의회는 회장 1명을 포함한 9명 이내의 위원으로 구성한다.
⇨ 협의회는 회장 1명을 포함한 11명 이내의 위원으로 구성한다(규칙 제4조의2 제1항).
② 해당 지역의 대·중소유통 협력업체·납품업체 등 이해관계자는 협의회의 위원이 될 수 없다.
⇨ 해당 지역의 대·중소유통 협력업체·납품업체 등 이해관계자는 협의회의 위원이 될 수 있다(규칙 제4조의2 제2항 제3호 다목).
③ 협의회 위원의 임기는 3년으로 한다.
⇨ 협의회 위원의 임기는 2년으로 한다(규칙 제4조의2 제3항).
④ 협의회의 회의는 재적위원 3분의 1 이상의 출석으로 개의하고, 출석위원 과반수 이상의 찬성으로 의결한다.
⇨ 협의회의 회의는 재적위원 3분의 2 이상의 출석으로 개의하고, 출석위원 과반수(→3분의 2) 이상의 찬성으로 의결한다(규칙 제4조의3 제1항).
⑤ 협의회는 분기별로 1회 이상 개최하는 것을 원칙으로 한다.
⇨ 협의회는 분기별로 1회 이상 개최하는 것을 원칙으로 하되, 회장은 필요에 따라 그 개최 주기를 달리할 수 있다(규칙 제4조의3 제4항).

정답 ⑤

068 • (ㄱ→산업통상자원부장관, 중소벤처기업부장관 또는 지방자치단체의 장)은 「중소기업기본법」 제2조에 따른 중소기업자 중 대통령령으로 정하는 소매업자 50인 또는 도매업자 10인이 공동으로 중소유통기업의 경쟁력 향상을 위하여 상품의 보관·배송·포장 등 공동물류사업 등을 하는 물류센터를 건립하거나 운영하는 경우에는 필요한 행정적·재정적 지원을 할 수 있다.
　⇨ 법 제17조의2 제1항

- 중소유통공동도매물류센터의 건립, 운영 및 관리 등에 필요한 사항은 (ㄴ→중소벤처기업부장관)이 정하여 고시한다.
  ⇨ 법 제17조의2 제4항
③ ㄱ : 지방자치단체의 장, ㄴ : 중소벤처기업부장관
⇨ (ㄱ)에는 산업통상자원부장관, 중소벤처기업부장관 또는 지방자치단체의 장이 들어갈 수 있고, (ㄴ)에는 중소벤처기업부장관이 들어가야 한다.

정답 ③

069 ③ 파산선고를 받고 복권된 후 3개월이 지난 자
⇨ 파산선고를 받고 복권된 후 3개월이 지난 자는 등록결격사유가 해소되어 대규모점포의 등록을 할 수 있다(법 제10조 제2호).

> **⊕ 더 알아보기**
>
> **유통산업발전법상 대규모점포 등록의 결격사유** (법 제10조)
> 다음 각 호의 어느 하나에 해당하는 자는 대규모점포등의 등록을 할 수 없다.
> 1. 피성년후견인 또는 미성년자
> 2. 파산선고를 받고 복권되지 아니한 자
> 3. 이 법을 위반하여 징역의 실형을 선고받고 그 집행이 끝나거나(집행이 끝난 것으로 보는 경우를 포함한다) 집행이 면제된 날부터 1년이 지나지 아니한 사람
> 4. 이 법을 위반하여 징역형의 집행유예선고를 받고 그 유예기간 중에 있는 사람
> 5. 제11조 제1항에 따라 등록이 취소(이 조 제1호 또는 제2호에 해당하여 등록이 취소된 경우는 제외한다)된 후 1년이 지나지 아니한 자
> 6. 대표자가 제1호부터 제5호까지의 어느 하나에 해당하는 법인

정답 ③

070 ① 위원회는 위원장 1명을 포함하여 11명 이상 15명 이하의 위원으로 구성한다. ⇨ 법 제36조 제2항
② 유통분쟁조정신청을 받은 위원회는 신청일부터 7일 이내에 신청인외의 관련 당사자에게 분쟁의 조정신청에 관한 사실과 그 내용을 통보하여야 한다.
⇨ 유통분쟁조정위원회는 유통분쟁조정신청을 받은 경우 신청일부터 3일 이내에 신청인외의 관련 당사자에게 분쟁의 조정신청에 관한 사실과 그 내용을 통보하여야 한다(영 제16조 제1항).
③ 분쟁의 조정신청을 받은 위원회는 원칙적으로 조정신청을 받은 날부터 60일 이내에 이를 심사하여 조정안을 작성하여야 한다. ⇨ 법 제37조 제2항
④ 당사자가 조정안을 수락하고 조정서에 기명날인하거나 서명하였을 때에는 당사자 간에 조정서와 동일한 내용의 합의가 성립된 것으로 본다. ⇨ 법 제39조 제3항
⑤ 위원회는 동일한 시기에 동일한 사안에 대하여 다수의 분쟁조정이 신청된 경우에

는 그 다수의 분쟁조정신청을 통합하여 조정할 수 있다. ⇨ 영 제16조의3

정답 ②

071 ① 재래시장의 활성화 ⇨ 법 제15조 제3항
② 전문상가단지의 건립 ⇨ 법 제20조 제1항
④ 중소유통공동도매물류센터의 건립 및 운영 ⇨ 법 제17조의2 제1항
⑤ 중소유통기업의 창업 지원 등 중소유통기업의 구조개선 및 경쟁력 강화 ⇨ 법 제15조 제4항

정답 ③

072 ④ 선적화물을 싣거나 내릴 때 그 화물의 용적 또는 중량을 계산하거나 증명하는 일
⇨ 검량 : 선적화물을 싣거나 내릴 때 그 화물의 용적 또는 중량을 계산하거나 증명하는 일(법 제2조 제1항 제16호)

> **● 더 알아보기**
>
> **항만운송의 정의 및 인정범위**(항만운송사업법 제2조 제1항)
> 이 법에서 "항만운송"이란 타인의 수요에 응하여 하는 행위로서 다음 각 호의 어느 하나에 해당하는 것을 말한다.
> 1. 선박을 이용하여 운송된 화물을 화물주 또는 선박운항업자의 위탁을 받아 항만에서 선박으로부터 인수하거나 화물주에게 인도하는 행위
> 2. 선박을 이용하여 운송될 화물을 화물주 또는 선박운항업자의 위탁을 받아 항만에서 화물주로부터 인수하거나 선박에 인도하는 행위
> 3. 제1호 또는 제2호의 행위에 선행하거나 후속하여 제4호부터 제13호까지의 행위를 하나로 연결하여 하는 행위
> 4. 항만에서 화물을 선박에 싣거나 선박으로부터 내리는 일
> 5. 항만에서 선박 또는 부선을 이용하여 화물을 운송하는 행위, 해양수산부령으로 정하는 항만과 항만 외의 장소와의 사이(이하 "지정구간"이라 한다)에서 부선 또는 범선을 이용하여 화물을 운송하는 행위와 항만 또는 지정구간에서 부선 또는 뗏목을 예인선으로 끌고 항해하는 행위.
>   다만, 다음 각 목의 어느 하나에 해당하는 운송은 제외한다.
> ⇨ 가. 「해운법」에 따른 해상화물운송사업자가 하는 운송
>   나. 「해운법」에 따른 해상여객운송사업자가 여객선을 이용하여 하는 여객운송에 수반되는 화물 운송
>   다. 해양수산부령으로 정하는 운송
> 6. 항만에서 선박 또는 부선을 이용하여 운송된 화물을 창고 또는 하역장[수면 목재 저장소는 제외]에 들여놓는 행위
> 7. 항만에서 선박 또는 부선을 이용하여 운송될 화물을 하역장에서 내가는 행위
> 8. 항만에서 제6호 또는 제7호에 따른 화물을 하역장에서 싣거나 내리거나 보관하는 행위
> 9. 항만에서 제6호 또는 제7호에 따른 화물을 부선에 싣거나 부선으로부터 내리는 행위
> 10. 항만이나 지정구간에서 목재를 뗏목으로 편성하여 운송하는 행위

11. 항만에서 뗏목으로 편성하여 운송된 목재를 수면 목재저장소에 들여놓는 행위나, 선박 또는 부선을 이용하여 운송된 목재를 수면 목재저장소에 들여놓는 행위
12. 항만에서 뗏목으로 편성하여 운송될 목재를 수면 목재저장소로부터 내가는 행위나, 선박 또는 부선을 이용하여 운송될 목재를 수면 목재저장소로부터 내가는 행위
13. 항만에서 제11호 또는 제12호에 따른 목재를 수면 목재저장소에서 싣거나 내리거나 보관하는 행위
14. 선적화물을 싣거나 내릴 때 그 화물의 개수를 계산하거나 그 화물의 인도·인수를 증명하는 일["검수"]
15. 선적화물 및 선박(부선을 포함한다)에 관련된 증명·조사·감정을 하는 일["감정"]
16. 선적화물을 싣거나 내릴 때 그 화물의 용적 또는 중량을 계산하거나 증명하는 일["검량"]

정답 ④

073 ① 화물 고정 항만용역작업은 안전사고가 발생할 우려가 높은 작업에 해당되지 않으므로 甲은 교육훈련의 대상이 아니다.
⇨ 화물 고정 항만용역작업은 안전사고가 발생할 우려가 높은 작업에 해당하므로 甲은 신규자 교육훈련의 대상이 된다(법 제27조의3 제1항 및 규칙 제30조의2 제1항 제3호).
② 甲은 채용된 날부터 6개월 이내에 실시하는 신규자 교육훈련을 받아야 한다.
⇨ 안전사고가 발생할 우려가 높은 작업(항만하역사업, 줄잡이 항만용역업, 화물 고정 항만용역업) 종사자의 경우 교육훈련기관이 실시하는 교육훈련을 다음의 구분에 따라 받아야 한다(규칙 제30조의2 제1항 및 제2항).
• 신규자 교육훈련 : 작업에 채용된 날부터 6개월 이내에 실시하는 교육훈련
• 재직자 교육훈련 : 신규자 교육훈련을 받은 연도의 다음 연도 및 그 후 매 2년마다 실시하는 교육훈련
③ 甲이 2020년 9월에 실시하는 신규자 교육훈련을 받는다면, 2021년에 실시하는 재직자 교육훈련은 면제된다.
⇨ 甲이 2020년 9월에 실시하는 신규자 교육훈련을 받는다면, 2021년에 실시하는 최초 재직자 교육훈련을 받아야 한다.
④ 甲이 최초의 재직자 교육훈련을 받는다면, 그 후 매 3년마다 실시하는 재직자 교육훈련을 받아야 한다.
⇨ 甲이 최초의 재직자 교육훈련을 받는다면, 그 후 매 2년마다 실시하는 재직자 교육훈련을 받아야 한다.
⑤ 甲의 귀책사유 없이 교육훈련을 받지 못한 경우에도 甲은 화물 고정 항만용역 작업에 종사하는 것이 제한되어야 한다.
⇨ 甲의 귀책사유 없이 교육훈련을 받지 못한 경우에도 甲은 화물 고정 항만용역 작업에 종사하는 것이 제한되지 않는다(법 제27조의3 제2항 단서 및 규칙 제30조의2 제6항 제2호).

정답 ②

074 ① 분쟁협의회는 취급화물별로 구성·운영된다.
⇨ 분쟁협의회는 항만별로 구성·운영된다(법 제27조의8 제1항).
② 분쟁협의회는 위원장 1명을 포함하여 7명의 위원으로 구성한다. ⇨ 영 제26조의5 제2항 전단
③ 분쟁협의회의 위원장은 위원 중에서 호선한다. ⇨ 영 제26조의5 제2항 후단
④ 분쟁협의회의 위원에는 항만운송사업의 분쟁 관련 업무를 담당하는 공무원 중에서 해당 항만을 관할하는 지방해양수산청장 또는 시·도지사가 지명하는 사람이 포함된다. ⇨ 영 제26조의5 제1항
⑤ 분쟁협의회는 항만운송과 관련된 노사 간 분쟁의 해소에 관한 사항을 심의·의결한다. ⇨ 영 제26조의7 제1호

정답 ①

075 ① 철도사업자는 여객열차의 운행구간을 변경하려는 경우에는 국토교통부장관에게 신고하여야 한다.
⇨ 철도사업자는 여객열차의 운행구간을 변경하려는 경우에는 국토교통부장관의 인가를 받아야 한다(법 제12조 제1항 단서 및 영 제5조 제2호).
② 철도사업자는 사업용철도노선별로 여객열차의 정차역을 10분의 2 이상 변경하려는 경우에는 국토교통부장관의 인가를 받아야 한다. ⇨ 법 제12조 제1항 단서 및 영 제5조 제3호
③ 국토교통부장관은 노선 운행중지, 감차 등을 수반하는 사업계획 변경명령을 받은 후 1년이 지나지 아니한 철도사업자의 사업계획 변경을 제한할 수 있다. ⇨ 법 제12조 제2항 제2호
④ 국토교통부장관은 사업의 개선명령을 받고 이를 이행하지 아니한 철도사업자의 사업계획 변경을 제한할 수 있다. ⇨ 법 제12조 제2항 제3호
⑤ 국토교통부장관이 지정한 날 또는 기간에 운송을 시작하지 아니한 철도사업자의 사업계획 변경에 대하여 국토교통부장관은 이를 제한할 수 있다. ⇨ 법 제12조 제2항 제1호

> ❖ **더 알아보기**
>
> **사업계획의 변경** (법 제12조)
> ① 철도사업자는 사업계획을 변경하려는 경우에는 국토교통부장관에게 신고하여야 한다. 다만, 대통령령(영 제5조)으로 정하는 중요 사항을 변경하려는 경우에는 국토교통부장관의 인가를 받아야 한다.
> ⇨ "대통령령으로 정하는 중요 사항을 변경하려는 경우"란 다음 각 호의 어느 하나에 해당하는 경우를 말한다.
> 1. 철도이용수요가 적어 수지균형의 확보가 극히 곤란한 벽지 노선으로 「철도산업발전기본법」 제33조 제1항에 따라 공익서비스비용의 보상에 관한 계약이 체결된 노선의 철도운송서비스(철도여객운송서비스 또는 철도화물운송서비스를 말한다)의 종류를 변경하거나 다른 종류의 철도운송서비스를 추가하는 경우

          2. 운행구간의 변경(여객열차의 경우에 한한다)
          3. 사업용철도노선별로 여객열차의 정차역을 신설 또는 폐지하거나 10분의 2 이상 변경하는 경우
          4. 사업용철도노선별로 10분의 1 이상의 운행횟수의 변경(여객열차의 경우에 한한다). 다만, 공휴일・방학기간 등 수송수요와 열차운행계획상의 수송력과 현저한 차이가 있는 경우로서 3월 이내의 기간동안 운행횟수를 변경하는 경우를 제외한다.
    ② 국토교통부장관은 철도사업자가 다음 각 호의 어느 하나에 해당하는 경우에는 제1항에 따른 사업계획의 변경을 제한할 수 있다.
          1. 국토교통부장관이 지정한 날 또는 기간에 운송을 시작하지 아니한 경우
          2. 노선 운행중지, 운행제한, 감차 등을 수반하는 사업계획 변경명령을 받은 후 1년이 지나지 아니한 경우
          3. 사업의 개선명령을 받고 이행하지 아니한 경우
          4. 철도사고의 규모 또는 발생 빈도가 대통령령으로 정하는 기준 이상인 경우
    ⇨ "대통령령으로 정하는 기준"이란 사업계획의 변경을 신청한 날이 포함된 연도의 직전 연도의 열차운행거리 100만 킬로미터당 철도사고(철도사업자 또는 그 소속 종사자의 고의 또는 과실에 의한 철도사고를 말함)로 인한 사망자수 또는 철도사고의 발생횟수가 최근(직전연도를 제외) 5년간 평균보다 10분의 2 이상 증가한 경우를 말한다.
    ③ 제1항과 제2항에 따른 사업계획 변경의 절차・기준과 그 밖에 필요한 사항은 국토교통부령으로 정한다.

정답 ①

076 ① 국토교통부장관이 사업정지처분을 갈음하여 철도사업자에게 부과하는 과징금은 1억원 이하이다. ⇨ 법 제17조 제1항
② 과징금의 수납기관은 과징금을 수납한 때에는 지체 없이 그 사실을 국토교통부장관에게 통보하여야 한다. ⇨ 영 제10조 제4항
③ 과징금은 이를 분할하여 납부할 수 있다.
⇨ 과징금은 이를 분할하여 납부할 수 없다(영 제10조 제5항 삭제 〈2021. 9. 24.〉).
④ 국토교통부장관은 과징금을 부과하고자 하는 때에는 그 위반행위의 종별과 해당 과징금의 금액 등을 명시하여 이를 납부할 것을 서면으로 통지하여야 한다. ⇨ 영 제10조 제1항
⑤ 국토교통부장관은 매년 10월 31일까지 다음 연도의 과징금 운용계획을 수립하여 시행하여야 한다. ⇨ 규칙 제13조

정답 ③

077 ⑤ ㄱ, ㄴ, ㄷ, ㄹ
⇨ 전용철도 등록에 관한 의무 규정인 제34조 제1항 전단에도 불구하고, 단서조항에

서는 대통령령으로 정하는 경미한 변경의 경우에는 그 등록을 생략할 수 있도록 예외를 두고 있는데 위 제시문의 내용 ㄱ,ㄴ,ㄷ,ㄹ은 모두 그러한 사유에 해당한다. 따라서 변도 등록사항의 변경에 대한 등록을 요하지 않는다(법 제34조 제1항 및 영 제12조 제1항).

> **더 알아보기**
>
> **전용철도의 등록** (법 제34조)
> 전용철도를 운영하려는 자는 국토교통부령으로 정하는 바에 따라 전용철도의 건설·운전·보안 및 운송에 관한 사항이 포함된 운영계획서를 첨부하여 국토교통부장관에게 등록을 하여야 한다. 등록사항을 변경하려는 경우에도 같다. 다만 대통령령(영 제12조)으로 정하는 경미한 변경의 경우에는 예외로 한다.
> ⇨ "대통령령으로 정하는 경미한 변경의 경우"란 다음 각 호의 어느 하나에 해당하는 경우를 말한다.
>   1. 운행시간을 연장 또는 단축한 경우
>   2. 배차간격 또는 운행횟수를 단축 또는 연장한 경우
>   3. 10분의 1의 범위 안에서 철도차량 대수를 변경한 경우
>   4. 주사무소·철도차량기지를 제외한 운송관련 부대시설을 변경한 경우
>   5. 임원을 변경한 경우(법인에 한한다)
>   6. 6월의 범위 안에서 전용철도 건설기간을 조정한 경우

정답 ⑤

078 ① 국토교통부장관은 공정거래위원회와 협의하여 철도사업자 간 경쟁을 제한하지 아니하는 범위에서 우수 철도서비스에 대한 인증을 할 수 있다.
⇨ 국토교통부장관은 공정거래위원회와 협의하여 철도사업자 간 경쟁을 제한하지 아니하는 범위에서 철도서비스의 질적 향상을 촉진하기 위하여 우수 철도서비스에 대한 인증을 할 수 있다(법 제28조 제1항).
② 철도사업자의 신청에 의하여 우수철도서비스인증을 하는 경우에 그에 소요되는 비용은 예산의 범위 안에서 국토교통부가 부담한다.
⇨ 철도사업자의 신청에 의하여 우수 철도서비스 인증을 하는 경우에 그에 소요되는 비용은 당해 철도사업자가 부담한다(규칙 제20조 제3항).
③ 철도서비스 평가업무 등을 위탁받은 자는 철도서비스의 평가 등을 할 때 철도사업자에게 관련 자료 또는 의견 제출 등을 요구할 수 있다.
⇨ 국토교통부장관이나 평가업무 등을 위탁받은 자는 철도서비스의 평가 등을 할 때 철도사업자에게 관련 자료 또는 의견 제출 등을 요구하거나 철도서비스에 대한 실지조사를 할 수 있다(법 제30조 제1항).
④ 철도사업자는 철도사업 외의 사업을 경영하는 경우에는 철도사업에 관한 회계와 철도사업 외의 사업에 관한 회계를 구분하여 경리하여야 한다. ⇨ 법 제32조 제1항
⑤ 철도사업자는 관련 법령에 따라 산출된 영업수익 및 비용의 결과를 회계법인의 확

인을 거쳐 회계연도 종료 후 4개월 이내에 국토교통부장관에게 제출하여야 한다.
⇨ 규칙 제22조의2 제3항

정답 ②

079 ① 중도매인의 업무를 하려는 자는 부류별로 해당 도매시장 개설자의 허가를 받아야 한다. ⇨ 법 제25조 제1항
② 도매시장 개설자는 법인이 아닌 주도매인에게 중도매업의 허가를 하는 경우 3년 이상 10년 이하의 범위에서 허가 유효기간을 설정할 수 있다. ⇨ 법 제25조 제6항 단서
③ 중도매업의 허가를 받은 중도매인은 도매시장에 설치된 공판장에서는 그 업무를 할 수 없다.
⇨ 법은 중도매인업 허가를 받은 중도매인이 도매시장에 설치된 공판장에서도 영업이 가능하도록 중도매인의 업무범위에 관한 특례를 인정하고 있다(법 제26조 참조).
④ 해당 도매시장의 다른 중도매인과 농수산물을 거래한 중도매인은 농림축산식품부령 또는 해양수산부령으로 정하는 바에 따라 그 거래 내역을 도매시장 개설자에게 통보하여야 한다. ⇨ 법 제31조 제7항
⑤ 부류를 기준으로 연간 반입물량 누적비율이 하위 3퍼센트 미만에 해당하는 소량 품목의 경우 중도매인은 도매시장 개설자의 허가를 받아 도매시장법인이 상장하지 아니한 농수산물을 거래할 수 있다. ⇨ 규칙 제27조 제1호

정답 ③

080 ① 도매시장법인은 2명 이상의 경매사를 두어야 한다. ⇨ 법 제27조 제1항 및 규칙 제20조 제1항
② 경매사는 경매사 자격시험에 합격한 자 중에서 임명한다. ⇨ 법 제27조 제2항
③ 도매시장법인은 경매사가 해당 도매시장의 산지유통인이 된 경우 그 경매사를 면직하여야 한다. ⇨ 법 제27조 제3항
④ 도매시장법인이 경매사를 임면하면 도매시장 개설자에게 신고하여야 한다. ⇨ 법 제27조 제4항
⑤ 도매시장 개설자는 경매사의 임면 내용을 전국을 보급지역으로 하는 일간신문 또는 지정·고시된 인터넷 홈페이지에 게시하여야 한다.
⇨ 도매시장법인이 경매사를 임면하였을 때에는 농림축산식품부령 또는 해양수산부령으로 정하는 바에 따라 그 내용을 도매시장 개설자에게 신고하여야 하며, 도매시장 개설자는 농림축산식품부장관 또는 해양수산부장관이 지정하여 고시한 인터넷 홈페이지에 그 내용을 그 내용을 게시하여야 한다(법 제27조 제4항).

정답 ⑤

2021 제25회 해설 및 정답

제1교시

[제1과목 물류관리론]

001 ① 물류생산성 향상 및 비용절감을 통해서 물가상승을 억제한다.
⇨ 공공적 관점
② 물류 합리화를 통해 유통구조 선진화 및 사회간접자본 투자에 기여한다.
⇨ 공공적 관점
③ 고객요구에 따라서 생산된 제품을 고객에게 전달하고 수요를 창출한다.
⇨ 개발기업 관점
④ 생산자와 소지바 사이의 인격적 유대를 강화하고 고객서비스를 높인다.
⇨ 개발기업 관점
⑤ 공급사슬관리를 통해 개별 기업의 독자적 경영 최적화를 달성한다.
⇨ 공급사슬관리는 원료 공급자로부터 최종소비자까지 이르는 전체과정에 걸친 기업들의 공동전략을 의미한다.

정답 ⑤

002 ④ ㄴ, ㄹ
⇨ 상품의 거래활동과 표준화, 금융, 보험 등의 보조활동은 상적유통(상류)에 해당하고, 화물정보의 전달 및 활용, 보관, 판매를 위한 상품의 포장은 물적유통(물류)에 해당한다.

정답 ④

003 ① 조달물류
⇨ 물자가 조달처로부터 운송되어 매입자의 보관창고에 입고·보관되었다가 생산공정에 투입될 때까지의 물류활동
② 생산물류
⇨ 물자가 생산공정에 투입되어 제품으로 만들어지기까지의 물류활동
③ 판매물류
⇨ 제품이 소비자에게 전달되는 과정과 관련된 활동으로, 완제품의 판매를 위하여

출고할 때부터 고객에게 인도될 때까지의 물류
④ 폐기물류
⇨ 원자재와 제품의 포장재 및 수·배송 용기 등의 폐기물을 처분하기 위한 물류활동
⑤ 반품물류
⇨ 반품물류란 고객에게 판매된 제품이 제품상의 하자 등의 이유로 교환되거나 공장으로 되돌아올 때까지의 물류활동으로 최근 전자상거래의 확산과 더불어 판매된 제품이 주문과 상이하거나, 제품 하자에 따른 교환 등이 증가하고 있는 추세이기 때문에 기업의 관련 서비스 및 비용절감 측면에서 그 중요성이 날로 증대되고 있는 물류영역이다.

정답 ⑤

004 ⑤ 기업의 핵심역량 강화를 위해서 물류기능을 직접 수행하는 화주기업이 증가하는 추세이다.
⇨ 기업의 경쟁력을 강화하기 위하여 기업 내에서 전담하던 물류기능의 일부 또는 전부를 물류전문업체에게 아웃소싱하는 형태가 확산되고 있다.

정답 ⑤

005 ② 적절한 고객(Right Customer)
⇨ 7R 원칙 : 적절한 상품(Right Commodity), 적절한 품질(Right Quality), 적절한 수량(Right Quantity), 적절한 시기(Right Time), 적절한 장소(Right Place), 좋은 인상(Right Impression), 적정한 가격(Right Price)

정답 ②

006 ② 화물주선업 ⇨ 국제물류주선업, 화물자동차운송주선사업
③ 화물창고업 ⇨ 일반창고업, 냉장 및 냉동 창고업, 농·수산물 창고업, 위험물품보관업, 그 밖의 창고업
④ 화물운송업 ⇨ 육상화물운송업, 해상화물운송업, 항공화물운송업, 파이프라인운송업
⑤ 화물부대업 ⇨ 해운대리점업, 해운중개업, 선박관리업

정답 ①

007 ④ 60%

납기준수율(정시배송율) = $\dfrac{\text{요청납기일 내 배송완료 건수}}{\text{배송계획 건수}} \times 100 = \dfrac{3}{5} \times 100 = 60\%$

정답 ④

008 ⑤ 일반적으로 고객서비스 수준이 높아지면 물류비가 절감되고 매출액은 증가한다.
⇨ 일반적으로 물류비의 감소와 고객서비스 수준의 향상 간에는 상충관계가 있기 때문에 고객서비스 수준이 높아지면 물류비가 증가한다. 따라서 물류관리의 목표는 비용절감과 서비스 향상 중에서 어느 쪽에 더 중점을 두느냐에 달려 있다.

정답 ⑤

009 ① 시설 입지계획
⇨ 물류의 전략적 의사결정은 CEO와 같은 가장 높은 차원에서 실시하는 1년 이상의 장기계획으로, 창고입지 결정, 수송수단 선택 등이 포함된다.
② 제품포장 ⇨ 운명적 의사결정(주 단위, 일 단위의 단기계획)
③ 재고통제 ⇨ 전술적 의사결정(1년 이내의 중기계획)
④ 창고관리 ⇨ 전술적 의사결정(1년 이내의 중기계획)
⑤ 주문품 발송 ⇨ 운영적 의사결정(주 단위, 일 단위의 단기계획)

정답 ①

010 ① 물류시스템의 설계 및 범위결정의 기준은 총비용 개념을 고려한다.
⇨ 고객의 다양한 요구를 저렴한 비용으로 충족시킬 수 있는 물류시스템을 보유한 경우 보다 넓은 고객층을 확보할 수 있다.
② 소비자 서비스는 모든 제품에 대해서 동일한 수준으로 제공되어야 한다.
⇨ 물류전략을 수립할 때 우선적으로 고려해야 할 사항은 고객의 니즈를 파악하는 것이기 때문에 효과적인 물류전략은 유연성을 보유하면서 고객의 다양한 요구를 저렴한 비용으로 충족시킬 수 있도록 하는 것이다.
③ 물류활동의 중심은 운송, 보관, 하역, 포장 등이며, 비용과 서비스 면에서 상충관계가 있다.
⇨ 기업의 통합물류운영관점에서 재고거점 수가 증가할 경우에는 배송비가 감소하고, 고객서비스 수준이 향상되지만 시설투자비용과 재고비용이 증가한다.
④ 물류시스템에서 취급하는 제품이 다양할수록 재고는 증가하고 비용상승 요인이 될 수 있다.
⇨ 물류서비스 수준과 물류비용 사이에는 상충관계가 존재하기 때문에 물류시스템에서 취급하는 제품이 다양할수록 물류서비스 수준은 향상되지만 재고가 증가하고 물류비용이 상승하는 요인이 될 수 있다.
⑤ 도로, 철도, 항만, 공항 등 교통시설과의 접근성을 고려해야 한다.
⇨ 물류전략 수립 시 원·부자재의 공급에서 생산과정을 거쳐 완제품의 유통과정까지의 흐름을 최적화하기 위한 유통경로 및 물류네트워크를 설계해야 한다.

정답 ②

011
② 기능별 서비스와 상하계약관계
⇨ 상호보완관계에 있는 IT업체, 운송업체 등 타 물류업체와 연합하여 서비스를 제공한다.

정답 ②

012
① 라인과 스태프형 물류조직
⇨ 직능형 조직의 단점을 보완하기 위하여 라인과 스태프의 기능을 세분화한 조직형태로, 라인과 스태프를 분리함으로써 실시기능과 지원기능을 명확히 구별한다.
② 직능형 물류조직
⇨ 라인부문과 스태프부문이 분리되지 않은(미분화된) 조직형태로 물류활동이 다른 부문 활동 속에 포함되어 물류계획, 물류전문화, 물류전문가 양성에 어려움이 있다.
③ 사업부형 물류조직
⇨ 기업 규모가 커지면서 각 사업단위의 성과를 극대화하기 위해 생긴 조직형태로, 물류조직이 하나의 독립된 회사와 같이 운영되며 각 사업부 내에 라인과 스태프 부문이 동시에 존재한다.
④ 기능특성형 물류조직
⇨ 물류활동을 하나의 기능으로 취급하는 형태의 조직으로, 타 기능과 원활한 연계가 곤란하여 물류의 최적화 달성이 어렵다는 단점이 있다.

정답 ⑤

013
① 정의 ⇨ 결함을 발생시키는 것이 무엇인지를 정의하여 문제를 명확히 하고, 몇 개월 내에 측정 가능한 목표가 달성될 수 있도록 문제의 범위를 좁히는 단계
② 측정 ⇨ 현재 불량수준을 측정하여 수치화하는 단계
③ 분석 ⇨ 불량의 발생 원인을 파악하고 개선대상을 선정하는 단계
④ 개선 ⇨ 개선과제를 선정하고 실제 개선작업을 수행하는 단계
⑤ 관리 ⇨ 개선결과를 유지하고 새로운 목표를 설정하는 단계

정답 ③

014
② 수송기능은 물류 거점과 소비 공간을 연결하는 소량 화물의 단거리 이동을 말한다.
⇨ 물류 거점과 소비 공간을 연결하는 소량 화물의 단거리 이동은 배송기능에 관한 설명이다. 수송기능은 공장물류센터와 물류센터를 연결하는 대량 화물의 장거리 이동을 말한다.

정답 ②

015 ① 운송비 ⇨ 기능별 비목
② 재료비 ⇨ 세목별 비목
③ 유통가공비 ⇨ 기능별 비목
④ 물류정보/관리비 ⇨ 기능별 비목
⑤ 보관 및 재고관리비 ⇨ 기능별 비목

정답 ②

016 ① 재료비, 노무비 및 경비로 구분하여 계산한다.
⇨ 재료비, 노무비 및 경비는 제조원가에 해당하는 것으로, 활동기준원가계산은 제조원가뿐만 아니라 비제조원가도 원가동인에 의해 배부할 수 있다.

정답 ①

017 ④ ㄱ : 2,500   ㄴ : 5,000

- 손익분기점 판매량 = $\dfrac{\text{고정비}}{\text{단위당 판매가격} - \text{단위당 변동비}}$

  = $\dfrac{1\text{억원}}{10\text{만원} - 6\text{만원}}$ = 2,500개

- 목표이익을 달성하기 위한 판매량 = $\dfrac{\text{고정비} + \text{목표이익}}{\text{단위당 판매가격} - \text{단위당 변동비}}$

  = $\dfrac{1\text{억원} + 1\text{억원}}{10\text{만원} - 6\text{만원}}$ = 5,000개

정답 ④

018 ① 고객관점
⇨ 품질, 서비스, 비용, 시간 등 고객의 관심사항을 반영한 측정지표
② 재무적 관점
⇨ 기업 경영을 통한 기업의 손익개선을 나타내는 재무성과 측정지표
④ 학습과 성장의 관점
⇨ 기업의 비전달성과 연관된 조직의 학습방법과 개선사항을 측정하는 지표
⑤ 내부 경영프로세스 관점
⇨ 고객의 기대에 부응하기 위한 업무프로세스와 경쟁우위 요소인 자사의 핵심역량을 측정하는 지표

정답 ③

019 ⑤ 구매자와 판매자 간에 밀접한 관계가 구축된다.
⇨ e-Procurement(전자조달)은 구매 요청, 승인, 입찰, 계약에 이르는 일련의 프로세스를 대면방식이 아닌 인터넷을 기반으로 수행하는 비대면방식의 시스템이기 때문에 구매자와 판매자 간에 밀접한 관계가 구축되지는 않는다.

정답 ⑤

020 ② 지명 경쟁에 의한 방법
⇨ 기술력, 신용 등에 있어서 적당하다고 인정하는 특정 다수의 경쟁참가자를 지명하여 입찰하게 하는 방법
③ 제한 경쟁에 의한 방법
⇨ 계약의 목적, 성질 등에 비추어 필요한 경우 입찰참가자의 자격을 일정한 기준에 의하여 제한하는 방법
④ 입찰에 의한 방법
⇨ 일정한 자격을 가진 불특정 다수인의 입찰 희망자를 경쟁에 참가토록 하는 것으로 미리 정한 제한가격(예정가격)의 범위 내에서 가장 유리한 가격으로 입찰한 자를 선정하여 계약을 체결하는 방법
⑤ 수의계약에 의한 방법
⇨ 구매담당자가 특정한 업자와의 계약이 유리하다고 판단될 경우 경쟁적인 방법에 의하지 않고 계약내용을 이행할 자격을 갖춘 특정인과 계약을 체결하는 방법

정답 ①

021 ① 구입절차를 표준화하여 구매비용이 절감된다. ⇨ 집중구매의 장점
② 대량구매로 가격 및 거래조건이 유리하다. ⇨ 집중구매의 장점
③ 공통자재의 표준화, 단순화가 가능하다. ⇨ 집중구매의 장점
④ 긴급수요 발생 시 대응에 유리하다. ⇨ 분산구매의 장점
⑤ 수입 등 복잡한 구매 형태에 유리하다. ⇨ 집중구매의 장점

정답 ④

022 ③ 국가별로 사용하는 주파수가 동일하다.
⇨ 국가별 주파수 대역과 국제적 표준화의 문제점이 있다.

정답 ③

023 ③ 정보의 발생원, 처리장소, 전달대상 등이 한 곳에 집중되어 있다.
⇨ 정보의 발생원, 처리장소, 전달대상 등이 넓게 분산되어 있다.

정답 ③

024 ① ㄱ : UPC,   ㄴ : EAN
⇨ ㄱ. UPC : 북미지역에서 개발된 체계로 미국과 캐나다에서만 사용되며, 12개의 캐릭터로 구성되어 숫자(0~9)만 표시가 가능하다.
   ㄴ. EAN : 유럽에서 1976년 채택한 코드로 북미지역을 제외한 세계 전 지역에서 사용되며, EAN-13(13개의 문자를 포함하는 표준형)과 EAN-8(8개의 문자를 포함하는 단축형) 그리고 EAN-14가 대표적이다.
② ㄱ : UPC,   ㄴ : GTIN
⇨ GTIN : 국제거래단품식별코드

정답 ①

025 ① 한정된 지역의 분산된 장치들을 연결하여 정보를 공유하거나 교환하는 것이다.
⇨ 한국통신(현 KT)과 같은 회선을 소유하는 사업자로부터 통신회선을 빌려 독자적인 통신망을 구성하고, 거기에 고도의 통신서비스를 부가하여 정보를 공유하거나 교환하는 것이다.
② 컴퓨터 성능의 발달로 정보수집 능력이 우수한 대기업에 정보가 집중되므로 중소기업의 활용 가능성은 낮아지고 있다.
⇨ VAN은 같은 업종의 기업 간에 정보 교환을 통해 공동으로 업무 처리를 할 수 있도록 하며, 변환장치를 사용하여 기종이 다른 단말 장치 간의 정보 교환도 가능하게 한다는 점에서 대기업뿐만 아니라 중소기업에서도 활용가능성이 높아지고 있다.
③ 1990년대 미국의 AT&T가 전화회선을 임대하여 특정인에게 통신 서비스를 제공한 것이 효시이다.
⇨ 1973년 세계 최초의 VAN 사업자가 미국에서 등장하여 1975년에 텔레넷이, 1977년에는 타임넷이 서비스를 개시하면서 본격적인 VAN의 시대가 개막되었고, 불특정 다수를 대상으로 서비스를 제공한다.
⑤ VAN 서비스는 컴퓨터 성능 향상으로 인해 이용이 감소되고 있다.
⇨ VAN은 단순히 컴퓨터의 고도 이용촉진뿐만 아니라 앞으로의 고도정보화 사회에 다각적인 정보 활용 수단을 제공한다는 점에서 중요한 의미를 갖고 있기 때문에 각 업계에서는 업무연락의 신속성, 정확성, 일관성을 위하여 VAN을 공동으로 구축하여 이용 중에 있다.

정답 ④

026 ① EDI(Electronic Data Interchange)는 표준화된 상거래 서식으로 작성된 기업 간 전자문서교환시스템이다.
⇨ EDI를 도입하면 국내 기업 간 거래는 물론 국제무역에 있어서 각종 서류를 신속·정확하게 전송할 수 있기 때문에 시간 및 비용 절감은 물론 제품의 주문, 생산, 납

품, 유통의 모든 단계에서 생산성을 획기적으로 향상시킬 수 있다.
② POS(Point of Sales)는 소비동향이 반영된 판매정보를 실시간으로 파악하여 판매, 재고, 고객관리의 효율성을 향상시킨다.
⇨ POS시스템은 상품별 판매정보가 컴퓨터에 보관된 발주, 매입, 재고 등의 정보와 결합하여 필요한 부문에 활용되기 때문에 유통업체는 이 시스템을 활용하여 매출동향 파악, 적정재고 유지, 인기상품 진열 확대 등의 효과적인 상품관리 및 업무자동화를 수행할 수 있고, 제조업체는 이 시스템을 통해 확보한 정보 분석 결과를 생산계획에 즉각 반영할 수 있다.
③ 물류정보시스템의 목적은 물류비가 증가하더라도 고객서비스를 향상시키는 것이다.
⇨ 물류정보시스템의 목적은 적정고객서비스를 최고한의 비용으로 달성할 수 있도록 지원하는 것이다.
④ 물류정보의 시스템화는 상류정보의 시스템화가 선해오디어야만 가능하며, 서로 밀접한 관계가 있다.
⇨ 물류정보시스템의 구축에는 상품 코드의 표준화가 선행되어야 하며, 물류정보를 효율적으로 입력하고 관리하기 위해서는 바코드나 RFID 정보 등을 활용하는 물류기기와 연동되게 할 필요가 있다.
⑤ 수주처리시스템은 최소의 주문입력 비용을 목표로 고객서비스를 달성하는 것이 목적이다.
⇨ 수주처리시스템은 거래활동의 출발점으로 물류활동의 기초가 된다.

정답 ③

027 ② ABM(Activity Based Management)을 근간으로 하여 각 공급사슬과 접점을 이루는 부분에서 계획을 수립하는 시스템이다.
⇨ ABM(활동중심원가관리)은 원가구성요소 중 간접비 배분의 기준을 마련해 목적비용을 정확하게 구분함으로써 과학적인 원가관리 및 절감을 목표로 하는 관리회계 방법론으로, 전략적 기업경영(SEM : Strategic Enterprise Management)을 구현하기 위한 핵심응용프로그램이다.

정답 ②

028 ② 납품주기 단축과 납품횟수 증대
⇨ 제품공급의 리드타임을 단축시키는 것은 채찍효과의 해결방안이다.

정답 ②

029 ④ 물자의 이동이 주로 국내나 역내에서 이루어지고 있다.
⇨ 기업 활동이 글로벌화 되면서 물자의 이동이 국내나 역내뿐만 아니라 국외로도

확대되어 물류의 복잡성이 증가하고 있다.

정답 ④

030 ① Postponement
⇨ 제품 생산공정을 전공정과 후공정으로 나누고, 마지막까지 최대한 전공정을 지연시키는 전략
② Cross-Docking
⇨ 공급사슬상의 각 단계 간에 제품이동시간을 줄이기 위해 창고나 물류센터에서 수령한 상품을 창고에서 재고로 보관하지 않고 입고와 동시에 출고하여 바로 배송할 수 있도록 하는 시스템
④ ECR
⇨ 소비자에게 보다 나은 가치를 제공하기 위해 유통업체와 공급업체들이 밀접하게 협력하는 식료품업계의 전략
⑤ CRP
⇨ 주문량에 근거하여 공급업체로 주문하던 방식(Push 방식)과 달리 실제 판매데이터와 예측 수요데이터를 근거로 상품을 보충시키는 시스템(Pull 방식)

정답 ③

031 ① 1,100mm × 550mm, 적재수 2
⇨ 적재율 = $\dfrac{1,100 \times 550 \times 2}{1,100 \times 1,100}$ = 1 = 100%

② 1,100mm × 366mm, 적재수 3
⇨ 적재율 = $\dfrac{1,100 \times 366 \times 3}{1,100 \times 1,100}$ = 0.9981 = 99.8%

③ 733mm × 366mm, 적재수 4
⇨ T-11형 표준 파렛트 규격은 1,100mm × 1,100mm이므로
적재율 = $\dfrac{733 \times 366 \times 4}{1,100 \times 1,100}$ = 0.8868 = 88.7%

④ 660mm × 440mm, 적재수 4
⇨ 적재율 = $\dfrac{660 \times 440 \times 4}{1,100 \times 1,100}$ = 0.96 = 96%

⑤ 576mm × 523mm, 적재수 4
⇨ 적재율 = $\dfrac{576 \times 523 \times 4}{1,100 \times 1,100}$ = 0.9958 = 99.6%

정답 ③

032 ① 물류조직
⇨ 물류표준화는 물류체계의 효율화에 필요한 사항을 물류표준으로 통일하고 단순화 하는 것으로 표준화의 주요 내용으로는 포장 표준화, 수송용기 및 장비의 표준화, 보관시설의 표준화, 물류정보 및 시스템 표준화 등을 들 수 있다.

정답 ①

033 ① 물류기기와의 연계성 증대 ⇨ 물류기기의 표준화 효과
② 재료의 경량화
⇨ 물류표준화가 가져오는 자원 및 에너지 절감 효과 : 재료의 경량화, 적재효율의 향상, 일관수송에 의한 에너지 절약, 단순화, 작업의 표준화, 물류생산성 향상 등
③ 작업성 향상 ⇨ 물류기기의 표준화 효과
④ 물류기기의 안전 사용 ⇨ 물류기기의 표준화 효과
⑤ 부품 공용화로 유지보수성 향상 ⇨ 물류기기의 표준화 효과

정답 ②

034 ② −40
⇨ • 배수계열치수는 PVS(Plan View Size : 1,140mm×1,140)를 기준으로 한 치수이다.
• 유닛로드사이즈 1,140mm×1,140mm를 기준으로 하고 최대 허용공차 −40mm를 인정하며, 이를 배수로 하여 물류시설이나 장비들의 표준치수를 설정한다.

정답 ②

035 ③ 자사의 물류시스템과 타사의 물류시스템을 연계시켜 하나의 시스템으로 운영해야 하지만 회사 보안을 위해 시스템 개방은 포함하지 않는다.
⇨ 물류공동화를 위해서는 자사의 인프라를 완전히 개방하여 자사의 물류시스템과 외부의 물류시스템과의 연계가 필요하다.

정답 ③

036 ④ ㄴ, ㄷ, ㄹ
⇨ 공동 수·배송의 도입 배경
• 상권 확대 및 빈번한 교차수송
• 화물자동차 이용의 비효율성
• 도시지역 물류시설 설치 제약
• 보관·운송 물류인력 확보 곤란

- 주문단위의 다빈도 및 소량화

정답 ④

037 ⑤ 납품대행형은 화주가 납입선에 대행으로 납품하는 것이다.
⇨ 납품대행형은 운송업자가 납입선을 대신하여 납품하는 형태로 화물의 집하, 유통가공, 분배, 납품 등 일련의 작업을 포함하고 있다.

정답 ⑤

038 ② ISO 28000(International Standard Organization 28000)
⇨ 공급망을 위한 보안관리시스템(SMS : Security Management System)의 요구사항에 관한 국제표준으로, 기업이 공급망내 보안 위협 요인을 분석하고 위협 발생 시 이를 관리할 수 있도록 한다.
③ ISPS code(International Ship and Port Facility Security code)
⇨ 국제선박 및 항만시설 보안규칙 : 국제해사기구(IMO)가 채택한 규칙으로 해상에서의 테러를 예방하기 위해 각국 정부와 항만관리당국 및 선사들이 갖춰야 할 보안 관련 조건들을 명시하고, 보안사고 예방에 대한 가이드라인을 제시하였다.
④ CSI(Container Security Initiative)
⇨ 컨테이너 안전 협정 : 9.11테러 이후 반테러프로그램의 일환으로 미국 관세국경보호청(CBP : Customs and Border Protection)이 도입한 제도로, 외국항만에 미국 세관원을 파견하여 미국으로 수출할 컨테이너화물에 대한 위험도를 사전에 평가하는 컨테이너보안협정이다.
⑤ SPA(Safe Port Act)
⇨ 미국 항만보안법 : 항만에 첨단기술을 이용한 방사능탐지장치를 설치하고, 항만시설의 운영·경비를 강화하여 항만이 테러공격을 받은 경우 신속한 사후처리대책을 구축할 수 있도록 하는 것이다.

정답 ①

039 ① 저탄소녹색성장기본법
⇨ 저탄소 녹색성장을 효율적이고 체계적으로 추진하기 위해 법적 뒷받침이 필요하다는 인식에 따라 기후변화, 에너지, 지속가능발전 등 녹색성장 정책을 유기적으로 연계 및 통합한 저탄소녹색성장기본법을 제정하였다.
② 온실가스·에너지목표관리제
⇨ 일정량 이상의 온실가스를 배출하는 기업이 정부와 협약 하에 온실가스 감축량을 할당받고, 이를 달성하기 위하여 노력해 나가는 정책이다.
③ 탄소배출권거래제도

⇨ 국가가 기업별로 탄소배출량을 미리 나눠준 뒤 할당량보다 배출량이 많으면 탄소배출권 거래소에서 배출권을 사야 하며, 반대로 남은 배출권을 거래소에서 팔 수도 있다.
④ 생산자책임재활용제도
⇨ 자원 절약과 재활용을 촉진하기 위해 재활용 가능한 폐기물의 일정량 이상을 재활용하도록 생산자에게 의무를 부여하는 제도이다.
⑤ 제조물책임법(PL)
⇨ PL(Product Liability)법이라고도 하며, 기업이 제작하고 유통한 제조물에 대하여 안전을 보장하고 결함에 의한 사고에 대하여 책임지도록 법률로 규정한 것이다.

정답 ⑤

040 ④ EI1007 – 물류안전기술 ⇨ EI1007 – 물류표준화기술

> **❶ 더 알아보기**
>
> 물류기술(EI10)의 8가지 소분류 항목
> - EI1001. 물류운송기술
> - EI1002. 보관기술
> - EI1003. 하역기술
> - EI1004. 물류정보화기술
> - EI1005. 물류시스템 운용기술
> - EI1006. 교통수단별 물류운용기술
> - EI1007. 물류표준화기술
> - EI1099. 달리 분류되지 않는 물류기술

정답 ④

[제2과목 화물운송론]

041 운송의 3요소(Mode, Node, Link) 중 운송방식 Mode는 각 운송을 직접적으로 담당하는 수단을 의미하고, 운송경로(Link)는 운송수단의 운행에 이용되는 운송경로(통로), 운송연결점(Node)점은 운송 화물을 효율적으로 처리하기 위한 장소나 시설을 의미한다.

정답 ⑤

042 자동차 한계 경제효용거리 = 50,000 / 900−500 = 125

정답 ④

043 공컨테이너의 운임은 규격별 영(적재)컨테이너 운임 74%를 적용하여 계산한다.
정답 ⑤

044 Covered hopper car(덮개형 개저식화차) : 뚜껑이 부착되어 화차로, 시멘트, 곡물, 사료 등 입체화물을 운반하는 호퍼차와 석탄, 자갈 등 부내화물을 운반하는 호퍼차가 있다.
정답 ③

045 Dolly는 단위탑재용기를 터미널에서 항공기 수평이동시키는 자체 동력원이다.
정답 ⑤

046 가동률 최대화 원칙이 옳은 답이다.
정답 ④

047 운송화물의 다품종 소량화로 변화
정답 ①

048 Single-Wagon train : 구간운송서비스 따라서 철도-도로 복합 운송에서 많이 이용되는 서비스이다.
정답 ③

049 공적운임 : 경제 화물의 실제 선적 수량이 예약한 선적 수량보다 부족할 때, 화주가 그 부족분에 대하여 지급하는 운임을 말한다.
정답 ①

050 Bulk Loading은 단위탑재용기(ULD)를 사용하지 않고 낱개 화물을 인력으로 지접 적재하는 기법으로 가장 원시적 기법이다.
정답 ③

051 ㄱ. 문의처 전화번호(×)

ㄴ. 송화인의 주소, 이름(또는 상호) 및 전화번호(○)
ㄷ. 수화인의 주소, 이름(또는 상호) 및 전화번호(○)
ㄹ. 운송물의 종류(품명), 수량 및 가액(○)
ㅁ. 운송상의 특별한 주의사항(○)
ㅂ. 운송물의 중량 및 용적 구분(×)

정답 ④

052 총 운송비용 = (300*8)+(100*9)+(300*12)+(200*10)+(100*6) = 9,500,000원
공급지2에서 수요지2까지 운임의 운송량 = 300톤

정답 ④

053 '인도'라 함은 사업자가 고객(수화인)에게 운송장에 기재된 운송물을 넘겨주는 것을 말한다.

정답 ②

054 기동성과 신속한 전달로 문전운송(door-to-door)이 가능하여 운송을 완성시켜주는 역할을 한다.

정답 ②

055 가동률 = 실제 가동 차량수 / 누적 실제차량 수 = 270대 / 300대 = 90%

정답 ④

056 운임 결정 요인 = 운송 거리, 운송되는 화물의 크기 및 개수, 화물의 밀도 등이다.

정답 ⑤

057 GIS-T(교통지리정보시스템) : 디지털 지도에 각종 정보를 연결하여 관리하고 이를 분석, 응용하는 시스템의 통칭이다. 각종 교통정보를 관리, 이용하여 교통정책 수립 시 의사결정을 지원하는 시스템이다.

정답 ⑤

058 운송물 1포장의 가액이 300만원 초과인 경우 사업자가 수탁 거절 가능하다.

정답 ③

059 적재율 향상 및 차량의 배송 빈도 감소가 효율화 방안이다.
정답 ④

060 운영차(실차) 운행 시 연료소모량 + 공차 운행 시 연료소모량
= (28,000*18*0.5)+{ (36,000-28,000)*0.3 } = 252,000+2,400 = 254,400
정답 ③

061 TOFC 방식에는 피기백 방식과 캥거루 방식, 프레이트 라이너 방식이 있고,
COFC 방식에는 가로-세로 이동 방식, 매달아 싣는 방식, 플럭시밴 방식이 있다.
정답 ④

062 Lien Clause는
○ 선주는 용선운송계약에 의거한 운임, 공적운임, 체선료 등에 대하여 화물이나 그 화물의 부속물을 유치할 수 있는 권리를 가지며 화주는 이에 대한 책임을 부담해야 한다.
○ 용선료의 지급을 확보하기 위하여 선주측에 화물압류의 권리가 있다는 취지를 규정하고 있다.
정답 ①

063 동일 지역 내의 각 지점에 배송되는 화물은 같이 집화하여 보내도록 설계한다.
정답 ⑤

064 Outport Surcharge(외항추가운임제도)는 선박이 기항하는 항구외의 지역행화물에 적용하는 추가운임이다. 참고로 유럽계 동맹에서는 OUT PORT Arbitary라고 부른다.
정답 ③

065 선사로부터 화물을 찾는 데 사용되는 것
ㄱ. Surrendered B/L
ㄹ. L/G(Letter of Guarantee)
ㅁ. Sea Waybill
정답 ③

066 Forwarder's Consolidation는 CFS/ CFS 운송제도이다.

정답 ②

067 Master B/L은 선사가 포워더에게 발행하는 B/L, House B/L은 포워드가 화주에게 발행하는 B/L이다.

정답 ④

068 High Capacity Aircraft는 대형기종항공기로서 하부실의 구조상 ULD의 탑재가 가능하다.

정답 ①

069 GCR(General Cargo Rate)는 일반화물요율이다.

정답 ①

070 총 운송비용 = (200*6)+(200*8)+(100*12)+(200*9)+(100*15) = 7,300만원
최소비용법은 총 운송비용과 보겔추정법 총 운송비용의 차이
= 770만원－730만원 ＝40만원

정답 ②

071 오픈탑 트레일러 : 천장이 개구된 형태이며 주로 석탄 및 철광석 등과 같은 화물에 포장을 덮어 운송하는 트레일러이다.

정답 ②

072 택배운송장의 역할은 계약서 역할, 택배요금 영수증 역할, 화물인수증 역할, 정보처리자료 역할 등이다.

정답 ⑤

073 • X-A-E-Y = 6
• X-A-C-Y = 3
• X-A-C-F-G-Y = 3
• X-B-C-E-Y = 2

- X-B-C-Y = 0
- X-B-C-F-G-Y = 0
- X-B-D-G-Y = 5

X점에서 Y지점까지 최대유량은 6+3+3+2+5 = 19

정답 ②

074 Apron이란 여객의 승강, 화물의 적하, 항공기의 급유·계류, 기내식(機內食)의 적재, 출발 전 점검 등을 하기 위해 출발 전 또는 착륙 후 활주로에서 유도되어 온 항공기가 정지하는 장소로서, 격납고 또는 터미널 앞쪽 지면에 항구적으로 포장되어 있는 구역을 말한다.

정답 ③

075 택배 서비스 제공업체, 수화인의 지역, 화물의 규격과 중량 등에 따라 국가에서 정한 상이한 요금이 적용된다.

정답 ⑤

076 최단경로는 공장-A-C-E-D-B-물류센터
6+3+2+2+8+3 = 24

정답 ②

077 중력모형 : 지역 간의 운송량은 경제규모에 비례하고 거리에 반비례한다는 가정에 의한 분석모형이다.

정답 ①

078 특별운임 : 수송조건과 별개로 해운동맹 측이 비동맹선과 적취 경쟁을 하게 되면 일정조건 하에서 정상요율보다 인하한 특별요율을 적용하는 운임으로 정기선 운임에 해당한다.

정답 ③

079 ④ 고정 다이어그램 배송 : 일정한 지역에서 정기적으로 화물을 배송할 때 과거통계치 또는 경험에 의해 주문 배송경로의 시각을 정해두고 작업효율이 다소 저하되더라도 고객에 대한 적시배달과 업무의 간편성을 중시에 해상차량 고정적 운영하는 시스템

정답 ④

080 북서코너법(North-West Corner Method) : 수송표 좌측 상단에서 출발 우측 하단까지와 왼쪽 상단인 북서쪽부터 물동량을 할당하며 시간, 거리, 위치를 모두 고려할 수 있는 방법은 아니다.

정답 ①

[제3과목 국제물류론]

081 국제물류는 국내물류에 비해 장거리 운송에 의한 환경적 부담이 있기 때문에 긴 리드타임을 가지고 있다.

정답 ④

082 국제특송업체들은 항공화물운송 효율화를 위해 항공기 대형화를 추진하고 있다.

정답 ③

083 ② 고전적 시스템은 비교적 큰 보관시스템으로 보관비용이 많이 소요된다.
⑤ 다국행 창고시스템에서 허브창고의 입지는 지리적 서비스 범위 이외에 수송의 편리성이 강조된다.

정답 ⑤

084 물류관리에서 통합물류가 더욱 강조되고 있는 추세이다.

정답 ①

085 다국적 기업의 글로벌소싱은 핵심 역량에 집중해서 비용절감, 인건비 감소, 시설투입비용 감소, 기타 비부가가치 활동의 제거가 목적이다.

정답 ⑤

086 CMI는 선박의 항로, 항만시설 등을 통일하기 위해 설치된 민간국제기구이다.

정답 ⑤

087 Transhipment means unloading from one vessel and reloading to another vessel during the carriage from the port of loading to the port of discharge stated in the credit.

환적은 신용장에 기재된 선적항으로부터 하역항까지의 운송 도중에 하나의 선박으로부터 양하되어 다른 선박으로 재적재되는 것을 의미한다.

> ㄱ. NO) 적어도 두 가지 다른 운송방식을 표시하는 운송서류(Transport document covering at least two different modes of transport) 신용장통일규칙(ucp600) 제19조
> ㄴ. YES) 선화증권(Bill of lading)
> ㄷ. YES) 비유통성 해상화물운송장(Non-negotiable sea waybill)
> ㄹ. NO) 용선계약 선화증권(Charter party bill of lading)
> ㅁ. NO) 항공운송서류(Air transport document)

정답 ②

088 총톤수(Gross Tonnage)는 선박의 내부의 총 용적으로 갑판 아래의 적량과 갑판위의 밀폐된 장소의 적량을 합한 것으로 선박의 안전과 위생에 사용되는 부분의 적량을 제외한 것이다. 주로 상선 어선의 크기를 표시하고 각국 해운력 비교자료 각종 통계 및 관세, 등록세, 도신료, 계산료 및 각종 검사료 등의 가세와 수수료 산출기준이 된다.

정답 ①

089 Pro rate freight(비례운임) : 선박이 항해 중 불가항력적인 사유로 더 이상 항해를 계속할 수 없는 경우, 그때까지 실제로 운송된 거리에 따라 받는 운임이다.

정답 ④

090 부정기선 운송은 완전경쟁운임을 적용한다.

정답 ②

091 ㄱ. 선화증권의 수화인란에 수화인의 상호 및 주소가 기재된 것으로 화물에 대한 권리가 수화인에게 귀속되는 선화증권 = 기명식 선화증권(Straight B/L)
ㄴ. 선화증권의 권리증권 기능을 포기한 것으로서 선화증권 원본 없이 전송 받은 사본으로 화물을 인수할 수 있도록 발행된 선화증권 = Surrendered B/L
ㄷ. 선화증권의 송화인란에 수출상이 아닌 제3자를 송화인으로 표시하여 발행하는 선화증권 = Third Party B/L

정답 ①

092 ① 수입화물선취보증장(Letter of Guarantee) : Original B/L이 도착하기 전에 물품의 수취를 신속하게 하기 위하여, 수입상과 개설은행이 모든 책임을 지고 운송서류 도착전 수입화물 수입자가 넘겨받을 수 있도록 하는 개설은행의 보증행위 자체 또는 보증서를 말한다. 비교적 해상운송 국간이 짧아 화물보다 선적서류가 늦게 도착하는 경우에 이용된다.

정답 ①

093 Mini Land Bridge는 극동아시아에서 미국의 서부연안까지 해상운송이 이루어지고 미국 서해안에서 철도에 환적된 다음 미국 대서양 연안 및 걸프지역 항만까지 운송하는 복합운송 서비스이다.

정답 ④

094 Running Laydays는 하역개시일로부터 종료일까지 모든 일수를 정박기간에 산입하지만 우천시, 동맹파업 및 기타 불가항력 등으로 하역을 하지 못한 경우 정박기간에서 제외하는 조건이다.

정답 ③

095 RO-RO는 철강 전용 운반선으로 화물의 선적, 하역시 기중기를 사용하지 않고 차량이 직접 화물을 싣고 선박 안으로 드나들 수 있기 때문에 작업능력이 일반 선에 비해 60% 이상 뛰어난 장점이 있다.

정답 ②

096 탱크(Tank) 컨테이너는 액체 물질의 운송에 사용되는 탱크 형태의 컨테이너로 해운산업의 큰 부분을 차지하고 있다. 유류, 주류, 화학제품 등의 액체 상태를 적재하는 컨테이너이다.

정답 ④

097 국제 복합운송주선인(Forwarder)
국제물류주선업에 타인의 수요에 따라 자기의 명의와 계산으로 타인의 물류시설·장비 등을 이용하여 수출입화물의 물류를 주선하는 사업자이다.

정답 ③

098 항공화물운송이란 항공기를 이용하여, 화물을 운송하고 그 대가를 받는 상행위를 말한다. 항공화물이란 운송장에 의해 항공기로 운송되는 물품으로서 우편물과 여객이 휴대하는 수하물을 제외한 모든 물품을 말한다. 신문, 잡지, 정기간행물 등과 같이 판매시기가 한정된 품목도 항공화물운송의 주요 대상이다.
정답 ④

099 벨리카고는 동체하단부 전체를 화물칸으로 운영하는 방식으로 파렛트, 이글루 등을 활용하여 단위탑재가 가능하다.
정답 ③

100 항공화물운송료는 코로나19 발생 이후 급격한 상승하였으며, 해상운송 정체가 항공운송 수요로 치솟고 전체 물동량은 늘어나고 있다.
정답 ②

101 한 명의 송화인과 다수의 수화인 관계에서 사용하는 방식이다
정답 ⑤

102 국제항공기구로는 대표적으로 FAI(1905), IATA(1945), ICAO(1947) 등이 있다.
정답 ②

103 FCL 컨테이너화물의 선적절차는
ㄱ. 공컨테이너 반입요청 및 반입 - ㅁ. 공컨테이너에 화물적입 및 CLP(컨테이너 내부 적부도) 작성 - ㄷ. Pick-up 요청과 내륙운송 및 CY 반입 - ㄴ. D/R(부두수취증)과 CLP(컨테이너 내부 적부도) 제출 - ㄹ. B/L(선화증권) 수령 및 수출대금 회수이다.
정답 ③

104 컨테이너운송의 발달은 국제복합운송 발달의 계기가 되었다.
정답 ④

105 헤이그 규칙상의 선화증권 법정기재사항은 ㄱ. 주요한 화인, ㅁ. 물품의 외관상태, ㅂ. 송화인이 서면으로 제출한 포장물품의 개수, 수량 또는 중량이다.
정답 ③

106 항공화물운송장 원본 2는 적색으로 발행되며, 수화인용이다.

정답 ②

107 ISO 28000은 물류보안 경영시스템이다.

정답 ④

108 복합운송인이 전구간에 걸쳐 책임을 지고 이에 대한 증거서류로 복합운송증권을 발행하는데, 운송수단을 중간에 바꿔야 하므로 환적이 불가피하며, 환적할 때 편의를 위해 화물형태가 단위화되는 특징을 지닌다. 복합운송증권은 운송인이 송화인으로부터 화물을 인수한 시점에 발행된다.

정답 ①

109 해상화물수취증이라고도 한다. 선하증권처럼 운송계약의 증거가 되나 유가증권이 아닌 비유통증권이다.

정답 ②

110 ㄷ. 항공화물 특성상 공항 주변에는 물류단지가 조성되지 않는 것이 아니라 항공화물 특성상 공항 주변에는 물류단지가 조성된다.
ㅁ. 국제전자상거래업체들은 항만과 공항의 입지와 무관하게 물류센터를 확보하는 경향이 있다.(×) ⇨ 항만과 공항에 입지를 고려하여 물류센터 확보하는 경향이 있다.

정답 ①

111 ICD는 항만터널 및 내륙배송수단과 연계가 편리한 지역에 위치하며, 내륙운송 연계시설과 컨테이너 야드(CY), 컨테이너 화물조작장(CFS) 등을 갖추고 있다.
정답 ①

112 FOB(본선인도조건)은 지정선적항에서 매수인에 의하여 지정된 본선에 적재하여 인도하거나 이미 그렇게 인도된 물품을 조장하는 경우 인도된 것으로 보는 조건으로 매도인이 약속한 화물을 매수인이 지정한 선박에 적재하고 본선상에서 화물을 인도를 마칠 때까지의 일체의 비용과 위험을 부담한다. 그 이후에는 매수자의 책임이다.

정답 ⑤

113 보세운송을 하려는 자는 관세청장이 정하는 바에 따라 세관장에게 보세운송의 신고를 하여야 한다. 다만, 물품의 검사 등을 하여야 할 필요가 있다 인정하여 대통령령으로 정하는 경우에는 세관장의 승인을 받아야 한다.
정답 ①

114 수출 수입 또는 반송의 신고관세법
관세청장이 정하는 간소한 방법으로 신고하게 할 수 있다. 휴대폰, 우편물, 컨테이너 등이다.
정답 ⑤

115 CIP의 경우매도인 최대부보 의무 ICC (A) - CIF의 매도인의 최소부보 경우 ICC (C)
정답 ②

116 DAP규칙에서 매도인이 운송계약에 따라 목적지에서 물품의 양륙비용을 부담한 경우 별도의 합의가 없다면 매수인으로부터 그 양륙비용을 회수할 수 있다.
정답 ④

117 ⑤ 현실전손의 경우 보험목적물이 전멸하여 보험자가 회수할 잔존물이 없는 경우에는 위부를 통지할 필요가 없다.
정답 ⑤

118 ② York-Antwerp Rules(요크-엔트워프규칙) : 공동해손 발생한 경우 손해 및 비용의 처리를 위해 사용되는 국제규칙이다. 공동해손에 관한 국제적 통일규칙 필요하게 되어 1980년에 제정되었다.
정답 ②

119 UCP 600에서는 동일한 장소 및 일자, 동일한 목적지를 위하여 동일한 특송운송업자가 서명한 것으로 보이는 둘 이상의 특송화물수령증의 제시는 분할선적으로 보지 않는다.
정답 ③

120 중재합의의 당사자는 중재절차의 개시전 또는 진행 중에는 법원에 보전처분을 신청할 수 있다.

정답 ①

제2교시

[제4과목 보관하역론]

001 장소적 효용 창출은 운송의 기능이다.

정답 ③

002 제품의 보관 위치할당은 물류센터 입지 선정이 완료된 후 내부 레이아웃 설계 시 고려해야 할 사항이다.

정답 ⑤

003 ㄱ : 위치표시의 원칙
ㄴ : 회전대응보관 원칙
ㄷ : 네트워크보관의 원칙

정답 ③

004 수요지와 공급지 간의 거리와 물동량을 고려하여 물류센터 입지를 결정하는 기법이다. = 무게 중심법

정답 ②

005 CY(Container Yard) : 수출입용 컨테이너를 보관 취급하는 장소로 공컨테이너 또는 풀컨테이너 이를 넘겨주고 넘겨받아 보관할 수 있는 넓은 장소이다.

정답 ①

006 복합화물터미널은 환적기능 위주로 운영되며, 선박의 양하는 항만내에서 수행하는 작업이다.

정답 ①

007 상쇄설계단계에 대한 설명이다. 기본설계단계에서는 물동량계획, 통신계획, 운영계획과 배치도 설계 수정한다.

정답 ④

008 물류센터 설계시 고려사항은 1. 보관료량 결정 2. 보관 효율화 3. 레이아웃 고려 4. 입출고 효율화재고이다.

정답 ⑤

009 A - A - A : 맥주, 청량음료, 사탕, 시멘트 등 대상이다.

정답 ①

010 차량탑승피킹 : 파렛트 단위로 피킹하는 유닛로드시스템(Unit Load System)이며, 피킹트럭에 탑승하여 피킹함으로써 보관시설의 공간활용도가 낮다.

정답 ②

011 다이버터(Diverter) 방식은 팝업 방식에 비하여 구조가 상대적으로 단순하여 극히 얇은 물건 이외는 화물형상에 관계없이 분류가 가능하기 때문에 여러 종류의 화물처리하는 운송회사에서 주로 사용한다.

정답 ①

012 ㄴ. 트랜스테이너 방식(Transtainer System)트랜스퍼 크레인(Transfer Crane)을 활용하여 컨테이너를 이동하는 방식으로 자동화가 어렵다.(×)
⇨ 트랜스테이너 방식은 야드의 샤시에 탑재한 컨테이너를 마샬링야드에 이동시켜 트랜스퍼 크레인으로 장치하는 방식으로 자동화가 가능하다.

정답 ④

013 ④ 임의위치저장(Randomized Storage) 방식 : 물품의 입출고 빈도에 상관없이 저장위치를 임의로 결정하는 방식이다.

정답 ④

014 물류센터 기능
ㄱ. 조립 및 유통 가공

ㄴ. 상품의 보호를 위한 포장
ㄷ. 입출고를 원활하게 하기 위한 오더피킹

정답 ⑤

015 기성제품(패키지)의 개발 배경 : 이미 개발되어 판매 중인 기성제품을 구매하는 것이기 때문에 구매하는 기성제품의 개발 배경은 고려할 필요가 없다.

정답 ②

016
- 물류센터＝수요자1 : (3+4)*2＝14
- 물류센터＝수요자2 : (2+2)*3＝12
- 물류센터＝수요자3 : (4+!)*2＝10

따라서 총이동거리 : 14+12+10＝36

정답 ②

017 수평 또는 수직으로 순환되고 다품종 소량 경량 물품의 입출고에 적합한 것은 케로셀렉이다.

정답 ④

018 마샬링야드(Marshalling Yard) : 에어프런과 인접하여 컨테이너에서 하역하였거나 본선의 입 미리 입안된 선내 적치계획에 따라 선적 예정인 컨테이너를 순서대로 쌓아두기 위한 장소이다.

정답 ④

019 컨투어게이지(Contour Gauge) : 파렛트에 적재된 화물의 윤곽을 정리하기 위한 스케일과 같은 것이나 파렛트에 적재기 끝난 후 적재된 파렛트의 무게를 계량하기 위하여 트레일러에 조립시켜 놓은 장치는 파렛트 스케일이다.

정답 ⑤

020 차기예측치 ＝ 당기판매예측치 + α(당기판매실적치−당기판매예측치)
＝ 55,400+0.6(56,900−55,400) ＝ 55,400+900 ＝ 56,300

정답 ⑤

021 증감하기 전 EOQ $= \sqrt{\dfrac{2 \times 주문당\ 소요비용 \times 연간\ 수요량}{연간\ 단위\ 재고비용}}$

증감한 후 EOQ $= \sqrt{\dfrac{2 \times 주문당\ 소요비용 \times 연간\ 수요량 \times 1.6}{연간\ 단위\ 재고비용 \times 0.8}}$

$= \sqrt{\dfrac{2 \times 주문당\ 소요비용 \times 연간\ 수요량 \times 2}{연간\ 단위\ 재고비용}}$

$= \sqrt{\dfrac{2 \times 주문당\ 소요비용 \times 연간\ 수요량}{연간\ 단위\ 재고비용}} \times \sqrt{2}$

$= \sqrt{\dfrac{2 \times 주문당\ 소요비용 \times 연간\ 수요량}{연간\ 단위\ 재고비용}} \times 1.414$

따라서 $1.414 - 1 = 0.414 = 41.4\%$이므로 소수점 첫째자리에서 반올림하여 약 41% 증가하였다.

정답 ③

022 (ㄱ) : 36+34+37/3 = 35.7
(ㄴ) : (0.2*38)+(0.3*34)+(0.5*37) = 35.7
(ㄷ) : 39+0.4(37−39) = 39−0.8 = 38.2

정답 ⑤

023 집중구매방식은 구매량에 따라 가격차가 큰 품목의 대량 구매에 적합하다.

정답 ④

024 리드타임을 짧게 설정하는 것이 채찍효과의 해소 방안이다.

정답 ①

025 상품 공급 지연은 상품공급을 원활히 하여 품절로 인한 판매기회의 상실을 방지함

정답 ③

026 통로대면의 원칙은 물품의 입출고를 용이하게 하고 효율적으로 보관하기 위해 통로면에서 보관하는 것으로 보관의 합리화 원칙에 해당한다.

정답 ②

027 불필요한 부품 및 재공품재고를 없애는 것을 목표로 한다.

정답 ④

028 ㄱ. 주화인(Main Mark) : 다른 화물과의 식별을 용이하게 하기 위하여 외장에 특정의 기호(Symbol)를 표시(○)
ㄷ. 항구표시(Port Mark) : 선적과 양하작업이 용이하도록 도착항을 표시(○)

정답 ②

029 정량적 수요예측 기법으로 통계적 변수들 사이의 관계를 추정하는 분석으로, 독립변수가 종속변수에 미치는 영향을 확인하고자 사용하는 기법이다.

정답 ③

030 1) 블록적재방식 : 각 단의 쌓아 올리는 모양과 방향이 모두 같은 일렬 적재방식
2) 교대배열적재방식 : 동일한 단내에서는 동일한 방향으로 물품을 나란히 쌓지만, 단별로는 방향을 직각(90도)으로 바꾸거나 교대로 겹쳐쌓는 적재방식

정답 ①

031 표준적 하역작업으로 하역의 효율성을 높이고 인력작업을 기계작업으로 대체하기 위한 기법으로 특정화주가 아닌 전반적인 주요화주들의 화물을 대상으로 추진되어야 한다.

정답 ④

032 파렛트 풀(Pallet Pool)로 일관 수송후 공파렛트 회수 및 관리가 불필요하기 때문에 일원화가 수월하다.

정답 ③

033 하역물품 특성이 하역기기 선정에 기준이 된다.

정답 ④

034 • 분류시스템 : 화물을 품종별, 발송처별, 고객별, 목적지별로 제품을 식별·구분하는 시스템
• 운반시스템 : 낙하 폭탄이나 미사일 같은 무기의 효과적인 적응능력을 완성하기 위한 운반이나 추진의 수단시스템이다.

정답 ②

035 ㄱ. 대차결재방식 : 교환방식의 단점을 계산하여 현장에서 즉시 교환하지 않고 일정 시간 내에 국찰역에 음수로 반환하는 방식이다.
ㄴ. 리스 렌탈방식 : 파렛트 풀회사에서 일정구격의 파렛트를 필요에 따라 임대해 주는 방식이기 때문에 파렛트의 이용자가 교환을 위한 동일한 수량의 파렛트를 준비해 놓을 필요가 없다.
ㄷ. 즉시교환방식 : 유럽 각국의 국영철도에서 송화주기 국철에서 파렛로드 형태로 운송하면, 국철에서 이와 동수 파렛트로 교환하는 방식이다.

정답 ①

036 배닝(Vanning) : 컨테이너에 물품을 실어 넣는 작업을 말한다.

정답 ⑤

037 시랜드사는 해상에서 컨테이너를 최초로 도입한 해운회사이다.

정답 ⑤

038 스트래들 캐리어(Straddle Carrier) : 컨테이너 운반기구를 컨테이너를 마살링 아드로부터 에이프런 또는 CY에 운반 적재하는 데 사용한다.

정답 ③

039 운반의 혼잡을 초래하는 요인을 제거하여 하역작업의 톤·킬로를 최소화하여야 한다.
① 하역기기를 탄력적으로 운영하여야 한다. = 탄력성의 원칙
③ 불필요한 물품의 취급을 최소화하여야 한다. = 취소취급의 원칙
④ 하역작업을 표준화하여 효율성을 추구하여야 한다. = 표준화의 원칙
⑤ 복잡한 시설과 하역체계를 단순화하여야 한다. = 표준화의 원칙

정답 ②

040 ① 제품에 대한 형태효용을 창출한다.
⇨ 제품에 대한 시간적 효용과 장소적 효용을 창출을 지원한다.
② 운반활성화 지수를 최소화해야 한다.
⇨ 운반활성화 지수를 최대화해야 한다.
④ 화물에 대한 제조공정과 검사공정을 포함한다.
⇨ 하역은 보관을 위한 입출고, 저재, 적하, 물품나누기 등의 활동을 포함하며, 제조공정과 검사공정은 포함하지 않는다.

⑤ 기계화와 자동화를 통한 하역생산성 향상이 어렵다.
⇨ 기계화와 자동화를 통한 하역생산성 향상이 용이하다.

정답 ③

[제5과목 물류관련법규]

041 ① 물류장비의 폐기물을 처리하는 물류서비스업
⇨ 물류서비스업 : 화물취급업, 화물주선업, 물류장비임대업, 물류정보처리업, 물류컨설팅업, 해운부대사업, 항만운송관련업, 항만운송사업
② 물류터미널을 운영하는 물류시설운영업 ⇨ 법 제3조 관련 시행령 별표1
③ 물류컨설팅의 업무를 하는 물류서비스업 ⇨ 법 제3조 관련 시행령 별표1
④ 파이프라인을 통하여 화물을 운송하는 화물운송업 ⇨ 법 제3조 관련 시행령 별표1
⑤ 창고를 운영하는 물류시설운영업 ⇨ 법 제3조 관련 시행령 별표1

정답 ①

042 ① 해양수산부장관은 물류현황조사의 결과에 따라 물류비 등 물류지표를 설정하여 물류정책의 수립 및 평가에 활용할 수 있다. ⇨ 법 제7조 제4항
② 시·도지사는 지역물류현황조사의 효율적인 수행을 위하여 필요한 경우에는 지역물류현황조사의 일부를 전문기관으로 하여금 수행하게 할 수 있다. ⇨ 법 제9조 제3항
③ 시·도지사는 물류기업 등에게 지역물류현황조사를 요청하는 경우 조례로 정하는 바에 따라 조사지침을 작성·통보할 수 없고, 국토교통부장관의 물류현황조사지침을 따르도록 해야 한다.
⇨ 시·도지사는 지역물류현황조사를 요청하는 경우에는 효율적인 지역물류현황조사를 위하여 조사의 시기, 종류 및 방법 등에 관하여 해당 특별시·광역시·특별자치시·도 및 특별자치도의 조례로 정하는 바에 따라 조사지침을 작성하여 통보할 수 있다(법 제9조 제4항)
④ 국토교통부장관은 물류기업에게 물류현황조사에 필요한 자료의 제출을 요청할 수 있다. ⇨ 법 제7조 제2항
⑤ 지역물류현황조사는 「국가통합교통체계효율화법」에 따른 국가교통조사와 중복되지 아니하도록 하여야 한다. ⇨ 법 제9조 제1항

정답 ③

043 ② 물류보안에 관한 사항 ⇨ 법 제11조 제1항 제6의2호
③ 국가물류정보화사업에 관한 사항 ⇨ 법 제11조 제1항 제2호의2호
④ 물류시설·장비의 수급·배치 및 투자 우선순위에 관한 사항 ⇨ 법 제11조 제1항 제4호
⑤ 환경친화적 물류활동의 촉진·지원에 관한 사항 ⇨ 법 제11조 제1항 제8의2호

정답 ①

044 ㄱ(○). 「위험물안전관리법」에 따른 위험물 ⇨ 법 제29조 제1항 제1호
ㄴ(○). 「화학물질관리법」에 따른 유해화학물질 ⇨ 법 제29조 제1항 제2호
ㄹ(○). 「고압가스 안전관리법」에 따른 고압가스 ⇨ 법 제29조 제1항 제3호

> **⊕ 더 알아보기**
>
> **위험물질운송안전관리센터의 설치·운영** (법 제29조 제1항)
> 국토교통부장관은 다음 각 호에 따른 물질의 안전한 도로운송을 위하여 위험물질을 운송하는 차량을 통합적으로 관리하는 센터를 설치·운영한다. 이 경우 국토교통부장관은 대통령령으로 정하는 바에 따라 「한국교통안전공단법」에 따른 한국교통안전공단에 위험물질운송안전관리센터의 설치·운영을 대행하게 할 수 있다.
> 1. 「위험물안전관리법」에 따른 위험물
> 2. 「화학물질관리법」에 따른 유해화학물질
> 3. 「고압가스 안전관리법」에 따른 고압가스
> 4. 「원자력안전법」에 따른 방사성폐기물
> 5. 「폐기물관리법」에 따른 지정폐기물
> 6. 「농약관리법」에 따른 농약과 원제
> 7. 그 밖에 대통령령으로 정하는 물질

정답 ②

045 ① 국제물류주선업을 경영하려는 자는 국토교통부장관에게 등록하여야 한다.
⇨ 국제물류주선업을 경영하려는 자는 국토교통부령으로 정하는 바에 따라 시·도지사에게 등록하여야 한다(법 제43조 제1항).
② 피한정후견인은 국제물류주선업의 등록을 할 수 있다.
⇨ 피한정후견인은 국제물류주선업의 등록을 할 수 없다(법 제44조 제1호).
③ 국제물류주선업자가 사망한 때에는 그 상속인은 국제물류주선업의 등록에 따른 권리·의무를 승계한다. ⇨ 법 제45조 제1항
④ 등록증 대여 등의 금지규정에 위반하여 다른 사람에게 등록증을 대여한 경우에는 시·도지사는 사업의 전부의 정지를 명할 수 있다.
⇨ 등록증 대여 등의 금지규정에 위반하여 다른 사람에게 등록증을 대여한 경우에는 시·도지사는 등록을 취소하여야 한다(법 제47조 제1항 제5호).
⑤ 시·도지사는 국제물류주선업자가 거짓이나 그 밖의 부정한 방법으로 등록한 경

우에는 사업의 일부의 정지를 명할 수 있다.
⇨ 시·도지사는 국제물류주선업자가 거짓이나 그 밖의 부정한 방법으로 등록한 경우에는 등록을 취소하여야 한다.

정답 ③

046 ① 물류신고센터는 신고 내용일 명백히 거짓인 경우 접수된 신고를 종결할 수 있으며, 이 경우 종결 사유를 신고자에게 통보할 필요가 없다.
⇨ 물류신고센터는 신고 내용일 명백히 거짓인 경우 접수된 신고를 종결할 수 있으며, 이 경우 종결 사유를 신고자에게 서면 등의 방법으로 통보해야 한다(규칙 제4조의3 제1호).
② 물류신고센터의 장은 산업통상자원부장관이 지명하는 사람이 된다.
⇨ 물류신고센터의 장은 국토교통부 또는 해양수산부의 물류정책을 총괄하는 부서의 장으로서 국토교통부장관 또는 해양수산부장관이 지명하는 사람이 된다(영 27조의2 제2항).
③ 화물운송의 단가를 인하하기 위한 고의적 재입찰 행위로 발생한 분쟁에 대해서는 물류신고센터에 신고할 수 없다.
⇨ 화물운송의 단가를 인하하기 위한 고의적 재입찰 행위로 발생한 분쟁에 대해서는 물류신고센터에 신고할 수 있다(법 제37조의2 제2항 제2호).
④ 물류신고센터는 신고 내용이 이미 수사나 감사 중에 있다는 이유로 접수된 신고를 종결할 수 없다.
⇨ 물류신고센터는 신고 내용이 이미 수사나 감사 중에 있다는 이유로 접수된 신고를 종결할 수 있다(규칙 제4조의3 제5호)
⑤ 물류신고센터가 조정을 권고하는 경우에는 신고의 주요내용, 조정권고 내용, 조정권고에 대한 수락 여부 통보기한, 향후 신고 처리에 관한 사항을 명시하여 서면으로 통지해야 한다. ⇨ 법 제37조의3 제1항 규칙 제4조의5

정답 ⑤

047 ① 환경친화적인 연료를 사용하는 운송수단으로 전환하는 경우는 지원의 대상이 된다.
⇨ 법 제60조 제2항, 영 제48조 제1항 제2호
② 물류기업과 화주기업의 환경친화적 협력체계 구축을 위한 정책과 사업의 개발 및 제안은 녹색물류협의기구의 업무에 해당한다. ⇨ 법 제60조의2 제2항 제2호
③ 화물자동차의 배출가스를 저감하기 위한 장비투자를 하는 경우는 지원의 대상이 된다.
⇨ 법 제60조 제2항, 영 제48조 제1항 제1호
④ 선박의 배출가스를 저감하기 위한 시설투자를 하는 경우는 지원의 대상이 된다.
⇨ 법 제60조 제2항, 영 제48조 제1항 제1호
⑤ 녹색물류협의기구의 위원장은 국토교통부장관이 임명한다.

048 ① 물류관련협회를 설립하려는 경우에는 해당 협회의 회원이 될 자격이 있는 기업 100개 이상이 발기인으로 정관을 작성하여야 한다. ⇨ 법 제55조 제2항
② 물류관련협회를 설립하려는 경우에는 해당 협회의 회원이 될 자격이 있는 기업 150개 이상이 참여한 창립총회의 의결을 거쳐야 한다.
⇨ 물류관련협회를 설립하려는 경우에는 해당 협회의 회원이 될 자격이 있는 기업 200개 이상이 참여한 창립총회의 의결을 거쳐야 한다(법 제55조 제2항).
③ 물류관련협회를 설립하려는 경우에는 소관에 따라 국토교통부장관 또는 해양수산부장관의 설립인가를 받아야 한다. ⇨ 법 제55조 제2항
④ 물류관련협회는 설립인가를 받아 설립등기를 함으로써 성립한다. ⇨ 법 제55조 제3항
⑤ 물류관련협회는 법인으로 한다. ⇨ 법 제55조 제4항

정답 ②

049 ①「철도사업법」에 따른 철도사업자가 그 사업에 사용하는 화물운송・하역 및 보관 시설은 일반물류단지 안에 설치하더라도 일반물류단지시설에 해당하지 않는다.
⇨「철도사업법」에 따른 철도사업자가 그 사업에 사용하는 화물운송・하역 및 보관 시설은 일반물류단지시설에 해당한다(법 제2조 제7호 자목, 영 제2조 제2항 제5호).
②「유통산업발전법」에 따른 공동집배송센터를 경영하는 사업은 물류터미널사업에서 제외된다. ⇨ 법 제2조 제3호 라목
③「주차장법」에 따른 주차장에서 자동차를 자동차를 보관하는 사업은 물류창고업에서 제외된다. ⇨ 법 제2조 제5의3호 가목
④ 화물의 집화・하역과 관련된 가공・조립 시설의 전체 바닥면적 합계가 물류터미널의 전체 바닥면적 합계의 4분의 1을 넘는 경우에는 물류터미널에 해당하지 않는다. ⇨ 법 제2조 제2호, 영 제2조 제1항
⑤ 물류단지시설의 운영을 효율적으로 지원하기 위하여 물류단지 안에 설치되는 금융・보험・의료 시설은 지원시설에 해당된다. ⇨ 법 제2조 제8호 다목

정답 ①

050 ①「민법」 또는 「상법」에 따라 설립된 법인은 국토교통부장관에게 등록하여 복합물류터미널사업을 경영할 수 있다. ⇨ 법 제7조 제2항 제5호
② 복합물류터미널사업의 등록을 하려면 부지 면적이 10,000제곱미터 이상이어야 한다.

⇨ 복합물류터미널사업의 등록을 하려면 부지 면적이 3만3천제곱미터 이상이어야 한다(법 제7조 제4항 제2호).
③ 복합물류터미널사업의 등록을 하려면 물류시설개발종합계획에 배치되지 않아야 한다. ⇨ 법 제7조 제4항 제4호
④ 임원 중에 파산선고를 받고 복권되지 아니한 자가 있는 법인은 복합물류터미널사업을 등록할 수 없다. ⇨ 법 제8조 제3호 가목
⑤ 물류시설의 개발 및 운영에 관한 법률을 위반하여 벌금형 이상을 선고받은 후 2년이 지나지 아니한 자는 등록을 할 수 없다. ⇨ 법 제8조 제3호 나목

정답 ②

051

① 국토교통부장관은 노후화된 일반물류터미널 부지 및 인근 지역에 도시첨단물류단지를 지정할 수 있다. ⇨ 법 제22조의2 제1항 제1호
② 시장·군수·구청장은 시·도지사에게 도시첨단물류단지 지정을 신청할 수 있다.
⇨ 법 제22조의2 제1항
③ 국토교통부장관은 물류단지의 개발에 관한 기본지침을 작성하여 관보에 고시하여야 한다. ⇨ 법 제22조의6 제1항
④ 물류단지지정권자는 도시첨단물류단지를 지정한 후 1년 이내에 물류단지 실수요 검증을 실시하여야 한다.
⇨ 물류단지를 지정하는 국토교통부장관 또는 시·도지사(물류단지지정권자)는 무분별한 물류단지 개발을 방지하고 국토의 효율적 이용을 위하여 물류단지 지정 전에 물류단지 실수요 검증을 실시하여야 한다. 이 경우 물류단지지정권자는 실수요 검증 대상사업에 대하여 관계 행정기관과 협의하여야 한다(법 제22조의7 제1항).
⑤ 도시첨단물류단지 안에서 「건축법」에 따른 건축물의 용도변경을 하려는 자는 시장·군수·구청장의 허가를 받아야 한다.
⇨ 법 제25조 제1항, 영 제18조 제1항 제1호

정답 ④

052

③ ㄱ : 1,000   ㄴ : 4,500
⇨ **물류창고업의 등록**(법 제21조의2 제1항)
다음 각 호의 어느 하나에 해당하는 물류창고를 소유 또는 임차하여 물류창고업을 경영하려는 자는 국토교통부와 해양수산부의 공동부령으로 정하는 바에 따라 국토교통부장관 또는 해양수산부장관에게 등록하여야 한다.
1. 전체 바닥면적의 합계가 1천제곱미터 이상인 보관시설(하나의 필지를 기준으로 해당 물류창고업을 등록하고자 하는 자는 직접 사용하는 바닥면적만을 산정하되, 필지가 서로 연접한 경우에는 연접한 필지를 합산하여 산정한다)
2. 전체면적의 합계가 4천500제곱미터 이상인 보관장소(보관시설이 차지하는 토지면

적을 포함하고 하나의 필지를 기준으로 물류창고업을 등록하고자 하는 자가 직접 사용하는 면적만을 산정하되, 필지가 서로 연접한 경우에는 연접한 필지를 합산하여 산정한다)

정답 ③

053 ① 국가 또는 지방자치단체는 스마트물류센터의 구축 및 운영에 필요한 자금의 대출 등으로 인한 금전채무의 보증한도, 보증료 등 보증조건을 우대할 수 있다.
⇨ 「신용보증기금법」에 따라 설립된 신용보증기금 및 「기술보증기금법」에 따라 설립된 기술보증기금은 스마트물류센터의 구축 및 운영에 필요한 자금의 대출 등으로 인한 금전채무의 보증한도, 보증료 등 보증조건을 우대할 수 있다(영 제12조의5 제2항).
② 스마트물류센터 인증의 유효기간은 인증을 받은 날부터 5년으로 한다.
⇨ 국토교통부장관은 스마트물류센터의 보급을 촉진하기 위하여 스마트물류센터를 인증할 수 있다. 이 경우 인증의 유효기간은 인증을 받은 날부터 3년으로 한다(법 제21조의4 제1항).
③ 스마트물류센터 인증의 등급은 3등급으로 구분한다.
⇨ 스마트물류센터 인증의 등급은 5등급으로 구분한다(규칙 제13조의2 제2항).
④ 스마트물류센터 예비인증은 본인증에 앞서 건축물 설계에 반영된 내용을 대상으로 한다. ⇨ 규칙 제13조의5 제1항
⑤ 스마트물류센터임을 사칭한 자에게는 과태료를 부과한다.
⇨ 거짓의 인증마크를 제작·사용하거나 스마트물류센터임을 사칭한 자는 3천만원 이하의 벌금에 처한다(법 제65조 제2항).

정답 ④

054 ① 「상법」에 따라 설립된 법인이 물류단지개발사업을 시행하는 경우에는 사업대상 토지면적의 3분의 2 이상을 매입하여야 토지등을 수용하거나 사용할 수 있다.
⇨ 법 제32조 제1항
② 물류단지개발사업에 필요한 토지등을 수용하려면 물류단지 지정고시가 있은 후 「공익사업을 위한 토지 등의 취득 및 보상에 관한 법률」에 따른 사업인정 및 그 고시가 있어야 한다.
⇨ 물류단지개발사업에 필요한 토지등을 수용하려면 물류단지 지정고시가 있은 후 「공익사업을 위한 토지 등의 취득 및 보상에 관한 법률」에 따른 사업인정 및 그 고시를 한 것으로 본다(법 제32조 제2항).
③ 물류단지개발사업에 필요한 토지등의 수용 재결의 신청은 물류단지개발계획에서 정하는 사업시행기간 내에 할 수 있다. ⇨ 법 제32조 제3항
④ 국가 또는 지방자치단체는 물류단지개발사업에 필요한 이주대책사업비의 일부를

보조하거나 융자할 수 있다. ⇨ 법 제39조 제1항, 영 제28조 제3호
⑤ 물류단지개발사업을 시행하는 지방자치단체는 해당 물류단지의 입주기업체 및 지원기관에게 물류단지개발사업의 일부를 대행하게 할 수 있다. ⇨ 법 제27조 제5항

정답 ②

055 ② 도로 등 기반시설의 신설·확장·개량 및 보수 ⇨ 법 제59조의7 제1호
③ 「소음·진동관리법」에 따른 방음·방진시설의 설치 ⇨ 법 제59조의7 제3호
④ 「화물자동차 운수사업법」에 따른 공영차고지 및 화물자동차 휴게소의 설치
⇨ 법 제59조의7 제2호
⑤ 「환경친화적 자동차의 개발 및 보급 촉진에 관한 법률」에 다른 전기자동차의 충전시설의 설치·정비 또는 개량 ⇨ 법 제59조의7 제4호, 영 제46조의8

정답 ①

056 ① 물류단지의 부분 재정비사업은 지정된 물류단지 면적의 3분의 2 미만을 재정비하는 사업을 말한다.
⇨ 물류단지의 부분 재정비사업은 지정된 물류단지 면적의 2분의 1 미만을 재정비하는 사업을 말한다(법 제52조의2 제2항, 영 제42조의2 제1항·2항).
② 물류단지지정권자는 준공된 날부터 20년이 지나서 물류산업구조의 변화 및 물류시설의 노후화 등으로 물류단지를 재정비할 필요가 있는 경우에는 물류단지재정비사업을 할 수 있다. ⇨ 법 제52조의2 제1항
③ 물류단지의 부분 재정비사업에서는 물류단지재정비계획 고시를 생략할 수 있다.
⇨ 법 제52조의2 제3항
④ 물류단지지정권자는 물류단지재정비시행계획을 승인하려면 미리 입주업체 및 관계 지방자치단체의 장의 의견을 듣고 관계 행정기관의 장과 협의하여야 한다. ⇨ 법 제52조의2 제6항
⑤ 승인 받은 재정비시행계획에서 사업비의 100분의 10을 넘는 사업비 증감을 하고자 하면 그에 대하여 물류단지지정권자의 승인을 받아야 한다. ⇨ 법 제28조의2 제1항, 영 제22조 제3항 제6호

정답 ①

057 ① 30대의 화물자동차를 사용하여 화물을 운송하는 사업을 경영하려는 자는 일반화물자동차 운송사업의 허가를 받아야 한다. ⇨ 법 제3조 제1항 제1호
② 화물자동차 운송사업의 허가에는 조건을 붙일 수 있다. ⇨ 법 제3조 제14항
③ 화물자동차 운송사업자가 법인인 경우 대표자를 변경하려면 변경허가를 받아야 한다.

⇨ 화물자동차 운송사업자가 법인인 경우 대표자를 변경하려면국토교통부장관에게 신고하여야 한다(법 제3조 제3항, 영 제3조 제2항 제2호).
④ 화물자동차 운송사업자가 운송약관의 변경명령을 받고 이를 이행하지 아니한 경우 증차를 수반하는 허가사항을 변경할 수 없다. ⇨ 법 제3조 제8항 제1호, 법 제13조 제1호
⑤ 운송사업자가 사업정지처분을 받은 경우에는 주사무소를 이전하는 변경허가를 받을 수 없다. ⇨ 법 제3조 제15항

정답 ③

058 ① 운송약관을 신고할 때에는 신고서에 적재물배상보험계약서를 첨부하여야 한다.
⇨ 운송약관 신고서에는 운송약관과 운송약관의 신구대비표(변경신고인 경우만 해당)를 첨부하여야 한다(규칙 제16조 제2항).
② 운송사업자는 운송약관의 신고를 협회로 하여금 대리하게 할 수 없다.
⇨ 운송약관의 신고 또는 변경신고는 협회로 하여금 대리하게 할 수 있다(규칙 제16조 제4항).
③ 시·도지사가 화물자동차 운수사업법령에서 정한 기간 내에 신고수리 여부를 신고인에게 통지하지 아니하면 그 기간이 끝난 날에 신고를 수리한 것으로 본다.
⇨ 국토교통부장관이 정한 기간 내에 신고수리 여부 또는 민원 처리 관련 법령에 따른 처리기간의 연장 여부를 신고인에게 통지하지 아니하면 그 기간이 끝난 날의 다음 날에 신고를 수리한 것으로 본다(법 제6조 제3항).
④ 공정거래위원회는 표준약관을 작성하여 운송사업자에게 그 사용을 권장할 수 있다.
⇨ 국토교통부장관은 설립된 협회 또는 연합회가 작성한 것으로서 「약관의 규제에 관한 법률」에 따라 공정거래위원회의 심사를 거친 화물운송에 관한 표준이 되는 약관(이하 "표준약관"이라 한다)이 있으면 운송사업자에게 그 사용을 권장할 수 있다(법 제6조 제4항).
⑤ 운송사업자가 화물자동차운송사업의 허가를 받는 때에 표준약관의 사용에 동의하면 운송약관을 신고한 것으로 본다. ⇨ 법 제6조 제5항

정답 ⑤

059 ① 운송사업자는 운임과 요금을 정하여 미리 국토교통부장관에게 신고하여야 한다.
⇨ 법 제5조 제1항
② 화물자동차 안전운임의 적용을 받는 화주와 운수사업자는 해당 화물자동차 안전운임을 게시하거나 그 밖에 적당한 방법으로 운수사업자와 화물차주에게 알려야 한다. ⇨ 법 제5조의6
③ 화주는 운수사업자에게 화물자동차 안전운송운임 이상의 운임을 지급하여야 한다.
⇨ 법 제5조의5 제1항

④ 화물운송계약 중 화물자동차 안전운임에 미치지 못하는 금액을 운임으로 정한 경우 그 부분은 취소하고 새로 계약하여야 한다.
⇨ 화물운송계약 중 화물자동차 안전운임에 미치지 못하는 금액을 운임으로 정한 부분은 무효로 하며, 해당 부분은 화물자동차 안전운임과 동일한 운임을 지급하기로 한 것으로 본다(법 제5조의5 제3항).
⑤ 화물자동차 운송사업의 운임 및 요금의 신고는 운송사업자로 구성된 협회가 설립한 연합회로 하여금 대리하게 할 수 있다. ⇨ 규칙 제15조 제3항

정답 ④

060 ㄱ(○). 적재물사고로 발생한 운송사업자의 손해배상에 관하여 화주가 요청하면 국토교통부장관은 이에 관한 분쟁을 조정할 수 있다. ⇨ 법 제7조 제3항
ㄴ(○). 국토교통부장관은 운송사업자의 손해배상책임에 관한 분쟁의 조정 업무를 「소비자기본법」에 따른 한국소비자원에 위탁할 수 있다. ⇨ 법 제7조 제6항
ㄷ(○). 화물이 인도기한이 지난 후 3개월 이내에 인도되지 아니하면 그 화물은 멸실된 것으로 본다. ⇨ 법 제7조 제2항

정답 ⑤

061 ① 운송사업자는 택시 요금미터기의 장착을 하여서는 아니 된다. ⇨ 법 제11조 제7항
② 운송사업자는 화물자동차 운송사업을 양도·양수하는 경우에 양도·양수에 소요되는 비용을 위·수탁차주에게 부담시켜서는 아니 된다. ⇨ 법 제11조 제14항
③ 최대적재량 1.5톤을 초과하는 화물자동차를 밤샘주차하는 경우 차고지에서만 하여야 한다.
⇨ 최대적재량 1.5톤 이하의 화물자동차의 경우에는 주차장, 차고지 또는 지방자치단체의 조례로 정하는 시설 및 장소에서만 밤샘주차 하여야 한다(규칙 제21조 제4호).
④ 화주로부터 부당한 운임 및 요금의 환급을 요구받았을 때에는 환급하여야 한다. ⇨ 규칙 제21조 제6호
⑤ 밴형 화물자동차를 사용해서 화주와 화물을 함께 운송하는 사업자는 화물자동차 바깥쪽에 "화물"이라는 표기를 한국어 및 외국어(영어, 중국어 및 일어)로 표시하여야 한다. ⇨ 규칙 제21조 제8호

> **⊕ 더 알아보기**
>
> **운송사업자의 준수사항** (규칙 제21조 제3호)
> 밤샘주차(0시부터 4시까지 사이에 하는 1시간 이상의 주차를 말한다)하는 경우에는 다음 각 목의 어느 하나에 해당하는 시설 및 장소에서만 할 것
> 가. 해당 운송사업자의 차고지
> 나. 다른 운송사업자의 차고지

> 다. 공영차고지
> 라. 화물자동차 휴게소
> 마. 화물터미널
> 바. 그 밖에 지방자치단체의 조례로 정하는 시설 또는 장소

정답 ③

062 ② ㄱ : 2 ㄴ : 2
➪ 운송사업자는 위·수탁계약을 해지하려는 경우에는 위·수탁차주에게 2개월 이상의 유예기간을 두고 계약의 위반사실을 구체적으로 밝히고 이를 시정하지 아니하면 그 계약을 해지한다는 사실을 서면으로 2회 이상 통지하여야 한다. 다만, 대통령령으로 정하는 바에 따라 위·수탁계약을 지속하기 어려운 중대한 사유가 있는 경우에는 그러하지 아니하다(법 제40조의3 제1항).

정답 ②

063 ㄱ(×). 화물자동차 운송주선사업의 허가기준을 충족하지 못하게 된 경우
➪ 허가를 취소하거나 6개월 이내의 기간을 정하여 사업의 정지를 명할 수 있는 경우(법 제27조 제1항 제3호).
ㄴ(○). 거짓이나 그 밖의 부정한 방법으로 운송주선사업 허가를 받은 경우
➪ 허가를 반드시 취소하여야 하는 경우(법 제27조 제1항 제2호)
ㄷ(○). 화물자동차 운수사업법 제27조(화물자동차 운송주선사업의 허가취소 등)에 따른 사업정지명령을 위반하여 그 사업정지기간 중에 사업을 한 경우
➪ 허가를 반드시 취소하여야 하는 경우(법 제27조 제1항 제9호)

정답 ④

064 ① 운송가맹사업자는 주사무소 외의 장소에서 상주하여 영업하려면 허가를 받고 영업소를 설치하여야 한다. ➪ 법 제3조 제11항
② 화물자동차 운송가맹사업 허가대장은 전자적 처리가 불가능한 특별한 사유가 없으면 전자적 처리가 가능한 방법으로 작성하여 관리하여야 한다. ➪ 규칙 제41조의3 제4항
③ 운송사업자 및 위·수탁차주인 운송가맹점은 화물의 원활한 운송을 위한 차량위치의 통지를 성실히 이행하여야 한다. ➪ 법 제30조 제2항 제2호
④ 시장·군수·구청장은 안전운행의 확보, 운송질서의 확립 및 화주의 편의를 도모하기 위하여 필요하다고 인정하면 운송가맹사업자에게 화물자동차의 구조변경 및 운송시설의 개선을 명할 수 있다.
➪ 국토교통부장관은 안전운행의 확보, 운송질서의 확립 및 화주의 편의를 도모하기

위하여 필요하다고 인정하면 운송가맹사업자에게 화물자동차의 구조변경 및 운송시설의 개선을 명할 수 있다(법 제31조 제2호).
⑤ 허가를 받은 운송가맹사업자가 주사무소를 이전한 경우 변경신고를 하여야 한다.
⇨ 법 제29조 제2항, 영 제9조의3 제4호

정답 ④

065 ① 특수용도형 화물자동차 중 「자동차관리법」에 따른 파견인자동차를 소유하고 있는 운송사업자는 적재물배상보험등의 의무가입 대상이다.
⇨ 특수용도형 화물자동차 중 「자동차관리법」에 따른 파견인자동차를 소유하고 있는 운송사업자는 적재물배상보험등의 의무가입 대상에서 제외한다(규칙 제41조의13 제1항 제3호).
② 이사화물을 취급하는 운송주선사업자는 적재물배상보험등의 의무가입 대상이다.
⇨ 법 제35조 제2호, 규칙 제41조의13 제2항
③ 적재물배상보험등에 가입하려는 자가 운송사업자인 경우 각 사업자별로 가입하여야 한다.
⇨ 적재물배상보험등에 가입하려는 자가 운송사업자인 경우 각 화물자동차별로 가입하여야 한다(영 제9조의7 제1호).
④ 중대한 교통사고로 감차 조치 명령을 받은 경우에도 책임보험계약등을 해제하거나 해지하여서는 아니 된다.
⇨ 중대한 교통사고로 감차 조치 명령을 받은 경우에도 책임보험계약등을 해제하거나 해지하여서는 아니 되는 경우에 해당하지 않는다(법 제37조).
⑤ 적재물배상보험등에 가입하려는 자가 운송주선사업자인 경우 각 화물자동차별로 가입하여야 한다.
⇨ 적재물배상보험등에 가입하려는 자가 운송주선사업자인 경우 각 사업자별로 가입하여야 한다(영 9조의7 제2호).

정답 ②

066 ① 운송사업자는 필요한 경우 다른 사람에게 차량과 그 경영의 전부를 위탁할 수 있다.
⇨ 운송사업자는 화물자동차 운송사업의 효율적인 수행을 위하여 필요하면 다른 사람(운송사업자를 제외한 개인을 말한다)에게 차량과 그 경영의 일부를 위탁하거나 차량을 현물출자한 사람에게 그 경영의 일부를 위탁할 수 있다(법 제40조 제1항).
② 위·수탁계약의 기간은 2년 이상으로 하여야 한다. ⇨ 법 제40조 제5항
③ 위·수탁계약의 내용이 계약불이행에 따른 당사자의 손해배상책임을 과도하게 가중하여 정함으로써 상대방의 정당한 이익을 침해한 경우에는 위·수탁계약 전부를 무효로 한다.
⇨ 위·수탁계약의 내용이 계약불이행에 따른 당사자의 손해배상책임을 과도하게 가

중하여 정함으로써 상대방의 정당한 이익을 침해한 경우에는 그 부분에 한정하여 무효로 한다(법 제40조 제7항 제3호).
④ 화물운송사업분쟁조정협의회가 위·수탁계약의 분쟁을 심의한 결과 조정안을 작성하여 분쟁당사자에게 제시하면 분쟁당사자는 이에 따라야 한다.
⇨ 협의회는 심의 결과 조정안을 작성하여 분쟁당사자에게 권고할 수 있다. 다만, 분쟁의 성격·빈도 및 중요성 등을 고려하여 필요하다고 인정하는 경우에는 분쟁당사자 간의 자율적인 분쟁해결을 권고할 수 있다(영 9조의9 제5항).
⑤ 운송사업자가 위·수탁계약의 갱신 요구를 거절하는 경우에는 그 요구를 받은 날부터 30일 이내에 위·수탁차주에게 거절 사유를 적어 서면으로 통지하여야 한다.
⇨ 운송사업자가 위·수탁계약의 갱신 요구를 거절하는 경우에는 그 요구를 받은 날부터 15일 이내에 위·수탁차주에게 거절 사유를 적어 서면으로 통지하여야 한다(법 제40조의2 제2항).

정답 ②

067 ◎ (ㄱ → 임시시장) : 다수의 수요자와 공급자가 일정한 기간 동안 상품을 매매하거나 용역을 제공하는 일정한 장소 ⇨ 법 제2조 제5호
◎ (ㄴ → 임의가맹점형) 체인사업 : 체인본부의 계속적인 경영지도 및 체인본부와 가맹점 간의 협업에 의하여 가맹점의 취급품목·영업방식 등의 표준화사업과 공동구매·공동판매·공동시설활용 등 공동사업을 수행하는 형태의 체인사업 ⇨ 법 제2조 제6호 다목

정답 ④

068 ① 산업통상자원부장관은 10년마다 유통산업발전기본계획을 수립하여야 한다.
⇨ 산업통상자원부장관은 유통산업의 발전을 위하여 5년마다 유통산업발전기본계획을 관계 중앙행정기관의 장과 협의를 거쳐 세우고 시행하여야 한다(법 제5조 제1항).
② 유통산업발전기본계획에는 유통산업의 지역별·종류별 발전방안이 포함되지 않아도 된다.
⇨ 유통산업발전기본계획에는 유통산업의 지역별·종류별 발전방안이 포함되어야 한다(법 제5조 제2항 제4호)
③ 시·도지사는 유통산업발전기본계획에 따라 2년마다 유통산업발전시행계획을 수립하여야 한다.
⇨ 산업통상자원부장관은 기본계획에 따라 매년 유통산업발전시행계획을 관계 중앙행정기관의장과 협의를 거쳐 세워야 한다(법 제6조 제1항).
④ 시·도지사는 유통산업발전시행계획의 집행실적을 다음 연도 1월 말일까지 산업통상자원부장관에게 제출하여야 한다.
⇨ 관계 중앙행정기관의 장은 시행계획의 집행실적을 다음 연도 2월 말일까지 산업

통상자원부장관에게 제출하여야 한다(영 제6조 제3항).
⑤ 지역별 유통산업발전시행계획은 유통전문인력·부지 및 시설 등의 수급방안을 포함하여야 한다. ⇨ 법 제7조 제1항 제6호

정답 ⑤

069 ㄱ(×). 관리규정을 제정하기 위해서는 입점상인의 4분의 3 이상의 동의를 얻어야 한다.
⇨ 대규모점포등관리자는 관리규정을 개정하려는 경우 입점상인의 3분의 2 이상의 동의를 얻어야 한다(영 제7조의7 제2항).
ㄴ(×). 대규모점포등관리자는 대규모점포등관리자신고를 한 날부터 1개월 이내에 관리규정을 제정하여야 한다.
⇨ 관리규정을 제정하려는 대규모점포등관리자는 신고를 한 날부터 3개월 이내에 표준관리규정(이하 "표준관리규정"이라 한다)을 참조하여 관리규정을 제정하여야 한다(영 제7조의7 제1항).
ㄷ(○). 시·도지사는 대규모점포등의 효율적이고 공정한 관리를 위하여 표준관리규정을 마련하여 보급하여야 한다. ⇨ 법 제12조의6 제4항
ㄹ(○). 대규모점포등관리자는 입점상인의 3분의 2 이상의 동의를 얻어 관리규정을 개정할 수 있다. ⇨ 영 제7조의7 제2항

정답 ⑤

070 ㄱ(○). 상점가진흥조합은 협동조합 또는 사업조합으로 설립한다. ⇨ 법 제18조 제3항
ㄴ(×). 상점가진흥조합의 구역은 다른 상점가진흥조합의 구역과 중복될 수 있다.
⇨ 상점가진흥조합의 구역은 다른 상점가진흥조합의 구역과 중복되어서는 아니 된다(법 제18조 제5항).
ㄷ(○). 지방자치단체의 장은 중소유통공동도매물류센터를 건립하여 중소유통기업자단체에 그 운영을 위탁할 수 있다. ⇨ 법 제17조의2 제2항
ㄹ(×). 중소유통공동도매물류센터의 건립, 운영 및 관리 등에 관하여 필요한 사항은 산업통상자원부장관이 정하여 고시한다.
⇨ 중소유통공동도매물류센터의 건립, 운영 및 관리 등에 필요한 사항은 중소벤처기업부장관이 정하여 고시한다(법 제17조의2 제4항).

정답 ①

071 ① 상업지역 내에서 부지면적이 1만제곱미터이고, 집배송시설면적이 5천제곱미터인 지역 및 시설물은 공동집배송센터로 지정할 수 있다.
⇨ 부지면적이 3만제곱미터 이상(「국토의 계획 및 이용에 관한 법률」 제36조에 따른 상업지역 또는 공업지역의 경우에는 2만제곱미터 이상이고, 집배송시설면적이 1만제곱미터 이상일 것(규칙 제19조 제1호)

② 공동집배송센터의 지정을 받은 날부터 정당한 사유 없이 3년 이내에 시공을 하지 아니하는 경우 산업통상자원부장관은 그 지정을 취소할 수 있다. ⇨ 법 제33조 제2항 제2호
③ 공동집배송센터를 신탁개발하는 경우 신탁계약을 체결한 신탁업자는 공동집배송센터사업자의 지위를 승계하지 않는다.
⇨ 공동집배송센터를 신탁개발하는 경우 신탁계약을 체결한 신탁업자는 공동집배송센터사업자의 지위를 승계한다. 이 경우 공동집배송센터사업사업자는 계약체결일부터 14일 이내에 신탁계약서 사본을 산업통상자원부장관에게 제출하여야 한다(법 제32조 제2항).
④ 관계 중앙행정기관의 장은 집배송시설의 효율적 배치를 위하여 공동집배송센터 개발촉진지구의 지정을 산업통상자원부장관에게 요청할 수 있다.
⇨ 시·도지사는 집배송시설의 집단적 설치를 촉진하고 집배송시설의 효율적 배치를 위하여 공동집배송센터 개발촉진지구의 지정을 산업통상자원부장관에게 요청할 수 있다(법 제32조 제1항).
⑤ 공동집배송센터 개발촉진지구의 집배송시설에 대하여는 시·도지사가 공동집배송센터로 지정할 수 있다.
⇨ 산업통상자원부장관은 촉진지구의 집배송시설에 대하여는 시·도지사의 추천이 없더라도 공동집배송센터로 지정할 수 있다(법 제35조 제2항).

정답 ②

072
① 선적화물을 실을 때 그 화물의 개수를 계산하는 일 ⇨ 법 제2조 제14호
③ 항만에서 선박 또는 부선을 이용하여 운송될 화물을 하역장[수면 목재저장소는 제외]에서 내가는 행위 ⇨ 법 제2조 제7호
④ 선박을 이용하여 운송될 화물을 화물주의 위탁을 받아 항만에서 화물주로부터 인수하는 행위 ⇨ 법 제2조 제2호
⑤ 선적화물 및 선박에 관련된 증명·조사·감정을 하는 일 ⇨ 법 제2조 제15호

정답 ②

073
① 항만운송관련사업 중 선용품공급업은 신고대상이다. ⇨ 법 제26조의3 제1항
② 항만하역사업과 검수사업의 등록은 항만별로 한다. ⇨ 법 제4조 제2항
③ 한정하역사업에 대하여 관리청은 이용자·취급화물 또는 항만시설의 특성을 고려하여 그 등록기준을 완화할 수 있다. ⇨ 법 제6조
④ 선박연료공급업을 등록한 자가 사용 장비를 추가하려는 경우에는 사업계획 변경 신고를 하지 않아도 된다.
⇨ 항만운송관련사업 중 선박연료공급업을 등록한 자는 사용하려는 장비를 추가하거나 그 밖에 사업계획 중 해양수산부령으로 정하는 사항을 변경하려는 경우 해양

수산부령으로 정하는 바에 따라 관리청에 사업계획 변경신고를 하여야 한다(법 제26조의3 제3항).
⑤ 등록한 항만운송사업자가 그 사업을 양도한 경우 양수인은 등록에 따른 권리·의무를 승계한다. ⇨ 법 제23조 제1항 제2호

정답 ④

074 ③ ㄱ, ㄴ, ㄹ
⇨ 검수사업·감정사업 또는 검량사업의 등록을 한 자는 요금의 설정신고 또는 변경신고를 할 때에는 다음 각 호의 사항을 기재한 서류(전자문서를 포함한다)를 해양수산부장관, 지방해양수산청장 또는 시·도지사에게 제출하여야 한다(규칙 제15조 제3항).
1. 상호
2. 성명 및 주소
3. 사업의 종류
4. 취급화물의 종류
5. 항만명(검수사업만 해당한다)
6. 변경 전후의 요금 비교, 변경 사유와 변경 예정일(요금을 변경하는 경우만 해당한다)
7. 설정하거나 변경하려는 요금의 적용방법

정답 ③

075 ① 철도사업자는 철도사업약관을 정하여 국토교통부장관의 허가를 받아야 한다.
⇨ 철도사업자는 철도사업약관을 정하여 국토교통부장관에게 신고하여야 한다. 이를 변경하려는 경우에도 같다(법 제11조 제1항).
② 국토교통부장관은 철도사업약관의 변경신고를 받은 날부터 10일 이내에 신고수리 여부를 신고인에게 통지하여야 한다.
⇨ 국토교통부장관은 철도사업약관의 신고 또는 변경신고를 받은 날부터 3일 이내에 신고수리 여부를 신고인에게 통지하여야 한다(법 제11조 제3항).
③ 철도사업자는 여객열차의 운행구간을 변경하려는 경우 국토교통부장관의 인가를 받아야 한다. ⇨ 법 제12조 제1항, 영 제5조 제2호
④ 철도사업자는 사업용철도노선별로 여객열차의 정차역의 10분의 2를 변경하는 경우 국토교통부장관에게 신고하여야 한다.
⇨ 철도사업자는 사업용철도노선별로 여객열차의 정차역의 10분의 2를 변경하는 경우 국토교통부장관의 인가를 받아야 한다(법 제12조 제1항, 영 제5조 제3호).
⑤ 철도사업자가 사업계획 중 인가사항을 변경하려는 경우에는 사업계획을 변경하려는 날 1개월 전까지 사업계획변경인가신청서를 제출하여야 한다.

⇨ 철도사업자는 사업계획을 변경하려는 때에는 사업계획을 변경하려는 날 1개월 전까지(변경하려는 사항이 인가사항인 경우에는 2개월 전까지) 사업계획변경신고서 또는 사업계획변경인가신청서에 신·구 사업계획을 대비한 서류 또는 도면, 철도안전 확보 계획, 사업계획 변경 후의 예상 사업수지 계산서의 서류를 첨부하여 국토교통부장관에게 제출하여야 한다(법 제12조 제3항, 규칙 제8조 제1항).

정답 ③

076 ① 징수한 과징금은 철도사업 종사자의 양성을 위한 시설 운영의 용도로 사용할 수 있다.
⇨ 법 제17조 제4항 제1호
② 과징금 부과처분을 받은 자가 납부기한까지 과징금을 내지 아니하면 국세 체납처분의 예에 따라 징수한다. ⇨ 법 제17조 제3항
③ 과징금은 철도사업자의 신청에 따라 분할하여 납부할 수 있다.
⇨ 과징금은 이를 분할하여 납부할 수 없다(법 제17조 제2항, 영 제10조 제5항 삭제 〈2021.9.24〉).
④ 하나의 위반행위에 대하여 사업정지처분과 과징금처분을 함께 부과할 수 없다.
⇨ 영 제9조 별표 1
⑤ 국토교통부장관은 과징금으로 징수한 금액의 운용계획을 수립하여 시행하여야 한다.
⇨ 법 제17조 제5항

정답 ③

077 ① 철도사업자는 여객에 대한 운임을 변경하려는 경우 국토교통부장관에게 신고하여야 한다. ⇨ 법 제9조 제1항
② 철도사업자는 철도사업을 양도·양수하려는 경우에는 국토교통부장관의 인가를 받아야 한다. ⇨ 법 제14조 제1항
③ 철도사업자가 국토교통부장관의 허가를 받아 그 사업의 전부 또는 일부를 휴업하는 경우 휴업기간은 6개월을 넘을 수 없다. ⇨ 법 제15조 제2항
④ 철도사업자의 화물의 멸실·훼손에 대한 손해배상책임에 관하여는 「상법」 제135조(손해배상책임)을 준용하지 않는다.
⇨ 철도사업자의 화물의 멸실·훼손에 대한 손해배상책임에 관하여는 「상법」 제135조(손해배상책임)을 준용한다(법 제24조 제1항).
⑤ 철도사업자는 타인에게 자기의 성명 또는 상호를 사용하여 철도사업을 경영하게 하여서는 아니 된다. ⇨ 법 제23조

정답 ④

078 ◎ 전용철도를 운영하려는 자는 전용철도 건설기간을 1년 연장한 경우 국토교통부장관에게 (ㄱ→ 등록)을(를) 하여야 한다.
⇨ 법 제34조 제1항, 영 제12조 제1항 제6호 단서
◎ 전용철도운영자가 그 운영의 일부를 폐업한 경우에는 (ㄴ→1개월) 이내에 국토교통부장관에게 (ㄷ→신고)하여야 한다.
⇨ 법 제38조

정답 ④

079 ① 시가 지방도매시장을 개설하려면 도지사에게 신고하여야 한다.
⇨ 시가 지방도매시장을 개설하려면 도지사의 허가를 받아야 한다(법 제17조 제1항).
② 특별시·광역시·특별자치시 및 특별자치도가 도매시장을 폐쇄하는 경우 그 3개월 전에 이를 공고하여야 한다. ⇨ 법 제17조 제6항
③ 특별시·광역시·특별자치시 또는 특별자치도가 도매시장을 개설하려면 미리 업무규정과 운영관리계획서를 작성하여야 한다. ⇨ 법 제17조 제4항
④ 도매시장은 양곡부류·청과부류·축산부류·수산부류·화훼부류 및 약용작물 부류별로 개설하거나 둘 이상의 부류를 종합하여 개설한다. ⇨ 법 제17조 제1항, 영 제15조
⑤ 도매시장의 명칭에는 그 도매시장을 개설한 지방자치단체의 명칭이 포함되어야 한다. ⇨ 법 제17조 제1항, 영 제16조

정답 ①

080 ① 농림수협등, 생산자단체 또는 공익법인이 공판장을 개설하려면 시·도지사의 승인을 받아야 한다. ⇨ 법 제43조 제1항
② 공판장에는 중도매인, 매매참가인, 산지유통인 및 경매사를 둘 수 있다. ⇨ 법 제44조 제1항
③ 공판장의 경매사는 공판장의 개설자가 임명한다. ⇨ 법 제44조 제4항
④ 공판장의 중도매인은 공판장의 개설자가 지정한다. ⇨ 법 제44조 제2항
⑤ 공익법인이 운영하는 공판장의 개설승인 신청서에는 해당 공판장의 소재지를 관할하는 시장 또는 자치구의 구청장의 의견서를 첨부하여야 한다.
⇨ 농림수협등, 생산자단체 또는 공익법인이 공판장의 개설승인을 받으려면 농림축산식품부령 또는 해양수산부령으로 정하는 바에 따라 공판장 개설승인 신청서에 업무규정과 운영관리계획서 등 승인에 필요한 서류를 첨부하여 시·도지사에게 제출하여야 한다(법 제43조 제2항, 규칙 제40조)

정답 ⑤

2022 제26회 해설 및 정답

제1교시

[제1과목 물류관리론]

001 ④ 물류 합리화를 위해서 물류하부시스템의 개별적 비용절감이 전체시스템의 통합적 비용절감보다 중요하다.
⇨ 물류합리화를 위해서는 시스템적 접근에 의한 물류활동 전체의 합리화를 추진하여야 한다. 따라서 전체시스템의 통합적 비용절감이 물류하부시스템의 개별적 비용절감보다 중요하다.

정답 ④

002 ① 차량 적재율과 공차율이 증가한다.
⇨ 차량 적재율이 증가하고 공차율은 감소한다.

정답 ①

003 ① 노선집하공동형
⇨ 노선의 집화망을 공동화하여 화주가 지정한 노선업자에게 화물을 인계하는 방식이다.
② 납품대행형
⇨ 주로 백화점, 할인점 등에서 착화주의 주도로 공동화하는 유형으로서, 참가하는 도매업자가 선정한 운송사업자가 배송거점을 정하여 납품상품을 집화, 분류, 포장 및 레이블을 붙이는 작업 등을 한 후 배달·납품하는 방식이다.
③ 공동수주·공동배송형
⇨ 운송사업자가 협동조합을 설립하여 공동수주 및 공동배송하는 방식이다.
④ 배송공동형
⇨ 화물 거점시설까지의 운송은 개별 화주가 행하고, 배송만 공동화하는 방식이다.

정답 ⑤

004 ③ 자사의 정보시스템, 각종 규격 및 서비스에 대한 공유를 지양해야 한다.
⇨ 정보공유의 기피는 공동수·배송 추진의 장애요인이 되므로 자사의 정보시스템,

각종 규격 및 서비스에 대한 공유를 지향해야 한다.

정답 ③

005 ① 예산관점에서 비공식적, 준공식적, 공식적 조직으로 분류할 수 있다.
⇨ 구조관점에서 비공식적, 준공식적, 공식적 조직으로 분류할 수 있다.

정답 ①

006 ㄱ. 파렛트 표준화 ⇨ 하드웨어 부문
ㄴ. 포장치수 표준화 ⇨ 소프트웨어 부문
ㄷ. 내수용 컨테이너 표준화 ⇨ 하드웨어 부문
ㄹ. 물류시설 및 장비 표준화 ⇨ 하드웨어 부문
ㅁ. 물류용어 표준화 ⇨ 소프트웨어 부문
ㅂ. 거래단위 표준화 ⇨ 소프트웨어 부문

정답 ②

007 ㄱ. 경로설계 ⇨ 구조수준
ㄴ. 고객 서비스 ⇨ 전략수준
ㄷ. 물류네트워크 전략 ⇨ 구조수준
ㄹ. 창고설계 및 운영 ⇨ 기능수준
ㅁ. 자재관리 ⇨ 기능수준
ㅂ. 수송관리 ⇨ 기능수준

> **⊕ 더 알아보기**
> 물류시스템 설계단계
> • 전략수준 : 고객서비스 수준
> • 구조수준 : 유통경로단계, 네트워크 전략
> • 기능수준 : 물류창고 설계 및 운영, 운송관리, 자재관리
> • 이행수준 : 정보시스템 구축, 정책 및 절차수립, 설비 및 장비도입, 조직 및 변화관리

정답 ⑤

008 ⑤ 배수치수 모듈은 1,140mm×1,140mm Unit Load Size를 기준으로 하고, 최대허용공차 −80mm를 인정하고 있는 Plan View Unit Size를 기본단위로 하고 있다.
⇨ 배수치수 모듈은 1,140mm×1,140mm Unit Load Size를 기준으로 하고, 최대허용공차 −40mm를 인정하고 있는 Plan View Load Size를 기존단위로 하고 있다.

정답 ⑤

009 ① 스플릿 적재
⇨ 벽돌 적재를 하는 경우에 화물과 파렛트의 치수가 일치하지 않는 경우 물건 사이에 부분적으로 공간을 만드는 패턴이다.
② 풍차형 적재
⇨ 파렛트 중앙부에 공간을 만드는 형태로 이 공간을 감싸듯 풍차형으로 화물을 적재하는 패턴이다. 홀수단과 짝수단의 방향을 바꾸어 적재한다.
③ 벽돌 적재
⇨ 한 단을 화물의 종방향과 횡방향으로 조합하여 적재하고, 다음 단은 그 방향을 180도 바꾸어 홀수단과 짝수단을 교차적으로 적재한다.
⑤ 블록 적재
⇨ 물건을 홀수단과 짝수단 모두 같은 방향으로 적재하는 패턴으로 봉적재라고도 한다.

정답 ④

010 ① Drum, Buffer, Rope는 공정간 자재의 흐름 관리를 통해 재고를 최소화하고 제조기간을 단축하는 기법으로서 비제약공정을 중점적으로 관리한다.
⇨ Drum, Buffer, Rope는 제약조건이론 중 전체 공정의 종속성과 변동성을 관리하는 기법으로, 전체 공정 중 가장 약한 것을 찾아 능력제약자원으로 두고, 이 부분이 최대한 100% 가동될 수 있도록 공정 속도를 조절하여 흐름을 관리하는 기법이다.
② Thinking Process는 제약요인을 개선하여 목표를 달성하는 구체적 해결방안을 도출하는 기법으로서 부분 최적화를 추구한다.
⇨ Thinking Process는 제약요인을 개선하여 목표를 달성하는 구체적 해결방안을 도출하는 기법으로서 전체 최저고하를 추구한다.
④ Throughput Account는 통계적 기법을 활용한 품질개선 도구이다.
⇨ 통계적 기법을 활용한 품질개선 도구는 6시그마이다. Throughput Account는 기업의 경영활동에 대해 기존의 원가회계를 대체하는 새로운 성과측정방법을 제안한 것으로 기업의 모든 활동들이 유기적 관계를 가지고 있다는 시스템 사고를 반영한다.
⑤ Optimized Production Technology는 정의, 측정, 분석, 개선, 관리의 DMAIC 프로세스를 활용한다.
⇨ 정의, 측정, 분석, 개선, 관리의 DMAIC 프로세스를 활용하는 것은 6시그마이다. Optimized Production Technology는 애로 공정을 규명하여 생산흐름을 동시화하는 데 주안점을 둔 일정계획시스템이다.

정답 ③

011 ⑤ 태그 데이터의 변경 및 추가는 자유롭지만 일시에 복수의 태그 판독은 불가능하다.
⇨ 태그 정보의 변경 및 추가가 용이하고, 일시에 다량의 정보를 빠르게 판독할 수 있다.

정답 ⑤

012 ④ 상품품목 코드는 3자리로 구성된다.
⇨ 상품품목 코드는 5자리로 구성된다.

정답 ④

013 ⑤ ㄱ : TRS, ㄴ : ITS, ㄷ : CVO, ㄹ : KROIS, ㅁ : POS
ㄱ. 주파수 공용통신시스템(TRS : Trunked Radio System) : 중계국에 할당된 여러 개의 채널을 공동으로 사용하는 무선통신시스템이다.
ㄴ. 지능형교통시스템(ITS : Intelligent Transport System) : 도로와 차량, 사람과 화물을 정보네트워크로 연결하여 교통체중의 완화와 교통사고의 감소, 환경문제의 개선 등을 실현할 수 있는 시스템이다.
ㄷ. 첨단화물운송시스템(CVO : Commercial Vehicle Operation) : 화물 및 화물차량에 대한 위치를 실시간으로 추적·관리하여 각종 부가정보를 제공하는 시스템이다.
ㄹ. 철도화물정보망(KROIS : Korean Railroad Operating Information System) : KL-Net(한국물류정보통신)과 연계되어 EDI로 운용되고 철도공사, 화주, 운송업체, 터미널 등이 서비스 대상이 된다.
ㅁ. 판매시점관리(POS : Point of Sales) : 판매장의 판매시점에서 발생하는 판매정보를 컴퓨터로 자동 처리하는 시스템으로, 상품별 판매정보가 컴퓨터에 보관된 발주, 매입, 재고 등의 정보와 결합하여 필요한 부문에 활용된다.

정답 ⑤

014 ① JIT
⇨ 단위 시간당 필요한 자재를 소요량만큼만 조달하여 재고를 최소화하고, 다양한 재고감소 활동을 전개함으로써 비용절감, 품질개선, 직업능률 향상 등을 통해 생산성을 높이는 생산시스템이다.
③ MRP
⇨ 전산화프로그램으로 재고관리와 생산일정을 계획·통제하고, 적량의 품목을 적시에 주문하여 적정 재고수준을 통제하기 위한 시스템이다.
④ ERP
⇨ 정보기술을 활용하는 경영전략의 하나로, 기간 업무뿐만 아니라 기업 활동에 필요한 모든 자원을 하나의 체계로 통합하여 운영하고 기업의 업무 처리 방식을 선진화시킴으로써 한정된 기업의 자원을 효율적으로 관리하여 생산성을 극대화하려는 기업 리엔지니어링 기법이다.
⑤ ECR
⇨ 소비자에게 보다 나은 가치를 제공하기 위해 유통업체와 공급업체들이 밀접하게 협력하는 식료품업계의 전략으로 효율적 매장구색, 효율적 재고보충, 효율적 판

매촉진 및 효율적 신제품 개발 등이 핵심적 실행전략이다.

정답 ②

015 ① ASP(Application Service Provider)는 정보시스템을 자체 개발하는 것에 비해 구축기간이 오래 걸린다.
⇨ ASP는 기업 운영에 필요한 각종 소프트웨어를 인터넷을 통하여 제공하는 새로운 방식의 비즈니스로 정보시스템을 자체 개발하는 것에 비해 구축기간 및 비용을 절감할 수 있다.
② CALS 개념은 Commerce At Light Speed로부터 Computer Aided Acquisition & Logistics Support로 발전되었다.
⇨ CALS 개념은 현재는 '제품의 설계, 제작 과정과 보급, 조달 등의 운용과정의 컴퓨터 정보통합 자동화'라는 개념으로 사용되고 있고, 갈수록 개념이 확대되어 최근에는 '광속교역'으로 발전되고 있다.
③ IoT(Internet of Things)는 인간의 학습능력과 지각능력, 추론능력, 자연언어의 이해능력 등을 컴퓨터 프로그램으로 실현한 기술을 의미한다.
⇨ IoT는 인간과 사물, 서비스의 세 가지로 분산된 환경요소에 대해 인간의 명시적 개입 없이 상호협력적으로 센싱(Sensing), 네트워킹, 정보처리 등 지능적 단계를 형성하는 사물 공간 연결망이다.
⑤ QR코드는 컬러 격자무늬 패턴으로 정보를 나타내는 3차원 바코드로서 기존의 바코드보다 용량이 크기 때문에 숫자 외에 문자 등의 데이터를 저장할 수 있다.
⇨ QR 코드는 2차원 바코드이다.

정답 ④

016 ③ 20,000개, 20억원

$$손익분기점\ 판매량 = \frac{고정비}{단위당\ 판매가격 - 단위당\ 변동비}$$

$$= \frac{10억원}{10억원 - 5만원} = 20,000개$$

따라서 손익분기 매출액 = 20,000개 × 10만원 = 20억원

정답 ③

017 ⑤ 물류기업의 물류비 산정 정확성을 높이기 위해 개발되었으므로 화주기업은 적용대상이 될 수 없다.
⇨ 기업물류비 산정지침은 「물류정책기본법」 제26조 및 영 제18조의 규정에 따라 물류기업 및 화주기업의 물류비 계산을 위한 절차와 방법에 대한 기준을 제공함으

018

④ 임의적인 직접원가 배부기준에 의해 발생하는 전통적 원가계산방법의 문제점을 극복하기 위해 활용된다.
⇨ 전통적인 원가계산방법은 간접지원비용을 인위적인 기준에 의해 배분함으로써 제품이나 서비스 원가를 왜곡했는데 이러한 문제점을 해결하고자 하는 것이 활동기준원가계산(ABC)이다.

정답 ④

019

④ 기업의 성과를 비재무적 관점, 고객 관점, 내부 비즈니스 프로세스 관점, 학습 및 성장 관점에서 측정한다.
⇨ 기업의 성과를 재무적 관점, 고객 관점, 내부 비즈니스 프로세스 관점, 학습 및 성장 관점에서 측정한다.

정답 ④

020

① 운송활동은 생산시기와 소비시기의 불일치를 해결하는 기능을 수행한다.
⇨ 생산시기와 소비시기의 불일치를 해결하는 기능을 수행하는 것은 보관활동이다. 운송활동은 제품의 공간적 효용을 창출, 즉 생산지역과 소비지역의 공간적 상이함을 해결해주는 기능을 수행한다.

정답 ①

021

④ 한국 물류정책기본법상 물류는 운송, 보관, 하역 등이 포함되며 가공, 조립, 포장 등은 포장되지 않는다.
⇨ 물류는 재화가 공급자로부터 조달·생산되어 수요자에게 전달되거나 소비자로부터 회수되어 폐기될 때까지 이루어지는 운송, 보관, 하역 등과 이에 부가되어 가치를 창출하는 가공, 조립, 분류, 수리, 포장, 상표부착, 판매, 정보통신 등을 포함한다.

정답 ④

022

① 사내물류 – 완제품의 판매로 출하되어 고객에게 인도될 때까지의 물류활동이다.
⇨ 사내물류는 완제품 출하시부터 판매를 위해 출고되기 전까지의 물류활동을 말한다.

정답 ①

023 ① 시장조사법
⇨ 제품과 서비스에 대하여 고객의 심리, 선호도, 구매동기 등을 조사하는 기법으로 정성적 수요예측기법 중에서는 가장 계량적이고 객관적인 방법이다.
② 회귀분석법
⇨ 한 변수 혹은 여러 변수가 다른 변수에 미치는 영향력의 크기를 회귀방정식으로 추정하고 분석하는 통계적 분석방법이다.
③ 역사적 유추법
⇨ 신제품과 같이 과거자료가 없는 경우에 이와 비슷한 기존 제품이 과거에 시장에서 어떻게 도입기, 성장기, 성숙기를 거치면서 수요가 변화해 왔는지에 입각하여 예측하는 방법이다.
④ 델파이법
⇨ 전문가들을 한자리에 모으지 않고 일련의 질의서를 통해 각자의 의견을 취합하여 중기 또는 장기 수요의 종합적인 예측결과를 도출해 내는 기법이다.

정답 ⑤

024 ③ 전자상거래의 확산으로 인해 라스트마일 물류비가 감소하고 있다.
⇨ 전자상거래의 확산으로 인해 라스트마일 물류비가 증가하고 있다.

> **⊕ 더 알아보기**
>
> **라스트마일**(Last Mile)
> 사형수가 집행장까지 걸어가는 마지막 거리를 의미하는 것이지만, 최근 들어 통신 및 유통, 운송업계에서는 소비자 혹은 목적지에 도착하기까지의 마지막 단계, 마지막 걸음을 뜻하는 말로 사용되고 있다. 기업에서는 마지막 단계이지만 고객의 입장에서는 상품을 제공받는 시작의 단계가 될 수 있기 때문에 어떤 질 좋은 서비스를 제공하느냐에 따라 기업의 이미지를 좌우하는 매우 중요한 요소가 되었다.

정답 ③

025 ㄹ. 사이클 타임과 운전자본의 증대
⇨ 사이클 타임과 운전자본의 감소

정답 ④

026 ③ 물류관리의 중소성이 높아짐에 따라 물류전략은 기업전략과 독립적으로 수립되어야 한다.
⇨ 물류관리의 효율화를 추구하기 위해 물류전략은 기업전략과 통합적으로 수립되어야 한다.

정답 ③

027 ① 현금거래 도매상(Cash and Carry Wholesaler) ⇨ 한정서비스 도매상
② 전문품 도매상(Specialty Wholesaler) ⇨ 완전기능 도매상
③ 트럭 도매상(Truck Jobber) ⇨ 한정서비스 도매상
④ 직송 도매상(Drop Shipper) ⇨ 한정서비스 도매상
⑤ 진열 도매상(rack Jobber) ⇨ 한정서비스 도매상

> **⊕ 더 알아보기**
> 한정서비스 도매상의 종류
>
> | 구 분 | 내 용 |
> |---|---|
> | 현금판매 - 무배달 도매상 | 주로 소규모의 소매상에 싼 가격으로 상품을 공급하며, 소매상들은 직접 이들을 찾아와서 제품을 주문·인수함 |
> | 트럭 도매상 | 고정적인 판매루트를 통해 트럭이나 기타 수송수단을 이용하여 판매와 동시에 배달을 함 |
> | 직송 도매상 | 이동·보관이 어려운 원자재(목재, 석탄 등)에 해당하는 제품들을 제조업자나 공급업자가 직접 고객들에게 직송하는 도매상 |
> | 선반 도매상 | 소매점의 진열선반 위에 상품을 공급하는 도매상 |
> | 우편주문 도매상 | 소규모의 소매상에게 제품 목록을 통해 판매하는 도매상 |

정답 ②

028 ① 보상적 파워
⇨ 한 경로구성원이 다른 경로구성원에게 여러 가지 물질적 또는 심리적인 도움을 줄 수 있을 때 형성되는 영향력이다.
③ 전문적 파워
⇨ 한 경로구성원이 특별한 전문지식이나 경험을 가졌다고 상대방이 인지할 때 가지게 되는 영향력이다.
④ 합법적 파워
⇨ 다른 구성원들에게 영향력을 행사할 정당한 권리를 갖고 있고 상대방도 당연히 그렇게 해야 한다고 내재적으로 지각할 때 미치는 영향력이다.
⑤ 강압적 파워
⇨ 한 경로구성원의 영향력 행사에 대해서 구성원들이 따르지 않을 때 처벌이나 부정적 제재를 받을 것이라고 지각하는 경우에 미치는 영향력이다.

정답 ②

029 ① 팩토리 아웃렛
⇨ 제조업체가 유통라인을 거치지 않고 직영체제로 운영하는 상설할인매장을 말한다.
② 백화점
⇨ 선매품을 중심으로 생활필수품, 전문품에 이르기까지 다양한 상품 계열을 취급하

며 대면판매, 현금정찰판매, 풍부한 인적·물적 서비스로써 판매활동을 전개하는 상품 계열별로 부문 조직화된 대규모 소매상이다.
③ 대중양판점
⇨ 백화점과 슈퍼마켓의 장점을 살려 쾌적한 분위기로 싸게 파는 소매점을 말한다.
④ 하이퍼마켓
⇨ 초대형가격할인 슈퍼마켓으로, 주로 교외에 위치한다.

정답 ⑤

030 ① Risk Pooling
⇨ 기업 내에 분포되어 있는 불확실성을 하나로 모음으로써 기업 전체의 불확실성에 효율적으로 대치하는 기법이다.
② Quick Response
⇨ 주로 패션 및 섬유관련 제조, 유통업체가 유통과정에서 상호 밀접하게 협력하는 시스템으로, 개별업체의 효율성보다는 생산에서 판매까지 전체의 효율성을 통해 소비자에게는 더 나은 서비스를, 생산 및 유통업체는 비용과 재고의 감축을 통해 효율성을 높이는 데 활용된다.
③ Continuous Replenishment
⇨ 소비자로부터 얻은 재고 및 판매정보를 기초로 상품을 지속적으로 보충하는 SCM 응용기술의 하나이다.
④ Rationing Game
⇨ 수요가 공급을 초과할 때 실제 공급량을 주문량에 따라 배분하는 경우가 있는데, 이러한 배분 규칙을 예상하고 수요자는 자신의 실제 수요보다 많은 주문을 하여 수요가 왜곡될 수 있다.
⑤ Cross Docking
⇨ 공급사슬상의 각 단계 간에 제품이동시간을 줄이기 위해 창고나 물류센터에서 수령한 상품을 창고에서 재고로 보관하지 않고 입고와 동시에 출고하여 바로 배송할 수 있도록 하는 시스템으로, 통과형 물류센터라고도 한다.

정답 ①

031 ③ 10

- 연비개선 전 이산화탄소 배출량 = $\dfrac{100,000 \times 0.002}{4} = 50$

- 연비개선 후 이산화탄소 배출량 = $\dfrac{100,000 \times 0.002}{5} = 40$

따라서 연비개선 전 대비 연비개선 후 이산화탄소 배출감소량 = 50 - 40 = 10

정답 ③

032 ② 주문전달시간
⇨ 주문을 주고받는 판매 사원, 우편, 전화, 전자송달(컴퓨터 등)에 사용되는 시간이다.
③ 주문처리시간
⇨ 적재서류의 준비, 재고기록의 갱신, 신용장의 처리작업, 주문확인, 주문정보를 생산·판매·회계부서 등에 전달하는 활동에 소요되는 시간이다.
④ 인도시간
⇨ 주문품을 재고지점에서 고객에게 전달하는 활동으로, 창고에 재고가 있는 경우에는 공장을 거치지 않고 곧바로 고객에게 전달하는 데 걸리는 시간을 말한다.
⑤ 주문조립시간
⇨ 주문을 받아서 발송부서나 창고에 전달 후 발송 받은 제품을 준비하는 데 걸리는 시간이다.

정답 ①

033 ㄴ. 대상제품의 재고파악 및 가시성 확보가 용이하다.
⇨ 역물류는 반환되는 화물의 추적 및 가시성 확보가 어렵고, 반환되는 화물 수량을 정확하게 예측할 수 없다.

정답 ③

034 ㄱ. 신용거래가 필요한 온라인 시장에서 해킹을 막기 위해 개발되었다.
⇨ 누구나 열람할 수 있는 장부에 거래 내역을 투명하게 기록하고, 여러 대의 컴퓨터에 이를 복제해 저장하는 분산형 데이터 저장기술로, 여러 대의 컴퓨터가 기록을 검증하여 해킹을 막는다.
ㄴ. 퍼블릭, 블록체인, 프라이빗 블록체인, 컨소시엄 블록체인으로 나눌 수 있다.
⇨ 블록체인은 모두에게 개발돼 누구나 참여할 수 있는 형태인 퍼블릭 블록체인, 기관 또는 기업이 운영하며 사전에 허가를 받은 사람만 사용할 수 있는 프라이빗 블록체인, 퍼블릭 블록체인과 프라이빗 블록체인의 요소들을 결합하여 소수의 주체가 검증자 역할을 하는 컨소시엄 블록체인으로 나눌 수 있다.
ㄷ. 화물의 추적·관리 상황을 점검하여 운송 중 발생할 수 있는 문제에 실시간으로 대처할 수 있다.
⇨ 블록체인은 전자 결제나 디지털 인증뿐만 아니라 화물 추적 시스템, P2P 대출, 원산지부터 유통까지 전과정을 추적하거나 예술품의 진품 감정, 위조화폐 방지, 전자투표, 전자시민권 발급, 차량 공유, 부동산 등기부, 병원 간 공유되는 의료기록 관리 등 신뢰성이 요구되는 다양한 분야에 활용할 수 있다.
ㄹ. 네트워크상의 참여자가 거래기록을 분산 보관하여 거래의 투명성과 신뢰성을 확보하는 기술이다.

⇨ 중앙 집중형 서버에 거래 기록을 보관하지 않고 거래에 참여하는 모든 사용자에게 거래 내역을 보내주며, 거래 때마다 모든 거래 참여자들이 정보를 공유하고 이를 대조해 데이터 위조나 변조를 할 수 없도록 되어 있다.

정답 ⑤

035 ㄱ. 보증수리 ⇨ 거래 후 요소
ㄴ. 재고품절 수준 ⇨ 거래 시 요소
ㄷ. 명시화된 회사 정책 ⇨ 거래 전 요소
ㄹ. 주문 편리성 ⇨ 거래 시 요소

정답 ④

036 ㄱ. 효율적 공급사슬은 모듈화를 통한 제품 유연성 확보에 초점을 둔다.
⇨ 대응적 공급사슬은 모듈화를 통한 제품 유연성 확보에 초점을 둔다.
ㄹ. 대응적 공급사슬은 리드타임 단축보다 비용최소화에 초점을 둔다.
⇨ 효율적 공급사슬은 리드타임 단축보다 비용최소화에 초점을 둔다.

정답 ③

037 ① Continuous Replenishment
⇨ 연속상품보충 : 소비자로부터 얻은 재고 및 판매정보를 기초로 상품을 지속적으로 보충하는 SCM 응용기술의 하나이다.
② Postponement
⇨ 지연전략 : 공장에서 제품을 완성하는 대신 시장 가까이로 제품의 완성을 지연시켜 소비자가 원하는 다양한 수요를 만족시키는 전략적 지연을 의미한다.
③ Make-To-Stock
⇨ 생산을 수요보다 선행함으로써 항상 재고를 가져가면서 수요증가에 대비하는 방식이다.
④ Outsourcing
⇨ 아웃소싱 : 기업업무의 일부 프로세스를 경영 효과 및 효율의 극대화를 위한 방안으로 제3자에게 위탁해 처리하는 것을 말한다.
⑤ Procurement
⇨ 조달 : 경제주체의 활동에 필요한 적정한 물자, 시설 또는 용역을 필요한 시기와 장소에 획득함으로써 경제주체의 활동을 원활하게 하는 것을 말한다.

정답 ②

038
② 구매자의 사전구매를 통해 채찍효과를 감소시킬 수 있다.
⇨ 구매자의 사전구매는 주문량의 변동성을 증대시키는 원인이 되므로 채찍효과를 증가시킬 수 있다.

정답 ②

039
② Vendor Managed Inventory
⇨ 공급자 주도형 재고관리 : 공급업체가 주도적으로 재고를 관리하는 것으로, 유통업체에서 발생하는 재고를 제조업체가 전담해서 관리하는 방식이다.
③ Enterprise Resource Planning
⇨ 전사적 자원관리 : 정보기술을 활용하는 경영전략의 하나로, 기간 업무뿐만 아니라 기업 활동에 필요한 모든 자원을 하나의 체계로 통합하여 운영하고 기업의 업무 처리 방식을 선진화시킴으로써 한정된 기업의 자원을 효율적으로 관리하여 생산성을 극대화하려는 기업 리엔지니어링 기법이다.
④ Customer Relationship Management
⇨ 고객관계관리 : 고객의 데이터베이스 정보를 기업의 마케팅에 활용하는 기법이다.
⑤ Material Requirement Planning
⇨ 자재소요계획 시스템 : 전산화프로그램으로 재고관리와 생산일정을 계획·통제하고, 적량의 품목을 적시에 주문하여 적정 재고수준을 통제하기 위한 시스템이다.

정답 ①

040
④ ㄱ : ISO 28000, ㄴ : AEO, ㄷ : C-TRAT
ㄱ. ISO 28000(물류보안경영시스템) : 공급망을 위한 보안관리시스템(SMS : Security Management System)의 요구사항에 관한 국제표준으로, 기업이 공급망 내 보안 위협요인을 분석하고 위협 발생 시 이를 관리할 수 있도록 한다.
ㄴ. AEO(수출입안전관리우수공인업체) : 세관에서 물류기업이 일정 수준 이상의 기준을 충족하면 통관절차 등을 간소화시켜주는 제도이다.
ㄷ. C-TRAT(대테러 세관 무역업자간 파트너십) : 세관·국경보호국(CBP : Customs and Border Protection)이 도입한 반테러 민·관 파트너십제도로서, 이 나라의 수입업자, 선사, 항공사, 터미널 운영사, 포워더, 통관중개인 등을 적용대상으로 하는 제도이다.
※ ISO 6780 : 국제표준파렛트 규격

정답 ④

[제2과목 화물운송론]

041 ㄱ. Link : 운송경로 (통로)
ㄷ. Mode : 운송방식 담당하는 (수단)
ㄹ. Node : 운송연결점 : 효율적으로 처리 위한 시설 장소

정답 ③

042 운송 효율화 측면에서 운송비용을 절감하기 위해 다빈도 대량운송을 실시한다.

정답 ③

043 ㄱ, ㄴ, ㄹ이 옳은 것이고 ㄷ, ㅁ이 옳지 않은 사항이다.
ㄷ. 특화된 운송서비스를 제공하거나 틈새시장을 공략하기 위한 경우라도 일반적인 선택기준을 적용하고 다른 기준을 적용하는 경우는 없다.
⇨ 특화된 운송서비스를 제공하거나 틈새시장을 공략하기 위한 경우에는 일반적인 선택기준 대신 다른 기준을 적용해야 한다.
ㅁ. 운송비 부담력은 고려하지 않는다.
⇨ 운송비 부담력도 고려한다.

정답 ②

044 해상운송은 장거리 운송에 적합하며, 대량화물의 운송시 자동차 운송보다 유리하다.

정답 ④

045 주로 유류, 가스등 에너지 자원의 수송에 이용되기 때문에 이용가능 화물이 한정적이고, 운송경로에 대한 제약이 크다.

정답 ③

046 물류 연계점, 송장서류, 운송서류는 편리성의 고려 사항이다.

정답 ③

047 업무의 제휴나 M&A로 대형화를 유도하는 것이 화물운송의 합리화 전략이다.

정답 ⑤

048
- 장거리, 대량화물은 철도가 유리, 근거리 소량화물은 화물자동차가 경제적이다.
- 체트반 공식으로 경계점 거리 이내에서는 철도운송보다 화물자동차가 유리하다

정답 ⑤

049
용적은 공간 부피기준으로 운임을 산정하는 기법이다.

정답 ②

050
ㄱ. 덤프트럭 – 전용특장치, ㄴ. 분립체 운송차 – 전용특장치,
ㄷ. 적화·하역 합리화차 – 합리화 차량 ㄹ. 측면 전개차 – 합리화 차량
ㅁ. 액체 운송차 – 전용특장치

정답 ③

051
화물자동차의 운행제한 기준
① 축간 중량 5톤 초과(축하중 : 10분 이내)
② 길이 13.7m 초과(길이 : 자동차길이의 1/10을 더한 길이 이내, 고속도로에서는 19m 이내)
③ 너비 2.0m 초과(너비 : 후사경으로 후방을 확인할 수 있는 너비, 고속도로에서는 3m)
④ 높이 3.5m 초과(높이 : 지상으로부터 4m, 고속도로에서는 4.2m)

정답 ⑤

052
폴트레일러 트럭(Pole-trailer truck)은 트렉터에 턴테이블을 설치하고 트레일러를 연결한 후, 대형파이프나 H형강, 교각, 대형목재 등 장척물의 수송에 사용한다.

정답 ①

053
① 유류비(변동비) ② 수리비(변동비) ③ 감가상각비(고정비) ④ 윤활유비(변동비)
⑤ 도로통행료(변동비)

정답 ③

054
위험물을 컨테이너 일부에만 수납하는 경우에는 접근이 쉽도록 컨테이너 문 근처 수납해야 한다.

정답 ④

055 플랫래크 컨테이너(Flat rack container) : 목재, 강재, 승용차, 기계류 등과 같은 중량화물을 운송하기 위하여 지붕과 벽을 제거하고, 4개의 모서리에 기둥과 버팀대만 두어 전후, 좌우 및 위쪽에서 적재·하역할 수 있는 컨테이너이다.

정답 ⑤

056 Block Train : 철도화물역 또는 터미널 간을 직송 운행하는 전용열차, 화차의 수와 타입이 고정되어 있지 않음, 중간역을 거치지 않고 최초 출발역부터 최종 도착역까지 직송서비스 제공, 철도-도로 복합운송에서 많이 사용되는 서비스이다.

정답 ①

057 공컨테이너 운임은 규격별 적재 컨테이너의 운임의 74% 할증이 적용된다.

정답 ⑤

058 RIPI(Reversed Interior Point Intermodal)는 아시아 극동지역의 화물을 파나마 운하를 경유하여 북미 동부 연안의 항만까지 해상운송을 실시하고, 철도 및 트럭을 이용하여 내륙지역까지 운송한다.

정답 ④

059 철도운송은 타 운송수단과의 연계 없이 문전에서 문전 수송 불가능하다.

정답 ②

060 Revenue Ton(R/T)의 해상운임은 운임단위를 무게 기준인 중량톤과 부피 기준인 용적톤으로 산출하고 원칙적으로 운송인에게 유리한 운임단위를 적용하는 운임톤이다.

정답 ④

061 제2선적제도는 한 나라의 특정 지역을 정하여 그 지역에 등록한 외항 선박에 대하여서는 그 나라 국적선과 달리 편의치적선에 준하는 선박관련세재 및 선원고용상 특례를 부여함.

정답 ③

062 ④ ㄹ : 항해용선 계약의 운임결정은 선복으로, 나용선 계약의 운임결정은 기간을 기준

⑤ ㅁ : 항해용선 계약의 용선주 비용부담은 운항에 필요한 모든 비용, 나용선계약의 용선주 비용부담은 보험료와 상각비이다.

정답 ④, ⑤

063 잠재하자약관 : 잠재된 하자로 기인된 손해에 대해서 운송인의 면책사항을 규정 사항

정답 ①

064 Letter of Indemnity – 사고부 선하증권이다.
① Letter of Credit(신용장) ③ Commercial Invoice(상업송장) ④ Certificate of Origin(원산지 증명) ⑤ Packing List(포장명세서)이다.

정답 ②

065 화물의 실제 운송 경로는 운임 산출시 근거 경로와 반드시 일치할 필요는 없다.

정답 ④

066 단위탑재용기(ULD : Unit Load Device)
• 전기종 간의 호환성 낮다.
• 관리가 어려워 회수상 문제가 발생한다.

정답 ②

067 운송주선인은 운송수단을 보유하고 있지는 않고, 계약운송인으로서 운송책임을 진다.

정답 ⑤

068 항공화물운송주선업자는 화물혼재사업자이다.

정답 ⑤

069 물류센터에서 2까지(90분)
2에서 1까지(40분)
1에서 3까지(70분)
3에서 물류센터(30분)
최소 소요 시간 : 90분+40분+70분+30분 = 230분

정답 ②

070 디딤돌법(Stepping Stone Method)은 최적해 여부를 검증을 위해 할당하지 않는 공란에 필요단위를 할당했을 때 비용의 증감효과를 평가해 최적해 접근하는 방법이다.
정답 ①

071 8곳 물류센터 연결하기 위해서 7개 도로가 필요.
최소길이 도로를 순차적으로 선택하면
2+2+3+3+4+4+5 = 23이다.
정답 ③

072 물류센터에서 각 네트워크 최단경로 8개 순차적 선택
물류센터-4 : 10
4-1 : 20
4-8 : 20
8-5 : 20
물류센터-7 : 20
1-2 : 30
2-3 : 30
물류센터-6 : 30
네트워크 총길이는 = 10+20+20+20+30+30+30 = 180
정답 ④

073 ①~⑥ 순서로 할당해서 운송비와 패널티는 다음과 같다.
운송비 : (23,000×120)+(25,000×100)+(27000×50) = 6,610,000
패널티 : (150,000×0)+(200,000×10)+(180,000×20) = 5,600,000
운송비+페널티 = 6,610,000+5,600,000 = 12,210,000이다.
정답 ④

074 전혀 할당되지 않는 셀은 A-W, A-X, B-X, B-Z, C-W, C-Z이다.
정답 ①

075 ① 성장인자법(Growth Factor Method) = 화물분포모형
② 회귀분석법(Regression Model) = 화물발생모형
③ 성장률법(Growth Rate Method) = 화물발생모형

④ 로짓모형(Logit Model) = 수송분담모형
⑤ 다이얼모형(Dial Model) = 통행배정모형

정답 ①

076 공식적인 계약에 따른 개인 보증제도 : 개인화물부터 기업화물까지 불특정 다수의 이용자들이 요청하는 화물집화서비스를 제공한다.

정답 ②

077 수표, 어음, 카드, 현금, 유가증권 등 현금화 가능한 물건에 해당하는 경우 사업자는 수락을 거절할 수 있다.

정답 ①

078 ㄴ. 사업자가 운반하는 도중에 운송물의 포장이 훼손되어 재포장하는 경우, 지체없이 고객(송화인)에게 그 사실을 알려야 한다.
ㅁ. 사업자는 운송물의 포장이 운송에 적합하지 아니한 때, 고객(송화인)의 승낙을 얻어 포장을 한 경우에 발생하는 추가 포장비용은 사업자는 고객 송화인에게 추가 요금을 청구할 수 있다.

정답 ②

079 ⑤ 사업자가 운송물의 일부 멸실 또는 훼손의 사실을 알면서 이를 숨기고 운송물을 인도한 경우, 사업자의 손해배상책임은 고객(수화인)이 운송물을 수령한 날로부터 5년간 존속한다.(○)
① 6개월 ⇨ 1년 내로 ② 5일 ⇨ 3일 내로 ③ 10일 ⇨ 14일 내로 ④ 6개월 ⇨ 1년으로

정답 ⑤

080 송화인(고객)으로부터 배상요청을 받은 사업자가 고객의 송화인 영수증 등 손해입증서류를 제출한 날로부터 30일 이내 사업자가 우선 배상한다.

정답 ④

[제3과목 국제물류론]

081 ① 현지물류체계는 본국 중심의 생산활동과 자체적 현지국 물류시스템을 이용한 판매활동이 이루어진다.

정답 ①

082 기업은 해외 자회사 창고까지 저속·대량운송수단을 이용하여 운임을 절감할 수 있다.

정답 ①

083 재화중량톤수(DWT)는 선박이 적재할 수 있는 화물의 최대중량 나타내는 것이며, 선박의 매매나 용선료 산출하는 기준이고 관세, 등록세, 소득세, 계선료, 도선료 등의 과세기준이 되는 것은 총톤수이다.

정답 ②

084 표준서식으로 Gencon 서식이 사용하는 것은 항해용선계약이다.

정답 ②

085 항로가 일정하지 않고 매 항차마다 항로가 달라지는 것은 부정기선 운송이다.
정기선 운송은 고정된 항로로 규칙적으로 운항한다.

정답 ①

086 ㄱ. Berth Term는 적하 양하 모두 선주 부담조건
ㄴ. FI Term는 적하시는 화주가, 양하시는 선주 부담

정답 ①

087 연방해사위원회에 신고한 공동행위는 허용되었다.

정답 ⑤

088 ① Special Rate = 특별운임, ② Open Rate = 경쟁운임, ③ Dual Rate = 이중운임, ④ Ad Valorem Freight = 종가운임, ⑤ Pro Rate Freight = 비례운임

정답 ④

089 ① Laytime 정박기간 ② Off Hire 불가항력 휴항약관 ③ Demurrage 체선료
④ Cancelling Date 해약선택권 발생 날짜 ⑤ Despatch Money 조출료

정답 ②

090 글로벌 공급망 확대에 따른 서비스 범위의 축소가 아니라 확대되었다.

정답 ④

091 7일 하역량 및 누계 약정된 화물량을 기재한다.

정답 ⑤

092 Dead Freight는 선적하지 않아도 미리 계약한 운임을 지급하는 방식을 말한다.
② Lump Sum Freight 선복운임 ③ Long Term Contract Freight 장기운송계약운임
④ Freight All Kinds Rate 품목무차별운임 ⑤ Congestion Surcharge 선혼할증료

정답 ①

093 ○ 인도지연기준 : 인도지연으로 발생한 손실에 대하여서는 물건이 수화인에게 인도된 일로부터 연속 60일 이내에 서면으로 운송인에게 통고를 하지 않는 한 손해배상을 할 수 없다.
○ 소송의 제기기한 : 소송절차 또는 중재절차가 2년간 기간 내에 개시되지 아니하는 한, 이 조약에 의한 물건운송에 관한 어떠한 소송도 무효가 된다.

정답 ③

094 • 할증운임(S) : 금, 보석, 화폐, 증권, 자동차
• 할인운임(R) : 신문, 서류, 카탈로그, 정기간행물

정답 ③

095 ④ Mortality(할증운임)
• 신문, 잡지, 정기간행물, 서류 = 할인운임
• 금, 보석, 화폐, 증권, 생동물 = 할증운임

정답 ④

096 ⑤ 송화인은 항공화물운송장에 기재된 화물의 명세·신고가 정확하다는 것에 대해 그 항공화물운송장을 기재의 책임있는 당사자가 그에 따른 책임질 필요가 있다.

정답 ⑤

097 ㄱ : Freight Forwarder(화물 운송업자)
ㄴ : Merchant [상인, (특히)무역상]

정답 ①

098 NVOCC는 직접 선박을 소유하지는 않으나 화주에 대해 일반적으로 운송계약을 체결한다.

정답 ⑤

099 대하주단일책임(Network Liability System)
국제복합운송에 있어서 운송인의 책임제도의 하나이다. 육·해·공의 각 운송구간의 기존의 책임원칙을 그대로 복합운송인이 책임을 진다. 하중에 대해서는 전운송구간을 일관하여 복합운송인이 사고발생구간의 책임원칙에 따라 배상하고 그 이후 그 구간을 담당한 운송인에 대해 복합운송인이 내부구상한다.

정답 ③

100 ㄱ. Hague Protocol(1955) : 1929년 10월 바르샤바 협약 내용을 일부수정
ㅁ. Montreal Convention(1999) : 국제항공운송협회(IATA)는 여객의 책임한도 불만 사항

정답 ②

101 Transfer Crane : 컨테이너부두의 야드에서 컨테이너를 이동시키거나 들고 내리는 하역 장비이다.

정답 ⑤

102 Liquid Bulk Container : 액체화물컨테이너.
내부에 원통형의 탱크를 위치시키고, 외부에 철재 프레임으로 고정시킨 컨테이너로서, 기름, 화학 약품 등의 액체 화물 운송에 사용된다.

정답 ④

103 알루미늄컨테이너는 가볍고 견고한 장점이 있으나 가격이 비싼 것이 단점이다.

정답 ④

104 ㄱ : 요식증권 : 어음·수표·화물상환증·창고증권·선하증권을 비롯하여 많은 유가증권들은 요식증권이다.
ㄴ : 지시증권 : 증권상에 지정된 사람 또는 그 사람이 다시 지정(지시)하는 사람이 권리자가 된다는 뜻이 증권상에 명시된 증권이다.
ㄷ : 채권증권 : 법률 채권의 존재를 표시하여 나타내는 유가 증권. 권리의 내용에 따라 금전을 청구하는 금전 증권과 물품을 청구하는 물품 증권으로 나눈다.

정답 ①

105 IPI(Interior Point Intermodal)는 미국 내륙지점으로부터 최소한 2개의 운송수단을 이용한 일관된 복합운송서비스로 극동항만에서 북미서해안까지 해상운송후 북미대륙의 횡단철도를 이용하는 화물수송이다.

정답 ③

106 ① 10 + 2 rule : 미국 향하는 화물을 선적지 출항 24시간전 미국세관에 수입업자와 운송업자신고 전송을 제도화
② CSI : 미국 세관 수출국 항구에 파견되어 수출국 세관직원이 컨테이너 화물 중 위험요소가 큰 컨테이너 화물을 선별하여 선적 전에 미리 화물 검사를 시행제도
③ ISPS Code : 선박과 항만시설에 대한국제보안코드
④ AEO : 9.11테러 이후 통관지연을 방지하기 위해 일정기준 기업 통관을 간소화해주는 제도
⑤ ISO 28000 : 공급사슬 전반에 걸친 보안보장을 위해 모든 조직의 보안을 심사 인증하는 제도

정답 ②

107 ㄱ: 비유통성, ㄴ: 기명식, ㄷ: 운송인

정답 ⑤

108 CY/CFS(FCL/LCL)운송은 선적항 CY에서 목적항의 CFS까지 컨테이너에 의해서 운송되는 방식으로 여러 수입업자 수화인에게 일시 화물 운송하고자 할 때 많이 이용한다.

정답 ⑤

109 UNCTAD/ICC규칙(1991)상 복합운송증권은 유통성 또는 비유통성으로 발행하여야 한다.
정답 ⑤

110 YAR(York-Antwerp Rules, 2004) : 국제규칙으로 공동해손의 관한 국제적 통일규칙이다.
정답 ⑤

111 피보험목적물 또는 그 일부에 대한 어떠한 자의 불법행위에 의한 고의적인 손상 또는 고의적인 파괴는 보상하지 않는다.
정답 ⑤

112 EXW 규칙에서 지정인도장소 내에 이용 가능한 복수의 지점이 있는 경우에 매도인은 그의 목적에 가장 적합한 지점을 선택할 수 있다.
정답 ②

113 보험목적물의 안전과 보존을 위하여 구조계약을 체결했을 경우 발생하는 비용은 특별비용으로 보상될 수 있다.
정답 ⑤

114 중재인은 해당분야 전문가인 민간인으로서 법원이 임명한다.(×)
⇨ 당사자 스스로 중재인을 선임할 권리가 부여된다.
정답 ①

115 DAP(Delivered At Place)는 도착장소 인도조건으로 외국 내 지정 목적지에서 운송수단에 실어둔 채 양하준비된 상태에서 위험과 비용이 수입자에게 인도되는 조건이다.
정답 ④

116 정부에서는 해외 수출 및 외국인 투자 유치 촉진 그리고 국제 물류 활동 지원 등을 위해 일정 지역을 지정하여 운영하고 있다.
정답 ①

117 Incoterms® 2020은 무역거래계약에 있어 화물거래의 일시 장소, 소유권의 이전 위험의 이전, 운송계약, 운임지급, 보험계약, 통관절차, 관세지급 등 모든 비용에 대한 매도인과 매수인을 구분해 주는 국제통일규칙이다.

정답 ④

118 여행자가 외국물품인 휴대품을 관세통로에서 소비하거나 사용하는 경우는 수입으로 보지 않는다.

정답 ①

119 내륙통관기지로서 ICD는 항만 내에서 이루어져야 할 본선작업과 마셜링 기능을 제외한 장치보관기능, 집하기분류기능, 수출 컨테이너화물에 대한 통관기능 등 전통적인 항만의 기능과 서비스 일부를 수행함으로써 신속한 화물유통을 가능하게 하고 있다.

정답 ②

120 서신에서 지정한 승낙기간은 서신에 표시되어 있는 일자 또는 서신에 일자가 표시되지 아니한 경우에는 봉투에 표시된 일자로부터 계산한다. ⇨ 옳은 내용이다.

정답 ④

제2교시

[제4과목 보관하역론]

001 유사품은 근처 가까운 장소에서 보관한다는 원리이다.

정답 ③

002 ㄱ. 제품의 시간적 효용 창출 : 보관의 기능
ㄴ. 제품의 공간적 효용 창출 : 운송 기능
ㄷ. 생산과 판매와의 물량 조정 및 완충 : 보관 기능
ㄹ. 재고를 보유하여 고객 수요 니즈에 대응 : 보관 기능
ㅁ. 수송과 배송의 연계 : 보관 기능

정답 ④

003 임대 시설은 화차로 출하하기 위하여 일시 대기하는 화물의 보관을 위한 물류센터이다.
⇨ 다른 회사 출하를 위해 화물의 보관을 위한 물류센터는 배송센터이다.
정답 ③

004 ICD(Inland Container Depot)
ㄱ. 항만지역과 비교하여 창고 보관 시설용 토지 매입이 어렵다
⇨ 항만지역과 비교하여 창고 보관 시설용 토지 취득이 쉽다.
ㄴ. 화물의 소단위화로 운송의 비효율이 발생한다.
⇨ 화물의 대단위화에 따른 운송효율의 향상과 교통혼잡 회피로 운송비가 절감된다.
정답 ⑤

005 물품의 장기적 일시적 보관을 통하여 공급과 수요의 완충 및 조정의 역할을 한다.
정답 ③

006 무게중심법
$x = (50*100)+(20*200)+(10*200)+(100*500) / 100+200+200+500 = 61000/1000 = 61$
$y = (10*100)+(50*200)+(10*200)+(150*500) / 100+200+200+500 = 88$
정답 ③

007 물류센터의 규모 산정시 목표 재고량 뿐만 아니라 리드타임 주문마감시간 납품빈도, 납품시간, 주문단의 서비스 수준도 고려 대상이다.
정답 ①

008 토지가격이 저렴한 지역을 최우선 선정조건으로 고려하여 외곽지에 입지를 결정하게 되면 거리상 불편하고 운송비가 많이 소요될 수 있다.
정답 ⑤

009 내부수익률법이란 내부수익률이란 어떤 사업에 대해 사업기간 동안의 현금수익 흐름을 현재가치로 환산하여 합한 값이 투자지출과 같아지도록 할인하는 이자율을 말한다. 내부수익률법이란 투자에 관한 의사결정에서 내부수익률을 고려하는 방법이다. 내부수익률과 자본 비용을 비교하여 수익률이 높으면 투자로부터 수익을 얻을 수 있다. 여러 개의 투자안이 있을 때에는 수익률이 높은 쪽을 투자하는 것이 유리하다.
정답 ②

010 화물을 한쪽 방향에서 넣으면 중력에 의해 미끄러져 인출할 때는 반대방향에서 화물을 반출할 수 있는 보관설비는 유통 랙이다. 파렛트 랙(Pallet Rack)은 파렛트에 쌓아올린 물품의 보관에 이용되는 랙이다.

정답 ③

011 평치, 선반 및 특수시설의 사용 여부는 보상 방식의 세부 고려사항이다.

정답 ①

012 하역장비 설치는 시공 및 운영 단계에서 수행하는 활동이다.

정답 ②

013 (ㄱ) 임의위치저장(Randomized Storage) 방식
1주는 51, 2주는 73, 3주는 76, 4주는 57, 5주는 53, 6주는 89이므로 가장 최대값인 89가 된다.
(ㄴ) 지정위치저장(Dedicated Storage) 방식
창고에 도착한 물품의 크기 및 공간사용 정도를 기준으로 사전에 지정된 위치에 저장하는 방식으로 각 제품별 최대 저장공간의 합산으로 산출된다. 따라서 각 제품의 최대 저장공간을 합산하면 34+25+35 = 94가 된다.

정답 ④

014 암 랙(Arm Rack)은 외발지주걸이 구조로 된 랙으로, 기본 프레임에 암, 외팔걸이를 걸치하여 화물을 보관하는 랙이다. 파이프 등과 같이 보관이 어려운 장척물의 화물을 보관하고 전면에 기둥이 없으므로 공간 낭비 없이 화물을 보관할 수 있다.

정답 ②

015 임대창고는 특정 보관시설을 임대하거나 리스(Lease)하여 물품을 보관하는 창고 형태이다.
어떤 물건을 사용료를 받고 타인에게 빌려주는 일, 즉 임대를 말한다. 일반적으로 장기간의 임대를 이른다. 자동차 등의 단가가 높은 제품이 리스가 많으며, 그 밖에 정수기, 치과 장비 등은 리스한 경우가 많다. 리스 회사는 법적으로 캐피탈 회사의 일종이다.
크게 운용리스와 금융리스로 구분한다. 운용리스는 상품의 소유권을 리스 제공자가 계속 보유한 채로 이용자에게 해당 상품을 일정 기간 이용하게 한 뒤에 계약 기간이

끝난 뒤 반납받는 방식이고, 금융리스는 이용자의 자산을 리스업체가 구매하여 구매대금을 이용자에게 주고, 처음부터 사용 기간과 사용 대금을 전부 정해놓은 후 사용권을 이용자에게 주며 일정 기간 동안의 리스비용이 구매대금과 이자를 포함한 것과 동일하게 하는 방식이다.

정답 ④

016 ㄱ. 물품 생산과 소비의 시간적 간격을 조정하여 일정량의 화물이 체류하도록 한다. (수조정기능)
ㄴ. 물품의 수급을 조정하여 가격안정을 도모한다.(가격조정기능)
ㄷ. 물류활동을 연결시키는 터미널로서의 기능을 수행한다.(연결기능)
ㄹ. 창고에 물품을 보관하여 재고를 확보함으로써 품절을 방지하여 신용을 증대시키는 역할을 수행한다.(신용기관적 기능)

정답 ④

017 경제적 주문량 시스템(EOQ, Economic Order Quantity)은 여러 가지 가정현실을 지나치게 단순화한 것이긴 하지만 재고문제해결의 시발점을 마련한다는 중요한 의미의 모형이다.
경제적 주문량 시스템(EOQ)은 재고 관리에서 사용되는 수량 모델 중 하나로, 최적의 주문량을 결정하는 데 사용되는 수학적인 접근 방법이다.
경제적 주문량 시스템은 재고를 관리하면서 발생하는 주문 비용과 보유 비용을 최소화하는 데 초점을 둔다.

정답 ②

018 집중구매와 분산구매
(1) 집중구배
 • 본사에서 통합해서 구매
 • 해외공급자로부터 구매에는 전문성 때문에 집중구매 선호
 • 컴퓨터 정보시스템의 인터넷의 급속한 발전으로 집중 구매촉진
(2) 분산구매
 • 개별공장별로 구매
 • 공장의고유한 품목이나 생산 일정과 밀접하게 맞물려있는 품목은 분산구매가 바람직
 • 기업의 주요 공장을 해외에 가지고 있는 경우 현지 구매가 바람직

정답 ①

019 지수평활법에 의하면 차기예측치 = 당기 판매예측치 + α(당기판매실적치 − 당기 판매예측치)이므로
7월의 예측판매량 = 50,000+0.4(48,000−50,000) = 49,200
따라서 8월의 예측판매량 = 49,200+0.4(52,000−49,200) = 50,320

정답 ③

020 연간 발주횟수 = 연간수요량 / 1회 주문량
1회 주문량(경제적 주문량) = 75회
따라서 연간 발주횟수 = 90,000,000 / 1200 = 75회
- 총 재고비용 = 주문비용+재고유지비용+재고부족비
재고유지비용 = 현재의 주문량/2 * 재물당 연간 재고유지비용
재고부족비용 고려하지 않는다고 제시되어 있으므로
연간 총재고비용 = (75*160,000) + (1200*20,000)/2 + 0
      = 12,000,000+12,000,000 = 24,000,000

그러므로, ㄱ: 24,000,000원, ㄴ: 75회

정답 ⑤

021 델파이법(Delphi Method)은 원인과 결과관계를 가지는 두 요소의 과거 변화량에 대한 인과관계를 분석한 방법으로 정량적 수요예측방법에 해당한다.

정답 ③

022 ROP = 조달기간동안 평균수준 + 안전재고
   = (일일 평균수요량*조달기간)+(표준편차* $\sqrt{조달기간}$ *안전계수)
   = (14000/350*9)+(20* $\sqrt{9}$ *1.282)
   = 360+76.92
   = 438.92

따라서 소수점 첫째자리에서 반올림하면 약 437이 된다.

정답 ④

023 안전재고는 수요와 공급의 변동에 따른 불균형 방지하기 위해 유지하는 계획된 재고수량으로, 서비스의 표준레벨 수요 예측에 대한 오지의 확률과 리드 타임 등의 여러 가지 요인을 포함해서 안전재고량을 정한다. 즉 수요가 예상을 넘었다고 해도 표준적인 해법에서 보증할 수 있는 예비 재고를 말한다.

정답 ②

024 JIT 시스템은 자재소요와 재고를 거의 없앰으로 낭비적인 요소를 제거하려는 안전관리시스템으로 공급업체와 생산업체의 상호협력 및 신뢰가 강조된다.

정답 ⑤

025 ㄱ. 화물의 이동 용이성을 지수로 하여 이 지수의 최대화를 지향하는 원칙으로 관련 작업을 조합하여 화물 하역작업의 효율성을 높이는 것을 목적으로 한다.(운반활성화 원칙)
ㄴ. 불필요한 하역작업의 생략을 통해 작업능률을 높이고, 화물의 파손 및 분실 등을 최소화하는 것을 목적으로 한다.(하역의 경제성의 원칙)
ㄷ. 하역작업 시 화물의 이동거리를 최소화하는 것을 목적으로 한다.(거리 최소화의 원칙)

정답 ④

026 하역은 ㄱ: 피킹, ㄴ: 운반, ㄷ: 배닝, ㄹ: 적재 순서이다.

정답 ②

027 ① 대차에 실어 놓은 상태 활성지수 3
② 파렛트 위에 놓인 상태 활성지수 2
③ 화물이 바닥에 놓인 상태 활성지수 4
④ 컨베이어 위에 놓인 상태 활성지수 1

정답 ①

028 하역시스템의 도입 목적은 범용성과 융통성을 지양하는 데 있다.
⇨ 하역시스템의 도입 목적은 범용성과 융통성을 지향하는 데 있다.

정답 ④

029 ① 크로스벨트 방식 : 컨베이어 반송면의 아래 방향에서 벨트 등의 분기장치가 나오는 방식으로 하부면의 손상 및 충격에 취약한 화물에는 적합하지 않다.
   * 레일을 주행하는 연속된 캐리어상의 소형벨트컨베이어를 레일과 교차하는 방향에 구동시켜 단위화물을 내보내는 소팅컨베이다.
② 팝업 방식 : 레일을 주행하는 연속된 캐리어상의 소형벨트컨베이어를 레일과 교차하는 방향에 구동시켜 단위화물을 내보내는 방식이다.

* 컨베이어 반송면의 아래 방향에서 벨트, 롤러, 휠, 핀 등의 분기장치가 튀어나와 단위화물을 내보내는 방식의 소팅시스템이다.
③ 틸팅 방식 : 반송면에 튀어나온 기구를 넣어 단위화물을 함께 이동시키면서 압출하는 방식이다.
* 레일을 주행하는 트레이, 슬라이드의 일부 등을 경사지게 하여 단위화물을 활강시키는 소팅컨베이어로, 화물의 형상, 두께 등에 따라 폭넓게 대응하므로 각종 배송센터에서 이용되고 있다.
④ 슬라이딩슈 방식 : 여러 형상의 화물을 수직으로 나누어 강제적으로 분류하므로 충격에 취약한 정밀기기나 깨지기 쉬운 물건을 피해야 한다.
* 반송면에 튀어나온 기구를 넣어 단위화물을 함께 이동시키면서 압출하는 소팅컨베이어다.

정답 ⑤

030 3방향 작동형은 포크와 캐리지의 회전이 가능하므로 진행방향의 변경 없이 작업할 수 있다.

정답 ④

031 하역의 기계화의 필요성
- 인력으로 시간을 맞추기 어려운 화물
- 작업장의 위치가 높고 낮음으로 인하여 상하차작업이 곤란한 화물
- 유해하거나 위험한 화물
- 대량 해상운송화물
- 인적 접근이 곤란하거나 수동화하기 어려운 화물
- 중량화물
- 많은 인적 노력이 요구되는 화물
- 액체 및 분립체 등 인해로 추급하기 곤란한 화물

정답 ⑤

032 ㄱ. 한국 1,100*1,100
ㄴ. 일본 1,100*1,100
ㄷ. 영국 800*1,200 (유럽표준형)
ㄹ. 미국 1,219*1,016

정답 ②

033 일관파렛트화 경제적 효과
- 포장비 감소
- 보관능력 향상
- 파손 및 손실 감소
- 신속한 적재로 차량의 회전율 증가
- 물품의 운반관리 용이
- 작업대기시간 단축으로 수송장비의 운행효율 향상

정답 ⑤

034 유닛로드 시스템 도입의 선결과제
- 거래단위의 표준화
- 창고보관설비의 표준화
- 운반하역장비의 표준화
- 수송장비 적재함의 규격의 표준화
- 포장단위 치수의 표준화
- 파렛트 표준화

정답 ①

035 ○ 즉시교환방식 : 유럽 각국의 국영철도역에서 파렛트 적재 형태로 운송하며, 파렛트를 동시에 교환하여 사용하는 것으로 언제나 교환에 응할 수 있도록 파렛트를 준비해 놓는 방식이다.
○ 리스·렌탈방식 : 개별 기업에서 파렛트를 보유하지 않고, 파렛트 풀 회사에서 일정 기간 동안 임차하는 방식이다.

정답 ①

036 화물을 파렛트나 컨테이너를 이용하여 벌크선박으로 운송한다.
⇨ 화물을 파렛트나 컨테이너를 이용하여 파렛트 로딩이나 컨테이너 전용선을 이용하여 운송한다. 벌크선은 포장하지 않은 화물을 그대로 적재할 수 있는 화물 전용선을 말한다.

정답 ②

037 호퍼(Hopper)는 철도차량에 주로 사용하는 것으로 시멘트, 곡물, 사료 등 입체화물을 운반하는 호퍼차와 석탄, 자갈 등 분체화물을 운반하는 호퍼차가 있다.

정답 ⑤

038 선박을 이용하여 운송된 화물을 화물주(貨物主) 또는 선박운항사업자의 위탁을 받아 항만에서 선박으로부터 인수하거나 화물주에게 인도하는 행위를 항만하역사업이라 한다.

정답 ④

039 ① 방청 포장 : 경제 알루미늄 팩 따위를 사용하여 녹이나 부식을 방지하는 포장 방법

정답 ①

040 ⑤ 슬리브 – 열수축성 플라스틱 필름을 화물에 씌우고 터널을 통과시킬 때 가열하여 필름을 수축시키는 방법이다.
⇨ 열수축성 플라스틱 필름을 화물에 씌우고 터널을 통과시킬 때 가열하여 필름을 수축시키는 방법은 쉬링크 포장이다. 슬리브는 종이나 필름천을 이용하여 수직으로 네 표면에 감거나 싸는 방법이다.

정답 ⑤

[제5과목 물류관련법규]

041 ⑤ 해양수산부장관은 국가물류기본계획을 수립한 때에는 이를 관보에 고시하여야 한다.
⇨ 국토교통부장관 및 해양수산부장관은 국가물류기본계획을 수립하거나 중요한 사항을 변경하려는 경우에는 관계중앙행정기관의 장 및 시·도지사와 협의한 후 국가물류정책위원회의 심의를 거쳐야 한다(법 제11조 제4항).

정답 ⑤

042 ㄱ. 환경친화적인 운송수단 또는 포장재료의 사용 ⇨ 법 제59조 제2항 제1호
ㄴ. 기존 물류장비를 환경친화적인 물류장비로 변경 ⇨ 법 제59조 제2항 제2호
ㄷ. 환경친화적인 물류시스템의 도입 및 개발 ⇨ 법 제59조 제2항 제3호, 영 제47조 제1호
ㄹ. 물류활동에 따른 폐기물 감량 ⇨ 법 제59조 제2항 제3호, 영 제47조 제2호

정답 ⑤

043 ① 「대한무역투자진흥공사법」에 따른 대한무역투자진흥공사는 물류연수기관이 될 수 없다.
⇨ 「대한무역투자진흥공사법」에 따른 대한무역투자진흥공사는 물류연수기관이 될 수 있다.

> **❶ 더 알아보기**
>
> **물류연수기관**(규칙 제11조)
> - 물류관련협회 또는 물류관련협회가 설립한 교육·훈련기관
> - 물류지원센터
> - 「화물자동차 운수사업법」에 따라 화물자동차운수사업자가 설립한 협회 또는 연합회와 화물자동차운수사업자가 설립한 협회 또는 연합회가 설립한 교육·훈련기관
> - 「대한무역투자진흥공사법」에 따른 대한무역투자진흥공사
> - 「민법」에 따라 설립된 물류와 관련된 비영리법인
> - 그 밖에 국토교통부장관 및 해양수산부장관이 지정·고시하는 기관
> - 「한국해양수산연수원법」에 따른 한국해양수산연수원
> - 「항만운송사업법」에 따라 해양수산부장관의 설립인가를 받아 설립된 교육훈련기관

정답 ①

044 ③ 녹색물류협의기구의 위원장은 위원 중에서 국토교통부장관이 지명하는 사람으로 한다.

정답 ③

045 ⑤ 물류시설분과위원회의 위원장은 해당 분과위원회의 위원 중에서 해양수산부장관이 지명하는 사람으로 한다.
⇨ 각 분과위원회의 위원장은 해당 분과위원회의 위원 중에서 국토교통부장관(물류정책분과위원회 및 물류시설분과위원회의 경우로 한정) 또는 해양수산부장관(국제물류분과위원회의 경우로 한정)이 지명하는 사람으로 한다(영 제13조 제2항).

정답 ⑤

046 ① 컨테이너장치장을 소유하고 있는 자가 국제물류주선업을 등록하려는 경우 1억원 이상의 보증보험에 가입하여야 한다.
⇨ 컨테이너장치장을 소유하고 있는 경우를 제외하고는 국제물류주선업을 등록하려는 경우 1억원 이상의 보증보험에 가입하여야 한다(영 제30조의2 제2호).
② 국제물류주선업을 경영하려는 자는 해양수산부장관에게 등록하여야 한다.
⇨ 국제물류주선업을 경영하려는 자는 국토교통부령으로 정하는 바에 따라 시·도지사에게 등록하여야 한다(법 제43조 제1항).
③ 국제물류주선업자는 등록기준에 관한 사항을 5년이 경과할 때마다 신고하여야 한다.
⇨ 국제물류주선업자는 등록기준에 관한 사항을 3년이 경과할 때마다 국토교통부령으로 정하는 바에 따라 신고하여야 한다(법 제43조 제4항).
⑤ 해양수산부장관은 국제물류주선업자의 폐업 사실을 확인하기 위하여 필요한 경우에는 국세청장에게 폐업에 관한 과세정보의 제공을 요청할 수 있다.

047 ② 국제물류주선기업에 대한 우수물류기업 인증의 주체는 해양수산부장관이다.
⇨ 국제물류주선기업에 대한 우수물류기업 인증의 주체는 국토교통부장관이다(영 제27조의4 별표 1의2).

정답 ②

046 ⇨ 시 · 도지사는 국제물류주선업자의 휴업 · 폐업사실을 확인하기 위하여 필요한 경우에는 관할 세무관서의 장에게 대통령령으로 정하는 바에 따라 휴업 · 폐업에 관한 과세정보의 제공을 요청할 수 있다(법 제46조).

정답 ④

048 ㄱ. 시 · 도지사는 화주기업이 물류공동화를 추진하는 경우에는 물류기업과 공동으로 추진하도록 권고할 수 있다. ⇨ 법 제23조 제1항
ㄴ. 시 · 도지사는 물류기업이 정보통신기술을 활용하여 물류공동화를 추진하는 경우 우선적으로 예산의 범위에서 필요한 자금을 지원할 수 있다. ⇨ 법 제23조 제3항
ㄷ. 국토교통부장관 · 해양수산부장관 또는 산업통상자원부장관은 물류기업이 물류자동화를 위하여 물류시설 및 장비를 확충하거나 교체하려는 경우에는 필요한 자금을 지원할 수 있다. ⇨ 법 제23조 제5항

정답 ⑤

049 국가 또는 지방자치단체는 물류터미널사업자가 설치한 물류터미널의 원활한 운영에 필요한 도로 · 철도 · 용수 시설 등 대통령령(영 제12조의2)으로 정하는 다음 기반시설의 설치 또는 개량에 필요한 예산을 지원할 수 있다(법 제20조 제2항).
• 「도로법」에 따른 도로(①)
• 「철도산업발전기본법」에 따른 철도(②)
• 「수도법」에 따른 수도시설(③)
• 「물환경보전법」에 따른 수질오염방지시설(⑤)

정답 ④

050 ④ ㄱ : 5분의 1, ㄴ : 3분의 1
⇨ 물류터미널사업협회를 설립하려는 경우에는 해당 협회의 회원의 자격이 있는 자 중 5분의 1 이상의 발기인이 정관을 작성하여 해당 협회의 회원자격이 있는 자의 3분의 1 이상이 출석한 창립총회의 의결을 거친 후 국토교통부장관의 설립인가를 받아야 한다(법 제19조 제2항).

정답 ④

051 ② 「항만공사법」에 따른 항만공사는 복합물류터미널사업의 등록을 할 수 있는 자에 해당하지 않는다.
⇨ 「항만공사법」에 따른 항만공사는 복합물류터미널사업의 등록을 할 수 있는 자에 해당한다(영 제4조 제1항 제7호).
③ 「물류시설의 개발 및 운영에 관한 법률」을 위반하여 벌금형을 선고받은 후 1년이 지난 자는 복합물류터미널사업의 등록을 할 수 있다.
⇨ 「물류시설의 개발 및 운영에 관한 법률」을 위반하여 벌금형을 선고받은 후 1년이 지난 자는 복합물류터미널사업의 등록을 할 수 없다(법 제8조 제1호).
④ 부지 면적이 3만제곱미터인 경우는 복합물류터미널사업의 등록기준 중 부지 면적 기준을 충족한다.
⇨ 부지 면적이 3만3천제곱미터 이상이어야 한다(법 제7조 제4항 제2호).
⑤ 복합물류터미널사업자가 그 등록한 사항 중 영업소의 명칭을 변경하려는 경우에는 변경등록을 하여야 한다.
⇨ 영업소의 명칭 또는 위치의 변경 외의 사항을 변경하려는 경우에는 변경등록을 하여야 한다(법 제7조 제3항, 영 제4조 제2항 제3호).

정답 ①

052 ③ ㄱ, ㄴ, ㄷ
⇨ 물류시설개발종합계획에 포함되어야 하는 사항(법 제4조 제3항)
  • 물류시설의 장래수요에 관한 사항
  • 물류시설의 공급정책 등에 관한 사항
  • 물류시설의 지정·개발에 관한 사항
  • 물류시설의 지역별·규모별·연도별 배치 및 우선순위에 관한 사항
  • 물류시설의 기능개선 및 효율화에 관한 사항
  • 물류시설의 공동화·집단화에 관한 사항
  • 물류시설의 국내 및 국제 연계수송망 구축에 관한 사항
  • 물류시설의 환경보전·관리에 관한 사항
  • 도심지에 위치한 물류시설의 정비와 교외이전에 관한 사항
  • 그 밖에 대통령령(영 제3조 제1항)으로 정하는 사항 : 용수·에너지·통신시설 등 기반시설에 관한 사항

정답 ③

053 ④ 일반물류터미널사업자는 건설하려는 물류터미널의 구조 및 설비 등에 관한 공사계획을 수립하여 국토교통부장관의 공사시행인가를 받아야 한다.
⇨ 복합물류터미널사업자는 건설하려는 물류터미널의 구조 및 설비 등에 관한 공사계획을 수립하여 국토교통부장관의 공사시행인가를 받아야 한다(법 제9조 제1항).

정답 ④

054 ③ 집적[클러스터]물류시설은 창고 및 집배송센터 등 물류활동을 개별적으로 수행하는 최소 단위의 물류시설을 말한다.
⇨ 집적[클러스터]물류시설은 물류터미널 및 물류단지 등 둘 이상의 단위물류시설 등이 함께 설치된 물류시설을 말한다(법 제4조 제2항 제2호). 창고 및 집배송센터 등 물류활동을 개별적으로 수행하는 최소 단위의 물류시설은 단위물류시설에 대한 설명이다(법 제4조 제2항 제1호).

정답 ③

055 ① 도시첨단물류단지개발사업의 경우에는 물류단지 실수요 검증을 실수요검증위원회의 자문으로 갈음할 수 없다.
⇨ 도시첨단물류단지개발사업의 경우에는 물류단지 실수요 검증을 실수요검증위원회의 자문으로 갈음할 수 있다(법 제22조의7 제3항).
② 물류단지개발지침의 내용 중 토지가격의 안정을 위하여 필요한 사항을 변경할 때에는 시·도지사의 의견을 듣고 관계 중앙행정기관의 장과 협의한 후 물류시설분과위원회의 심의를 거쳐야 한다.
⇨ 국토교통부장관은 물류단지개발지침을 작성할 때에는 미리 시·도지사의 의견을 듣고 관계 중앙행정기관의 장과 협의한 후 「물류정책기본법」에 따른 물류시설분과위원회의 심의를 거쳐야 한다. 물류단지개발지침을 변경할 때[국토교통부령으로 정하는 경미한 사항(토지가격의 안정을 위하여 필요한 사항)을 변경할 때는 제외]에도 또한 같다(법 제22조의6 제2항).
③ 국가정책사업으로 물류단지를 개발하는 경우 일반물류단지의 지정권자는 시·도지사가 된다.
⇨ 국가정책사업으로 물류단지를 개발하는 경우 일반물류단지의 지정권자는 국토교통부장관이 된다(법 제22조 제1항 제1호).
⑤ 공고된 물류단지개발계획안의 내용에 대하여 의견이 있는 자는 그 열람기간 내에 물류단지지정권자에게 의견서를 제출할 수 있다.
⇨ 공고된 물류단지개발계획안의 내용에 대하여 의견이 있는 자는 그 열람기간 내에 해당 시장·군수·구청장에게 의견서를 제출할 수 있다(영 제17조 제2항).

정답 ④

056 ② 물류단지개발사업의 시행자는 특별한 사유가 없으면 이주자 또는 인근지역의 주민을 우선적으로 고용하여야 한다.
⇨ 입주기업체 및 지원기관은 특별한 사유가 없으면 이주자 또는 인근지역의 주민을

우선적으로 고용하여야 한다(법 제45조 제2항).

정답 ②

057 ㄴ. 국토교통부장관이 공정거래위원회와 협의하여 표준 위·수탁계약서를 고시한 경우, 위·수탁계약의 당사자는 이를 사용하여야 한다.
⇨ 국토교통부장관은 건전한 거래질서의 확립과 공정한 계약의 정착을 위하여 표준 위·수탁계약서를 고시하여야 하고, 이를 우선적으로 사용하도록 권고할 수 있다(법 제40조 제4항).

정답 ③

058 ① 운송사업자가 사망한 경우 상속인이 그 운송사업을 계속하려면 피상속인이 사망한 후 6개월 이내에 국토교통부장관에게 신고하여야 한다.
⇨ 운송사업자가 사망한 경우 상속인이 그 화물자동차 운송사업을 계속하려면 피상속인이 사망한 후 90일 이내에 국토교통부장관에게 신고하여야 한다(법 제17조 제1항).
② 국토교통부장관은 신고를 받은 날부터 14일 이내에 신고수리 여부를 신고인에게 통지하여야 한다.
⇨ 국토교통부장관은 신고를 받은 날부터 5일 이내에 신고수리 여부를 신고인에게 통지하여야 한다(법 제16조 제3항).
③ 국토교통부장관이 「화물자동차 운수사업법」에서 정한 기간 내에 신고수리 여부를 신고인에게 통지하지 아니하면 그 기간이 끝난 날의 다음 날에 신고를 수리한 것으로 본다(법 제3조 제5항).
⑤ 상속인이 피상속인의 화물자동차 운송사업을 다른 사람에게 양도하려면 국토교통부장관의 승인을 받아야 한다.
⇨ 양수인의 지위를 얻은 상속인이 양도를 하기 위해서는 국토교통부장관에게 신고하여야 한다(법 제16조 제1항).

정답 ④

059 ② 운송주선사업자는 주사무소 외의 장소에서 상주하여 영업하려면 국토교통부장관에게 신고하여야 한다.
⇨ 운송주선사업자는 주사무소 외의 장소에서 상주하여 영업하려면 국토교통부장관의 허가를 받아 영업소를 설치하여야 한다(법 제3조 제11항).
③ 운송주선사업자는 화주로부터 중개를 의뢰받은 화물에 대하여 다른 운송주선사업자에게 수수료를 받고 중개를 의뢰할 수 있다.
⇨ 운송주선사업자는 화주로부터 중개 또는 대리를 의뢰받은 화물에 대하여 다른 운송주선사업자에게 수수료나 그 밖의 대가를 받고 중개 또는 대리를 의뢰하여서는

아니 된다(법 제26조 제2항).
④ 운송주선사업자가 운송사업자에게 화물운송을 위탁하는 경우에는 운송가맹사업자의 화물정보망을 이용할 수 없다.
⇨ 운송주선사업자가 운송사업자나 위·수탁차주에게 화물운송을 위탁하는 경우에는 운송가맹사업자의 화물정보망이나 「물류정책기본법」에 따라 인증 받은 화물정보망을 이용할 수 있다(법 제34조의4 제1항).
⑤ 부정한 방법으로 화물자동차 운송주선사업의 허가를 받고 화물자동차 운송주선사업을 경영한 자는 과태료 부과대상이다.
⇨ 부정한 방법으로 화물자동차 운송주선사업의 허가를 받고 화물자동차 운송주선사업을 경영한 자는 2년 이하의 징역 또는 2천만원 이하의 벌금에 처한다(법 제67조 제6호).

정답 ①

060 ① 화물자동차 운송사업자가 감차 조치 명령을 받은 후 6개월이 지났다면 증차를 수반하는 허가사항을 변경할 수 있다.
⇨ 운송사업자는 감차 조치 명령을 받은 후 1년이 지나지 아니하면 증차를 수반하는 허가사항을 변경할 수 없다(법 제3조 제8항 제2호).
② 화물자동차 운송사업자는 허가받은 날부터 3년마다 허가기준에 관한 사항을 신고하여야 한다.
⇨ 화물자동차 운송사업자는 허가받은 날부터 5년의 범위에서 대통령령으로 정하는 기간(5년을 말함)마다 허가기준에 관한 사항을 신고하여야 한다(법 제3조 제9항).
③ 국토교통부장관은 운송사업자가 사업정지처분을 받은 경우 주사무소를 이전하는 변경허가를 할 수 있다.
⇨ 국토교통부장관은 운송사업자가 사업정지처분을 받은 경우에는 주사무소를 이전하는 변경허가를 하여서는 아니 된다(법 제3조 제15항).
④ 화물자동차 운송사업의 허가에는 기한을 붙일 수 없다.
⇨ 국토교통부장관은 화물자동차 운수사업의 질서를 확립하기 위하여 화물자동차 운송사업의 허가 또는 증차를 수반하는 변경허가에 조건 또는 기한을 붙일 수 있다(법 제3조 제14항).

정답 ⑤

061 ① 보험 등 의무가입자인 화물자동차 운송주선사업자는 각 화물자동차별로 적재물배상보험등에 가입하여야 한다.
⇨ 화물자동차 운송주선사업자는 각 사업자별로 가입하여야 한다(영 제9조의7 제2호).
② 이사화물운송만을 주선하는 화물자동차 운송주선사업자는 사고 건당 2천만원 이상의 금액을 지급할 책임을 지는 적재물배상보험등에 가입하여야 한다.

⇨ 운송주선사업자가 이사화물운송만을 주선하는 경우에는 500만원 이상의 금액을 지급할 책임을 지는 적재물배상보험 등에 가입하여야 한다(법 제9조의7).
④ 보험등 의무가입자 및 보험회사등은 화물자동차 운송사업의 허가가 취소된 경우 책임보험계약등을 해제하거나 해지할 수 없다.
⇨ 보험등 의무가입자 및 보험회사등은 화물자동차 운송사업의 허가가 취소된 경우 외에는 책임보험계약등을 해제하거나 해지하여서는 아니 된다(법 제37조 제3호).
⑤ 적재물배상보험등에 가입하지 아니한 보험등 의무가입자는 형벌 부과 대상이다.
⇨ 적재물배상보험등에 가입하지 아니한 자는 500만원 이하의 과태료 부과 대상이다(법 제70조 제2항 제15호).

정답 ③

062 ① 운송사업자는 운임과 요금을 정하여 미리 신고하여야 하며, 신고를 받은 국토교통부장관은 30일 이내에 신고수리 여부를 신고인에게 통지하여야 한다.
⇨ 운송사업자는 운임과 요금을 정하여 미리 신고하여야 하며, 신고를 받은 국토교통부장관은 14일 이내에 신고수리 여부를 신고인에게 통지하여야 한다(법 제5조 제1항·3항).
② 화물자동차 안전운임위원회 위원의 임기는 2년으로 하되, 연임할 수 있다.
⇨ 화물자동차 안전운임위원회 위원의 임기는 1년으로 하되, 연임할 수 있다. 다만, 위원의 사임 등으로 새로 위촉된 위원의 임기는 전임 위원의 잔여임기로 한다(영 제4조의2 제3항).
③ 화물자동차 안전운임위원회에는 기획재정부, 고용노동부의 3급 또는 4급 공무원으로 구성된 특별위원을 둘 수 있다.
⇨ 특별위원은 산업통상자원부, 국토교통부, 해양수산부의 관계 행정기관의 3급 또는 4급 공무원이나 고위공무원단에 속하는 공무원 중에서 국토교통부장관이 위촉하거나 임명한다(영 제4조의3).
④ 화물운송계약 중 화물자동차 안전운임에 미치지 못하는 금액을 운임으로 정한 부분은 무효로 하며, 당사자는 운임을 다시 정하여야 한다.
⇨ 화물운송계약 중 화물자동차 안전운임에 미치지 못하는 금액을 운임으로 정한 부분은 무효로 하며, 해당 부분은 화물자동차 안전운임과 동일한 운임을 지급하기로 한 것으로 본다(법 제5조의5 제3항).

정답 ⑤

063 ① 국토교통부장관은 휴게소 종합계획을 10년 단위로 수립하여야 한다.
⇨ 국토교통부장관은 휴게소 종합계획을 5년 단위로 수립하여야 한다(법 제46조의2 제1항).
③ 「한국공항공사법」에 따른 한국공항공사는 화물자동차 휴게소 건설사업을 할 수

있는 공공기관에 해당하지 않는다.
⇨ 한국공항공사는 화물자동차 휴게소 건설사업을 할 수 있는 공공기관에 해당한다(법 제46조의3 제1항 제2호, 영 제9조의19 제8호).
④ 휴게소 건설사업 시행자는 그 건설계획을 수립하면 이를 공고하고, 관계 서류의 사본을 10일 이상 일반인이 열람할 수 있도록 하여야 한다.
⇨ 휴게소 건설사업 시행자는 그 건설계획을 수립하면 이를 공고하고, 관계 서류의 사본을 20일 이상 일반인이 열람할 수 있도록 하여야 한다(법 제46조의3 제4항).
⑤ 「항만법」에 따른 항만이 위치한 지역으로서 화물자동차의 일일 평균 왕복 교통량이 1만5천대인 지역은 화물자동차 휴게소의 건설 대상지역에 해당하지 않는다.
⇨ 「항만법」에 따른 항만 또는 「산업입지 및 개발에 관한 법률」에 따른 산업단지 등이 위치한 지역으로서 총중량 8톤 이상인 화물자동차의 일일 평균 교통량이 1만2천대 이상인 지역은 화물자동차 휴게소의 건설 대상지역에 해당한다(규칙 제43조의3 제1항).

정답 ②

064 ① 자가용 화물자동차로서 대통령령으로 정하는 화물자동차로 사용하려는 자는 국토교통부령으로 정하는 기준에 따라 시·도지사의 허가를 받아야 한다.
⇨ 자가용 화물자동차로서 대통령령으로 정하는 화물자동차로 사용하려는 자는 국토교통부령으로 정하는 기준에 따라 시·도지사에게 신고하여야 한다(법 제55조 제1항).

정답 ①

065 ② 폐업 신고의 의무는 신고에 대한 수리 여부가 신고인에게 통지된 때에 이행된 것으로 본다.
⇨ 신고가 신고서의 기재사항 및 첨부서류에 흠이 없고, 법령 등에 규정된 형식상의 요건을 충족하는 경우에는 신고서가 접수기관에 도달된 때에 신고 의무가 이행된 것으로 본다(법 제3조 제10항).

정답 ②

066 ③ 부정한 방법으로 화물자동차 운송사업의 허가를 받아 그 허가가 취소된 후 3년이 지난 자
⇨ 주정한 방법으로 화물자동차 운송사업 허가·변경허가를 받은 경우 등(제19조 제1항 제1호 또는 제2호)에 해당하여 허가가 취소된 후 5년이 지나지 아니한 자는 화물자동차 운송사업의 허가를 받을 수 없다(법 제4조 제6호).

> **더 알아보기**
>
> **화물자동차 운송사업의 결격사유** (법 제4조)
> 다음의 어느 하나에 해당하는 자는 화물자동차 운송사업의 허가를 받을 수 없다. 법인의 경우 그 임원 중 다음의 어느 하나에 해당하는 자가 있는 경우에도 또한 같다.
> ㉠ 피성년후견인 또는 피한정후견인
> ㉡ 파산선고를 받고 복권되지 아니한 자
> ㉢ 이 법을 위반하여 징역 이상의 실형을 선고받고 그 집행이 끝나거나(집행이 끝난 것으로 보는 경우를 포함) 집행이 면제된 날부터 2년이 지나지 아니한 자
> ㉣ 이 법을 위반하여 징역 이상의 형의 집행유예를 선고받고 그 유예기간 중에 있는 자
> ㉤ 화물자동차 운송사업 허가취소 규정(제19조 제1항 제1호 및 제2호는 제외)에 따라 허가가 취소(법인 임원이 위 결격사유의 ㉠ 또는 ㉡에 해당하여 허가가 취소된 경우는 제외)된 후 2년이 지나지 아니한 자
> ㉥ 부정한 방법으로 화물자동차 운송사업 허가·변경허가를 받은 경우 등(제19조 제1항 제1호 또는 제2호)에 해당하여 허가가 취소된 후 5년이 지나지 아니한 자

정답 ③

067 ① 시·도지사는 물류공동화를 촉진하기 위하여 필요한 경우에는 시장·군수·구청장의 추천을 받아 산업통상자원부령으로 정하는 요건에 해당하는 지역 및 시설물을 공동집배송센터로 지정할 수 있다.
⇨ 산업통상자원부장관은 물류공동화를 촉진하기 위하여 필요한 경우에는 시·도지사의 추천을 받아 부지 면적, 시설면적 및 유통시설로의 접근성 등 산업통상자원부령으로 정하는 요건에 해당하는 지역 및 시설물을 공동집배송센터로 지정할 수 있다(법 제29조 제1항).
② 공동집배송센터사업자는 지정받은 사항 중 산업통상자원부령으로 정하는 중요 사항을 변경하려면 시·도지사의 변경지정을 받아야 한다.
⇨ 공동집배송센터사업자는 지정받은 사항 중 산업통상자원부령으로 정하는 중요 사항을 변경하려면 산업통상자원부장관의 변경지정을 받아야 한다(법 제29조 제4항).
③ 공동집배송센터의 지정을 받은 날부터 정당한 사유 없이 2년 이내에 시공을 하지 아니하는 경우에는 공동집배송센터의 지정이 취소될 수 있다.
⇨ 공동집배송센터의 지정을 받은 날부터 정당한 사유 없이 3년 이내에 시공을 하지 아니하는 경우에는 공동집배송센터의 지정이 취소될 수 있다(법 제33조 제2항 제2호).
④ 거짓으로 공동집배송센터의 지정을 받은 경우는 공동집배송센터의 지정을 취소할 수 있는 사유에 해당한다.
⇨ 거짓으로 공동집배송센터의 지정을 받은 경우는 공동집배송센터의 지정을 취소해야 한다(법 제33조 제2항 제1호).

정답 ⑤

068 ③ 대규모점포등관리자로서 부정한 방법으로 회계감사를 받은 자
⇨ 회계감사를 받지 아니하거나 부정한 방법으로 받은 자는 1천만원 이하의 과태료 부과 대상이다(법 제52조 제2항 제1호).

정답 ③

069 ㄱ. 전통상업보존구역에 대규모점포를 개설하려는 자는 상권영향평가서 및 지역협력계획서를 첨부하여 시·도지사에게 등록하여야 한다.
⇨ 대규모점포를 개설하거나 전통상업보존구역에 준대규모점포를 개설하려는 자는 영업을 시작하기 전에 산업통상자원부령으로 정하는 바에 따라 상권영향평가서 및 지역협력계획서를 첨부하여 특별자치시장·시장·군수·구청장에게 등록하여야 한다(법 제8조 제1항).
ㄴ. 대규모점포의 매장면적이 개설등록 당시의 매장면적보다 20분의 1이 증가한 경우 변경등록을 하여야 한다.
⇨ 개설등록(매장면적을 변경등록한 경우 변경등록) 당시 매장면적의 10분의 1 이상의 변경인 경우가 변경등록사항이다(법 제8조 제3항).

정답 ②

070 ① 산업통상자원부장관은 「중소기업기본법」 제2조에 따른 중소기업자 중 대통령령으로 정하는 소매업자 30인이 공동으로 중소유통공동모대물류센터를 건립하는 경우 필요한 행정적·재정적 지원을 할 수 있다.
⇨ 도매업자 또는 소매업자로 구성되는 「중소기업협동조합법」에 규정된 협동조합·사업협동조합·협동조합연합회 또는 중소기업중앙회로서 단지 내에 입주하는 조합원이 50인 이상인 경우 필요한 행정적·재정적 지원을 할 수 있다(법 제20조 제1항 제1호, 규칙 제8호 제1항 제2호).
② 산업통상자원부자오간은 중소유통공동도매물류센터를 건립하여 중소유통기업자단체에 그 운영을 위탁할 수 있다.
⇨ 지방자치단체의 장은 중소유통공동도매물류센터를 건립하여 중소유통기업자단체에 그 운영을 위탁할 수 있다(법 제17조의2 제2항 제1호).
④ 상점가진흥조합은 조합원의 자격이 있는 자의 과반수의 동의를 받아 결성한다.
⇨ 상점가진흥조합은 조합원의 자격이 있는 자의 3분의 2 이상의 동의를 받아 결성한다(법 제18조 제3항).
⑤ 상점가진흥조합의 조합원은 상점가에서 도매업·소매업·용역업이나 그 밖의 영업을 하는 모든 자로 한다.
⇨ 상점가진흥조합의 조합원이 될 수 있는 자는 상점가에서 도매업·소매업·용역업이나 그 밖의 영업을 하는 자로서 중소기업기본법에 따른 중소기업자에 해당하는

자로 한다(법 제18조 제2항).

정답 ③

071 ② ㄱ : 1, ㄴ : 3분의 2 이상
⇨ 대규모점포 등 관리자는 회계감사를 매년 1회 이상 받아야 한다. 다만 입점상인의 3분의 2 이상이 서면으로 회계감사를 받지 아니하는 데 동의한 연도에는 회계감사를 받지 아니할 수 있다(법 제12조의5 제1항).

정답 ②

072 ① 항만운송 분쟁협의회는 사업의 종류별로 구성한다.
⇨ 항만운송 분쟁협의회는 항만별로 구성한다(법 제27조의8 제1항).
③ 항만운송 분쟁협의회의 회의는 분쟁협의회의 의원장이 필요하다고 인정하거나 재적위원 3분의 1 이상의 요청이 있는 경우에 소집한다.
⇨ 분쟁협의회의 회의는 분쟁협의회의 위원장이 필요하다고 인정하거나 재적위원 과반수의 요청이 있는 경우에 소집한다(법 제26조의6 제2항)
④ 항만운송 분쟁협의회의 회의는 재적위원 과반수의 출석으로 개의하고, 출석위원 과반수의 찬성으로 의결한다.
⇨ 분쟁협의회의 회의는 재적위원 3분의 2 이상의 출석으로 개의하고, 출석위원 3분의 2 이상의 찬성으로 의결한다(법 제26조의6 제3항).
⑤ 항만운송과 관련된 노사 간 분쟁의 해소에 관한 사항은 항만운송 분쟁협의회의 심의·의결사항에 포함되지 않는다.
⇨ 항만운송과 관련된 노사 간 분쟁의 해소에 관한 사항은 항만운송 분쟁협의회의 심의·의결사항에 포함된다(법 제26조의7 제1호).

정답 ②

073 ① 타인의 수요에 응하여 하는 행위로서 「해운법」에 따른 해상화물운송사업자가 하는 운송
⇨ 다음의 어느 하나에 해당하는 운송은 항만운송으로 보지 않는다(법 제2조 제5호).
• 「해운법」에 따른 해상화문운송사업자가 하는 운송
• 「해운법」에 다른 해상여객운송사업자가 겍객선을 이용하여 하는 여객운송에 수반되는 화물 운송
• 해양수산부령으로 정하는 운송

정답 ①

074 ② 항만운송사업의 등록신청인이 법인인 경우 그 법인의 정관은 등록신청시 제출하여야 하는 서류에 포함되지 않는다.
⇨ 항만운송사업의 등록신청인이 법인인 경우 그 법인의 정관은 등록신청시 제출하여야 하는 서류에 포함된다(법 제4조 제1항 제1호 가목).
③ 검수사등의 자격이 취소된 날부터 3년이 지난 사람은 검수사등의 자격을 취득할 수 없다.
⇨ 검수사등의 자격이 취소된 날부터 3년이 지난 사람은 검수사등의 자격을 취득할 수 있다(법 제8조 제5호).
④ 항만운송사업을 하려는 자는 항만별로 관리청에 등록하여야 한다.
⇨ 항만운송사업을 하려는 자는 사업의 종류별로 관리청에 등록하여야 한다(법 제4조 제1항).
⑤ 항만운송사업자가 사업정지명령을 위반하여 그 정지기간에 사업을 계속한 경우는 항만운송사업의 정지사유에 해당한다.
⇨ 항만운송사업자가 사업정지명령을 위반하여 그 정지기간에 사업을 계속한 경우는 그 등록을 취소하여야 한다(법 제26조 제1항 제6호).

정답 ①

075 ④ 철도사업자는 여객에 대한 운임을 변경하려는 경우 국토교통부장관의 허가를 받아야 한다.
⇨ 철도사업자는 여객에 대한 운임을 변경하려는 국토교통부장관에게 신고하여야 한다(법 제9조 제1항)

정답 ④

076 ② 철도시설의 개량을 사유로 하는 경우 휴업기간은 6개월을 넘을 수 없다.
⇨ 휴업기간은 6개월을 넘을 수 없다. 다만, 선로 도는 교량의 파괴, 철도시설의 개량, 그 밖의 정당한 사유로 휴업하는 경우에는 예외로 한다(법 제15조 제2항)

정답 ②

077 ◎ 전용철도운영자가 사망한 경우 상속인이 그 전용철도의 운영을 계속하려는 경우에는 피상속인이 사망한 날부터 3개월 이내에 국토교통부장관에게 신고하여야 한다.
⇨ 법 제37조 제1항
◎ 전용철도운영자가 그 운영의 전부 또는 일부를 휴업 또는 폐업한 경우에는 1개월 이내에 국토교통부장관에게 신고하여야 한다.
⇨ 법 제38조

정답 ④

078 ② 철골조 건물의 축조를 목적으로 하는 경우에는 점용허가기간은 20년을 초과하여서는 아니된다.
⇨ 철골조 건물의 축조를 목적으로 하는 경우에는 점용허가기간은 30년을 초과하여서는 아니된다(영 제13조 제2항 제1호).
③ 점용허가를 받은 자가 「공공주택 특별법」에 따른 공공주택을 건설하기 위하여 점용허가를 받은 경우에 해당할 때에는 점용료 감면대상이 될 수 없다.
⇨ 점용허가를 받은 자가 「공공주택 특별법」에 따른 공공주택을 건설하기 위하여 점용허가를 받은 경우에 해당할 때에는 점용료를 감면할 수 있다(법 제44조 제2항 제3호).
④ 국토교통부장관은 점용허가를 받지 아니하고 철도시설을 점용한 자에 대하여 점용료의 100분의 150에 해당하는 금액을 변상금으로 징수할 수 있다.
⇨ 국토교통부장관은 점용허가를 받지 아니하고 철도시설을 점용한 자에 대하여 점용료의 100분의 120에 해당하는 금액을 변상금으로 징수할 수 있다(법 제44조의2).
⑤ 점용허가로 인하여 발생한 권리와 의무를 이전하려는 경우에는 국토교통부장관에게 신고하여야 한다.
⇨ 점용허가로 인하여 발생한 권리와 의무를 이전하려는 경우에는 대통령령(영 제15조)으로 정하는 바에 따라 국토교통부장관의 인가를 받아야 한다(법 제45조).

정답 ①

079 ① 다른 기금으로부터의 출연금은 농산물가격안정기금의 재원으로 할 수 없다.
⇨ 기금은 정부의 출연금, 기금 운용에 따른 수익금, 몰수농산물 등의 처분으로 발생하는 비용 또는 매각·공매대금, 수입이익금 및 다른 법률의 규정에 따라 납입되는 금액, 다른 기금으로부터의 출연금의 재원으로 조성한다(법 제55조 제1항).
② 농산물의 수출 촉진사업을 위하여 농산물가격안정기금을 대출할 수 없다.
⇨ 농산물의 수출 촉진사업을 위하여 농산물가격안정기금을 융자 또는 대출할 수 있다(법 제57조 제2호).
④ 농림축산식품부장관은 농산물가격안정기금의 여유자금의 운용에 관한 업무를 농업정책보험금융원의 장에게 위탁한다.
⇨ 농림축산식품부장관은 농산물가격안정기금의 여유자금의 운용에 관한 업무를 한국농수산식품유통공사의 장에게 위탁한다(영 제22조 제2항 제3호).
⑤ 농림축산식품부장관은 농산물가격안정기금의 수입과 지출을 명확히 하기 위하여 농협은행에 기금계정을 설치하여야 한다.
⇨ 농림축산식품부장관은 농산물가격안정기금의 수입과 지출을 명확히 하기 위하여 한국은행에 기금계정을 설치하여야 한다(영 제21조).

정답 ③

080 ① 도매시장은 중앙도매시장의 경우에는 시·도가 개설하고, 지방도매시장의 경우에는 시·군·구가 개설한다.
⇨ 도매시장은 중앙도매시장의 경우에는 특별시·광역시·특별자치시 또는 특별자치도가 개설하고, 지방도매시장의 경우에는 특별시·광역시·특별자치시·특별자치도 또는 시가 개설한다(법 제17조 제1항).
② 중앙도매시장의 개설자가 업무규정을 변경하는 때에는 농림축산식품부장관 또는 산업통상자원부장관의 승인을 받아야 한다.
⇨ 중앙도매시장의 개설자가 업무규정을 변경하는 때에는 농림축산식품부장관 또는 해양수산부장관의 승인을 받아야 한다(법 제17조 제5항).
③ 도매시장법인은 도매시장 개설자가 부류별로 지정하되, 3년 이상 10년 이하의 범위에서 지정 유효기간을 설정할 수 있다.
⇨ 도매시장법인은 도매시장 개설자가 부류별로 지정하되, 5년 이상 10년 이하의 범위에서 지정 유효기간을 설정할 수 있다(법 제23조 제1항).
⑤ 도매시장법인이 다른 도매시장법인을 인수하거나 합병하는 경우에는 해당 도매시장 개설자에게 신고하여야 한다.
⇨ 도매시장법인이 다른 도매시장법인을 인수하거나 합병하는 경우에는 해당 도매시장 개설자의 승인을 받아야 한다(법 제23조의2 제1항).

정답 ④

2023 제27회 해설 및 정답

제1교시

[제1과목 물류관리론]

001 ③ 인사관리 (×)
⇨ 물류관리는 물류효율화를 위한 제품설계, 공장입지선정, 생산계획 등에 관한 관리를 포함하는 활동으로 원자재 및 부품의 조달, 구매상품의 보관, 완제품 유통 등과 관련된 고객서비스관리, 재고관리, 주문정보관리, 운송관리 등의 활동이 물류관리의 대상이다.

정답 ③

002 ④ Right Safety (×)
⇨ 7R 원칙은 고객이 요구하는 적절한 상품을, 고객이 요구하는 적절한 품질로 유지하며, 고객이 요구하는 적절한 수량을, 고객이 요구하는 적절한 시기에, 고객이 요구하는 적절한 장소에, 고객에게 좋은 인상의 상품 상태로, 가격결정기구에 의해 적정한 가격으로 고객에게 전달하는 것을 말한다.

정답 ④

003 ③ 수요기 전략 (×)
⇨ 제품수명주기는 도입기, 성장기, 성숙기, 쇠퇴기 전략으로 구분된다.

정답 ③

004 ㄱ. 재고수준
ㄴ. 주문의 편리성
ㄷ. 시스템의 유연성 (시행 전 요인)
ㄹ. 시스템의 정확성
ㅁ. 고객서비스 명문화 (시행 전 요인)
ㅂ. 고객클레임·불만 (시행 후 요인)

정답 ②

005 ② 정보물류 ⇨ 기능별 분류

정답 ②

006 ① 최근 전자상거래 활성화에 따라 물동량은 증가하는 반면 물류관리의 역할은 줄어들고 있다.
⇨ 최근 전자상거래 활성화에 따라 물동량이 증가하면서 물류관리의 역할과 중요성이 증대되고 있다.

정답 ①

007 ③ 소비자 니즈의 다양화에 따라 상품의 수요패턴이 소품종, 대량화되고 있다.
⇨ 소비자 니즈의 다양화에 따라 상품의 수요패턴이 다품종, 소량화되고 있다.

정답 ③

008 ② 델파이법 : 전문가들을 한자리에 모으지 않고 일련의 질의서를 통해 각자의 의견을 취합하여 중기 또는 장기 수요의 종합적인 예측결과를 도출해 내는 기법이다.
③ 지수평활법 : 과거 수요에 입각하여 미래 수요를 예측하는 방법으로 지수적으로 감소하는 가중치를 이용하여 최근 자료일수록 더 큰 비중, 오래된 자료일수록 더 작은 비중을 두어 미래수요를 예측한다.
④ 수명주기예측법 : 시간의 흐름에 따라 도입기, 성장기, 성숙기, 쇠퇴기 단계로 구분하여 매출과 이익의 변화를 분석하는 방법이다.
⑤ 가중이동평균법 : 최신의 자료와 오래된 자료가 똑같은 영향력을 끼치게 되는 단순이동평균법의 문제점을 해결하기 위해 직전 N기간의 자료치에 합이 1이 되는 가중치를 부여한 다음, 가중 합계치를 예측치로 사용하는 방법이다.

정답 ①

009 ② 물류와 마케팅 기능이 상호작용하는 분야는 하역관리와 설비관리 등이 있다.
⇨ 물류와 마케팅 기능이 상호작용하는 분야는 공장입지, 구매계획, 제품생산계획 등이 있다.

정답 ②

010 ③ 영업소와 고객 간 직배송이 확대되므로 고객서비스가 향상된다.
⇨ 상물분리를 통해 상류와 물류의 흐름을 분리시켜 지점이나 영업소 등에서 처리하고 있던 물류활동을 배송센터나 공장의 직배송 등을 통해 수행하여 대량수송 및

011
⑤ 생산단계에서 소비단계로의 전체적인 물적 흐름으로 조달부문을 제외한 모든 활동이다.
⇨ 생산단계에서 소비단계로의 전체적인 물적 흐름으로 판매물류뿐만 아니라 조달물류, 생산물류, 회수물류를 포함한 모든 활동이다.

정답 ⑤

012
④ ㄴ-ㄷ-ㅁ-ㄱ-ㄹ

제약이론(TOC)의 지속적 개선 프로세스
제약자원 식별 → 제약자원 최대 활용 → 비제약자원을 제약자원에 종속화 → 제약자원 개선 → 개선 프로세스 반복

정답 ④

013
① Define - 정의 : 결함을 발생시키는 것이 무엇인지를 정의하여 문제를 명확히 하고, 몇 개월 내에 측정 가능한 목표가 달성될 수 있도록 문제의 범위를 좁히는 단계
② Measure - 측정 : 현재 불량수준을 측정하여 수치화하는 단계
③ Analyze - 분석 : 불량의 발생 원인을 파악하고 개선대상을 선정하는 단계
④ Improve - 개선 : 개선과제를 선정하고 실제 개선작업을 수행하는 단계
⑤ Control - 관리 : 개선결과를 유지하고 새로운 목표를 설정하는 단계

정답 ②

014
① 물류터미널 : 화물의 집화, 하역 및 이와 관련된 분류, 포장, 보관 등에 필요한 기능을 갖춘 시설물로, 화물과 운송수단이 효율적으로 연계되도록 지원하는 물류인프라 역할을 수행한다.
② 집배송센터 : 물자를 한곳에 모아 여러 곳에 나누어 보내 주는 하역과 보관, 배송 정보 등과 관련한 시설을 갖춘 곳이다.
③ 공동집배송단지 : 유사한 업종의 제품유통을 위해서 대규모 단지를 조성하고, 도매·검수·포장 등과 같은 가공기능과 정보처리시설 등을 갖추어 체계적으로 공동관리하는 물류단지이다.
④ 물류센터 : 물자의 유통경로상 최적의 장소에 설치한 유통창고로 다품종 대량의 물품을 공급받아 분류, 보관, 유통가공, 정보처리 등을 통하여 다수의 수요자에

게 만족하는 서비스 수준을 유지하며 적기에 배송하기 위한 시설이다.

정답 ⑤

015
① 위탁비 (지급형태별 물류비)
② 운송비 (기능별 물류비)
③ 보관비 (기능별 물류비)
④ 포장비 (기능별 물류비)
⑤ 하역비 (기능별 물류비)

정답 ①

016
① 최근에는 총소유비용 절감보다 구매단가 인하를 위한 협상 전략이 더 중요해졌다.
⇨ 최근에는 공급자와의 밀접한 관계유지, 글로벌 조달, 공급자의 신제품 개발 참여 등과 같이 구매 관리의 방법이나 환경이 과거와는 달라져 단순한 구매단가 인하보다는 총소유비용 절감을 위한 협상 전략이 더 중요해졌다.

정답 ①

017
③ 수직적 유통경로 시스템은 신규 구성원의 진입이 상대적으로 용이한 개방형 네트워크이다.
⇨ 수직적 유통경로 시스템은 수직적 통합의 정도가 강할수록 신규 구성원에게는 높은 진입장벽으로 작용하므로 진입이 상대적으로 어렵다.

정답 ③

018
손익분기 판매량 = $\dfrac{\text{고정비}}{\text{단위당 판매가격} - \text{단위당 변동비}} = \dfrac{10,000}{10 - 7.5} = 4,000$

따라서 손익분기 매출액 = $4,000 \times 10 = 40,000$

정답 ⑤

019
ㄱ(○). 물류비용 감소
ㄴ(○). 교통혼잡 완화
ㄷ(○). 환경오염 방지
ㄹ(×). 물류인력 고용증대

공동수배송의 기대 효과
• 설비 및 차량의 가동률과 적재효율 향상

- 중복·교차수송의 배제로 물류비 절감과 교통체증 완화
- 환경오염 감소
- 운송수단의 활용도를 높여 차량의 운행효율 향상
- 화물량의 안정적인 확보
- 물류 아웃소싱을 통한 핵심역량 집중 가능
- 소량화물 혼적으로 규모의 강제효과 추구

정답 ①

020 ④ P1 : 8,900, P2 : 4,100

- P1의 배부액 $= \dfrac{15 \times 250}{(15 \times 25)+(10 \times 125)} \times 10,000 + \dfrac{500 \times 3}{(500 \times 3)+(300 \times 15)} \times 2,000$

  $+ \dfrac{4,000+5,000}{4,600+5,400} \times 1,000$

  $= 7,500 + 500 + 900$

  $= 8,900$

- P2의 배부액 $= \dfrac{10 \times 125}{(15 \times 250)+(10 \times 125)} \times 10,000 + \dfrac{300 \times 15}{(500 \times 3)+(300 \times 15)} \times 2,000$

  $+ \dfrac{600+400}{4,600+5,400} \times 1,000$

  $= 2,500 + 1,500 + 100$

  $= 4,100$

정답 ④

021 ④ 화물형태가 일정하지 않은 비규격품 공급업체 참여
⇨ 공동수배송에 참가한 기업들이 취급하는 화물형태의 동질성이 높을수록 공동수배송 추진이 용이하다.

정답 ④

022 ⑤ 치수표준화는 비용절감효과가 빠르게 나타나지만 강도표준화는 그 효과가 나타나기까지 오랜 시간이 걸린다.
⇨ 포장표준화는 치수표준화와 강도표준화가 핵심인데, 각 기업들의 다양한 포장치수를 통일하는 치수표준화가 보다 중요하지만 그 효과가 나타나기까지는 오랜 시간이 걸린다. 반면 강도표준화는 주로 포장재료의 적정화로 비용절감효과가 빠르게 나타난다.

정답 ⑤

023 창고수가 많아지면 수송비용은 증가하지만 배송권역의 크기가 줄어들기 때문에 배송비용은 감소한다.

정답 ③

024 ② 현금화 사이클타임 : 회사가 원자재를 현금으로 구입한 시점부터 제품 판매로 현금을 회수한 시점까지의 시간을 평가한다.
④ 주문충족 리드타임 : 고객의 주문 요구에 신속한 서비스로 대응한 시점까지의 측정을 평가한다.

> **● 더 알아보기**
>
> 공급사슬의 성과지표
> - 총공급사슬 관리비용 : 제조사 및 공급업체의 공급망 프로세스와 관련된 고정 및 운영비용 등의 측정치를 평가한다.
> - 완전주문충족(율) : 고객에게 정시에, 완전한 수량으로, 손상 없이, 정확한 문서와 함께 인도되었는지의 여부를 평가하는 성과지표이다.
> - 공급사슬 대응시간 : 공급망이 시장 수요에 신속하게 대응할 수 있는 시간을 측정하여 평가한다.

정답 ②

025 ② ㄱ : QR, ㄴ : ECR, ㄷ : EHCR
ㄱ : QR - 미국의 의류업계에서 개발한 공급망 관리 기법으로 기업 간의 정보공유를 통한 신속·정확한 납품, 생산·유통기간의 단축, 재고감축, 반품 로스 감소 등을 실현하는 의류분야의 신속대응시스템이다.
ㄴ : ECR - 소비자에게 보다 나은 가치를 제공하기 위해 유통업체와 공급업체들이 민첩하게 협력하는 식료품업계의 전략으로 효율적 매장구색, 효율적 재고보충, 효율적 판매촉진 및 효율적 신제품 개발 등이 핵심적 실행전략이다.
ㄷ : EHCR - 의약품 산업에서 시작된 SCM 전략으로 의료공급체인을 효율적이고 효과적인 방법으로 관리함으로써 공급체인 내에서 발생하는 모든 비효율적인 요소들을 제거하여 관련비용을 최소화하려는 전략이다.

정답 ②

026 ⑤ 소비자의 물류서비스 차별화 요구 증가
⇨ 일관된 물류서비스 제공으로 신뢰성을 제고하기 위해 공동수배송이 필요하다.

정답 ⑤

027 ② 파렛트풀시스템 : 파렛트의 규격과 척도 등을 표주노하하고 상호 교환성이 있도록 한 후, 이를 서로 연결하여 사용함으로써 각 기업의 물류합리화를 달성하여 물류비를 절감하려는 제도이다.
③ 파렛트 표준화 : 파렛트 규격이 표준화되면 수송장비의 적재함 크기의 표준화, 포장단위치수의 표준화, 운반·하역장비의 표주노하, 창고 및 보관시설의 표준화를 이룰 수 있다.
④ 포장의 모듈화 : 포장 요소의 규격, 치수에 대한 기준척도와 대칭계역을 의미한다.
⑤ 일관파렛트화 : 파렛트를 기본용구로 하여 과학적, 합리적 방법으로 하역을 기계화하고 수송, 보관, 포장의 각 기능을 합리화하기 위한 수단이다.

정답 ①

028 ③ 공급망 하류로 갈수록 정보가 왜곡되는 현상이 심화되고 있다.
⇨ 공급망 상류로 갈수록 정보가 왜곡되는 현상이 심화되고 있다.

정답 ③

029 ① VMI : 유통업체와 제조업체가 실시간 정보공유를 통해 공동으로 유통업체의 재고를 관리하는 방식
⇨ VMI(공급자재고관리)는 제조업체가 상품보충시스템을 관리하는 방식으로 상품보충시스템이 실행될 때마다 판매와 재고정보가 유통업체에서 제조업체로 전송된다.

정답 ①

030 ㄱ(○). 외주물류는 주로 운영 측면에서 원가절감을 목표로 하는 반면, 3자물류는 원가절감과 정쟁우위 확보 등을 목표로 한다.
ㄴ(×). 외주물류는 중장기적 협력 관계를 기반으로 이루어지는 반면, 3자물류는 단기적 관계를 기반으로 운영된다.
⇨ 3자물류는 중장기적 협력 관계를 기반으로 이루어지는 반면, 외주물류는 단기적 관계를 기반으로 운영된다.
ㄷ(×). 외주물류는 주로 최고경영층의 의사결정에 따라 경쟁계약의 형태로 진행되는 반면, 3자물류는 중간관리층의 의사결정에 따라 수의계약 형태로 주로 진행된다.
⇨ 3자물류는 주로 최고경영층의 의사결정에 따라 경쟁계약의 형태로 진행되는 반면, 외주물류는 중간관리층의 의사결정에 따라 수의계약 형태로 주로 진행된다.
ㄹ(○). 서비스 범위 측면에서 외주물류는 기능별 서비스(수송, 보관) 수행을 지향하는 반면, 3자물류는 종합물류를 지향한다.

> **● 더 알아보기**
>
> 3자물류와 아웃소싱의 차이점
>
> | 구 분 | 3자물류 | 아웃소싱 |
> |---|---|---|
> | 화주와의 관계 | 전략적 제휴 | 수발주 관계, 거래기반 |
> | 관계내용 | 중장기적 협력 관계 | 단기적 관계 |
> | 서비스 범위 | 종합적인 물류서비스 지향 | 수송, 보관 등 기능별 서비스 지향 |
> | 정보공유 | 필수적 | 불필요 |
> | 도입결정권한 | 최고경영층 | 중간관리층 |
> | 도입방법 | 경쟁계약 형태 | 수의계약 형태 |

정답 ②

031
① Forward Logistics – 순물류 : 원산지부터 소비지까지 원자재, 재공품, 완성품 및 관련정보의 흐름이 효율적이고, 비용면에서 효과적으로 계획・실행・관리하는 과정이다.
② Cross Docking – 크로스도킹 : 공급사슬상의 각 단계 간에 제품이동시간을 줄이기 위해 창고나 물류센터에서 수령한 상품을 창고에서 재고로 보관하지 않고 입고와 동시에 출고하여 바로 배송할 수 있도록 하는 시스템으로, 통과형 물류센터라고도 한다.
④ Gatekeeping – 게이트키핑 : 다양한 뉴스 소재거리들 중에서 미디어 조직이 어떤 것을 선택하여 대중들에게 노출하고 어떤 것을 노출하지 않을지를 결정하는 과정을 의미한다.
⑤ Life Cycle Assessment – 전 과정평가 : 제품이나 서비스의 전 과정에 걸친 투입물과 배출물에 의해 발생되는 잠재적인 환경 영향을 정량적으로 산출하고 평가하는 방법론을 의미한다.

정답 ③

032
④ 제품 생산 및 공급 리드타임 단축
⇨ 리드타임 단축은 채찍효과의 해결방안에 해당한다.

정답 ④

033
① C-TPAT – 대테러 세관 무역업자간 파트너십 : 9.11테러 이후 테러수단의 국내 유입을 차단하기 위한 민관협력 제도로, 미국에 드나드는 수입화물에 대한 통관시스템을 개선하여 보안을 강화하고자 하였다.
③ Safe Port Act 2006 – Safe Port Act 2006 : 2006년 10월 공포된 종합물류보

안법으로 CSI, SFI 및 C-TPAT의 법적 근거를 부여하였다.
④ CSI - 컨테이너 안전 협정 : 외국항만에 미국 세관원을 파견하여 미국으로 수출한 컨테이너화물에 대한 위험도를 사전에 평가하는 컨테이너보안협정이다.
⑤ ISPS - 국제선박 및 항만시설 보안규칙 : 국제해사기구가 채택한 규칙으로 해상에서의 테러를 예방하기 위해 각국 정부와 항만관리당국 및 선사들이 갖춰야 할 보안 관련 조건들을 명시하고, 보안사고 예방에 대한 가이드라인을 제시하였다.

정답 ②

034 ① 6.0 km/L
- 감축 전 이산화탄소 배출량 = 150,000 ÷ 5 × 0.002 = 60
- 10kg 감축한 이산화탄소 배출량 = 150,000 ÷ 목표 평균 연비 × 0.002 = 50

따라서 목표 평균 연비 = 150,000 × 0.002 ÷ 50 = 6

정답 ①

035 ④ 기업과 고객 간의 거래(B2C)보다는 기업과 기업 간의 거래(B2B)에 집중한다.
⇨ 기업과 기업 간의 거래(B2B)보다는 기업과 고객 간의 거래(B2C)에 집중한다.

정답 ④

036 ⑤ 정보의 종류가 다양하고 규모가 크지만, 성수기와 평상시의 정보량 차이는 작다.
⇨ 물류정보는 성수기와 비수기의 정보량에 차이가 크다.

정답 ⑤

037 ② KAN(Koran Article Number) : 한국에서 사용하는 EAN바코드를 의미한다.
③ ERP(Enterprise Resource Planning) : 기업 내 생산, 물류, 재무, 회계, 영업과 구매, 재고 등 경영 활동 프로세스들을 통합적으로 연계해 관리해 주며, 기업에서 발생하는 정보들을 서로 공유하고 새로운 정보의 생성과 빠른 의사결정을 도와주는 통합시스템을 말한다.
④ GPS(Global Positioning System) : 미국 정부가 군사용으로 개발한 항법지원시스템으로, 화물 또는 차량의 자동식별과 위치추적을 위해 사용하는 방식이다.
⑤ DPS(Digital Picking System) : 물류센터의 랙이나 보관 장소에 점등장치를 설치하여 출고할 물품의 보관구역과 출고 수량을 알려주고, 출고가 완료되면 신호가 꺼져 작업이 완료되었음을 자동으로 알려주는 시스템이다.

정답 ①

038 ⑤ 반영구적으로 사용 가능하다.
⇨ 반영구적으로 사용 가능한 것은 수동형 RFID이다. 능동형 RFID는 동작시간에 상대적으로 제한이 있다.

정답 ⑤

039 ④ EAN-13(A)와 EAN-13(B) 모두 물류용기에 부착하기 위한 물류식별코드를 가지고 있다.
⇨ 물류식별코드를 가지고 있는 것은 EAN-14이다. EAN-14는 주로 골판지 박스에 사용되는 국제표준 물류바코드로서 물류식별코드 외에 국가식별코드 3자기, 제조업체코드 4자리, 상품품목코드 5자리, 체크디지트 1자리 등으로 구성된다.

정답 ④

040 ④ 국제적으로는 다양한 EDI 시스템이 존재하지만, 국내 EDI 시스템 개발 사례는 존재하지 않는다.
⇨ 93~04년 2년 간 국내 EDI 시스템 개발이 완료된 사례가 존재한다.

정답 ④

[제2과목 화물운송론]

041 ① 철도운송은 초기 구축비용 등 초기인프라 설치관련 진입비용이 높다.
② 해상운송은 운송경로가 자유로워서 유연성이 높다.

정답 ③

042 ㄱ: 항공, ㄴ: 거점, ㄷ: 친환경, ㄹ: 안정적인

정답 ④

043 운송수요는 화주에 따라 각 개별적으로 발생되기는 하지만 개별 수요가 합쳐져 산업별 어느 정도 규칙성 법칙성 가진 일정한 수요패턴을 가진다.

정답 ③

044 적재율 향상을 통한 물류합리화
정답 ③

045 운송수단이 재화효용의 가치가 낮은 곳에서 높은 장소로 이동시키고 조절기능을 통하여 효율성을 높인다.
정답 ①

046 물류를 개별기업 마케팅 분야의 하부로 간주하는 경향을 가지나 판매물류에 중점을 둔 물적유통에서는 원자재 조달까지 물류개념으로 확대해서 취급한다.
정답 ②

047 공로운송은 단거리 운송 적합 경제적이며 세계적 가장 널리 되는 운송이다.
정답 ①

048 3S1L은 안정성, 신속성, 정확성, 경제성이 있다.
정답 ②

049 ㄱ, ㄴ, ㄹ(○), ㄷ, ㅁ(×)
정답 ②

050 허가기준대수 : 50대 이상 소유 화물자동차 대수를 포함하되, 8개 이상의 시·도에 50대 이상 분포되어야 한다.
정답 ①

051 ① 믹서트럭 : 전용 특장차 ② 분립체 운송차 : 전용 특장차 ③ 액체 운송차 : 전용 특장차 ④ 냉동차 : 전용 특장차 ⑤ 리프트게이트 부착차량 : 합리화 특장차(또는 상하차 혼자 처리하는 합리화 특정차)
정답 ⑤

052 ① WMS(Warehouse Management System) : 재고 입고 적재 등 물류데이터 자동

적 처리
② Routing System : 경로배정시스템
③ Tracking System : 트레킹 시스템(주문 배송 추적)
⑤ Commercial Vehicle Operating system : 운행관리시스템(공차정리)

정답 ④

053 사업용 화물자동차는 자가용 화물차 이용 시보다 기동성이 낮다.

정답 ①

054 특별운임 : 일정조건 하에서 정상요율보다 인하된 특별요율을 적용하는 운임이다.

정답 ③

055 밴형 화물자동차 : 일반 화물자동차의 화물 적재공간에 박스형 덮개를 고정적으로 설치한 차량

정답 ①

056 변동다이어그램 배송 : 배송처 및 배송물량의 변화가 심할 때 방문하는 배송처, 방문순서, 방문시간 등을 매일 새롭게 설정하여 배송하는 운송방식이다.

정답 ⑤

057 경제적 효용거리 분기점 = 철도 부대비용 / (화물차 운송비 − 철도 운송비)

정답 ③

058 탱크화차(Tank Car)는 원유 등과 같은 액체화물의 운반에 적합하도록 일체형으로 설계된 화차로 상부 지붕없는 무개화차와는 다르다.

정답 ⑤

059 화차 1량에 대한 최저기본운임은 사용화차의 화차표기하중톤수의 100 km에 해당하는 운임이다.

정답 ③

060 Block Train : 스위칭야드(Switching Yard)를 이용하지 않고 철도화물역 또는 터미널 간을 직행 운행하는 전용열차의 한 형태로 화차의 수와 타입이 고정되어 있지 않는 것이 특징이다.
정답 ②

061 해상운송은 물품의 파손, 분실, 사고발생의 위험이 크고, 타 운송수단에 비해 안전성이 낮다.
정답 ④

062 선사(선주)가 선적항 선측에서 양하항 선측까지 발생하는 제반 비용과 위험을 모두 부담하는 조건으로 정기선운송인 개품운송계약에서 사용하는 케이스이다.
정답 ①

063 동맹회원간에는 일반적으로 운임표가 의무적으로 부과되지만 특정화물에 대해서는 자유로운 open rate가 가능하다.
정답 ⑤

064 항해용선계약의 특성상 용선자(화주)는 부담비용이 없고, 선주가 본선운항에 따른 모든 책임과 비용을 부담하여야 한다.
정답 ②

065 수입화물의 항공운송 취급 절차
ㄱ. 전문접수 및 항공기 도착 – ㄷ. 서류 분류 및 검토 – ㄴ. 창고분류 및 배정 – ㅂ. 화물분류 작업 – ㄹ. 도착 통지 – ㅅ. 운송장 인도 – ㅁ. 보세운송
정답 ①

066 특별화물요율(SCR)은 품목별분류요율(CCR)이나 일반화물요율(GCR)보다 우선하여 적용된다.
정답 ⑤

067 운송주선인(Freight Forwarder)은 Master B/L 원본을 수입지 선사대리점에 제시하

여 화물인도지시서(D/O)를 받고 수입업자로부터 포워드B/L원본을 회수하여 화물인도지시서(D/O)를 인도한다.

정답 ④

068 총 운송비용 = (100×7)+(400×5)+(100×10)+(100×12)+(100×11) = 6,000천원
공급지 B에서 수요 X까지 운송량 = 400톤

보겔의 추정법 적용 가정
- 각 행과 열별로 기회비용을 구한다.
- 기회비용이 가장 큰 행이나 열의 가장 낮은 단가배정에 최대량 배정
- 하나의 배정이 완료되면 남은 칸의 단가(즉 기회비용이 큰 칸을 찾아 최대량 배정)
- 모든 수송량 배정이 끝날 때까지 반복함

정답 ②

069 ㄱ. 북서코너법(North-West Corner Method)은 수송표 좌측상단부터 우측하단방향으로 차례대로 수요량과 공급량을 고려하여 수송량을 할당해나가는 방법이다.
ㄴ. 보겔추정법(Vogel's Approximation Method)은 최선의 수송경로를 선택하지 못했을 때 추가 발생되는 기회비용이다.
ㄷ. 최소비용법(Least-Cost Method)은 단위당 수송비용이 가장 낮은 칸에 우선적으로 할당하는 방법이다.
ㄹ. 북서코너법은 신속하게 최초실행가능 기저해를 구할 수 있다.

정답 ⑤

070 ③ Forwarder's consolidation은 다수 송화인의 화물을 다수의 수화인에게 운송하는 형태이다.

정답 ③

071 통행교차모형은 수단분담모형에 해당한다. 화물분포모형으로 중력모형, 상장인지모형, 엔트로피 등이 있다.

정답 ③

072 셔틀노선의 증편이 불필요하다. 적은 노선 수로 많은 지점 연결망을 구축할 수 있기 때문이다.

정답 ①

073

(단위 : 천원)

수요지 공급지	수요지1	수요지2	수요지3	수요지4	공급량(톤)
공급자1	8	5	13	36	250
공급자2	9	4	12	42	300
공급자3	7	9	11	55	150
수요량(톤)	120	200	300	80	700

③ $X_{14} + X_{24} + X_{34} = 200$ ⇨ $X_{14} + X_{24} + X_{34} = 80$

정답 ③

074

- 출발지→a→c→도착지 : 6
- 출발지→a→c→f→도착지 : 3
- 출발지→b→d→e→f→도착지 : 16

최대 가스량 = 6+3+7 = 16

정답 ④

075

배차되는 각 트럭의 용량의 합은 총수요보다는 작고 특정 고객의 수요보다는 커야 한다.

정답 ④

076

위탁 영업소는 회사가 점포와 집배·배송 차량을 제공하고 수탁자가 이를 운영하는 영업장을 말한다.

정답 ⑤

077

배송경로는 상호 교차되지 않도록 해야 한다.

정답 ④

078

⑤ '수탁'이라 함은 사업자가 택배를 수행하기 위하여 고객(수화인)으로부터 운송물을 수령하는 것을 말한다.

정답 ⑤

079 ㄱ. 손해배상한도액 ; 사업자 기재사항(○)
ㄴ. 운송물의 종류(품명), 수량 및 가액(×)
ㄷ. 운임 기타 운송에 관한 비용 및 지급방법(○)
ㄹ. 운송물의 중량 및 용적 구분(○)
ㅁ. 운송상의 특별한 주의사항(훼손, 변질, 부패 등 운송물의 특성구분과 기타 필요한 사항을 기재함)(×)
ㅂ. 운송장의 작성연월일(×)

정답 ②

080 ④ C2B 택배 : 개인과 기업 간의 거래
① C2G 택배 : 개인과 정부 간의 거래
② B2C 택배 : 기업과 소비자 간의 거래
③ B2G 택배 : 기업과 정부 간의 거래
⑤ C2C 택배 : 개인과 개인 간의 거래

정답 ④

[제3과목 국제물류론]

081 국제물류의 기본적 기능 : 수량적, 품질적, 가격적, 시간적, 장소적으로 구분한다.

정답 ①

082 국제물류기업은 항만이나 공항의 공용터미널을 지속적으로 활용하여 체선·체화를 증가시키고 있다.

정답 ⑤

083 국제민간항공협약(시카고협약)에 기초하여, 국제민간항공의 평화적이고 건전한 발전을 도모하기 위하여 1947년 4월에 발족된 국제연합(UN) 전문기구다. 비행의 안전 확보, 항공로나 공항 및 항공시설 발달의 촉진, 부당경쟁에 의한 경제적 손실의 방지 등 세계 항공업계의 정책과 질서를 총괄하는 것을 목적으로 하는 기구다.

정답 ②

084 항공화물은 여객에 비해 계절에 따른 운송수요의 탄력성이 영향을 적게 받는다.

정답 ③

085 Montreal Convention : 항공운송관련 국제협정을 통합하기 위해 1999년 ICAO 국제항공법회의에서 채택되어 2003년에 발효된 국제조약이다.

정답 ④

086
- Actual carrier : 자신이 직접 운송수단을 보유하고 복합운송인으로서 역할을 수행하는 운송인
- NVOCC : 해상운송에서 선박을 직접 소유하지 않으면서 해상운송인에 대하여 화주의 입장, 화주에게는 운송인의 입장에서 운송을 수행하는 자

정답 ①

087 단위탑재용 요금은 귀중품, 동물, 시체 및 IATA 위험품 규칙에 있는 제한품목을 제외하고 모든 화물의 운송에 적용된다.

정답 ④

088 무과실책임(liability without negligence)은 운송인의 과실 여부에 불문하고 배상책임을 지는 원칙으로 불가항력, 화물 고유의 성질 누손 등으로 손해에 대해서는 면책을 인정한다.

정답 ②

089 RIPI (Reverse Interior Point Intermodal)
미국 내륙 중앙에 위치한 도시로 운송을 진행해야 하는 경우,
1) 서부 해안까지 해상운송 후 내륙운송 진행하는 것은 IPI 또는 MLB의 개념이지만
2) 동부 해안까지 해상운송 후 내륙운송 진행하는 것은 RIPI의 개념으로 볼 수 있다. 문제의 그림에서 보듯이 화살표가 역으로 돌아가는 것처럼 보이기 때문에 Reverse(반대)의 개념이 더해졌다.

정답 ⑤

090 UN국제복합운송조약은 복합운송인이 화물을 자기의 보관으로 인수한 때에는 송화인의 선택에 따라서 유통성 증권 형태 혹은 비유통성 증권 형태에 복합운송증권을 발급하여야 한다.

정답 ④

091 ㄱ. Hague Rules (1924) : 해상운송   ㄴ. Warsaw Convention (1929) : 항공운송
 ㄷ. CMR Convention (1956) : 도로운송   ㄹ. CIM Convention (1970) : 철도운송
 ㅁ. Hamburg Rules (1978) : 해상운송   ㅂ. Rotterdam Rules (2008) : 해상운송

정답 ②

092 용선계약(Charter party)은 대량화물을 부정기선에 의해 운송하는 경우에 이용된다.

정답 ③

093 용골은 배의 중심측으로 선체를 받치는 기능을 한다.

정답 ①

094 개품운송계약 운송계약서는 따로 작성하는 것이 아닌 선적후 운송인이 발행하는 선하증권에 의하여 운송계약이 성립된다.

정답 ③

095 ㄱ. Shipping Request 선적요청서   ㄴ. Booking Note 선복예약서
 ㄷ. Shipping Order 선적지시서   ㄹ. Arrival Notice 화물도착통지서
 ㅁ. Delivery Order 화물인도지시서   ㅂ. Mate's Receip 본선수취증

정답 ①②③④⑤ 모두 정답

096 양륙항선택할증료(optional surcharge)
선적할 때 그 양륙항이 확정되지 않고, 기항 순서에 따라 몇 개의 항구를 기재하여 화주가 화물의 도착 전에 양륙항을 결정하는 조건으로 선적된 화물의 경우에 부과되는 할증료이다.

정답 ③

097 Bareboat charter(나용선 계약) : 선주가 선박만을 일정기간 용선자에게 임대해주고, 용선자가 자신의 책임과 비용으로 선원의 고용을 비롯하여 선박의 감항능력의 유지 및 운송행위를 담당하는 용선 형태이다.

정답 ①

098 Multi-country warehouse system(다국행 창고시스템)

정답 ⑤

099 코로나 팬데믹의 영향으로 전자상거래 비중이 증가하는 추세이다.

정답 ⑤

100 ㄱ: Long Term Contract Freight : 장기계약운임
ㄴ: Lumpsum Freight : 선복운임

정답 ①

101

구 분		국제물류	국내물류
ㄴ	재고 수준	짧은 리드타임으로 재고 수준이 상대적으로 낮다. ⇨ 높다.	주문시간이 길고, 운송 등의 불확실성으로 재고 수준이 높다. ⇨ 낮다.
ㄷ	화물 위험	단기운송으로 위험이 낮다. ⇨ 높다.	장기운송과 환적 등으로 위험이 높다. ⇨ 낮다.
ㄹ	서류 작업	구매주문서와 송장 정도로 서류 작업이 간단하다. ⇨ 복잡하다.	각종 무역운송서류가 필요하여 서류 작업이 복잡하다. ⇨ 간단하다.

정답 ④

102 Open top container 천정개방형 컨테이너

정답 ②

103 CSC(International Convention for Safe Container, 1972) 컨테이너안전협약

정답 ③

104 CY/CFS는 선적지에서 수출업자가 FCL화물로 선적하고 목적지 항만의 CFS에서 컨

테이너를 개봉하여 화물을 분류하여 수입업자에게 인도한다.

정답 ⑤

105 CVO(Commercial Vehicle Operation, 차량 운행관리시스템 / 화물정보망)는 화주의 화물운송정보와 차주의 공차정보를 위성위치정보(GSP) 휴대폰 등 통신망을 이용하여 연결하는 서비스이다.

정답 ②

106 항공운송서류는 항공화물운송장(AWB)의 발행일이 표시되어야 한다.

정답 ④

107 ㄱ: master, 선장, ㄴ: agent, 대리, ㄷ: owner, 소유주

정답 ③

108 컨테이너를 선적 및 양하하는 데 사용하는 대형 기중기이다.

정답 ⑤

109 ㄱ: carrier 항공사, 수송(운송)회사, ㄴ: shipper 선적 처리 업자, 해운 회사, ㄷ: consignee 수탁인, 하물 인수자

정답 ①

110 24-Hour Rule

정답 ④

111 수출 컨테이너화물에 대한 통관기능 등 전통적 항만의 기능과 서비스 일부를 수행함으로써 신속한 화물 유통을 가능하게 한다.

정답 ②

112 CIF규칙은 최소담보조건, CIP규칙은 최대담보조건으로 보험에 부보하도록 개정하였다.

정답 ③

113 ㄴ, ㄷ
무역거래계약에 있어 화물 거래의 일시 및 장소, 소유권의 이전, 위험의 이전, 운송계약, 운임지급, 보험계약, 통관절차, 관세지급 등 모든 비용에 대한 매도인 매수인 구분해 주는 국제통일규칙이다.
정답 ②

114 ㄱ: DAT, ㄴ: DAP, ㄷ: DPU
정답 ④

115 Insured amount란 피보험위험으로 인하여 발생한 손해를 보험자로부터 보상받은 대가로 보험계약자가 보험자에게 지급하는 수수료를 말한다.
정답 ⑤

116 보세공장에서 외국물품을 원재료로 하여 만든 물품은 내국물품이 아니다.
정답 ①

117 물적손해는 보험목적물 그 자체가 멸실이나 훼손됨으로 인하여 피보험자가 입은 손해를 말하며, 직접손해라 한다.
정답 ③

118 유리, 합판, 타일 - (용적)면적 - square, meter
정답 ②

119 수입신고와 반송신고는 화주 또는 관세사 등의 명의로 해야 한다. 수출신고의 경우에는 화주에게 해당 수출물품을 제조하여 공급한 자의명의로 할 수 있다.(관세법 제242조)
정답 ⑤

120 문제 출제 오류로 인해 모두 정답으로 처리되었다.
정답 ①②③④⑤

제2교시

[제4과목 보관하역론]

001 물품의 거리적·장소적 효용 창출하는 것은 운송의 기능에 해당한다.

정답 ①

002 ㄴ. 혼합배송이 가능하여 차량의 공차율이 증가한다.(×)
ㄹ. 보관 수요를 통합 관리함으로써 업체별 보관 공간 및 관리 비용이 증가한다.(×)

정답 ③

003 ㄱ: CFS(Container Freight Station)소화물, ㄴ: 복합물류터미널, ㄷ: 스톡 포인트(Stock Point)로 진행한다.

정답 ③

004 ○ 물품의 입·출고 빈도에 따라 보관장소를 결정한다.
○ 출입구가 동일한 창고의 경우 입·출고 빈도가 높은 물품을 출입구 근처에 보관하며, 낮은 물품은 출입구로부터 먼 장소에 보관한다.

정답 ①

005 주문특성은 재고정책, 고객서비스 목표, 투자 및 운영 비용을 반영한다.(×)

정답 ③

006 ㄱ : BTO – 민간이 시설을 준공해서 정부에 소유권을 양도한 뒤 일정기간 직접운영하면서 사용자로부터 이용료를 받아 투자비를 회수하는 방식이다.
ㄴ : BOT – 수입을 수반하는 공공 프로젝트에 대하여 시공자가 자금조달, 설계, 건설을 하고, 완성 후 시설의 운영을 하여 수입에서 투자자금을 규정 연한 내에 회수한 다음 발주자에게 시설을 넘기는 방식이다.
ㄷ : BLT – 사업시행자가 사회기반시설을 준공한 후 일정기간 타인에게 임대하고 임대기간 종료 후에 시설물을 국가 또는 지방자치단체로 이전한 민간자본활용 방식이다.

정답 ②

007 배송센터는 관할지역 내의 소매점 및 소비자에 대한 배송 기능을 주로 하는 물거점으로 물류센터보다 소규모적이고 기능이 단순하다.
정답 ⑤

008 단일설비업자는 미래의 수요변동이나 비용변동을 고려하지 않는 정태적 분석을 전제로 한다.
정답 ②

009 손익분기 도표법
○ 일정한 물동량(입고량 또는 출고량)의 고정비와 변동비를 산출한다.
○ 물동량에 따른 총비용을 비교하여 대안을 선택하는 방법이다.
정답 ④

010 파렛트가 랙 내에서 경사면을 이용하여 이동하는 방식으로 선입선출이 요구되는 제품에 적합하다.
정답 ①

011 보기에 제시된 요인 모두가 물류센터 규모 결정에 영향을 미치는 요인에 해당한다. 이 외에도 목표재고량, 리드타임, 주문마감시간, 납품빈도, 주문단위 등의 서비스 수준이 물류센터 규모 선정 시 고려대상에 해당한다.
정답 ⑤

012 ④ 물품을 한 장소에서 다른 장소로 이동시키는 물리적 행위를 통해 장소적 효용을 창출한다. 장소적 효율을 창출하는 것은 운송의 기능에 대한 설명이다.
정답 ④

013 영업창고 이용자는 초기에 창고건설 및 설비투자와 관련하여 고정비용이 발생한다.
⇨ 자기창고 이용자는 초기에 창고건설 및 설비투자와 관련하여 고정비용이 발생한다.
정답 ②

014
고객주문내역상의 운송수단을 고려한 최적의 경로를 설정하여 비용과 시간을 절감하도록 지원하는 것은 운송관리시스템의 특성에 관한 설명이다.

정답 ⑤

015
멀티 릴레이 DAS는 주문 단위로 출하박스를 투입하여 피킹하는 방식으로 작업자의 이동이 최소화된다.
⇨ 멀티 릴레이 DAS는 입고수량을 1차를 통로별 2차를 점포별로 판매하는 방식으로 냉장 신선식품의 통과형 물류단지 또는 도시락, 가공 생산하는 물류센터에 적합하다.

정답 ④

016
③ 트래버서(Traverser)는 보관품의 입출고 시 작업장부터 랙까지 연결시켜주는 반송장치이다.
⇨ 트래버서(Traverser)는 하물을 지정된 입출고 지점까지 수평으로 이동시키는 장치이다.

정답 ③

017
③ X = 36.3, Y = 41.3
X = (50*10)+(40*20)+(100*30)+(100*50)/50+40+100+190 = 36.31α
Y = (150*20)+(40*30)+(100*40)+(100*50)/50+40+100+190 = 41.31

정답 ③

018
⑤ 평균재고액은 기말재고액에서 기초재고액을 뺀 값이다.
⇨ 평균재고액 = 기초재고액＋기말재고액/2

정답 ⑤

019
① 2,000개
지수평활법에 의하면 차기예측＝당기판매예측치＋α(당기 판매실적치－당기판매예측치)
이므로 7월의 예측판매량 = 50,000+0.4(48,000-50,000) = 49,200
따라서 8월의 예측 판매량 = 49200+0.4(52000-49,200) = 60,320

정답 ①

020

③ X=85개, Y=130개
순 소요량 = 총 소요량 - 현 재고 - 예정된 입고량
따라서 부품 X의 순 소요량 = (50*2)-5-10 = 85개
부품 Y의 순 소요량 = (50*3)-20-0 = 130개

정답 ③

021

기술력 향상 및 생산공정의 자동화 도입 촉진을 위해 재고를 보유한다.

정답 ⑤

022

④ 2,500,000원
A상품의 연간 재고유지비
= 단위당 재고유지비 * 연간 평균재고
= 5,000원*0.05*10,000개 = 2,500,000

정답 ④

023

델파이법은 적절한 해답이 알려져 있지 않거나 일정한 합의점에 도달하지 못한 문제에 대하여 다수의 전문가를 대상으로 설문조사나 우편조사로 수사에 걸쳐 피드백하면서 그들의 의견을 수령하고 집단적 합의를 도출해 내는 조사기법이다.

정답 ②

024

지수평활법은 가장 최근 데이터에 가장 큰 가중치를 주어지고 시간이 지남에 따라 가중치가 기하학적으로 감소되는 가중치를 이동평균 예측기법 중 하나로, 가장 최근 예측 데이터 주요 판매 데이터 차이에 적합한 평활상수를 사용함으로써 과거의 데이터를 유지할 필요성을 갖지 않는다.

정답 ⑤

025

시간, 장소 및 형태 효용을 창출한다.
즉 화물에 대한 시간적 효용과 장소적 효용 창출을 지원한다.

정답 ③

026

운반활성지수를 최대화한다.

정답 ③

027 스태킹(Stacking)은 하역작업 중 물품 또는 포장화물을 규칙적으로 쌓아 올리는 작업이다.

정답 ⑤

028 필요한 원재료·반제품·제품 등의 최적 보유량을 계획하고 조직하고 통제하는 기능은 재고관리에 관한 설명이다.

정답 ②

029 호퍼(Hopper)는 원료나 연료, 화물을 컨베이어나 기계로 이송하는 깔때기 모양의 장비이다.

정답 ④

030 생산의 마지막 단계로 치수, 강도, 재질, 기법 등의 표준화에 관한 설명이다.

정답 ①

031 선측이나 선미의 경사판을 거쳐 견인차를 이용하여 수평으로 적재, 양륙하는 방식으로 페리(Ferry) 선박에서 전통적으로 사용해 온 방식이다.

정답 ②

032 Freight Liner 방식은 철도의 일정구간을 정기적으로 고속운행하는 열차를 편성하여 화물을 문전에서 문전으로 수송하기 위해 영국의 국유철도에서 개발한 철도운송 방식으로 화물자동차와 철도운송을 결합한 운송방식이라는 점에서 TOFC 방식의 하나로 분류된다.

정답 ⑤

033 공업포장이 아니라 상업포장이 물품 개개의 단위포장으로 판매촉진이 주목적이다.

정답 ③

034 (옳은 것 = ㄷ, ㄹ)
ㄷ. 태그(Tag)는 종이나 플라스틱판 등에 일정한 표시 내용을 기재한 다음 철사나 끈으로 매는 방법으로 의류, 잡화류 등에 사용된다.

ㄹ. 라벨링(Labeling)은 종이나 직포에 미리 인쇄해 두었다가 일정한 위치에 붙이는 방법이다.
(틀린 사항 = ㄱ, ㄴ)
ㄱ. 스티커(Sticker)는 주물을 주입할 때 미리 화인을 해두는 방법으로 금속제품, 기계류 등에 사용된다.
⇨ 스티커(Sticker)는 못으로 박거나 특정 방법으로 고정시키는 경우이다.
ㄴ. 스텐실(Stencil)은 화인할 부분을 고무인이나 프레스기 등을 사용하여 찍는 방법이다.
⇨ 스텐실(Stencil)은 기름기가 많은 두꺼운 종이나 셀룰로이드판 등의 시트 글자를 파두었다가 잉크나 페인트 등을 붓이나 스프레이를 사용하여 칠하는 방법이다.

정답 ⑤

035 부화인 표시(Counter Mark)는 내용물품의 직접 생산자나 수출대행사 등이 붙이는 기호로서 주마크 위쪽이나 밑쪽에 기재하게 되며 기재되지 않는 경우도 있다.

정답 ③

036 파렛트의 화물적재방법에서 벽돌쌓기는 벽돌을 쌓듯이 가로와 세로를 조합하여 1단을 쌓고 홀수층과 짝수층을 180도 회전시켜 쌓는 방식이다.

정답 ③

037 (옳은 것 = ㄱ, ㄴ)
ㄱ. 교환방식은 동일한 규격의 예비 파렛트 확보를 위하여 추가비용이 발생한다.
ㄴ. 리스·렌탈방식은 개별 기업이 파렛트를 임대하여 사용하는 방식으로 파렛트의 품질유지나 보수가 용이하다.
(틀린 사항 = ㄷ, ㄹ)
ㄷ. 대차결제방식은 운송업체가 파렛트로 화물을 인도하는 시점에 동일한 수의 파렛트를 즉시 인수하는 방식이다.
⇨ 대차결제방식은 교환방식의 단점을 개선하여 현장에서 즉시 교환하지 않고 일정시간에 국철역에서 같은 동수로 반환하는 방식이다.
ㄹ. 교환·리스병용방식은 대차결제방식의 단점을 보완하기 위하여 개발된 방식이다.
⇨ 교환 리스병용방식은 교환방식과 렌탈방식의 결정을 보완한 것으로 관리 운영상 어려움이 많아 활성화될 수 없다.

정답 ①

038 ⑤ 틸팅 방식(Tilting Type)은 벨트, 트레이, 슬라이드 등의 바닥면을 개방하여 물품을 분류한다.
⇨ 틸팅 방식(Tilting Type)은 레일을 주행하는 트레이, 슬라이드의 일부 등을 경사지게 하여 단위화물을 활강시키는 소팅컨베이어다.

정답 ⑤

039 ④ 하역기기 등에 관한 고정투자비용이 발생하지 않기 때문에 대규모 자본투자가 필요 없다.
⇨ 유닛로드 시스템은 하역기기 등 고정시설비 투자가 증가하는 단점이 있다.

정답 ④

040 롤 파렛트(Roll Pallet)는 파렛트 바닥면에 바퀴가 달려 있어 자체적으로 밀어서 움직일 수 있다.(○)

정답 ①

[제5과목 물류관련법규]

041 ① 국토교통부장관은 물류에 관한 정책의 수립을 위하여 필요하다고 판단될 때에는 관계 행정기관의 장과 미리 협의한 후 물동량의 발생현황과 이동경로 등에 관하여 조사할 수 있다. ⇨ 법 제7조 제1항
② 국토교통부장관은 물류현황조사를 위한 조사지침을 작성하려는 경우에는 미리 시·도지사와 협의하여야 한다.
⇨ 국토교통부장관은 물류현황조사를 위한 조사지침을 작성하려는 경우에는 미리 관계중앙행정기관의 장과 협의하여야 한다(법 제8조 제2항).
③ 도지사는 지역물류에 관한 정책의 수립을 위하여 필요한 경우에는 해당 행정구역의 물동량 현황과 이동경로, 물류시설·장비의 현황과 이용실태 등에 관하여 조사할 수 있다.
④ 해양수산부장관은 물류현황조사를 효율적으로 수행하기 위하여 필요한 경우에는 물류현황조사의 전부 또는 일부를 전문기관으로 하여금 수행하게 할 수 있다.
⑤ 도지사는 관할 군의 군수에게 지역물류현황조사를 요청하는 경우에는 효율적인 지역물류현황조사를 위하여 조사의 시기, 종류 및 방법 등에 관하여 해당 도의 조례로 정하는 바에 따라 조사지침을 작성하여 통보할 수 있다.

정답 ②

042 ① 국토교통부장관 및 해양부장관은 국가물류정책의 기본방향을 설정하는 10년 단위의 국가물류기본계획을 5년마다 공동으로 수립하여야 한다. ⇨ 법 제11조 제1항
② 국가물류기본계획에는 국가물류정보화사업에 관한 사항이 포함되어야 한다. ⇨ 법 제11조 제2항 제2의2호
③ 국토교통부장관은 국가물류기본계획을 수립하거나 변경한 때에는 이를 관보에 고시하고, 관계 중앙행정기관의 장 및 시·도지사에게 통보하여야 한다. ⇨ 법 제11조 제5항
④ 특별시장 및 광역시장은 지역물류정책의 기본방향을 설정하는 5년 단위의 지역물류기본계획을 3년마다 수립하여야 한다.
⇨ 특별시장 및 광역시장은 지역물류정책의 기본방향을 설정하는 10년 단위의 지역물류기본계획을 5년마다 수립하여야 한다(법 제14조 제1항).
⑤ 지역물류기본계획은 국가물류기본계획에 배치되지 아니하여야 한다. ⇨ 법 제14조 제3항

정답 ④

043 ② 우수물류기업 선정을 위한 프로그램 개발비의 상한

기업물류비 산정지침(영 제18조)
기업물류비 산정지침에는 다음의 사항이 포함되어야 한다.
- 물류비 관련 용어 및 개념에 대한 정의
- 영역별·기능별 및 자가·위탁별 물류비의 분류
- 물류비의 계산 기준 및 계산 방법
- 물류비 계산서의 표준 서식

정답 ②

044 ③ ㄱ : 10,000, ㄴ : 5,000

위험물질운송안전관리센터의 감시가 필요한 위험물질을 운송하는 차량의 최대 적재량 기준(법 제29조의2 제1항, 규칙 제2조의2 제2항)
위험물질 운송차량의 최대 적대량 기준은 다음과 같다.
1. 「위험물안전관리법」 제2조 제1항 제1호에 따른 위험물을 운송하는 차량 : 10,000리터 이상
2. 「폐기물관리법」 제2조 제4호에 따른 지정폐기물을 운송하는 차량 : 10,000킬로그램 이상
3. 「화학물질관리법」 제2조 제7호에 따른 유해화학물질을 운송하는 차량 : 5,000킬로그램 이상
4. 「고압가스 안전관리법 시행규칙」 제2조 제1항 제1호 및 제2호에 따른 가연성가스

를 운송하는 차량 : 6,000킬로그램 이상
5. 「고압가스 안전관리법 시행규칙」제2조 제1항 제1호 및 제2호에 따른 독성가스를 운송하는 차량 : 2,000킬로그램 이상

정답 ③

045 ㄱ(○). 해양수산부장관은 물류공동화를 추진하는 물류기업에 대하여 예산의 범위에서 필요한 자금을 지원할 수 있다. ⇨ 법 제23조 제1항
ㄴ(○). 국토교통부장관은 화주기업이 물류공동화를 추진하는 경우에는 물류기업이나 물류 관련 단체와 공동으로 추진하도록 권고할 수 있다. ⇨ 법 제23조 제2항
ㄷ(✕). 자치구 구청장은 물류공동화를 확산하기 위하여 필요한 경우에는 시범지역을 지정하거나 시범사업을 선정하여 운영할 수 있다.
⇨ 국토교통부장관·해양수산부장관·산업통상자원부장관 또는 시·도지사는 물류공동화를 확산하기 위하여 필요한 경우에는 시범지역을 지정하거나 시범사업을 선정하여 운영할 수 있다(법 제23조 제4항).
ㄹ(○). 산업통상자원부장관은 물류기업이 물류자동화를 위하여 물류시설 및 장비를 확충하거나 교체하려는 경우에는 필요한 자금을 지원할 수 있다. ⇨ 법 제23조 제5항

정답 ④

046 ① 「한국자산관리공사 설립 등에 관한 법률」에 따른 한국자산관리공사

전담기관의 지정(법 제28조 제6항, 영 제20조 제5항)
관계 행정기관은 대통령령(영 제20조 제5항)으로 정하는 공공기관 또는 물류정보의 수집·분석·가공·유통과 관련한 적절한 시설장비와 인력을 갖춘 자 중에서 단위물류정보망 전담기관을 지정한다.
• 「인천국제공항공사법」에 따른 인천국제공항공사
• 「한국공항공사법」에 따른 한국공항공사
• 「한국도로공사법」에 따른 한국도로공사
• 「한국철도공사법」에 따른 한국철도공사
• 「한국토지주택공사법」에 따른 한국토지주택공사
• 「항만공사법」에 따른 항만공사

정답 ①

047 ④ 자본금 1억원 「상법」상 주식회사

국토교통부장관은 다음의 어느 하나에 해당하는 자를 국가물류통합정보센터의 운영자로 지정할 수 있다(법 제30조의2 제2항).

- 중앙행정기관
- 대통령령(영 제22조 제5항)으로 정하는 공공기관
  - 「인천국제공항공사법」에 따른 인천국제공항공사
  - 「한국공항공사법」에 따른 한국공항공사
  - 「한국도로공사법」에 따른 한국도로공사
  - 「한국철도공사법」에 따른 한국철도공사
  - 「한국토지주택공사법」에 따른 한국토지주택공사
  - 「항만공사법」에 따른 항만공사
- 정부출연연구기관
- 물류관련협회
- 그 밖에 자본금 2억원 이상, 업무능력 등 대통령령(영 제22조 제6항)으로 정하는 기준과 자격을 갖춘 「상법」상의 주식회사

정답 ④

048 ① 거짓이나 그 밖의 부정한 방법으로 인증을 받은 경우

국토교통부장관 또는 해양수산부장관은 소관 인증우수물류기업이 다음 각 호의 어느 하나에 해당하는 경우에는 그 인증을 취소할 수 있다. 다만, 제1호에 해당하는 때에는 인증을 취소하여야 한다(법 제39조 제1항).
1. 거짓이나 그 밖의 부정한 방법으로 인정을 받은 경우
2. 물류사업으로 인하여 공정거래위원회로부터 시정조치 또는 과징금 부과 처분을 받은 경우
3. 인증우수물류기업 요건유지 점검을 정당한 사유 없이 3회 이상 거부한 경우
4. 인증우수물류기업의 인증기준에 맞지 아니하게 된 경우
5. 다른 사람에게 자기의 성명 또는 상호를 사용하여 영업을 하게 하거나 인증서를 대여한 때

정답 ①

049 ① 복합물류터미널사업자가 그 사업을 양도한 때에는 그 양수인은 복합물류터미널사업의 등록에 따른 권리·의무를 승계한다. ⇨ 법 제14조 제1항
② 국토교통부장관은 복합물류터미널사업의 등록에 따른 권리·의무의 승계신고를 받은 날부터 10일 이내에 신고수리 여부를 신고인에게 통지하여야 한다. ⇨ 법 제14조 제3항
③ 복합물류터미널사업자의 휴업기간은 3개월을 초과할 수 없다.
⇨ 복합물류터미널사업자의 휴업기간은 6개월을 초과할 수 없다(법 제15조 제3항).
④ 복합물류터미널사업자인 법인의 합병 외의 사유에 따른 해산신고를 하려는 자는 해산신고서를 해산한 날부터 7일 이내에 국토교통부장관에게 제출하여야 한다.

⇨ 규칙 제12조 제1항
⑤ 복합물류터미널사업자는 복합물류터미널사업의 전부 또는 일부를 휴업하거나 폐업하려는 때에는 미리 국토교통부장관에게 신고하여야 한다. ⇨ 법 제15조 제1항

정답 ③

050 ① 물류단지 실수요 검증을 실시하기 위하여 국토교통부 또는 시·도에 각각 실수요 검증위원회를 둔다. ⇨ 법 제22조의7 제2항
② 도시첨단물류단지개발사업의 경우에는 실수요 검증을 실수요검증위원회의 자문으로 갈음할 수 있다. ⇨ 법 제22조의7제3항
③ 실수요검증위원회의 위원장 및 부위원장은 공무원이 아닌 위원 중에서 각각 호선한다. ⇨ 규칙 제16조의4 제3항
④ 실수요검증위원회의 심의결과는 심의·의결을 마친 날부터 14일 이내에 물류단지 지정요청자등에게 서면으로 알려야 한다. ⇨ 규칙 제16조의3
⑤ 실수요검증위원회의 회의는 분기별로 2회 이상 개최하여야 한다.
⇨ 실수요검증위원회의 회의는 분기별로 1회 이상 개최하되, 국토교통부장관 또는 위원장이 필요하다고 인정되는 경우에는 국토교통부장관 또는 위원장이 수시로 소집할 수 있다. 이 경우 위원장은 그 의장이 된다(규칙 제16조의8 제1항)

정답 ⑤

051 ㄱ(○). 차입금
ㄴ(○). 정부의 보조금
ㄷ(○). 해당 지방자치단체의 일반회계로부터의 전입금
ㄹ(✕). 「지방세법」에 따라 부과·징수되는 재산세의 징수액 중 15퍼센트의 금액
⇨ 「지방세법」에 따라 부과·징수되는 재산세의 징수액 중 대통령령으로 정하는 비율(10퍼센트를 말함. 다만, 조례가 10퍼센트 이상으로 정하는 경우에는 그 비율을 말함)의 금액

> **⊕ 더 알아보기**
>
> **물류단지개발특별회계 조성의 재원**(법 제40조 제2항)
> 특별회계는 다음의 재원으로 조성된다.
> • 해당 지방자치단체의 일반회계로부터의 전입금
> • 정부의 보조금
> • 과태료 규정(법 제67조)에 따라 부과·징수된 과태료
> • 「개발이익환수에 관한 법률」에 따라 지방자치단체에 귀속되는 개발부담금 중 해당 지방자치단체의 조례로 정하는 비율의 금액
> • 「국토의 계획 및 이용에 관한 법률」에 따라 행정청에 귀속된 공공시설의 처분으로 인한 수익금

- 「지방세법」에 따라 부과·징수되는 재산세의 징수액 중 대통령령으로 정하는 비율(10퍼센트를 말함. 다만, 조례가 10퍼센트 이상으로 정하는 경우에는 그 비율을 말함)의 금액
- 차입금
- 해당 특별회계자금의 융자회수금·이자수입금 및 그 밖의 수익금

정답 ④

052 ② 「수산식품산업의 육성 및 지원에 관한 법률」에 따른 수산물가공업시설(냉동·냉장업 시설은 제외한다)
⇨ 「수산식품산업의 육성 및 지원에 관한 법률」에 따른 수산물가공업시설(냉동·냉장업 시설만 해당한다)(영 제2조 제2항 제2호)

정답 ②

053 ④ ㄱ: 100분의 10, ㄴ: 30
물류창고업의 등록을 한 자가 그 등록한 사항 중 대통령령(영 제12조의3)으로 정하는 다음의 사항을 변경하려는 경우에는 국토교통부와 해양수산부의 공동부령으로 정하는 바에 따라 변경등록의 사유가 발생한 날부터 30일 이내에 변경등록을 하여야 한다(법 제21조의2 제2항).
- 물류창고업자의 성명(법인인 경우 그 대표자의 성명) 및 상호
- 물류창고의 소재지
- 물류창고 면적의 100분의 10 이상의 증감

정답 ④

054 ① 「지방공기업법」에 따른 지방공사는 복합물류터미널사업의 등록을 할 수 있다. ⇨ 법 제7조 제2항 제3호
② 복합물류터미널사업의 등록을 위해 갖추어야 할 부지 면적의 기준은 3만3천제곱미터 이상이다. ⇨ 법 제7조 제4항 제2호
③ 복합물류터미널사업 등록이 취소된 후 1년이 지나면 등록결격사유가 소멸한다.
⇨ 복합물류터미널사업 등록이 취소된 후 2년이 지나지 아니한 자는 복합물류터미널사업의 등록을 할 수 없다(법 제8조 제2호).
④ 국토교통부장관은 복합물류터미널사업의 변경등록신청을 받고 결격사유의 심사 후 신청내용이 적합하다고 인정할 때에는 지체없이 변경등록을 하여야 한다.
⇨ 국토교통부장관은 변경등록신청을 받은 경우 등록기준에 적합한지 여부와 등록의 결격사유에 해당하는지 여부를 심사한 후 그 신청내용이 적합하다고 인정할 때에는 지체없이 변경등록을 하여야 한다(규칙 제6조 제2항).

⑤ 복합물류터미널의 부지 및 설비의 배치를 표시한 축척 500분의 1 이상의 평면도는 복합물류터미널사업의 등록신청서에 첨부하여 국토교통부장관에게 제출하여야 할 서류이다. ⇨ 물류 제4조 제2호

정답 ③,④

055 ① 입주기업체협의회는 그 구성 당시에 해당 물류단지 입주기업체의 75퍼센트 이상이 회원으로 가입되어 있어야 한다. ⇨ 영 제43조의2 제1항
② 입주기업체협의회의 회의는 정관에 다른 규정이 있는 경우에 제외하고는 회원과반수의 출석과 출석회원 과반수의 찬성으로 의결한다. ⇨ 영 제43조의2 제5항
③ 입주기업체협의회의 일반회원은 입주기업체의 대표자로 한다. ⇨ 영 제43조의2 제3항
④ 입주기업체협의회의 특별회원은 일반회원 외의 자 중에서 정하되 회원자격은 입주기업체협의회의 정관으로 정하는 바에 따른다. ⇨ 영 제43조의2 제3항
⑤ 입주기업체협의회는 매 사업연도 개시일부터 3개월 이내에 정기총회를 개최하여야 한다.
⇨ 입주기업체협의회는 매 사업연도 개시일부터 2개월 이내에 정기총회를 개최하여야 한다(영 제43조의2 제4항).

정답 ⑤

056 ㄱ(○). 하수도시설 및 폐기물처리시설
ㄴ(×). 보건위생시설
ㄷ(○). 집단에너지공급시설
ㄹ(○). 물류단지 안의 공동구
④ ㄱ, ㄷ, ㄹ

국가 또는 지방자치단체는 물류단지의 원활한 개발을 위하여 필요한 도로·철도·항만·용수시설 등 다음에 해당하는 기반시설의 설치를 우선적으로 지원하여야 한다(법 제39조 제2항, 영 제29조).
• 도로·철도 및 항만시설
• 용수공급시설 및 통신시설
• 하수도시설 및 폐기물처리시설
• 물류단지 안의 공동구
• 집단에너지공급시설
• 그 밖에 물류단지개발을 위해 특히 필요한 공공시설로서 국토교통부령으로 정하는 시설 : 유수지 및 광장

정답 ④

057 ⑤ ㄱ : 100분의 50, ㄴ : 100분의 30
○ 일반화물자동차 운송사업자는 연간 운송계약 화물의 100분의 50 이상을 직접 운송하여야 한다. 다만, 사업기간이 1년 미만인 경우에는 신규허가를 받은 날 또는 휴업 후 사업개시일부터 그 해의 12월 31일까지의 운송계약 화물을 기준으로 한다(규칙 제21조의5 제1항).
○ 운송사업자가 운송주선사업을 동시에 영위하는 경우에는 연간 운송계약 및 운송주선계약 화물의 100분의 30 이상을 직접 운송하여야 한다. 다만, 사업기간이 1년 미만인 경우는 제1항 단서를 준용한다(규칙 제21조의5 제3항).

정답 ⑤

058 ① 운송사업자는 화물자동차 운송사업의 효율적인 수행을 위하여 필요하면 다른 운송사업자에게 차량과 그 경영의 일부를 위탁할 수 있다.
➪ 운송사업자는 화물자동차 운송사업의 효율적인 수행을 위하여 필요하면 다른 사람(운송사업자를 제외한 개인을 말함)에게 차량과 그 경영의 일부를 위탁하거나 차량을 현물출자한 사람에게 그 경영의 일부를 위탁할 수 있다(법 제40조 제1항).
② 국토교통부장관이 경영의 위탁을 제한하려는 경우 화물자동차 운송사업의 허가에 조건을 붙이는 방식으로 할 수 있다. ➪ 법 제40조 제2항, 법 제3조 제14항
③ 위·수탁계약의 기간은 2년 이상으로 하여야 한다. ➪ 법 제40조 제5항
④ 위·수탁계약을 체결하는 경우 계약의 당사자는 양도·양수에 관한 사항을 계약서에 명시하여야 한다. ➪ 법 제40조 제4항, 규칙 제41조의16 제12호
⑤ 위·수탁차주가 계약기간 동안 화물운송 종사자격의 효력 정지 처분을 받았다면 운송사업자는 위·수탁차주의 위·수탁계약 갱신 요구를 거절할 수 있다. ➪ 영 제9조의10 제3호

정답 ①

059 ① 다른 사람의 요구에 응하여 자기 화물자동차를 사용하여 유상으로 화물을 운송하는 사업은 화물자동차 운송가맹사업에 해당하지 않는다.
➪ 다른 사람의 요구에 응하여 자기 화물자동차를 사용하여 유상으로 화물을 운송하는 사업은 화물자동차 운송가맹사업에 해당한다(법 제2조 제5호).
② 화물자동차 운송가맹사업의 허가를 받은 자는 화물자동차 운송주선사업의 허가를 받지 아니한다. ➪ 법 제24조 제1항
③ 화물자동차 운송가맹사업의 허가를 받은 자는 화물자동차 운송사업의 허가를 받지 아니한다. ➪ 법 제3조 제2항
④ 운송가맹사업자는 적재물배상 책임보험 또는 공제에 가입하여야 한다. ➪ 법 제35조 제3호
⑤ 운송가맹사업자의 화물정보망은 운송사업자가 다른 운송사업자나 다른 운송사업

자에게 소속된 위·수탁차주에게 화물운송을 위탁하는 경우에도 이용될 수 있다.
⇨ 법 제34조의4 제1항

정답 ①

060 ㄱ(○). 운수사업자가 직접 운송한 실적
ㄴ(○). 운수사업자가 화주와 계약한 실적
ㄷ(○). 운수사업자가 다른 운수사업자와 계약한 실적
ㄹ(○). 운송가맹사업자가 소속 운송가맹점과 계약한 실적
⑤ ㄱ, ㄴ, ㄷ, ㄹ

운수사업자는 국토교통부장관이 정하여 고시하는 기준과 절차에 따라 다음의 형태에 따른 실적을 관리하고 이를 화물운송실적관리시스템을 통해 국토교통부장관에게 신고하여야 한다(규칙 제44조의2 제1항).
• 운수사업자가 화주와 계약한 실적
• 운수사업자가 다른 운수사업자와 계약한 실적
• 운수사업자가 다른 운송사업자 소속의 위·수탁차주와 계약한 실적
• 운송가맹사업자가 소속 운송가맹점과 계약한 실적
• 운수사업자가 직접 운송한 실적

정답 ⑤

061 ⑤ 「한국농수산식품유통공사법」에 따른 한국농수산식품유통공사

법 제2조 제9호에 해당하는 자는 공영차고지를 설치하여 직접 운영할 수 있다(법 제45조). 법 제2조 제9호에 해당하는 자는 다음과 같다.
• 특별시장·광역시장·특별자치시장·도지사·특별자치도지사(이하 "시·도지사"라 한다)
• 시장·군수·구청장(자치구의 구청장을 말한다. 이하 같다)
• 「공공기관의 운영에 관한 법률」에 따른 공공기관 중 대통령령(영 제2조)으로 정하는 공공기관
  - 「인천국제공항공사법」에 따른 한국공항공사
  - 「한국공항공사법」에 따른 한국공항공사
  - 「한국도로공사법」에 따른 한국철도공사
  - 「한국철도공사법」에 따른 한국철도공사
  - 「한국토지주택공사법」에 따른 한국토지주택공사
  - 「항만공사법」에 따른 항만공사
• 「지방공기업법」에 따른 지방공사

정답 ⑤

062 ① 운수사업자의 협회 설립은 화물자동차 운송사업, 화물자동차 운송주선사업 및 화물자동차 운송가맹사업의 종류별 또는 시·도별로 할 수 있다. ⇨ 법 제48조 제1항
② 협회는 개인화물자동차 운송사업자의 화물자동차를 운전하는 사람에 대한 경력증명서 발급에 필요한 사항을 기록·관리하고, 운송사업자로부터 경력증명서 발급을 요청받은 경우 경력증명서를 발급해야 한다. ⇨ 규칙 제19조 제5항
③ 협회의 사업에는 국가나 지방자치단체로부터 위탁받은 업무가 포함된다. ⇨ 법 제49조 제6호
④ 협회는 국토교통부장관의 허가를 받아 적재물배상 공제사업 등을 할 수 있다.
⇨ 운수사업자가 설립한 협회의 연합회는 대통령령(영 제10조)으로 정하는 바에 따라 국토교통부장관의 허가를 받아 운수사업자의 자동차 사고로 인한 손해배상 책임의 보장사업 및 적재물배상 공제사업 등을 할 수 있다(법 제51조 제1항).
⑤ 화물자동차 휴게소 사업시행자는 화물자동차 휴게소의 운영을 협회에게 위탁할 수 있다. ⇨ 법 제46조의6 제1항, 영 제9조의20 제1항 제1호

정답 ④

063 ④ 운수사업자의 자동차 사고로 인한 손해배상 책임의 보장

국가는 지방자치단체, 「공공기관의 운영에 관한 법률」에 따른 공공기관 중 대통령령으로 정하는 공공기관, 「지방공기업법」에 따른 지방공사, 사업자단체 또는 운수사업자가 다음의 어느 하나에 해당하는 사업을 수행하는 경우로서 재정적 지원이 필요하다고 인정되면 대통령령으로 정하는 바에 따라 소요자금의 일부를 보조하거나 융자할 수 있다(법 제43조 제1항).
- 공동차고지 및 공영차고지 건설
- 화물자동차 운수사업의 정보화
- 낡은 차량의 대체
- 연료비가 절감되거나 환경친화적인 화물자동차 등으로의 전환 및 이를 위한 시설·장비의 투자
- 화물자동차 휴게소의 건설
- 화물자동차 운수사업의 서비스 향상을 위한 시설·장비의 확충과 개선
- 그 밖에 화물자동차 운수사업의 경영합리화를 위한 사항으로서 국토교통부령으로 정하는 사항(화물자동차의 감차, 그 밖에 긴급한 공익적 목적을 위하여 일시적으로 화물운송에 대체 사용된 차용에 대한 피해의 보상)

정답 ④

064 ① 운송주선사업자는 자기 명의로 다른 사람에게 화물자동차 운송주선사업을 경영하게 할 수 있다.
⇨ 운송주선사업자는 자기 명의로 다른 사람에게 화물자동차 운송주선사업을 경영하게 할 수 없다(법 제25조).
② 운송주선사업자는 화주로부터 중개 또는 대리를 의뢰받은 화물에 대하여 다른 운송주선사업자에게 수수료나 그 밖의 대가를 받고 중개 또는 대리를 의뢰할 수 있다.
⇨ 운송주선사업자는 화주로부터 중개 또는 대리를 의뢰받은 화물에 대하여 다른 운송주선사업자에게 수수료나 그 밖의 대가를 받고 주액 또는 대리를 의뢰하여서는 아니 된다(법 제26조 제2항).
③ 운송가맹사업자의 화물운송계약을 중개·대리하는 운송주선사업자는 화물자동차 운송가맹점이 될 수 있다. ⇨ 법 제2조 제7호 나목
④ 국토교통부장관은 운수종사자의 집단적 화물운송 거부로 국가경제에 매우 심각한 위기를 초래할 우려가 있다고 인정할 만한 상당한 이유가 있으면 운송주선사업자에게 업무개시를 명할 수 있다.
⇨ 국토교통부장관은 운송사업자나 운수종사자가 정당한 사유 없이 집단으로 화물운송을 거부하여 화물운송에 커다란 지장을 주어 국가경제에 매우 심각한 위기를 초래하거나 초래할 우려가 있다고 인정할 만한 상당한 이유가 있으면 그 운송사업자 또는 운수종사자에게 업무개시를 명할 수 있다(법 제14조 제1항).
⑤ 운송주선사업자는 공영차고지를 임대받아 운영할 수 있다.
⇨ 사업자단체, 운송사업자, 운송가맹사업자, 운송사업자로 구성된 협동조합은 공영차고지를 임대받아 운영할 수 있다(법 제45조 제1항).

정답 ③

065 ① 손해배상 책임에 관하여 「상법」을 준용할 때 화물이 인도기한이 지난 후 1개월 이내에 인도되지 아니하면 그 화물을 멸실된 것으로 본다.
⇨ 손해배상 책임에 관하여 「상법」을 준용할 때 화물이 인도기한이 지난 후 3개월 이내에 인도되지 아니하면 그 화물은 멸실된 것으로 본다(법 제7조 제2항).
② 국토교통부장관은 화주가 요청하면 운송사업자의 손해배상 책임에 관한 분쟁을 조정할 수 있다. ⇨ 법 제7조 제3항
③ 국토교통부장관은 화주가 분쟁조정을 요청하면 지체 없이 그 사실을 확인하고 손해내용을 조사한 후 조정안을 작성하여야 한다. ⇨ 법 제7조 제4항
④ 화주와 운송사업자 쌍방이 조정안을 수락하면 당사자 간에 조정안과 동일한 합의가 성립된 것으로 본다. ⇨ 법 제7조 제5항
⑤ 국토교통부장관은 분쟁조정 업무를 「소비자기본법」에 따라 등록한 소비자단체에 위탁할 수 있다. ⇨ 법 제7조 제6항

정답 ①

066 ① 운송사업자는 관할 관청의 행정구역 내에서 주사무소를 이전하려면 국토교통부장관의 변경허가를 받아야 한다.
⇨ 운송사업자는 관할 관청의 행정구역 내에서 주사무소를 이전하려면 국토교통부장관에게 신고하여야 한다(법 제3조 제3항, 영 제3조 제2항 제5호).
② 운송사업자는 허가받은 날부터 5년마다 허가기준에 관한 사항을 신고하여야 한다.
⇨ 법 제3조 제3항, 영 제3조 제3항
③ 국토교통부장관은 운송사업자가 사업정지처분을 받은 경우에도 주사무소를 이전하는 변경허가를 할 수 있다.
⇨ 국토교통부장관은 운송사업자가 사업정지처분을 받은 경우에는 주사무소를 이전하는 변경허가를 하여서는 아니된다(법 제3조 제15항).
④ 운송주선사업자가 허가사항을 변경하려면 국토교통부장관의 변경허가를 받아야 한다.
⇨ 운송사업자가 허가사항을 변경하려면 국토교통부령으로 정하는 바에 따라 국토교통부장관의 변경허가를 받아야 한다(법 제3조 제3항 전단).
⑤ 운송가맹사업자가 화물취급소를 설치하거나 폐지하려면 국토교통부장관의 변경허가를 받아야 한다.
⇨ 운송사업자가 화물취급소를 설치하거나 폐지하려면 국토교통부장관에게 신고하여야 한다(법 제3조 제3항, 영 제3조 제2항 제3호).

정답 ②

067 ④ 선박에 음료, 식품, 소모품, 밧줄, 수리용 예비부분품 및 부속품, 집기, 그 밖에 이와 유사한 선용품을 공급하는 행위를 사업
⇨ 선박에 음료, 식품, 소모품, 밧줄, 수리용 예비부분품 및 부속품, 집기, 그 밖에 이와 유사한 선용품을 공급하는 행위를 하는 사업은 선용품공급업에 해당한다(영 제2조 제2호).

― ⊕ 더 알아보기 ―
항만용역업의 종류 (영 제2조 제1호)
- 통선으로 본선과 육지 사이에서 사람이나 문서 등을 운송하는 행위
- 본선을 경비하는 행위나 본선의 이안 및 접안을 보조하기 위하여 줄잡이 역무를 제공하는 행위
- 선박의 청소[유창 청소는 제외한다], 오물 제거, 소독, 폐기물의 수집·운반, 화물 고정, 칠 등을 하는 행위
- 선박에서 사용하는 맑은 물을 공급하는 행위

정답 ④

068 ① 항만하역사업의 등록신청서에 첨부하여야 하는 사업계획에는 사업에 제공될 수면 목재저장소의 수, 위치 및 면적이 포함되어야 한다. ⇨ 법 제5조 제1항, 규칙 제5조 제5호 아목
② 항만운송사업의 등록을 신청하려는 자가 법인인 경우 등록신청서에 정관을 첨부하여야 한다. ⇨ 법 제5조 제1항, 규칙 제4조 제1항 제1호 가목
③ 검수사의 자격이 취소된 날부터 2년이 지나지 아니한 사람은 검수사의 자격을 취득할 수 없다. ⇨ 법 제8조 제5호
④ 「민사집행법」에 따른 경매에 따라 항만운송사업의 시설·장비 전부를 인수한자는 종전의 항만운송사업자의 권리·의무를 승계한다. ⇨ 법 제23조 제2항 제1호
⑤ 항만하역사업의 등록을 한 자는 컨테이너 전용 부두에서 취급하는 컨테이너 화물에 대하여 그 운임과 요금을 정하여 관리청의 인가를 받아야 한다.
⇨ 항만하역사업의 등록을 한 자는 컨테이너 전용 부두에서 취급하는 컨테이너 화물에 대하여 그 운임과 요금을 정하여 관리청에 신고하여야 한다(법 제10조 제2항, 규칙 제15조의2 제2항).

정답 ⑤

069 ① 항만시설운영자등은 항만시설등의 효율적인 사용 및 운영 등을 위하여 필요하다고 인정하는 경우에는 부두운영회사 선정계획의 공고 없이 부두운영계약을 체결할 수 있다. ⇨ 규칙 제29조의2 제2항
② 부두운영회사의 금지행위 위반시 책임에 관한 사항은 부두운영계약에 포함되지 않아도 된다.
⇨ 부두운영회사의 금지행위 위반시 책임에 관한 사항은 부두운영계약에 포함되어야 한다(법 제26조의6 제2항 제5호, 규칙 제29조 제2호).
③ 부두운영회사가 부두운영 계약기간을 연장하려는 경우에는 그 계약기간이 만료되기 3개월 전까지 부두운영계약의 갱신을 신청하여야 한다.
⇨ 부두운영회사가 계약기간을 연장하려는 경우에는 그 계약기간이 만료되기 6개월 전까지 항만시설운영자등에게 부두운영계약의 갱신을 신청하여야 한다(규칙 제29조의3).
④ 화물유치 또는 투자계획을 이행하지 못한 부두운영회사에 대하여 부과하는 위약금은 분기별로 산정하여 합산한다.
⇨ 화물유치 또는 투자 계획을 이행하지 못한 부두운영회사에 대하여 부과하는 위약금은 연도별로 산정하여 합산한다(규칙 제29조의4 제1항).
⑤ 항만운송사업법에서 정한 것 외에 부두운영회사의 항만시설 사용에 대해서는 「국유재산법」 또는 「지방재정법」에 따른다.
⇨ 항만운송사업법에서 정한 것 외에 부두운영회사의 항만시설 사용에 대해서는 「항만법」 또는 「항만공사법」에 따른다(법 제26조의10).

정답 ①

070 ① "임시장"이란 다수의 수요자와 공급자가 일정한 기간 동안 상품을 매매하거나 용역을 제공하는 일정한 장소를 말한다. ⇨ 법 제2조 제5호
② "상점가"란 같은 업종을 경영하는 여러 도매업자 또는 소매업자가 일정 지역에 점포 및 부대시설 등을 집단으로 설치하여 만든 상가단지를 말한다.
⇨ "상점가"란 일정 범위의 가로 또는 지하도에 대통령령으로 정하는 수 이상의 도매점포·소매점포 또는 용역점포가 밀집하여 있는 지구를 말한다(법 제2조 제7호).
③ "무점포판매"란 상시 운영되는 매장을 가진 점포를 두지 아니하고 상품을 판매하는 것으로서 산업통상자원부령으로 정하는 것을 말한다. ⇨ 법 제2조 제9호
④ "물류설비"란 화물의 수송·포장·하역·운반과 이를 관리하는 물류정보처리활동에 사용되는 물품·기계·장치 등의 설비를 말한다. ⇨ 법 제2조 제13호
⑤ "공동집배송센터"란 여러 유통사업자 또는 제조업자가 공동으로 사용할 수 있도록 집배송시설 및 부대업무시설이 설치되어 있는 지역 및 시설물을 말한다. ⇨ 법 제2조 제16호

정답 ②

071 ㄱ(○). 「농수산물 유통 및 가격안정에 관한 법률」에 따른 농수산물공판장
ㄴ(○). 「농수산물 유통 및 가격안정에 관한 법률」에 따른 민영농수산물도매시장
ㄷ(○). 「농수산물 유통 및 가격안정에 관한 법률」에 따른 농수산물종합유통센터
ㄹ(○). 「축산법」에 따른 가축시장
⑤ ㄱ, ㄴ, ㄷ, ㄹ

적용배제(법 제4조)
다음의 시장·사업장 및 매장에 대하여는 이 법을 적용하지 아니한다.
• 「농수산물 유통 및 가격안정에 관한 법률」에 따른 농수산물도매시장·농수산물공판장·민영농수산물도매시장 및 농수산물종합유통센터
• 「축산법」에 따른 가축시장

정답 ⑤

072 ① 대규모점포를 개설하려는 자는 영업을 개시하기 30일 전까지 개설 지역 및 시기 등을 포함한 개설계획을 예고하여야 한다.
⇨ 대규모점포를 개설하려는 자는 영업을 개시하기 60일 전까지, 준대규모점포를 개설하려는 자는 영업을 시작하기 30일 전까지 개설 지역 및 시기 등을 포함한 개설계획을 예고하여야 한다(법 제8조의3).
② 유통산업발전법을 위반하여 징역의 실형을 선고받고 그 집행이 면제된 날부터 6월이 지난 사람은 대규모점포등의 등록을 할 수 있다.
⇨ 유통산업발전법을 위반하여 징역의 실형을 선고받고 그 집행이 면제된 날부터 1년

이 지나지 아니한 사람은 대규모점포 등의 등록을 할 수 없다(법 제10조 제3호).
③ 대형마트의 영업시간을 제한하는 경우 조례로 달리 정하지 않는 한 오전 0시부터 오전 11시까지의 범위에서 영업시간을 제한할 수 있다.
⇨ 대형마트의 영업시간을 제한하는 경우 조례로 달리 정하지 않는 한 오전 0시부터 오전 10시까지의 범위에서 영업시간을 제한할 수 있다(법 제12조의2 제2항).
④ 대규모점포등관리자는 대규모점포등의 관리 또는 사용에 관하여 입점상인의 3분의 2 이상의 동의를 얻어 관리규정을 제정하여야 한다. ⇨ 법 제12조의6 제1항
⑤ 대규모점포등개설자가 대규모점포등을 폐업하려는 경우에는 특별자치시장·시장·군수·구청장의 허가를 받아야 한다.
⇨ 대규모점포등개설자가 대규모점포등을 휴업하거나 폐업하려는 경우에는 산업통상자원부령으로 정하는 바에 따라 특별자치시장·시장·군수·구청장에게 신고를 하여야 한다(법 제13조의2).

정답 ④

073 ① 체인사업자는 체인점포의 경영을 개선하기 위하여 유통관리사의 고용 촉진을 추진하여야 한다. ⇨ 법 제16조 제1항 제8호
② 지방자치단체의 장은 자신이 건립한 중소유통공동도매물류센터의 운영을 중소유통기업자단체에 위탁할 수 없다.
⇨ 지방자치단체의 장은 자신이 건립한 중소유통공동도매물류센터의 운영을 중소유통기업자단체에 위탁할 수 있다(법 제17조의2 제2항 제1호).
③ 상점가진흥조합은 협동조합으로 설립하여야 하고 사업조합의 형식으로는 설립할 수 없다.
⇨ 상점가진흥조합은 협동조합 또는 사업조합으로 설립한다(법 제18조 제4항).
④ 지방자치단체의 장은 상점가진흥조합이 조합원의 판매촉진을 위한 공동사업을 하는 경우에는 필요한 자금을 지원할 수 없다.
⇨ 지방자치단체의 장은 상점가진흥조합이 조합원의 판매촉진을 위한 공동사업을 하는 경우에는 필요한 자금을 지원할 수 있다(법 제19조 제4호).
⑤ 상점가진흥조합의 구역은 다른 상점가진흥조합 구역의 5분의 1 이하의 범위에서 그 다른 상점가진흥조합의 구역과 중복되어 지정할 수 있다.
⇨ 상점가진흥조합의 구역은 다른 상점가진흥조합의 구역과 중복되어서는 아니 된다(법 제18조 제5항).

정답 ①

074 ① 산업통상자원부장관은 공동집배송센터를 지정하거나 변경지정하려면 미리 관계 중앙행정기관의 장과 협의하여야 한다. ⇨ 법 제29조 제5항
② 공동집배송센터사업자가 신탁계약을 체결하여 공동집배송센터를 신탁개발하는 경

우 신탁계약을 체결한 신탁업자는 공동집배송센터사업자의 지위를 승계한다. ⇨ 법 제32조 제2항
③ 공업지역 내에서 부지면적이 2만제곱미터이고, 집배송시설면적이 1만제곱미터인 지역 및 시설물은 공동집배송센터로 지정할 수 없다.
⇨ 공업지역 내에서 부지면적이 2만제곱미터이고, 집배송시설면적이 1만제곱미터인 지역 및 시설물은 공동집배송센터로 지정할 수 있다(법 제29조, 규칙 제19조 제1호).
④ 산업통상자원부장관은 공동집배송센터의 시공후 공사가 6월 이상 중단된 경우에는 공동집배송센터의 지정을 취소할 수 있다. ⇨ 법 제33조 제2항 제4호, 영 제15조 제3호
⑤ 공동집배송센터의 지정을 추천받고자 하는 자는 공동집배송센터지정신청서에 부지매입관련 서류를 첨부하여 시·도지사에게 제출하여야 한다. ⇨ 규칙 제20조 제1항 제3호

정답 ③

075 ① 철도사업을 경영하려는 자는 지정·고시된 사업용철도노선을 정하여 국토교통부장관의 면허를 받아야 한다. ⇨ 법 제5조 제1항 전단
② 국토교통부장관은 면허를 하는 경우 철도의 공공성과 안전을 강화하고 이용자 편의를 증진시키기 위하여 필요한 부담을 붙일 수 있다. ⇨ 법 제5조 제1항 후단
③ 법인이 아닌 자도 철도사업의 면허를 받을 수 있다.
⇨ 철도사업의 면허를 받을 수 있는 자는 법인으로 한다(법 제5조 제3항).
④ 철도사업의 면허를 받기 위한 사업계획서에는 사용할 철도차량의 대수·형식 및 확보계획이 포함되어야 한다. ⇨ 규칙 제3조 제2항 제3호
⑤ 신청자가 해당 사업을 수행할 수 있는 재정적 능력이 있어야 한다는 것은 면허기준에 포함된다. ⇨ 법 제6조 제3호

정답 ③

076 ③ 철도차량 대수를 10분의 2의 범위 안에서 변경한 경우

전용철도 등록사항의 경미한 변경의 경우(영 제12조 제1항)
- 운행시간을 연장 또는 단축한 경우
- 배차간격 또는 운행횟수를 단축 또는 연장한 경우
- 10분의 1의 범위 안에서 철도차량 대수를 변경한 경우
- 주사무소·철도차량기지를 제외한 운송관련 부대시설을 변경한 경우
- 임원을 변경한 경우(법인에 한한다)
- 6월의 범위 안에서 전용철도 건설기간을 조정한 경우

정답 ③

077
① 철도사업자는 재해복구를 위한 긴급지원이 필요하다고 인정되는 경우에는 일정한 기간과 대상을 정하여 여객 운임·요금을 감면할 수 있다. ⇨ 법 제9조의2 제1항
② 철도사업자는 여객 운임·요금을 감면하는 경우에는 그 시행 3일 이전에 감면사항을 인터넷 홈페이지 등 일반인이 잘 볼 수 있는 곳에 게시하여야 하며, 긴급한 경우에는 미리 게시하지 아니할 수 있다. ⇨ 법 제9조의2 제2항
③ 철도사업자는 열차를 이용하는 여객이 정당한 운임·요금을 지급하지 아니하고 열차를 이용한 경우에는 승차 구간에 해당하는 운임 외에 그의 50배의 범위에서 부가 운임을 징수할 수 있다.
⇨ 철도사업자는 열차를 이용하는 여객이 정당한 운임·요금을 지급하지 아니하고 열차를 이용한 경우에는 승차구간에 해당하는 운임 외에 그의 30배의 범위에서 부가 운임을 징수할 수 있다(법 제10조 제1항).
④ 철도사업자는 송하인이 운송장에 적은 화물의 품명·중량·용적 또는 개수에 따라 계산한 운임이 정당한 사유 없이 정상 운임보다 적은 경우에는 송하인에게 그 부족 운임 외에 그 부족 운임의 5배의 범위에서 부가 운임을 징수할 수 있다. ⇨ 법 제10조 제2항
⑤ 철도사업자는 부가 운임을 징수하려는 경우에는 사전에 부가 운임의 징수 대상 행위, 열차의 종류 및 운행구간 등에 따른 부가 운임 산정기준을 정하고 철도사업약관에 포함하여 국토교통부장관에게 신고하여야 한다. ⇨ 법 제10조 제3항

정답 ③

078
① 국유철도시설의 점용허가는 철도사업자와 철도사업자가 출자·보조 또는 출연한 사업을 경영하는 자에게만 하여야 한다. ⇨ 법 제42조 제2항
② 국유철도시설의 점용허가를 받은 자는 부득이한 사유가 없는 한 매년 1월 15일까지 당해연도의 점용료 해당분을 선납하여야 한다.
⇨ 점용료는 매년 1월말까지 당해연도 해당분을 선납하여야 한다. 다만, 국토교통부장관은 부득이한 사유로 선납이 곤란하다고 인정하는 경우에는 그 납부기한을 따로 정할 수 있다(영 제14조 제4항).
③ 국유철도시설의 점용허가로 인하여 발생한 권리와 의무를 이전하려는 경우에는 국토교통부장관의 인가를 받아야 한다. ⇨ 법 제45조
④ 국토교통부장관은 점용허가를 받은 자가 「공공주택 특별법」에 따른 공공주택을 건설하기 위하여 점용허가를 받은 경우 점용료를 감면할 수 있다. ⇨ 법 제44조 제2항 제3호
⑤ 국토교통부장관은 점용허가기간이 만료된 철도 재산의 원상회복의무를 면제하는 경우에 해당 철도 재산에 설치된 시설물 등의 무상 국가귀속을 조건으로 할 수 있다. ⇨ 법 제46조 제3항

정답 ②

079 ① 민간인등이 광역시 지역에 민영도매시장을 개설하려면 농림축산식품부장관의 허가를 받아야 한다.
⇨ 민간인등이 광역시 지역이 민영도매시장을 개설하려면 시·도지사의 허가를 받아야 한다(법 제47조 제1항). 민영도매시장 개설허가 신청에 대하여 시·도지사 허가를 받아야 한다(법 제47조 제1항).
② 민영도매시장 개설허가 신청에 대하여 시·도지사가 허가처리 지연사유를 통보하는 경우에는 허가 처리기간을 10일 범위에서 한 번만 연장할 수 있다.
③ 시·도지사가 민영도매시장 개설 허가 처리기간에 허가 여부를 통보하지 아니하면 허가 처리기간의 마지막 날에 허가를 한 것으로 본다.
⇨ 시·도지사가 민영도매시장 개설 허가 처리기간에 허가 여부를 통보하지 아니하면 허가 처리기간의 마지막 날의 다음 날에 허가를 한 것으로 본다(법 제47조 제5항).
④ 민영도매시장의 개설자는 시장도매인을 두어 민영도매시장을 운영하게 할 수 없다.
⇨ 민영도매시장의 개설자는 중도매인, 매매참가인, 산지유통인 및 경매사를 두어 직접 운영하거나 시장도매인을 두어 이를 운영하게 할 수 있다(법 제48조 제1항).
⑤ 민영도매시장의 중도매인은 해당 민영도매시장을 관할하는 시·도지사가 지정한다.
⇨ 민영도매시장의 중도매인은 민영도매시장의 개설자가 지정한다(법 제48조 제2항).

정답 ②

080 ③ ㄱ : 청과부류, ㄴ : 5년
○ 도매시장 개설자는 도매시장에 그 시설규모·거래액 등을 고려하여 적정수의 도매시장법인·시장도매인 또는 중도매인을 두어 이를 운영하게 하여야 한다. 다만, 중앙도매시장의 개설자는 (청과부류)와 수산부류에 대하여는 도매시장법인을 두어야 한다(법 제22조, 규칙 제18조의2 제1항).
○ 도매시장법인은 도매시장 개설자가 부류별로 지정하되, 중앙도매시장에 두는 도매시장법인의 경우에는 농림축산식품부장관 또는 해양수산부장관과 협의하여 지정한다. 이 경우 (5년) 이상 10년 이하의 범위에서 지정 유효기간을 설정할 수 있다(법 제23조 제1항).

정답 ③

물류관리사 기출문제해설

2024년 4월 25일 인 쇄
2024년 4월 30일 발 행

편 저 (재)한국산업교육원
발행인 이 종 의

발행처 도서출판 **범 론 사**
주 소 서울시 영등포구 대림로27가길 12-1
전 화 02)847-3507
팩 스 02)845-9079
등 록 1979년 4월 3일 제1-181호
www.bumronsa.com

□ 파본은 교환해 드립니다.
□ 본서의 무단 인용·전재·복제를 금합니다.

정가 26,000원